U0757328

普通高等教育"十一五"国家级规划教材

固体物理学

陆　栋　蒋　平　徐至中　编著

上海科学技术出版社

图书在版编目(CIP)数据

固体物理学 / 陆栋,蒋平,徐至中编著. —2 版. —上海:
上海科学技术出版社,2010.12(2023.3 重印)
普通高等教育“十一五”国家级规划教材
ISBN 978-7-5478-0349-3

Ⅰ. ①固… Ⅱ. ①陆… ②蒋… ③徐… Ⅲ. ①固体
物理学-高等学校-教材 Ⅳ. ①048

中国版本图书馆 CIP 数据核字 (2010) 第 105525 号

固体物理学
陆 栋 蒋 平 徐至中 编著

上海世纪出版(集团)有限公司
上 海 科 学 技 术 出 版 社 出版、发行
(上海市闵行区号景路 159 弄 A 座 9F-10F)
邮政编码 201101 www.sstp.cn
常熟市兴达印刷有限公司印刷
开本 787×1092 1/16 印张 31 插页 2
字数:700 千字
2003 年 12 月第 1 版
2010 年 12 月第 2 版 2023 年 3 月第 15 次印刷
ISBN 978-7-5478-0349-3/O·3
定价:68.00 元

本书如有缺页、错装或坏损等严重质量问题,
请向工厂联系调换

内容提要

本书系复旦大学物理系固体物理学教材，并列为普通高等教育“十一五”国家级规划教材。全书系统地介绍固体物理学的基本概念、物理模型和简明的处理方法。共15章分两部分：一是基础内容，包括固体结构、固体中波的衍射、固体的结合、晶格振动和固体的热学性质、晶体中的缺陷、金属电子论和周期场中的电子态，有7章；第二部分为专题概述，介绍近几十年来固体物理学的重要发展，内容有：半导体中的电子过程、固体表面和界面、固体的介电性、固体的光学性质、固体的磁性、超导电性、非晶固体和准晶体、介观和纳米固体等。

本书主题鲜明、取材新颖。对于新的重大发展，如扫描隧穿显微术、X射线吸收精细结构、准晶体、非晶磁性物质、巨磁电阻、超巨磁电阻、固体激光原理、碳60固体、碳纳米管、量子霍尔效应、高温超导体、介观现象、纳米固体，均有由浅入深、概念清晰、物理图像鲜明的叙述，为进入有关领域的学科和技术研究提供了必要的物理基础。本版增加了光纤和电荷耦合器件原理的内容。

本书基础部分可作为高等学校物理类及相关专业本科生固体物理课的教材；专题概述部分可作为大学高年级本科学生选修课和研究生课的教材。

再版前言

本书第一版印行于2003年。许多兄弟院校采用它作为教材，反馈回来的信息给我们鼓励，也提出不少中肯的修改意见。承蒙厚爱，本书修订列入普通高等教育"十一五"国家级规划教材，这方面以及此后的修订工作应该感谢上海科学技术出版社、复旦大学教务处和物理系的热情支持。

这次修订全面校正初版中叙述欠妥和表达不明确以及印刷的差错。此外在固体的光学性质这一章增补一节：§11.9 光纤和固体电荷耦合器件的原理，以介绍2009年度诺贝尔物理奖的相关内容。这两项内容很重要，成为信息网络中不可或缺的部分，而且又被推到公众面前，讲述有关内容的物理基础，看来必要了。也为了教材与科技发展前沿有所呼应，而与时俱进。安排在第十一章是为了版面更改不会太大。当然，讲课时光纤部分也可放在固体介电性那一章，而电荷耦合器件可作为§8.4节MOS电容的应用。

我们衷心感谢使用本书作为教材的广大教师和同学，以及关心本书的同行和爱好者，正是他们的热情支持和批评，让我们有动力去努力使本书既反映当代固体物理领域丰富多彩的新发展，又能保持作为教材的基础水平，还得准确叙述相关的基本概念、物理模型、有关的理论和重要的应用原理。我们面对这样的挑战，任重而道远，只能勉力而为。编者水平有限，难免书中还有错误，诚请教师和读者批评指正。

作　者

2010年3月

序

1955 年谢希德教授在复旦大学物理系首次主讲固体物理课，后来她与方俊鑫教授共同编写了《固体物理学》上、下册于 1961 年出版。国内很多高校采用这本教材，评价较高。

“文革”后，百废待举，亟需各种教材。当时谢希德教授身体欠佳，又忙于校务和其他重要工作，委托陆栋协助方俊鑫教授组织改写固体物理教材。我们忘不了苟清泉教授等专家对该书书稿悉心评审，提出许多中肯意见，该稿经修改后于 1980—1981 年间出版，至今仍在使用。1988 年该书曾获得国家教委优秀教材一等奖。

时过二十多年，固体物理学科日新月异，高新技术层出不穷。有很多重要的发现，出现了许多崭新领域，形成若干新观念，以至以能带理论为核心的范式受到挑战，扩展成凝聚态物理的新范式。在这形势下，我们决心重写二十多年前编的那部教材。这一项目有幸忝列于国家教育委员会“九五”重点教材规划。1998 年，全国物理专业和应用物理专业教学指导委员会的汕头会议提出了一份固体物理教学大纲。于是，我们以这份大纲为指导，结合学科发展和相关高新技术的进步，再考虑复旦大学多年来的教学实践，着手改编该教材。我们衷心感谢，上海科学技术出版社的一贯支持，使本书能顺利出版。

新编写的这本书共有 15 章，前面 7 章讲述固体物理的基本内容，后 8 章概述若干重要的专题。固体中的元激发这次不再列章专论，分散到有关各章讲解。增加了反映学科发展的新内容，如准晶体，扫描隧穿显微术，碳 60 分子和固体，碳纳米管，非晶态磁性物质，量子霍尔效应，高温超导体以及介观和纳米固体等。还增加了与新技术有关的基础内容，如快离子导体，光电子发射、场电子发射，MOS 晶体管、半导体激光器原理等。

黄昆教授一向认为：“对于科学著作，特别是具有教材性质的书籍，一项起码的要求是问题的讲解必须明确具体，基本概念和理论阐述必须准确。”这是我们追求的境界，需要我们付出努力。特别是对新问题，如何选择恰当的表述，给出正确的物理模型和基本概念，讲述合理而必要的理论，让本科学生能够接受，这既是教材区别于专著的明显特点，更是我们注意的重点。对于成熟的经典问题如何讲述，不至于重复而要有新意，也是我们努力以赴的一个侧面。

我们特别感谢同济大学的吴翔教授和复旦大学的钱佑华教授在炎夏酷暑时节审阅书稿，提出了许多宝贵意见，使我们有机会减少错误、增添若干必要的补充。同时，我们还应感谢复旦物理系许多同事对本书编写的关心和鼓励。

由于我们水平有限，必仍有疏漏和错误，诚望指正，以便将来有机会修改。

作　者

2002 年 7 月

目　录

第一章 晶体结构

众所周知,气态、液态和固态是普通物质的存在形式;现在习惯将液态和固态统称凝聚态,以区别气态这一种组成物质的分子等微粒之间相互作用小的存在形态。本书讨论固态物质的各种物理性质。固态区别于气态和液态的特点在于,其组成粒子(可以是原子、离子、分子或它们的集团)的空间位置在没有外力作用时大多不会有宏观尺度的变化,在低温下基本上处在固定的位置。另一方面,也正是根据组成粒子空间位置的区别,即物质结构上的差别,通常将固态材料划分为三大类:晶体、准晶体和非晶体。

晶体的结构特点是组成粒子在空间的排列具有周期性,表现为既有长程取向有序又有平移对称性,这是一种高度长程有序的结构。

准晶体中组成粒子的排列也呈有序结构,只是不具有周期性或平移对称性,而是同时具有长程准周期平移序与晶体学不允许的长程取向序。

非晶体中组成粒子的排列没有一定的规则,原则上属于无序结构;然而,由于近邻原子之间的相互作用,使得一两个原子间距范围内在某些方面表现出一定的特征,因而可以看成具有一定的短程序。本书讨论的范畴基本上针对晶态固体。因此本书中"固体"一词在狭义上常作为晶体的同义语,涉及准晶体和非晶体时都有明确说明。

§1.1 晶体的周期结构

1.1.1 点阵和基元

晶态固体材料,即晶体,是由原子、离子、分子或它们的集团在空间作周期性排列而形成的,这些组成粒子周期性排列的种类与排列规则就是晶体结构所研究的对象。为简单计,今后如不具体说明,我们将晶体的组成粒子统称为粒子。一种晶体的物理性质当然与其组成元素有关,例如铝和铜就不一样。然而即使是同种元素构成的不同晶体,也会表现出不同的特性。例如同为碳元素组成的石墨、碳 60 和金刚石就具有明显不同的性质。因此,分析与研究晶体的结构是固体物理学的重要分支,也是本章的基本内容。

晶体结构的显著特点就是粒子排列的周期性,这种周期性的阵列称为点阵或格子,即"点"在空间的周期性排列,每个"点"均是实际晶体中粒子的抽象,称为格点。在具体的晶体中,每个粒子都是在空间重复排列的最小单元,称为基元。基元中往往包括一个或几个原子、离子或分子。因此点阵中的点即实际晶体中"基元"的抽象,如同将一物体抽象成一质点;而实际晶体结构与点阵和基元的关系可概括地表达为:

$$\text{晶体结构} = \text{点阵} + \text{基元} \tag{1.1.1}$$

所谓点的周期性阵列,就是说如将晶体结构看作是在三维空间无限延伸的,那末任何一个点周围的情形都是完全相同的,这正是周期性的精髓所在。通常将这种点的周期性阵列称为布拉维(Bravais)点阵或布拉维格子,而点即为格点。于是,实际的晶体即可看成全同的基元安置在布拉维格子的格点上。

如果每个基元中只有一个原子或离子,这样的晶体结构称为简单格子,显然简单格子即布拉维格子;而如果基元中包含一个以上的原子或离子,则称之为复式格子。可见简单格子与复式格子在概念上已涉及具体的晶体结构,而非抽象的点阵或格子。许多金属的晶体结构都是简单格子,而氯化钠、金刚石等则是典型的复式格子结构。由于复式格子中基元在空间作周期性排列,每个基元在格子中的位置及方位都是相同的,因此基元之中的每个原子或离子在空间也是作周期性排列的,实际上它们各自在空间的排列也是一个布拉维格子,并且除去格点上安置的原子可能不同而外,格子是完全相同的,也正是安置基元的布拉维格子。于是复式格子可看作若干形状大小相同的布拉维格子(称为子晶格)在空间平行穿套构成,子晶格就是安置基元的布拉维格子,子晶格的数目就是基元中的原子或离子数。例如 NaCl 晶体就是由氯离子和钠离子组成的基元安放在面心立方布拉维格子上形成的,而 Na^+ 与 Cl^- 各自构成两个相同的面心立方(面心立方的定义见 §1.3)子晶格,沿立方边平移半个立方边长穿套而成。

1.1.2　原胞的基矢

由于布拉维点阵的周期性,每一个格点在空间所"拥有"的体积都一样,设这一体积为 Ω。如果以某个格点为原点 O,如图 1.1 所示,则总可以沿三个非共面的方向找到与 O 相连的格点,设图中的 A、B、C,并令沿此三方向而长度分别等于 OA、OB 与 OC 的三个矢量为 $\boldsymbol{a}_1$、$\boldsymbol{a}_2$、$\boldsymbol{a}_3$,使这三个矢量所围成的平行六面体中不再包含其他格点,则此平行六面体的体积必与 Ω 相等:

$$\boldsymbol{a}_1 \cdot (\boldsymbol{a}_2 \times \boldsymbol{a}_3) = \Omega \qquad (1.1.2)$$

这是因为这一平行六面体恰好为一个格点所拥有的体积。虽然看上去这一平行六面体涉及八个格点,但每个格点同时涉及八个彼此相邻的平行六面体。

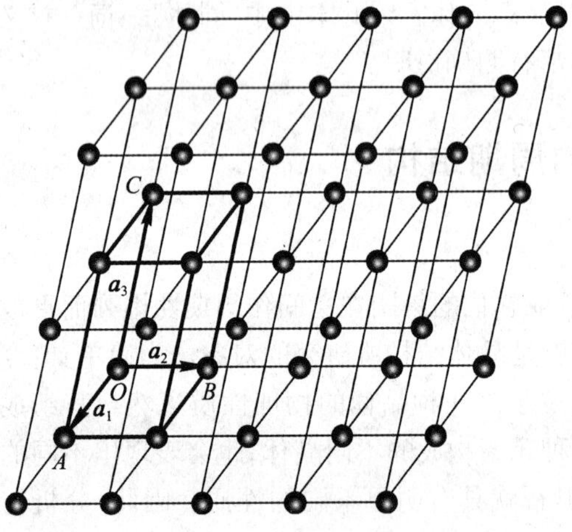

图 1.1　原胞与基矢

无疑,将此平行六面体沿 $\boldsymbol{a}_1$、$\boldsymbol{a}_2$ 与 $\boldsymbol{a}_3$ 的方向作周期性重复必能填满全部空间而无任何缺漏。这一平行六面体称为布拉维格子的原胞,而 $\boldsymbol{a}_1$、$\boldsymbol{a}_2$ 与 $\boldsymbol{a}_3$ 则称为原胞的基矢。显然,原胞的必要条件是在其范围内只包含一个格点。要直观地了解这一点,只须将图 1.1 中的原胞各沿 $\boldsymbol{a}_1$、$\boldsymbol{a}_2$ 与 $\boldsymbol{a}_3$ 的方向作一小位移,使所有的格点均不在原胞的顶角上,则原胞内部,也只在此原胞内部有一个,也只有一个格点,这也正是原胞一词的含义所在。

但是,如上所述所选取的原胞并不是唯一的。在图 1.2 中我们以二维情形为例可很清楚地予以说明。设 $\boldsymbol{a}_1$ 为一基矢,则 OB、OC、OD、OE、OF 及 OG 都可作为另一基矢 $\boldsymbol{a}_2$,因为其中任一矢量与 $\boldsymbol{a}_1$ 矢积的数值都相同,都是图中任一个二维格点所拥有的面积。为了避免这一任意性,国际间早已有统一的选取原胞基矢的约定,具体在下节介绍。

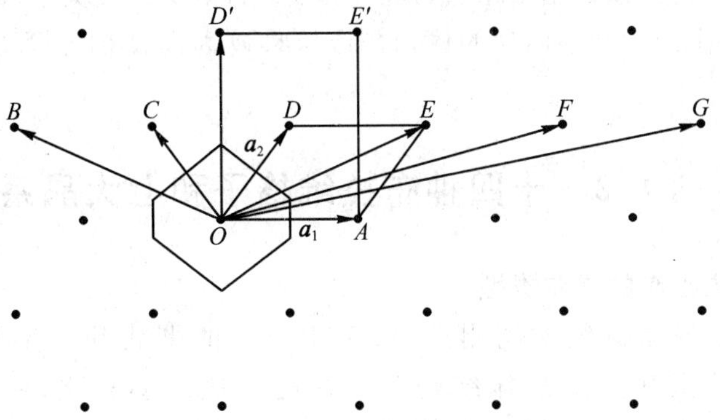

图 1.2 原胞及其基矢选取的任意性

由于对实际的晶体而言，其相应的布拉维格子的格点代表一个基元；原胞中必包含、也只包含一个基元。于是对简单格子而言，原胞中只包含一个原子或离子，而复式格子的原胞中包含的原子或离子数也正是基元所包含的原子或离子数。因此，氯化钠晶体的原胞中就只包含一对 Na^+-Cl^- 离子；而像钠这样的金属晶体为简单格子，于是钠晶体的原胞中就只包含一个钠离子 Na^+。

1.1.3 晶胞

众所周知，晶体材料具有对称性，外形对称的天然晶体常令人赏心悦目。外形对称乃内部原子分布即结构对称性的反映。历史上正是晶体的外形对称才促使人们认识到晶体内部结构的规则性，可见周期性与对称性是晶体结构的两大特点。以上介绍的原胞虽然能很好地描述晶体结构的周期性，但有时却不能兼顾结构的对称性。仍以图 1.2 的二维情形为例，通常选取 $OAED$ 作原胞，基矢 $\boldsymbol{a}_1=\overrightarrow{OA}$，$\boldsymbol{a}_2=\overrightarrow{OD}$。但图中的格点分布其实具有矩形的对称。如果选取 $OAE'D'$ 为周期性的重复单元就能反映这种矩形对称性。这样选取的重复单元称为晶胞，沿晶胞边方向且长度与边长相等的矢量称为晶胞基矢，分别用 $\boldsymbol{a}$、$\boldsymbol{b}$、$\boldsymbol{c}$ 表示，基矢长度称为晶格常数。在图 1.2 的二维情形，晶胞基矢为 $\boldsymbol{a}=\overrightarrow{OA}$，$\boldsymbol{b}=\overrightarrow{OD'}$。不难看出晶胞可以包含一个以上的格点，例如图 1.2 中的晶胞就包含两个格点，其中一个位于矩形晶胞 $OAE'D'$ 的中心。

可见，原胞是只考虑点阵周期性的最小重复单元，而晶胞是同时计及周期性与对称性的尽可能小的重复单元。根据不同的对称性，有的布拉维格子的原胞与晶胞相同；有的形状有明显的差别，但后者的体积必为前者的整数倍，这一整数正是晶胞中所包含的格点数。下节我们将介绍各种布拉维格子的晶胞。

1.1.4 维格纳-赛茨原胞

另有一种选取重复单元的方法既能显示点阵的对称性，选出的又是最小的重复单元，这就是所谓的维格纳-赛茨(Wigner-Seitz)方法。选取一个格点为原点 O，由 O 出发到所有的其他格点作连接矢量，并作所有这些矢量的垂直平分面，这些平面在原点 O 附近画出一凸多面体，这一凸多面体中不会再有任何的连接矢量的垂直平分面通过。这一凸多面体的重复排列也能填满全部空间，而且不难看出其体积就是一个格点所拥有的体积，即原胞体积 Ω。这样的凸多面体就称为维格纳-赛茨原胞。图 1.2 中二维点阵的维格纳-赛茨原胞，为一凸六边形，不难看出其面积与原胞面积 $OAED$ 相等。由图 1.2 可知，为了确定维格纳-

赛茨原胞，实际上往往只须作出由原点到最近邻及次近邻的连接矢量，再检查它们的垂直平分面在原点附近所围成的凸多面体的体积是否与原胞体积 Ω 相等而决定是否需要作更多的连接矢量。

§1.2 十四种布拉维格子和七大晶系

1.2.1 布拉维点阵的晶胞类型

布拉维点阵描写晶体结构的周期性，至于点阵的型式却并不是任意的。实际上可能存在的格子类型都受到晶体结构对称性的限制。换言之，原胞的形状，或原胞基矢 $\boldsymbol{a}_1$、$\boldsymbol{a}_2$ 与 $\boldsymbol{a}_3$ 彼此的相对取向及长度比要受到对称性的制约。于是，结果便是一共只能有十四种类型的布拉维格子。仍以图 1.2 所示的二维情形为例。这一结构具有对 OD' 线的反映对称，因此如 E 处有一格点，则 B 处必定有一格点，这就限制了格子的形状。

三维布拉维点阵一共有十四种，一起列在图 1.3 中。图中画出的是每一种格子的晶胞。

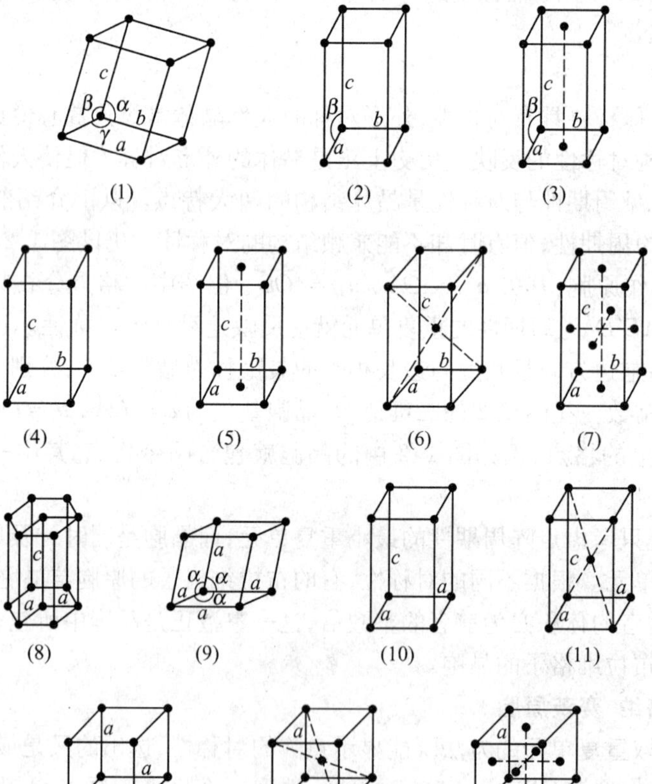

图 1.3 十四种布拉维格子的晶胞

(1)简式三斜；(2)简式单斜；(3)底心单斜；(4)简式正交；(5)底心正交；(6)体心正交；(7)面心正交；(8)六角；(9)三角；(10)简式四角；(11)体心四角；(12)简立方；(13)体心立方；(14)面心立方

1.2.2　晶系

如按照晶胞的形状或类型划分，又可将这十四种格子归入七个晶系，每个晶系有相似的晶胞，即相同的基矢取向与相似的基矢长度 a、b、c 之间的关系(相等或不相等)。每个晶系中均包含一简式格子和数量不等的非简式格子①，对前者，所有格点均在晶胞的顶角上；对后者，格点除存在于晶胞的每个顶点上外，还可能存在于晶胞的底心、面心或体心等处。例如三斜晶系只有简式三斜一种布拉维格子；立方晶系除简式立方外还有面心立方和体心立方格子；而正交晶系除简式正交、体心正交与面心正交外更有底心正交格子。值得注意的是，图 1.3 中画出的十四种都是布拉维格子，即无论格点处于晶胞的顶角还是底心、面心、体心等处，每一个格点周围的情况都是完全相同的，即每一个格点都是等价的。举例来说，面心立方或体心立方都是简单格子，即布拉维格子。更具体来说，铜具有面心立方结构，每个铜离子都位于面心立方的格点上；可铜的晶体结构仍是一简单格子而并非复式格子。

§1.3　典型的晶体结构

本节介绍几种常见的典型晶体结构，由此可加深对晶体结构、布拉维格子、简单格子和复式格子等概念的理解。

1.3.1　面心立方及有关的复式格子

(一) 面心立方结构

图 1.4(a)为面心立方的晶胞，格点位于晶胞的顶角和面心上。由图可见晶胞的三个基矢 $\boldsymbol{a}$、$\boldsymbol{b}$、$\boldsymbol{c}$ 各自沿立方边，其长度均为立方边长 a。每个位于顶角的格点均为相邻的八个晶胞所共有；而位于立方面心的格点为相邻的两个晶胞所共有。每个晶胞有八个顶角和六个面心，因此晶胞内包含 $8\times\frac{1}{8}+6\times\frac{1}{2}=4$ 个格点，可见晶胞体积应为原胞体积的 4 倍。面心立方的原胞如图 1.4(b)所示，为一菱方体。原胞的三条基矢 $\boldsymbol{a}_1$、$\boldsymbol{a}_2$、$\boldsymbol{a}_3$ 分别为由一个顶点到三个相邻面心的连接矢量，构成一个右手坐标系，三条基矢长度相等，均为$\frac{\sqrt{2}}{2}a$。选取沿立方边的单位矢量 $\boldsymbol{i}$、$\boldsymbol{j}$、$\boldsymbol{k}$，可将 $\boldsymbol{a}_1$、$\boldsymbol{a}_2$ 与 $\boldsymbol{a}_3$ 表为：

$$\left.\begin{aligned}\boldsymbol{a}_1&=\frac{a}{2}(\boldsymbol{j}+\boldsymbol{k})\\\boldsymbol{a}_2&=\frac{a}{2}(\boldsymbol{k}+\boldsymbol{i})\\\boldsymbol{a}_3&=\frac{a}{2}(\boldsymbol{i}+\boldsymbol{j})\end{aligned}\right\}\qquad(1.3.1)$$

简单的计算可得，原胞体积

$$\Omega=\boldsymbol{a}_1\cdot(\boldsymbol{a}_2\times\boldsymbol{a}_3)=a^3/4$$

恰为晶胞体积的四分之一。必须注意的是，在图 1.4(a)中如格点处为一原子，则位于晶胞顶角和面心的原子是完全等价的，只要沿任何一个面对角线位移$\frac{\sqrt{2}}{2}a$ 的距离，顶角与面心就

① 注意勿与复式格子相混，这里的非简式格子也是布拉维格子。

互换。因此面心立方中所有的原子都等价,即面心立方是一布拉维格子或简单格子。

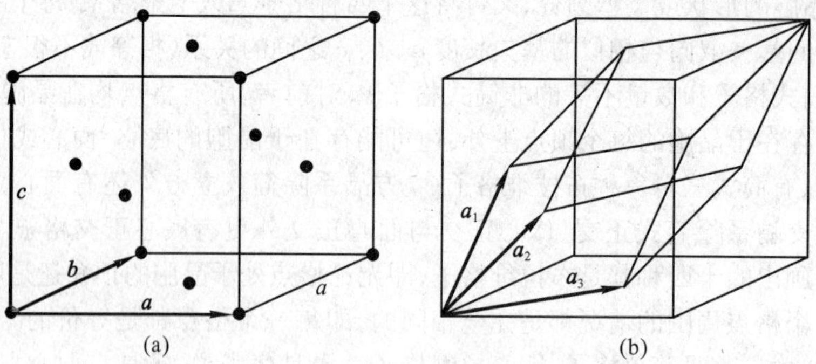

图 1.4 面心立方

(a)晶胞; (b)原胞

许多金属都具有面心立方晶格,例如 Ni、Al、Pb 和贵金属 Cu、Ag、Au 等以及惰性气体在低温下结合成的晶体 Ne、Ar、Kr、Xe。这些晶体都是简单格子,每个格点均为一金属离子或惰性气体原子所占据。

(二) 氯化钠型结构

图 1.5 为氯化钠结构的晶胞,不难看出钠离子 Na^+ 与氯离子 Cl^- 各自构成一面心立方格子,彼此间沿立方边位移立方边长的一半而穿套;即 NaCl 结构为两个异种离子的面心立方的子晶格套构而成。可见这是一个复式格子,其相应的布拉维格子仍为面心立方。可以相对于任一种离子(例如 Na^+)画出原胞,仍如图 1.4(b)所示的菱方体。作为一复式格子,结构基元中包含一对离子 Na^+ 与 Cl^-,每个原胞恰好包含一个基元。如果 Na^+ 处于原胞的顶角,则原胞内部恰有一 Cl^-。值得注意的是,虽然 NaCl 结构看上去似乎为一晶胞边长为 $a/2$ 的简式立方(常称为简立方)结构,但由于 Na^+ 与 Cl^- 不等价,为异种离子,不能看作简单格子。许多晶体具有氯化钠型的结构,典型的当数碱卤族化合物。部分Ⅱ-Ⅵ族化合物如 CaO、MgS 也具有氯化钠型结构。

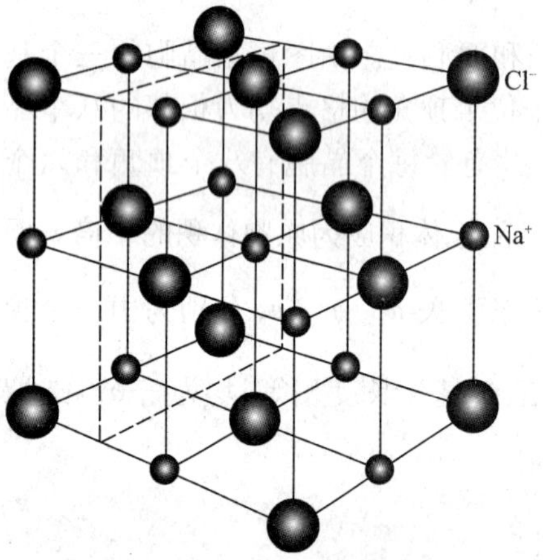

图 1.5 NaCl 型结构

(三) 金刚石型结构

图 1.6 为金刚石型结构。Ⅳ族元素碳、硅、锗和灰锡具有金刚石型结构。由于锗和硅是重要的半导体材料,这种结构备受重视,成为研究得最为透彻的晶体结构之一。由图可见,金刚石结构也是一个相应的布拉维格子为面心立方的复式格子,只是其基元包含的两个原子都属同一种元素碳。金刚石结构就是由这两个碳原子的面心立方子晶格沿着立方对角线的方向彼此移动对角线长度的 1/4 套构而成。值得注意的是,基元虽由两个同种原子构成,这两个原子却是不等价的,因为这两个原子有不同的周围环境。图 1.6 中原子 A 与 B 同属一基元,如果沿着立方对角线的方向观察就可以清楚地看出 A 与 B 两边的情形是不相同的。金刚石结构的原胞亦如图 1.4(b)所示,在图 1.6 中亦以虚线画出,可见如基元中的一

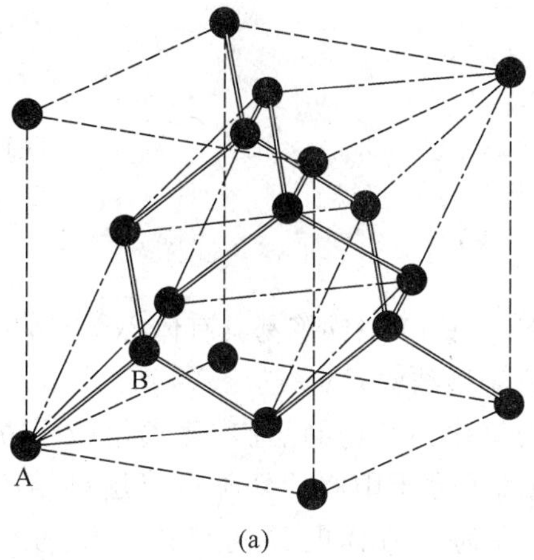

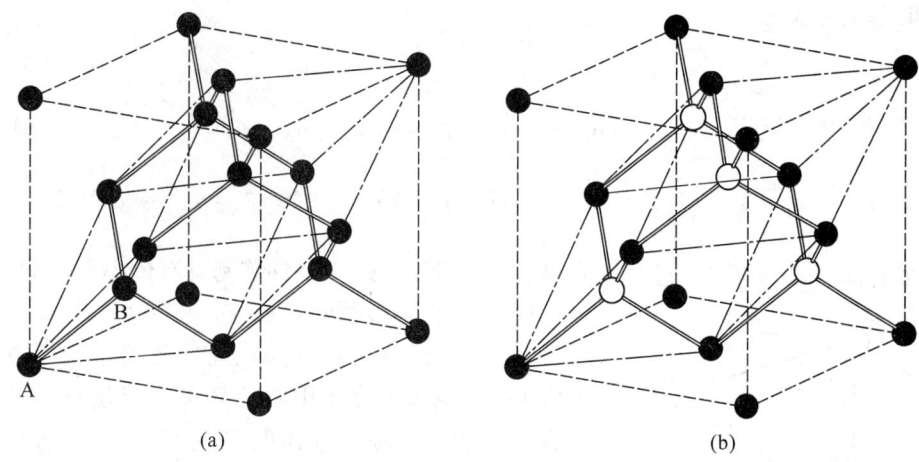

图 1.6 金刚石型(a)和闪锌矿型(b)结构

个原子位于原胞顶角,另一原子必位于原胞内部。从上面所列出的三个具体的例子中我们进一步看到,简单格子中每个原子或离子都是等价的;反之,如在晶体结构中发现不等价的离子或原子,这一结构必为复式格子。

(四) 闪锌矿(立方 ZnS)型结构

如果将金刚石结构的基元换成相同位置的一对硫离子和锌离子就成为闪锌矿型结构。硫与锌各自组成面心立方子晶格。原胞亦如图 1.4(b),其中包含一对异种离子。

许多化合物具有闪锌矿型结构,典型的为Ⅲ-Ⅴ族化合物。

1.3.2 体心立方及氯化铯结构

(一) 体心立方结构

图 1.7(a)为体心立方的晶胞,除去立方顶角处都有原子(离子)外,立方体的中心,即体心处还有一个原子(离子)。由关于面心立方的讨论可知,位于立方顶角和体心的原子(离

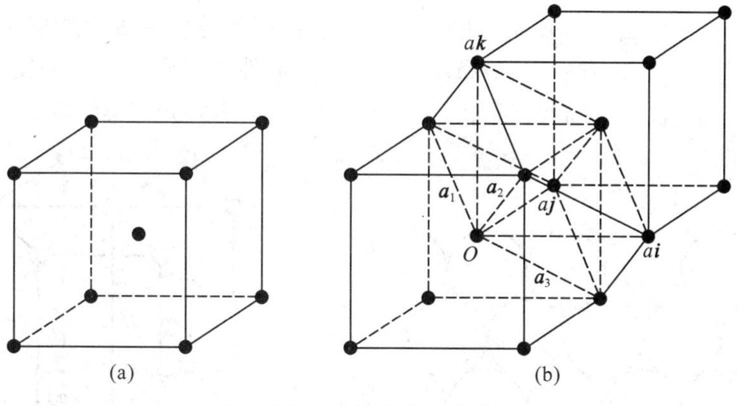

图 1.7 体心立方结构

(a)晶胞; (b)原胞

子)也是等价的,因此这一结构也是简单格子。不过图 1.7(a)的晶胞共包含两个原子(离子),所以实际上原胞体积 Ω 只是立方体体积 a^3 之半。通常选取图 1.7(b)所示的原胞,其基矢为从一个顶角到相邻的三个体心的连接矢量。仍取 $\boldsymbol{i}$, $\boldsymbol{j}$, $\boldsymbol{k}$ 为沿立方边的单位矢量,体

心立方的基矢可表为：

$$
\begin{aligned}
\boldsymbol{a}_1 &= \frac{a}{2}(-\boldsymbol{i}+\boldsymbol{j}+\boldsymbol{k}) \\
\boldsymbol{a}_2 &= \frac{a}{2}(\boldsymbol{i}-\boldsymbol{j}+\boldsymbol{k}) \\
\boldsymbol{a}_3 &= \frac{a}{2}(\boldsymbol{i}+\boldsymbol{j}-\boldsymbol{k})
\end{aligned} \tag{1.3.2}
$$

许多金属，包括碱金属、过渡族的钨、钼、铌(Nb)、钒(V)、铁等都具有体心立方结构。

(二) 氯化铯型结构

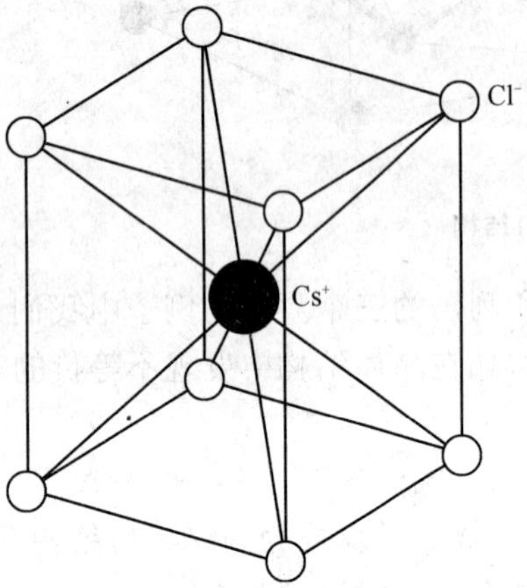

图 1.8　CsCl 型结构

图 1.8 为氯化铯结构的晶胞，氯离子位于立方体的顶角，而铯离子位于中心。切不可将这种结构混同于体心立方，因为立方体的顶角与体心处为异种离子，所以氯化铯结构乃为一复式格子。氯离子与铯离子各自组成一简立方子晶格，沿立方对角线位移一半长度穿套而成。即氯化铯结构相应的布拉维格子为简立方，基元由一对氯-铯离子组成。图 1.8 也正是这一结构的原胞。除 CsCl 外 CsBr 与 CsI 以及铊(Tl)的卤化物 TlCl、TlBr、TlI 也具有氯化铯型结构。值得注意的是虽然许多复式格子的晶体其相应的布拉维格子为简立方，具有简立方晶体结构的物质却十分罕见。

1.3.3　密集型结构

(一) 六角密集型结构

设想在一平面上用完全相同的硬球密集铺排，则每个球的周围必有六个球与之相切。将这一层球称为 A 层。球与球间必有空隙。在图 1.9(a)中将中心球周围的空隙依次标记为 B 类与 C 类。在 A 层球的 B 类空隙上方再放上同样的球密集堆积构成另一层，称为 B 层。继而在垂直于层面的方向作 $ABAB\cdots$ 类型的周期性重复则得六角密集结构。许多金属例如碱土族的铍、镁，过渡族的镧、钛、钴、锌和镉等都具有六角密集结构。

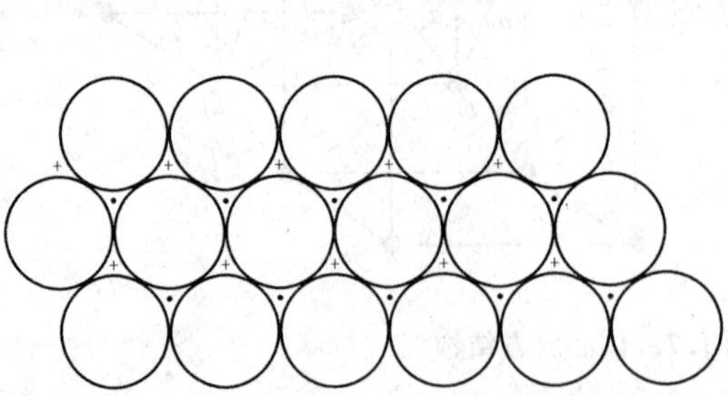

(a)

+ —B类空隙；· —C类空隙；纸面—A层

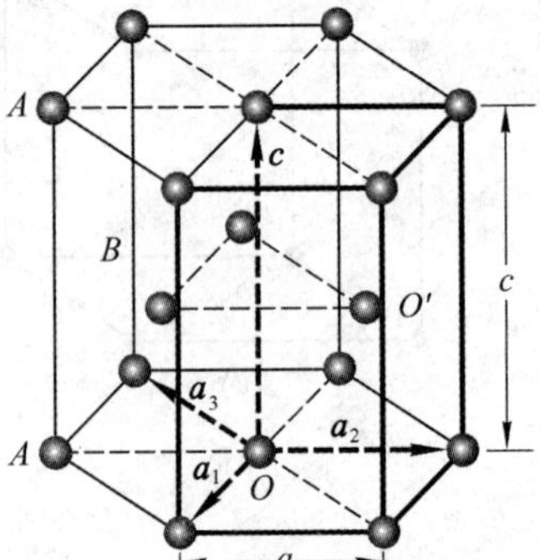

(b)

图 1.9　六角密集型结构

(a)堆积示意；(b)原胞

(二) 立方密集结构

还有一种密集堆积的晶体结构,有别于六角密集结构。区别只在于将第三层 A 层改为 C 层,即第三层的球乃处于第一层 A 层 C 类空隙的正上方。如此按 $ABCABC\cdots$ 的次序作周期性重复。其实这就是面心立方结构,垂直于层面的方向乃沿立方对角线。面心立方与六角密集一样每个原子(离子)周围最近邻的数目(称为配位数)都是 12,这是晶体结构中最高的配位数。然而与面心立方为一布拉维格子不同的是,六角密集乃为一复式格子,其原胞如图 1.9(b)中的粗线所围的棱柱,而六角棱柱则为其晶胞。仔细考察位置 O 与 O' 的周围环境可知这两处的原子(离子)并不等价,并且 O 与 O' 即构成六角密集的结构基元。图 1.9(b)所示的原胞恰好包含这样的一个基元。

§ 1.4　晶面和米勒指数

1.4.1　晶列指数

由于晶体的周期性结构,组成晶体的所有原子(离子)都可以看成分布在一族平行直线上或一组平行平面上。标记这些直线的方向或平面的方位是讨论晶体的物理性质必需的前提。而且,相对于晶胞的基矢来标记方向或方位会比采用通常的笛卡儿坐标更为方便,也更为自然。

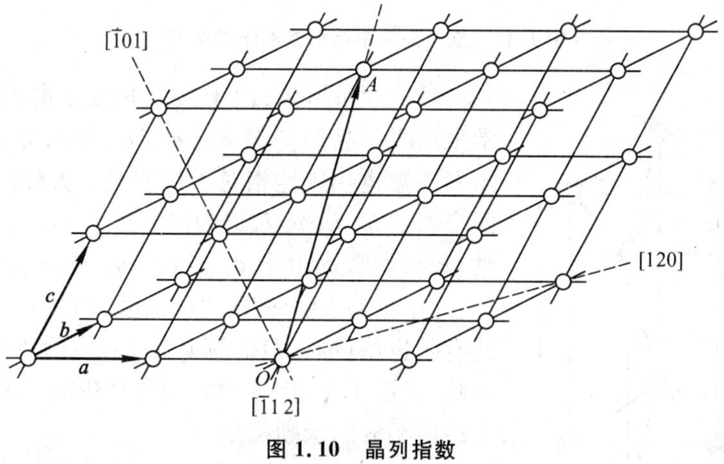

图 1.10　晶列指数

在图 1.10 中,晶体中的原子可看作排列在一族与 OA 平行的直线上。O、A 为两个原子的位置,O 选为原点。设矢量$\overrightarrow{OA}$可表示为:

$$\overrightarrow{OA} = l'\boldsymbol{a} + m'\boldsymbol{b} + n'\boldsymbol{c}$$

其中 $\boldsymbol{a}$、$\boldsymbol{b}$、$\boldsymbol{c}$ 为晶胞基矢。将上式中基矢的系数 l'、m' 与 n'约化成互质的整数 l、m、n,即 $l:m:n = l':m':n'$,则这一束直线的方向就可以 l、m、n 表示,记为$[l\ m\ n]$。这里 l、m、n 称为晶列指数,方括号专指方向。图 1.11 中标记出立方晶体中几个最为常见的重要的晶列指数。对于指数为负的情形,习惯上将负号置于指数顶上标明。

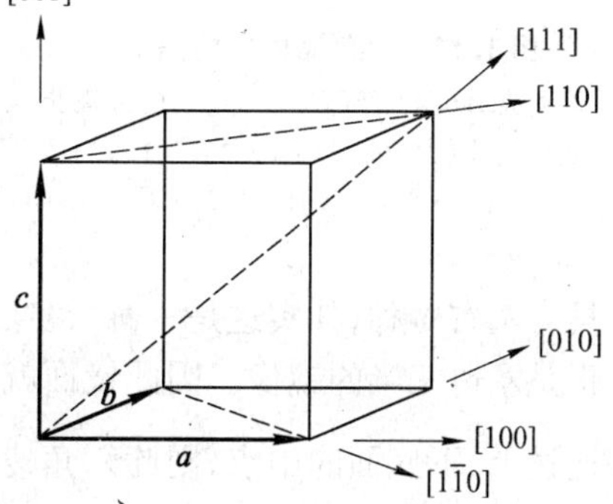

图 1.11　立方晶体中的晶列指数

1.4.2 晶面指数

原子所在的平面称为晶面，晶面的方位用米勒(Miller)指数标记。设某一原子面在基矢 $\boldsymbol{a}$、$\boldsymbol{b}$、$\boldsymbol{c}$ 方向的截距为 $r\boldsymbol{a}$、$s\boldsymbol{b}$ 与 $t\boldsymbol{c}$，将系数 r、s、t 的倒数 $\frac{1}{r}$、$\frac{1}{s}$ 与 $\frac{1}{t}$ 简约成互质的整数 h、k、l，$h:k:l=\frac{1}{r}:\frac{1}{s}:\frac{1}{t}$，并用圆括号包括成 $(h\ k\ l)$，就是这一晶面的米勒指数。通常晶列指数 $[l\ m\ n]$ 往往并不指某一条直线的方位，而是所有的相互平行的直线族；同样米勒指数也并非指某一特定的晶面，而是指一组彼此平行的晶面的晶面族的方位。值得注意的是当选取某一晶面以确定米勒指数时要避开通过原点的晶面。图 1.12 标记出立方晶体中几个最为常见而重要的晶面族的米勒指数。

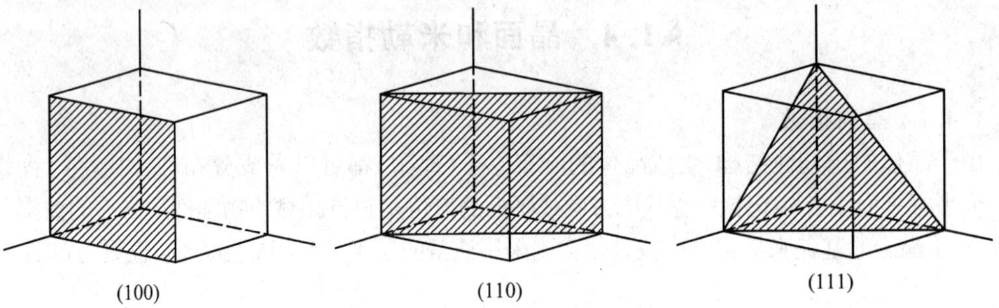

图 1.12 立方晶体中晶面族的米勒指数

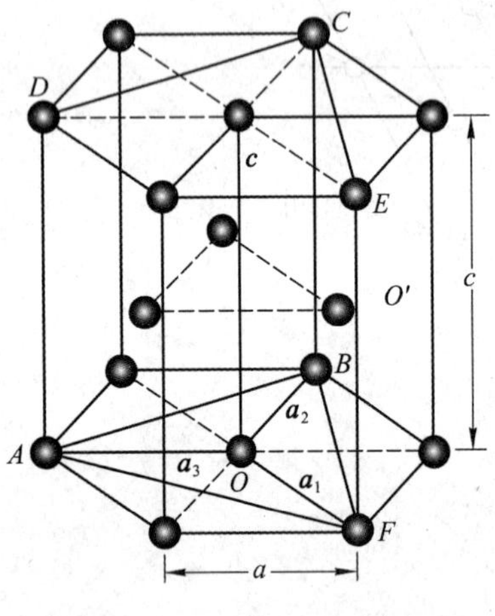

图 1.13 六角晶体中的晶面

晶面族 $ABCD$、$BCEF$ 与 ABF 的米勒指数分别为 $(\bar{1}210)$ 或 $(\bar{1}2\cdot0)$、$(11\bar{2}0)$ 或 $(11\cdot0)$ 与 (0001) 或 $(00\cdot1)$

对于六角晶体，由于其六角面上的特殊对称性，通常采用四个晶胞基矢 $\boldsymbol{a}_1$、$\boldsymbol{a}_2$、$\boldsymbol{a}_3$ 与 $\boldsymbol{c}$，如图 1.13 所示。晶面指数也相应地相对于这四个基矢标定，于是便有了四个指数 h、k、i、l，记为 $(h、k、i、l)$，有时称之为布拉维-米勒指数。由于 $\boldsymbol{a}_3$ 与 $\boldsymbol{a}_1$、$\boldsymbol{a}_2$ 并不独立，而有 $\boldsymbol{a}_3=-(\boldsymbol{a}_1+\boldsymbol{a}_2)$，四个指数也不独立，而是 $-(h+k)=i$，因此有时也用 $(hk\cdot l)$ 的标记法，其中圆点即代表第三个指数 i。图 1.13 中标出六角晶体中的重要晶面族，图注中给出相应的米勒指数。

§1.5 晶体的对称性

§1.3 列出的一些典型晶体结构中组成原子(离子)的排列都具有相当高的对称性，这正是不同的晶体具有不同的宏观对称性的微观依据。

宏观对称性可以用对称操作来描写。例如人体外表具有左右对称，其实这是一种“镜像”对称。设想有一平面镜直立插在人体中央，则右边一半正是左边一半的镜像。因此镜面就代表映像这一对称操作。又如一六角正棱柱，设有一轴通过上、下底面的中点，则此六角棱柱绕此轴旋转 $\frac{2\pi}{6}\cdot n$ 角度后仍与自身重合，即其外形方位仍维持不变，这里 n 为一整数。因而这种旋转也是一种对称操作。

球体具有最高的对称性,绕通过球心的任意轴转动任意角度都是其对称操作,因而具有无限多个对称操作。

1.5.1　晶体许可的旋转对称轴

然而晶体具有的对称操作的种类与个数却是有限的,其原因在于要受到结构的周期性的制约。

现针对布拉维格子予以说明。为此考察图 1.14。设纸面为一晶面,格点 A、B、C、D 在同一晶列上。设此结构有一通过 B 点垂直于纸面的对称轴,绕其旋转 α 角度为一对称操作。在此操作作用下,格点 C 转至 C',这就表明,C' 处必亦有一格点存在。但周期性意味着每个格点都是等价的,即通过 C 亦必有一旋转轴,并且绕此轴旋转 $(-\alpha)$ 角度必也为一对称操作。这一操作使 B 转至 B'。由几何关系可见 $B'C'$ 与 BC 平行,即属于同一晶列,周期性要求彼此有相同的格点间距离。换言之,应有:

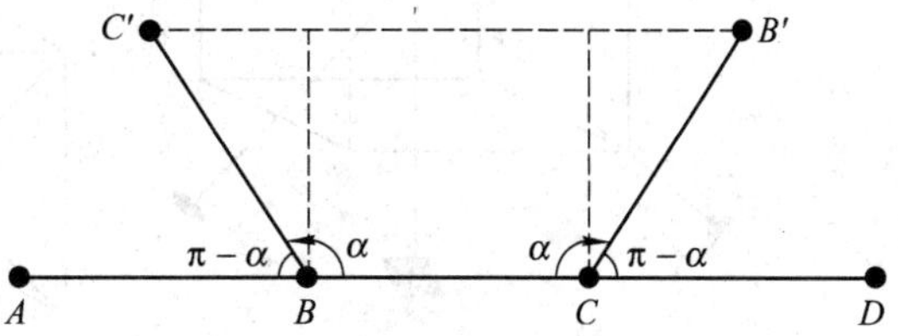

图 1.14　周期性对对称操作的限制

$$B'C' = mBC$$

其中 m 为整数。由图可知:

$$B'C' = BC(1 - 2\cos\alpha)$$

即

$$1 - 2\cos\alpha = m \tag{1.5.1}$$

在上式中将 m 分别代以 -1、0、1、2、3 可得 α 分别为 0、$\frac{2\pi}{6}$、$\frac{2\pi}{4}$、$\frac{2\pi}{3}$ 与 $\frac{2\pi}{2}$。如绕轴旋转 $2\pi/n$ 角度及其整数倍为对称操作则称其为 n 度旋转轴。上面的讨论表明晶体周期性只允许 2 度、3 度、4 度和 6 度这四种旋转对称轴存在,可分别用数字 2、3、4 及 6 或符号⬮、▲、■及⬢代表,而不允许有 5 度或其他的旋转对称轴。应注意 n 度旋转轴代表所有绕轴转 $2\pi/n \cdot s$ 的对称操作,s 为任意整数。$n=1$ 也认为是一个对称操作,称为不变操作,用符号 I 代表;因为旋转 360°相当于什么也不动,当然不改变物体的位置与方位。对于一立方体而言,通过不在同一立方面上的对边中点的连线为 2 度轴,体对角线为 3 度轴,而对面面心连线为 4 度轴。因此立方体有 6 个 2 度轴、4 个 3 度轴与 3 个 4 度轴,均通过立方体的中心,如图 1.15(a)所示。

1.5.2　反演

对原点 O 反演,使 $\boldsymbol{r}$ 变为 $(-\boldsymbol{r})$ 的操作称为中心反演,用符号 i 表示。如适当选择原点使晶体在此操作作用下也与自身重合,则 i 也是这一晶体的对称操作。

1.5.3　晶体的旋转反演轴

i 与 n 的结合也可以是晶体的对称操作,称为 n 度旋转反演对称。由于周期性制约,同样也只能有 2 度、3 度、4 度或 6 度旋转反演轴,分别用数字记号 $\bar{2}$、$\bar{3}$、$\bar{4}$、$\bar{6}$ 与图形⬮、▲、◪、⬢表示,而 $\bar{1}$ 也就是 i。注意具有 $\bar{n}$ 对称性的晶体不一定同时也具有 i 与 n 的对称性,即中心反演与 n 度旋转可以是也可以不是这一晶体的对称操作。$\bar{n}$ 操作的示意图画在图 1.16 中。

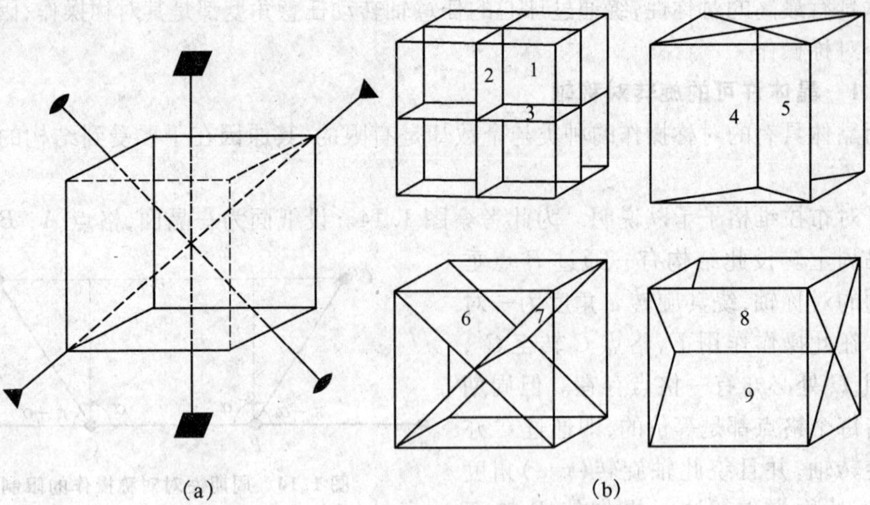

图 1.15 立方体的对称轴与对称面

(a)对称轴；(b)对称面

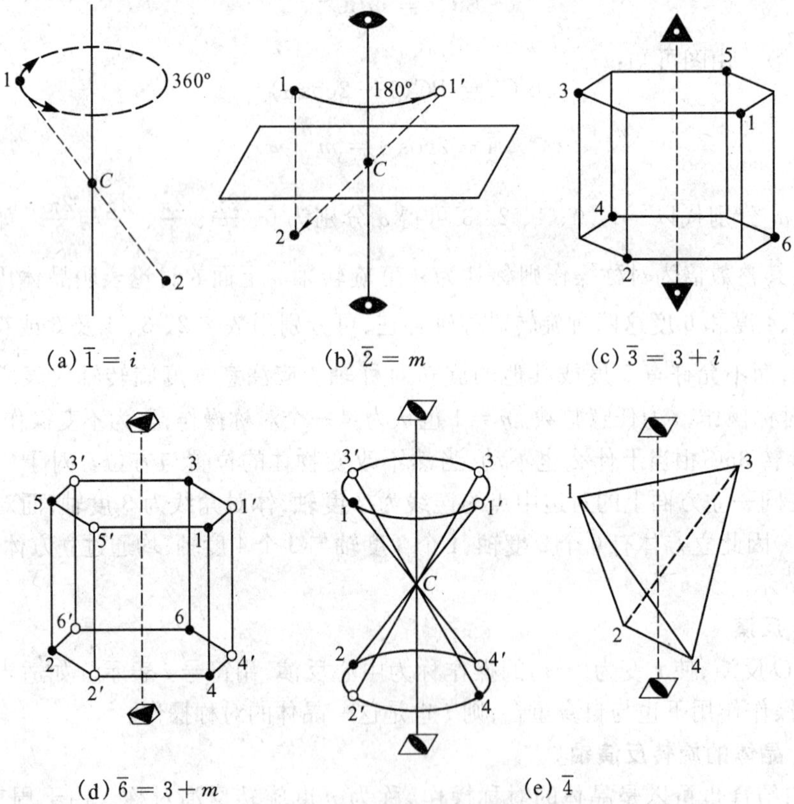

图 1.16 *n* 度旋转反演对称轴 $\overline{n}$

由图 1.16 可见，2 度旋转反演对称 $\overline{2}$ 与通过原点垂直于旋转轴的平面镜像反映相同。镜像反映也是晶体可能具有的一种重要的对称操作，用符号 m 代表。显然 $\overline{2}=m$。图 1.15(b)表示一立方体的所有的对称镜面（简称对称面）的方位。

对于一具体的晶体而言，一般并不具有以上介绍的所有各类对称性，往往只在上述一部分对称操作作用下与自身重合。然而一个晶体所有的宏观对称操作必满足如下的共同性质。一是必具有不变操作；二是如果具有两个对称操作 A 与 B，则这两个操作相继连续操作的组合操作仍为一对称操作；三是如果 A 为对称操作，其逆操作也是对称操作，例如 n 的逆操作即为绕转轴反向旋转$\frac{2\pi}{n}$，而 m 的逆操作就是 m 自身；而且，如果 A、B、C 为对称操作，则先操作 C 后操作 A 与 B 的组合与先操作 B 与 C 的组合再操作 A 的效果一致。这些性质与数学中的一类特殊集合——群的性质相符，因此常用对称性群一词来描述晶体的宏观对称性，对称操作即为群的元素。由于晶体所有的宏观对称操作都不改变一个特殊点(即以上操作描述中的原点)的位置，常称宏观对称性群为晶体点群。晶体点群一共有 32 种，列于表 1-1 中。表中同时标出点群和晶系的关系，由表可以清楚地看出具有某种点群宏观对称的晶体属于何种晶系。

表 1-1 晶体点群

晶系	对称性点群		对称操作数
	国际符号	熊夫利符号	
三斜	1	C_1	1
	$\bar{1}$	$C_i(S_2)$	2
单斜	2	C_2	2
	m	$C_s(C_{1h})$	2
	$2/m$	C_{2h}	4
正交	222	$D_2(V)$	4
	$mm2$	C_{2v}	4
	mmm	$D_{2h}(V_h)$	8
三角	3	C_3	3
	$\bar{3}$	$C_{3i}(S_6)$	6
	32	D_3	6
	$3m$	C_{3v}	6
	$\bar{3}2/m$	D_{3d}	12
四角	4	C_4	4
	$\bar{4}$	S_4	4
	$4/m$	C_{4h}	8
	422	D_4	8
	$4mm$	C_{4v}	8
	$\bar{4}2m$	$D_{2d}(V_d)$	8
	$4/mmm$	D_{4h}	16
六角	6	C_6	6
	$\bar{6}$	C_{3h}	6
	$6/m$	C_{6h}	12
	622	D_6	12
	$6mm$	C_{6v}	12
	$\bar{6}m2$	D_{3h}	12
	$6/mmm$	D_{6h}	24

(续表)

晶　系	对称性点群		对称操作数
	国际符号	熊夫利符号	
立　方	23	T	12
	$m3$	T_h	24
	432	O	24
	$\bar{4}32$	T_d	24
	$m3m$	O_h	48

将表 1.1 与图 1.3 相对照,我们可以将晶体所具有的结构的周期性与宏观对称性之间互相制约的关系总结如下:对称性限制周期性结构的种类,致使所有晶体相应的布拉维格子只能有十四种;而周期性对于对称性的影响也使点群数有限,只有 32 个。

1.5.4 滑移面和螺旋轴

除去点群对称操作外,尚有两类操作使晶体与自身重合,这就是 n 度螺旋轴与滑移反映面。

n 度螺旋轴是绕轴旋转 $2\pi/n$ 与沿转轴方向平移 $t = j\dfrac{T}{n}$ 的复合操作,这里 T 为转轴方向晶体结构的周期,j 为某一小于 n 的整数。晶体只能有 2 度、3 度、4 度与 6 度螺旋轴。

金刚石结构具有 4 度螺旋轴,相应的 $j = 1$。图 1.17 中画出金刚石结构 4 度螺旋轴的位置。图 1.17(b)中再一次画出金刚石的晶胞以资对照。将此晶胞投影到底面上即得 1.17(a),其中圆圈为原子的投影,圈中的数字表示这一原子的实际位置,例如$\dfrac{1}{2}$即表示该原子的垂直位置在纸面以上$\dfrac{1}{2}a$ 处,a 为金刚石结构的晶格常数。图中用风车形符号■或■表示 4 度螺旋轴的位置,风翼的方向表示旋转方向。将图 1.17(a)与图 1.17(b)对照能清楚地看出这种对称操作的含义。

如对某一平面作镜像反映后再沿平行于镜面的某方向平移该方向周期的一半,这一复合操作就是滑移反映面,简称滑移面。NaCl 型结构具有滑移反映面对称性。在图 1.5 中虚线画出的即为一滑移反映面。晶胞左下角的氯离子经此面镜像反映后变到一钠离子位置,但再在垂直方向平移 $a/2$ 即与面心处的氯离子重合,这里 a 为 NaCl 的晶格常数,正是该方向的周期。

六角密集结构既具有螺旋轴也具有滑移反映面这两类对称性。通过六角层面上三个相邻原子组成的正三角形的重心与层面垂直的轴线为一 6 度螺旋轴,相应的平移 $j\dfrac{T}{n}$为该方向的半个周期,即 $n = 6$, $j = 3$。包含此轴且平行于三角形底边的平面则为滑移反映面,半周期的滑移亦沿螺旋轴的方向。

螺旋轴与滑移反映面虽然也是晶体的对称操作,即如果晶体具有此类对称性,则在其操作下必与自身重合;可是在此类操作中的平移部分作用下晶体内便没有任何位置固定不动,因此不属于点群操作。然而在宏观上 n 度螺旋轴与 n 是等价的;滑移反映面与 m 也是等价的,因为在宏观上难以察觉尺度为晶格常数量级(0.1 nm)的平移,这也就是点群称为宏观对称性群的原因。

所有点群操作加上螺旋轴与滑移面,同 14 种布拉维格子结合在一起,总共可形成 230 种晶体结构类型,称为空间群。关于点群与空间群的详细讨论已越出本书范围。

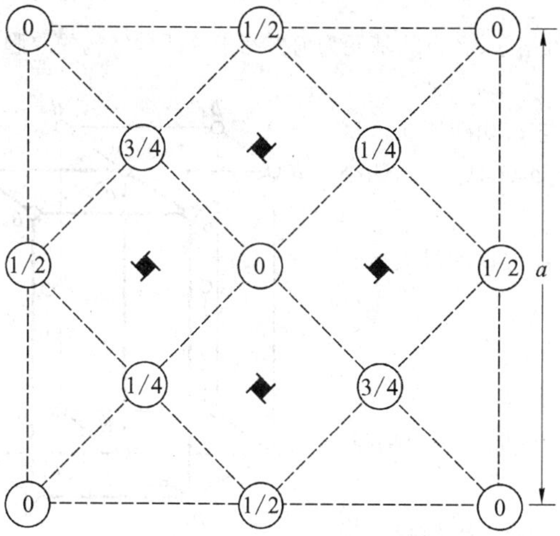

(a)

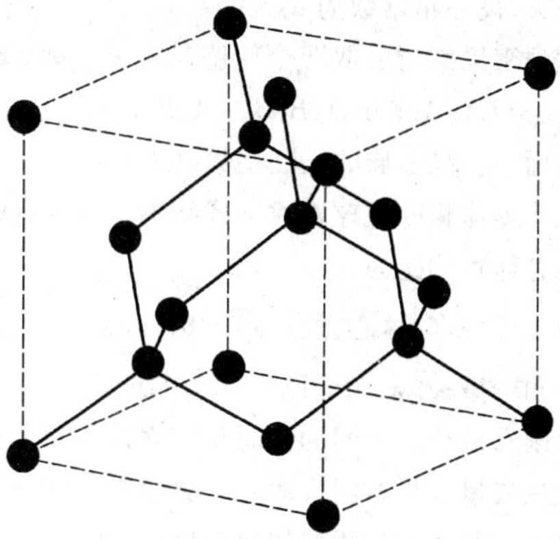

(b)

图 1.17 金刚石结构的 4 度螺旋轴

习 题

1. 氯化钠与金刚石型结构是复式格子还是布拉维格子,各自的基元为何？写出这两种结构的原胞与晶胞基矢,设晶格常数为 a。

2. 六角密集结构可取四个原胞基矢 $\boldsymbol{a}_1$, $\boldsymbol{a}_2$, $\boldsymbol{a}_3$ 与 $\boldsymbol{c}$,如图所示。试写出 $O'A_1A_3$、$A_1A_3B_3B_1$、$A_2B_2B_5A_5$ 和 $A_1A_2A_3A_4A_5A_6$ 这四个晶面所属晶面族的晶面指数($h\ k\ l\ m$)。

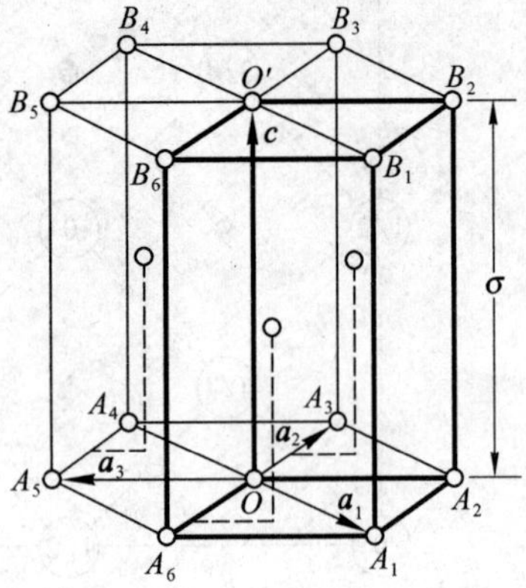

3. 如将等体积的硬球堆成下列结构,求证球体可能占据的最大体积与总体积的比为:

简立方:$\pi/6$;体心立方:$\sqrt{3}\pi/8$;面心立方:$\sqrt{2}\pi/6$;

六角密集:$\sqrt{2}\pi/6$;金刚石:$\sqrt{3}\pi/16$。

4. 金刚石结构原子间的键间角与立方体的体对角线间的夹角相同,试用矢量分析方法证明这一夹角为 $109°28'$。

5. 试求面心立方结构(110)和(111)晶面族的原子数面密度,设晶格常数为 a。

6. 若在面心立方结构的立方体心位置上也有一原子,试确定此一结构的原胞,每个原胞内包含几个原子,设立方边长为 a。

7. 底心立方(立方顶角与上、下底心处有原子)、侧心立方(立方顶角与四个侧面的中心处有原子)与边心立方(立方顶角与十二条棱边的中点有原子)各属何种布拉维格子？每个原胞包含几个原子？

8. 试证六角密集结构中 $c/a=(8/3)^{1/2}=1.63$。

第二章　晶体中的衍射

§2.1　概　　述

百余年来科学技术的发展屡屡表明，一项重大的科学发现往往同时给人类提供一项重要的研究手段，使我们得以更为深入广泛地探索自然界的奥秘。X射线与电子、中子的发现为人类认识晶体的结构提供了有效的探测方法就是一个鲜明的例证。

2.1.1　波长与晶格常数同量级的几种粒子束

早在1895年伦琴发现X射线之后不久，劳厄在1912年就意识到X射线的波长在0.1 nm量级，与晶体中的原子间距相同，晶体必可成为X射线的衍射光栅。随之布拉格用X射线衍射证明了NaCl等晶体具有面心立方型结构，从而历史性地一举奠定了用X射线衍射测定晶体的原子周期性长程序结构的地位。时至今日，X射线衍射(XRD)仍为确定晶体结构，包括只具有短程序的无定型材料结构的重要工具。电子波性的发现又给人类增添了一种探测物质结构的手段。由于电子的能量可方便地用加速电压调整，即电子波的波长可随意调节，更增加了探测的自由度。特别是在当代，在许多用X射线探测无能为力的方面恰恰是电子衍射的用武之地。事实上，第一个二十面体相的铝锰合金准晶结构就是由电子衍射获得的。在晶体表面这一当代重要的科技领域，由于X射线的穿透能力太强而难以发挥作用，电子衍射便成为决定表面周期性原子结构的首选，以至低能电子衍射(LEED)仪已为目前任何表面科学实验室所必备。

核物理的发展使人们能获得各种各样的核子束，其中中子束已成为探测晶体结构的重要探针。由于中子没有电荷，但有磁矩，其与材料中电子自旋磁矩的相互作用使中子束成为探测晶体磁有序结构的独特的探针。

上面介绍的结构探测的手段都是利用入射的射线束受组成晶体的原子的相干散射——衍射，尽管相干散射的机理各不相同(X射线依赖于入射电磁场与晶体原子中电子的相互作用；电子衍射依赖于入射电子与晶体电子间的相互作用，而中子束的衍射机理则是除了与原子核的弹性碰撞外还包括与电子自旋的相互作用)，因此可一般地讨论波动在晶体中的衍射过程而了解结构探测原理。

2.1.2　衍射波的波幅与强度

在一定的条件下(通常实验条件均能满足)，我们可将入射束当作波矢为$\boldsymbol{k}_0$的平面波，如图2.1所示。图中A与B为晶体中任意两个组成原子。如取A原子为原点，在$\boldsymbol{k}$方向，两个原子产生的散射波的相位差为：

$$\Delta\phi=\frac{2\pi}{\lambda}(AC-BD)=(\boldsymbol{k}-\boldsymbol{k}_0)\cdot\boldsymbol{R}_l \tag{2.1.1}$$

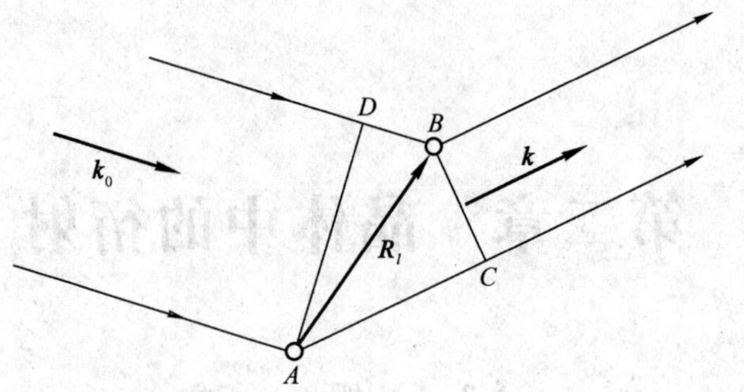

图　2.1

式中 λ 为入射线波长，$\boldsymbol{R}_l$ 为 B 原子的坐标。由上式，在 $\boldsymbol{k}$ 方向散射波的幅度应为来自两个原子散射波的幅度之和：

$$A(\boldsymbol{k}) = \alpha_A + \alpha_B e^{i(\boldsymbol{k}-\boldsymbol{k}_0)\cdot\boldsymbol{R}_l}$$

其中 α_A 与 α_B 分别为原子 A 和 B 的散射波的幅度。在晶体由同种原子组成的情形，$\alpha_A = \alpha_B = \alpha$。如计及所有原子对 $\boldsymbol{k}$ 方向散射波的贡献，则得 $\boldsymbol{k}$ 方向衍射波的幅度为：

$$A(\boldsymbol{k}) = \sum_{j=1}^{N}\alpha_j e^{i(\boldsymbol{k}-\boldsymbol{k}_0)\cdot\boldsymbol{R}_j} \tag{2.1.2}$$

式中 α_j 为第 j 个原子的散射波幅度，而 $\boldsymbol{R}_j$ 为其位矢，N 为晶体原子总数。由此可得 $\boldsymbol{k}$ 方向的衍射强度 $I(\boldsymbol{k})$：

$$I(\boldsymbol{k}) \propto |A(\boldsymbol{k})|^2 = \sum_{j,j'}\alpha_j\alpha_{j'}^* e^{i(\boldsymbol{k}-\boldsymbol{k}_0)\cdot(\boldsymbol{R}_j-\boldsymbol{R}_{j'})} \tag{2.1.3}$$

上式表明衍射强度与晶体中原子分布的位置有关。反之，由衍射光强的分布，应可得到晶体结构的信息。在以下各节我们将就具体的情况详细分析(2.1.3)式。

§2.2　晶体的倒格子和布里渊区

2.2.1　倒格子基矢

波矢 $\boldsymbol{k}$ 的量纲为 L^{-1}，可看作是量纲为 L^{-1} 的空间中的矢量。这样的空间称为倒空间。在固体物理的许多问题中引入倒空间会带来很大方便。本节将讨论与晶体结构有关的倒空间或称倒格子空间。

所谓倒格子，类似于晶体点阵或晶格(正格子)，也是由一系列在倒空间中周期性排列的点——倒格点所构成。倒格点的位置可由倒格子基矢 $\boldsymbol{b}_1$、$\boldsymbol{b}_2$ 与 $\boldsymbol{b}_3$ 表示。倒格点的位矢(称为倒格矢)可表为：

$$\boldsymbol{K}_h = h_1\boldsymbol{b}_1 + h_2\boldsymbol{b}_2 + h_3\boldsymbol{b}_3 \tag{2.2.1}$$

其中 h_1、h_2、h_3 均为包括零的正、负整数。显然 $h_1 = h_2 = h_3 = 0$，即为倒空间的原点。

每一个布拉维正格子都有一与之相应的倒格子。如正格子原胞基矢为 $\boldsymbol{a}_1$、$\boldsymbol{a}_2$、$\boldsymbol{a}_3$，相应的倒格子基矢即可表示为：

$$\left.\begin{aligned}\boldsymbol{b}_1 &= 2\pi(\boldsymbol{a}_2 \times \boldsymbol{a}_3)/\Omega \\ \boldsymbol{b}_2 &= 2\pi(\boldsymbol{a}_3 \times \boldsymbol{a}_1)/\Omega \\ \boldsymbol{b}_3 &= 2\pi(\boldsymbol{a}_1 \times \boldsymbol{a}_2)/\Omega\end{aligned}\right\} \tag{2.2.2}$$

其中
$$\Omega = \boldsymbol{a}_1 \cdot (\boldsymbol{a}_2 \times \boldsymbol{a}_3)$$
为正格子原胞的体积。

由于倒格子由(2.2.1)式规定,倒格点在倒空间里完全呈周期排列,每个倒格点周围的情况都是相同的。因此,每个倒格子都是倒空间里的布拉维格子。由(2.2.2)式与(1.3.1)式可得面心立方正格子的倒格子基矢为:

$$\left.\begin{aligned}\boldsymbol{b}_1 &= \frac{2\pi}{a}(-\boldsymbol{i}+\boldsymbol{j}+\boldsymbol{k}) \\ \boldsymbol{b}_2 &= \frac{2\pi}{a}(\boldsymbol{i}-\boldsymbol{j}+\boldsymbol{k}) \\ \boldsymbol{b}_3 &= \frac{2\pi}{a}(\boldsymbol{i}+\boldsymbol{j}-\boldsymbol{k})\end{aligned}\right\} \tag{2.2.3}$$

而由式(2.2.2)、(1.3.2)可得体心立方的倒格子基矢为:

$$\left.\begin{aligned}\boldsymbol{b}_1 &= \frac{2\pi}{a}(\boldsymbol{j}+\boldsymbol{k}) \\ \boldsymbol{b}_2 &= \frac{2\pi}{a}(\boldsymbol{k}+\boldsymbol{i}) \\ \boldsymbol{b}_3 &= \frac{2\pi}{a}(\boldsymbol{i}+\boldsymbol{j})\end{aligned}\right\} \tag{2.2.4}$$

将以上两式与式(1.3.1)及(1.3.2)相比较可见面心立方的倒格子是体心立方,体心立方的倒格子是面心立方。

必须强调说明的是倒格子均针对正格子的原胞按(2.2.2)式规定。因此,对于复式格子的晶体,其倒格子也是针对相应的布拉维格子规定的。例如,金刚石和氯化钠型结构的原胞都是面心立方的原胞,因而这两种晶体的倒格子就都是如(2.2.3)式所示的体心立方;又如氯化铯型结构的倒格子应为简立方,因此如氯化铯的晶格常数为 a,倒格子的三个基矢就应为 $\boldsymbol{b}_1 = \frac{2\pi}{a}\boldsymbol{i}$, $\boldsymbol{b}_2 = \frac{2\pi}{a}\boldsymbol{j}$ 和 $\boldsymbol{b}_3 = \frac{2\pi}{a}\boldsymbol{k}$。

由式(2.2.2)不难看出正格子与倒格子之间存在如下关系:

$$\boldsymbol{a}_i \cdot \boldsymbol{b}_j = 2\pi\delta_{ij} \tag{2.2.5}$$

倒格子原胞体积:

$$\Omega^* = (2\pi)^3/\Omega \tag{2.2.6}$$

在结晶学领域,由于表现对称性的要求,倒格子基矢是相对于正格子晶胞基矢 $\boldsymbol{a}$、$\boldsymbol{b}$、$\boldsymbol{c}$ 规定的,用 $\boldsymbol{a}^*$、$\boldsymbol{b}^*$ 和 $\boldsymbol{c}^*$ 表示:

$$\left.\begin{aligned}\boldsymbol{a}^* &= 2\pi(\boldsymbol{b} \times \boldsymbol{c})/\Gamma \\ \boldsymbol{b}^* &= 2\pi(\boldsymbol{c} \times \boldsymbol{a})/\Gamma \\ \boldsymbol{c}^* &= 2\pi(\boldsymbol{a} \times \boldsymbol{b})/\Gamma\end{aligned}\right\} \tag{2.2.7}$$

其中 $\Gamma = \boldsymbol{a} \cdot (\boldsymbol{b} \times \boldsymbol{c})$ 为晶胞体积。因此,对简立方、面心立方或体心立方而言,如晶格常数为

a，则 $\boldsymbol{a}^*$、$\boldsymbol{b}^*$ 及 $\boldsymbol{c}^*$ 可表为 $\frac{2\pi}{a}\boldsymbol{i}$、$\frac{2\pi}{a}\boldsymbol{j}$ 及 $\frac{2\pi}{a}\boldsymbol{k}$。

2.2.2 布里渊区

在倒格子中如以某个倒格点作为原点，画出所有的倒格矢的垂直平分面，也可以得出倒格子的维格纳-赛茨原胞，常称其为第一布里渊区。图 2.2 为与周期为 a 的一维布拉维格子相应的倒格子，其中，O 为倒空间原点，圆点即倒格点。其中 AB 即为此一维倒格子的维格纳-赛茨原胞，即第一布里渊区。由此依次向两边扩展，AC 与 BD 为第二布里渊区，DF 和 CE 为第三布里渊区，等等。

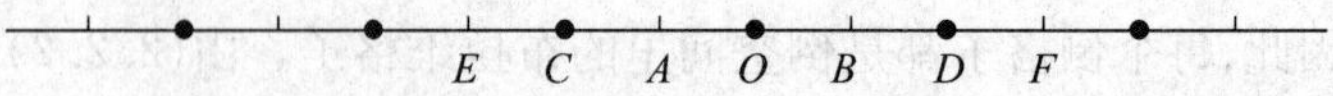

图 2.2 一维倒格子与布里渊区

图 2.3 为晶格常数为 a 与 b 的二维矩形正格子的倒格子。其中 $ABCD$ 为第一布里渊区，其“体积”（二维情形其实为面积）为 $(2\pi)^2/ab$，正是二维倒格子原胞的“体积”。由第一布里渊区依次向四面扩展，可以求得第二、第三布里渊区。例如在图 2.3 中竖线阴影区为第二布里渊区，而横线阴影区为第三布里渊区等。我们可以看到，每个布里渊的“体积”都与倒格子原胞体积相等，事实是将任一布里渊的各部分位移适当的倒格子就可合并成第一布里渊区。例如图 2.3 中第二布里渊区有四块，各自相应位移 $\pm\frac{2\pi}{a}\boldsymbol{i}$、$\pm\frac{2\pi}{b}\boldsymbol{j}$ 就与 $ABCD$ 重合。而且第 n 个布里渊区必与第 $n-1$ 布里渊区相邻，彼此有面积不为零的共同边界。一般而言，由于倒格子的周期性，我们往往只需关心第一布里渊区。图 2.4(a)与(b)分别为面心立方和体心立方的第一布里渊区。图中的一些罗马与希腊字母分别用来标记具有较高对称性的轴或点，如原点称为 Γ 点，等等，它们的坐标见表 2-1 和表 2-2，由此亦可以想到体心立方的维格纳-赛茨原胞具有图 2.4(a)的形状，而面心立方的维格纳-赛茨原胞则具有图 2.4(b)的形状。

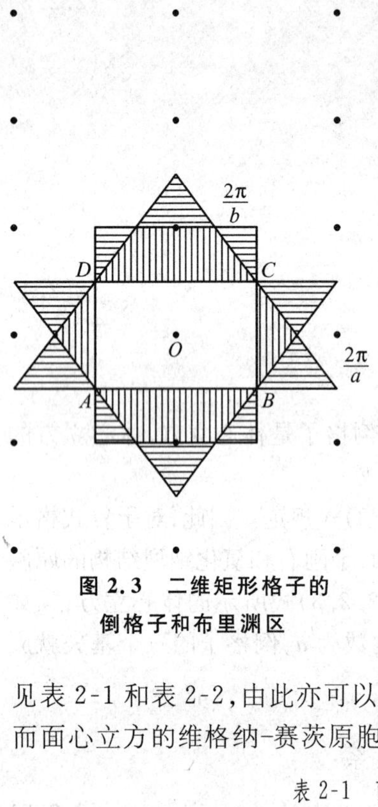

图 2.3 二维矩形格子的倒格子和布里渊区

表 2-1 面心立方晶格布里渊区中对称点和轴的坐标

名称	Γ	Δ	X	Λ	L	Σ	K
坐标	$\frac{2\pi}{a}(0,0,0)$	$\frac{2\pi}{a}(\delta,0,0)$	$\frac{2\pi}{a}(1,0,0)$	$\frac{2\pi}{a}(\lambda,\lambda,\lambda)$	$\frac{2\pi}{a}\left(\frac{1}{2},\frac{1}{2},\frac{1}{2}\right)$	$\frac{2\pi}{a}(\sigma,\sigma,0)$	$\frac{2\pi}{a}\left(\frac{3}{4},\frac{3}{4},0\right)$

其中，$0<\delta<1$，$0<\lambda<\frac{1}{2}$，$0<\sigma<\frac{3}{4}$

表 2-2 体心立方晶格布里渊区中对称点和轴的坐标

名称	Γ	Δ	H	Λ	P	Σ	N
坐标	$\frac{2\pi}{a}(0,0,0)$	$\frac{2\pi}{a}(\delta,0,0)$	$\frac{2\pi}{a}(1,0,0)$	$\frac{2\pi}{a}(\lambda,\lambda,\lambda)$	$\frac{2\pi}{a}\left(\frac{1}{2},\frac{1}{2},\frac{1}{2}\right)$	$\frac{2\pi}{a}(\sigma,0,0)$	$\frac{2\pi}{a}\left(\frac{1}{2},\frac{1}{2},0\right)$

其中，$0<\delta<1$，$0<\lambda<\frac{1}{2}$，$0<\sigma<\frac{1}{2}$

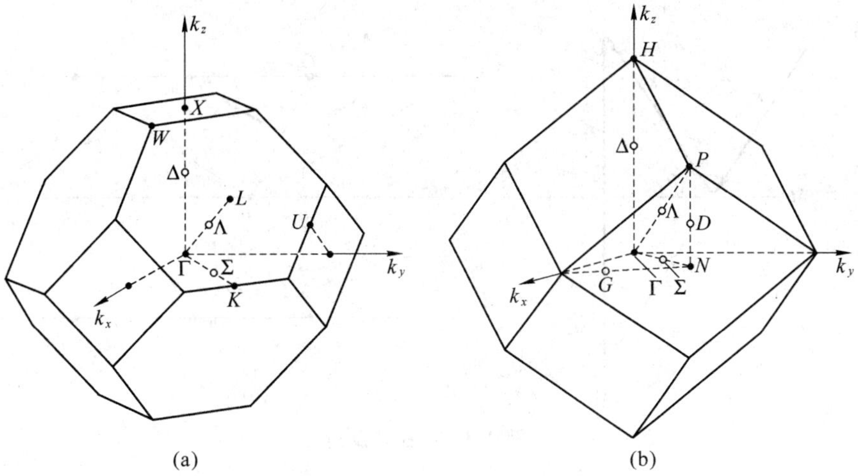

图 2.4 面心立方和体心立方的第一布里渊区

(a) 面心立方；(b) 体心立方

§2.3 晶体的衍射条件

2.3.1 劳厄方程

由式(2.1.2)极易得出晶体对入射束，例如X射线的衍射条件。为简单计，设晶体为由一种原子组成的简式布拉维格子，于是所有的 f_j 均相同，可记为 f，而且所有原子均位于晶胞顶角，即任一原子的位矢 $\boldsymbol{R}_m$ 可表示为

$$\boldsymbol{R}_m = m\boldsymbol{a} + n\boldsymbol{b} + p\boldsymbol{c} \tag{2.3.1}$$

式中 $\boldsymbol{a}$、$\boldsymbol{b}$、$\boldsymbol{c}$ 为晶胞基矢，m、n、p 为包括零的整数。显然如果来自任何格点的散射波在某一 $\boldsymbol{k}$ 方向全为相长干涉，必然在该方向出现衍射极大。即对所有的 $\boldsymbol{R}_m$ 同时要求

$$(\boldsymbol{k} - \boldsymbol{k}_0) \cdot \boldsymbol{R}_m = 2\pi S_m \tag{2.3.2}$$

式中 S_m 为整数。如将上式中的波矢 $\boldsymbol{k}$ 与 $\boldsymbol{k}_0$ 分别表示为 $\boldsymbol{k} = \frac{2\pi}{\lambda}\boldsymbol{s}$，$\boldsymbol{k}_0 = \frac{2\pi}{\lambda}\boldsymbol{s}_0$，$\boldsymbol{s}_0$ 与 $\boldsymbol{s}$ 分别为入射波与散射波传播方向的单位矢量，则(2.3.2)式可改写为：

$$\boldsymbol{R}_m \cdot (\boldsymbol{s} - \boldsymbol{s}_0) = S_m\lambda \tag{2.3.3}$$

上式称为劳厄方程，决定了出现衍射极大方向的条件。显然，如

$$\boldsymbol{k} - \boldsymbol{k}_0 = \boldsymbol{K}_{h'} \tag{2.3.4}$$

$\boldsymbol{K}_{h'} = h'\boldsymbol{a}^* + k'\boldsymbol{b}^* + l'\boldsymbol{c}^*$ 为某一倒格矢，h'、k'、l' 均为整数，则由(2.2.5)式立刻可得(2.3.2)式。于是在与入射波矢 $\boldsymbol{k}_0$ 相差一个倒格矢的方向将出现衍射极大，如用感光胶片观察将得到一明锐的斑点。

2.3.2 布拉格反射

这里关于衍射条件的讨论涉及到波矢及倒格矢，通常还有一种在正空间中描述衍射条件的方法——布拉格反射，显得更为直观。在图2.5(a)中，$\boldsymbol{K}_{h'}$ 为一倒格矢，可以写成 $\boldsymbol{K}_{h'} =$

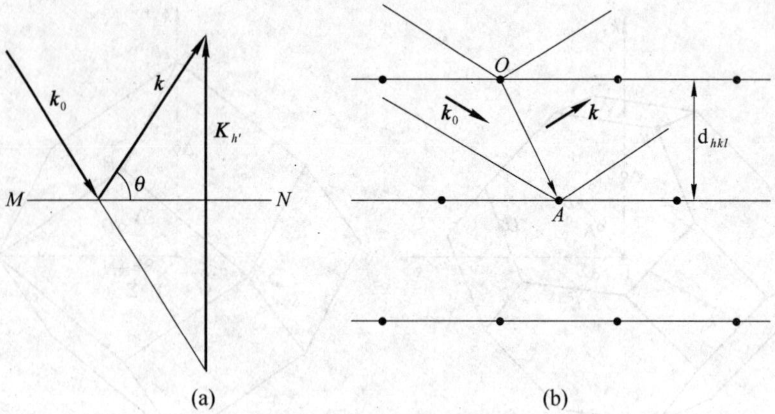

图 2.5 布拉格反射

$m\boldsymbol{K}_h$，$\boldsymbol{K}_h = h\boldsymbol{a}^* + k\boldsymbol{b}^* + l\boldsymbol{c}^*$ 为该方向的最短的倒格矢。不难证明 $\boldsymbol{K}_h$ 沿米勒指数为($h\ k\ l$)的晶面族的法线方向。由此可见图 2.5(a)中与纸面垂直的平面 MN 与晶面族($h\ k\ l$)平行，衍射极大的波矢 $\boldsymbol{k}$ 的方向恰沿入射波对晶面($h\ k\ l$)的镜面反射方向。通常将此称为布拉格反射。由式(2.3.4)及图 2.5(a)可得

$$|\boldsymbol{K}_{h'}| = 2k\sin\theta$$

或

$$m\,|\boldsymbol{K}_h| = 2\,\frac{2\pi}{\lambda}\sin\theta$$

可以证明 $|\boldsymbol{K}_h| = 2\pi/d_{hkl}$，$d_{hkl}$ 为晶面族($h\ k\ l$)的相邻面间距，可得

$$2d_{hkl}\sin\theta = m\lambda \tag{2.3.5}$$

上式称为布拉格反射公式，m 代表衍射级次。由图 2.5(b)可以进一步理解布拉格反射的意义。晶体中所有的格点均可视为排列在米勒指数为($h\ k\ l$)的晶面族上。设对某一晶面而言，其所有的格点在 $\boldsymbol{k}$ 方向干涉相长。现在观察来自不同层的散射波的干涉，这只需要研究来自相邻两层中的两个格点 O 与 A 的散射波即可。根据 § 2.1 的讨论知，来自 O 与 A 的散射波沿 $\boldsymbol{k}$ 方向的位相差为

$$\Delta = (\boldsymbol{k} - \boldsymbol{k}_0)\cdot\overrightarrow{OA}$$

由于 $\boldsymbol{k} - \boldsymbol{k}_0 = \boldsymbol{K}_{h'}$，且 $\boldsymbol{K}_{h'}$ 与晶面族($h\ k\ l$)垂直，得 $\Delta = (\boldsymbol{k} - \boldsymbol{k}_0)\cdot\overrightarrow{OA} = m\,|\boldsymbol{K}_h|\,d_{hkl} = 2\pi m$，即 O 与 A 沿 $\boldsymbol{k}$ 方向的散射波干涉相长，从而得到所有格点的散射波都在此方向干涉相长即衍射极大的结果，这正是劳厄方程或(2.3.4)式所表示的。可见劳厄方程与布拉格反射是两个等价的表示衍射条件的方法。只是应强调的是，布拉格反射的物理机理仍然是所有格点的散射波的相长干涉，与入射波束在晶体表面的镜面反射并无关系，实际上，布拉格反射条件(2.3.5)式涉及的晶面族($h\ k\ l$)更完全可以不是晶体实际显露在外的表面。

§ 2.4 原子散射因子和几何结构因子

2.4.1 原子散射 X 射线的本领

具体分析记录介质(对 X 射线而言常用感光胶片)上获得的衍射图样从而推断晶体的结构，

除了考虑衍射斑的分布外还需要研究衍射斑的强度。由(2.1.3)式知,衍射束的强度应与原子对入射波的散射幅度 α 有关。通常将原子对入射波的散射本领用原子散射因子 f 来表达。f 的定义是整个原子对于入射波的散射幅度与一个假设位于原子核处的电子的散射幅度的比。如以原子核为原点,由于一个位于 $\boldsymbol{r}$ 处的电子与位于原点的电子对波矢为 $\boldsymbol{k}$ 的散射波的相位差为

$$\delta = (\boldsymbol{k} - \boldsymbol{k}_0) \cdot \boldsymbol{r} \tag{2.4.1}$$

可得原子散射因子

$$f = \sum_j \alpha \mathrm{e}^{\mathrm{i}(\boldsymbol{k}-\boldsymbol{k}_0)\cdot \boldsymbol{r}_j} / \alpha = \sum_j \mathrm{e}^{\mathrm{i}(\boldsymbol{k}-\boldsymbol{k}_0)\cdot \boldsymbol{r}_j}$$

上式求和遍及原子中所有的电子,α 为电子对入射波的散射幅度。但是原子中的电子的位置并不确定,上式应代之以

$$f = \int \mathrm{e}^{\mathrm{i}(\boldsymbol{k}-\boldsymbol{k}_0)\cdot \boldsymbol{r}} \rho(\boldsymbol{r}) \mathrm{d}\tau \tag{2.4.2}$$

其中 $\rho(\boldsymbol{r})$ 为原子中的电子分布的数密度。可见原子散射因子除与具体的原子结构有关外,还与散射波的方向有关。在电子分布具有球对称情形, $\rho(\boldsymbol{r}) = \rho(r)$, 可采用球面坐标计算(2.4.2)式。

如图 2.6 所示,将 z 轴取为沿 $(\boldsymbol{k} - \boldsymbol{k}_0)$ 方向。令

$$\boldsymbol{K} = \boldsymbol{k} - \boldsymbol{k}_0 = K\boldsymbol{s} \tag{2.4.3}$$

$\boldsymbol{s}$ 为沿 z 轴单位矢量,则

$$(\boldsymbol{k} - \boldsymbol{k}_0) \cdot \boldsymbol{r} = Kr\cos\theta$$

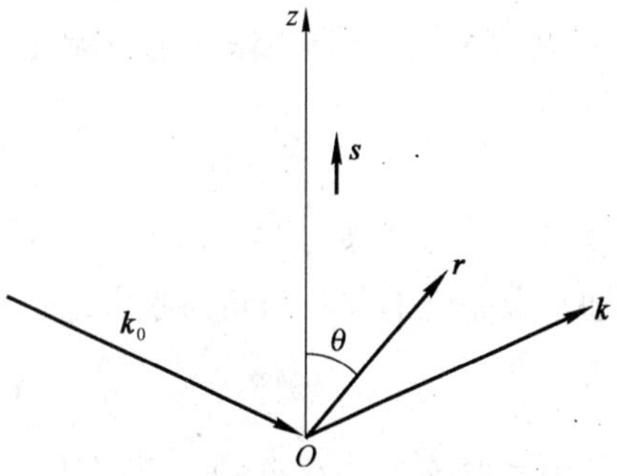

图 2.6 原子散射因子的计算

式(2.4.2)化为

$$f(\boldsymbol{K}) = \int_0^\infty \int_0^{2\pi} \int_0^\pi \rho(r) \mathrm{e}^{\mathrm{i}Kr\cos\theta} r^2 \sin\theta \mathrm{d}\theta \mathrm{d}\varphi \mathrm{d}r$$

$$f(\boldsymbol{K}) = 2\pi \int_0^\infty \rho(r) r^2 \mathrm{d}r \int_0^\pi \mathrm{e}^{\mathrm{i}Kr\cos\theta} \sin\theta \mathrm{d}\theta$$

$$= 4\pi \int_0^\infty \rho(r) r^2 \mathrm{d}r \frac{\sin Kr}{Kr}$$

引进电子径向分布函数

$$U(r) = 4\pi r^2 \rho(r) \tag{2.4.4}$$

则得

$$f(\boldsymbol{K}) = \int_0^\infty U(r) \frac{\sin Kr}{Kr} \mathrm{d}r \tag{2.4.5}$$

对于前向散射, $\boldsymbol{k} = \boldsymbol{k}_0$, $K = 0$, $\frac{\sin Kr}{Kr} = 1$, 公式化为

$$f(0) = \int_0^\infty U(r) \mathrm{d}r = Z \tag{2.4.6}$$

Z 为散射中心中的电子数,如散射中心为中性原子,则为原子序数。

2.4.2　晶体结构在衍射中的作用

在上节讨论劳厄方程与布拉格条件时,我们采用 $\boldsymbol{a}$、$\boldsymbol{b}$、$\boldsymbol{c}$ 作基矢,实际上是对晶系进行的。因此其中提到的作为散射中心的点虽然所对应的也是晶体结构的基本单元,但比起§1.2中的基元来可能包括更多的离子或原子,也就是这里的基本单元可以包括不止一个(当然是整数个)基元。例如对于铜,上节的格点所代表的基本单元可以看成包括立方体顶角及其相邻的三个面心上的铜离子,而对于金刚石型的硅晶体,则应包括立方体顶角、三个相邻面心以及立方体对角线上的四个原子,即总共八个原子。简言之,这里是把晶胞看作一个散射中心,因此应视其为包括晶胞中所有的原子或离子。上节的劳厄方程或布拉格反射决定了来自各个散射中心的衍射加强条件,至于满足这一条件是否一定相应于一个明锐的衍射斑还要看在这一条件下来自各个散射中心的散射波的幅度。如这一散射幅度为零,尽管满足劳厄方程或布拉格反射条件,仍然观察不到衍射斑。散射中心自身的散射本领是由几何结构因子 F 所表达的,正如原子散射因子描写原子的散射本领一样。几何结构因子的定义是,对于一定的入射方向,晶胞所有原子或离子沿某一方向的散射波的幅度与一个电子的散射波的幅度之比。根据这一定义,可以将几何结构因子直接用晶胞内原子或离子的散射因子表达如下:

$$F(\boldsymbol{K}) = \sum_j f_j \mathrm{e}^{\mathrm{i}\boldsymbol{K}\cdot\boldsymbol{r}_j} \tag{2.4.7}$$

这里 $\boldsymbol{K} = \boldsymbol{k} - \boldsymbol{k}_0$,仍为散射波与入射波的波矢矢量差,而 $\boldsymbol{r}_j$ 为晶胞中原子或离子的位矢。通常取晶胞的某一顶角为原点,而将原子位矢用晶胞基矢表示为:

$$\boldsymbol{r}_j = u_j\boldsymbol{a} + v_j\boldsymbol{b} + w_j\boldsymbol{c} \tag{2.4.8}$$

其中系数 u_j、v_j 及 w_j 为一些有理分数,可用($u_j\ v_j\ w_j$)的形式表示。例如 NaCl 型结构晶胞中的离子可表示为(0 0 0),$\left(\frac{1}{2},\ \frac{1}{2},\ 0\right)$,$\left(0,\ \frac{1}{2},\ \frac{1}{2}\right)$,$\left(\frac{1}{2},\ 0,\ \frac{1}{2}\right)$,$\left(\frac{1}{2},\ 0,\ 0\right)$,$\left(0,\ \frac{1}{2},\ 0\right)$,$\left(0,\ 0,\ \frac{1}{2}\right)$和$\left(\frac{1}{2},\ \frac{1}{2},\ \frac{1}{2}\right)$;而氯化铯中的两个离子可表示为(0 0 0)与$\left(\frac{1}{2}\ \frac{1}{2}\ \frac{1}{2}\right)$。

根据(2.1.3)式、(2.4.2)式与(2.4.7)式原则上便可计算衍射强度。由于在衍射极大方向必须满足 $\boldsymbol{k} - \boldsymbol{k}_0 = \boldsymbol{K}_{h'k'l'} = m\boldsymbol{K}_{hkl}$ 的条件,其中 $\boldsymbol{K}_{hkl}$ 为相对于晶胞基矢建立的倒格子在该方向的最短倒格矢,在计算原子散射因子与几何结构因子时 $\boldsymbol{K}$ 均须代以 $\boldsymbol{K}_{h'k'l'}$,否则没有实际意义。利用几何结构因子,对比(2.1.2)式可将衍射波的幅度 $A(\boldsymbol{k})$ 表示为

$$A(\boldsymbol{k}) \propto \sum_{P=1}^{N} F_P \mathrm{e}^{\mathrm{i}\boldsymbol{K}_{h'k'l'}\cdot\boldsymbol{R}_P} \tag{2.4.9}$$

上式中 $\boldsymbol{R}_P$ 为第 P 个晶胞的位矢,求和对所有的晶胞进行,而 F_P 中包含对一个晶胞中的所有原子或离子求和,因此,除去一个常数,即电子对散射波的幅度外,上式与(2.1.2)式是完全等价的。由此可得衍射波的强度

$$I(\boldsymbol{k}) \propto |A(\boldsymbol{k})|^2$$

$$I(\boldsymbol{k}) \propto \sum_{P,\ P'} F_P F_{P'}^{*} \mathrm{e}^{\mathrm{i}K_{h'k'l'}\cdot(\boldsymbol{R}_P - \boldsymbol{R}_{P'})}$$

由于上式中 $\boldsymbol{K}_{h'k'l'}$ 为基矢为 $\boldsymbol{a}^*$、$\boldsymbol{b}^*$ 和 $\boldsymbol{c}^*$ 的倒格矢,必有 $\mathrm{e}^{\mathrm{i}\boldsymbol{K}_{h'k'l'}\cdot(\boldsymbol{R}_P - \boldsymbol{R}_{P'})} = 1$;而且每个晶胞的几何结构因子 F 都相同,因此

$$I(\boldsymbol{k}) = I_{h'k'l'} \propto F(\boldsymbol{K}_{h'k'l'})F^*(\boldsymbol{K}_{h'k'l'}) \tag{2.4.10}$$

将式(2.4.7)代入,并设 f_j 为实数,可得

$$\begin{aligned} I_{h'k'l'} &\propto (\mathrm{Re}\,F)^2 + (\mathrm{Im}\,F)^2 \\ &= [\sum_j f_j \cos(h'u_j + k'v_j + l'w_j)]^2 \\ &\quad + [\sum_j f_j \sin(h'u_j + k'v_j + l'w_j)]^2 \end{aligned}$$

即

$$\begin{aligned} I_{mh,\,mk,\,ml} \propto & [\sum_j f_j \cos(mhu_j + mkv_j + mlw_j)]^2 \\ & + [\sum_j f_j \sin(mhu_j + mkv_j + mlw_j)]^2 \end{aligned} \tag{2.4.11}$$

前面已说明 m 为衍射级次;因此由上式可见,决定 m 级衍射强度的为 mh, mk 与 ml 三个指数,称为衍射面指数,通常($mh\ mk\ ml$)这组数也用来标定衍射斑。下面举几个简单的例子说明(2.4.11)式的应用。

对体心立方结构,晶胞中两个相同原子处于(0 0 0)与$\left(\frac{1}{2}\ \frac{1}{2}\ \frac{1}{2}\right)$处,由式(2.4.11)得

$$\begin{aligned} I_{mh,\,mk,\,ml} \propto & f^2[1 + \cos\pi(mh + mk + ml)]^2 \\ & + f^2 \sin^2\pi(mh + mk + ml) \end{aligned}$$

这里 f 为两个相同原子的散射因子。上式表明,实验上不可能发现衍射面指数之和 $mh + mk + ml$ 为奇数的衍射斑点。

金刚石型结构的晶胞内包含八个同种原子,其位矢可表为(0 0 0), $\left(\frac{1}{2}\ \frac{1}{2}\ 0\right)$, $\left(\frac{1}{2}\ 0\ \frac{1}{2}\right)$, $\left(0\ \frac{1}{2}\ \frac{1}{2}\right)$, $\left(\frac{1}{4}\ \frac{1}{4}\ \frac{1}{4}\right)$, $\left(\frac{3}{4}\ \frac{3}{4}\ \frac{1}{4}\right)\left(\frac{3}{4}\ \frac{1}{4}\ \frac{3}{4}\right)$和$\left(\frac{1}{4}\ \frac{3}{4}\ \frac{3}{4}\right)$。由(2.4.11)式可知如衍射强度 $I_{mh,\,mk,\,ml} \neq 0$,衍射面指数要末全是奇数;要末全为偶数且面指数和之半 $(mh + mk + ml)/2$ 也是偶数。

氯化钠型结构的晶胞中,如氯离子位于(0 0 0), $\left(\frac{1}{2}\ \frac{1}{2}\ 0\right)$, $\left(\frac{1}{2}\ 0\ \frac{1}{2}\right)$和$\left(0\ \frac{1}{2}\ \frac{1}{2}\right)$,则钠离子位于$\left(\frac{1}{2}\ 0\ 0\right)$, $\left(0\ \frac{1}{2}\ 0\right)$, $\left(0\ 0\ \frac{1}{2}\right)$与$\left(\frac{1}{2}\ \frac{1}{2}\ \frac{1}{2}\right)$。由式(2.4.11)可知当衍射面指数不全为奇数或不全为偶数时衍射波干涉相消,观察不到衍射斑。当衍射面指数全为偶数时衍射强度最大。而当衍射面指数全为奇数时衍射强度与 $(f_{Cl^-} - f_{Na^+})^2$ 成比例。由于氯离子与钠离子具有不同的散射本领,使衍射面指数全为奇数的衍射束具有虽不为零但较低的强度。

值得一提的是,在上面的讨论中,我们忽略了入射波的幅度的贡献。事实上除去 $\boldsymbol{K} = 0$,即 $\boldsymbol{k} = \boldsymbol{k}_0$ 的前向散射而外,所有的衍射束都明显偏离入射束的方向。因此在入射束截面有限的实际实验条件下,不必考虑入射波的影响。

§ 2.5 磁结构晶体对中子的衍射

同 X 射线一样,中子束的衍射也是结构分析的重要手段。中子束受原子的散射,其原理与 X 射线的散射不同,主要是受核的影响。但磁性原子例外,由于中子具有磁性,中子磁

矩与原子磁矩的相互作用导致附加散射。正是这一磁性相互作用,使中子衍射成为确定磁性结构的重要技术方法。也正是通过中子散射的测量才建立起对晶体磁结构的系统认识。此外,在辨认材料中所含有的轻元素方面,中子衍射也具有超过 X 射线衍射的优越性。

2.5.1 磁性结构因子

在铁磁或反铁磁材料中,离子磁矩在空间沿确定的方向排列,从而使各个离子对中子波的散射波相干叠加而形成核衍射之外的附加衍射峰。本节将以非极化中子束对反铁磁材料 MnO 的衍射为例介绍中子衍射在确立材料磁性结构方面的作用。所谓非极化中子束即其中中子的磁矩有相同的概率取向上或向下的方向。

计入原子核和原子磁矩对中子波的散射,磁性材料的几何结构因子应代之以磁性结构因子 $F^M_{h'k'l'}$,$F^M_{h'k'l'}$ 满足

$$|F^M_{h'k'l'}|^2 = |\sum_j b_j e^{i\mathbf{K}_{h'k'l'}\cdot\mathbf{r}_j}|^2 + |\sum_j q_j P_j e^{i\mathbf{K}_{h'k'l'}\cdot\mathbf{r}_j}|^2 \tag{2.5.1}$$

式中 $\boldsymbol{r}_j$ 为晶胞中第 j 个原子的位置矢量

$$\boldsymbol{r}_j = u_j\boldsymbol{a} + v_j\boldsymbol{b} + w_j\boldsymbol{c} \tag{2.5.2}$$

b_j 描写原子核对中子波的散射本领,类似于原子对 X 射线散射的原子散射因子 f,但具有长度的量纲。式(2.5.1)第一项对应于磁性材料原子核的几何排列,相应的衍射峰原则上与 X 射线衍射并无二致。式(2.5.1)的第二项表示原子磁矩的相干散射,与此相应的衍射峰正反映材料的磁性结构。因此从实验的角度,应从磁性材料的中子衍射图中识别与(2.5.1)式第二项相应的"附加"衍射峰,从而据此判断磁性物质磁结构的细节。式(2.5.1)表示采用非极化中子束时原子核对中子的散射与原子磁矩对中子的散射是互不相干的,因而是衍射强度相加而非散射幅度相加。

式(2.5.1)中 P_j 表示原子或离子磁矩对中子波的散射本领,可表示为

$$P = \left(\frac{e^2\gamma}{2mc^2}\right)gJf_m \tag{2.5.3}$$

这里 γ 为以核磁子为单位的中子磁矩,g 为兰德因子(参阅 §12.3),J 为原子总角动量量子数,而 f_m 也类似于原子散射因子 f,注意 $\frac{e^2}{mc^2}$ 为经典电子半径,可见 P 也具有长度的量纲。q 为矢量 $\boldsymbol{q}$ 的数值,而

$$\boldsymbol{q} = \boldsymbol{\varepsilon}(\boldsymbol{\varepsilon}\cdot\boldsymbol{\kappa}) - \boldsymbol{\kappa} \tag{2.5.4}$$

$\boldsymbol{\kappa}$ 为沿原子磁性自旋方向的单位矢量,$\boldsymbol{\varepsilon}$ 亦为一单位矢量,称为"散射矢量",$\boldsymbol{\varepsilon}$, $\boldsymbol{\kappa}$ 与入射及散射中子束的相对方位如图 2.7 所示。易见,$\boldsymbol{q}$ 位于 $\boldsymbol{\varepsilon}$ 与 $\boldsymbol{\kappa}$ 组成的平面内且垂直于 $\boldsymbol{\varepsilon}$,而且

$$q = \sin\alpha \tag{2.5.5}$$

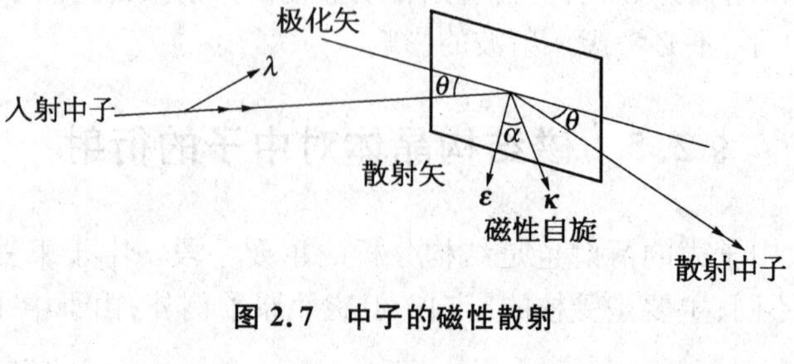

图 2.7 中子的磁性散射

而 α 恰为 $\boldsymbol{\varepsilon}$ 与 $\boldsymbol{\kappa}$ 的夹角。

2.5.2 低温 MnO 的磁结构

MnO 在温度低于 120 K 时为反铁磁体(详见§11.6),图 2.8 为其结构模型。其中黑点代表氧离子,而标正负号的空心圆圈分别代表磁矩相反的锰离子 Mn^{2+}。由图可见在(1 1 1)晶面族内,同一离子层中的锰离子磁矩取向相同,而近邻锰离子层(中间隔一层氧离子)的磁矩取向相反。

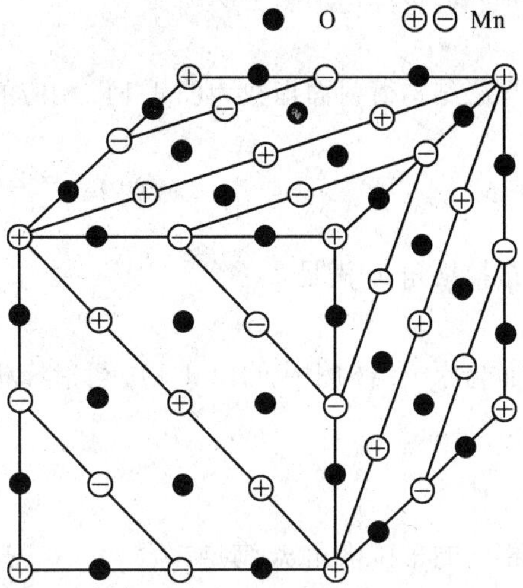

图 2.8 反铁磁 MnO 的磁性结构模型

图 2.9 为 MnO 在温度为 80 K 与 293 K 的中子衍射强度与布拉格角 θ 的关系。由图明显可见,在低于反铁磁相变的奈尔温度 120 K,衍射图出现附加的衍射峰。X 射线衍射证明 MnO 具有 NaCl 型结构,晶格常数为 $a_0 = 0.442\,6$ nm。图 2.9(b)的中子衍射图与 X 射线衍射结果一致,表明在高于奈尔温度时,离子的磁矩取向随机,不会有磁性的相干散射形成的附加衍射峰。与图 2.9(b)相比,图 2.9(a)中的所有附加衍射峰均能用晶格常数 $a = 2a_0$ 的 NaCl 型结构解释,其中两种取向磁矩的锰离子分别位于 NaCl 型结构中只有锰离子的(111)相间的晶面。如设中子波长为 λ,则与磁结构衍射

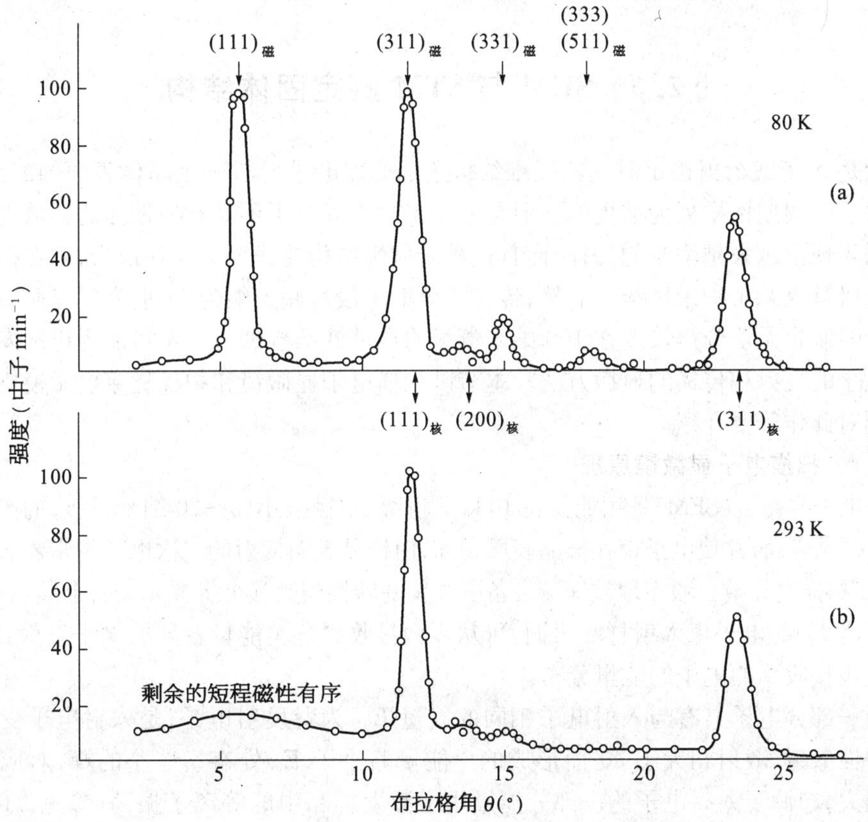

图 2.9 MnO 的中子衍射图

面指数为(1 1 1)$_{磁}$的衍射峰相对应的面间距为

$$d_{(111)_{磁}} = \frac{\sqrt{3}}{3}(2a_0) \tag{2.5.6}$$

相应的布拉格角 θ_1 满足

$$2d_{(111)_{磁}} \sin\theta_1 = \lambda \tag{2.5.7}$$

与磁结构衍射面指数为(3 1 1)$_{磁}$相应的面间距

$$d_{(311)_{磁}} = 2a_0/\sqrt{3^2+1^2+1^2} = \frac{2a_0}{\sqrt{11}} \tag{2.5.8}$$

布拉格角 θ_2 满足

$$2d_{(311)_{磁}} \sin\theta_2 = \lambda \tag{2.5.9}$$

而与原子结构相应的(1 1 1)$_{核}$衍射峰相应的面间距应为

$$d_{(111)} = \frac{\sqrt{3}\,a_0}{3} \tag{2.5.10}$$

相应的布拉格角 θ_0 满足

$$2d_{(111)} \sin\theta_0 = \lambda \tag{2.5.11}$$

由图可见，$\theta_1 \approx 6^\circ$, $\theta_2 \approx 11.6^\circ$, $\theta_0 \approx 11.9^\circ$ 显然满足

$$2d_{(111)}\sin\theta_0 = 2d_{(111)_{磁}}\sin\theta_1 = 2d_{(311)_{磁}}\sin\theta_2$$

§2.6 SEM 与 STM 测定固体结构

无论是 X 射线衍射确定晶体的三维结构还是低能电子衍射确定晶体表面的二维结构，都是以原子的周期性排列为前提的。但是近年来学术界对于不具有周期性的局域性原子位置的结构表现出越来越浓厚的兴趣，而且这种局域性结构的线度又往往很小，常在微米以下直至纳米级甚至 0.1 纳米量级。显然，传统的衍射手段对此无能为力，而光学显微镜由于分辨本领的限制也无法分辨尺度在 100 纳米量级的局域性结构细节。至目前为止已发展出各种基于电子的发射和传播的显微方法。本节以扫描电子显微镜和扫描隧穿显微镜观察表面形貌为例对此作简要介绍。

2.6.1 扫描电子显微镜原理

扫描电子显微镜(SEM)是用能量在 10 keV 量级、束径很小(5—20 纳米量级)的高强度电子束照射样品表面，并使电子束在样品表面扫描，由样品表面发射的二次电子携带着表面形貌的信息，在扫描过程中会顺序地被探测设备所收集并转换到荧光屏等显示设备上显示出来。

能量为 E_0 的电子束入射样品表面，可从表面接收到各类能量各异的电子发射，图 2.10 示意地代表接收到的电子的能量分布。

相当一部分电子具有与入射电子相同的能量 E_0，为背反射电子，是入射电子受固体中原子的弹性散射、散射角大于 90°而形成的。能量略小于 E_0 处有一些小的峰，对应于特征性能量损失，起源于入射电子的一部分能量用于激发样品中的等离子振荡(参见 §6.5)；能量在 50～2 000 eV 之间的峰对应于俄歇电子，由于俄歇电子的能量与原子中的电子能级密

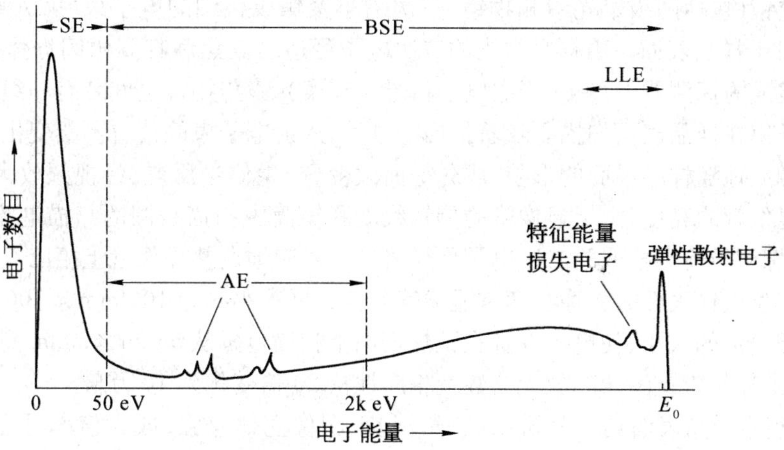

图 2.10 从样品表面收集到的电子能谱

切相关,这一部分电子携带着样品表面成分的信息。由表面收集到的电子绝大部分处于能量小于 50 eV 范围,系由入射电子从样品原子中击出的电子所组成,称为二次电子。扫描电子显微镜就是通过收集与分析二次电子来获得样品表面的放大像。

图 2.11 是 SEM 的原理示意图。从电子枪阴极发射的电子由 5～30 kV 高压加速后,

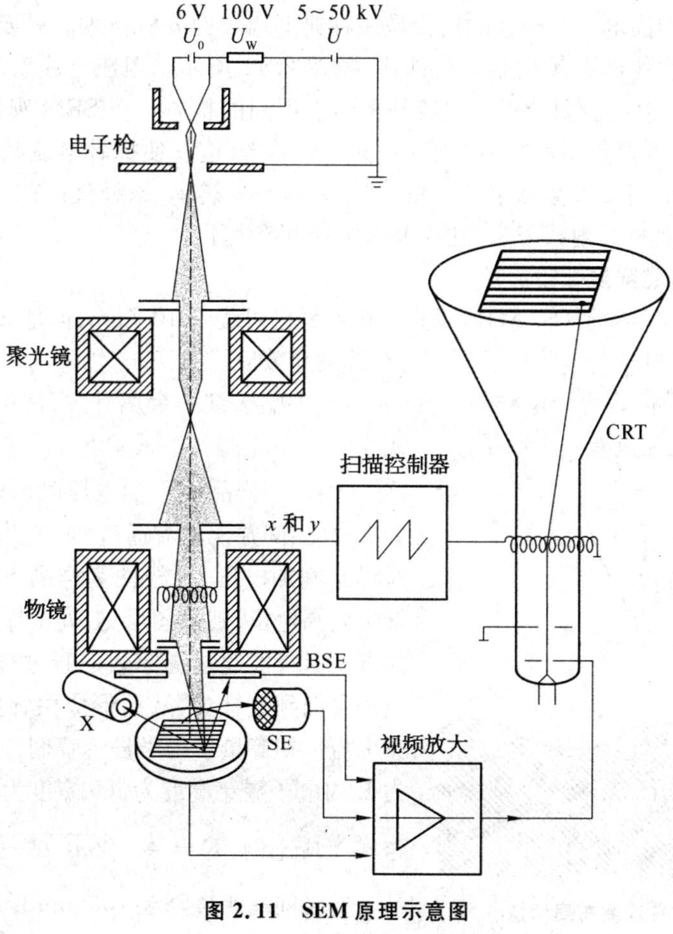

图 2.11 SEM 原理示意图

经三个磁透镜(包括两级聚光镜和物镜)三次缩小聚焦成极细的电子束(束斑直径约为 5～20 nm)入射于样品表面。由样品击出的二次电子经适当聚焦后打到由闪烁体、光导管及光电倍增管组成的探测器上,形成二次电子信号。在聚光镜与物镜之间装有一组扫描线图,控制入射电子束在样品表面扫描。随着扫描的进行,入射电子束的位置不断变化,于是二次电子信号也相应地随样品表面的形貌、成分等而改变,产生信号反差,经视频放大器进一步放大后调制显像管的亮度,由于显像管的偏转线圈和镜筒中扫描线圈的扫描电流是严格同步的,所以由探测器逐点拾取的二次电子信号将一一对应地调整显像管上相应点的亮度,而在显像管上产生试样表面的图像。通常显像管的荧光屏大小约为 100 mm×100 mm, 如果调节扫描线圈电流的大小,使电子探针在试样表面上扫描范围从 5 mm×5 mm 到 1 μm×1 μm 之间变化,则显像管上图像的放大倍数就相应地从 20 倍变化到 10 万倍。

SEM 观察样品表面具有分辨率高、景深长、图像立体感强、放大倍率可方便调节的优点,而且还能对样品表面作综合分析。

SEM 中入射到样品表面的聚焦电子束斑直径很小,常又称为电子探针。由于电子能量在 10 keV 量级,在电子探针轰击样品形成二次电子发射的同时又能产生特征 X 射线。众所周知,特征 X 射线携带着元素原子电子结构的信息。因此根据特征 X 射线谱中谱线的波长与强度就可以对样品表面存在的元素种类及其丰度作出鉴定。通常由电子探针可获得表面 μm 量级区域的化学成分,因此也是一种局域化的显微分析手段。

电子探针与扫描电子显微镜的结合是一种典型的表面分析技术。只要在 SEM 设备中面对样品的适当位置设置 X 射线谱仪即成,如图 2.11 所示。但应当注意的是当电子探针用作 SEM 和作 X 射线显微分析时仪器是工作于不同的状态。作 SEM 观察时要求高分辨率,因此电子探针应聚焦到直径尽可能小,例如 5 纳米,这就使探针电流减小,往往在 10^{-2} nA 以下。反之,如用作 X 射线显微分析,并不要求高分辨率,探针直径在 μm 量级即可,但为了获得足够强度的 X 射线发射,往往要求探针电流大于 10 nA。

2.6.2 扫描隧穿显微镜原理

当代扫描隧穿显微镜(STM)的垂直分辨本领已可优于 10^{-2} nm,但是 STM 的原理却十分简单,就是依据量子力学的电子贯穿势垒的隧穿效应。

如图 2.12 所示,S 为导电样品表面,T 为一尖端极细的金属针尖,常由钨或铂-铱合金制成,且端面处往往只有一个原子。

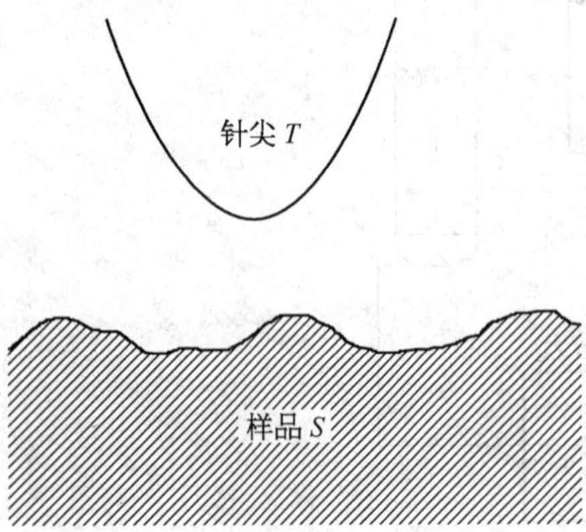

图 2.12 STM 观测布局示意

当针尖-样品间不加电压时,体系处于平衡态,针尖-样品间并无电流通过,如图 2.13(a)所示。如对样品施加电压,且极性为样品 S 处于低电位,而针尖处高电位,则由图可见,处于样品费米能级附近的电子有可能通过隧穿效应越过样品-针尖间的真空势垒而到达针尖,从而形成由针尖指向样品的隧穿电流。初等量子力学告诉我们,在一维情形,能量为 E 的电子隧穿高度为 eU、宽度为 d 的势垒的概率与 e^{-Kd} 成比例, $K=\frac{1}{\hbar}\sqrt{2m(eU-E)}$。实际上当样品与针尖间的距离降至 10^{-1} nm 量级时就会产生隧穿电流,而且距离变化 0.1 nm,隧穿电流就要变化一个量级左右。就是说隧穿电流对针尖样品间的距离极为敏感,这也正是 STM 具有极高分辨本领的物理基础。通常作 STM 观察时可采用恒流模式,即使针尖沿样品表面扫描,并自动高精度地调整针尖的高度维持隧穿电流不变。这样针尖在不同位置的高度就能以极高的分辨率复制出样品表面的形貌。

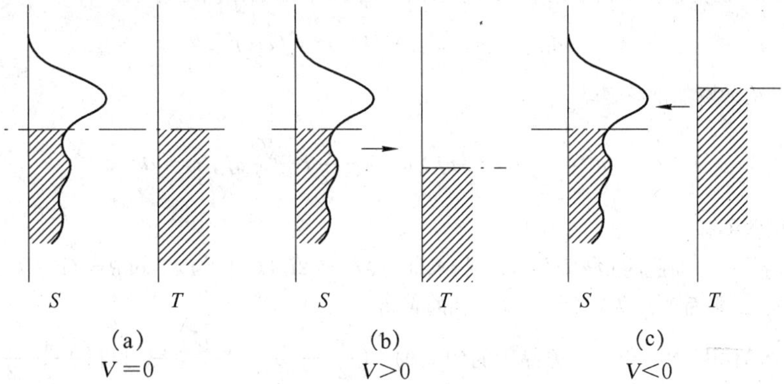

图 2.13 STM 的工作原理图(V 为外加电压)

事实上,隧穿电流可表示为:

$$I = \frac{4\pi e}{\hbar}\int_{-\infty}^{\infty}[f(E_F - eV + E) - f(E_F + E)] \cdot g_T(E_F - eV + E)g_s(E_F + E)\mid M\mid^2 dE \tag{2.6.1}$$

其中,f 为费米分布函数,g_s 与 g_T 分别为样品与针尖的电子状态密度,M 为电子在针尖-样品之间的跃迁矩阵元,V 为针尖-样品间所加的电压。通常上式可简化为

$$I = \frac{4\pi e}{\hbar}\int_{0}^{eV} g_T(E_F - eV + E)g_s(E_F + E)\mid M\mid^2 dE \tag{2.6.2}$$

由(2.6.1)式和图 2.13(b)与(c)可见 STM 不仅能探测样品表面的几何形貌,而且能探测样品表面的电子结构。根据针尖-样品间电压的极性可直接获取电子的占有态(满态)与空态的信息,这就使 STM 成为表面局域结构分析的有力工具。

STM 在上一世纪的 80 年代初由宾尼希(Binnig)与罗雷尔(Rohrer)所发明,五年后这两位发明人即与多年从事电子显微镜研究的 Ruska 分享 1986 年诺贝尔物理学奖。STM 一经问世立即在生物、化学等许多学科领域获得重要应用,应用领域远远超出物理学的范围。不少学术界的久悬未决的问题也因 STM 而得到解决。Si(1 1 1)表面 7×7 的重构结构即为一典型例子。Si(1 1 1) 7×7 重构在 20 世纪 60 年代即已发现,但具体的原子结构一直众说纷纭、莫衷一是。直到高柳根据 STM 观察的结果提出的结构模型才得到普遍认可,这一延续了四分之一世纪的公案才告了结。目前 STM 又成为操控单个原子或分子的工具,其功能也远远超过显微放大。因此 STM 三个字母的意义也从扫描隧穿显微镜扩大为扫描隧穿显微术。

习　题

1. 试证明面心立方与体心立方互为正、倒格子。
2. $\boldsymbol{a}$、$\boldsymbol{b}$、$\boldsymbol{c}$ 为简单正交布拉维格子的基矢，试证晶面族 $(h\ k\ l)$ 的晶面间距为

$$d_{hkl} = [(h/a)^2 + (k/b)^2 + (l/c)^2]^{-1/2}$$

3. 六角密集结构如取如下原胞基矢

$$\boldsymbol{a}_1 = \frac{a}{2}\boldsymbol{i} + \frac{\sqrt{3}}{2}a\boldsymbol{j}\ ,\ \boldsymbol{a}_2 = -\frac{a}{2}\boldsymbol{i} + \frac{\sqrt{3}}{2}a\boldsymbol{j}\ ,\ \boldsymbol{c} = c\boldsymbol{k}$$

试写出其倒格子基矢。

4. 如 X 射线沿简立方原胞的 Oz 负方向入射，求证当 $\lambda/a = 2l/(k^2 + l^2)$ 和 $\cos\beta = (l^2 - k^2)/(l^2 + k^2)$ 时，衍射光线在 yz 平面上，β 为衍射线和 Oz 轴的夹角。
5. 设在氯化钠晶体中，Na^+ 位于立方晶胞的 $(0\ 0\ 0)$，$\left(\frac{1}{2}\ \frac{1}{2}\ 0\right)$，$\left(\frac{1}{2}\ 0\ \frac{1}{2}\right)$ 与 $\left(0\ \frac{1}{2}\ \frac{1}{2}\right)$ 诸点；而 Cl^- 位于 $\left(\frac{1}{2}\ \frac{1}{2}\ \frac{1}{2}\right)$，$\left(0\ 0\ \frac{1}{2}\right)$，$\left(0\ \frac{1}{2}\ 0\right)$ 与 $\left(\frac{1}{2}\ 0\ 0\right)$ 诸点。试讨论衍射面指数和衍射强度的关系。
6. 试求金刚石型结构的几何结构因子，设原子散射因子为 f。
7. 设一二维格子的基矢 $a_1 = 0.125\ \text{nm}$，$a_2 = 0.250\ \text{nm}$，$\boldsymbol{a}_1$ 与 $\boldsymbol{a}_2$ 夹角 $\alpha = 120°$，试画出第一与第二布里渊区。二维倒格子基矢 $\boldsymbol{b}_1$、$\boldsymbol{b}_2$ 与正格子基矢间有如下关系：

$$\boldsymbol{b}_i \cdot \boldsymbol{a}_j = 2\pi\delta_{ij}\ ,\ \delta_{ij} = \begin{cases} 1 & i = j, \\ 0 & i \neq j。\end{cases}$$

8. 铜靶发射 $\lambda = 0.154\ \text{nm}$ 的 X 射线入射铝单晶，如铝 $(1\ 1\ 1)$ 面一级布拉格反射角 $\theta = 19.2°$，试据此计算铝 $(1\ 1\ 1)$ 面族的面间距 d 与铝的晶格常数 a。

第三章 晶体的结合

本章的主题是大量原子、分子所以能聚合在一起而构成晶体的原因。我们先从能量的角度讨论晶体结合的一般性质，并说明晶体的内聚能与晶体的力学、热学性质的关系；然后逐个对各种不同结合方式进行讨论，说明各种方式的主要特征以及由此形成的晶体的主要性质。

§3.1 内聚能与晶体的力学、热学性质

3.1.1 内聚能

在绝对零度和不考虑外力的条件下，晶体中的原子间距都是一定的，其值为 r_0。如果要使原子间距变大，则必须对晶体施加拉伸力。这说明当原子间距 $r > r_0$ 时，原子之间就产生相互吸引力，以平衡外来的拉伸力。在此拉伸的过程中，外力所做的功转变成晶体的内能。同样，要使晶体中的原子间距变小，则必须对晶体施加压缩力。这说明当 $r < r_0$ 时，原子之间就出现排斥力，以与外加压缩力相平衡。同样，在压缩过程中，外力所做的功也使晶体的内能增加。

实际上晶体中各个原子间总是同时存在吸引力和排斥力。如图 3.1(a)所示，此两力的大小均随 r 的变大而衰减。但吸引力比排斥力衰减得慢。排斥力仅是当 r 较小时才出现的短程力，当 r 稍大时，就很快衰减。所以，当 $r > r_0$ 时，吸引力的大小超过排斥力，因此合力不再为零，而表现为吸引力。而当 $r < r_0$ 时，排斥力的大小超过吸引力，而表现为排斥力。当 $r = r_0$ 时，此两力正好大小相等，相互抵消，合力为零。吸引和排斥作用对晶体内能的贡

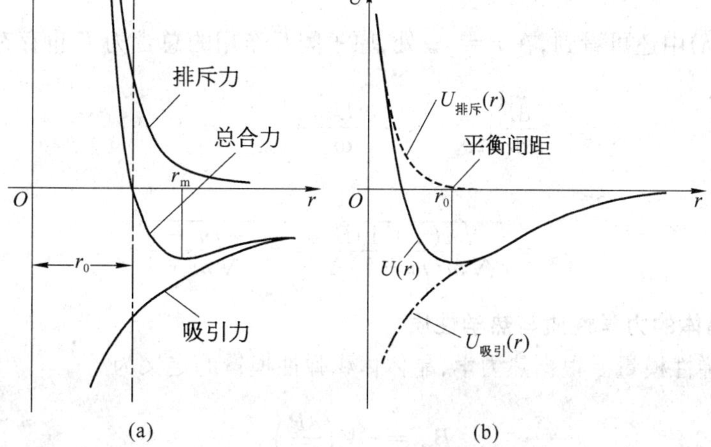

图 3.1 F 及 U 随 r 的变化

(a) 原子间互作用力 F；(b) 晶体内能 U

献可分别表示成

$$U_{吸引}(r) = -\frac{A}{r^m}$$

$$U_{排斥}(r) = \frac{B}{r^n}$$

它们都是原子间距 r 的幂函数，如图 3.1(b)所示。这里 A、B、m、n 都是常数。并且已把能量的零点取在 $r\to\infty$ 处，即取晶体分成各个孤立原子时的能量作为能量零点。式中的 m 小于 n，即随着原子间距 r 的变大，$U_{吸引}(r)$ 总比 $U_{排斥}(r)$ 衰减得慢。在图 3.1(b)中，它们分别用点划线及点线表示。实线表示绝对零度下，总的晶体内能：

$$\begin{aligned} U(r) &= U_{吸引}(r) + U_{排斥}(r) \\ &= -\frac{A}{r^m} + \frac{B}{r^n} \end{aligned} \tag{3.1.1}$$

从图中可以看到，$U(r)$ 曲线存在有一个极小位置 r_0，其值由 $U(r)$ 的一阶导数 $\left.\frac{\mathrm{d}U(r)}{\mathrm{d}r}\right|_{r=r_0} = 0$ 决定，由此可得

$$r_0 = \sqrt[n-m]{\frac{Bn}{Am}} \tag{3.1.2}$$

原子间互作用力 F 应与 $-\frac{\mathrm{d}U(r)}{\mathrm{d}r}$ 成正比，相应于 $U(r)$ 的极小位置 $r = r_0$ 处，$F = 0$，相应于图 3.1(a)中吸引力与排斥力相平衡的位置。在 $r = r_0$ 处，晶体内能具有最小值 U_c，其值为负。这就是说，与分离成各个孤立原子的情况相比，各个原子聚合起来形成晶体后，系统的能量将下降 $|U_c|$，常把 U_c 的绝对值称之为晶体的内聚能。正因为如此，由各个原子聚合在一起形成的晶体是稳定的。$|U_c|$ 愈大，则相应的晶体也愈稳定。根据(3.1.1)及(3.1.2)式，可得

$$\begin{aligned} U_c &= U(r_0) \\ &= -\frac{A}{r_0^m}\left(1 - \frac{m}{n}\right) \end{aligned} \tag{3.1.3}$$

从图 3.1(a)中还可看到，在 $r = r_m$ 处，原子间互作用的总合力 F 也存在一个极值。r_m 可根据

$$\left.\frac{\mathrm{d}F}{\mathrm{d}r}\right|_{r=r_m} = -\left.\frac{\mathrm{d}^2U(r)}{\mathrm{d}r^2}\right|_{r=r_m} = 0$$

决定，由此可得

$$r_m = \sqrt[n-m]{\frac{n(n+1)B}{m(m+1)A}} = r_0 \sqrt[n-m]{\frac{n+1}{m+1}} \tag{3.1.4}$$

3.1.2 晶体的力学性质与热学性质

(1) 体积弹性模量。根据热力学，晶体体积弹性模量的定义为

$$B_m = -V\left(\frac{\partial P}{\partial V}\right)_T \tag{3.1.5}$$

其中 V 为晶体体积，P 为压力。由热力学的基本关系式，压力 P 与晶体内能有下面关系：

$$P=-\frac{\partial U}{\partial V}=-\frac{\partial U}{\partial r}\cdot\frac{\partial r}{\partial V}$$

因此,体积弹性模量 B_m 可表示成

$$B_m=V\left(\frac{\partial^2 U}{\partial V^2}\right)=V\left(\frac{\partial^2 U}{\partial r^2}\right)\left(\frac{\partial r}{\partial V}\right)^2+V\frac{\partial U}{\partial r}\frac{\partial^2 r}{\partial V^2} \tag{3.1.6}$$

当 $T=0\,\mathrm{K}$ 时,原子间的平衡间距为 r_0。假设晶体中含有 N 个原胞,每个原胞的体积应与 r_0^3 成正比,因此晶体的平衡体积

$$V_0=N\beta r_0^3 \tag{3.1.7}$$

这里的 β 是与晶体的几何结构有关的参数$\left(\text{对于简立方的简单格子}, \beta=1, \text{对于面心立方的简单格子}, \beta=\frac{\sqrt{2}}{2}, \text{对于体心立方的简单格子}, \beta=\frac{4\sqrt{3}}{9}\right)$。根据(3.1.6)及(3.1.7)式,可得在平衡时晶体的体积弹性模量:

$$B_m=\frac{1}{9N\beta r_0}\left(\frac{\partial^2 U}{\partial r^2}\right)_{r=r_0} \tag{3.1.8}$$

如果采用(3.1.1)式的内能表示式,则可把 B_m 表示成

$$B_m=\frac{m(n-m)A}{9N\beta r_0^{m+3}} \tag{3.1.9}$$

根据(3.1.3)式,B_m 也可表示成

$$B_m=\frac{mn\mid U_c\mid}{9N\beta r_0^3} \tag{3.1.10}$$

由此可见体积弹性模量 B_m 与内聚能 $|U_c|$ 及原子间互作用力参数 m、n 成正比,而与原子间距 r_0 的三次方成反比。

(2) 熔点及挥发性。内聚能表示当处于分离状态下,为数众多的孤立原子系统聚合成晶体时释放的能量。所以要使晶体中的原子分离成离散的孤立原子,就必须对晶体施加至少等于内聚能 $|U_c|$ 的能量。晶体的 $|U_c|$ 愈大,其中的原子相互间结合得愈牢。要使它们分离开来就需要提供更大的能量。由此可见,内聚能较大的晶体只有在较高的温度下其原子或分子的热运动能量较大时,晶体的结构才可能瓦解而转化为液体。这就是说,内聚能高的晶体必有较高的熔点。

晶体的电学、光学性质也与晶体的具体结合方式有关,将在下面介绍具体的结合方式时再作说明。

3.1.3 原子间的互作用力

前面的讨论并未涉及原子间互作用力的物理根源。产生吸引力与排斥力的物理原因与晶体的具体结合方式有关。通常晶体有五种不同的结合方式:离子结合、范德瓦耳斯结合、共价结合、金属结合及氢键结合。对于原子间的吸引力,不同的结合方式有不同的机理。例如对于离子结合方式,原子间吸引力主要来自正、负离子之间的库仑作用力;而对范德瓦耳斯结合方式,吸引力主要来自原子或分子的电偶矩之间的互作

用。而对于排斥力，不管哪种结合方式，其产生的原因有如下两点：1. 带正电荷的原子核之间的库仑排斥力。由于这些原子核都被电子所屏蔽，因此这些库仑斥力显现出短程力的性质，随着核之间的距离增大而很快衰减。2. 原子或正负离子的闭合电子壳层相互交叠时，由泡利不相容原理而产生的排斥力。以正离子 Na^+ 及负离子 Cl^- 为例，它们的闭合壳层分别是 2p 及 3p 壳层，这些电子壳层都是满的，均被 6 个电子所占据。当 Na^+ 与 Cl^- 相互靠近，而使 2p 壳层与 3p 壳层相互交叠时，各个离子的各相应壳层的电子数都超过泡利不相容原理所允许的数目(6 个)。因此，根据泡利不相容原理，部分电子必须占据更高的电子能级，这样就使系统的能量增加。因为随着原子(离子)间距的减小而能量增大，就相应于原子(离子)间存在排斥力。除以上两方面的机理外，对于金属及由共价结合而成的共价晶体(原子晶体)来说，当晶体被压缩时，由于晶体中的价电子密度增大，根据不确定关系及泡利不相容原理，价电子系统的动能和总能量也将增加，也表现出排斥力。

§3.2　离子结合与离子晶体

3.2.1　原子的电离能、亲和能及电负性

在具体讨论离子结合机理之前，先讨论不同原子对价电子的吸引力的强弱。常用电离能、亲和能及电负性三个物理量来描述它们。电离能 W_i 是指使一个价电子摆脱原子 A 的束缚，必须对它施加的能量。所以可表示成

$$A + W_i \longrightarrow A^+ + (-e) \qquad (3.2.1)$$

亲和能 W_a 是指一个中性原子从外界获得一个电子而转变成负离子时可以释放出来的能量，可以表示成

$$A + (-e) \longrightarrow A^- + W_a \qquad (3.2.2)$$

从上面的讨论中可以看到电离能及亲和能都在一定的程度上反映了原子对价电子的束缚能力。原子对价电子的束缚能力愈强，则该原子的电离能和亲和能就愈大。为了总体上描述，引入电负性。Mulliken 把电负性定义为

$$\chi = \frac{1}{6.3}(W_i + W_a) \qquad (3.2.3)$$

这里取系数$\frac{1}{6.3}$主要是为了使金属 Li 的电负性 $\chi_{Li} \approx 1$。

除 Mulliken 外，泡令(L. Pauling)以及其他人都对电负性给出了各自的定义。尽管数值上各人定出的电负性有些差别，但是 χ 随原子的定性变化趋势是相同的。表 3-1 给出了元素周期表中前几个周期元素的电离能、亲和能及电负性的数值(其中电负性采用泡令给出的定义)。

从表 3-1 可以看到，各元素的电负性在周期表中呈有规则的变化。对每个周期来说，以Ⅰ族元素的电负性为最小，而以Ⅶ族元素的电负性为最大。对每一族来看，随着周期数的增加，电负性随之减小。所以表中处在右上角的 F 元素有最大的电负性，而处在左下角的 K 元素的电负性为最小。

表 3-1 部分元素的电离能、亲和能及电负性

周期	族	ⅠA	ⅡA	ⅢB	ⅣB	ⅤB	ⅥB	ⅦB
2	元素	Li	Be	B	C	N	O	F
	电离能(eV)	5.40	9.32	8.28	11.27	14.55	13.62	17.43
	亲和能(eV)	0.5 (0.62)	−0.6	0.1	1.2 (1.27)	−0.6	2.3 (1.46)	3.9 (3.4)
	电负性*	1	1.5	2.0	2.5	3.0	3.5	4
3	元素	Na	Mg	Al	Si	P	S	Cl
	电离能(eV)	5.14	7.64	5.97	8.15	10.9	10.36	12.90
	亲和能(eV)	0.0 (0.55)	−0.9	0.2 (0.46)	0.6 (1.39)	0.3 (0.74)	2.5 (2.08)	3.7 (3.61)
	电负性	0.9	1.2	1.5	1.8	2.1	2.5	3.0
4	元素	K	Ca	Ga	Ge	As	Se	Br
	电离能(eV)	4.34	6.11	5.97	8.13	10.5	9.73	11.76
	亲和能(eV)	/	/	/	/	/	/	3.5 (3.36)
	负电性	0.8	1.0	1.5	1.8	2.0	2.4	2.8

* 泡令电负性定义：$\chi_A-\chi_B=0.708\left[E(A-B)-\dfrac{E(A-A)+E(B-B)}{2}\right]^{\frac{1}{2}}$。其中 $E(A-B)$、$E(A-A)$ 及 $E(B-B)$ 分别表示异极分子 $A-B$、同极气体分子 A_2 及 B_2 的键能(单位为 eV)。并选定氟的电负性 $\chi_F=4$。其他元素电负性按上式逐个比较求得。

3.2.2 离子对的形成

现在试把Ⅰ族的 Na 原子与Ⅶ族的 Cl 原子放在一起。它们的电负性相差很大 $\chi^{Cl}-\chi^{Na}=3.0-0.9=2.1$。Na 原子对电子的束缚力很弱，而 Cl 原子对电子有强的束缚力。当它们靠得很近时，Na 原子中的电子就会转移到 Cl 原子，使它们分别变成 Na^+ 及 Cl^-。根据(3.2.1)及(3.2.2)式，对于 Na 原子及 Cl 原子组成的系统可得

$$Na+Cl+(W_i^{Na}-W_a^{Cl})\longrightarrow Na^++Cl^- \qquad (3.2.4)$$

这就是说在由中性原子 Na，Cl 转变成正负离子 Na^+，Cl^- 过程中，还必须加入能量 $W_i^{Na}-W_a^{Cl}=5.14-3.7=1.44\,eV$。乍看起来这个过程是不可能实现的。但是这里没有考虑到正负离子间的库仑吸引能及排斥能。当正负离子间距为平衡值 r_0 时，吸引能 $U_{吸引}(r_0)=-\dfrac{e^2}{4\pi\varepsilon_0 r_0}$ 与排斥能 $U_{排斥}(r_0)$之和达到极小值。故当它们组成相互间距为 r_0 的离子对时，可释放出能量 $|U_{吸引}(r_0)|-U_{排斥}(r_0)$。也即

$$Na^++Cl^-\longrightarrow Na^+Cl^-+|U_{吸引}(r_0)|-U_{排斥}(r_0) \qquad (3.2.5)$$

这样(3.2.4)式就应写成

$$Na+Cl\longrightarrow Na^+Cl^-+|U_{吸引}(r_0)|-U_{排斥}(r_0)-(W_i^{Na}-W_a^{Cl}) \qquad (3.2.6)$$

上式表明，当一对中性的原子 Na 及 Cl 转变成离子对 Na^+Cl^- 时，可以释放出能量

$$U_{解离}=|U_{吸引}(r_0)|-U_{排斥}(r_0)-(W_{电离}^{Na}-W_{亲合}^{Cl}) \qquad (3.2.7)$$

或者说离子对 Na^+Cl^- 的内能比中性原子对 Na、Cl 低 $U_{解离}$。如果以无相互作用的两个孤

立中性原子对的内能作为能量的零点，则 Na^+Cl^- 离子对的内能即为 $-U_{解离}$。常把 $U_{解离}$ 称之为离子对的解离能。对于 Na^+Cl^-，如果取 $r_0 = 0.25\ \mathrm{nm}$，可以计算得 $|U_{吸引}(r_0)| = 5.7\ \mathrm{eV}$，$U_{排斥}(r_0) = 0.2\ \mathrm{eV}$。因此，$Na^+Cl^-$ 离子对的解离能 $U_{解离} = (5.7 - 0.2 - 1.44)\mathrm{eV} = 4.06\ \mathrm{eV}$。所以 Na^+Cl^- 离子对的形成是稳定的，大量的离子对能够形成离子晶体。

3.2.3 离子晶体的几何结构

现在考虑 N 对正负离子聚合在一起形成晶体的情况，这时每个离子的最近邻都是异号离子，相互间都存在吸引能。因此最近邻数愈多，聚合能愈低。在固体物理学中常把晶体中每个原子(离子)周围的最近邻离子数称之为该晶体的配位数。所以当许多正、负离子形成离子晶体时应遵循下面的原则：一、要求每个离子的最近邻是异号离子。二、在满足最近邻是异号离子的前提下，要求配位数愈大愈好。离子晶体结构有下面三种：氯化铯结构、氯化钠结构及闪锌矿结构(见§1.3)。氯化铯结构的配位数为 8。氯化钠结构的配位数为 6。闪锌矿结构的配位数为 4。但是离子究竟聚合成哪一种结构主要决定于正、负离子半径 r_+ 和 r_- 的相对大小。现在即来讨论离子晶体的结构与 r_-/r_+ 关系。首先考虑氯化铯结构可允许的 r_-/r_+ 的最大值。通常 $r_- > r_+$，当组成晶体时，可以认为正、负离子球相互密接，如图 3.2(a)所

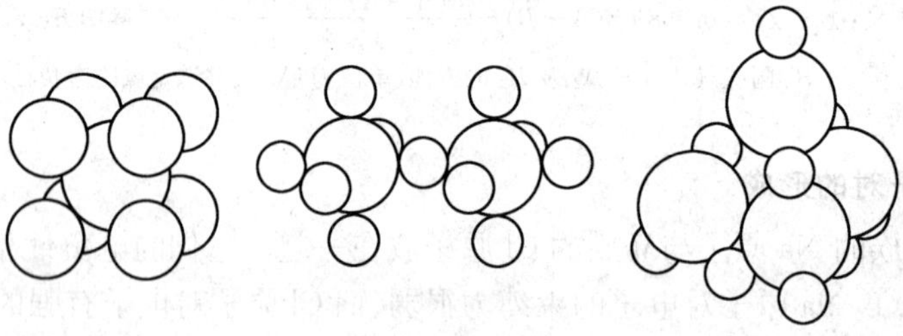

(a) 氯化铯型 (b) 氯化钠型 (c) 闪锌矿型

图 3.2 三种离子晶体中粒子的堆积情况

示。这里 8 个正离子组成立方体，负离子处在立方体的中心，所以立方体的对角线 $d = 2r_+ + 2r_-$，立方体的边长 $a = \dfrac{d}{\sqrt{3}} = \dfrac{2}{\sqrt{3}}(r_+ + r_-)$。很显然，为了能构成氯化铯晶体，负离子的直径 $2r_-$ 必须小于立方体的边长 a。即 $2r_- < a = \dfrac{2}{\sqrt{3}}(r_+ + r_-)$，由此可得到：$r_-/r_+ < \dfrac{1}{\sqrt{3}-1} = 1.37$。即为了能构成氯化铯结构，$r_-/r_+$ 必须小于 1.37。所以当 $r_- > 1.37r_+$ 时，只能构成配位数较低的氯化钠结构。图 3.3 示出了氯化钠结构的一个晶胞(100)面的离子分布情况，这里设正离子处在顶角上，由图可见，$2r_- < d = \sqrt{2}(r_+ + r_-)$。由此可得对于氯化钠结构，$r_-/r_+$ 必须满足的条件：$r_-/r_+ < \dfrac{1}{\sqrt{2}-1} = 2.41$。所以当 $r_- > 2.41r_+$ 时，只能形成配位数更低的闪锌矿结构。表 3-2 列出了部分离子晶体的离子半径比 r_-/r_+ 及它们的晶体结构。从表

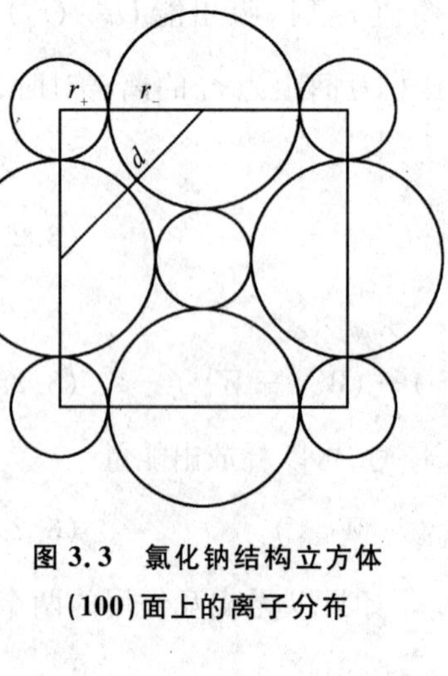

图 3.3 氯化钠结构立方体(100)面上的离子分布

中可以看到,晶体结构与 r_-/r_+ 的关系基本上满足上述规则。当然由于实际情况比较复杂。离子半径比不是确定结构的唯一因素。所以有些离子晶体并不满足上面规则。表 3-2 中的 RbF、ZnS 及 CuCl 等就是例子。

表 3-2 部分离子晶体的 r_-/r_+ 及晶体结构类型

离子晶体	离子半径比 r_-/r_+	晶体结构
CsCl	1.1	氯化铯结构
CsBr	1.2	
NaCl	1.9	氯化钠结构
NaBr	2.0	
KCl	1.4	
RbF	0.9	
ZnS	2.3	闪锌矿结构
BeS	5.1	
CuCl	1.9	

3.2.4 离子晶体的内聚能

按照前节所述,离子晶体的内聚能应是离子晶体的内能与由晶体分解成的各个孤立的中性原子系统的内能之差的绝对值。为方便起见,在这里分两步处理。第一步先由孤立的中性原子转变成孤立的相互间没有作用的正、负离子系统,然后第二步再由孤立的无相互作用的正负离子系统结合成离子晶体。在第一步里,假设系统各有 N 个中性原子 A、B 都转变成正负离子 A^+ 及 B^-。每对中性原子 A、B 的能量比孤立的无相互作用的正负离子 A^+、B^- 的能量低 $W_i^A - W_a^B$, 因此 N 对中性原子 A 及 B 的内能 $U_{原子}$ 比 N 对正负离子的内能 $U_{离子}$ 低 $N(W_i^A - W_a^B)$。即

$$U_{离子} - U_{原子} = N(W_i^A - W_a^B) \tag{3.2.8}$$

第二步,当 N 个 A^+ 与 N 个 B^- 结合成离子晶体时,每个离子不仅与邻近的异号离子相互作用,而且也与次邻近的同号离子相互作用,这种互作用能可表示成

$$U_{库仑} = -n_1 \frac{e^2}{4\pi\varepsilon_0 r} + n_2 \frac{e^2}{4\pi\varepsilon_0 \alpha_2 r} - n_3 \frac{e^2}{4\pi\varepsilon_0 \alpha_3 r} + \cdots \tag{3.2.9}$$

这里 n_1、n_2、n_3、…表示最近邻、次近邻及再次近邻……的离子数。因为最近邻为异号离子,故第一项为负,次近邻为同号离子,故第二项为正,而再次近邻又是异号离子,故第三项也为负。r 为正负离子间的最近距离,而 $\alpha_2 r$ 及 $\alpha_3 r$ 分别表示次近邻及再次近邻离子间的距离。(3.2.9)式也可写成

$$\begin{aligned} U_{库仑} &= -\frac{e^2}{4\pi\varepsilon_0 r}\left[n_1 - \frac{n_2}{\alpha_2} + \frac{n_3}{\alpha_3} - \frac{n_4}{\alpha_4} + \cdots\right] \\ &= -M \frac{e^2}{4\pi\varepsilon_0 r} \end{aligned} \tag{3.2.10}$$

这里已令

$$M = n_1 - \frac{n_2}{\alpha_2} + \frac{n_3}{\alpha_3} - \frac{n_4}{\alpha_4} + \cdots \tag{3.2.11}$$

M 与具体的晶体的结构有关,称为马德隆常数。对于氯化钠结构,可算得:

$$M = 6 - \frac{12}{\sqrt{12}} + \frac{8}{\sqrt{3}} - \frac{6}{\sqrt{4}} + \frac{24}{\sqrt{5}} - \cdots = 1.748$$

同样对氯化铯结构及闪锌矿结构可分别计算得 $M = 1.763$ 及 1.638。(3.2.10)式表出的是每个离子对其他所有离子的库仑互作用能。现在假设有 N 对离子,因此共有 $2N$ 个离子,而在计算各个离子间的互作用时,都重复计算了一次,因此应乘以 $\frac{1}{2}$。这样,由 N 对离子构成的离子晶体,离子间的库仑吸引能应为

$$U_{吸引} = NU_{库仑} = -NM\frac{e^2}{4\pi\varepsilon_0 r} \tag{3.2.12}$$

如§3.1 所述,当离子间相距较近,离子的电子壳层相互交叠时,由泡利不相容原理引起排斥能

$$U_{排斥} = B/r^n \tag{3.2.13}$$

这样可得离子晶体的内能与 N 个孤立的正、负离子系统的内能差为

$$\begin{aligned} U(r) - U_{离子} &= U_{吸引} + U_{排斥} \\ &= -NM\frac{e^2}{4\pi\varepsilon_0 r} + \frac{B}{r^n} \end{aligned} \tag{3.2.14}$$

如果把能量的零点取在孤立的正、负离子系统上,即取孤立的正、负离子系统的内能 $U_{离子} = 0$, 则离子晶体的内能

$$U(r) = -NM\frac{e^2}{4\pi\varepsilon_0 r} + \frac{B}{r^n} \tag{3.2.15}$$

与§3.1 的(3.1.1)式相比较,可知(3.1.1)式中的 A 及 m 分别为

$$A = NM\frac{e^2}{4\pi\varepsilon_0} \tag{3.2.16}$$

$$m = 1 \tag{3.2.17}$$

因此,根据(3.1.3)式,可求出平衡时离子晶体的内能:

$$U_c = -\frac{A}{r_0^m}\left(1 - \frac{m}{n}\right) = -\frac{NMe^2}{4\pi\varepsilon_0 r_0}\left(1 - \frac{1}{n}\right) \tag{3.2.18}$$

式中 r_0 是离子晶体中正负离子间的平衡间距。上式表出的是:以孤立的正负离子系统的内能 $U_{离子}$ 作为能量零点,计算得到的离子晶体的内聚能。如果仍如§3.1 所述的以中性原子系统的内能 $U_{原子}$ 作为能量的零点,由(3.2.8)式可得

$$U_{离子} = N(W_i^A - W_a^B)$$

离子晶体的内能应改为

$$\begin{aligned} U'_c &= U_c + U_{离子} \\ &= -\frac{NMe^2}{4\pi\varepsilon_0 r_0}\left(1 - \frac{1}{n}\right) + N(W_i^A - W_a^B) \end{aligned} \tag{3.2.19}$$

3.2.5 离子晶体的体积弹性模量

由(3.1.9)、(3.2.16)及(3.2.17)式可得离子晶体弹性模量

$$B_m=\frac{m(n-m)A}{9N\beta r_0^{m+3}}=\frac{(n-1)Me^2}{36\pi\varepsilon_0\beta r_0^4} \tag{3.2.20}$$

上式中的 M、β 可根据晶体结构计算得到$\left(\right.$对氯化铯、氯化钠及闪锌矿结构，β 分别等于 $8\sqrt{3}/9$、2 及 $16\sqrt{3}/9\left.\right)$。$r_0$ 及 B_m 均可由实验测定。因此通过上式可以决定排斥能参量 n：

$$n=1+\frac{36\pi\varepsilon_0\beta r_0^4}{Me^2}B_m \tag{3.2.21}$$

然后再由(3.2.19)式可以计算得到离子晶体的内聚能。并可与内聚能的实验测量值进行比较，以此检验理论的正确性。表 3-3 示出了部分离子晶体的平衡离子间距 r_0、体积弹性模量 B_m、排斥能参量 n 及每对离子的内能 U_c'/N。由表中可以看到，内聚能的计算值与实验值符合得很好。

表 3-3 部分离子晶体的某些重要参量的实验值与计算值

晶体	r_0(nm) (实验值)	B_m(10^{10}Pa) (实验值)	n (计算值)	$\frac{U_c'}{N}$(10^{-18}J) (计算值)	$\frac{U_c'}{N}$(10^{-18}J) (实验值)
NaCl	0.282	2.40	7.77	−1.25	−1.27
NaBr	0.299	1.99	8.09	−1.18	−1.21
KCl	0.315	1.75	8.69	−1.13	−1.15
KBr	0.330	1.48	8.85	−1.08	−1.10

§3.3 范德瓦耳斯结合与分子晶体

3.3.1 范德瓦耳斯力

常温下是气态的物质如 Cl_2、SO_2、HCl、H_2、O_2 以及惰性气体如 He、Ne、Ar、Xe 等，在低温下依靠范德瓦耳斯力结合成晶体。在这些晶体中基元都是一些分子，惰性气体的原子具有闭合的电子壳层，也可看成单原子分子，因此常把这类晶体称之为分子晶体。大部分有机化合物晶体也属于分子晶体。范德瓦耳斯力涉及三方面作用机理。即弥散力、取向力及感应力。下面依次作简单介绍。

弥散力——考虑两个惰性原子，如 He，原子核周围两个电子组成闭合的电子壳层，如图 3.4(a)所示。平均来说，每个原子的电偶极矩等于零。但是在某个瞬间，每个原子却存在有瞬时电偶极矩。当两个 He 原子相互靠近时，它们通过瞬时电偶极矩的互作用而发生相互关联。当两个电偶极矩的方向一致时，系统的能量为最低，所以相互关联导致两原子的瞬时电矩的方向趋向一致。由静电学知道，两个电偶极矩之间存在着吸引力，相应的吸引能与两原子间的距离 r 的 6 次方成反比。

取向力——对于由两种电负性不相等的原子组成的分子，如 NH_3，由于 N 原子的电负性比 H 原子大，因此在它们间形成的化学键上电子常偏向于 N 原子，即在 N 原子周围常存

在有较多的电子,因而带负电;而 H 原子因缺少电子而带正电。因此这种分子总存在有一个大小一定的电偶极矩,通常把这种具有一定电偶极矩的分子称之为极性分子。当电偶极矩的取向完全一致时,电偶极矩的互作用势能,也即分子间的吸引能为最低(绝对值最大)。但是在有限的温度下,分子的热运动常会扰动它们的取向,使互作用能的绝对值变小,所以由取向力引起的分子间的吸引能与温度有关。计算证明在有限温度下,极性分子间的由取向力引起吸引能的大小也与分子间的距离 r 的 6 次方成反比。

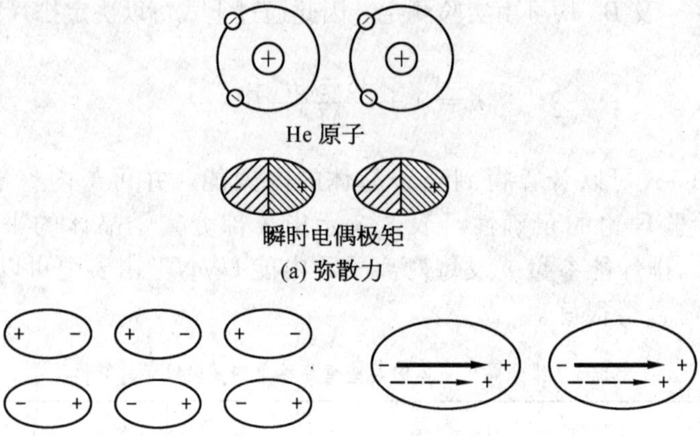

(a) 弥散力

(b) 取向力　　(c) 感应力

图 3.4　范德瓦耳斯力作用机理

感应力——当两个极性分子相互靠近时,不仅分子会发生转向而使电偶极矩相互一致,而且各个分子内部的电荷分布也会因邻近分子电偶矩的作用而发生畸变。具体来说在相邻分子的电偶极矩的作用下,分子中的电子云相对于带正电的原子核发生位移,因而产生附加的感应电偶极矩,如图 3.4(c)中的虚线箭头所示。这样就产生了除上面所述的取向力之外的附加的吸引力——感应力。理论计算证明这种感应力引起的分子间吸引能也与分子间距离 r 的 6 次方成反比。

一般情况下,对于非极性的分子,或惰性元素的单原子分子来说,只存在弥散力;而对于极性分子来说,则上述三种力都存在。但是不管哪一种力,引起的吸引能都与分子间距 r 的 6 次方成反比,而可统一地表示为

$$U_{\text{吸引}} = -\frac{a}{r^6} \tag{3.3.1}$$

当两个分子靠得很近时,同样也会产生排斥力,由惰性气体分子的实验,发现相应于排斥力的排斥能 $U_{\text{排斥}}$ 与分子间距 r 的 12 次方成反比:

$$U_{\text{排斥}} = \frac{b}{r^{12}} \tag{3.3.2}$$

因此对于两个分子间的互作用能可表示成

$$U = -\frac{a}{r^6} + \frac{b}{r^{12}} \tag{3.3.3}$$

式中 a、b 为两个参数。有时引进其他两个参数 ε 及 σ,使 $a = 4\varepsilon\sigma^6$, $b = 4\varepsilon\sigma^{12}$。而把(3.3.3)

式改写成

$$U(r) = 4\varepsilon\left[\left(\frac{\sigma}{r}\right)^{12} - \left(\frac{\sigma}{r}\right)^{6}\right] \tag{3.3.4}$$

上式常称为伦纳德-琼斯(Lennard-Jones)势。式中的参数 ε, σ 可由气体分子的实验数据获得。表 3-4 示出了某些惰性气体分子的参数 ε, σ 的值。

表 3-4 惰性气体元素的伦纳德-琼斯势参数

	Ne	Ar	Kr	Xe
ε(eV)	0.003 1	0.010 4	0.014 0	0.020 0
σ(nm)	0.274	0.340	0.365	0.398

3.3.2 分子晶体的晶体结构

从(3.3.1)式表出的分子间吸引能可以看到，吸引能与 r^6 成反比，与上节谈到的离子晶体的吸引能(与 r 成反比)相比，分子晶体中的吸引作用范围比离子晶体中的小得多。这就是说，只有当两分子间距靠得很近时，才显示出吸引力。而从(3.3.2)式示出的排斥能可以看到，分子晶体的排斥能与 r^{12} 成反比，因此排斥能随分子间距的增加衰减得更快。只有在非常近的范围内，才显示出排斥力。另外范德瓦耳斯力没有方向性，也没有像离子晶体那样，在各个离子周围的最近邻必须是异号离子的限制。因此在组成分子晶体时自然是排得愈密愈好。希望每个分子的周围最近邻原子数愈多愈好，也即晶体配位数愈大愈好。配位数愈大，原子排得愈密，则分子晶体的内聚能数值就愈大，分子晶体就愈稳定。在自然界中排列最紧密的晶体结构是面心立方结构及六角密集结构。它们都是有最大的配位数 12。由惰性气体原子构成的分子晶体都具有面心立方结构。

3.3.3 分子晶体的内聚能

两个惰性气体原子之间的互作用能如(3.3.4)式给出。当惰性气体原子组成分子晶体后，每个原子不仅与最近邻的原子相互作用，而且还与次近邻、三近邻、四近邻……等原子相互作用。假设晶体由 N 个原子组成，每个原子将与 $N-1$ 个原子发生相互作用，其互作用能 $U_1(r)$ 可表成

$$U_1(r) = n_1 U(r) + n_2 U(\alpha_2 r) + n_3 U(\alpha_3 r) + \cdots \tag{3.3.5}$$

这里 r 是分子晶体中最近邻原子间的间距。n_1, n_2, n_3 表示最近邻、次近邻、三近邻的原子数，$\alpha_2 r$、$\alpha_3 r$ 表示原子与次近邻、三近邻原子间的间距。考虑原子与第 i 近邻原子间的互作用能，由(3.3.4)式

$$U(\alpha_i r) = 4\varepsilon\left[\left(\frac{\sigma}{\alpha_i r}\right)^{12} - \left(\frac{\sigma}{\alpha_i r}\right)^{6}\right]$$

$$= \alpha_i^{-12} \cdot 4\varepsilon\left(\frac{\sigma}{r}\right)^{12} - \alpha_i^{-6} \cdot 4\varepsilon\left(\frac{\sigma}{r}\right)^{6}$$

把上式代入(3.3.5)式，可得

$$U_1(r) = A_{12} 4\varepsilon\left(\frac{\sigma}{r}\right)^{12} - A_6 4\varepsilon\left(\frac{\sigma}{r}\right)^{6} \tag{3.3.6}$$

这里已令

$$A_{12} = n_1 + n_2\alpha_2^{-12} + n_3\alpha_3^{-12} + \cdots \tag{3.3.7}$$

$$A_6 = n_1 + n_2\alpha_2^{-6} + n_3\alpha_3^{-6} + n_4\alpha_4^{-6} + \cdots \tag{3.3.8}$$

A_{12}、A_6 与晶体结构有关，对于面心立方结构

$$A_{12} = 12 + 6(\sqrt{2})^{-12} + 24(\sqrt{3})^{-12} + \cdots \approx 12.13$$

$$A_6 = 12 + 6(\sqrt{2})^{-6} + 24(\sqrt{3})^{-6} + \cdots \approx 14.45$$

由(3.3.6)式，对于由 N 个惰性气体原子组成的分子晶体的总内能可表示成

$$\begin{aligned} U(r) &= \frac{N}{2}U_1(r) \\ &= 2NA_{12}\varepsilon\left(\frac{\sigma}{r}\right)^{12} - 2NA_6\varepsilon\left(\frac{\sigma}{r}\right)^{6} \end{aligned} \tag{3.3.9}$$

因为在计算原子间互作用时，每个原子重复计算了一次，因此在上面的表式中出现因子$\frac{1}{2}$。由(3.3.9)式可见，分子晶体的内能也有(3.1.1)式所表示的形式。

利用$U(r)$表示式，可分别给出分子晶体的原子间平衡间距 r_0，内聚能 U_c，体积弹性模量 B_m：

$$r_0 = \sqrt[6]{\frac{2A_{12}}{A_6}\sigma^6} = \sqrt[6]{\frac{2A_{12}}{A_6}}\sigma \approx 1.09\sigma \tag{3.3.10}$$

$$U_c = -\frac{NA_6^2}{2A_{12}}\varepsilon \approx -8.6N\varepsilon \tag{3.3.11}$$

$$B_m = \frac{2}{\beta}\sqrt{\frac{2A_6^5}{A_{12}^3}}\varepsilon\sigma^{-3} \approx 75\varepsilon\sigma^{-3} \tag{3.3.12}$$

在求得(3.3.12)式的数值时，已考虑到对由惰性气体原子组成的分子晶体具有面心立方结构，因此 $\beta = \sqrt{2}/2$。前面已谈到参数 σ 及 ε 都可根据惰性元素气体的实验数据求得，其值已如表 3-4 给出，把这些值代入(3.1.2)、(3.1.3)及(3.1.10)式就可算出固态时的惰性元素的原子间平衡间距 r_0，内聚能 U_c 及体积弹性模量 B_m，并可与它们的实验测量值进行比较。表 3-5 已列出了这些物理量的计算值与实验测量值。

表 3-5　惰性元素固体的原子间平衡距离 r_0、内聚能 U_c/N 及体积弹性模量 B_m

		Ne	Ar	Kr	Xe
原子平衡间距 r_0 (nm)	理论	0.299	0.371	0.398	0.434
	实验	0.313	0.375	0.399	0.433
每个原子的内聚能$\frac{U_c}{N}$ (eV)	理论	−0.027	−0.089	−0.120	−0.172
	实验	−0.02	−0.08	−0.11	−0.17
体积弹性模量 B_m (10^9Pa)	理论	1.81	3.18	3.46	3.81
	实验	1.1	2.7	3.5	3.6

§3.4　共价结合与共价晶体

3.4.1　氢分子中的共价键

氢分子是典型的共价键结合的分子，当两个氢原子相距很远时，它们的电子都有相同的能量，处在相同的1s能级上。当两个氢原子相互靠近形成氢分子时，两个1s轨道发生交叠，这时每个电子都受到两个氢核的作用，成为氢分子中的电子。此时，电子不再是氢原子的1s能级，而是处于氢分子的某个能级，对应的波函数由原来的两个氢原子1s能级波函数组合而成。因有两种组合方式形成两个能级，分别称为成键态能级及反键态能级，前者低于1s能级，后者则高于1s能级，如图3.5(a)所示。这两个能级的区别仅在于电子的自旋状态不同，对于成键态，两个电子的自旋方向相反；而对反键态，两个电子自旋方向相同。实际氢分子的两个电子都处在成键态能级上，使体系的总能量下降，成为稳定的氢分子。图3.5(b)示出了体系总能量(内能)随两原子间距 r 的变化关系。如图所示，对于成键态内能 U 有一个极小值，这时的 r_0 即相应于氢分子中的两氢原子间距，而 $|U_b|$ 即为氢分子的解离能，也就是把氢分子分离成两个孤立的氢原子所需要加入的能量。图3.5(c)示出了成键态及反键态的电子分布情况，从图中可以看到成键态的电子绝大部分分布在两个氢核之间，每个电子都为两个氢原子所共有。依靠电子所带的负电荷把两个带正电荷的氢核紧紧地束缚在一起，因而形成共价键。相反，反键态的两个电子各自分布在两个氢核的两侧，因此不能使

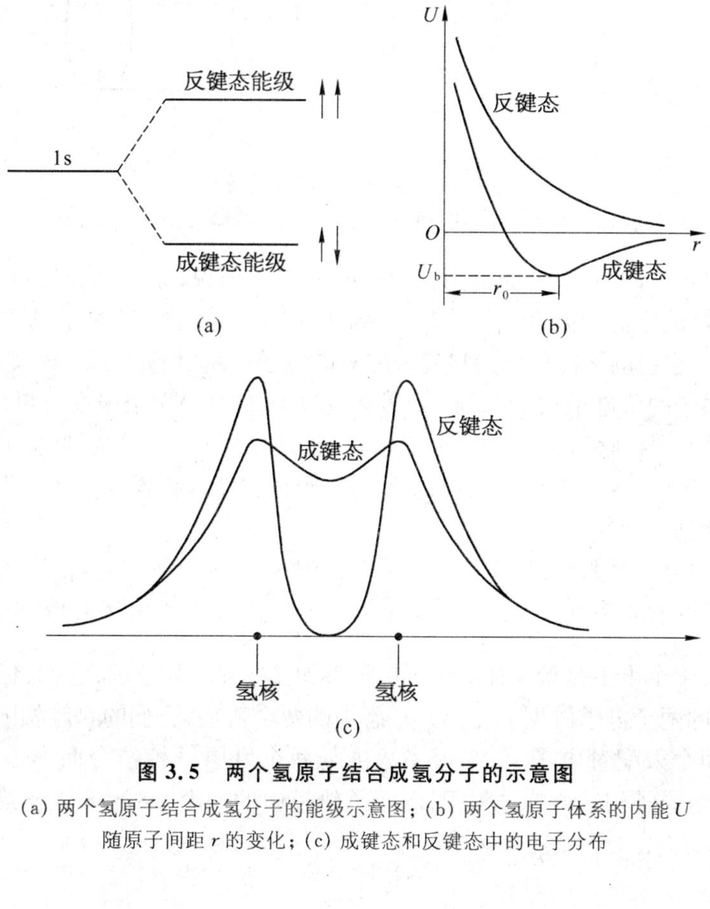

图3.5　两个氢原子结合成氢分子的示意图

(a) 两个氢原子结合成氢分子的能级示意图；(b) 两个氢原子体系的内能 U 随原子间距 r 的变化；(c) 成键态和反键态中的电子分布

两个氢原子结合在一起。

3.4.2 共价键的饱和性和方向性

看一下氮分子 N_2 的情况。氮原子共有 7 个电子：$1s^2$、$2s^2$、$2p^3$。主量子数 $n=1$ 的 1s 壳层只能容纳两个电子，因此该壳层已满。对于 $n=2$ 的壳层，共可容纳 8 个电子，但现在仅有 5 个电子，如图 3.6(a)所示，尚有 3 个电子自旋未配对，其轨道为：p_x，p_y，p_z。它们可与其他原子形成三个共价键。这就是说在两个氮原子之间可以形成三个共价键。这三个未配对电子 p_x、p_y、p_z 的轨道如图 3.6(b)所示，当两个氮原子沿 z 轴方向相互靠近时，两个 p_z 电子相互交叠，交叠后的电子对称地分布在两个氮原子的连线周围，这样形成的共价键常称 σ 键。两个 p_x，轨道交叠以后的电子对称地分布在通过两原子连线的平面(yz 平面)两侧，这样的共价键常称 π 键，其他两个 p_y 电子同样形成一个 π 键(在图中未画出)，所以在两个氮原子间可形成三个共价键。

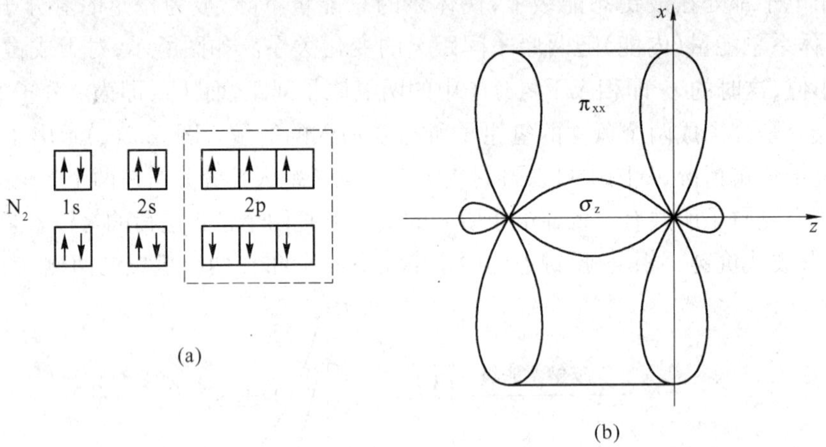

图 3.6 氮分子中的共价键

(a) 氮分子的电子结构；(b) 两个氮原子相互靠近时形成三个共价键

从上面的讨论可知，对于外壳层为 ns 及 np 的原子来说，原子满壳层电子数为 8，如果原子的价电子数(除已满的闭合电子壳层以外的外壳层电子数)N 小于满壳层电子数的一半，即 $N<4$ 时，这些电子都可成为自旋未配对的电子。所以这种原子最多可以形成 N 个共价键。如果原子的价电子数 $N\geqslant 4$，则最多可以有 $(8-N)$ 个未配对电子，因此可形成 $8-N$ 个共价键。常称此为 $8-N$ 规则。氮原子正好符合 $8-N$ 的规则，氮的外壳层价电子数 $N=5$，因此有 $8-N=3$ 个未配对电子，可以形成三个共价键。上述关于共价键的性质称之为共价键的饱和性。

甲烷 CH_4 属另一类典型，氢原子只有一个未配对的 1s 电子，与其他原子只能形成一根共价键。碳原子共有 6 个电子：$\underset{\uparrow\downarrow}{1s^2}\ \ \underset{\uparrow\downarrow}{2s^2}\ \ \underset{\uparrow\uparrow}{2p^2}$，其中 2 个电子占据 1s 轨道，形成闭合的 1s 壳层，其余 4 个电子是价电子，两个占据 2s 轨道，按泡利原理，它们自旋相反，因此也已配对，剩下来的两个电子占据 p_x、p_y、p_z 态中的两个轨道，它们的自旋相同，没有配对，因此碳原子共有两个未配对电子，似乎最多只能与两个氢原子相结合而形成 CH_2。但实际上，在碳原子与氢原子相结合的过程中，碳原子轨道中的一个 2s 电子常被激发至 2p 轨道，形成下面的结构：$\underset{\uparrow\downarrow}{1s}\quad\underset{\uparrow}{2s}\quad\underset{\uparrow\uparrow\uparrow}{2p^3}$。这样，四个价电子全变成未配对的电子，一个碳原子便可以形成四个共价键。当然2s轨道中的一个电子被激发至2p轨道，这是需要能量的，因为2p轨道的能量稍大于2s轨道。但是激发后碳原子可以形成更多的价键，可以与更多的其他原子相结合，在结合时所降低的能量完全可以抵偿把2s电子激发至2p轨道时所需要的能量。所以当碳原子与其他原子相结合时，2s轨道中的一个电子常被激发至2p轨道，而形成四个未配对电子，使碳原子形成四个共价键。这样，碳原子也满足上述的$8-N=8-4=4$的规则，显示了共价键的饱和性。

按照上述规则，碳原子的四个未配对电子分别处在2s、$2p_x$、$2p_y$、$2p_z$。但$2p_x$、$2p_y$、$2p_z$轨道呈相互垂直的哑铃状，而氢原子的1s轨道呈球状。因此这三个未配对电子与氢的1s电子形成的价键应相互垂直，而余下的2s电子与氢的1s电子所形成的价键可以在任何方向。但是甲烷的实验测量结果指出，四个氢分别处在四面体的顶角位置，而碳处在四面体的中心，四个价键呈对称的分布。为了解释这一实验结果，理论上认为在形成共价键时，四个未配对电子2s、$2p_x$、$2p_y$、$2p_z$轨道相互混和，重新组合成四个新的未配对的sp^3杂化轨道：

$$\left.\begin{aligned}\psi_1 &= \frac{1}{2}(2s+2p_x+2p_y+2p_z)\\ \psi_2 &= \frac{1}{2}(2s-2p_x-2p_y+2p_z)\\ \psi_3 &= \frac{1}{2}(2s-2p_x+2p_y-2p_z)\\ \psi_4 &= \frac{1}{2}(2s+2p_x-2p_y-2p_z)\end{aligned}\right\}\qquad(3.4.1)$$

这种组合称为杂化，这四个杂化轨道分别沿四面体的四个对称方向。这样，四个对称的杂化轨道与氢原子的1s轨道结合时，相互间可以有最多交叠，形成四个稳定的σ键。

而且，这些杂化轨道所形成的共价键都具有方向性，这就是共价键的第二个特征。

3.4.3 共价晶体的结构

共价键的饱和性及方向性，造就了原子形成的共价晶体具有特定的结构。共价键的饱和性，决定了共价晶体的配位数，它只能等于原子的共价键数，或者说等于原子的价电子数N（当$N<4$）或$8-N$（当$N\geqslant 4$）。而具体的晶体结构又决定于共价键的方向性。

最典型的例子是Ⅳ族元素C、Si、Ge所形成的共价晶体的结构。根据共价键的饱和性，它们都有4个价电子，因此可以形成四个共价键，这就是说它的配位数是4。而根据方向性，这4个未配对电子轨道通常都发生sp^3杂化，而形成如图3.7(a)所示的四面体键。而四面体键所形成的共价晶体为金刚石结构，如图1.6(a)所示。

这里需要特别指出的是对于A^NB^{8-N}型的化合物晶体，上述N和$8-N$价键数目规则并不适用。这里A^N表示价电子数为N的元素A，B^{8-N}则表示价电子数为$8-N$的元素B。

以GaAs为例，Ⅲ族元素Ga具有3个价电子（$N=3$）；而Ⅴ族元素As具有5个价电子。$8-5$也为3，这样，Ga和As都可以形成三个共价键。按理由它们形成的晶体的配位数

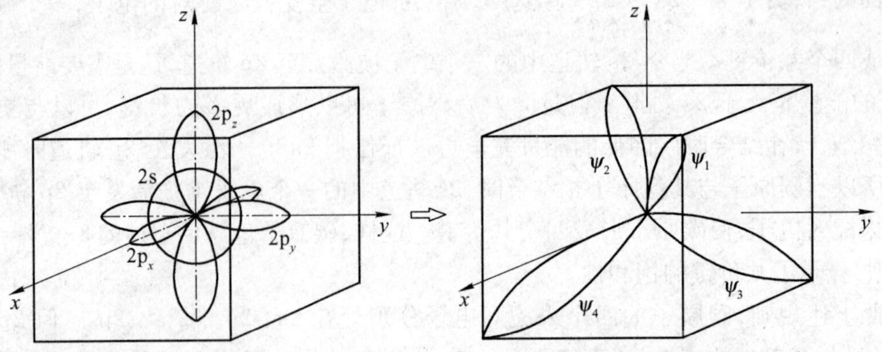

杂化前的碳原子未配对电子轨道　　　　杂化后的碳原子未配对电子轨道

(a)

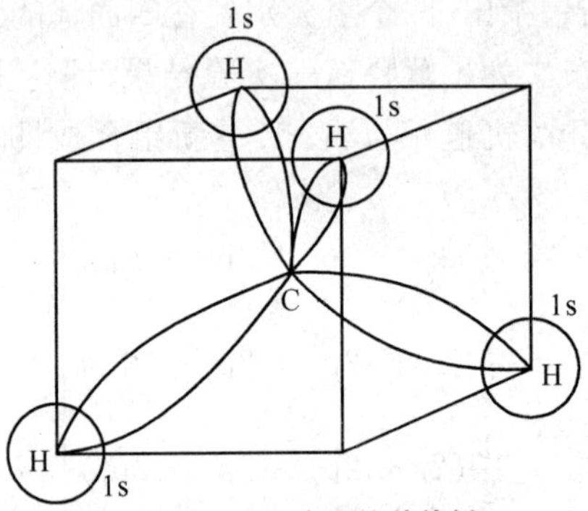

(b) CH_4分子的共价键

图 3.7　碳原子中电子轨道的杂化及 CH_4 分子中的共价键

也只能是 3。但是实际上 GaAs 晶体具有闪锌矿结构,配位数是 4。同样对于Ⅱ-Ⅵ族化合物,以 ZnS 为例,Ⅱ族元素 Zn 有两个价电子,$N=2$;Ⅵ族元素 S 有 6 个价电子,$8-N$ 也为 2,由它们形成的晶体的配位数也只能为 2。但实际上 ZnS 晶体也具有闪锌矿结构。

实际上 $A^N B^{8-N}$ 型化合物有一个共同的特点,即 A 和 B 两个原子的价电子数总和等于 8。所以当这两种原子相互结合时,两个原子把各自的全部价电子都贡献出来,归两个原子所共有,使两个原子都形成闭合的 sp 电子壳层。

3.4.4　极性键及非极性键

当同种元素原子间形成共价键时,由于两个原子的电负性相同,它们对电子的吸引力相同,因此形成共价键后的配对电子密度主要出现在两原子的中间,电子在各个原子处的出现概率都是对称的。因此两个原子间不会有偶极矩产生,常称之为非极性键。当两种不同元素的原子间形成共价键时,由于两种原子的电负性不同,它们对电子具有不同的吸引力,因此形成共价键后的配对电子密度常偏向于电负性比较大的原子一方,或者说配对电子倾向于在电负性比较大的原子附近有比较大的出现概率。可见这种共价键常伴随有电偶极矩的存在,故常称之为极性键。两个原子也因此分别成为部分带电的正负离子,所以这种极性键实际上是共价结合(共价键)与离子结合(离子键)的混合体。而离子键是极性最强的极性键。由极性键结合起来的晶体称为极性晶体。

3.4.5 共价晶体的内聚能

对离子晶体及分子晶体所使用的计算晶体内聚能的半经典公式(3.1.1)、(3.1.3)不再适合于共价晶体。对于共价晶体必须采用量子力学的方法进行计算。表3-6列出了采用能带理论方法计算得到的典型共价晶体的内聚能、晶格常数及体积弹性模量,表中也列出了它们的实验值。

表3-6 共价晶体C、Si、Ge的内聚能、晶格常数及体积弹性模量

晶体		晶格常数(nm)	内聚能(eV/原子)	体积弹性模量(10^{11}Pa)
C	理论	0.360 2	7.58	4.33
	实验	0.356 7	7.37	4.43
Si	理论	0.545 1	4.67	0.98
	实验	0.542 9	4.63	0.99
Ge	理论	0.565 5	4.02	0.73
	实验	0.565 2	3.85	0.77

§3.5 金属结合及金属晶体

3.5.1 金属结合

在金属晶体中,所有原子都把各自的价电子全部贡献出来。归所有原子所共有,成为共有化电子。这些价电子可以在整个晶体中自由运动,成为“自由电子气”。去掉价电子后的正离子就浸沉在这些自由电子的电子云之中。通过带负电的电子云与正离子间的库仑引力把各个正离子结合在一起成为金属晶体。

由于在金属晶体内存在有大量自由电子,因而金属晶体具有良好的导电和导热性能。也由于自由电子的存在,使可见光无法进入晶体而在表面被反射,因此金属常有光泽的表面。

3.5.2 金属的晶体结构

因为金属结合主要依靠带负电的电子云与带正电荷的正离子间的库仑引力,而这种引力是没有方向性的。所以对晶体结构没有什么限制,只要求这些正离子排列得越密越好。排列得越紧,电子云与正离子之间的库仑吸引能的值就越大。故金属晶体常形成排列最紧密的面心立方结构及六角密积结构,配位数均为12。某些金属形成配位数稍低的体心立方结构(配位数为8)。

既然金属结合对晶体结构没有特殊的限制,原子(正离子)的排列比较“自由”,因此在外力作用下较容易发生永久性的形变(范性形变),这是金属具有良好延展性的原因。

3.5.3 金属的内聚能

与共价晶体一样,金属晶体的内聚能必须用量子力学方法进行计算。采用能带理论已能计算得到与实验值很好符合的内聚能及其他物理参数。表3-7列出了某些典型金属的内聚能、晶格常数及体积弹性模量。与表3-6所示的共价晶体数据相比可见,金属的内聚能与共价晶体的内聚能具有同一量级,但比共价晶体内聚能小。金属的体积弹性模量也要比共价晶体小一些。

表 3-7 某些金属的内聚能、晶格常数及体积弹性模量

金属	内聚能(eV/原子)		晶格常数(nm)		体积弹性模量(10^{11}Pa)	
	实验	理论	实验	理论	实验	理论
Li	1.66	1.65	0.349	0.339	0.132	0.148
Be	3.32	4.00	0.319	0.314	1.15	1.35
Na	1.13	1.10	0.422	0.407	0.085	0.090
Mg	1.52	1.65	0.448	0.446	0.369	0.405
Al	3.32	3.84	0.402	0.402	0.880	0.801
K	0.94	0.90	0.531	0.503	0.025	0.060
Ca	1.82	2.23	0.557	0.529	0.040	0.044
Cu	3.50	4.20	0.360	0.359	0.142	1.58

§3.6 氢键结合与氢键晶体

3.6.1 氢键结合

由于氢原子的特殊结构,只由一个质子及一个电子构成。当它与电负性较大的原子如O, F等相结合形成共价键时,配对的电子常偏向于电负性较大的原子一方。使氢原子的质子裸露在外面。而且由于配对电子出现概率偏向于电负性大的原子,电负性大的原子便成为部分负离子,而氢原子则成为部分正离子(这里"部分"的意思是指其所带电荷小于一个电子电荷)。这样通过正负电荷间的库仑作用,氢原子又可与另一个电负性大的原子相结合。所以由于氢原子的特殊结构,实际可以同时与两个电负性大的原子相键合,其中一个键属共价键,而另一个通过库仑作用相结合的就称为氢键。以水或冰为例,每个O原子可以与两个H原子形成共价键。由于O与H的电负性之差,形成共价键的配对电子常偏向于O原子一方,使O原子成为带有部分负电荷$-\delta$的负离子;H原子成为带有部分正电荷$+\delta$的正离子。通过正负电荷的库仑作用,H原子又可与邻近水分子H_2O中的O原子以氢键相结合。图3.8示出H和O原子的键合情况。图中用实线表示共价键,而以点线表示氢键,由于共价键结合很强,键长较短,而氢键是一个弱键,键长较长。图中的r_{OH}即表示氢键的键长。从图中可以看到通过氢键可以把各个水的分子H_2O相互连接起来。通过氢键而结合成的晶体就称为氢键晶体。氢键广泛地存在于含氢的无机物和有机物中。在蛋白质分子中,氢键使这种分子保持其正常的几何构型。

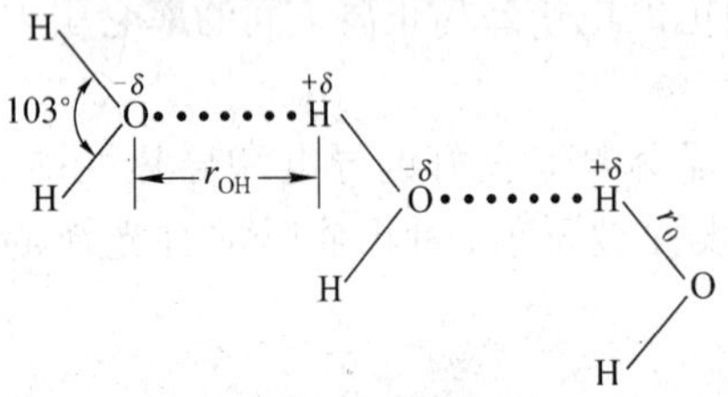

图 3.8 水分子之间的氢键结合

3.6.2 氢键晶体——冰

冰是典型的氢键晶体,在冰晶体中,水分子H_2O是晶体的单元,各个水分子依靠氢键而相互连接起来。图3.9示出了冰的晶体结构。为清楚起见,在图3.9(a)中,把水分子的氢键结合示意地画在一个平面上,图中大球表示氧原子,小球表示氢原子,每个水分子用一个大圆围起来。从图中可以看到,每个水分子可以与四个近邻的水分子以氢键相连接,在实际的三维空间中,邻近的四个水分子正好处在四面体的顶角位置,如图3.9(b)所示。这些四面体又组合起来结合成具有六角结构的晶体,如图3.9(c)所示。这种六角结构是最常见的

冰的晶体结构，它存在于常压(大气压)，0℃至－80℃的条件下，在－80℃至－130℃时可形成具有立方结构的冰；而当温度低于－140℃时，则可形成非晶态的冰，常称玻璃态冰。另外在高压下，冰更具有其他的晶体结构。至目前为止，发现冰共可有九种晶体结构。

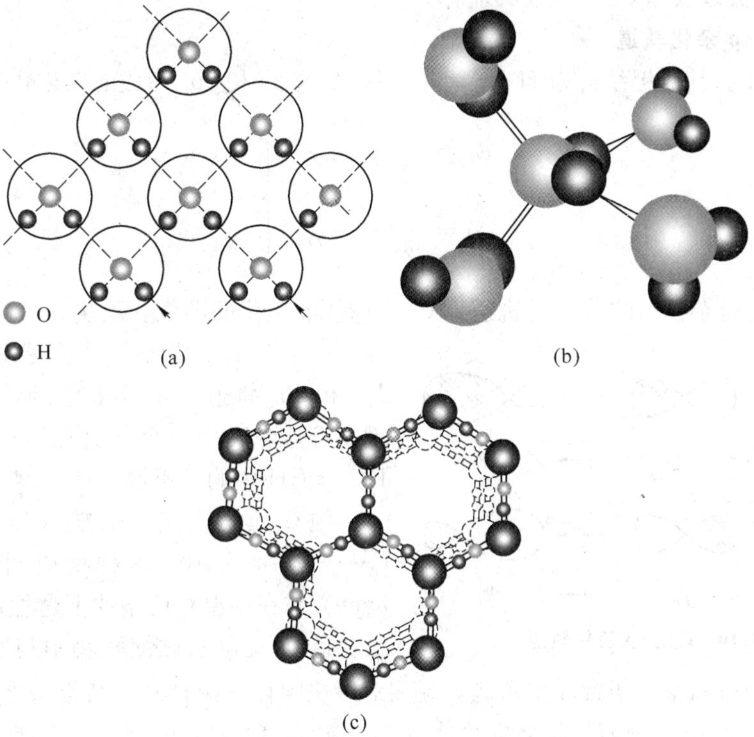

图 3.9 氢键晶体——冰的晶格结构

(a) 水分子氢键结合的平面示意图；(b) 冰中水分子在三维空间中的位置；(c) 冰的晶体结构

最后，再仔细地研究一下氢原子在两个氧原子之间的位置，它可以有二个平衡位置，当氢原子离第一个氧原子近时，则该氢原子与第一个氧原子形成共价键，而与第二个氧原子形成氢键。反之当氢原子离第二个氧原子近时，则氢原子与第二个氧原子形成共价键，而与第一个氧原子形成氢键。氢原子可以在此两个平衡位置上任意选取，但是对每个氧原子来说，总体上只能有二个氢原子离它比较近，即形成二个共价键。但是即使在此约束条件下，冰晶体中氢原子的位置仍可以有许多不同的选取方式。由于氢原子的这两个平衡位置完全是等价的，氢原子位置的任何不同的选取，都具有相同的能量。这样，即使在绝对零度下，冰晶体的微观状态仍是高度简并的(氢原子位置的任何一种选择相应于冰晶体的一个微观态)。按统计力学，系统的熵与系统的微观态数目的对数成正比，因此即使在绝对零度，冰晶体仍有很大的熵。

重要的铁电材料磷酸二氢钾 KH_2PO_4(KDP)晶体中也含有氢键结合，我们将在§10.6中讨论这种晶体的氢键结构。

§3.7 同分异构体

化学元素的价电子有几种不同方式与近邻原子价电子结合成化学键，而形成不同结构的聚合体，称为同分异构体(isomers)。

周期表中碳是很特别的元素，它的价电子是 $2s^2 2p^2$，但它与其他原子结合时，可形成 sp, sp^2, sp^3 三种杂化轨道，因而会产生不同结构的晶体。除了以前讲过的金刚石和石墨外，碳还可形成碳炔和 C_{60} 分子及其晶体。

3.7.1 sp 杂化轨道

乙炔 C_2H_2，其成键结构为 $H—C\equiv C—H$。C 的 2s 和 $2p_x$ 形成的杂化轨道为

$$\left.\begin{aligned}\psi_a &= \frac{1}{\sqrt{2}}(\psi_s + \psi_{p_x}) \\ \psi_b &= \frac{1}{\sqrt{2}}(\psi_s - \psi_{p_x})\end{aligned}\right\} \tag{3.7.1}$$

这里 ψ_s 和 ψ_{p_x} 是杂化前的价电子轨道，图 3.10 是 sp 杂化的图像。乙炔分子中一个 C 的 ψ_a 与另一个 C 的 ψ_b 形成 σ 共价键，两个 C 原子的 $2p_y$ 和 $2p_z$ 轨道与 σ 键垂直，形成两个弱的 π 键。符号≡表示一个 σ 键和两个 π 键产生的 $HC\equiv CH$ 中的三重键。

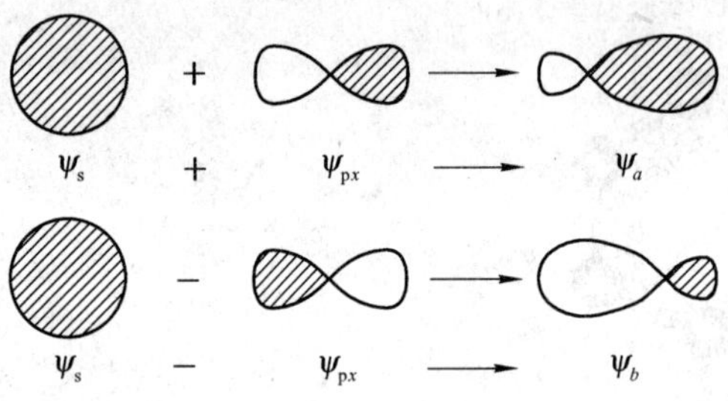

图 3.10 C 的 sp 杂化轨道

纯 C 元素也能形成链状结构 $[\cdots—C\equiv C—\cdots]_n$，$n>10$，这种物质叫做碳炔(carbyne)，它在高温高压条件下是稳定的。碳炔呈银灰色，可在陨石碳淀积物中与石墨共存。人工制备是用热解石墨升华合成出碳炔。经测定碳炔固体有两种六角结构：α 相和 β 相，加压可使 α 相变为 β 相，这两相的晶格常数是：α 相 $a_\alpha = 0.894$ nm，$c_\alpha = 1.536$ nm；β 相 $a_\beta = 0.824$ nm，$c_\beta = 0.768$ nm。α 相每个晶胞含 144 个 C 原子，密度为 2.68 g/cm^3；β 相一个晶胞含 72 个 C 原子，密度为 3.13 g/cm^3。对于碳炔的物理性质，现在尚未有人进行研究。

3.7.2 C_{60} 分子及其固体

1985 年英国的克罗托(H. W. Kroto)和美国的柯尔(F. Curl)及斯莫利(R. E. Smalley)等合作研制出 C_{60} 和 C_{70} 分子，并提出 C_{60} 分子的结构模型，如图 3.11(a)所示，这个模型为许多实验证实，从此开创了一个崭新领域，这三位科学家因此获得 1996 年诺贝尔化学奖。

依照这模型 60 个 C 原子是由 20 个正六边形和 12 个正五边形组成的闭合的三十二面体，共有 60 个角顶，每个角顶放置一个碳原子，这样构成的分子。这 32 面体近似于一个半径为 $r = 0.71$ nm 的球。故 C_{60} 分子称为足球烯(footballene 或 socerballene)，工程师 R. Buckminster Fuller 设计的圆屋顶的结构与 C_{60} 分子结构相似，因此 C_{60} 分子又称富勒烯(fullerene)或巴基球(buckyball)。1990 年德国的 W. Kratchmer 等改进了 C_{60} 分子的制备和提取方法，大大促进这一领域的研究发展。

C_{60} 分子结构非常稳定，每个 C 原子与近邻三个 C 的价电子形成由 sp^2 杂化轨道生的 σ 键。余下的一个价电子与某一个相邻 C 的第 4 个电子结成 π 键，故两相邻正六边形的共同边是双键，如图 3.11(b)所示，单键键长为 0.145 nm，双键键长为 0.14 nm。C_{60} 中所有 σ 键为其分子结构提供骨架，而 60 个 π 电子在分子能级上的填充情况决定了 C_{60} 分子的物理和化学性质。图 3.12 示意画出用休克尔方法算出的 C_{60} 分子中 π 电

子的能级。填满电子的最高分子轨道记为 HOMO，最低未占有的分子轨道记为 LUMO，两者之间的能量差是能隙 E_g，实验值为 1.55 eV。

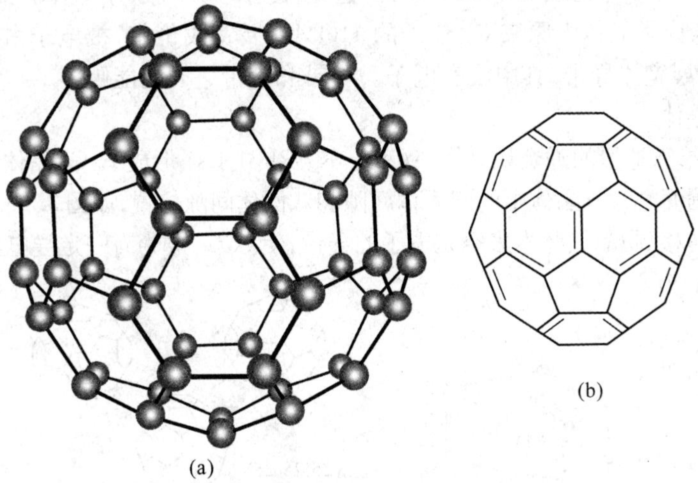

图 3.11 C_{60} 的分子模型及价键结构

(a) C_{60} 分子模型；(b) C_{60} 分子中的单双键

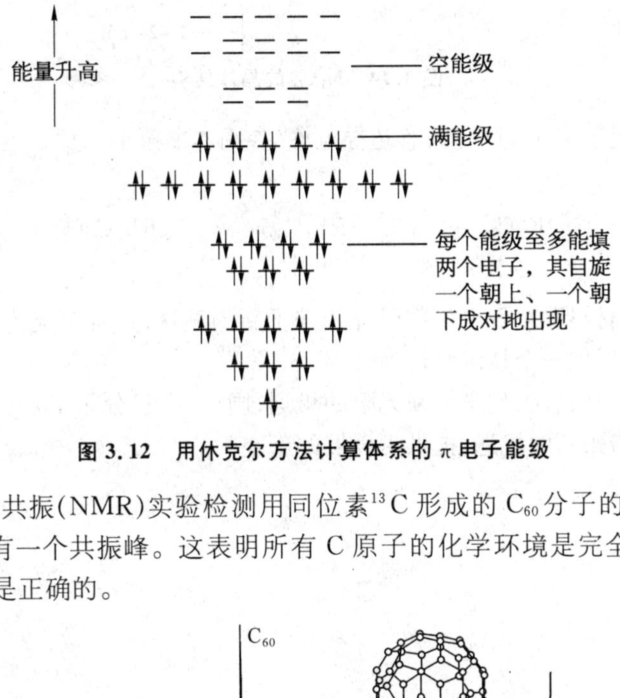

图 3.12 用休克尔方法计算体系的 π 电子能级

科学家用核磁共振(NMR)实验检测用同位素 ^{13}C 形成的 C_{60} 分子的共振峰，如图 3.13 所示，实验结果只有一个共振峰。这表明所有 C 原子的化学环境是完全相同的，从而证实上述 C_{60} 分子模型是正确的。

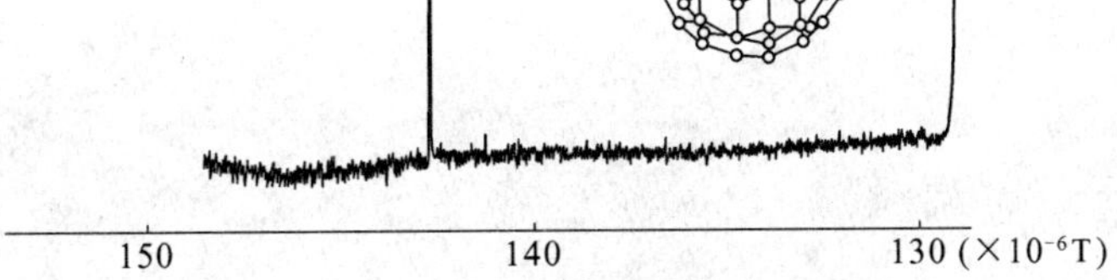

图 3.13 ^{13}C 形成的 C_{60} 分子的核磁共振峰

3.7.3 C_{60}及A_3C_{60}固体

C_{60}是60个碳组成的球状大分子,分子之间靠范德瓦耳斯力相互作用,结成面心立方结构的C_{60}分子晶体,称为富勒体(fullerite)。这是新型的碳同分异构体。晶格常数是$a=1.4198$ nm。C_{60}分子晶体中原来C_{60}分子的HOMO展宽成价带,被电子占满。原来C_{60}分子的LUMO也展宽成导带,其中没有电子。导带和价带之间的能隙$E_g=2.3$ eV,所以C_{60}分子晶体是半导体。

对C_{60}晶体掺入适量的碱金属元素A(A = K、Rb或Cs)形成A_3C_{60}晶体。这些碱金属元素A的原子占据面心立方晶体中的四面体间隙和八面体间隙位置,如图3.14所示。碱金属原子A的价电子转移到C_{60}晶体本来空无电子的导带,使A_3C_{60}成为有一定导电能力的导体。

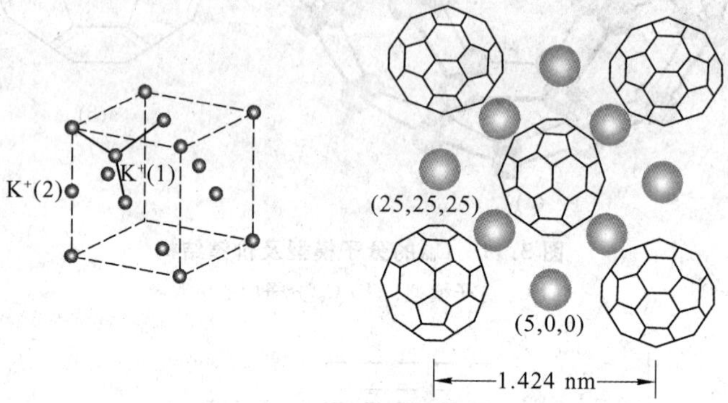

图3.14 K_3C_{60}的晶体结构

在低温之下,这些A_3C_{60}固体具有超导电性(参阅本书第十二章),这些材料的临界温度T_c值如下:

A_3C_{60}	K_3C_{60}	Rb_3C_{60}	Rb_2CsC_{60}	$RbCs_2C_{60}$
T_c	19 K	28 K	30 K	33 K

所以,A_3C_{60}为超导材料和超导电机理研究开辟了新的领域,并且可能为超导器件和微电子器件之间结合起来提供一个技术平台。

历史上苯的发现给有机化学带来无限的机遇,同样,有机分子C_{60}的问世也会给有机化学,包括药物化学带来新的机遇,提供了发展的新空间。

习 题

1. 试证明以等间距排列的一维离子晶体的马德隆常数等于 2ln 2。$\left[\text{已知} \ln 2 = \sum_{n=1}^{\infty}(-1)^{n-1}\frac{1}{n}\right]$
2. 由实验测得 NaCl 晶体的密度为 2.16 g/cm³,它的弹性模量为 $2.41\times10^{10}\,N/m^2$。试求 NaCl 晶体的每对离子内聚能$\frac{U_c}{N}$。(已知马德隆常数 $M=1.747\,6$, Na 和 Cl 的原子量分别为 23 及 35.45)
3. LiF 晶体具有 NaCl 结构,已由实验测得正负离子间的最近距离 $r_0=0.2014\,nm$(1 摩尔的内聚能 $U_c=1\,012.8\,kJ/mol$, 以孤立离子系统的内能为能量的零点)。试计算该晶体的体积弹性模量 B_m,并与它的实验值 $6.71\times10^{10}\,N/m^2$ 进行比较。
4. 试说明为什么当负正离子半径比 $r_-/r_+>1.37$ 时不能形成氯化铯结构;当 $r_-/r_+>2.41$ 时不能形成氯化钠结构。当 $r_-/r_+>2.41$ 时,将形成什么结构? 已知 RbCl、AgBr 及 BeS 中的正、负离子半径分别为

	r_+(nm)	r_-(nm)
RbCl	0.149	0.181
AgBr	0.113	0.196
BeS	0.034	0.174

若把它们看成是典型的离子晶体,试问它们具有什么晶格结构? 若近似地把正负离子都看成是硬小球,请计算这些晶体的点阵常数。

5. 由气体分子的实验测得惰性气体 Xe 的伦纳德-琼斯势参数 $\epsilon=0.02\,W$, $\sigma=0.398\,nm$。在低温下 Xe 元素形成面心立方的晶体。试求 Xe 晶体的晶格常数 a,每个原子的内聚能$\frac{U_c}{N}$及体积弹性模量 B_m。若对 Xe 晶体施加压力 $P=6\times10^7\,N/m^2$。试在近似假定体积弹性模量不变的情况下,计算这时晶体的晶格常数 a 将变成为多少? 并求这时的内聚能$\frac{U_c}{N}$将改变成多少?
6. 原子轨道波函数 2s、$2p_x$、$2p_y$、$2p_z$ 相互正交、归一,请证明由 sp^3 杂化后的未配对电子轨道 ψ_1、ψ_2、ψ_3、ψ_4[由(3.4.1)式给出]也相互正交、归一:

$$\int \psi_i^* \psi_j \,d\tau = \delta_{ij} \quad (i,\ j=1,\ 2,\ 3,\ 4)$$

如果已知在球面极坐标中,轨道波函数 2s、$2p_x$、$2p_y$、$2p_z$ 可写成:

$$2s = R_2(r)\cdot\frac{1}{2\sqrt{\pi}}$$

$$2p_x = R_2(r)\cdot\frac{1}{2}\sqrt{\frac{3}{\pi}}\sin\theta\cos\varphi$$

$$2p_y = R_2(r)\cdot\frac{1}{2}\sqrt{\frac{3}{\pi}}\sin\theta\sin\varphi$$

$$2p_z = R_2(r)\cdot\frac{1}{2}\sqrt{\frac{3}{\pi}}\cos\theta$$

请求出杂化轨道 ψ_1、ψ_2、ψ_3、ψ_4 在球面坐标中的表式。并由此求出杂化轨道具有最大值的方向。

7. sp^2 杂化轨道可写成

$$\psi_1 = \frac{1}{\sqrt{3}}(2s+\sqrt{2}\cdot 2p_x)$$

$$\psi_2 = \frac{1}{\sqrt{3}}\left(2s - \frac{1}{\sqrt{2}}2p_x + \sqrt{\frac{3}{2}} \cdot 2p_y\right)$$

$$\psi_3 = \frac{1}{\sqrt{3}}\left(2s - \frac{1}{\sqrt{2}} \cdot 2p_x - \sqrt{\frac{3}{2}} \cdot 2p_y\right)$$

利用上题给出的原子轨道波函数 $2s$、$2p_x$、$2p_y$ 在球面坐标系中的表式，写出 sp^2 杂化轨道 ψ_1、ψ_2、ψ_3 在球面坐标系中的表示式，并求出杂化轨道具有最大值的方向。

第四章　晶格振动和晶体的热学性质

本章的主题是用最近邻原子间简谐力模型来讨论晶格振动的本征频率,并用格波来描写晶格原子的集体运动,再用量子理论来表述格波相应的能量量子。在此基础上处理固体的热学性质。实际上,晶格振动对晶体的电学、光学、磁学、介电性质和结构相变,甚至对金属的超导电性都有重要作用。这些只能留待有关篇章讨论。

设组成晶体的原子的质量 $M \approx A \times 1.6 \times 10^{-24}\,\mathrm{g}$, A 为该原子的原子量,原子的速度 v 约为 10^3 m/s。因此相应的德布罗意波的波长

$$\lambda = \frac{h}{Mv} \approx \frac{4}{A} \times 10^{-9}\,\mathrm{cm}$$

所以,除低温下氢、氦等少数元素形成的固体之外,其他固体中的原子运动可用经典物理来描述和处理。仅当涉及微小能量转移过程必须考虑格波能量量子化。

爱因斯坦、德拜、玻恩和冯·卡门(T. von Karman)等对晶格振动和固体热学各自做出开创性的工作,玻恩和黄昆合写的专著《晶格动力学理论》已被公认为这个领域的经典著作。

§4.1　一维单原子链

一维单原子链的振动是一个简单可解的问题,又能体现晶格振动的基本特点。这是讨论三维晶体晶格振动的基础。

4.1.1　运动方程

一维单原子链其晶格周期为 a,如图 4.1 所示,原子质量为 M。各原子的平衡位置为 $\cdots,(n-1)a, na, (n+1)a, \cdots$。它们相对各自平衡位置的位移分别为 $\cdots, u_{n-1}, u_n, u_{n+1}, \cdots$。如果所有原子位移 $|u_n| \ll a$,并只考虑最近邻原子间的相对位移的二次项对系统总势能 Φ 的贡献,则总势能写成

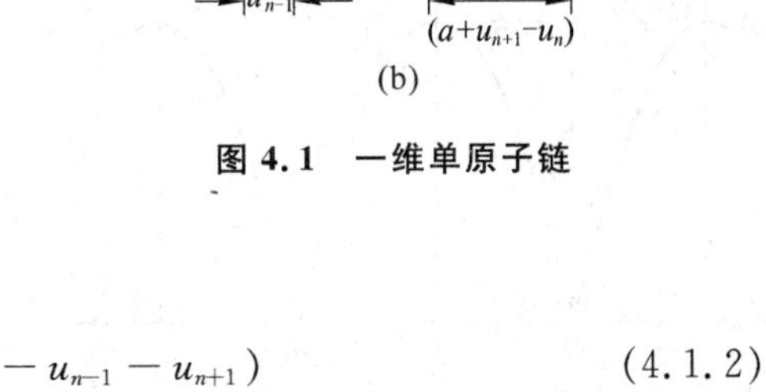

图 4.1　一维单原子链

$$\Phi = \frac{\beta}{2} \sum_n (u_n - u_{n-1})^2 \qquad (4.1.1)$$

由此得第 n 个原子受的力为

$$f_n = -\frac{\partial \Phi}{\partial u_n} = -\beta(2u_n - u_{n-1} - u_{n+1}) \qquad (4.1.2)$$

故常数 β 是相邻原子间准弹性力的力常数。第 n 个原子的运动方程写成

$$M\frac{\mathrm{d}^2}{\mathrm{d}t^2}u_n = -\beta(2u_n - u_{n-1} - u_{n+1}) \qquad (4.1.3)$$

这里 n 可取任意整数，所以上式是无限多个方程中的一个典型。

4.1.2 格波频率-波矢关系

设 u_n 的试解具有波动形式

$$u_n = A e^{i(qna-\omega t)} \tag{4.1.4}$$

这里 q 为波矢，ω 为格波频率，代入运动方程，得

$$-M\omega^2 = -\beta(2 - e^{-iqa} - e^{iqa}) \tag{4.1.5}$$

利用 $\cos\alpha = \frac{1}{2}(e^{-i\alpha} + e^{i\alpha})$，上式可改写为

$$\omega^2 = 2\frac{\beta}{M}(1-\cos(qa)) = \frac{4\beta}{M}\sin^2\left(\frac{qa}{2}\right) \tag{4.1.6}$$

或

$$\omega = \omega_m \left| \sin\frac{qa}{2} \right| \tag{4.1.7}$$

其中

$$\omega_m = 2\sqrt{\frac{\beta}{M}} \tag{4.1.8}$$

所以，一维单原子链的晶格振动是一个格波，格波的频率-波矢关系为式(4.1.7)，最大的频率为 ω_m。这里特别要指出式(4.1.7)中指标 n 已被消去，这意味着所有原子的运动方程都导出同样的频率-波矢关系(称为色散关系)。同样重要的这意味着试解式(4.1.4)代表一种简正模式(即一个 ω 和一个 q 值)的格波。

图 4.2 是格波的色散关系曲线，它是一个周期函数。对于每个小于 ω_m 的 ω 值给出一系列波矢 q 值。如将式(4.1.4)中的 q 值换成

$$q' = q + K_h = q + h\frac{2\pi}{a}$$

这里 $K_h = h\frac{2\pi}{a}$ 是一维晶格的倒格矢，h 为任意整数，则

$$u'_n = A e^{i(q'na-\omega t)} = A e^{i(qna-\omega t)} e^{i2\pi h\cdot n} = u_n$$

由此可知，波矢 q' 的格波与波矢 q 的格波是等价的。故对波矢 q 可限制在简约布里渊区：

$$-\frac{\pi}{a} \leqslant q \leqslant \frac{\pi}{a} \tag{4.1.9}$$

之间。图 4.2 中 A 点和 C 点的波矢相差 $\frac{2\pi}{a}$，这两个格波是等价的。

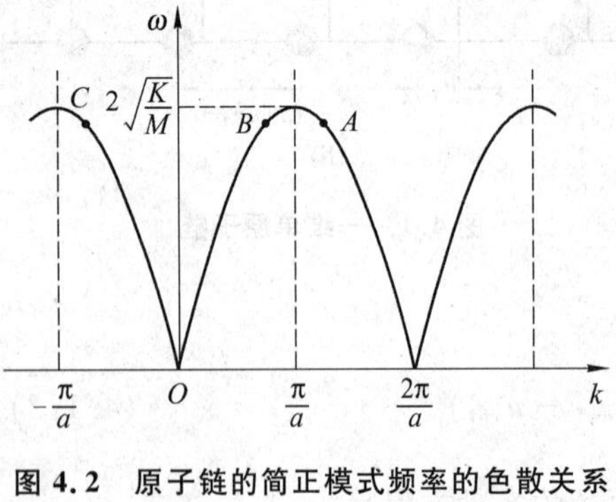

图 4.2 原子链的简正模式频率的色散关系

4.1.3 格波的波速与群速

在长波区域，波矢 q 很小，$\sin\left(\frac{qa}{2}\right) \approx \frac{qa}{2}$，于是

$$\omega(q) \approx \sqrt{\frac{\beta}{M}}a\,|q| = v_1\,|q| \tag{4.1.10}$$

这种在 $q \to 0$ 时,$\omega(q) \to 0$ 色散关系的格波称为声频支格波。波速 v_l 是弹性介质中声波的传播速度,或纵向传播的弹性波的相速,$v_l = \sqrt{E/\rho}$。这里 E 是介质的弹性模量,ρ 是介质的密度。对于一维单原子链

$$E = | f_{n,\, n-1} | \bigg/ \left(\frac{| u_n - u_{n-1} |}{a} \right) = \beta a$$

$$\rho = M/a$$

故

$$v_l = \sqrt{\frac{E}{\rho}} = a\sqrt{\frac{\beta}{M}} \tag{4.1.11}$$

依照式(4.1.10),在长波区波矢 q 较小,格波的群速

$$v_g(q) = \frac{\mathrm{d}\omega}{\mathrm{d}q} = \begin{cases} v_l, & \text{当 } q > 0 \\ -v_l, & \text{当 } q < 0 \end{cases}$$

再考查 $\omega = \omega_m$ 或 $q = \pm \dfrac{\pi}{a}$ 的情况,这时由式(4.1.7)求导得群速

$$v_g\left(q = \pm \frac{\pi}{a}\right) = 0$$

这表明它们是驻波。一维晶格振动中原子的位移形成纵波。为了图示方便把原子位移表示为横向位移,示于图 4.3。其中图(a)为 $q = \dfrac{\pi}{a}$ 时原子的位移,此时频率取最大值 ω_m,相邻原子振动的位相相反,格波波长 $\lambda = 2a$。群速为零是驻波,这是由于向 $+x$ 方向传播的格波受到晶格全反射产生 $-x$ 方向传播波长也是 $\lambda = 2a$ 的格波相干,形成驻波。

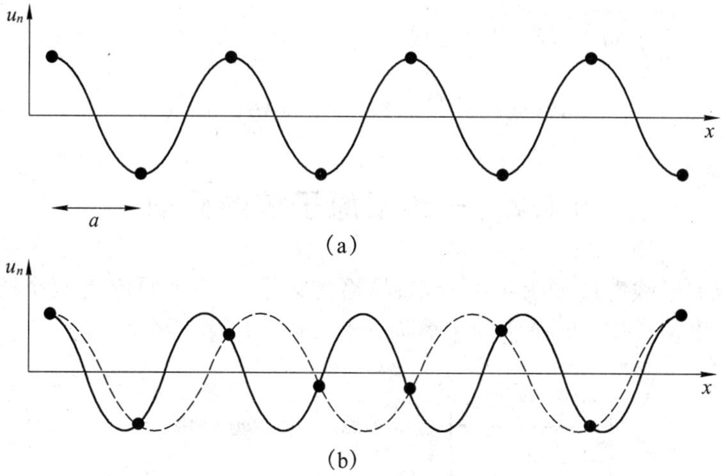

图 4.3　原子位移

(a) $\lambda = 2a$, $q = \dfrac{\pi}{a}$ 时的原子位移(为清楚起见,用横向位移表示);(b) $\lambda = \dfrac{7}{4}a\left(q = \dfrac{8\pi}{7a}\text{,实线}\right)$ 时的原子位移,图中用 $\lambda' = \dfrac{7a}{3}\left(q' = \dfrac{6\pi}{7a}\text{,虚线}\right)$ 的波示出等价的描述

再考察 $q = \dfrac{\pi}{a} + \dfrac{1}{7}\dfrac{\pi}{a}$ 和 $q' = \dfrac{\pi}{a} - \dfrac{1}{7}\dfrac{\pi}{a}$ 两个格波,它们分别对应于图 4.3(b)的实线

和虚线表示的原子位移。实线所示格波对应于图 4.2 的 A 点，虚线所示的格波对应该图的 B 点。这两个格波所描述的原子位移是同样的。但两个格波的群速不同，B 点代表的格波其群速 $v_g(q)=\frac{d\omega}{dq}>0$，沿正 x 方向传播。而 A 点与 C 点等价，相应的群速 $v_g(q')=\frac{d\omega}{dq}<0$，沿负 x 方向传播。当然 B、C 两个格波也可用同一条曲线(虚线)代表，B 格波波速为 v_1，向右传播；C 格波的波速为 $-v_1=\omega_q/-q$，向左传播。

4.1.4 周期性边界条件

考虑 N 个原子构成的一维晶体，在边界上原子受力的情况有别于体内原子。如果 N 是一个非常大的数目，边界上原子所占比例是极其微小，特别是我们在考察晶体大块性质时将边界上原子视如体内原子不至于带来误差。为此，设想这 N 个原子连成一个环，第 $N+1$ 个原子就是第 1 个原子。于是就有周期性边界条件(也称玻恩-冯·卡门边界条件)：

$$u_1 = u_{N+1} \tag{4.1.12}$$

即

$$Ae^{i(qa-\omega t)} = Ae^{i[q(N+1)a-\omega t]}$$

得

$$e^{iqNa} = 1$$

导出

$$qNa = 2\pi l \quad (l\text{ 为整数}) \tag{4.1.13}$$

由于 q 在区间 $\left(-\frac{\pi}{a},\ \frac{\pi}{a}\right]$ 内，故取 l 限制在

$$-\frac{N}{2}<l\leqslant\frac{N}{2}$$

在波矢 q 空间，相邻两个波矢的间隔 $\Delta q=\frac{2\pi}{Na}$，而布里渊区的尺度为$\frac{2\pi}{a}$，所以在布里渊区里共有波矢数目等于 $\frac{2\pi}{a}\Big/\Delta q=N$。也就是说

$$\text{晶格振动波矢的数目} = \text{晶格原胞数}$$

§4.2 一维双原子链的振动

现在考虑双原子线性链如图 4.4 所示，晶格常数为 a，每个原胞有两个原子●和○，其质量分别为 M_1 和 M_2，两个原子之间距离为 $a/2$。晶体共有 N 个原胞。

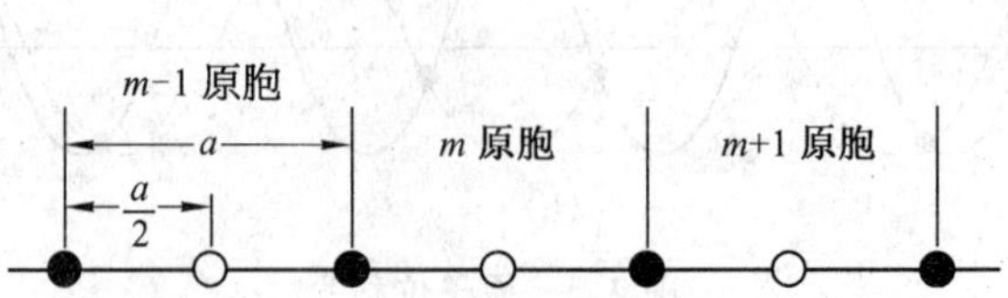

图 4.4 线性双原子链

4.2.1 格波频谱分支

令 $u(n,\ i)$为第 n 个原胞质量为 M_i 的原子的位移，$i=1,\ 2$，原子只能沿链直线方向运动，只计相邻原子间的互作用，并且只考虑简谐近似，即势能只含相邻原子位移差的平方项，于是势能写成

$$\Phi = \frac{1}{2}\beta\sum_{n=1}^{N}\{[u(n,1)-u(n,2)]^2+[u(n,2)-u(n+1,1)]^2\} \tag{4.2.1}$$

原子$(n,1)$受到它左邻原子$(n-1,2)$的力为

$$\beta[u(n-1,2)-u(n,1)]$$

同时它受到右邻原子$(n,2)$的力为

$$\beta[u(n,1)-u(n,2)]$$

这两个力方向相反,故原子$(n,1)$的运动方程为

$$M_1\ddot{u}(n,1)=\beta[u(n,2)+u(n-1,2)-2u(n,1)] \tag{4.2.2}$$

同理原子$(n,2)$的运动方程为

$$M_2\ddot{u}(n,2)=\beta[u(n,1)+u(n+1,1)-2u(n,2)] \tag{4.2.3}$$

同一维单原子链一样,方程(4.2.2)和(4.2.3)的试解设为

$$u(n,1)=\frac{1}{\sqrt{M_1}}Ae^{i[qna-\omega t]} \tag{4.2.4}$$

$$u(n,2)=\frac{1}{\sqrt{M_2}}Be^{i\left[q\left(n+\frac{1}{2}\right)a-\omega t\right]} \tag{4.2.5}$$

将它们代入运动方程得

$$-\omega^2A=-\frac{2\beta}{M_1}A+\frac{2\beta}{\sqrt{M_1M_2}}\cos\left(\frac{qa}{2}\right)B \tag{4.2.6}$$

$$-\omega^2B=-\frac{2\beta}{M_2}B+\frac{2\beta}{\sqrt{M_1M_2}}\cos\left(\frac{qa}{2}\right)A \tag{4.2.7}$$

这是A和B两个未知数的线性齐次方程。A和B有解的条件是它们的系数行列式等于零,即

$$\begin{vmatrix} \dfrac{2\beta}{M_1}-\omega^2 & -\dfrac{2\beta}{\sqrt{M_1M_2}}\cos\left(\dfrac{qa}{2}\right) \\ -\dfrac{2\beta}{\sqrt{M_1M_2}}\cos\left(\dfrac{qa}{2}\right) & \dfrac{2\beta}{M_2}-\omega^2 \end{vmatrix}=0 \tag{4.2.8}$$

由此给出ω^2的两个解:

$$\omega_{\pm}^2(q)=\frac{\beta}{M_1M_2}\{(M_1+M_2)\pm[M_1^2+M_2^2+2M_1M_2\cos(qa)]^{1/2}\} \tag{4.2.9}$$

频率ω必须是正值,故每个ω^2只给出一个取正值的解:$\omega_+(q)$和$\omega_-(q)$。

对于$\omega_-(q)$,当$q\to0$时,$\omega_-(0)\to0$,所以这是声频支格波。为明确计,设$M_1>M_2$,当$q=\frac{\pi}{a}$时,$\omega_-\left(\frac{\pi}{a}\right)=\left(\frac{2\beta}{M_1}\right)^{\frac{1}{2}}$。于是这声频支格波的频率范围为

$$0\leqslant\omega_-(q)\leqslant\left(\frac{2\beta}{M_1}\right)^{\frac{1}{2}} \tag{4.2.10}$$

对于 $\omega_+(q)$，当 $q\to 0$ 时，$\omega_+(0)=\left(\dfrac{2\beta}{\overline{M}}\right)^{\frac{1}{2}}$，$\overline{M}=\dfrac{M_1M_2}{M_1+M_2}$ 是原胞中两个原子的折合质量。当 $q=\dfrac{\pi}{a}$ 时，$\omega_+\left(\dfrac{\pi}{a}\right)=\left(\dfrac{2\beta}{M_2}\right)^{\frac{1}{2}}$，这支格波频率较高称为光频支格波，其频率范围为

$$\left(\frac{2\beta}{\overline{M}}\right)^{\frac{1}{2}}\geqslant\omega_+(q)\geqslant\left(\frac{2\beta}{M_2}\right)^{\frac{1}{2}}\tag{4.2.11}$$

这两支格波的色散关系示于图 4.5。由于式(4.2.9)中余弦函数是 q 的偶函数，也是 q 的周期函数，因此有

$$\omega_\pm(q)=\omega_\pm(-q),\ \omega_\pm(q)=\omega_\pm(q+K_h)\tag{4.2.12}$$

这里 K_h 为倒格矢。

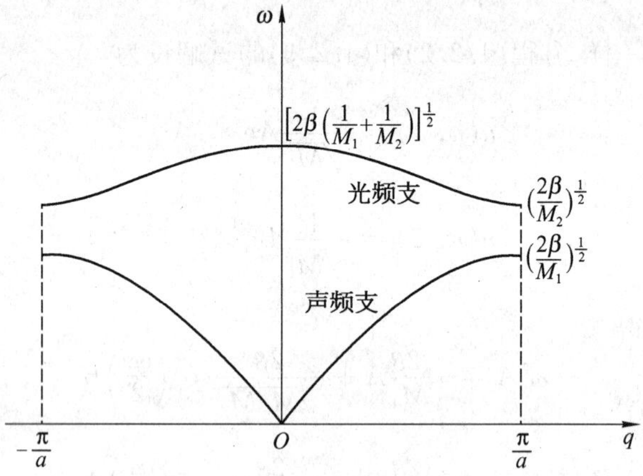

图 4.5 线性双原子链格波的色散曲线 ($M_1>M_2$)

4.2.2 两支格波的特征

现在考查各支格波原胞中两个原子的位移有什么特征。同前面一致，假定一维复式晶格中 $M_1>M_2$。对于声频波

$$\left(\frac{A}{B}\right)_-=\frac{2\beta\left(\frac{M_1}{M_2}\right)^{\frac{1}{2}}\cos\left(\frac{qa}{2}\right)}{2\beta-M_1\omega_-^2(q)}\tag{4.2.13}$$

由于 $\omega_-^2(q)<\dfrac{2\beta}{M_1}$，且 $\cos\left(\dfrac{qa}{2}\right)>0$，故有 $\left(\dfrac{A}{B}\right)_->0$。这说明，声频波情况原胞中两个原子是沿同方向振动。特别是当 $q\to 0$，$\omega_-(0)\to 0$ 的情况，$\left(\dfrac{A}{B}\right)_-=\left(\dfrac{M_1}{M_2}\right)^{1/2}$，由式(4.2.4)及(4.2.5)给出

$$\left[\frac{u(n,1)}{u(n,2)}\right]_-=1\tag{4.2.14}$$

就是说在长波极限情况，对于声频波，原胞中两个原子是一同运动的，振幅、位相都没有差别。

在 $q=\dfrac{\pi}{a}$ 时，对应于在布里渊区边界点的情况，声频波

$$\omega_-^2\left(\frac{\pi}{a}\right)=\frac{2\beta}{M_1} \tag{4.2.15}$$

于是

$$\left(\frac{A}{B}\right)_-=\infty \tag{4.2.16}$$

这说明此时较轻的原子是静止不动,只有重原子在作振动,而且相邻原胞重原子的运动方向是相反的。格波波长 $\lambda=2a$。以上两个极端情况中原子位移,示于图 4.6 中(a)和(c)。

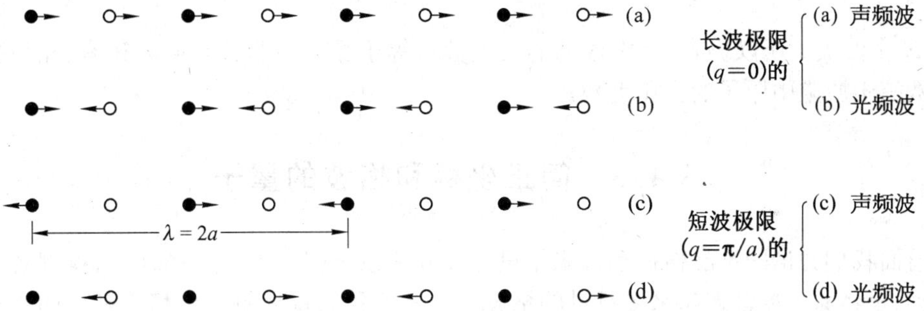

图 4.6 双原子链格波在两种极限的振动图像

● 重原子;○ 轻原子

对于光频波,原胞中两个原子的振幅比

$$\left(\frac{A}{B}\right)_+=\frac{2\beta-M_2\omega_+^2}{2\beta\left(\frac{M_2}{M_1}\right)^{\frac{1}{2}}\cos(qa/2)} \tag{4.2.17}$$

在 $q=0$ 时,$\omega_+^2(0)=\dfrac{2\beta}{M}$,导出$\left(\dfrac{A}{B}\right)_+=-\left(\dfrac{M_2}{M_1}\right)^{1/2}$,由式(4.2.4)及(4.2.5)得

$$\left[\frac{u(n,\ 1)}{u(n,\ 2)}\right]_+=-\frac{M_2}{M_1} \tag{4.2.18}$$

这表示在这模式的光频波中,原胞中两个原子运动始终保持质心位置不变,如图 4.6(b)所示。

在 $q=\pi/a$ 时,$\omega_+^2\left(\dfrac{\pi}{a}\right)=\dfrac{2\beta}{M_2}$,导出

$$\left[\frac{A}{B}\right]_+=0 \tag{4.2.19}$$

这说明原胞中重原子是静止不动,只有轻原子振动,相邻原胞轻原子的运动方向相反,如图 4.6 中(b)和(d)所示。

当 q 取其他值时,这两支格波中原子振动形态用横向位移表达,示于图 4.7。

如一维双原子链有 N 个原胞,将它连成一个环,采用周期性条件,可得波矢 q 为分裂值

$$q=\frac{2\pi}{Na}l,\ l\ \text{为任意整数} \tag{4.2.20}$$

若限于简约布里渊区,则 l 取值范围为

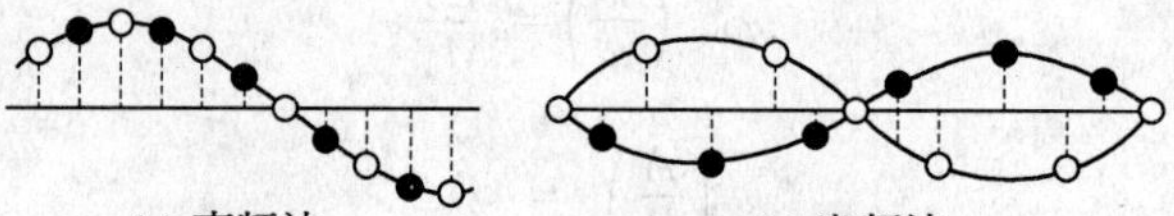

图 4.7　声频波和光频波示意图

$$\frac{N}{2} < l \leqslant \frac{N}{2} \tag{4.2.21}$$

共有 N 个波矢。所以仍有:晶格振动的波矢数目等于晶体原胞数。此外还有:晶格振动频谱支数等于原胞中原子的自由度数。

§4.3　简正坐标和格波的量子

前面我们讨论一维晶格振动时采用只计最近邻原子间准弹性力条件下,得到各个作简谐振动,全体原子振动连起来是行进的格波。这一节我们将从原子位移为基础的描述转换到用格波振幅作为广义坐标的描述。为了行文简便,以一维单原子晶格振动为例来展开于下。在此 $\omega(q)$ 简记为 ω_q。

4.3.1　格波坐标

第 n 个原子位移 u_n 应当是实数,可写成

$$\begin{aligned} u_n &= A_q e^{i(qna-\omega_q t)} + A_q^* e^{-i(qna-\omega_q t)} \\ &= 2\mid A_q \mid \cos(qna - \omega_q t + \alpha_q) \end{aligned} \tag{4.3.1}$$

式中
$$A_q = \mid A_q \mid e^{i\alpha_q}$$

u_n 更普遍的形式是所有格波运动的叠加:

$$\begin{aligned} u_n &= \sum_q [A_q e^{i(qna-\omega_q t)} + A_q^* e^{-i(qna-\omega_q t)}] \\ &= \frac{1}{\sqrt{N}} \sum_q [a_q e^{iqna} + a_q^* e^{-iqna}] \end{aligned} \tag{4.3.2}$$

这里
$$a_q = \sqrt{N} A_q e^{-i\omega_q t} \tag{4.3.3}$$

就是格波坐标。N 是一维晶格的原胞总数。依照周期性边界条件 $q=\frac{2\pi}{Na}l$,l 为 $-\frac{N}{2}<l\leqslant\frac{N}{2}$ 之间的整数。因此格波坐标也有 N 个。式(4.3.3)对时间 t 求导数得

$$\dot{a}_q = \frac{da_q}{dt} = -i\omega_q a_q,\ \dot{a}_q^* = i\omega_q a_q^* \tag{4.3.4}$$

于是,系统的动能为

$$\begin{aligned} T &= \frac{M}{2}\sum_{n=1}^{N} \dot{u}_n \dot{u}_n \\ &= \frac{M}{2N}\sum_n \sum_q [\dot{a}_q e^{iqna} + \dot{a}_q^* e^{-iqna}] \sum_{q'} [\dot{a}_{q'} e^{iq'na} + \dot{a}_{q'}^* e^{-iq'na}] \end{aligned}$$

$$=-\frac{M}{2N}\sum_q\sum_{q'}\sum_n\omega_q\omega_{q'}[a_qa_{q'}e^{i(q+q')na}-a_qa_{q'}^*e^{i(q-q')na}-a_q^*a_{q'}e^{-i(q-q')na}+a_q^*a_{q'}^*e^{-i(q+q')na}] \quad (4.3.5)$$

利用下列关系式：

$$\sum_{n=1}^{N}e^{iqna}=\begin{cases}0, & 当\ q\neq 0\\ N, & 当\ q=0\end{cases} \quad (4.3.6)$$

$$\sum_{n=1}^{N}e^{i(q+q')na}=\begin{cases}0, & 当\ q+q'\neq 0\\ N, & 当\ q+q'=0\end{cases} \quad (4.3.7)$$

以及

$$\omega_{-q}=\omega_q$$

可求得

$$T=\frac{M}{2}\sum_q\omega_q^2[2a_qa_q^*-a_qa_{-q}-a_q^*a_{-q}^*] \quad (4.3.8)$$

系统势能

$$\Phi=\frac{\beta}{2}\sum_{n=1}^{N}(u_n-u_{n-1})(u_n-u_{n-1}) \quad (4.3.9)$$

将式(4.3.2)的 u_n 以及相应的 u_{n-1} 表示式代入，利用式(4.3.7)以及色散关系

$$2-e^{-iqa}-e^{iqa}=2(1-\cos qa)=4\sin^2\left(\frac{qa}{2}\right)=\frac{M\omega_q^2}{\beta}$$

作完代数运算，给出系统势能

$$\Phi=\frac{M}{2}\sum_q\omega_q^2[2a_qa_q^*+a_qa_{-q}+a_qa_{-q}^*] \quad (4.3.10)$$

最后得系统总能量

$$H=T+\Phi=2M\sum_q\omega_q^2a_qa_q^* \quad (4.3.11)$$

由式(4.3.3)介入的格波坐标 a_q 是复数，现在用两个实数变量：坐标 x_q 和共轭动量 p_q 来替换它。

$$\left.\begin{aligned}x_q&=a_q+a_q^*=2\mathrm{Re}[a_q]\\ p_q&=\frac{M\omega_q}{i}(a_q-a_q^*)=\frac{M\omega_q}{i}2\mathrm{Im}[a_q]\end{aligned}\right\} \quad (4.3.12)$$

由此求出

$$\left.\begin{aligned}a_q&=\frac{1}{2}\left(x_q+i\frac{p_q}{M\omega_q}\right)\\ a_q^*&=\frac{1}{2}\left(x_q-i\frac{p_q}{M\omega_q}\right)\end{aligned}\right\} \quad (4.3.13)$$

经过这样的代换，系统总能量写成

$$H=\sum_q\left[\frac{1}{2M}p_q^2+\frac{1}{2}M\omega_q^2x_q^2\right]=\sum_qH_q \quad (4.3.14)$$

这是 N 个简谐振子的能量之和。实数格波坐标 x_q 相当于谐振子的坐标，$p_q = M\dot{x}_q$ 是 x_q 的共轭动量。很显然它们满足经典力学中哈密顿正则方程。因此 x_q 既是谐振子坐标,又是正则坐标,因而称之为简正坐标。如前所述,它实质上是代表以波矢为 q,频率为 ω_q 的格波模式的集体运动形态。格波模式也称简正模,用 ω_q 或 $\omega(q)$标识。

4.3.2　格波的量子理论

模式为 ω_q 的格波等价于一个简谐振子,其哈密顿量为

$$H_q = \frac{1}{2M}p_q^2 + \frac{1}{2}M\omega_q^2 x_q^2 \tag{4.3.15}$$

在量子力学中,H_q 是哈密顿算符,其中动量

$$p_q \to \frac{\hbar}{\mathrm{i}}\frac{\partial}{\partial x_q}$$

对应的薛定谔方程为

$$\left[-\frac{\hbar^2}{2M}\frac{\mathrm{d}^2}{\mathrm{d}x_q^2} + \frac{1}{2}M\omega_q^2 x_q^2\right]\psi(x_q) = E_q\psi(x_q) \tag{4.3.16}$$

由这方程求得的能量本征值为

$$E_{n_q} = \hbar\omega_q\left(n_q + \frac{1}{2}\right) \tag{4.3.17}$$

$$n_q = 0,\ 1,\ 2,\ 3,\ \cdots$$

本征函数

$$\psi_{n_q}(x_q) = \frac{\exp\left(-\frac{\xi^2}{2}\right)}{\sqrt{x_q^0}}\mathrm{H}_{n_q}(\xi) \tag{4.3.18}$$

这里 $x_q^0 = (\hbar/M\omega_q)^{1/2}$，$\xi = x_q/x_q^0$，$\mathrm{H}_n$ 为厄米多项式

$$\mathrm{H}_n(\xi) = \frac{(-1)^n}{\sqrt{2^n n!\sqrt{\pi}}}\mathrm{e}^{\xi^2}\frac{\mathrm{d}^n}{\mathrm{d}\xi^n}\mathrm{e}^{-\xi^2} \tag{4.3.19}$$

既然一个模式的格波等价于一个简谐振子,其能量 E_{n_q} 是零点能 $\frac{1}{2}\hbar\omega_q$ 加上 $\hbar\omega_q$ 的整数倍。能量的单元是 $\hbar\omega_q$,它是格波的能量量子,也就是声子。格波从 E_{n_q} 的状态跃迁到 E_{n_q+1} 的状态时能量增加一个量子 $\hbar\omega_q$,这是产生一个声子过程。反之,由 E_{n_q} 状态跃迁到 E_{n_q-1} 态,需要减少一个量子 $\hbar\omega_q$,这是湮没一个声子。历史上爱因斯坦最先引入声子概念。在当时没有格波的观念,他直接认为晶体中每个原子都以同一频率 ω_{E} 振动,借用普朗克光量子的概念,提出原子振动能的量子为 $\hbar\omega_{\mathrm{E}}$,这就是爱因斯坦的模型。

声子是玻色子,服从玻色统计分布。在温度 T 处于热平衡晶格中,声子 $\hbar\omega_q$ 的平均数目为

$$\overline{n}(q) = \frac{1}{\mathrm{e}^{\hbar\omega_q/k_{\mathrm{B}}T} - 1} \tag{4.3.20}$$

电子、中子、光子与晶格振动的相互作用都可用这些粒子与晶体中声子的相互作用来描写,它们吸收或产生声子改变粒子本身的能量和动量。然而,必须注意声子不是真实的粒子,只是一种准粒子,它的能量为 $\hbar\omega_q$,动量为 $\hbar\boldsymbol{q}$。声子仅仅是晶格原子集体

运动形成的格波的能量激发单元，是一种元激发。声子数目可以不守恒，可增加也可减少。

§ 4.4 三维晶格的振动模

线性双原子链的模型已能全面体现晶格振动的基本特征，现在将有关方法推广到三维晶格，分析实际晶体格波的简正模。

4.4.1 动力学矩阵

设三维晶格每个原胞有 r 个原子，第 l 原胞第 s 个原子的平衡点位矢为 $\boldsymbol{X}\begin{pmatrix} l \\ s \end{pmatrix} = \boldsymbol{R}_l + \boldsymbol{\tau}_s$，这里 $\boldsymbol{R}_l$ 为格矢，$\boldsymbol{\tau}_s$ 是原胞内第 s 个原子的位矢。该原子相对于平衡点的位移为 $\boldsymbol{u}\begin{pmatrix} l \\ s \end{pmatrix}$，它沿坐标轴 $\alpha(=x, y, z)$ 的分量为 $u_\alpha\begin{pmatrix} l \\ s \end{pmatrix}$。若该原子质量为 M_s，则该原子的运动方程为：

$$M_s \frac{\mathrm{d}^2}{\mathrm{d}t^2} u_\alpha\begin{pmatrix} l \\ s \end{pmatrix} = -\sum_{l's'\beta} \phi_{\alpha\beta}\begin{pmatrix} l-l' \\ s, \; s' \end{pmatrix}\left[u_\alpha\begin{pmatrix} l \\ s \end{pmatrix} - u_\beta\begin{pmatrix} l' \\ s' \end{pmatrix}\right] \tag{4.4.1}$$

式中 $\phi_{\alpha\beta}\begin{pmatrix} l-l' \\ s, \; s' \end{pmatrix}$是原子$\begin{pmatrix} l \\ s \end{pmatrix}$与原子$\begin{pmatrix} l' \\ s' \end{pmatrix}$之间的准弹性力系数，由于 l 与 l' 取 1 到 N，s 和 s' 取 1 至 r，α 取 x, y, z，故式(4.4.1)是 $3Nr$ 个相耦合的运动方程组。

为解运动方程组，引入试解

$$\boldsymbol{u}\begin{pmatrix} l \\ s \end{pmatrix} = A_q \boldsymbol{e}^s(\boldsymbol{q}) \exp[\mathrm{i}(\boldsymbol{q}\cdot\boldsymbol{R}_l - \omega t)] \tag{4.4.2}$$

这里 A_q 是振幅，$\boldsymbol{e}^s(\boldsymbol{q})$是该格波中第 s 原子位移取向的单位矢量(称为极化矢量)，其分量记为 $e_\alpha^s(\boldsymbol{q})$，将式(4.4.2)代入运动方程组，可求得一组关于 $e_\beta^s(\boldsymbol{q})$的线性方程组

$$\sum_{s'\beta'} [M_s\omega^2 \delta_{\alpha\beta}\delta_{ss'} - D_{\alpha\beta}^{ss'}(\boldsymbol{q})] e_\beta^{s'}(\boldsymbol{q}) = 0 \tag{4.4.3}$$

式中
$$D_{\alpha\beta}^{ss'}(\boldsymbol{q}) = \sum_{l'} \phi_{\alpha\beta}\begin{pmatrix} l-l' \\ s, \; s' \end{pmatrix} \exp[\mathrm{i}\boldsymbol{q}\cdot(\boldsymbol{R}_l - \boldsymbol{R}_{l'})] \tag{4.4.4}$$

以 $D_{\alpha\beta}^{ss'}(\boldsymbol{q})$为矩阵元构成的 $3r \times 3r$ 的矩阵 D 称为动力学矩阵。方程组式(4.4.3)的未知数 $e_\beta^{s'}(\boldsymbol{q})$有解，必须其系数组成的行列式等于零：

$$\det \mid D_{\alpha\beta}^{ss'}(\boldsymbol{q}) - M_s\omega^2\delta_{ss'}\delta_{\alpha\beta} \mid = 0 \tag{4.4.5}$$

将这行列式展开可求得 $3r$ 个 ω^2 的解：$\omega_\lambda^2(\boldsymbol{q})$，$\lambda = 1, 2, 3, \cdots, 3r$。由于频率应为正值，给出 $3r$ 支格波的色散关系

$$\omega_\lambda(\boldsymbol{q}), \quad \lambda = 1, 2, \cdots, 3r$$

格波的色散关系中，有 3 支当 $\boldsymbol{q} \to 0$ 时，$\omega \to 0$，这三支为声频支，其余 $3r-3$ 支为光频支。极化矢量 $\boldsymbol{e}^s(\boldsymbol{q})$与波矢 $\boldsymbol{q}$ 平行的称为纵波；$\boldsymbol{e}^s(\boldsymbol{q})$与 $\boldsymbol{q}$ 相垂直的称为横波。声频支纵波

记为 LA,横波记为 TA;光频支纵波记为 LO,横波记为 TO。波矢 $\boldsymbol{q}$ 在布里渊区的对称轴方向常可分出一个纵波和两个横波。波矢 $\boldsymbol{q}$ 在布里渊区其他方向,一般难以区分出纵波和横波。图 4.8 是硅晶体的格波色散关系,硅每个原胞有 2 个原子,因此有三支声频波和三支光频波,由于 TA 和 TO 都是频率简并的,故 TA 和 TO 都只有一条色散曲线。

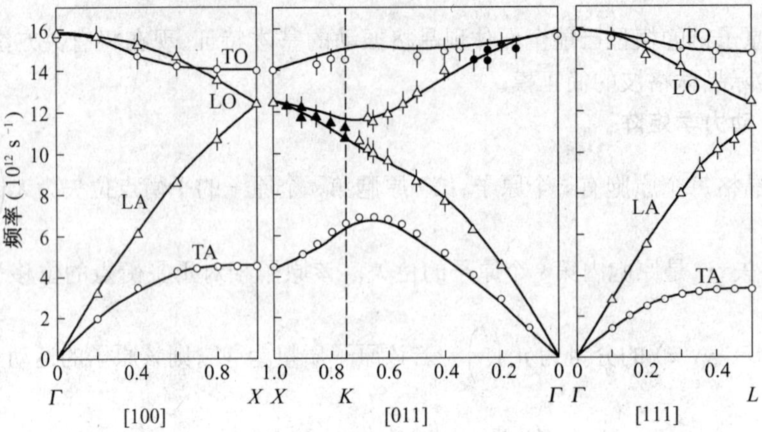

图 4.8　硅的格波色散关系

4.4.2　格波的模式数

考虑晶体是一个平行六面体,沿基矢 $\boldsymbol{a}_i$ 方向有边长 $N_i\boldsymbol{a}_i$, $i=1, 2, 3$。这块晶体含有 $N=N_1\cdot N_2\cdot N_3$ 个原胞。采用玻恩-冯·卡门边界条件

$$\boldsymbol{u}\binom{l}{s}=\boldsymbol{u}\binom{l+N_i}{s} \tag{4.4.6}$$

即 $$A_q\boldsymbol{e}^s(\boldsymbol{q})\exp[\mathrm{i}(\boldsymbol{q}\cdot\boldsymbol{R}_l-\omega t)]=A_q\boldsymbol{e}^s(\boldsymbol{q})\exp[\mathrm{i}(\boldsymbol{q}\cdot\boldsymbol{R}_l-\omega t)]\exp(\mathrm{i}\boldsymbol{q}\cdot N_i\boldsymbol{a}_i)$$

得 $$\exp(\mathrm{i}\boldsymbol{q}\cdot N_i\boldsymbol{a}_i)=1 \tag{4.4.7}$$

导出 $$\boldsymbol{q}\cdot N_i\boldsymbol{a}_i=\frac{2\pi n_i}{N_i},\quad n_i\text{ 为整数} \tag{4.4.8}$$

令 $$\boldsymbol{q}=q_1\boldsymbol{b}_1+q_2\boldsymbol{b}_2+q_3\boldsymbol{b}_3 \tag{4.4.9}$$

这里 $\boldsymbol{b}_j$ 是晶体的倒格基矢,利用 $\boldsymbol{a}_i\cdot\boldsymbol{b}_j=2\pi\delta_{ij}$ 的关系,可得到

$$\boldsymbol{q}=\frac{n_1}{N_1}\boldsymbol{b}_1+\frac{n_2}{N_2}\boldsymbol{b}_2+\frac{n_3}{N_3}\boldsymbol{b}_3 \tag{4.4.10}$$

显然,若 $\boldsymbol{K}_h$ 是倒格矢,则波矢 $\boldsymbol{q}$ 换成 $\boldsymbol{q}'=\boldsymbol{q}+\boldsymbol{K}_h$, $\boldsymbol{u}\binom{l}{s}$ 以及动力学矩阵均不变。因此波矢 $\boldsymbol{q}$ 的取值可限制在简约布里渊区之内,给出 n_i 取值范围为

$$-\frac{1}{2}N_i<n_i\leqslant\frac{1}{2}N_i,\quad i=1, 2, 3 \tag{4.4.11}$$

这样在简约布里渊区里共有 $N=N_1\cdot N_2\cdot N_3$ 个 $\boldsymbol{q}$ 值,而布里渊区体积为 $\boldsymbol{b}_1\cdot(\boldsymbol{b}_2\times\boldsymbol{b}_3)=$

$\frac{(2\pi)^3}{\Omega}$，Ω 为原胞体积，所以波矢 $\boldsymbol{q}$ 的点在布里渊区中的密度为

$$\frac{N}{\boldsymbol{b}_1 \cdot (\boldsymbol{b}_2 \times \boldsymbol{b}_3)} = \frac{N}{(2\pi)^3/\Omega} = \frac{N\Omega}{(2\pi)^3} = \frac{V}{(2\pi)^3} \tag{4.4.12}$$

这里 $N\Omega = V$ 为晶体体积，在 N_1，N_2，N_3 均趋于无限大时，波矢 $\boldsymbol{q}$ 趋于连续分布。这样，对 $\boldsymbol{q}$ 的求和可用对 $\mathrm{d}\boldsymbol{q}$ 积分取代：

$$\sum_{\boldsymbol{q}} \cdots \longrightarrow \frac{V}{(2\pi)^3}\int \mathrm{d}\boldsymbol{q}\cdots \tag{4.4.13}$$

综上所述对于三维晶格中格波频谱可分为 $3r$ 支，r 是原胞中原子的数目，每一支有 N 个波矢，N 为晶体的原胞数目。因此格波的总模式数等于晶体原子的自由度总数目 $3rN$。

4.4.3　格波频谱密度

格波的频谱或格波简正模是以 $\omega_\lambda(\boldsymbol{q})$ 为表征的。对 $\mathrm{d}\boldsymbol{q}$ 的积分往往利用 $\omega_\lambda(\boldsymbol{q})$ 的函数关系可以化为对 $\mathrm{d}\omega_\lambda$ 积分再对格波各支累加。为此引入晶体单位体积格波简正模密度 $g(\omega)$ 或称格波频谱密度。其含义是 $g(\omega)\mathrm{d}\omega$ 等于频率 ω 至 $\omega+\mathrm{d}\omega$ 之间简正模式数目除以晶体体积 V，即在波矢 $\boldsymbol{q}$ 的空间里频率为 ω 及 $\omega+\mathrm{d}\omega$ 两个等频率曲面中包含的简正模式数目除以 V，写成

$$g(\omega)\mathrm{d}\omega = \frac{1}{8\pi^3}\int_{S_\omega}^{S_{\omega+\mathrm{d}\omega}} \mathrm{d}\boldsymbol{q} \tag{4.4.14}$$

并示于图 4.9。由图在两个等频率曲面间取一圆柱形体积元 $\mathrm{d}\boldsymbol{q} = \mathrm{d}S \cdot l$，$l$ 是小圆柱体高，由 $\mathrm{d}\omega = |\operatorname{grad}\omega| \cdot l$ 决定，$\mathrm{d}S$ 是曲面上的面积元。于是

$$g(\omega)\mathrm{d}\omega = \frac{1}{8\pi^3}\int l\,\mathrm{d}S = \frac{1}{8\pi^3}\int \frac{\mathrm{d}S\mathrm{d}\omega}{|\operatorname{grad}\omega|} \tag{4.4.15}$$

上式两边 $\mathrm{d}\omega$ 是任意的，得到

$$g(\omega) = \frac{1}{8\pi^3}\int \frac{\mathrm{d}S}{|\operatorname{grad}\omega|} \tag{4.4.16}$$

若考虑到 ω 有若干支，简正模密度写成

$$g(\omega) = \frac{1}{8\pi^3}\sum_{\lambda}\int \frac{\mathrm{d}S}{|\operatorname{grad}\omega_\lambda(\boldsymbol{q})|} \tag{4.4.17}$$

图 4.10 是晶体硅的简正模密度曲线(图中实线)。实线与横坐标轴所包围的面积应等于晶体单位体积中原子的总自由度：

$$\int g(\omega)\mathrm{d}\omega = 3 \times r \times \frac{N}{V} \tag{4.4.18}$$

对硅而言 $r = 2$，系数 3 来自每个原子有三个自由度。图中虚线是只考虑声频支格波，并认为在长波极限下晶体是各向同性的弹性体求得 $\omega(q) = v_s q$，v_s 为声速，将此关系延伸至最高频率 ω_D，使虚线下面积为

$$\int_0^{\omega_D} g(\omega)\mathrm{d}\omega = 3\,\frac{N}{V} \tag{4.4.19}$$

这个近似称为德拜近似。

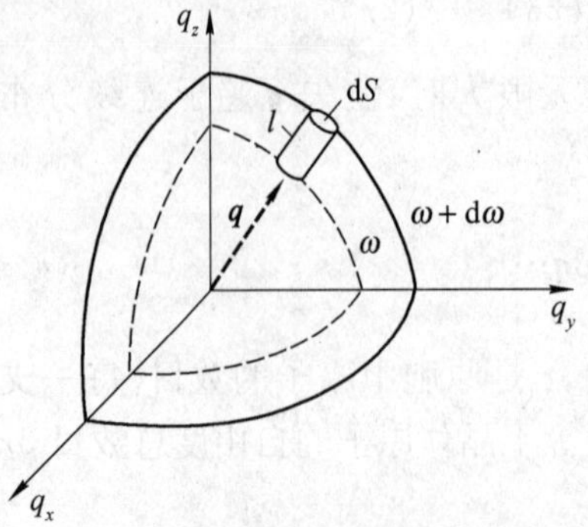

图 4.9 波矢空间中格波的两个等频率曲面

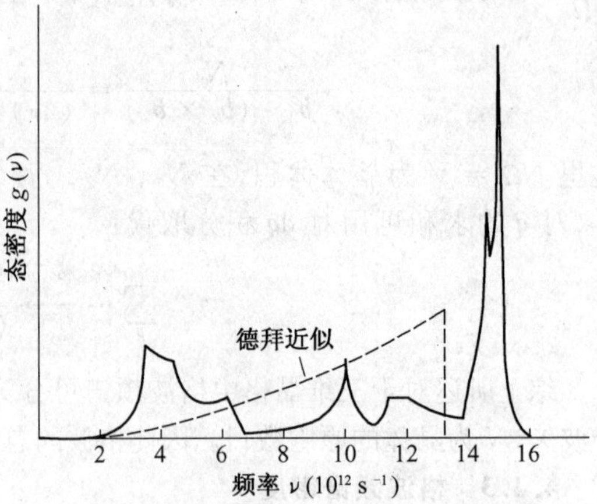

图 4.10 硅的声子态密度，其中 $\nu=\omega/2\pi$

4.4.4 范霍夫奇性

在晶态硅的简正模密度曲线中呈现若干结构特征。这是由于式(4.4.16)或(4.4.17)所界定的 $g(\omega)$ 存在奇性，即其积分表示式被积函数在 $\text{grad}\,\omega=0$ 的那些点，它们被称为临界点(critical points)，常出现在布里渊区高对称性的点。在三维情况，设临界点在 $\boldsymbol{q}=0$，对应的频率 ω_c，则在其附近，ω 可写成

$$\omega=\omega_c+Aq_x^2+Bq_y^2+Cq_z^2 \tag{4.4.20}$$

范霍夫(L. C. P. van Hove)提出有四类奇性，即有四类临界点。

(1) A、B、C 均为正数，这临界点是极小点，符号为 M_0。

(2) A、B、C 均为负数，这临界点是极大点，符号为 M_3。

(3) A 和 B 是正的，而 C 是负的。这是第一类鞍点，符号为 M_1。

(4) A 和 B 是负的，而 C 是正的。这是第二类鞍点，符号为 M_2。

图 4.11 为 $g(\omega)$ 曲线在这四类临界点附近的几何图形。依此范式图形有助于我们对晶

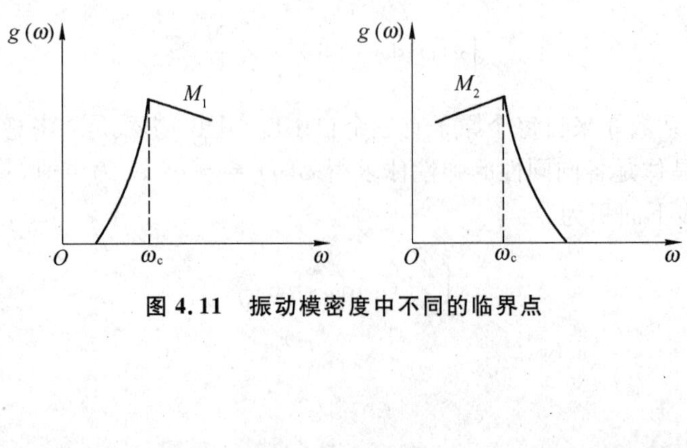

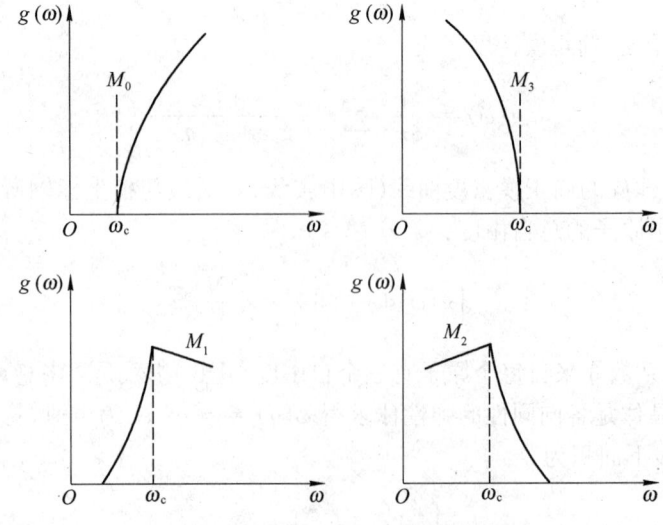

图 4.11 振动模密度中不同的临界点

态硅简正模密度曲线的结构特征的理解。

§4.5　离子晶体的光频模与电磁波耦合

离子晶体的光频模频率约为 $10^{13}\,s^{-1}$,相当于红外波段的光波频率。但红外光波长远大于晶格常数。所以长波光频模能够对电磁波的传播产生重要影响。而在长波条件下如何采用几个宏观物理量来完美地描述光频模中离子相对位移 $\boldsymbol{W}$,宏观极化 $\boldsymbol{P}$ 以及宏观电场 $\boldsymbol{E}$ 之间的关系是一个基本问题。黄昆在这方面作出了开拓性贡献,建立起光频模与电磁波相耦合的理论基础。

4.5.1　长光频模的特点

立方结构的离子晶体沿其主要对称轴,光频模可以明确区分为纵波和横波,它们是原胞中正、负离子相对位移形成的格波。当波长相当长时,两个相邻的离子位移为零的节面之间包含有很多晶面。整个晶体在瞬时被这些节面分成很多薄层。由于原胞中正、负离子位移相反,如图 4.12 所示,在纵波情况,每个薄层都有相应的极化强度 $\boldsymbol{P}$,因而纵光频模又是一种极化波。这种情况,退极化场 $\boldsymbol{E}_d$ 垂直于每个薄层,且 $\epsilon_0\boldsymbol{E}_d=-\boldsymbol{P}$, ϵ_0 是真空电容率。$\boldsymbol{E}_d$ 的作用促使离子回到平衡位置,相当于增强恢复力。所以长纵光频波的振动频率 ω_{LO} 应大于原来只考虑准弹性力的本征振动频率 ω_0。

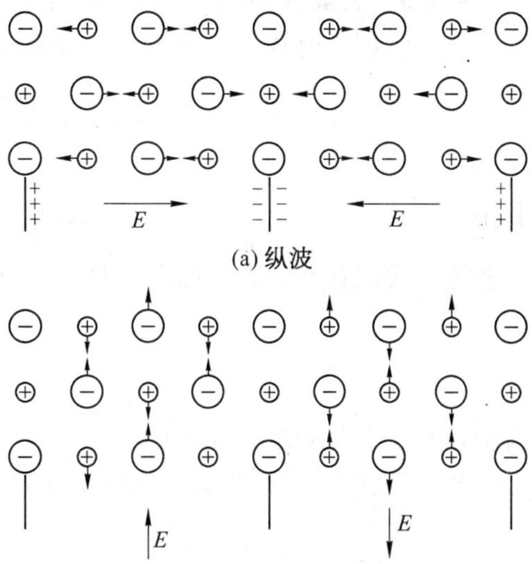

图 4.12　长光频模的特点

但对于横光频波,离子位移与格波传播方向垂直,退极化场平行薄层,薄层厚度是格波的半波长比晶体尺度小得多,此时,退极化场 $\boldsymbol{E}_d=0$。因此,长横光频模的频率 ω_{TO} 保持等于原来本征振动频率 ω_0。由此可知,对于离子晶体 ω_{LO} 大于 ω_{TO}。一般说,离子有效电荷 e^* 大的晶体,产生的极化强度 $\boldsymbol{P}$ 较大,其 ω_{LO} 与 ω_{TO} 的差距也大。例如离子性强的 LiF 晶体,$\omega_{LO}=12\times10^{13}\,s^{-1}$, $\omega_{TO}=5.8\times10^{13}\,s^{-1}$。而离子性较弱的 GaAs 晶体:$\omega_{LO}=5.5\times10^{13}\,s^{-1}$, $\omega_{TO}=5.1\times10^{13}\,s^{-1}$。共价晶体没有离子性,如 Si 晶体,$\omega_{LO}=\omega_{TO}=9.9\times10^{13}\,s^{-1}$。

横光频模和电磁波都是横波,两者可以耦合,形成统一的电磁耦合波。而纵光频波不能与电磁波耦合。

4.5.2　黄昆方程

若正、负离子的质量分别为 M_+ 和 M_-,它们偏离平衡位置的位移为 $\boldsymbol{u}_+$ 和 $\boldsymbol{u}_-$,两个离子的折合质量为 $\overline{M}=M_+M_-/(M_++M_-)$, Ω 为原胞体积。黄昆选用

$$\boldsymbol{W}=\left(\frac{\overline{M}}{\Omega}\right)^{1/2}(\boldsymbol{u}_+-\boldsymbol{u}_-) \tag{4.5.1}$$

作为描写长光频模中离子相对位移的宏观量。在有宏观电场 $\boldsymbol{E}$ 时,系统的势能密度应写成

$$U = -\frac{1}{2}(b_{11}\boldsymbol{W}^2 + 2b_{12}\boldsymbol{W}\cdot\boldsymbol{E} + b_{22}\boldsymbol{E}^2) \tag{4.5.2}$$

这里 b_{ij} 是待定参数。U 中第一项是光频模简谐振动的势能,第二项是光频模简谐振动与宏观电场的耦合能量,第三项是宏观电场的能量。

由此可求得

$$\left.\begin{aligned}\ddot{\boldsymbol{W}} &= \frac{\mathrm{d}^2\boldsymbol{W}}{\mathrm{d}t^2} = -\frac{\partial U}{\partial \boldsymbol{W}} = b_{11}\boldsymbol{W} + b_{12}\boldsymbol{E}\\ \boldsymbol{P} &= -\frac{\partial U}{\partial \boldsymbol{E}} = b_{12}\boldsymbol{W} + b_{22}\boldsymbol{E}\end{aligned}\right\} \tag{4.5.3}$$

第一个方程是离子振动方程,方程右边第一项是准弹性力,第二项是宏观电场的驱动力。第二个方程给出晶体的极化强度 $\boldsymbol{P}$,它包含两部分:离子相对位移产生的极化和宏观电场驱动的极化。这两个方程称为黄昆方程,是描述长光频波与电磁波相互耦合的基本方程。

4.5.3 利戴恩-萨克斯-特勒关系

很自然可认为 $\boldsymbol{W}$、$\boldsymbol{E}$、$\boldsymbol{P}$ 都有时间振荡因子 $\mathrm{e}^{\mathrm{i}\omega t}$。由黄昆方程组可求得

$$\boldsymbol{P} = \left(b_{22} - \frac{b_{12}^2}{\omega^2 + b_{11}}\right)\boldsymbol{E} \tag{4.5.4}$$

利用

$$\boldsymbol{P} = \varepsilon_0(\boldsymbol{D} - \boldsymbol{E}) = \varepsilon_0(\varepsilon - 1)\boldsymbol{E} \tag{4.5.5}$$

比较这两式得介电常数,$\varepsilon(\omega) = D(\omega)/E(\omega)$,即

$$\varepsilon(\omega) = 1 + \frac{1}{\varepsilon_0}\left(b_{22} - \frac{b_{12}^2}{\omega^2 + b_{11}}\right) \tag{4.5.6}$$

若把频率 ω 看作变量,$\varepsilon(\omega)$应称为介电函数。

前面了解到,横光频模不出现退极化电场,故在宏观电场为零时,其振动方程为

$$\ddot{\boldsymbol{W}} = b_{11}\boldsymbol{W} = -\omega_{\mathrm{TO}}^2\boldsymbol{W} \tag{4.5.7}$$

得到

$$b_{11} = -\omega_{\mathrm{TO}}^2 \tag{4.5.8}$$

而对于纵光频模出现退极化电场,$\varepsilon_0\boldsymbol{E} = -\boldsymbol{P}$,其振动方程为

$$\ddot{\boldsymbol{W}} = -\left(\omega_{\mathrm{TO}}^2 + \frac{b_{12}^2}{\varepsilon_0 + b_{22}}\right)\boldsymbol{W} = -\omega_{\mathrm{LO}}^2\boldsymbol{W} \tag{4.5.9}$$

得到

$$\omega_{\mathrm{LO}}^2 = \omega_{\mathrm{TO}}^2 + \frac{b_{12}^2}{\varepsilon_0 + b_{22}} \tag{4.5.10}$$

利用式(4.5.8)和(4.5.10)消去式(4.5.6)中的 b_{11} 和 b_{12}^2,得

$$\varepsilon(\omega) = \left(\frac{\omega_{\mathrm{LO}}^2 - \omega^2}{\omega_{\mathrm{TO}}^2 - \omega^2}\right)\left(1 + \frac{b_{22}}{\varepsilon_0}\right) \tag{4.5.11}$$

当 $\omega \to \infty$,$\varepsilon(\infty) = 1 + \frac{b_{22}}{\varepsilon_0}$ 为高频介电常数。

而当 $\omega \to 0$ 时 便得

$$\varepsilon(0) = \frac{\omega_{LO}^2}{\omega_{TO}^2}\varepsilon(\infty) \tag{4.5.12}$$

$\varepsilon(0)$是静电介电常数。式(4.5.12)称为利戴恩-萨克斯-特勒(Lyddane-Sachs-Teller)关系，简称 LST 关系。通常 $\varepsilon(0)$比 $\varepsilon(\infty)$大，因此 ω_{LO}大于 ω_{TO}。

利用 $\varepsilon(\infty)$的表示式，离子晶体的介电函数可写成

$$\varepsilon(\omega) = \varepsilon(\infty)\cdot\frac{\omega_{LO}^2-\omega^2}{\omega_{TO}^2-\omega^2} \tag{4.5.13}$$

$\varepsilon(\omega)\sim\omega$ 曲线示于图 4.13，可以看出 $\omega=\omega_{TO}$ 是奇点，而 $\omega=\omega_{LO}$ 是零点。在 $\omega_{TO}<\omega<\omega_{LO}$ 之间，$\varepsilon(\omega)<0$，光学告诉我们：晶体折射率 $n(\omega)=\varepsilon^{1/2}(\omega)$。因此频率在 ω_{TO}至 ω_{LO}之间的电磁波不能在晶体中传播，在晶体表面受到全反射。

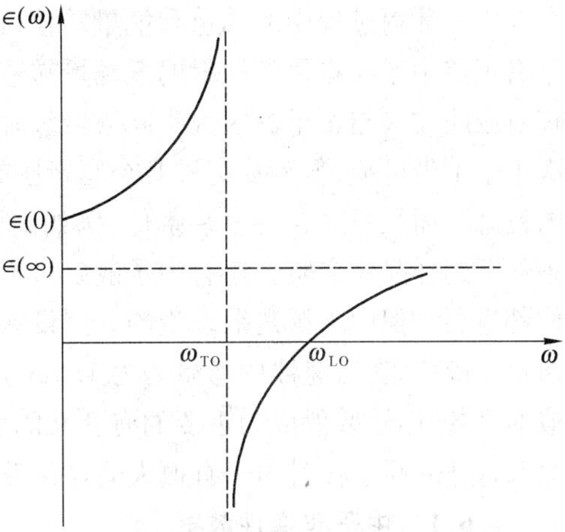

图 4.13 介电函数 $\varepsilon(\omega)$随频率 ω 变化的函数曲线

4.5.4 电磁耦合子

离子晶体的横光频模与电磁波耦合形成的耦合模的系统，对频率为 ω、波矢为 $\boldsymbol{k}$ 的电磁波在其中的传播，由这系统的介电函数表现它的特性。根据麦克斯韦电磁波在各向同性介质传播应适合的波动方程给出的关系：

$$c^2k^2 = \varepsilon(\omega)\omega^2 \tag{4.5.14}$$

这里 c 是真空中的光速，代入式(4.5.13)，便可解出电磁耦合模的色散关系：

$$\omega_{\pm}^2 = \frac{1}{2}\left(\frac{c^2k^2}{\varepsilon(\infty)}+\omega_{LO}^2\right)\pm\frac{1}{2}\left[\left(\frac{c^2k^2}{\varepsilon(\infty)}+\omega_{LO}^2\right)^2-\frac{4c^2k^2\omega_{TO}^2}{\varepsilon(\infty)}\right]^{1/2} \tag{4.5.15}$$

ω_+ 和 ω_- 分别对应取正号和负号的两支耦合模。$\omega_+(k)$和 $\omega_-(k)$的曲线示于图 4.14 中的实线。而图中锁线对应于未发生耦合时光频模 ω_{TO}、ω_{LO}以及电磁波的色散关系。耦合之后，ω_- 支在 k 小时接近于低频电磁波，k 很大时接近于横光频模。而 ω_+ 支在 k 很小时接近于纵光频模，在 k 很大时接近于高频电磁波。一般情况，任一波矢的电磁耦合模兼有电磁波和光频模的特点，且只存在于极性晶体。这耦合模是五十年前黄昆最早提出并给出这个色散关系。这种耦合模的能量量子 $\hbar\omega_+(k)$或 $\hbar\omega_-(k)$称为电磁耦合子，其存在已为实验所证实。后来，人们发现晶体中具有电极化或磁极化的其他的集体振荡或波动如自旋波、电子-空穴组成的激子都可与电磁波发生耦合形成相应的电磁耦合模，它们的能量量子 $\hbar\omega$ 称为自旋波电磁耦合子等等。

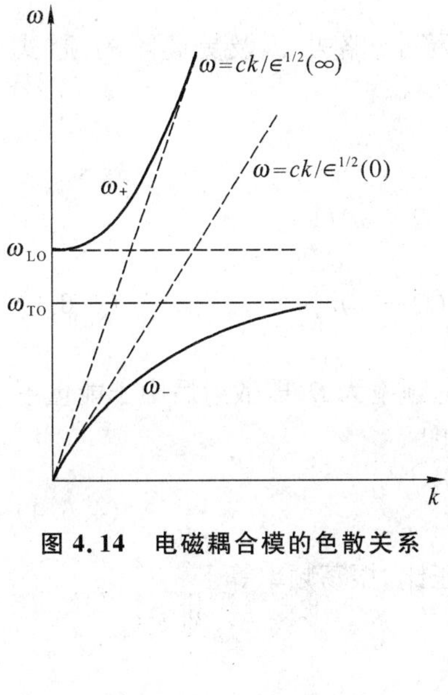

图 4.14 电磁耦合模的色散关系

§4.6　声子谱的中子散射实验测定

对声子谱(即声子色散关系)的测定主要来自中子非弹性散射实验中获得的信息。从核反应堆(送出连续中子流)或散裂源(送出中子脉冲)出来的中子束,经过热减速器慢化,在室温(300 K)热平衡的中子能量 $E \approx 25$ meV, 波长 $\lambda = 0.18$ nm, 速度 $v = 2\,200$ m/s。热中子在受声子散射过程中的动量和能量转移,正好与典型的声子动量和能量范围相匹配。1991年有报道中子在布里渊散射的低动量转移对应的波矢低达 $\approx 3 \times 10^{-3}$ nm。当散射中动量转移对应的波矢与布里渊区大小同数量级时,可测量小到 1 μeV 到几百 meV 的能量转移。其次中子不带电荷,很容易穿过几个厘米厚的样品,一般可忽略表面效应,测到的是真实的体内信息。而且可对各种复杂条件,例如高压达 10^{10} Pa,低温(μK 量级)和高温(10^3 K 量级)条件下的样品做实验。还有中子散射对不同元素没有倾向性,对重原子和轻原子组成的固体都适用。但中子源是很昂贵的大型设备,中子通量低。1971 年在法国格勒诺布尔建成高通量反应堆,在减速器中通量约为 1.2×10^{15} 热中子/(厘米^2 · 秒),尔后好几个国家都有类似的设备,中子散射成为重要的有意义的手段。当然,对于个别固体例如固态^{3}He 不适用,原因是^{3}He 原子核对中子有很大的俘获截面,产生^{4}He,无法获得它的中子散射信息。

4.6.1　中子非弹性散射

设 $\boldsymbol{R}_i$ 为晶体原子的平衡位置,而 $\boldsymbol{\alpha}\cos(\boldsymbol{q} \cdot \boldsymbol{R}_i - \omega t)$ 是频率为 ω,波矢为 $\boldsymbol{q}$,振幅和极化方向为 $\boldsymbol{\alpha}$ 的格波。在此格波驱动下该原子实际位置为

$$\boldsymbol{r}_j = \boldsymbol{R}_j + \boldsymbol{\alpha}\cos(\boldsymbol{q} \cdot \boldsymbol{R}_j - \omega t) \tag{4.6.1}$$

若入射中子的能量 $E = \hbar\Omega$, 波矢为 $\boldsymbol{k}$,散射后中子末态波矢为 $\boldsymbol{k}'$,动量转移为 $\hbar\boldsymbol{Q} = \hbar(\boldsymbol{k} - \boldsymbol{k}')$。因而晶体的总散射振幅应由所有原子产生的相位差之和来定,它正比于

$$\begin{aligned} A &= \sum_j \exp \mathrm{i}(\boldsymbol{Q} \cdot \boldsymbol{r}_j - \Omega t) \\ &= \sum_j \exp \mathrm{i}[\boldsymbol{Q} \cdot \boldsymbol{R}_j - \Omega t] \cdot \{1 + \mathrm{i}\boldsymbol{Q} \cdot \boldsymbol{\alpha}\cos(\boldsymbol{q} \cdot \boldsymbol{R}_j - \omega t) + \cdots\} \end{aligned} \tag{4.6.2}$$

式中大括号里各项是通过指数展开得到的。如果原子位移小,略去 α^2 及更高阶的项,式(4.6.2)可写成

$$\begin{aligned} A = &\sum_j \exp \mathrm{i}(\boldsymbol{Q} \cdot \boldsymbol{R}_j - \Omega t) \\ &+ \frac{\mathrm{i}}{2}\boldsymbol{Q} \cdot \boldsymbol{\alpha} \sum_j \exp \mathrm{i}[(\boldsymbol{Q} + \boldsymbol{q}) \cdot \boldsymbol{R}_j - (\Omega + \omega)t] \\ &+ \frac{\mathrm{i}}{2}\boldsymbol{Q} \cdot \boldsymbol{\alpha} \sum_j \exp \mathrm{i}[(\boldsymbol{Q} - \boldsymbol{q}) \cdot \boldsymbol{R}_j - (\Omega - \omega)t] \end{aligned} \tag{4.6.3}$$

当 $\boldsymbol{Q} = \boldsymbol{K}_h$ (倒格矢)时,第一项求和式给出一个极大峰,振荡频率为 Ω,即散射后中子能量不变,这是弹性散射,也就是布拉格反射。当 $\boldsymbol{Q} + \boldsymbol{q} = \boldsymbol{K}_h$ 时,即

$$\boldsymbol{k}' = \boldsymbol{k} + \boldsymbol{q} - \boldsymbol{K}_h \tag{4.6.4}$$

之时,上式第二项求和也给出一个极大峰,振幅与 $\boldsymbol{Q} \cdot \boldsymbol{\alpha}$ 成正比,振荡频率等于

$$\Omega' = \Omega + \omega \tag{4.6.5}$$

这是一个非弹性散射过程,中子由能量$\hbar\Omega$,动量$\hbar\boldsymbol{k}$的状态,吸收一个波矢$\boldsymbol{q}$能量$\hbar\omega$的声子散射到能量$\hbar\Omega'$,动量$\hbar\boldsymbol{k}'$的状态。第三项求和式与第二项类似,在$\boldsymbol{Q}-\boldsymbol{q}=\boldsymbol{K}_h$,即

$$\boldsymbol{k}' = \boldsymbol{k} - \boldsymbol{q} - \boldsymbol{K}_h \tag{4.6.6}$$

时,又有一个极大峰,振幅与$\boldsymbol{Q}\cdot\boldsymbol{\alpha}$成正比,对应频率为

$$\Omega' = \Omega - \omega \tag{4.6.7}$$

这是另一个非弹性散射过程,中子发射一个$(\omega, \boldsymbol{q})$的声子由$(\Omega, \boldsymbol{k})$态散射到$(\Omega', \boldsymbol{k}')$态。

4.6.2 三轴中子谱仪

虽然20世纪七八十年代出现了高通量中子源,但测量声子谱的仪器仍是五六十年代设计使用的三轴中子谱仪,其原理和结构示于图4.15。主要由三块晶体使中子束经受散射。第一块晶体使中子束发生布拉格反射,起单色器作用,获得单一能量的中子束投射到第二块晶体,这是受测试的样品,使中子束发生弹性散射和非弹性散射。第三块晶体起分析器作用,测量经样品散射后的中子的波矢$\boldsymbol{k}'$,由分析器出来的中子投射到BF_3计数器以测量散射后中子束的强度。样品台、单色器、分析器各配有旋转轴,以适应实验需要调节有关偏转角度,所以称为三轴中子谱仪。在中子束入射三块晶体前都配有准直器。

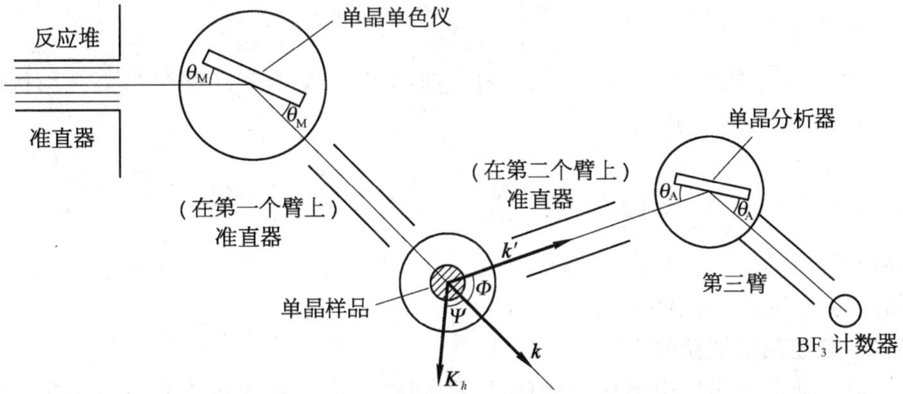

图 4.15 三轴谱仪(TAS)的原理图

图4.8就是人们用这种方法测得的硅晶体沿三个主要对称方向的振动频率ω的色散关系。实线是理论计算结果。

§4.7 晶格比热

4.7.1 高温下晶体的晶格比热

在高温条件下,晶体中原子运动可用经典物理的力学和统计方法来描述。系统在温度T处于热平衡时,每个自由度的平均能量为$\frac{1}{2}k_B T$。

简谐振子离其平衡点的位移x随时间t的变化可写成

$$x = A\sin(\omega t + \theta) \tag{4.7.1}$$

原子质量为 M,振子的动能

$$E_{\text{kin}} = \frac{1}{2}M\dot{x}^2 = \frac{1}{2}M\omega^2 A^2\cos^2(\omega t + \theta) \tag{4.7.2}$$

势能

$$E_{\text{pot}} = \frac{1}{2}M\omega^2 x^2 = \frac{1}{2}M\omega^2 A^2\sin^2(\omega t + \theta) \tag{4.7.3}$$

由于平均值 $\overline{\cos^2(\omega t + \theta)} = \overline{\sin^2(\omega t + \theta)} = \frac{1}{2}$,所以,动能和势能的平均值都等于

$$\overline{E}_{\text{kin}} = \overline{E}_{\text{pot}} = \frac{1}{4}M\omega^2 A^2 \tag{4.7.4}$$

故简谐振子的平均能量为

$$\overline{E} = \overline{E}_{\text{kin}} + \overline{E}_{\text{pot}} = k_B T \tag{4.7.5}$$

一般情况,晶体有 N 个原胞,每个原胞有 r 个原子,故有 $3rN$ 个简正模式,在温度 T 热平衡时,该晶体晶格振动贡献的内能为

$$U = 3rNk_B T \tag{4.7.6}$$

晶格振动相关的定容比热为

$$c_V = \left(\frac{\partial U}{\partial T}\right)_V = 3rNk_B \tag{4.7.7}$$

通常采用一摩尔原子物质的定容比热来计量,这时 $rN = N_0 = 6.023 \times 10^{23}$ = 阿伏伽德罗数。于是,摩尔原子定容比热为

$$c_V = \left(\frac{\partial U}{\partial T}\right)_V = 3N_0 k_B = 24.9\ \text{J/(mol}\cdot\text{K)}$$

这说明高温晶格比热是一常量,与温度无关,也与物质元素无关。这就是杜隆-珀蒂(Dulong-Petit)定律,与实验结果符合。

4.7.2 低温晶格振动的内能

在低温区,实验给出绝缘晶体的比热依 T^3 规律变化。这时必须考虑简谐振子的量子化能级:$E_n = \left(n + \frac{1}{2}\right)\hbar\omega$。这第 n 个量子态在温度 T 出现的概率为

$$w_n = \frac{1}{Z}e^{-E_n/k_B T} \tag{4.7.8}$$

这里 Z 是振子的状态和,即

$$\begin{aligned} Z &= \sum_{n=0}^{\infty} e^{-E_n/k_B T} \\ &= e^{-\frac{\hbar\omega}{2k_B T}} \sum_{n=0}^{\infty} e^{-n\hbar\omega/k_B T} \\ &= e^{-\hbar\omega/2k_B T}[1 + e^{-\hbar\omega/k_B T} + e^{-2\hbar\omega/k_B T} + \cdots] \\ &= e^{-\hbar\omega/2k_B T}/[1 - e^{-\hbar\omega/k_B T}] \end{aligned} \tag{4.7.9}$$

于是振子的平均能量

$$\begin{aligned}\overline{E} &= \sum_{n=0}^{\infty} E_n w_n = \sum_{n=0}^{\infty} E_n \mathrm{e}^{-E_n/k_B T}/Z \\ &= -\frac{\mathrm{d}}{\mathrm{d}\left(\frac{1}{k_B T}\right)} \ln Z \\ &= \frac{\hbar\omega}{2} + \frac{\hbar\omega}{\mathrm{e}^{\hbar\omega/k_B T} - 1}\end{aligned} \tag{4.7.10}$$

式中第一项$\frac{1}{2}\hbar\omega$是振子的零点振动能量。

对于每个原胞有 r 个原子的晶体,有三支声频波 ($\lambda = 1, 2, 3$) 和 $3r-3$ 支光频波 ($\lambda = 4, 5, \cdots, 3r$)。系统晶格振动贡献的内能为

$$U = U_0 + \sum_{\lambda=1}^{3} \sum_{\boldsymbol{q}} \frac{\hbar\omega_\lambda(\boldsymbol{q})}{\mathrm{e}^{\hbar\omega_\lambda(\boldsymbol{q})/k_B T} - 1} + \sum_{\lambda=4}^{3r} \sum_{\boldsymbol{q}} \frac{\hbar\omega_\lambda(\boldsymbol{q})}{\mathrm{e}^{\hbar\omega_\lambda(\boldsymbol{q})/k_B T} - 1} \tag{4.7.11}$$

其中 U_0 为系统的零点振动能量。对于每个原胞只有一个原子的情况,式(4.7.11)中光频波项为零。

4.7.3 爱因斯坦模型

这个模型认为晶体中每个原子都以相同的频率 ω_E 独立地作简谐振动。对于简单晶格结构的晶体,其晶格振动贡献的内能为

$$U = 3N\left(\frac{1}{2} + \frac{1}{\exp(\hbar\omega_E/k_B T) - 1}\right)\hbar\omega_E \tag{4.7.12}$$

于是,晶格的比热为

$$c_V = \left(\frac{\partial U}{\partial T}\right)_V = 3Nk_B\left(\frac{\Theta_E}{T}\right)^2 \frac{\exp(\Theta_E/T)}{[\exp(\Theta_E/T) - 1]^2} \tag{4.7.13}$$

这里 $\Theta_E = \hbar\omega_E/k_B$ 称为爱因斯坦温度。

在 $T \gg \Theta_E$ 时,$c_V \approx 3Nk_B$,得到杜隆-珀蒂定律。在低温区 $T \ll \Theta_E$ 时,c_V 表示式中分母中 1 可以忽略,得

$$c_V \approx 3Nk_B\left(\frac{\Theta_E}{T}\right)^2 \exp(-\Theta_E/T) \tag{4.7.14}$$

在 $T \to 0$ 时,$c_V \to 0$,这是正确的,但在趋零的速度比实验规律快。原因是这个模型假定只有一个振动频率,没有考虑到格波的色散关系。图 4.16 是金刚石比热实验结果与爱因斯坦计算值(曲线)的比较,这里 $\Theta_E = 1\,320$ K。温度 T 远低于 Θ_E 时,激发声子 $\hbar\omega_E$ 的概率 $\exp(-\Theta_E/T)$随 T 下降迅速变小。

4.7.4 德拜模型

对于简单晶格结构的晶体,只有三支声频波,其中一支纵波,两支是横波,其波速分别为 v_l 和 v_t。德拜认为在低温下热能只能激发长波声子。在长波极限情况,晶体可看成是各向同性的连续介质,格波就是弹性波,其色散关系

纵波 $$\omega(\boldsymbol{q}) = v_l q \tag{4.7.15}$$

横波 $$\omega(\boldsymbol{q}) = v_t q \tag{4.7.16}$$

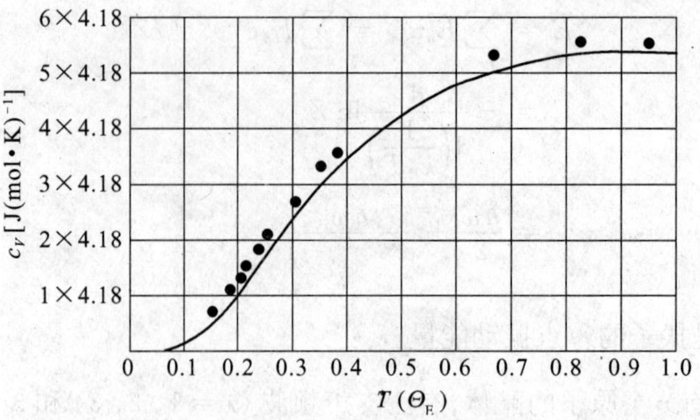

4.16 金刚石比热的实验值和爱因斯坦模型计算值的比较

(用 $\Theta_E = 1\,320\ \mathrm{K}$)

由式(4.4.19)可求得纵波和横波的模式密度

$$g_l(\omega) = \frac{V}{2\pi^2}\frac{\omega^2}{v_l^3}, \quad g_t(\omega) = \frac{V}{2\pi^2}\frac{\omega^2}{v_t^3} \tag{4.7.17}$$

横波有两支,因而弹性波的总模式密度

$$g(\omega) = g_l(\omega) + 2g_t(\omega) = \frac{3V}{2\pi^2}\frac{\omega^2}{v_s^3} \tag{4.7.18}$$

这里
$$\frac{1}{v_s^3} = \frac{1}{3}\left(\frac{1}{v_l^3} + \frac{2}{v_t^3}\right) \tag{4.7.19}$$

v_s 是平均的弹性波速度。总的振动模式数目应等于晶体的总自由度数目,由此决定频率上限

$$\int_0^{\omega_D} g(\omega) = 3N \tag{4.7.20}$$

N 是晶体原子总数。由此得德拜频率

$$\omega_D = \left(\frac{6\pi^2 N}{V}\right)^{1/3} v_s \tag{4.7.21}$$

于是,$g(\omega)$可写成

$$g(\omega) = \frac{9N}{\omega_D^3}\omega^2, \quad \omega \leqslant \omega_D \tag{4.7.22}$$

利用上式可直接写出德拜模型中依赖温度 T 的晶格内能为

$$\begin{aligned} U &= \frac{9N}{\omega_D^3}\int_0^{\omega_D}\left(\frac{\hbar\omega}{\exp(\hbar\omega/k_B T) - 1}\right)\omega^2 d\omega \\ &= 9Nk_B T\left(\frac{T}{\Theta_D}\right)^3\int_0^{\Theta_D/T}\frac{x^3}{e^x - 1}dx \end{aligned} \tag{4.7.23}$$

这里 $\Theta_D = \hbar\omega_D/k_B$ 称为德拜温度。于是比热为

$$\begin{aligned} c_V &= \frac{9N}{\omega_D^3}\int_0^{\omega_D}\frac{\partial}{\partial T}\left(\frac{\hbar\omega}{\exp(\hbar\omega/k_B T) - 1}\right)\omega^2 d\omega \\ &= 9Nk_B\left(\frac{T}{\Theta_D}\right)^3\int_0^{\Theta_D/T}\frac{x^4 e^x}{(e^x - 1)^2}dx \end{aligned} \tag{4.7.24}$$

在 $T \gg \Theta_D$ 时，上式给出 $c_V = 3Nk_B$，与杜隆-珀蒂定律符合，在低温区 $T \ll \Theta_D$，式(4.7.24)的积分上限可视为无限大，被积函数展开成级数：

$$\frac{x^4 e^x}{(e^x - 1)^2} = x^4 e^{-x}(1 - e^{-x})^{-2} = x^4 \sum_{n=1}^{\infty} n e^{-nx}$$

积分

$$\int_0^{\infty} \frac{x^4 e^x}{(e^x - 1)^2} dx = \sum_{n=1}^{\infty} \int_0^{\infty} n e^{-nx} x^4 dx = \sum_{n=1}^{\infty} \frac{4!}{n^4} = \frac{4\pi^4}{15} \tag{4.7.25}$$

于是

$$c_V = \frac{12\pi^4}{5} N k_B \left(\frac{T}{\Theta_D}\right)^3 \tag{4.7.26}$$

图 4.17 是一些晶体的晶格定容比热 $c_V \sim T$ 的实验结果与德拜模型给出的结果[式(4.7.26)]的比较。应该说，德拜模型是成功的。表 4.1 是一些晶体德拜温度 Θ_D 的数值。由表 4-1 可知 Cs 等第一行晶体的 Θ_D 较小，金刚石的 Θ_D 最高，等于 2 230 K。由 $\omega_D = v_s q_D$，$\Theta_D = \hbar\omega_D/k_B$，可知，$\Theta_D$ 值的大小与晶体中声波的传播速度有关。再由单原子晶体模型看 $v_s = a(\beta/M)^{1/2}$，Θ_D 值不同反映不同晶体中原子间准弹性力、原子质量、晶格常数有差异。

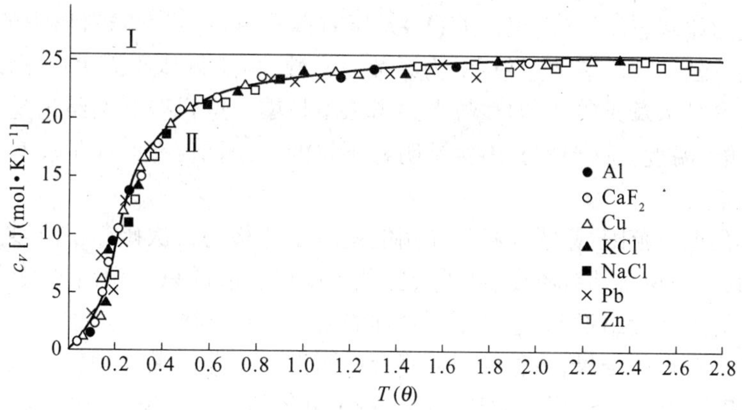

图 4.17 一些材料定容比热 c_V 随温度的变化

表 4-1 某些晶体的德拜温度 Θ_D(K)

Cs	38	Hg	72	Se	90	K	91	Ar	93	Pb	105
In	108	Te	153	Au	165	KCl	235	Pt	240	Nb	275
ZnS	315	NaCl	321	Cu	343	Li	344	Ge	270	W	400
C	420	Ir	420	LiCl	422	Al	428	Mo	450	Ni	450
Fe	467	Cr	630	Si	640	LiF	732	Be	1 440	C(dia)	2 230

§4.8 晶体物态方程和热膨胀

晶体物态方程是在其压力 p、体积 V 和温度 T 之间建立一个函数关系式。而晶体的热膨胀是关于在温度变化时晶体体积的相对变化。显然这两者之间有内在联系。这些都是晶体的宏观物理性质，从微观角度来看，人们应从原子间互作用力的性质出发用统计物理方法导出这些宏观性质的本质。

4.8.1 物态方程

我们已知,晶体原子处于格点位置时的平衡晶格能量为$U(V)$。此外晶体还有各格波的振动能

$$\sum_i E_i = \sum_i \left(n_i + \frac{1}{2}\right)\hbar\omega_i \tag{4.8.1}$$

指标i代表格波的频支j和波矢$\boldsymbol{q}$两项指数。依照式(4.7.9)可写出晶体的自由能

$$\begin{aligned} F &= U - k_B T \ln Z \\ &= U + \sum_i \left[\frac{1}{2}\hbar\omega_i + k_B T \ln\left(1 - \exp\frac{-\hbar\omega_i}{k_B T}\right)\right] \end{aligned} \tag{4.8.2}$$

这里第二项是在简谐近似下晶格振动的自由能。于是压力

$$\begin{aligned} p = &-\frac{\partial}{\partial V}\left(U + \frac{1}{2}\sum \hbar\omega_i\right) \\ &-\sum_i \left(\frac{1}{\exp(\hbar\omega_i/k_B T) - 1}\right)\frac{\partial}{\partial V}(\hbar\omega_i) \end{aligned} \tag{4.8.3}$$

其中第一项是晶体基态能量(内聚能$U(V)$及所有振子零点振动能)对压力的贡献,第二项是晶格振动的贡献。在简谐力近似下,力系数是常数,与晶体体积无关。振动频率ω_i与体积无关。这可参见本章式(4.2.9)。故上式第二项是零。这样得到的结论是压力只与体积有关,而不依赖于温度。这与实验事实是明显不符的。问题何在?在于没有考虑原子间相互作用的非简谐力。

在简谐作用近似范围,原子间相互作用能是原子位移的二次函数。温度上升原子位移幅度增大,但其平衡位置始终不变,就不会出现热膨胀。所以只考虑简谐振动是不够的,至少不能对热膨胀现象给出说明,也得不到合理的晶体物态方程。

为了能给出合理的结果,我们在后面将会看到考虑了非简谐作用就会改变原子间平衡间距,振动频率也会改变,这样振动频率将依赖于晶体体积。于是,晶体压力

$$p = -\frac{dU(V)}{dV} - \sum_i \left(\frac{1}{2}\hbar + \frac{\hbar}{\exp(\hbar\omega_i/k_B T) - 1}\right)\frac{d\omega_i}{dV} \tag{4.8.4}$$

格临爱森(E. Grüneisen)引入一个常数

$$\gamma = -\frac{d\ln\omega_i}{d\ln V} \tag{4.8.5}$$

γ称格临爱森常数,这样式(4.8.4)改写成

$$p = -\frac{dU}{dV} - \sum_i \left[\frac{\hbar\omega_i}{2} + \frac{\hbar\omega_i}{\exp\left(\frac{\hbar\omega_i}{k_B T}\right) - 1}\right]\frac{1}{V}\frac{d\ln\omega_i}{d\ln V} \tag{4.8.6}$$

而晶格振动各振子平均能量之和

$$\bar{E} = \sum_i \left[\frac{1}{2}\hbar\omega_i + \frac{\hbar\omega_i}{\exp\left(\frac{\hbar\omega_i}{k_B T}\right) - 1}\right] \tag{4.8.7}$$

因此,我们得到格临爱森近似下的晶体物态方程为

$$p=-\frac{dU}{dV}+\gamma\frac{\overline{E}}{V} \tag{4.8.8}$$

很多晶体材料,γ 值是 1 到 2 之间的正数。

4.8.2 热膨胀

热膨胀是在没有压力条件下,晶体体积随温度的变化,在式(4.8.8)取 $p=0$,得

$$\frac{dU}{dV}=\gamma\frac{\overline{E}}{V} \tag{4.8.9}$$

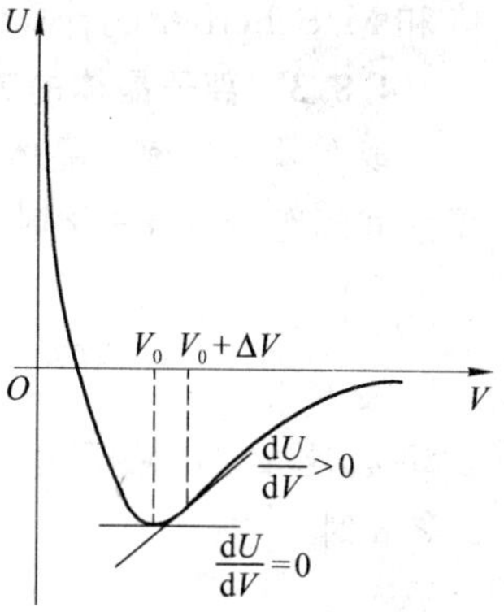

图 4.18 热膨胀示意图

图 4.18 是 $U(V)$ 的示意图,平衡晶格体积为 V_0,此时 $\frac{dU}{dV}=0$。V_0 是 $U-V$ 曲线的极小值位置。依照式(4.8.9)温度升高,振动能 $\overline{E}$ 增加。故 $\frac{dU}{dV}$ 应取正值,这说明体积必须增大 ΔV,使 $U(V)$ 曲线有正斜率。

通常 $\Delta V/V_0$ 是小量,在 $(V_0+\Delta V)$ 点的 $\frac{dU}{dV}=\left(\frac{d^2U}{dV^2}\right)_{V_0}\Delta V$,代入式(4.8.9),可得

$$\left(\frac{d^2U}{dV^2}\right)_{V_0}\Delta V=\gamma\frac{\overline{E}}{V} \tag{4.8.10}$$

或

$$\frac{\Delta V}{V_0}=\frac{\gamma}{V_0\left(\frac{d^2U}{dV^2}\right)_{V_0}}\cdot\frac{\overline{E}}{V} \tag{4.8.11}$$

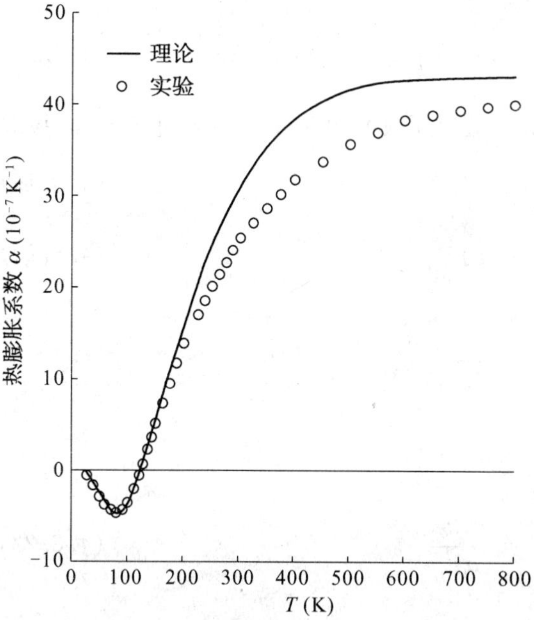

图 4.19 硅的热膨胀系数 α 与温度的关系

[引自 Phys. Rev. Lett., 63(1989)290]

这里 $\overline{E}/V$ 是晶格振动能密度,

而

$$V_0\left(\frac{d^2U}{dV^2}\right)_{V_0}=\frac{1}{k}=B \tag{4.8.12}$$

k 是晶体的压缩率,B 是晶体的体变模量。式(4.8.11)对温度 T 求微商,得晶体的体膨胀系数

$$\alpha=\lim_{\substack{\Delta V\to 0\\ \Delta T\to 0}}\frac{1}{V_0}\left(\frac{\Delta V}{\Delta T}\right)=\frac{\gamma}{B}\frac{d}{dT}\left(\frac{\overline{E}}{V}\right)=\frac{\gamma}{B}c_V \tag{4.8.13}$$

式(4.8.13)称为格临爱森关系。由此可知大体上热膨胀系数随 T 变化近似与单位体积定容比热 c_V 相仿。但是在低温半导体锗、硅、砷化镓等膨胀系数 α 为负值。图 4.19 是 1969 年 H. Ibach 等测出的 Si 的 $\alpha(T)$ 的实验结果。这表明格临爱森参

数依赖于振动模式，应写成

$$\gamma_i=-\frac{\mathrm{dln}\,\omega_i}{\mathrm{dln}\,V} \tag{4.8.14}$$

而且在低温下对有些振动模，格临爱森常数是负的。图中的理论曲线是 1989 年 S. Biernaski 和 M. Scheffler 的计算结果，确有部分振动模式的格临爱森常数是负值。

4.8.3 离子晶体的热膨胀系数

现在以一价离子晶体为例求其热膨胀系数。平衡时晶体中两相邻离子间距为 a。当离子之间间距变为 $a+x$ 时，离子间作用力为

$$f=-\frac{\alpha_M e^2}{(a+x)^2}+\frac{A}{(a+x)^{10}} \tag{4.8.15}$$

这里 α_M 是该晶体的马德隆常数。由平衡条件 $x=0$ 时，$f=0$ 可定出常数 $A=\alpha_M e^2 a^8$。当 $x\ll a$ 时

$$\begin{aligned}f&=-\frac{\alpha_M e^2}{(a+x)^2}+\frac{\alpha_M e^2 a^8}{(a+x)^{10}}\\&\approx-\alpha_M\frac{8e^2}{a^3}x+\alpha_M\frac{52e^2}{a^4}x^2\\&=-\beta x+\delta x^2\end{aligned} \tag{4.8.16}$$

故 $\beta=\alpha_M\dfrac{8e^2}{a^3}$ 为准弹性力系数，而 $\delta=\alpha_M\dfrac{52e^2}{a^4}$ 是非简谐力系数。依此 f 表示式，相邻两离子间相互作用势能为

$$\phi(x)=\frac{1}{2}\beta x^2-\frac{1}{3}\delta x^3 \tag{4.8.17}$$

按照经典的概率分布，位移为 x 的概率为

$$f_B(x)=C\exp\left(-\frac{\phi(x)}{k_B T}\right)\approx C\exp\left(-\frac{\beta x^2}{2k_B T}\right)\cdot\left[1+\frac{\delta\cdot x^3}{3k_B T}\right] \tag{4.8.18}$$

位移 x 不会超过晶格常数，但由于有因子 $\exp(-\beta x^2/2k_B T)$，可将 x 上下限推至 $\pm\infty$，故取 C 由条件 $\int_{-\infty}^{\infty}f_B(x)\mathrm{d}x=1$ 决定，得 (4.8.19)

$$C=(\beta/2k_B T)^{1/2} \tag{4.8.20}$$

于是，平均位移

$$\begin{aligned}\bar{x}&=\int_{-\infty}^{\infty}xf_B(x)\mathrm{d}x=C\int_{-\infty}^{\infty}\left(x+\frac{\delta\cdot x^4}{3k_B T}\right)\mathrm{e}^{-\frac{\beta x^2}{2k_B T}}\mathrm{d}x\\&=\frac{\delta\cdot k_B T}{\beta^2}\end{aligned} \tag{4.8.21}$$

故晶体的线膨胀系数

$$\alpha_l=\frac{\bar{x}}{aT}=\frac{\delta\cdot k_B}{a\beta^2} \tag{4.8.22}$$

体膨胀系数 $\alpha=3\alpha_l$，得

$$\alpha=\frac{3\times\delta\times k_B}{a\beta^2}=\frac{39ak_B}{8\alpha_M e^2} \tag{4.8.23}$$

若取 $a \approx 3\times10^{-8}$ cm，可得 $\alpha = \frac{4.5}{\alpha_M}\times10^{-5}\ \mathrm{K}^{-1}$，给出合理的数量级。

§4.9 晶格热传导

4.9.1 热传导的物理图像

绝缘体中没有自由电子，它的热传导完全由晶格振动引入的各种模式的声子气体担负，这就是晶格热传导。金属中除了晶格热传导外，还有自由电子气体担负的热传导。半导体在很低温度时其行为像绝缘体，主要是晶格热传导，在室温下半导体里还有能传送电流的带电的自由粒子气体也担负热传导，但它的密度较小，热传导的能力不如金属自由电子气体好。本节仅讨论晶格热传导。

设晶体沿 x 方向有温度梯度 $\frac{\mathrm{d}T}{\mathrm{d}x}$，在 yz 平面温度是均匀的。实验表明沿 x 方向单位时间内通过单位垂直截面传输的热能，即热能流密度为

$$J = -\kappa\frac{\mathrm{d}T}{\mathrm{d}x} \tag{4.9.1}$$

负号表示热能从高温区流向低温区。比例系数 κ 称为导热系数或热导率。声子气体与通常气体相似，也有它的平均自由程 l，即声子也遭受碰撞，相继两次碰撞相隔的时间为 τ。设材料长度正好是 l，一端温度为 T，另一端温度为 $T-\Delta T$，则

$$\Delta T = -\frac{\mathrm{d}T}{\mathrm{d}x}l \tag{4.9.2}$$

声子沿 x 方向的速率为 v_x，于是热能流密度为

$$J = (c\cdot\Delta T)v_x \tag{4.9.3}$$

式中 c 是材料单位体积的比热。将式(4.9.2)代入，得

$$\begin{aligned} J &= -cv_x l\frac{\mathrm{d}T}{\mathrm{d}x} \\ &= -cv_x^2\tau\frac{\mathrm{d}T}{\mathrm{d}x} \end{aligned} \tag{4.9.4}$$

这里利用 $l=v_x\tau$。声子的 v_x^2 应取其平均值 $\overline{v_x^2}$，而 $\overline{v_x^2}=\overline{v_y^2}=\overline{v_z^2}=\frac{1}{3}\overline{v^2}$。于是有

$$J = -\frac{1}{3}cv^2\tau\frac{\mathrm{d}T}{\mathrm{d}x} = -\frac{1}{3}cvl\frac{\mathrm{d}T}{\mathrm{d}x} \tag{4.9.5}$$

得热导率

$$\kappa = \frac{1}{3}cvl \tag{4.9.6}$$

这里 v 是声子气的方均根速率。

依照德拜模型，v 就是声速，c 是晶格比热，则

$$c = \begin{cases} AT^3, & \text{当 } T \ll \Theta_D \\ 3Nk_B, & \text{当 } T \gg \Theta_D \end{cases} \tag{4.9.7}$$

在高温区，$T \gg \Theta_D$，比热 c 是常数，声速 v 随 T 的变化不明显，因此，热导率 κ 随 T 的变化依赖于声子平均自由程 l 随 T 的变化。对于大块材料，高温区，声子与材料边界的碰撞可以忽略，对于纯净的材料，声子与杂质之间碰撞也可忽略。此时必须考虑的是非简谐力，其势能正比于 δx^3（x 为位移），它引起声子与声子的碰撞。碰撞的概率与 δ^2 成正比，同时高温时碰撞概率与声子数 $\bar{n} \approx k_B T/\hbar\omega$ 成正比。而 l 与碰撞概率成反比例。因此在高温区，热导率

$$\kappa \propto l \infty \frac{1}{\delta^2 T} \tag{4.9.8}$$

在低温区，声子的平均自由程 l 决定于对热导过程贡献突出的大波矢的声子数。以 q_D 声子作为典型，声子能量为 $\hbar\omega_D$。在低温，这种声子数

$$\bar{n}(q_D) = \frac{1}{e^{\Theta_D/T} - 1} \approx \exp(-\Theta_D/T) \tag{4.9.9}$$

故在低温条件下，声子的碰撞概率与 $\bar{n}(q_D)$ 成正比，这概率可用 $\frac{1}{\tau}$ 表示，τ 为声子平均自由时间，即

$$\tau \propto \exp(T_0/T) \tag{4.9.10}$$

这里 T_0 与 Θ_D 只差一个数字系数，两者的数量级一样。

图 4.20 是蓝宝石 Al_2O_3 在低温区的晶格热导率 κ 与温度 T 的实验结果。从 100 K 到 κ 峰值的温区里就是如式(4.9.10)所给出的指数关系。在更低温度，声子的平均自由程主要由样品尺度 D 来决定。这时绝缘体的热导率 κ 由低温晶格比热 $c \sim T^3$ 决定其温度关系。图 4.20 中 κ 峰值左边就属这种情形。

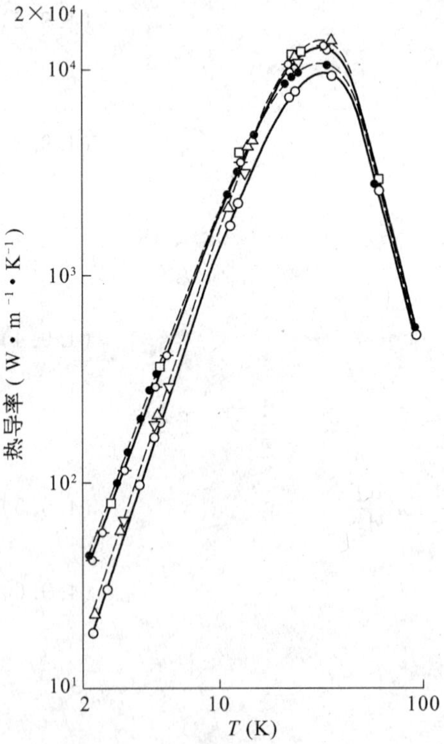

图 4.20　表面状况不同的 Al_2O_3 晶体的低温热导率

4.9.2　正常过程和翻转过程

德拜在 1914 年就认识到不计非简谐力就无法解释导热现象。直到 1929 年派尔斯(R. E. Peierls)才提出一个合理的理论。非简谐力对应的势能 ϕ_c 与位移 x 的三次方成正比。而每个 x 可展开成各种模式格波的叠加。因此，非简谐作用引起声子态变化的跃迁概率为

$$P_{if} = \frac{2\pi}{\hbar} \mid \langle i \mid \phi_c \mid f \rangle \mid^2 \delta(E_f - E_i) \tag{4.9.11}$$

式(4.9.11)代表三声子过程，可能是两个声子 $\hbar\omega(\boldsymbol{q}_1)$ 和 $\hbar\omega(\boldsymbol{q}_2)$ 碰撞产生第三个声子 $\hbar\omega(\boldsymbol{q})$；也可能是一个声子 $\hbar\omega(\boldsymbol{q}_1')$ 分裂成两个声子 $\hbar\omega(\boldsymbol{q}_2')$ 和 $\hbar\omega(\boldsymbol{q}_3')$，如图 4.21 所示。

声子碰撞必须满足能量守恒和准动量守恒，例如

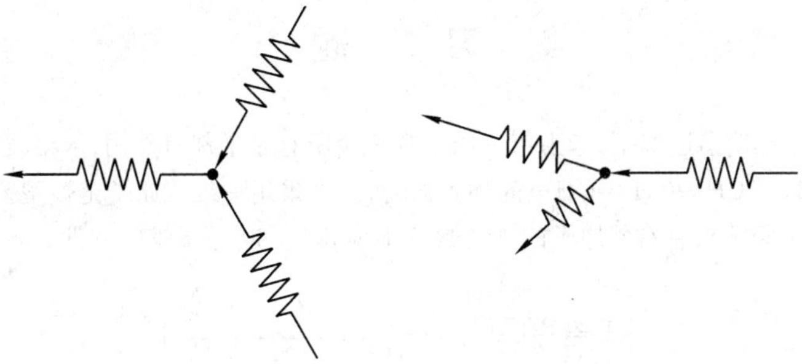

图 4.21 声子间相互"碰撞"的示意图

$$\hbar\omega(\boldsymbol{q}_1)+\hbar\omega(\boldsymbol{q}_2)=\hbar\omega(\boldsymbol{q}_3)$$

以及

$$\hbar\boldsymbol{q}_1+\hbar\boldsymbol{q}_2=\hbar\boldsymbol{q}_3+\hbar\boldsymbol{K}_h$$

这里 $\boldsymbol{K}_h$ 是倒格矢。对于 $\boldsymbol{K}_h=0$ 的情形,有

$$\hbar\boldsymbol{q}_1+\hbar\boldsymbol{q}_2=\hbar\boldsymbol{q}_3$$

即碰撞过程中声子动量没有变化,这种情况称为正常过程(Normal process)或称 N 过程,它对热能流不起阻力作用,因而对热导现象没有贡献。$\boldsymbol{K}_h\neq 0$ 的情况称为翻转过程(Umklapp process)或 U 过程。这两种过程如图 4.22 所示。翻转过程中声子动量有很大改变,破坏声子波矢之和或准动量之和

$$\boldsymbol{P}=\hbar\sum_{\lambda\boldsymbol{q}}n_\lambda(\boldsymbol{q})\boldsymbol{q}$$

的本来方向,产生热阻力。图中 $\boldsymbol{q}_1$ 与 $\boldsymbol{q}_2$ 相加得 $\boldsymbol{q}_1+\boldsymbol{q}_2$ 其本来方向向右并越出简约布里渊区,它与区内向左上方的波矢 $\boldsymbol{q}_3$ 等价,变成向后。因此只有 U 过程对热传导的热阻力有贡献。只有 $\boldsymbol{q}_1$ 和 $\boldsymbol{q}_2$ 本来是大的波矢,两者相加才有可能超出简约布里渊区。大体说 q_1 和 q_2 必须至少大于布里渊区边长$\frac{2\pi}{a}$的四分之一,而德拜波矢 q_D 大约是布里渊区边长的二分之一。即至少 $q_1\approx q_2\approx q_D/2$。所以式(4.9.10)的 $T_0\approx\Theta_D/2$。

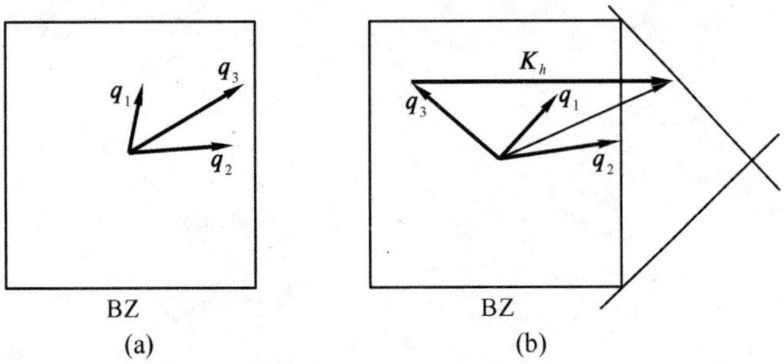

图 4.22 两种过程

(a) N 过程; (b) U 过程

习 题

1. 一维单原子晶格,在简谐近似下,考虑每一原子与其余所有原子都有作用,求格波的色散关系。

2. 聚乙烯链…—CH ═CH—CH ═CH…的伸张振动,可以采用一维双原子链模型来描述,原胞两原子质量均为 M,但每个原子与左右邻原子的力常数分别为 β_1 和 β_2,原子链的周期为 a。证明振动频率为

$$\omega_{\pm}^2 = \frac{\beta_1+\beta_2}{M}\left[1+\left(1\pm\frac{4\beta_1\beta_2\sin^2\dfrac{qa}{2}}{(\beta_1+\beta_2)^2}\right)^{\frac{1}{2}}\right]$$

3. 求一维单原子链的振动模式密度 $g(\omega)$,若格波的色散可以忽略,其 $g(\omega)$具有什么形式,比较这两者的 $g(\omega)$曲线。

4. 金刚石(碳原子量为 12)的杨氏模量为 $10^{12}\,\mathrm{N\cdot m^2}$,密度 $\rho=3.5\,\mathrm{g\cdot cm^{-3}}$。试估算它的德拜温度 $\Theta_D=$?

5. 试用德拜模型求晶体中各声频支格波的零点振动能。

6. 一根直径为 3 mm 的人造蓝宝石晶体的热导率,在 30 K 的温度达到一个锐的极大值,试估计此极大值。(蓝宝石在 $T\ll\Theta_D=1\,000\,\mathrm{K}$ 时,$c_V=10^{-1}T^3\,\mathrm{J\cdot m^{-3}\cdot K^{-1}}$)

7. Na 和 Cl 的原子量分别为 23 和 37。氯化钠立方晶胞边长为 0.56 nm,在[100]方向可以看做是一组平行的离子链。离子间距 $d=0.28\,\mathrm{nm}$。NaCl 晶体的杨氏模量为 $5\times10^{10}\,\mathrm{N\cdot m^{-2}}$,如果全反射的光频率与 $q=0$ 的光频模频率相等,求对应的光波波长。(实验值为 61 μm)

8. 立方晶体有三个弹性模量 C_{11}, C_{12}和 C_{44}。铝的 $C_{11}=10.82\times10^{10}\,\mathrm{N\cdot m^{-2}}$, $C_{44}=2.85\times10^{10}\,\mathrm{N\cdot m^{-2}}$,铝沿[100]方向传播的弹性波纵波速度 $v_l=\sqrt{\dfrac{C_{11}}{\rho}}$,横波速度 $v_t=\sqrt{\dfrac{C_{44}}{\rho}}$,Al 的密度 $\rho=2.70\times10^3\,\mathrm{kg\cdot m^{-3}}$。求德拜模型中铝的振动模式密度 $g(\omega)$。

第五章　晶体中的缺陷

理想完整的晶体具有严格的空间周期性结构,只有在绝对零度时才存在。实际晶体总有缺陷(defect),即与理想晶体结构有偏离。产生缺陷的原因或是温度引起的热涨落使原子离开格点,或是晶体化学组分与理想晶体有偏离。依照晶体缺陷的几何尺度,可分为点缺陷、线缺陷和面缺陷。点缺陷的尺度只有一个或几个原子大小,如空位、填隙原子、杂质原子等。如果晶体中周期性遭受破坏的区域形成一条线,则称为线缺陷。如位错线、点缺陷链等。面缺陷是晶体中偏离周期性的区域形成的平面,如层错,晶界等。此外晶体中还可能存在尺度较大的空洞、夹杂物等体缺陷。

缺陷与晶体的物理、化学性质有密切关系、许多材料特性对其中缺陷很敏感,因此控制材料的缺陷(包括杂质)是十分重要的课题。例如钢材的力学特性和抗腐蚀性能依赖于材料中含的杂质品种和浓度。半导体的电学、光学性质决定于其中掺入的特定杂质品种。固体激光器产生的激光频率决定于作为工作物质掺入的特定杂质。高温超导体中运载电流的粒子浓度依赖于其中作为合金溶质的杂质或氧空位的浓度。所以,研究各种晶体中缺陷的特征及形成规律、缺陷之间的相互作用以及与晶体各种特性的关系是至为重要的。

从热力学来看问题,温度 T 时,系统的热平衡态是自由能 $F=U-TS$ 达到极小值的状态。在绝对零度是完整理想的晶体,在温度 T 时,必然会出现缺陷。尽管在晶体中产生一个缺陷需要升高内能(该缺陷的生成能),但由于缺陷在晶体中分布具有很多的组态,它引起的混合熵也很大,有利于系统自由能下降,这对点缺陷出现最为有利。

本章将简要介绍点缺陷、线缺陷及面缺陷的基本类型和特征。

§5.1　点　缺　陷

点缺陷的主要形式有空位、填隙原子、杂质原子(或溶质原子),以及二元化合物晶体中的反位原子等。当然还有它们之间组合成的复杂缺陷,如空位对等。

5.1.1　金属中的空位

在一定温度,晶体中原子由于热涨落获得足够能量,离开格点位置,迁移至晶体表面,于是在晶体中出现不被原子占据的空格点,称为空位,也称肖特基缺陷(Schottky defect),如图 5.1(a)所示。

晶体在热平衡状态,其中肖特基缺陷的数目 n 可由体系自由能 F 取极小值的条件得到。设晶体有 N 个原子,从中产生 n 个空位的方式数目为

$$P = C_n^N = \frac{N!}{n!(N-n)!} \tag{5.1.1}$$

肖特基缺陷使晶格中原子的几何分布的组态增多,引起晶格组态熵(或称混合熵)增加

(a) 肖特基缺陷
(b) 弗仑克尔缺陷

图 5.1 两种热缺陷

$$\Delta S = k_B \ln P \tag{5.1.2}$$

这里 k_B 为玻尔兹曼常数，若产生一个肖特基缺陷的能量为 u_v，则 n 个空位使体系自由能的改变量为

$$\Delta F = nu_v - T\Delta S \tag{5.1.3}$$

由自由能极小条件

$$\frac{\partial \Delta F}{\partial n} = 0 \tag{5.1.4}$$

再利用斯特令近似

$$\ln N! \approx N\ln N - N \tag{5.1.5}$$

可求得肖特基缺陷的平衡数目

$$n = N\exp(-u_v/k_B T) \tag{5.1.6}$$

在上面讨论中我们忽略空位引起晶格振动频率改变所产生的熵改变 $n\Delta S'$，与空位数目 n 成正比，则 ΔF 应改变成

$$\Delta F = nu_v - T(\Delta S + n\Delta S') \tag{5.1.7}$$

于是

$$n = NA\exp(-u_v/k_B T) \tag{5.1.8}$$

其中

$$A = \exp(\Delta S'/k_B) \tag{5.1.9}$$

5.1.2 空位浓度测定

现代精确测定金属中空位浓度的方法应该是正电子湮没谱(Positron Annihilation Spectroscopy, PAS)。射入金属的高能正电子，能在金属里产生电子空穴激发，并与声子相互作用而使能量变小，这样慢化的正电子最终与某一个电子一起湮没产生 γ 光子而中止寿命。寿命长短依赖于正电子传播路径上的电子总密度。金属中空位能俘获正电子，且在空位上电子密度明显低于有原子占据的正常格点。所以受陷于空位的正电子的寿命比在正常格点的自由正电子的寿命增加 20%—80%。由于正电子被俘获的概率与空位数或浓度成正比。故由正电子的寿命时间测定可以得到金属中空位的浓度。图 5.2 是 W. Triftshäuser 和 J. D. McGervey 采用正电子湮没技术所测得的 Au、Ag、Cu 中空位浓度 $c_V = n/V$ (V 为晶体体积)的对数随 1 000/T(T 为温度)的实验结果，图中 μ 为每个空位对正电子的捕获率，λ_f 是在自由态的一个正电子的湮没率，两者均为实验参数。由此给出 Au、Ag、Cu 的空位生成能为

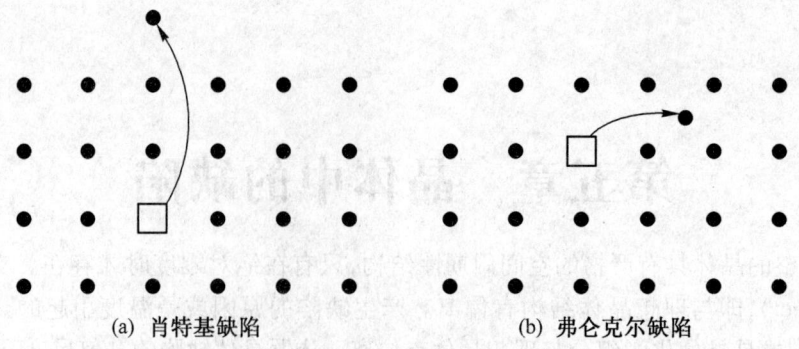

	Au	Ag	Cu
u_v[eV]	0.97 ± 0.01	1.16 ± 0.02	1.29 ± 0.02

而半导体硅的空位生成能 $u_v = 2.79$ eV。

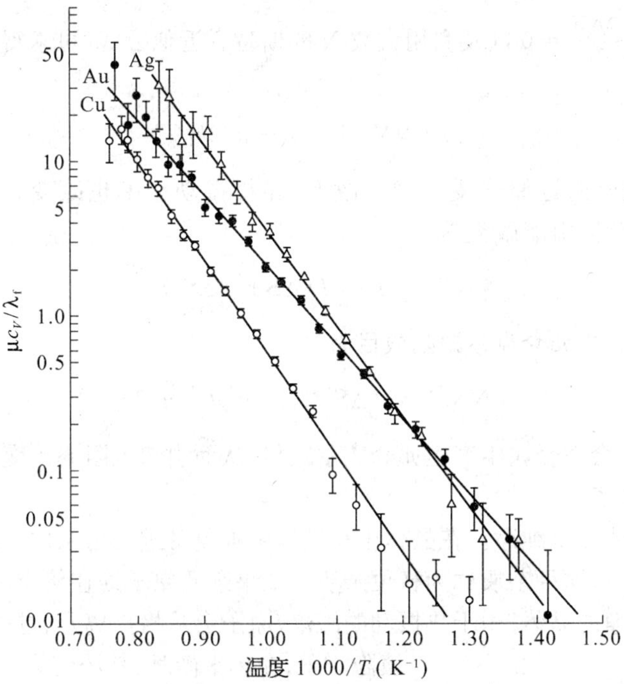

图 5.2　空位浓度～温度关系

[引自 J. Appl. Phys. ,6(1975)177]

5.1.3　弗仑克尔缺陷

金属和离子晶体中都会由于热运动的能量涨落,使原子或离子脱离格点进入晶体中的间隙位置形成填隙原子(离子),于是晶体中出现成对的空位和填隙原子。这种缺陷称为弗仑克尔缺陷(Frenkel defect),如图 5.1(b)所示。在离子晶体中,正、负离子都可以各自形成弗仑克尔缺陷。空位和填隙原子都会在热涨落驱动下迁移,即热扩散运动。空位的运动实际上是它周围原子跳入空位来实现的。填隙原子也可从一个间隙位置迁移到某个相邻间隙位置,如果迁移过程中遇到空位,可与之复合,两者同时消失,放出的能量化为晶格振动能。所以,在热平衡态,晶体内的空位和填隙原子不断产生也不停复合,达到统计平衡,设此时弗仑克尔缺陷数目为 n,晶体有 N 个原子,N'个间隙位置。于是 n 个空位在晶体中分布的方式有 C_n^N 种,而 n 个填隙原子在 N'个位置有

$$C_n^{N'} = \frac{N'!}{n!(N'-n)!} \tag{5.1.10}$$

种分布方式。故 n 个弗仑克尔缺陷有

$$P = C_n^N C_n^{N'} \tag{5.1.11}$$

种组态,体系相应熵增量即混合熵为

$$\Delta S = k_B \ln P \tag{5.1.12}$$

若 u 为形成一个弗仑克尔缺陷的能量，则晶体有 n 个弗仑克尔缺陷时的自由能改变量为

$$\Delta F = ns - T\Delta S \tag{5.1.13}$$

由自由能极小条件 $\frac{\partial \Delta F}{\partial n} = 0$ 以及利用大数 N 的斯特令近似公式，可求得在热平衡时晶体中的弗仑克尔缺陷数目

$$n = (NN')^{\frac{1}{2}} \exp(-u/2k_B T) \tag{5.1.14}$$

如果考虑在缺陷附近原子受力情况改变，晶格振动频率也改变，晶格振动熵有相应改变，记为 $n\Delta S'$，则自由能改变为

$$\Delta F = nu - T(\Delta S + n\Delta S') \tag{5.1.15}$$

导出在热平衡时晶体中弗仑克尔缺陷数目为

$$n = (NN') \exp(\Delta S'/2k_B) \exp(-u/2k_B T) \tag{5.1.16}$$

电子射线辐照，会在金属中产生弗仑克尔缺陷，从而引起电阻率改变。

5.1.4 杂质原子

实际晶体不可能完全纯净。在晶体生长过程中难免带进微量杂质。晶体中杂质原子可能落在正常格点位置，这种杂质称为替位杂质。如果杂质原子处在格点之间的间隙位置，则称为填隙杂质。纯净的晶体，由于热振动的涨落，原子会从格点离开，进入间隙位置，这是自填隙原子，在热平衡时，其浓度为

$$n_i = N' \exp(-u_i/k_B T) \tag{5.1.17}$$

这里 u_i 是生成一个自填隙原子需要的能量，大约为几个 eV。原子半径较小的外来原子，如 C、H、Li 等在金属晶体中常可处在间隙位置。在疏结构的半导体硅中 Au 的原子半径虽然较大，绝大部分是替位杂质；但也有少量 Au 在硅中为填隙杂质。图 5.3 是硅中两种 Au 杂质的溶解度(即浓度)随温度 T 倒数的变化关系。

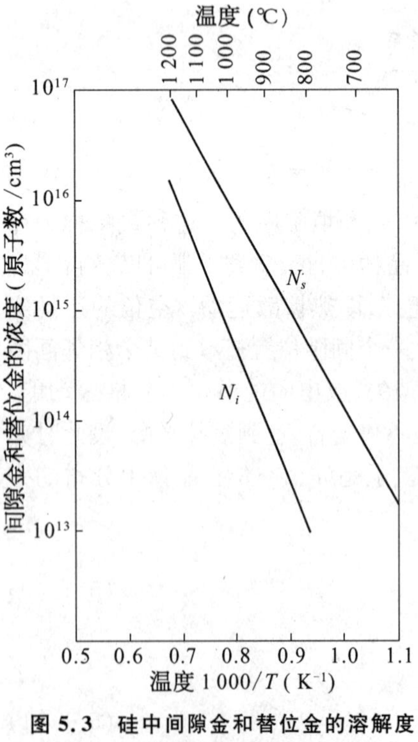

图 5.3 硅中间隙金和替位金的溶解度

[引自 J. Appl. Phys. ,35(1964)240]

在半导体工业中常通过高温扩散或离子注入等方法，将特定杂质原子或离子引入晶体，获得设计的电学、光学特性。如在硅中掺硼或掺磷就会得到不同类型的导电粒子。

5.1.5 反位缺陷

在化合物半导体如 GaAs 晶体中，理想的情况是 Ga 原子和 As 原子分别形成面心立方结构的子晶格。实际晶体总有少量原子排错位置落到另一个子晶格的格点上。若 Ga 原子排在 As 子晶格的格点，记为 Ga_{As}；反之，若 As 原子落在 Ga 子晶格的格点，则记为

As_{Ga}。这类点缺陷称为反位缺陷(antisite defect)。

§5.2 晶体中的原子扩散

扩散是由粒子浓度梯度引发的粒子定向流动的物理现象，在固体、液体、气体中都有可能发生扩散。1855年菲克(A. E. Fick)采用傅里叶(J. B. J. Fourier)研究热传导的方法，提出扩散现象的宏观规律。1905年爱因斯坦将扩散现象与微粒无规行走的布朗运动联系起来，对扩散过程的本质给出合理的微观图像。在冶金工业中人们早就利用扩散作为一种重要工艺。1952年W. G. Pfann建议用扩散方法将所需杂质掺入半导体以改变其电学性质。从此扩散发展成为制备半导体器件和集成电路的一种基本工艺。

而杂质的扩散过程与晶体中各种缺陷密切相关。正是工业需求的推动，促使固体中杂质扩散的研究深入，增进了对扩散机制的了解，增强了人们控制和利用晶体中杂质品种及其分布的能力。

5.2.1 扩散系数

当扩散物质原子浓度 $n(\boldsymbol{r},\ t)$ 不均匀时，便有原子从浓度高的区域扩散流向低浓度区域，直到浓度均匀为止。单位时间内通过单位面积的粒子流密度为

$$\boldsymbol{J} = -D\,\nabla n(\boldsymbol{r},\ t) \tag{5.2.1}$$

系数 D 称为扩散系数(diffusion constant or diffusivity)。式(5.2.1)称为菲克第一定律。$\boldsymbol{J}$ 还应满足连续性方程

$$\frac{\partial n(\boldsymbol{r},\ t)}{\partial t} + \nabla\cdot\boldsymbol{J} = 0 \tag{5.2.2}$$

将式(5.2.1)取散度代入上式，如扩散系数 D 与位置无关，可得粒子浓度分布 $n(\boldsymbol{r},\ t)$ 满足的方程

$$\frac{\partial n(\boldsymbol{r},\ t)}{\partial t} = D\,\nabla^2 n(\boldsymbol{r},\ t) \tag{5.2.3}$$

式(5.2.3)称为菲克第二定律。

对截面积为单位面积的一维半无限柱体，若初始条件为扩散原子数量 N_i 集中于 $x=0$ 的端面，则 t 时刻原子分布 $n(x,\ t)$ 应满足条件

$$\int_0^{\infty} n(x,\ t)\mathrm{d}x = N_i \tag{5.2.4}$$

式(5.2.3)的解可写成

$$n(x,\ t) = \frac{N_i}{\sqrt{\pi D t}}\exp\left(-\frac{x^2}{4Dt}\right) \tag{5.2.5}$$

这是一个宽度随时间增大的高斯分布。如扩散的是有放射性的原子，容易测出不同位置 x 的原子浓度分布 $n(x,\ t)$，与式(5.2.4)比较求出扩散系数 D。在不同温度 T 做上述测量，可得到 D 依赖于 T 的关系

$$D = D_0\exp(-E_a/k_B T) \tag{5.2.6}$$

这里 E_a 是扩散激活能(diffusion activation energy)。图5.4是 α-Fe 中碳的扩散系数 D 的对数与温度 T 倒数的关系。由这个实验结果，求得 $E_a = 0.87\ \mathrm{eV}$，$D_0 = 0.020\times10^{-4}\ \mathrm{m^2/s}$。

而图 5.5 是硅中一些常用杂质的扩散系数与温度的关系。

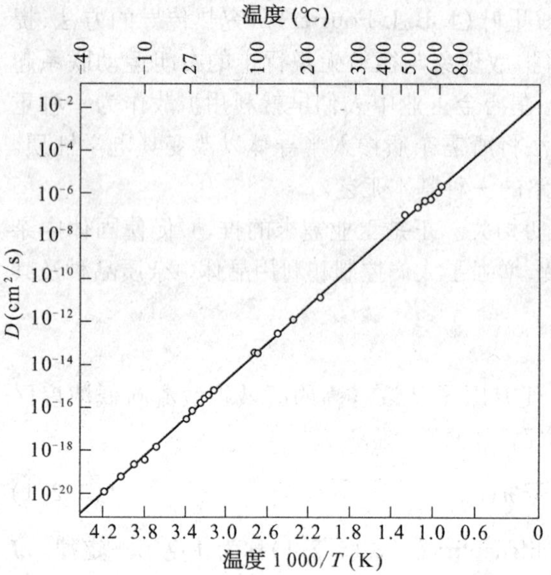

图 5.4 C 在 α-Fe 中的扩散系数随温度的变化

[引自 Kittel. Introduction to Solid State Physics. 6th Ed, p. 519]

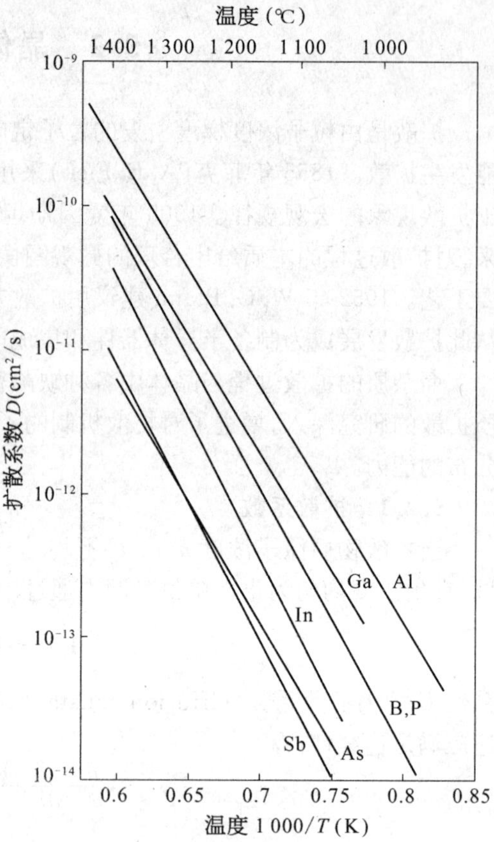

图 5.5 硅中某些杂质原子的扩散系数～温度关系

5.2.2 扩散机制

在晶体中扩散原子受热激活从一个平衡位置(势能极小点)越过势垒跳到相邻的平衡位置的迁移过程。有几种可能的机制可导致原子在晶格中迁移,如图 5.6 所示。

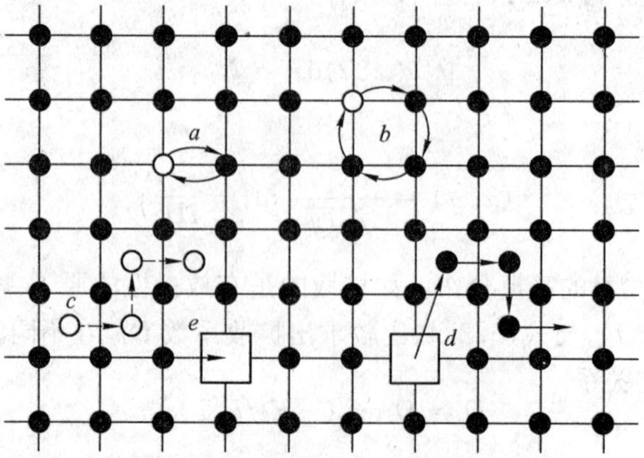

图 5.6 几种可能的扩散微观机制

1. 换位机制

杂质原子○与基质原子●通过直接换位实现迁移,如图 5.6 中 a 所示。也可能由几个原子循环式换位来改变位置,如图 5.6 中 b 所示。换位机制必然伴随晶格要有较大的畸变,需要至少相邻两个原子同时积聚较高能量才有可能实现,这种过程的概率很小。不会成为主要的扩散机制。

2. 填隙机制

填隙杂质原子○通过跳到相邻间隙位置而迁移,如图 5.6 中 c 所示。基质原子●也可能通过填隙机制形成扩散粒子流,如图 5.6 中 d 所示。α-Fe 中的 C 主要是以填隙杂质存在,它的扩散为填隙机制。

3. 空位机制

在较高温度,晶体中有相当高浓度的空位,处在空位近邻的杂质或基质原子可能跳进空位,本来的原子位置成为空位,这样能实现原子的迁移。半导体中掺硼或磷都是在 1 000℃上下的温度进行扩散,它们均通过空位机制迁移。当硅晶体冷却后,杂质原子便落定于格点,成为替位杂质。根据掺入杂质原子与基质原子的差异类型,得到 p 型硅或 n 型硅。

金在硅中的扩散系数特别大,比硼或磷的扩散系数大约 5 至 6 个数量级。这是由于金在硅中主要是填隙机制扩散,其激活能小得多的缘故。金在硅中主要以填隙杂质存在,但也有少数是替位杂质。定量分析表明,在硅中 90%的金是填隙机制扩散,其扩散系数为 D_i;而 10%的金是空位机制扩散,其扩散系数为 D_s。故金在硅中的有效扩散系数为

$$D_{eff} = 0.9D_i + 0.1D_s \tag{5.2.7}$$

而 D_i 和 D_s 随 T 倒数的变化,如图 5.7 所示。

4. 扩展缺陷机制

线缺陷(位错)及面缺陷(晶界等)是扩展类缺陷,偏离周期性集中于一条线或某一平面及其附近的扩展区域。在这区域中的原子处在较高能量,更容易跳跃迁移。所以,扩展缺陷应该是扩散的择优通道,其机制尚不清楚,有待深入研究。

5.2.3 无规行走

扩散现象的本质是粒子无规行走的布朗运动。由式(5.2.5),可求得 $t=0$ 时在 $x=0$ 平面的 N_i 个原子,它们作布朗运动经历时间 t 后,沿 x 方向的统计平均的方均位移

$$\overline{x^2} = \frac{1}{N_i}\int_0^\infty x^2 n(x,t)\mathrm{d}x = 2Dt \tag{5.2.8}$$

这说明,扩散系数

$$D = \overline{x^2}/2t \tag{5.2.9}$$

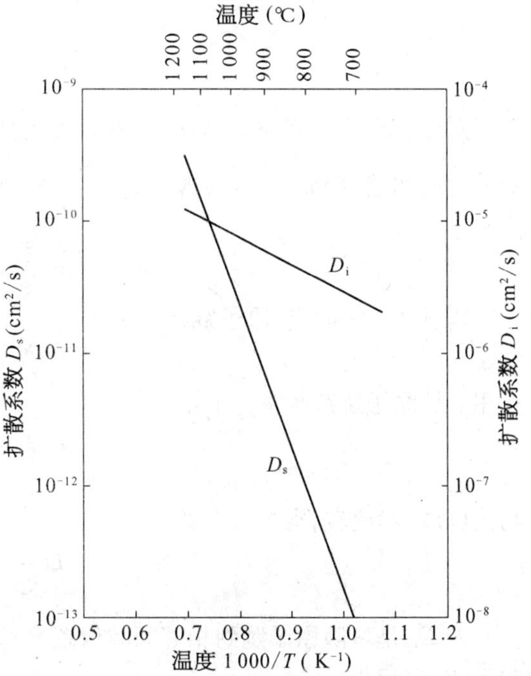

图 5.7 金在硅中的填隙式和替位式扩散系数

直接度量原子布朗运动的强弱程度。

现在我们选择一个最简单的模型;在理想晶格中 $x=0$ 处有一个填隙原子,如图 5.8 所

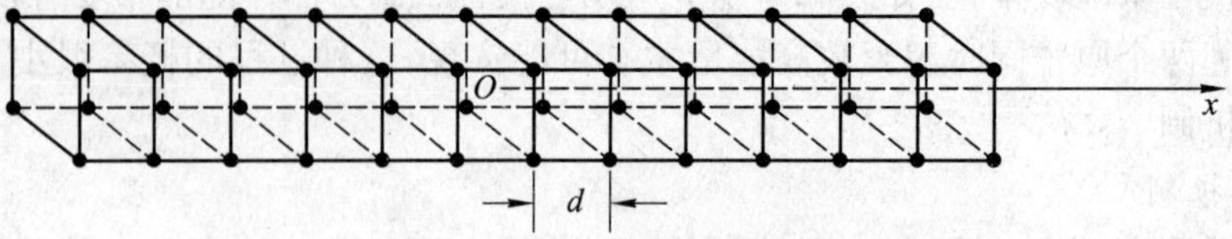

图 5.8 填隙原子在一维周期间隙座位中的扩散

示,考查它沿 x 轴周期性排列的间隙位置的无规行走所引起的扩散。填隙原子每走一步,有相同的可能性向前或向后跳到相邻的间隙位置。它走了 N 步之后,最可能处在何处?设 x_N 代表原子走了 N 步的位置,

$$x_N = d_1 + d_2 + \cdots + d_N \tag{5.2.10}$$

其中 d_1, d_2, …为各步走的距离,它均等于晶格常数 d。设向前($+x$ 方向)走 m 步,向后($-x$ 方向)走 $N-m$ 步,故原子向前移的距离为

$$x_N = md - (N-m)d = (2m-N)d \tag{5.2.11}$$

由于向前或向后走的概率是相等的,当 N 数足够大时,必有 $m = N/2$。故 x_N 的平均值为零,最可能的情况是原子留在初始位置。但是,原子在其他位置也存在有限概率。这得用位移的方均值来表示

$$\overline{x_N^2} = \sum_{i=1}^{N} d_i^2 + 2\sum_{i<j} d_i d_j \tag{5.2.12}$$

对于真正无规行走问题,当 N 足够大时,交叉项 $\sum\limits_{i<j} d_i d_j = 0$。于是

$$\overline{x^2} = \overline{x_N^2} = Nd^2 \tag{5.2.13}$$

对于三维立方晶格,填隙原子有同等机会沿 x, y, z 方向迁移。$\overline{x^2} = \overline{y^2} = \overline{z^2}$,沿 x 方向只有 $\frac{1}{3}$ 的机会,因此,上式应改写为

$$\overline{x^2} = \frac{1}{3} Nd^2 \tag{5.2.14}$$

再计入 t 时间里,原子跳跃的次数

$$N = \nu t \tag{5.2.15}$$

这里 ν 是原子跳跃频率。于是

$$\overline{x^2} = \frac{1}{3} \nu d^2 t \tag{5.2.16}$$

与式(5.2.9)比较,得扩散系数

$$D = \frac{1}{6} \nu d^2 \tag{5.2.17}$$

若 E_a 是填隙原子跳到相邻间隙位置必须渡越的势垒高度,T 为温度,则跳跃频率 ν 依赖于 T,应写成

$$\nu = \nu_0 \exp(-E_a / k_B T) \tag{5.2.18}$$

于是,扩散系数

$$D = \frac{1}{6}\nu_0 d^2 \exp(-E_a/k_B T) = D_0 \exp(-E_a/k_B T) \tag{5.2.19}$$

式中

$$D_0 = \frac{1}{6}\nu_0 d^2 \tag{5.2.20}$$

对于填隙扩散机制,E_a 大约为 1 eV 的量级。

至于替位杂质经过空位机制的扩散,只有等到其邻位成为空位时才有可能跳进空位而迁移一步。由上节我们知道,在温度 T,晶体中平衡空位数目

$$n_v = N\exp(-u_v/k_B T) \tag{5.2.21}$$

所以每个格点成为空位的概率为

$$P = n_v/N = \exp(-u_v/k_B T) \tag{5.2.22}$$

式中 u_v 是空位的形成能。因此,替位杂质通过空位机制的跳跃频率应写成

$$\nu = P\nu_0 \exp(-E'_a/k_B T) = \nu_0 \exp(-[E'_a + u_v]/k_B T) \tag{5.2.23}$$

这里 E'_a是原子跳进近邻空位必须克服的势垒高度。相应的扩散系数

$$D = \frac{1}{6}\nu_0 d^2 \exp(-[E'_a + u_v]/k_B T) \tag{5.2.24}$$

故空位机制扩散的有效激活能为 $E'_a + u_v$,具有更高的数值,大约为 2～4 eV。

§5.3 离子晶体的导电性

在低温下,理想的离子晶体由于没有自由电荷,离子又难于迁移,因而是不导电的。温度升高后,离子晶体中产生热缺陷,在电场作用下离子借助各种缺陷形成定向的电荷流动,而具有离子导电性。

5.3.1 离子电导率

离子晶体中的点缺陷是带电荷的,正离子 A^{+q}的空位是一个带电荷 $-q$ 的缺陷;负离子 B^{-q}的空位是带电荷 $+q$ 的缺陷,整个晶体保持电中性。在没有外加电场时,正、负离子的迁移是无规的,不会引起电流。当有外加电场 F 时,电荷为 $+q$ 的正离子 A 在电场方向的势能曲线发生改变,由图 5.9 中的虚线($F=0$ 情况)变为实线($F\neq 0$ 情况),沿电场方向的势垒高度由原来的 E_M 下降至 $E_M - \frac{1}{2}qaF$, a 是沿电场方向的晶格周期。正离子 A 在单位时间的跳跃率为

$$\nu^+ = \nu_0 \exp\left(-\frac{E_M - \frac{1}{2}qaF}{k_B T}\right) \tag{5.3.1}$$

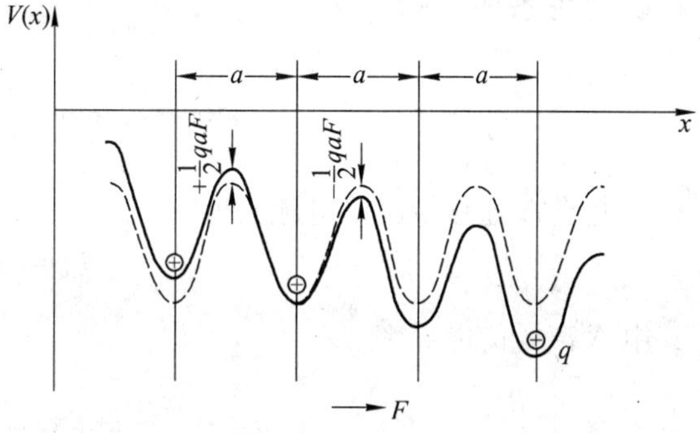

图 5.9 电场中一维晶体内正离子的势能

逆电场方向势垒高度增至 $E_M+\frac{1}{2}qaF$，沿该方向的跳跃率为

$$\nu^{-}=\nu_0\exp\left(-\frac{E_M+\frac{1}{2}qaF}{k_B T}\right) \tag{5.3.2}$$

设离子晶体 A^+B^- 的分子浓度为 N，离子 A 的空位浓度为 n_A。在保持晶体电中性条件下，有一个正离子空位，就应有一个负离子空位，如果它们的浓度较低，正、负离子空位相距较远，不会结合在一起，因此 n_A 就等于分离的缺陷对的浓度 n_{sp}，而

$$n_{sp}=N\exp\left(-\frac{E_{sp}}{2k_B T}\right) \tag{5.3.3}$$

式中 E_{sp} 是产生一对分离的正、负离子空位所需要的能量，故离子变成空位的概率为

$$\gamma_{sp}=\frac{n_{sp}}{N}=\exp\left(-\frac{E_{sp}}{2k_B T}\right) \tag{5.3.4}$$

于是沿电场方向的 A 离子流密度为

$$j_A^{+}=q(N-n_A)a\nu^{+}\gamma_{sp} \tag{5.3.5}$$

而逆电场方向的为

$$j_A^{-}=q(N-n_A)a\nu^{-}\gamma_{sp} \tag{5.3.6}$$

假定 $n_{sp}\ll N$，可得 A 离子的净电流密度为

$$j_A=j_A^{+}-j_A^{-}\approx qN\exp\left(-\frac{E_{sp}}{2k_B T}\right)a(\nu^{+}-\nu^{-}) \tag{5.3.7}$$

通常情况，电流密度是载流子浓度 n、电荷 q 和漂移速度 v 三者的乘积：

$$j=nqv \tag{5.3.8}$$

在这里，有效载流子浓度不是晶体中的 A 离子浓度 $N-n_A$，而是空位浓度 n_{sp}。而漂移速度

$$v=a(\nu^{+}-\nu^{-})=2a\nu_0\exp\left(-\frac{E_M}{k_B T}\right)\sinh\left(\frac{qaF}{2k_B T}\right) \tag{5.3.9}$$

在弱电场条件：$qaF/2k_B T\ll 1$，双曲正弦函数展开成级数，得漂移速度与外电场成正比

$$v\approx a\nu_0\exp\left(-\frac{E_M}{k_B T}\right)\frac{qa}{k_B T}F \tag{5.3.10}$$

故正离子 A 迁移给出的电流密度

$$j_A=\sigma_A F \tag{5.3.11}$$

其中 A 离子的电导率

$$\sigma_A=\frac{q^2a^2\nu_0}{k_B T}N\exp\left(-\frac{\frac{1}{2}E_{sp}+E_M}{k_B T}\right)$$

$$= \sigma_A^0 \exp\left(-\frac{\frac{1}{2}E_{sp} + E_M}{k_B T}\right) \tag{5.3.12}$$

这里

$$\sigma_A^0 = \frac{q^2 a^2 \nu_0}{k_B T} N \tag{5.3.13}$$

同样,可求得离子晶体中 B 种离子的电导率 σ_B,只要 σ_A 式中的 E_M 改为 E'_M,在弱场条件

$$j = (\sigma_A + \sigma_B)F = \sigma F \tag{5.3.14}$$

在 $T \approx 300$ K,只要 $F \ll 10^6$ V/cm,弱场条件都能成立。

5.3.2 爱因斯坦关系

在热平衡时,离子迁移率和扩散系数之间存在爱因斯坦关系。设电场 F 沿 x 方向,$F = -\frac{dV}{dx}$,由玻尔兹曼分布给出任意 x 值的离子浓度

$$n = 常数 \times \exp\left(-\frac{qFx}{k_B T}\right) \tag{5.3.15}$$

q 为离子电荷,于是在空间形成离子浓度梯度$\frac{\partial n}{\partial x}$,电流密度

$$J_D = qD\frac{\partial n}{\partial x}$$

电场 F 引起离子的漂移电流为 $J_S = nqv_D$,v_D 为离子在电场 F 中的漂移速度,而 $v_D = \mu F$,μ 称为离子迁移率,故 $J_S + J_D = 0$,即 $J_S = nq\mu F$,两者达到平衡时,净电流为零

$$nq\mu F + qD\frac{\partial n}{\partial x} = 0 \tag{5.3.16}$$

此方程积分后得离子浓度

$$n = 常数 \times \exp\left(-\frac{Fx\mu}{D}\right) \tag{5.3.17}$$

比较式(5.3.15)和式(5.3.17)的指数项,得爱因斯坦关系:

$$\mu/D = q/k_B T \tag{5.3.18}$$

5.3.3 快离子导体

快离子导体也称超离子导体。它与一般离子导体的区别是在一定温度范围具有可与液态电解质相比较的离子电导率(在 0.01 $\Omega^{-1} \cdot cm^{-1}$以上),且其离子导电的激活能低,约小于0.4 eV。

1935 年人们发现 AgI 在 147 ℃从低温相变到高温相时,电导率增加 4 个数量级,这就是由一般离子导体到快离子导体的相变。1961 年人们合成出第一个室温快离子导体 Ag_3SI。1978 年又发现室温的铜快离子导体 $Rb_4Cu_{16}I_7Cl_{13}$。多数快离子导体是无机化合物,也有有机材料是银、铜、氢离子的快离子导体。运动的离子的半径一般都比较小。

快离子导体 α-AgI 是一个典型例子。不导电的 I^- 离子形成体心立方结构的刚性骨

架。而导电的 Ag^+ 离子的子晶格处于熔化状态。于是这半径小的 Ag^+ 离子随机分布于由 I^- 离子子晶格形成的配位数为 4，3 和 2 的三类间隙位置。间隙位置之间的势垒很低，在外电场作用下，随机分布的 Ag^+ 离子很容易在 I^- 离子骨架里的通道流动，形成宏观离子电流。图 5.10 画出 α-AgI 中的三类间隙位置，以及由这些间隙位置串成的一个沿[100]方向的通道。

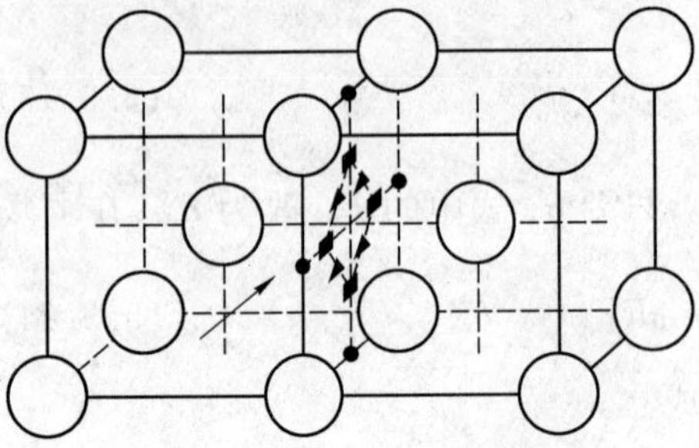

图 5.10　α-AgI 中 I^- 离子骨架及三类间隙位置

普通离子晶体导电是靠缺陷的运动来实现的，具有孤立、分散的特点，而快离子导体之具有很高的离子电导率是由于导电离子在不导电离子组成的子晶格中的通道里流动，在外电场驱动下形成准液态定向流动，产生离子电流。而且参与导电离子的浓度又很高。

§5.4　色　　心

透明晶体中的点缺陷或其复合物捕获电子或空穴而形成的一类缺陷。由于它的存在引起晶体有附加的光吸收带，使晶体着色，因此称之为色心。色心又可分两种类型：捕获电子的称为电子型色心；捕获空穴的称为空穴型色心。人们对色心的研究始于 20 世纪 20 年代。现在色心研究早已从早期的碱卤化合物扩大到很多金属氧化物晶体，研究手段主要是精细的光谱测量以及电子自旋共振、电子-核双共振等。

5.4.1　F 心

在碱金属蒸气中将碱卤晶体加热，然后将它骤冷到室温，本来透明的晶体就有颜色了：氯化钠变成淡黄色，氯化钾变成紫色，氟化锂呈粉红色等等。在可见光区这些晶体多出一个像钟形的吸收带，称为 F 带。产生这个吸收带的缺陷就是 F 心。图 5.11 是一些碱卤晶体的 F 心吸收带。

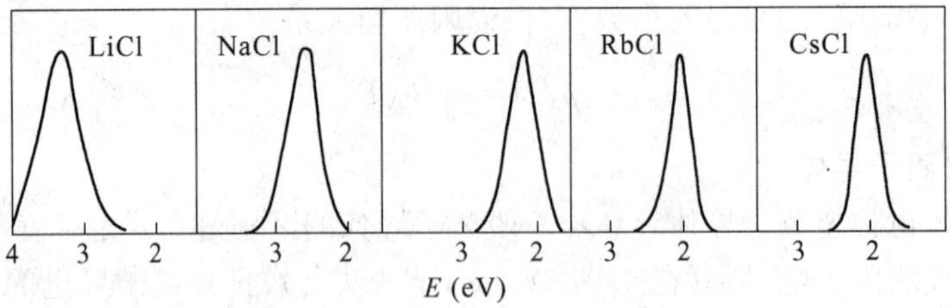

图 5.11　卤化碱晶体的 F 吸收带

1937 年 de Boer 提出 F 心的物理模型，在 M^+X^- 晶体中负离子 X^- 的子晶格空位，其行为像一个带正电荷的“粒子”，捕获一个电子构成 F 心，示于图 5.12。于是，F 心中的电子状态就像类氢原子的电子态，电子基态是接近 1s 态，激发态分别为类 2s 态，类 2p 态，等等。电子从基态到类 2p 态的跃迁伴随的光吸收，产生 F 吸收线。

更简化的模型可把 F 心中的电子看成是束缚于无限深的三维势阱中的电子，在

$x=y=z=0$ 和 a 处 $\psi=0$。容易由薛定谔方程求得电子的波函数

$$\psi_{nlm}=\sqrt{8a^{-3}}\sin\left(\frac{l\pi x}{a}\right)\sin\left(\frac{m\pi y}{a}\right)\sin\left(\frac{n\pi z}{a}\right) \tag{5.4.1}$$

能量本征值

$$E_{lmn}=\frac{\pi^2\hbar^2}{2ma^2}(l^2+m^2+n^2) \tag{5.4.2}$$

l, m, n 是 1, 2, 3, …等正整数。$l=m=n=1$, $E_{111}=\frac{3\pi^2\hbar^2}{2ma^2}$ 相当于基态能量，而第一激发态 ψ_{211}, ψ_{121}, ψ_{112} 是三度简并态，能量为 $E_{211}=3\pi^2\hbar^2/ma^2$，相当于 2p 态。而基态相当于 s 态。按照原子中电子的偶极跃迁规则，则 F 心光跃迁线对应的峰值能量为

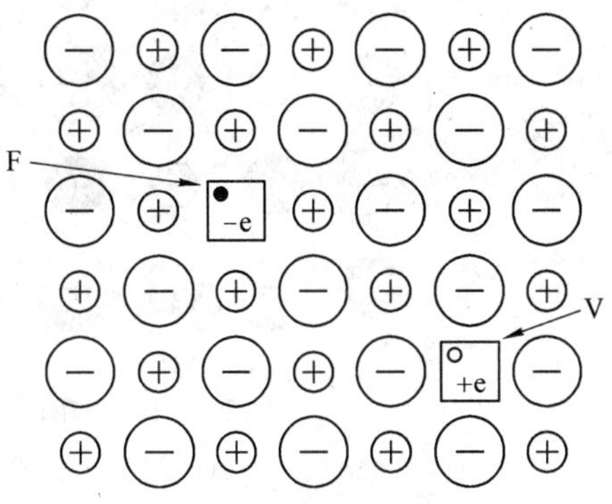

图 5.12 F 心与 V 心

$$E=E_{211}-E_{111}=\frac{3\pi^2\hbar^2}{2ma^2}\propto a^{-2} \tag{5.4.3}$$

实验观测得到莫尔沃-伊维(Mollow-Ivey)定则：

$$E=57a^{-1.77} \tag{5.4.4}$$

这里 a 为晶格常数。因此，简单的势阱模型可以定性阐明实验结果，图 5.13 是 1988 年 Agullo-Lopez 等得到的碱卤晶体中 F 心，F_2 心和 F_3 心的峰值波长与晶格常数 a 的关系。这里 F_2 心又称 M 心，是沿⟨100⟩方向相邻排列的两个 F 心组成，它的光吸收带称为 M 带。F_3 心又称 R 心，是由(111)面上三个相邻 F 心组成的色心，其吸收带为 R 带。图 5.14(a)和(b)示意画出 M 心和 R 心的结构。

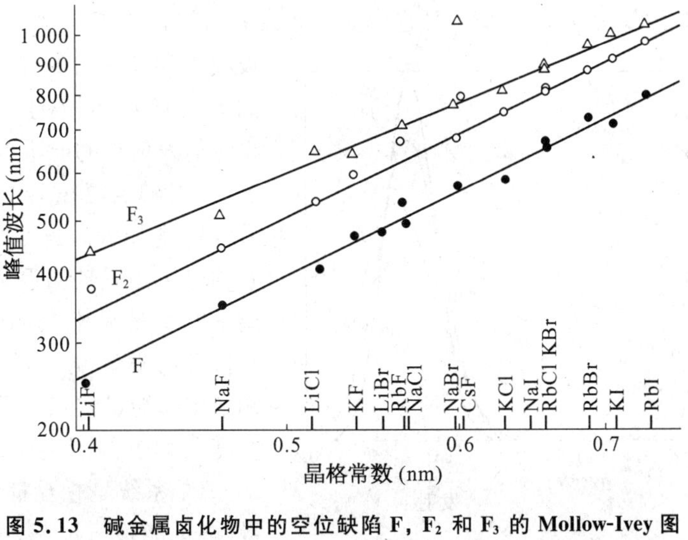

图 5.13 碱金属卤化物中的空位缺陷 F, F_2 和 F_3 的 Mollow-Ivey 图

[引自 Agullo-Lopez 等, Point Defects in Materials. Academic Press, 1988]

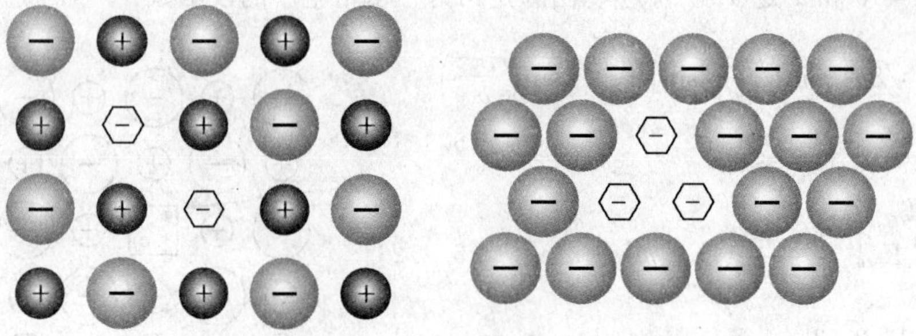

(a)　　(b)

图 5.14　M 心和 R 心的示意图

(a) M 心；(b) NaCl(111)面上的 R 心，三个负离子空位集

5.4.2　空穴型色心

碱卤晶体在卤素蒸气中热处理后造成卤素离子过量，晶体中出现相应数量的正离子空位。每个正离子空位等价于一个带负电荷的中心。落在晶格座位上的卤素原子应变成负离子才能与邻区保持局域电中性。为此，它要从晶体中近邻离子获取一个电子，献出电子的离子又从其近邻获取电子。因此缺一个电子的状态在晶体中移动，这等价于一个带正电荷$+e$的粒子的运动，这粒子称为空穴（参见第七章）。空穴遇到正离子空位（即带负电荷的中心）被捕获形成 V 心，见图 5.12。人们对 V 心的了解不如 F 心。但在碱卤晶体中还存在不含正离子空位而能捕一个空穴的色心。例如相邻两个卤素 X^-（具体例子：LiF 晶体中两个 F^-）捕获一个空穴形成的色心，记为 X_2^- 称为 V_K 心。再如一个填隙卤素离子 X^- 与相邻的在正常格点座位为 X^- 一起捕获一个空穴形成的色心，称为 H 心。

5.4.3　位形坐标图

按照前面讲的物理模型，F 心的光吸收是一条谱线，实际却是一个吸收带。若 F 心中的电子处在第一激发态，当它落到基态时也应是一条发光谱线，实际上也是一个发射带。而且吸收带和发射带的光子能量相差很大，如图 5.15 所示，对于 KBr 晶体，F 心吸收带与发射带的能量差为 1.14 eV。由图可知，随着温度升高，发射带和吸收带的宽度加大。这是由于被捕获于 F 心的电子是受缺陷近邻离子的制约，而离子本身是晶格振动的载体。因此晶格振动必然影响光跃迁过程。前面已知电子态能量依赖于 F 心势阱宽度，而宽度依赖于周围离子的位形。因此电子-离子系统是相互耦合的。系统的能量（电子能量＋晶格离子振动能）依赖于参与耦合的晶格离子的位形坐标 Q，如图 5.16 所示。图中代表系统基态和

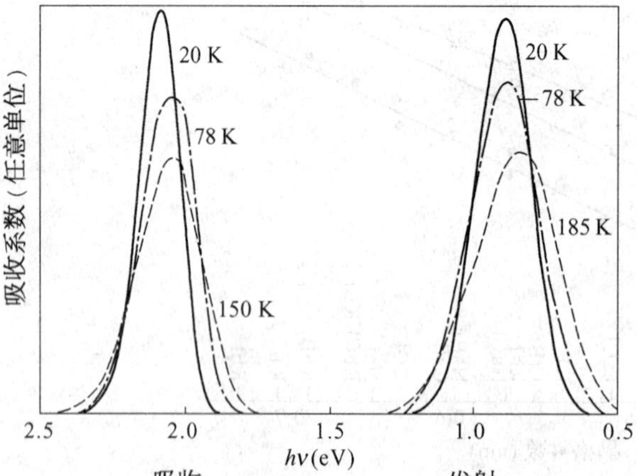

图 5.15　KBr 中 F 心的吸收带和发射带，测量温度作为参量

［引自 W. Gebhardt 和 H. Kuhnert. Phys Lett.，11(1964)15］

激发态能量的下、上两曲线都是抛物线。基态中晶格振动频率为 ω_g，这条曲线 $E_g = \left(n+\frac{1}{2}\right)\hbar\omega_g$，这里取电子基态能量最小值为零。激发态时晶格振动频率为 ω_e，这时系统能量 $E_e = \left(m+\frac{1}{2}\right)\hbar\omega_e + E_0$，这里 n 和 m 代表振动量子数，而 E_0 是 $n = m = 0$ 时两个状态的能量差。曲线里的水平线表示对应不同 n 和 m 值的振动能量。由于晶格离子振动引入很多分立能级，电子跃迁时间甚短，远小于离子振动的周期，所以电子跃迁时晶格离子位形坐标不变，这就是弗兰克-康登(Franck-Condon)原理，给出图中垂线所示的光跃迁。E_a 是一条典型吸收线，由于基态时离子可处于不同振动态，发生光吸收时由这些态出发得到的是一个吸收带。温度 T 愈高，参与的振动态愈多，因而吸收带变宽。这是由于不同的振动能级依不同概率分布函数被占据。基态里若振动能级以 $Q = 0$ 为中心的高斯分布，以此作统计，预言温度 T 时的半宽度 W_T 为

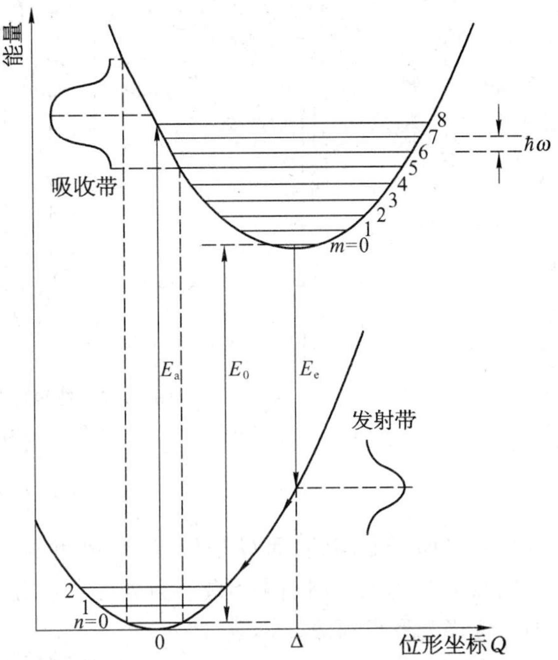

图 5.16 F心系统的能量—位形坐标图

$$W_T^2 = W_0^2 \coth\left(\frac{\hbar\omega}{k_B T}\right) \tag{5.4.5}$$

当光吸收后，激发态建立起来，通过发射声子，使缺陷近邻的晶格发生弛豫，达到 $m = 0$ 的振动能级。之后发生由激发态到基态的辐射跃迁，相应光子的能量为 E_e。通常激发态 $m = 0$ 的离子位形坐标不同于基态，记为 $Q = \Delta$。发射峰的位置对应 E_e，由图知，$E_a > E_e$，说明吸收带与发射带之间有一个明显的能量差。发射带频率低于吸收带频率的现象称为斯托克斯移动。

§5.5 位　　错

位错是晶体中的线缺陷，是为了解释晶体的塑性形变(plastic deformation)而提出的缺陷模型。所谓塑性形变是指应力超过弹性极限后晶体所产生的永久形变或不可逆的形变。例如，纯铝晶体当它的形变达到约 10^{-5} 前才是弹性的，服从胡克定律，超过之后便是塑性形变。

5.5.1 晶体的临界切应力

1926 年弗仑克尔(J. Frenkel)给出一个简易方法估算理想晶体的临界切应力。如图 5.17所示，考虑加适当切应力使上下两个原子面有一切向位移。在弹性形变较小时，应力 τ 和位移 x 之间服从胡克定律：

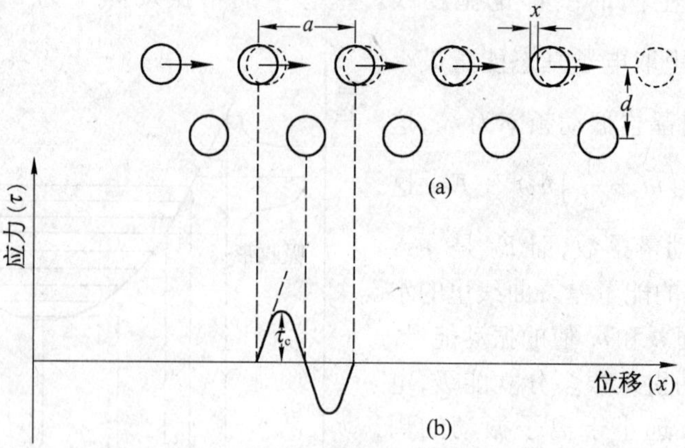

图 5.17 估算临界切应力的模型

(a) 两个原子面间的切向位移；(b) 相应的切向应力与切向位移的关系

$$\tau = Gx/d \tag{5.5.1}$$

这里 d 是原子面间距，而 G 是相应的切变模量。当位移增大使上一个面的原子 A 到达下一个面原子 B 的顶头时，两个原子面处在不稳定平衡组态，且应力为零。作为一种近似，应力～位移关系可写成

$$\tau = \left(\frac{Ga}{2\pi d}\right)\sin\left(\frac{2\pi x}{d}\right) \tag{5.5.2}$$

这里 a 为切变方向的原子间距。当 $\dfrac{x}{d} \ll 1$ 时，这个式子就回归到式(5.5.1)。当应力取最大值时，晶格变成不稳定。所以，临界切应力就是

$$\tau_c = Ga/2\pi d \tag{5.5.3}$$

如 $a \approx d$，得 $\tau_c \approx G/2\pi$，或 $G/\tau_c \approx 2\pi$，这说明理论上 τ_c 只有切变模量 G 的 $\dfrac{1}{6}$ 的量级。这个估算太简化，有人改进理论估算，计入原子间力的实际形式以及处在切变时对晶格有利的力学稳定性组态，得到的结果为 $\tau_c \approx G/30$。

对于单晶体，实验给出的 G/τ_c 值，对 Sn 为 15 000，对 Ag 为 45 000，对 Al 为 60 000。而对于实用的经热处理的碳钢这比值为 120。这表明理论认识需要有新模型新概念。

塑性形变的主要方式是滑移，即晶体往往沿一定晶面的某个方向发生相对位移。这个平面(晶面)称为滑移面，通常是原子面密度较大的晶面。滑移方向往往也是原子线密度较大的晶向。例如，对于面心立方结构的铝，在温度较低时滑移面是(111)晶面，滑移方向是 $[1\bar{1}0]$。在室温时，体心立方金属的滑移面为(112)面，滑移方向沿[111]。镁是密堆六方结构的典型，其 $c/a = 1.633$，低温滑移发生在(0001)基面上的[1120]方向。对于锗和硅，由于它们是金刚石结构，具有面心立方的特点，低温时滑移面也是(111)面，滑移方向沿 $[1\bar{1}0]$。

5.5.2 刃型位错

刃型位错是晶体中一种典型的线缺陷，它的几何结构是最简单的。1934 年泰勒(G. I. Taylor)、E. Orowan 及 M. Polanyi 各自独立提出的。图 5.18 是在简单立方晶体中的一个

位错的结构，在晶体的上半部有一个多余的半晶面，其边沿是垂直于纸面的直线就是刃型位错(edge dislocation)。这刃型位错通常用符号⊥表示，其中垂直短线就代表多余的半个原子面。

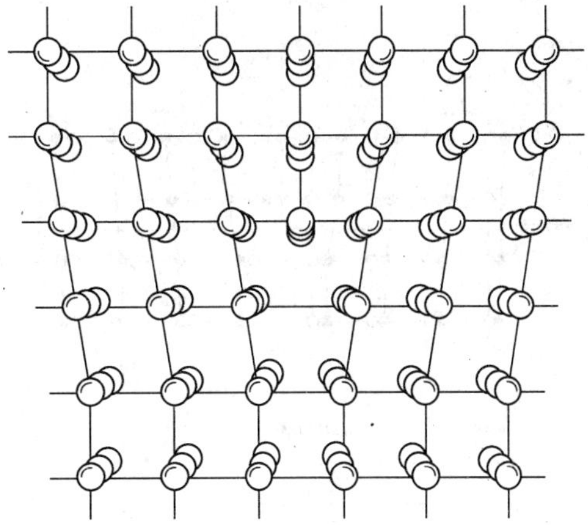

图 5.18　简单立方晶体中的一个刃型位错

位错模型提供一种机制，滑移先在晶面的局部发生，然后不断扩大遍及整个晶面。设想如图 5.19(a)所示，晶体沿 $ABEF$ 切开到 FE 为止，并将上部晶体向右推移一个原子间距 b。于是 FE 左边是已滑移区，右边是未滑移区，这边界 FE 就是刃型位错线，也是多余半晶面的边沿，图 5.19(b)的 HE 就是多余半晶面的前沿。

在切应力作用下，多余半晶面向右推移量为 b 时，到达图 5.19(b)中的 $H'E'$ 位置。依次向右推移直到上部晶体完成滑移量 b，位错在晶体表面消失。整个过程示于图 5.19(c)、(d)、(e)。

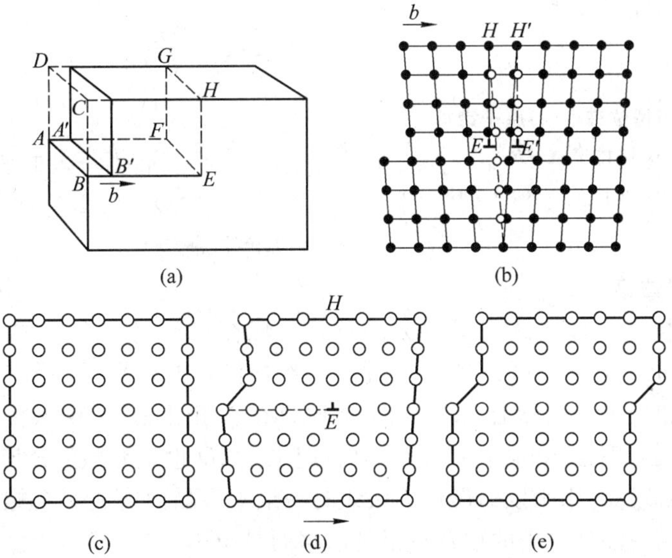

图 5.19　刃型位错与它的滑移过程

5.5.3　派尔斯势垒

1940 年派尔斯以及 1947 年纳巴罗(F. R. N. Nabarro)注意到位错模型中大部分位置排错的原子集中在以位错线为轴的一个管道形核心区域。图 5.20(a)画出核心区中原子错排的情景。空心圆是简立方晶体没有位错时原子排列。实心圆是插进一个半晶面后晶体原子的位置。A 和 B 分别代表滑移面上侧和下侧的原子面，A 和 B 面原子相对于严格周期格点的位移分别为 $u(A)$ 和 $u(B)$。用滑移面上下两侧相对面的两个原子位移差 $\Delta u = u(B) - u(A)$ 来表示错排程度。以 b 为单位，Δu 对 x 的关系如图 5.20(b)所示。位错宽度定义为 $\Delta u/b$ 达到其最大值一半之间的距离。这就是刃型位错核心区大小的量度。

派尔斯和纳巴罗假定原子面 A 和 B 以简单的正弦力相互作用，在平衡时，在 A 和 B 上产生的错排力与来自上下两半晶体的弹性应力相抵消。求得刃型位错的宽度 $w=\dfrac{a}{1-\nu}$，a 为面间距，ν 为泊松比。所以刃型位错核心区相当窄。当位错向右移动，例如推移到 PP' 位置，A 和 B 面上的原子不再满足 Δu 的平衡条件，错排能上升。派尔斯和纳巴罗计算了单位长度位错能与位置的函数关系，是一个以 b 为周期的函数。能量的最大振幅为

$$E_{\mathrm{P}}=\frac{Gb^2}{\pi(1-\nu)}\exp\left(-\frac{2\pi w}{b}\right) \tag{5.5.4}$$

周期性能量函数的最大斜率就是位错在晶体中运动在单位长度上的临界力，除以 b 就是派尔斯-纳巴罗应力

$$\tau_{\mathrm{P\text{-}N}}=\frac{2\pi}{b^2}E_{\mathrm{P}}=\frac{2G}{1-\nu}\exp\left(-\frac{2\pi w}{b}\right) \tag{5.5.5}$$

对于面心立方晶体 $\tau_{\mathrm{P\text{-}N}}$ 的值比较小，大约为 10^{-6}—$10^{-5}G$。与实验结果大体相符。E_{P} 称为派尔斯势垒。

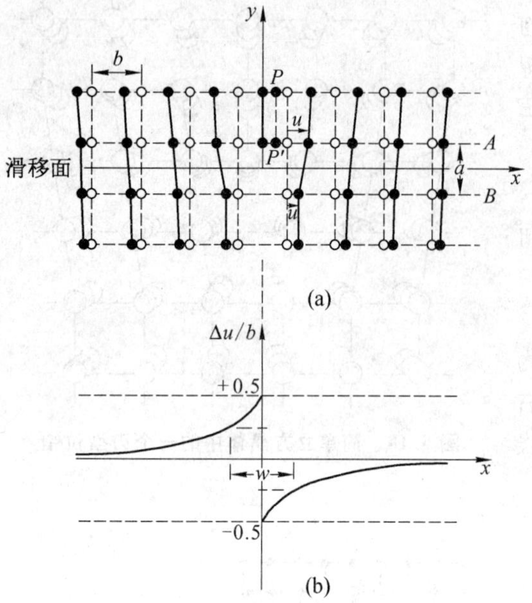

图 5.20　刃型位错中(a)原子错排和(b)错排度 $\Delta u/b$

[引自 D. Hull 和 D. J. Bacon. Introduction to Dislocation. 3rded, Oxford: Pergamon press, 1984]

5.5.4　螺型位错

刃型位错的特点是位错线与滑移方向垂直。现在讨论另一个基本类型的螺型位错(screw dislocation)的几何结构，它的特点是位错线与滑移方向平行。图 5.21(a)是简单立方晶体中螺型位错模型。晶体沿 $ABCD$ 面切开(D 在 A 正下方，图中未标出)，左右两半晶体相对位移一个晶格间距 b，再将左右两半粘合起来。AD 也是滑移部分与未滑移部分的边线，即螺型位错线。这样原来以 AD 作为法线的一组平行晶面连成一个螺旋式的面。螺型位错因此得名。若将晶体原子的位置投影到滑移面 $ABCD$。圆圈"○"代表左边原子，"●"圆点代表滑移面右边原子，其图像如图 5.21(b)所示。显然在螺型位错结构中没有多余的

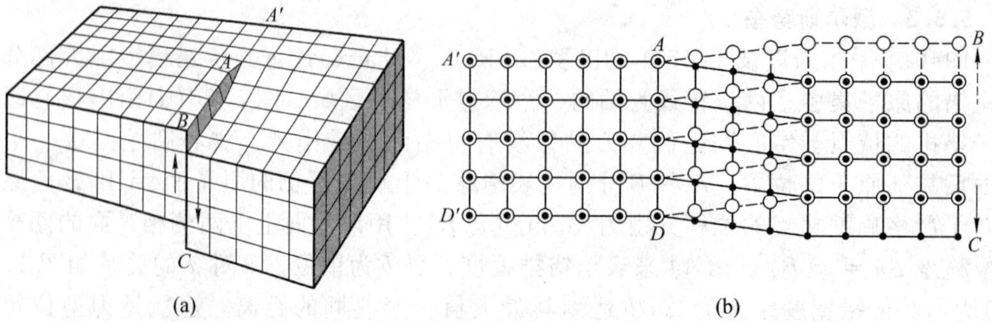

图 5.21　(a)滑移引起的螺型位错与(b)滑移面两侧的原子排列

半晶面,滑移矢量 $\boldsymbol{b}$ 与螺型位错线平行,都落在滑移面里。由(b)图可以看出螺型位错线严重偏离晶格原子理想位置的核心区域的尺度也是比较窄的。

图 5.22 表示螺型位错在切应力作用下滑移时,晶体原子移动的情景。滑移面为 $A'BCD'$面,滑移面左边原子受到向上切应力,右边的原子受到向下的切应力。在某一时刻,螺型位错线附近的核心区包含第 6 列到第 10 列的原子,其位置以虚线相连的圆点和圆圈表示,边界线在第 6 列。在切应力作用下,圆点和圆圈位置上的原子分别向上和向下移动,到达实线连接的组态。这时螺型位错线移到第 5 列的位置,即向前滑移一个原子间距。如此推进,直到螺型位错线达到晶体的边缘 $A'D'$。所以在螺型位错模型中原子滑移方向是与位错线平行,而位错线的移动的方向与螺型位错线相垂直。

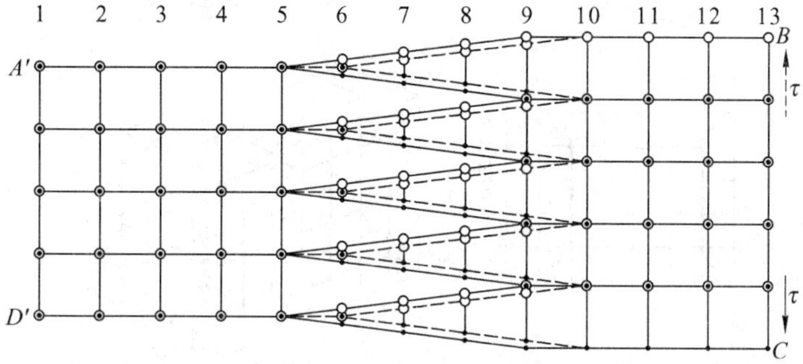

图 5.22 螺型位错滑移时晶体中原子移动的情形

离开螺型位错线核心区以外的原子基本保持晶格排列。但是原来平行的一组晶面变成相连一起的螺旋面,显然受到一定程度扭曲。因此位错线周围存在着弹性应力场。

5.5.5 螺型位错与晶体生长

由图 5.23 来看,螺型位错在晶体表面形成一个台阶,新凝结的原子最容易沿台阶集结,因为落到晶体表面上的原子在台阶处不仅受在晶面原子的吸引,还受到旁边台阶原子的吸引,所以在晶体生长中容易沿着这螺旋面生长出新的一层,而且依序铺排不会把台阶消灭,只是使台阶向前移动。图 5.23(a)、(b)、(c)、(d)表示晶体生长中螺型位错有关的台阶移动的剪影示意图。1950 年人们首次用特殊的光学显微镜观察到这种螺旋式的晶体生长。

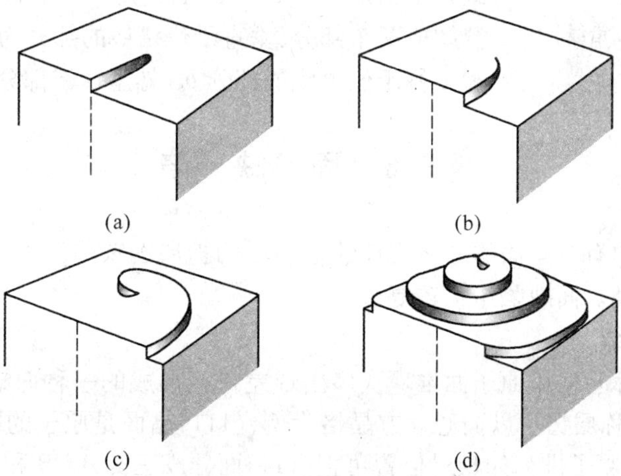

图 5.23 生长台阶的发展

也证实了位错模型的实在性。

5.5.6　伯格斯回路

伯格斯(J. M. Burgers)回路是晶体中包含位错的一个从原子到原子的封闭路径。图5.24

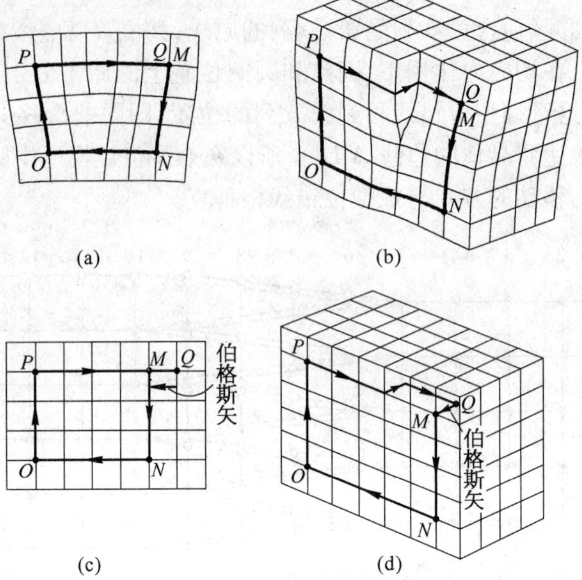

图 5.24　伯格斯矢回路

(a)刃型位错和(b)螺型位错的伯格斯回路；(b)和(d)是在完整晶体中的相同回路

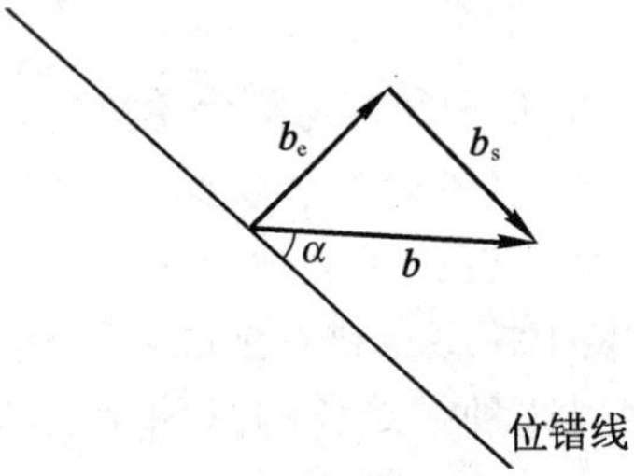

图 5.25　混合型位错线

(a)和(c)中的 $MNOPQ$ 分别是刃型位错和螺型位错的伯格斯回路。如果晶体中没有位错按相同的原子到原子,回路就不会是封闭的。为了使这个不封闭的回路变成封闭回路必须添加一个矢量称为伯格斯矢量,这种运作由图 5.24(b)和(d)说明,$\overrightarrow{QM}$即是伯格斯矢量,对于刃型位错,它与位错线垂直;而对于螺型位错它与位错线平行。在一般情况,位错线与伯格斯矢量 $\boldsymbol{b}$ 成 α 角,这是一个混合型位错,可将矢量 $\boldsymbol{b}$ 分解成两个部分:垂直于位错线的部分为 $\boldsymbol{b}_e$(刃型位错成分)和平行于位错线的部分 $\boldsymbol{b}_s$(螺型位错部分),如图 5.25 所示。

§5.6　面　缺　陷

面缺陷是晶体中有一些面的晶格周期性被破坏的扩展性缺陷。主要有堆垛层错,孪晶界面和晶粒间界三类。面缺陷结构较复杂。

5.6.1　堆垛层错

密堆结构的晶体当密排原子面堆垛次序出现差错而形成的一种面缺陷,称为堆垛层错(stacking fault),简称层错。以面心立方晶格为例,(111)晶面是原子的密排面。如图 5.26 左起第一幅所示,按原子排列的相对位置可把(111)面分成三类 A、B 和 C。沿[111]方向正常的堆垛次序为

$$\cdots\overset{\frown}{ABC}\,\overset{\frown}{ABC}\,\overset{\frown}{ABC}\,\overset{\frown}{ABC}\cdots$$

如该图左起第二幅所示。若在堆垛时抽走了一个 A 层,其次序为

$$\cdots\overset{\frown}{ABC}\,\overset{\frown}{ABC}\uparrow\overset{\frown}{BC}\,\overset{\frown}{ABC}\cdots$$

则成为抽出型层错,如该图左起第三幅所示。

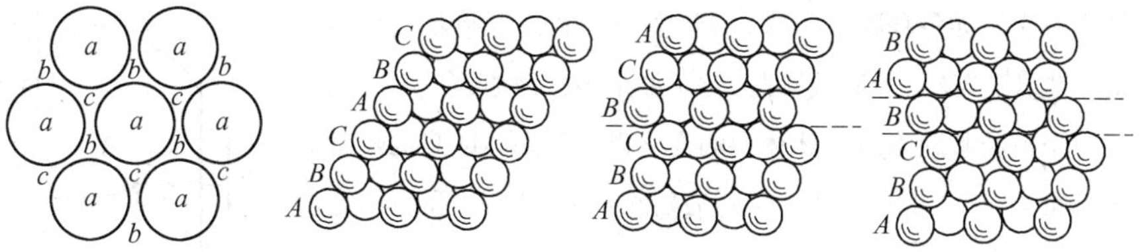

图 5.26 立方密堆积结构中的层错

如果在正常堆垛次序中插进一个 B 层,则变为

$$\cdots\overset{\frown}{ABC}\uparrow B\,\overset{\frown}{ABC}\,\overset{\frown}{ABC}\cdots$$

方式堆垛,这种面缺陷称为插入型层错,如该图左起第四幅所示。层错出现使其两侧的晶体相对位移$\frac{1}{6}[112]$或$\frac{1}{3}[111]$,但晶体仍保持密堆结构。因此形成层错的界面能量较低。

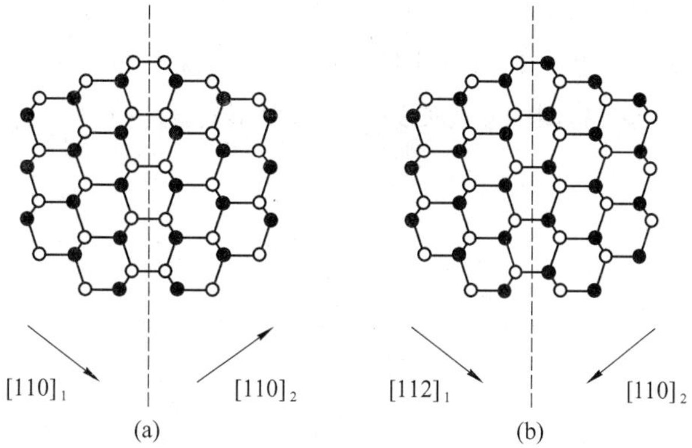

图 5.27 闪锌矿结构中的两种孪晶界面

六方密堆晶体,金刚石结构、闪锌矿结构以及一些体心立方晶体中也有各自的层错存在。

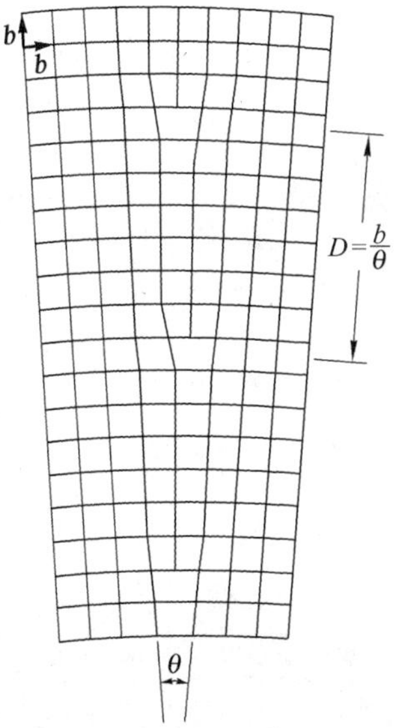

图 5.28 简单立方晶格中的小角晶粒间界

5.6.2 孪晶界面

孪晶(twin)是一对连生的晶块。两晶块以特定的取向相交接形成的界面,称为孪晶界面(twin plane boundary)如图5.27所示。在铁电晶体中,两部分晶体的极化方向不同,即有不同极化取向的电畴,孪晶界面就是铁电畴界。

5.6.3 晶粒间界

大多数材料是由许多取向不同的晶粒组成的,晶粒之间的界面称为晶界,它包含有几个原子间距的薄层,结构复杂。晶粒取向角差超过 15°的是大角晶界,其中原子排列很复杂,精确、定量描述很困难。伯格斯对小角晶粒间界(low-angle grain boundary)提出一种简单模型:由一系列刃型位错组成的界面,如图 5.28 所示。这是简单立方晶格,交界面为(010)面,左、右两部分晶格绕[001]轴(垂直纸面)有一小角 θ 的倾斜。若相邻两个刃型位错间的距离为 D,每个位错引起的滑移量为 b,则有 $D\theta = b$。由 X 射线衍射实验测得 θ 以及 b,可以估计 D 的数值。

习 题

1. 铜和硅的空位形成能 u_v 分别为 1.3 eV 和 2.8 eV。试求 $T = 1\,000$ K 时，铜和硅中的空位浓度。

2. 由 $\sqrt{\overline{x^2}} = Nd$，若一维扩散每步步长 $d = 0.1$ nm，求 $\sqrt{\overline{x^2}} = 1\ \mu$m 时需要跳跃多少次？如每秒跳跃一次，需要多少时间？再问若每次跳跃总是向前一步，同样这么多次数跳跃，粒子能走多大距离？

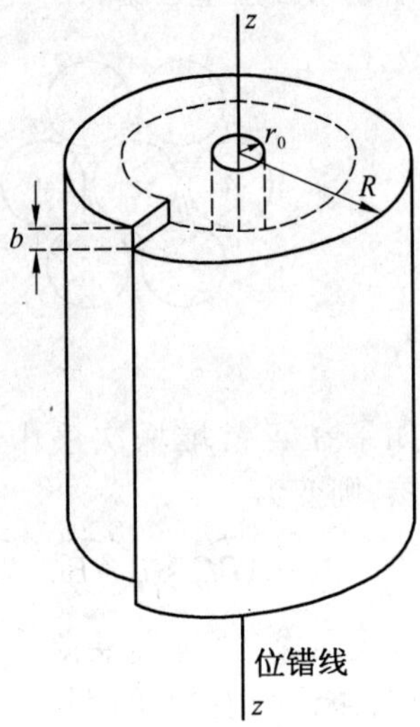

3. 试求产生 n 个肖特基缺陷后晶体体积的变化以及对晶体比热的贡献。

4. 铜的切变模量 $G = 42.1 \times 10^9$ Pa(帕)，泊松比 $\nu = 0.43$。刃型位错宽度 $w = \dfrac{a}{1-\nu}$，a 是晶格常数等于 0.361 nm，设 $b = a$。求铜中刃型位错的派尔斯-纳巴罗应力。

5. 有一圆柱体它的外半径为 R，经切开相对位移一晶格周期 b 产生一螺型位错，求其单位长度位错的弹性形变能。

第六章　金属电子论

1897 年汤姆逊(J. J. Thomson)发现电子之后,人们对物质结构的认识有了新观念。20 世纪初,德鲁德(P. Drude)和洛伦兹认为金属中存在宛如理想气体的自由电子气,服从经典物理规律,成功地解释了金属电导、热导的规律。但在探讨金属自由电子气对比热的贡献时,给出的理论值竟是实验值的 100 倍,暴露出这个理论模型的缺陷。

量子力学建立是物理学的一次革命,电子的状态和能量应由薛定谔方程决定,电子气服从费米-狄拉克统计分布。于是索末菲(A. Sommerfeld)用量子物理规律重新计算了金属自由电子气的比热,得到与实验值相符的结果,解决了经典理论的困难。

本章主要介绍金属自由电子气的量子理论,并用它来处理金属电子气的基态能量,比热,电导和在磁场中的输运现象,电子热发射,光电效应和场电子发射等重要现象。随后讨论博姆(D. J. Bohm)和 D. Pines 考虑了电子间库仑相互作用而出现于电子气中的一种集体振动运动,即等离子体振荡。最后,介绍维格纳(E. P. Wigner)对电子气压数密度很低时预言,电子间相互作用将使电子气系统变成电子晶格。

§6.1　金属自由电子气的量子理论

在 1928 年索末菲提出的理论中,依然假定金属中的电子作彼此独立的自由运动,正离子实提供正电荷背景以满足整个系统是电中性的。主要特点是采用量子力学来确定电子状态,电子气依从费米-狄拉克分布。

6.1.1　自由电子能级和能态密度

假定正电荷背景是均匀分布的,每个自由电子在这背景中的势能是一常数。电子限制在边长为 L,体积为 $V = L^3$ 的立方形金属中。单个电子的薛定谔方程为

$$\frac{-\hbar^2}{2m}\nabla^2\psi(\boldsymbol{r}) = E\psi(\boldsymbol{r}) \tag{6.1.1}$$

这里 m 是电子质量,$\hbar$是普朗克常数 h 除以 2π。容易求出电子波函数是平面波

$$\psi(\boldsymbol{r}) = \frac{1}{\sqrt{V}}e^{i\boldsymbol{k}\cdot\boldsymbol{r}} \tag{6.1.2}$$

式中 $\boldsymbol{k}$ 为波矢。电子的能量

$$E(\boldsymbol{k}) = \frac{\hbar^2 k^2}{2m} = \frac{\hbar^2}{2m}(k_x^2 + k_y^2 + k_z^2) \tag{6.1.3}$$

而电子的动量 $\boldsymbol{p} = \hbar\boldsymbol{k}$,速度 $\boldsymbol{v} = \hbar\boldsymbol{k}/m$。

通常采用周期性边界条件来确定波矢$(k_x,\ k_y,\ k_z)$的取值。由

$$\left.\begin{aligned}\psi(x+L,\ y,\ z)&=\psi(x,\ y,\ z)\\\psi(x,\ y+L,\ z)&=\psi(x,\ y,\ z)\\\psi(x,\ y,\ z+L)&=\psi(x,\ y,\ z)\end{aligned}\right\}\tag{6.1.4}$$

求得

$$k_x=\frac{2\pi}{L}n_x,\ k_y=\frac{2\pi}{L}n_y,\ k_z=\frac{2\pi}{L}n_z\tag{6.1.5}$$

这里，n_x，n_y，n_z 是正负整数，包含零。当 $L\to\infty$ 时，上述金属中电子的行进平面波状态自然地过渡到无限空间的平面波状态，波矢由式(6.1.5)确定的分立值过渡到连续变化的值。

在以 k_x，k_y，k_z 为坐标轴的波矢空间，每个许可的状态可用一个点代表，点的坐标由式(6.1.5)确定。沿 k_x 轴相邻两点的间距为 $2\pi/L$。同样，沿 k_y 轴和 k_z 轴相邻点的间隔也是 $2\pi/L$。所以在波矢空间每个状态的代表点占有体积为

$$\left(\frac{2\pi}{L}\right)^3$$

如图 6.1 所示，代表点在 $\boldsymbol{k}$ 空间中是均匀分布的，$\boldsymbol{k}$ 空间单位体积中含有代表点的数目等于

$$\left(\frac{L}{2\pi}\right)^3=\frac{V}{(2\pi)^3}\tag{6.1.6}$$

故在 $\boldsymbol{k}$ 到 $\boldsymbol{k}+\mathrm{d}\boldsymbol{k}$ 的体积元 $\mathrm{d}\boldsymbol{k}=\mathrm{d}k_x\mathrm{d}k_y\mathrm{d}k_z$ 中，再计及电子有两个自旋相反的状态，因此在 $\mathrm{d}\boldsymbol{k}$ 中的电子态数目为

$$\mathrm{d}Z=2\times\frac{V}{(2\pi)^3}\mathrm{d}\boldsymbol{k}=\frac{V}{4\pi^3}\mathrm{d}\boldsymbol{k}\tag{6.1.7}$$

现在我们来计算能量 E 到 $E+\mathrm{d}E$ 之间，即波矢大小为 $k=\sqrt{2mE}/\hbar$ 到 $k+\mathrm{d}k$ 的球壳之间的体积为

$$4\pi k^2\mathrm{d}k$$

其中的状态数目(含自旋态)为

$$\mathrm{d}Z=\frac{V}{4\pi^3}\cdot4\pi k^2\mathrm{d}k\tag{6.1.8}$$

利用关系式

$$\mathrm{d}k=\frac{\sqrt{2m}}{\hbar}\frac{\mathrm{d}E}{2\sqrt{E}}\tag{6.1.9}$$

得能量 $E\to E+\mathrm{d}E$ 之间的状态数(包含自旋态)为

$$\begin{aligned}\mathrm{d}Z&=4\pi V\left(\frac{2m}{h^2}\right)^{3/2}E^{\frac{1}{2}}\mathrm{d}E\\&=Vg(E)\mathrm{d}E\end{aligned}\tag{6.1.10}$$

这里

$$g(E)=4\pi\cdot\left(\frac{2m}{h^2}\right)^{3/2}E^{1/2}\tag{6.1.11}$$

称为能态密度，代表晶体每单位体积在单位能量间隔内的状态数目。

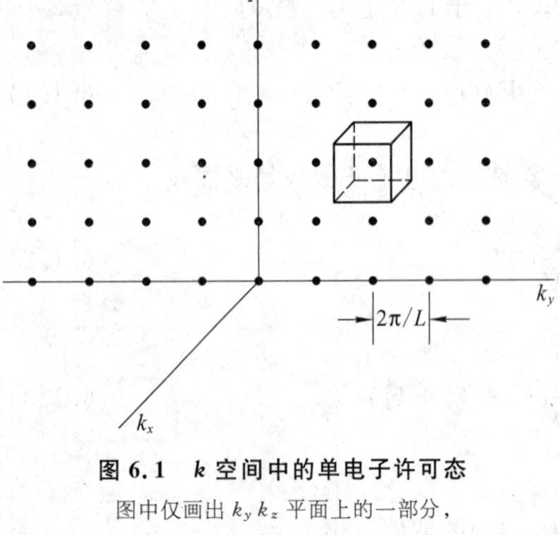

图 6.1　$\boldsymbol{k}$ 空间中的单电子许可态

图中仅画出 $k_y k_z$ 平面上的一部分，每个点占据的体积为 $(2\pi/L)^3$

6.1.2 电子气的基态

电子气体服从费米-狄拉克统计分布，在温度 T 处于热平衡时，电子处在能量为 E 的状态的概率是

$$f(E,\ T)=\frac{1}{\exp[(E-\mu)/k_{\mathrm{B}}T]+1} \tag{6.1.12}$$

式中 μ 为化学势，是决定电子在各能级上分布的参量，由气体中电子总数

$$N=\int_0^{\infty}Vf(E,\ T)g(E)\mathrm{d}E \tag{6.1.13}$$

的条件来决定。由于 N 与体积 V 成正比，所以式(6.1.13)决定的化学势依赖于温度 T 和电子气体的数密度 $n=N/V$。

在绝对零度时电子气系统处于基态。这时

$$\lim_{T\to 0}f(E,\ T)=\begin{cases}1,\text{当 } E\leqslant\mu(0)\\0,\text{当 } E>\mu(0)\end{cases} \tag{6.1.14}$$

这里 $\mu(0)$是绝对零度时的化学势，此时能量在 $\mu(0)$以下的状态全被电子所占满，能量超过 $\mu(0)$的能态是空的。所以 $\mu(0)$就是在基态中电子具有的最高能量。$\mu(0)$也称费米能 E_{F}，因此由条件

$$N=\int_0^{E_{\mathrm{F}}}Vg(E)\mathrm{d}E \tag{6.1.15}$$

容易算出

$$E_{\mathrm{F}}=\frac{\hbar^2k_{\mathrm{F}}^2}{2m}, \tag{6.1.16}$$

这里

$$k_{\mathrm{F}}=(3\pi^2n)^{1/3} \tag{6.1.17}$$

一般金属的 E_{F} 约为几个电子伏大小，而费米波矢的大小 k_{F} 的数量级与原子间距的倒数相当。

在波矢空间，能量 $E=E_{\mathrm{F}}$ 的等能面称为费米面(Fermi surface)。金属自由电子气的费米面是球面，如图 6.2 所示。金属钠每个原子有一个价电子，它们组成自由电子气，其数密度 $n=2.65\times10^{22}\,\mathrm{cm}^{-3}$。它的费米能 $E_{\mathrm{F}}=3.23\,\mathrm{eV}$、费米波矢 $k_{\mathrm{F}}=0.92\times10^{8}\,\mathrm{cm}^{-1}$，所以其费米面是半径为 k_{F} 的球面。用特殊的物理实验可测得金属钠的费米面确是球面，半径 k 与 k_{F} 偏差在 0.02%范围。碱金属的自由电子气的费米面都是球面。铜、银、金也是一价金属，但它们的费米面不是球面，这表明晶格正离子实产生的周期场起重要作用。自由电子气模型是一个很好的零级近似的简单模型。

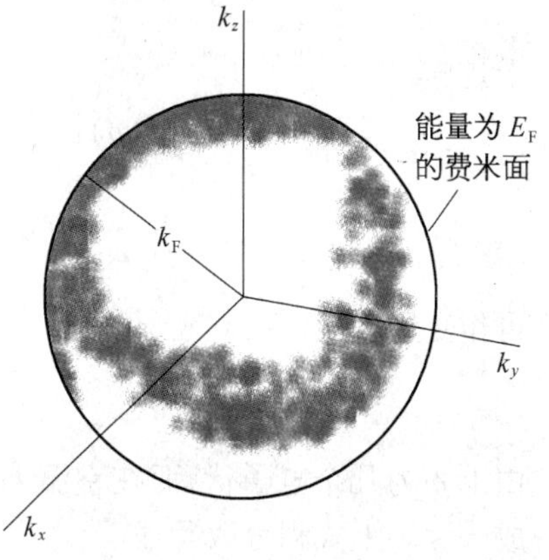

图 6.2 N 个自由电子的基态

在 $\boldsymbol{k}$ 空间中占据态形成费米球

在基态中，自由电子气的总能量为

$$N\overline{E}=\int_0^{E_{\mathrm{F}}}Vg(E)E\mathrm{d}E=\frac{3}{5}NE_{\mathrm{F}} \tag{6.1.18}$$

这里
$$\overline{E}=\frac{3}{5}E_F \tag{6.1.19}$$
是电子的平均能量(实际是平均动能)。由此可知,在绝对零度时,电子的平均动能很高,而按经典理论 $\overline{E}=\frac{3}{2}k_B T$ 应趋于零,两者是迥然不同的。

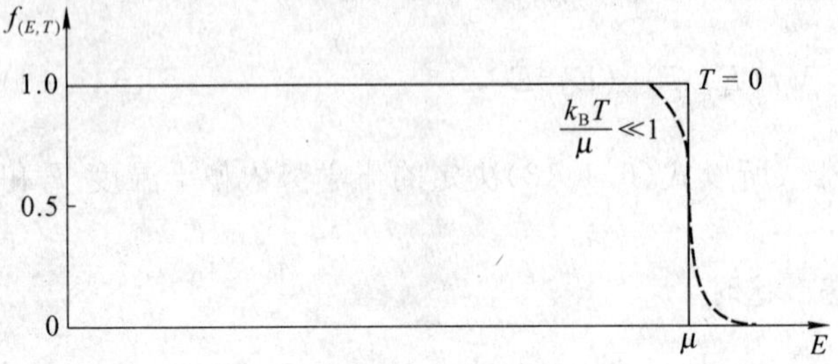

图 6.3 费米-狄拉克分布函数

6.1.3 化学势—温度关系

当温度 $T\neq 0$ K 时,贴近费米面的电子由于获得热能 $k_B T$ 跃迁到费米以外的状态。这样导致费米面内厚约 $k_B T$ 的球壳层内的部分电子态空了,电子跑到费米面外厚约 $k_B T$ 的球壳层中。图 6.3 是不同温度下的费米函数 $f(E, T)$。现引入函数
$$H(E)=\int_0^E g(E)\mathrm{d}E \tag{6.1.20}$$
代表能量由 0 到 E 之间状态总数。于是对式(6.1.12)作分部积分,可得
$$n=N/V=H(E)f(E,T)\Big|_0^{\infty}-\int H(E)\frac{\partial f}{\partial E}\mathrm{d}E \tag{6.1.21}$$
当 $E\to 0$ 时 $H(0)=0$,而当 $E\to\infty$ 时 $f(E,T)\to 0$,所以上式第一项是零。故有
$$n=N/V=\int_0^{\infty}H(E)\left(-\frac{\partial f}{\partial E}\right)\mathrm{d}E \tag{6.1.22}$$

由于函数 f 在 $E=\mu$ 附近有显著变化,$-\frac{\partial f}{\partial E}$在该点具有类似 δ 函数的特性,可将函数 $H(E)$在 μ 附近展开成泰勒级数:
$$H(E)=H(\mu)+H'(\mu)(E-\mu)+\frac{1}{2}H''(\mu)(E-\mu)^2+\cdots \tag{6.1.23}$$
于是
$$n=H(\mu)\int_0^{\infty}\left(-\frac{\partial f}{\partial E}\right)\mathrm{d}E+H'(\mu)\int_0^{\infty}(E-\mu)\left(-\frac{\partial f}{\partial E}\right)\mathrm{d}E$$
$$+\frac{1}{2}H''(\mu)\int_0^{\infty}(E-\mu)^2\left(-\frac{\partial f}{\partial E}\right)\mathrm{d}E \tag{6.1.24}$$
再作变量代换,令
$$x=\frac{E-\mu}{k_B T} \tag{6.1.25}$$
由于 μ 为几个电子伏,而在室温 $k_B T=26$ meV,经变量代换后积分下限$-\mu/k_B T$ 可近似写成$-\infty$。上式积分改写成
$$n=H(\mu)\int_{-\infty}^{\infty}\left(-\frac{\partial f}{\partial E}\right)\mathrm{d}E+k_B T H'(\mu)\int_{-\infty}^{\infty}x\left(-\frac{\partial f}{\partial x}\right)\mathrm{d}x$$

$$+\frac{1}{2}(k_B T)^2 H''(\mu)\int_{-\infty}^{\infty} x^2\left(-\frac{\partial f}{\partial x}\right)\mathrm{d}x \tag{6.1.26}$$

注意到 $-\frac{\partial f}{\partial x}\approx\delta(x)$，且为偶函数，故第一项积分等于1，第二项积分等于零，而第三项积分

$$\int_{-\infty}^{\infty} x^2\left(-\frac{\partial f}{\partial x}\right)\mathrm{d}x=\frac{1}{3}\pi^2 \tag{6.1.27}$$

故最后结果是

$$n=H(\mu)+\frac{\pi^2}{6}(k_B T)^2 H''(\mu) \tag{6.1.28}$$

依据式(6.1.17)算得

$$H(\mu)=\frac{2}{3}C\mu^{3/2},\ H''(\mu)=\frac{1}{2}C\mu^{-1/2}$$

其中

$$C=4\pi\left(\frac{2m}{\hbar^2}\right)^{3/2}$$

代入上式，求得

$$\mu=E_F\left[1+\frac{\pi^2}{8}\left(\frac{k_B T}{\mu}\right)^2\right]^{-2/3} \tag{6.1.29}$$

式中 $E_F=\mu(0)$，由于 $k_B T/\mu\ll 1$，上式可按二项式展开

$$\mu\approx E_F\left[1-\frac{\pi^2}{12}\left(\frac{k_B T}{\mu}\right)^2\right]$$

$$\approx E_F\left[1-\frac{\pi^2}{12}\left(\frac{k_B T}{E_F}\right)^2\right] \tag{6.1.30}$$

后一近似等式，是将 E_F 代替 μ 得到的。

6.1.4 电子气的比热

对于温度 T 时，电子气的总能量为

$$N\overline{E}=\int_0^{\infty} Vf(E,\ T)g(E)E\mathrm{d}E \tag{6.1.31}$$

利用前面计算 μ 的同样的近似方法可算得

$$\overline{E}=\frac{3}{5}E_F+\frac{\pi^2}{4}\frac{(k_B T)^2}{E_F} \tag{6.1.32}$$

$\overline{E}$中第一项是基态电子的平均能量，第二项是由于基态中部分电子受热激发到能量更高的状态对电子平均能量的贡献。所以电子气的比热等于

$$c_e=\frac{N}{V}\frac{\mathrm{d}\overline{E}}{\mathrm{d}T}=\frac{\pi^2}{2}nk_B\frac{k_B T}{E_F}=\gamma T \tag{6.1.33}$$

γ 称为电子比热系数

$$\gamma=\frac{\pi^2}{2}nk_B^2/E_F=\frac{\pi^2 k_B^2}{3}\frac{g(E_F)}{V} \tag{6.1.34}$$

这表明在电子气的量子理论中由于电子在能态中分布受泡利原理限制，只有费米面以

内大约 k_BT 范围里的电子有机会受热激发跃迁到费米面以外的空状态。这部分电子数与总电子数目之比为 k_BT/E_F，这个比值在室温的数量级是 10^{-2}。正好与实验结果符合，又能给出 c_e 与温度 T 成线性关系。

金属的比热有晶格振动的贡献和电子气的贡献两个部分。在低温下晶格振动比热按德拜 T^3 规律变化，故有

$$\left.\begin{aligned} c_V &= c_e + c_L = \gamma T + bT^3 \\ \text{或}\quad \frac{c_V}{T} &= \gamma + bT^2 \end{aligned}\right\} \tag{6.1.35}$$

如将实验数据，按 c_V/T 对 T^2 作图应是一条直线。这条直线的纵坐标轴的截距就是 γ，直线的斜率为 b。对于金属定容比热 c_V 与定压比热 c_p 的值很接近。图 6.4 是低温下锌(Zn)的 c_p/T 对 T^2 的实验结果，由此得到 Zn 的 γ 实验值为 0.64 mJ/mol · K²，而理论值为0.753 mJ/mol · K²。通常定义热有效质量为 m_{th}^*

$$m_{th}^* = m \times \frac{\gamma(\text{观测值})}{\gamma(\text{自由电子气})} \tag{6.1.36}$$

以表示金属实际的电子气与自由电子气的差别程度。表 6.1 列出若干金属的电子比热系数 γ^{expt} 的实验值与自由电子气的理论值的比较。

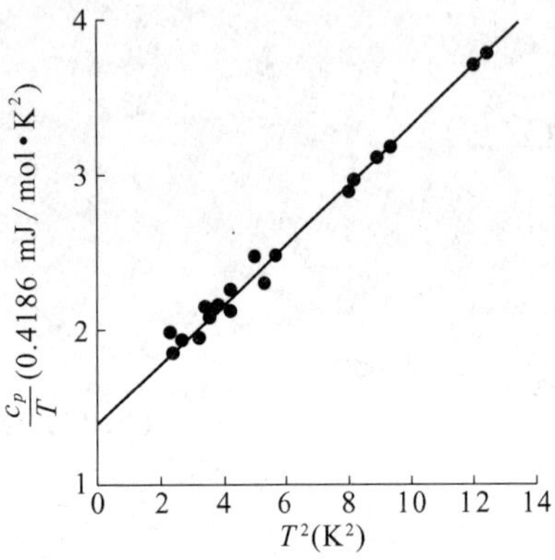

图 6.4 锌的 c_p/T 和 T^2 的关系

1975 年人们发现某些金属间化合物 γ^{expt} 值特别大，相应的热有效质量 m_{th}^* 也特别大，其数据如下：

金属间化合物	$CeCu_2Si_2$	UB_{13}	$CeAl_3$	$CeCu_6$
m_{th}^*/m	460	300	600	740

这些材料称为重费米子金属(heavy fermion metals)，是固体物理中热点研究领域之一。感兴趣的读者可读 Z. Fisk 等发表的文章①。

表 6-1 若干金属的电子比热系数的实验值 γ^{expt} 与自由电子气的 γ 值的比较

元素	γ^{expt} (mJ · mol⁻¹ · K⁻²)	γ (mJ · mol⁻¹ · K⁻²)	m_{th}^*/m
Li	1.63	0.749	2.18
Na	1.38	1.094	1.26
K	2.08	1.668	1.25
Rb	2.41	1.911	1.26
Cs	3.20	2.238	1.43
Cu	0.695	0.505	1.38
Ag	0.646	0.645	1.00
Au	0.729	0.642	1.14
Be	0.17	0.500	0.34

① *Physics Today*, 38(1985)S-20

（续表）

元　　素	γ^{expt}(mJ · mol^{-1} · K^{-2})	γ(mJ · mol^{-1} · K^{-2})	m_{th}^*/m
Mg	1.3	0.992	1.3
Ca	2.9	1.511	1.9
Sr	3.6	1.790	2.0
Ba	2.7	1.937	1.4
Zn	0.695	0.505	1.38
Cd	0.64	0.753	0.85
Hg(α)	1.79	0.952	1.88
Al	1.35	0.912	1.48
Ga	0.596	1.025	0.58
In	1.69	1.233	1.37
Tl	1.47	1.29	1.14
Sn(w)	1.78	1.410	1.26
Pb	2.98	1.509	1.97

[引自 C. Kittel. Introduction to Solid State Physics. 6th ed, 1986, 141]

§6.2　金属的电导过程

在经典的电子气电导理论中，金属中自由电子在外加电场作用下加速，同时电子又受到来自同金属离子碰撞而表现为阻尼力，阻尼力的大小与速度成正比。达到电流稳定时，电场力和阻尼力相平衡，电子达到其在电场中获得的稳定速度，即附加的漂移速度，它与电场成正比，从而解释欧姆定律。

在索末菲的电子气量子理论中，同样能给出欧姆定律，并能更深刻地描绘电导过程的物理图像。在量子理论里电子的状态是以波矢 $\boldsymbol{k}$ 来表征的，在电场中电子态的改变是以 $\boldsymbol{k}$ 的变化来描写的，而电子的动量 $\boldsymbol{p}=\hbar\boldsymbol{k}$。所幸电子动量或波矢 $\boldsymbol{k}$ 在外场中的变化规律与经典物理一样，为

$$\frac{\mathrm{d}\boldsymbol{p}}{\mathrm{d}t}=\hbar\frac{\mathrm{d}\boldsymbol{k}}{\mathrm{d}t}=-e(\boldsymbol{E}+\boldsymbol{v}\times\boldsymbol{B}) \tag{6.2.1}$$

式中 $\boldsymbol{E}$ 是电场，$\boldsymbol{B}$ 为磁场，$\boldsymbol{v}=\hbar\boldsymbol{k}/m=\frac{1}{\hbar}\nabla_{\boldsymbol{k}}E(\boldsymbol{k})$ 是电子在 $\boldsymbol{k}$ 态的速度。

而阻尼力的微观机制是金属中能使电子平面波遭受散射的各种因素，主要是晶格振动和各种晶体缺陷、杂质。从而能够解释金属的电阻率与温度的关系。

6.2.1　玻尔兹曼方程

在金属处于温度均匀且无外场作用的条件下，电子气在热平衡时的分布函数是费米分布：

$$f_0(E_{\boldsymbol{k}})=\frac{1}{\exp[(E_{\boldsymbol{k}}-\mu)/k_{\mathrm{B}}T]+1} \tag{6.2.2}$$

f_0 与电子位置 $\boldsymbol{r}$ 无关。若存在温度梯度或有外场时，电子气系统偏离平衡状态，但在比晶格常数大得多的小区域处于局域平衡条件，可用非平衡的分布函数 $f(\boldsymbol{r},\ \boldsymbol{k},\ t)$ 来描写这个电子系统。电子的位矢 $\boldsymbol{r}$ 和状态 $\boldsymbol{k}$ 因温度梯度或外场以及散射（或碰撞）发生改变。

先撇开碰撞作用，t 时刻在 $(\boldsymbol{r},\ \boldsymbol{k})$ 处的电子一定是从 $t-\mathrm{d}t$ 时刻 $(\boldsymbol{r}-\dot{\boldsymbol{r}}\mathrm{d}t,\ \boldsymbol{k}-\dot{\boldsymbol{k}}\mathrm{d}t)$ 处漂

移而来的,即

$$f(\boldsymbol{r},\ \boldsymbol{k},\ t) = f(\boldsymbol{r} - \dot{\boldsymbol{r}}\mathrm{d}t,\ \boldsymbol{k} - \dot{\boldsymbol{k}}\mathrm{d}t,\ t - \mathrm{d}t) \tag{6.2.3}$$

实际上,碰撞也使分布函数 f 发生改变,写成$(\partial f/\partial t)_s$ 称为散射项(scattering term),所以有

$$f(\boldsymbol{r},\ \boldsymbol{k},\ t) = f(\boldsymbol{r} - \dot{\boldsymbol{r}}\mathrm{d}t,\ \boldsymbol{k} - \dot{\boldsymbol{k}}\mathrm{d}t,\ t - \mathrm{d}t) + \left(\frac{\partial f}{\partial t}\right)_s \tag{6.2.4}$$

将右边第一项展开,只留与 $\mathrm{d}t$ 成正比项。可求得

$$\frac{\partial f}{\partial t} + \dot{\boldsymbol{r}} \cdot \frac{\partial f}{\partial \boldsymbol{r}} + \dot{\boldsymbol{k}} \cdot \frac{\partial f}{\partial \boldsymbol{k}} = \left(\frac{\partial f}{\partial t}\right)_s \tag{6.2.5}$$

对于稳态情况,分布函数不显随 t 变化,$\frac{\partial f}{\partial t} = 0$,便得到电子气系统的玻尔兹曼方程:

$$\dot{\boldsymbol{r}} \cdot \frac{\partial f}{\partial \boldsymbol{r}} + \dot{\boldsymbol{k}} \cdot \frac{\partial f}{\partial \boldsymbol{k}} = \left(\frac{\partial f}{\partial t}\right)_s \tag{6.2.6}$$

方程左边的两项为温度梯度和外场引起的漂移项(drift term)。

假定非平衡的稳态分布离平衡分布 f_0 不远,f 可写成

$$f = f_0 + f_1 \tag{6.2.7}$$

对于散射项,采用弛豫时间近似。当外场取消后,系统经历时间 τ 恢复到平衡分布

$$\frac{\partial f}{\partial t} = -\frac{f - f_0}{\tau} \tag{6.2.8}$$

负号表示随时间增长,偏离平衡程度 $f - f_0$ 减小,上式有解

$$f - f_0 = f_1 = f_1(t = 0)\mathrm{e}^{-t/\tau} \tag{6.2.9}$$

故 τ 就是恢复平衡的弛豫时间,是金属内散射机制使系统恢复平衡的时间标度。于是散射项写成

$$\left(\frac{\partial f}{\partial t}\right)_c = -\frac{f - f_0}{\tau} \tag{6.2.10}$$

如果金属的温度 T 是恒定不变的,但有外加电场 $\boldsymbol{E}$ 和磁场 $\boldsymbol{B}$,则漂移项中只有

$$\dot{\boldsymbol{k}} \cdot \frac{\partial f}{\partial \boldsymbol{k}} = -\frac{e}{\hbar}[\boldsymbol{E} + \boldsymbol{v} \times \boldsymbol{B}] \cdot \frac{\partial f}{\partial \boldsymbol{k}} \tag{6.2.11}$$

故玻尔兹曼方程写成

$$-\frac{e}{\hbar}(\boldsymbol{E} + \boldsymbol{v} \times \boldsymbol{B}) \cdot \frac{\partial f}{\partial \boldsymbol{k}} = -\frac{f - f_0}{\tau} \tag{6.2.12}$$

6.2.2 金属电导率

设金属处于恒温下在外电场 $\boldsymbol{E}$ 作用下形成稳定的电流密度 $\boldsymbol{j}$。此时玻尔兹曼方程为

$$f - f_0 = \frac{e\tau}{\hbar}\boldsymbol{E} \cdot \nabla_{\boldsymbol{k}} f \tag{6.2.13}$$

通常电场 $\boldsymbol{E}$ 比原子内部的电场小得多,上式右边 $\nabla_{\boldsymbol{k}} f \approx \nabla_{\boldsymbol{k}} f_0$。于是得

$$f = f_0 + \frac{e\tau}{\hbar}\boldsymbol{E}\cdot\nabla_{\boldsymbol{k}}f_0 \tag{6.2.14}$$

而这结果可看成是分布函数

$$\begin{aligned} f(\boldsymbol{k}) &= f_0\left(\boldsymbol{k}+\frac{e\tau}{\hbar}\boldsymbol{E}\right)= f_0\left(\boldsymbol{k}-\frac{-e\tau}{\hbar}\boldsymbol{E}\right) \\ &= f_0(\boldsymbol{k})+\frac{e\tau}{\hbar}\boldsymbol{E}\cdot\nabla_{\boldsymbol{k}}f_0 \\ &= f_0(E_{\boldsymbol{k}})+\frac{e\tau}{\hbar}\boldsymbol{E}\cdot\nabla_{\boldsymbol{k}}f_0 \end{aligned} \tag{6.2.15}$$

这说明,在有外电场 $\boldsymbol{E}$ 时,$f(\boldsymbol{k})$ 相当于平衡分布 f_0 沿电场相反的方向位移了 $-\frac{e\tau}{\hbar}\boldsymbol{E}$。图 6.5(a)表示自由电子气的球形费米面在电场作用下发生的移动,(b)表示费米分布发生相应变化。

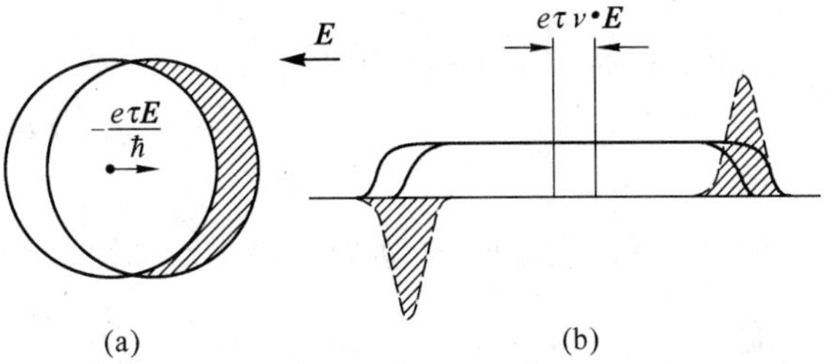

图 6.5 费米面的移动及其分布的变化

由于 $\nabla_{\boldsymbol{k}}f_0 = \frac{\partial f_0}{\partial E}\nabla_{\boldsymbol{k}}E = \hbar\frac{\partial f_0}{\partial E}\boldsymbol{v}(\boldsymbol{k})$ (6.2.16)

所以

$$f = f_0 + \frac{\partial f_0}{\partial E}(\boldsymbol{v}\cdot\boldsymbol{E})e\tau \tag{6.2.17}$$

知道分布函数 f,就容易求电流密度

$$\begin{aligned} \boldsymbol{j} &= -\frac{2}{(2\pi)^3}\int e\boldsymbol{v}f\,\mathrm{d}\boldsymbol{k} \\ &= -\frac{e}{4\pi^3}\int\boldsymbol{v}\left[f_0 + e\tau\frac{\partial f_0}{\partial E}(\boldsymbol{v}\cdot\boldsymbol{E})\right]\mathrm{d}\boldsymbol{k} \end{aligned} \tag{6.2.18}$$

因 f_0 是 $\boldsymbol{k}$ 的偶函数,$\boldsymbol{v}$ 是 $\boldsymbol{k}$ 的奇函数,积分 $\int\boldsymbol{v}f_0\mathrm{d}\boldsymbol{k} = 0$,所以

$$\boldsymbol{j} = -\frac{e^2}{4\pi^3}\int\tau\frac{\partial f_0}{\partial E}\boldsymbol{v}(\boldsymbol{v}\cdot\boldsymbol{E})\mathrm{d}\boldsymbol{k} \tag{6.2.19}$$

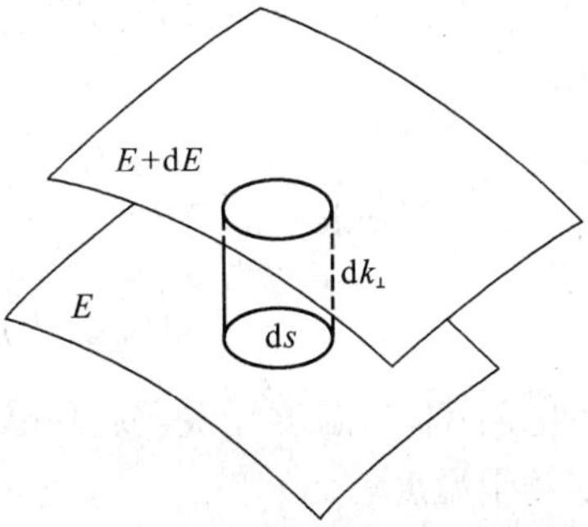

图 6.6 k 空间两个等能面之间的体积元

图 6.6 是 $\boldsymbol{k}$ 空间的两个能量值为 E 和 $E+\mathrm{d}E$ 的等能面,它们之间的距离为 $\mathrm{d}k_\perp$,取等能面上面积元 $\mathrm{d}S$,则图中所示的体积元 $\mathrm{d}\boldsymbol{k} = \mathrm{d}S\mathrm{d}k_\perp$。

由于 $\mathrm{d}E = |\nabla_{\boldsymbol{k}}E|\,\mathrm{d}k_\perp$

故

$$\mathrm{d}\boldsymbol{k} = \mathrm{d}S\mathrm{d}k_\perp = \frac{\mathrm{d}S\mathrm{d}E}{|\nabla_{\boldsymbol{k}}E|} \tag{6.2.20}$$

电流密度

$$\boldsymbol{j} = -\frac{e^2}{4\pi^3}\int\tau\frac{\partial f_0}{\partial E}\boldsymbol{v}(\boldsymbol{v}\cdot\boldsymbol{E})\frac{\mathrm{d}E\mathrm{d}S}{|\nabla_{\boldsymbol{k}}E|} \tag{6.2.21}$$

这里 f_0 是平衡分布,而

$$-\frac{\partial f_0}{\partial E} \approx \delta(E-\mu) \approx \delta(E-E_F) \tag{6.2.22}$$

于是电流密度

$$\boldsymbol{j} = \frac{e^2}{4\pi^3}\int_{S_F} \tau \boldsymbol{v}(\boldsymbol{v}\cdot\boldsymbol{E})\frac{dS_F}{|\nabla_{\boldsymbol{k}} E|} \tag{6.2.23}$$

对于立方晶体,若电场沿 x 方向,电流也沿 Ox 方向,上式写成

$$\begin{aligned} j_x &= \frac{e^2}{4\pi^3}\int_{S_F} \tau v_x^2 \frac{dS_F}{|\nabla_{\boldsymbol{k}} E|}E_x \\ &= \sigma E_x \end{aligned} \tag{6.2.24}$$

所以立方结构的金属的电导率

$$\sigma = \frac{e^2}{4\pi^3}\int_{S_F} \tau v_x^2 \frac{dS_F}{|\nabla_{\boldsymbol{k}} E|} \tag{6.2.25}$$

这里积分只在费米面 S_F 进行。由于对称性,$v_x^2 = \frac{1}{3}v^2$,又 $|\nabla_{\boldsymbol{k}} E| = \hbar v$,$\sigma$ 的表示式又可写成

$$\sigma = \frac{1}{12\pi^3}\cdot\frac{e^2}{\hbar}\int_{S_F} \tau v \, dS_F \tag{6.2.26}$$

由此可知,对金属电导有贡献的只是费米面附近的电子,只有它们可以在电场作用之下进入能量较高的状态。对于金属自由电子气,费米面是半径为 $k_F = (3n\pi^2)^{1/3}$ 的球面。容易求得电导率

$$\sigma = \frac{ne^2}{m}\tau(E_F) \tag{6.2.27}$$

如 $l = \tau v_F$ 是费米面上电子的平均自由程,则

$$\sigma = \frac{ne^2 l}{m v_F} \tag{6.2.28}$$

实际金属里的电子气的电子有效质量为 m^*,上面两个表示式中 m 用 m^* 代替就能得较好的结果。

从金属电导率的实验值,可以推算电子的平均自由程。以铜为例,在 $T = 300\,\text{K}$ 时,$l = 3\times10^{-8}$ m;而在 $T = 4\,\text{K}$ 时,$l = 3\times10^{-3}$ m。平均自由程如此大,正反映电子不是经典物理意义上的微小粒子,而是服从量子物理规律的粒子。所以参与导电的只能是费米面附近的电子,具有很高的速度 $v_F \approx 10^8$ cm/s,才有很大的平均自由程。

6.2.3 电阻率与温度的关系

大量实验结果表明,金属的电阻率服从马西森定则(Matthiessen's rule):电阻率

$$\rho = \rho_0 + \rho_L \tag{6.2.29}$$

这里 ρ_0 是杂质和缺陷对电子的散射引起的电阻率,称为剩余电阻率,与温度无关。ρ_L 是晶格振 动或声子对电子散射引起的电阻率,称为本征电阻率,依赖于温度。

在室温以及较高温度区域,大多数金属的 ρ_L 与温度 T 的一次方成正比,$\rho_L \sim T$;而在低温 ρ_L 与温度 T 的五次方成正比,$\rho_L \sim T^5$,这都是由于电子与声子散射在不同温区的行为

表现。

在温度 T 金属处于热平衡时，波矢为 $\boldsymbol{q}$ 的简正模 $\omega_{\boldsymbol{q}}$ 的声子数为

$$\overline{n_q}=\frac{1}{\exp(\hbar\omega_q/k_B T)-1} \tag{6.2.30}$$

在高温 $T\gg\Theta_D$（德拜温度），$\overline{n_q}\approx k_B T/\hbar\omega_q$，声子数与 T 成正比。而且这时声子能量较大，波矢 $\boldsymbol{q}$ 也较大。电子与声子散射时电子吸收或发射一个声子，其能量为 meV 量级，而动量改变 $\hbar\boldsymbol{q}$ 很大，电子明显改变它的运动方向。散射概率与声子数成正比，于是 ρ_L 正比于 T。

在低温 $T\ll\Theta_D$，热能 $k_B T$ 不足以激发大波矢能量高的声子，只能有小波矢小能量的声子。按照德拜理论 $c_V\sim T^3$，即声子数与 T^3 正比。这些小波矢小能量的声子在与电子发生散射时，只能是一种小角度散射。若电子波矢初态为 $\boldsymbol{k}$，散射后波矢为 $\boldsymbol{k}'$，按动量守恒

$$\hbar\boldsymbol{k}'=\hbar\boldsymbol{k}+\hbar\boldsymbol{q} \tag{6.2.31}$$

计及 $k'\approx k$，$\boldsymbol{k}'$ 与 $\boldsymbol{k}$ 之间夹角为 θ，则有

$$2k\sin\frac{\theta}{2}=q \tag{6.2.32}$$

因 $q\ll k$，故有 $\theta\approx q/k$ 是很小的。电子在低温下只有经受多次小角散射才能明显改变运动方向。每次散射使电子动量在原运动方向上损失为

$$(1-\cos\theta)\hbar k\approx\frac{\theta^2}{2}\hbar k \tag{6.2.33}$$

所以，每次电子被声子散射对电阻率的贡献应与 $\theta^2\approx q^2/k^2$ 成正比。而声子色散关系 $\omega=v_s q$，v_s 为声速，$\hbar\omega\sim k_B T$，所以 $\theta^2\sim T^2$。故低温下小能量小波矢声子参与的散射引起的电阻率为

$$\rho_L\sim T^3\cdot T^2=T^5 \tag{6.2.34}$$

§6.3 在磁场中金属的输运性质

金属中电子气在电场 E_x 驱动下产生电流密度 j_x，在横向磁场 $\boldsymbol{B}=B\hat{z}$ 的作用下，洛伦兹力使电子运动方向偏转，在金属中建立 y 方向的霍尔电场 E_H，电子沿 y 方向的分速度再次受洛伦兹力偏转到初始电流方向，造成电阻变化的现象，称为磁致电阻。

6.3.1 同时存在电场、磁场情况的玻尔兹曼方程

这时，电子气的输运现象由下列方程决定

$$-\frac{e}{\hbar}(\boldsymbol{E}+\boldsymbol{v}\times\boldsymbol{B})\cdot\nabla_{\boldsymbol{k}}f=-\frac{f-f_0}{\tau} \tag{6.3.1}$$

令

$$f=f_0+f_1$$

并计及

$$e(\boldsymbol{v}\times\boldsymbol{B})\cdot\nabla_{\boldsymbol{k}}f_0=e(\boldsymbol{v}\times\boldsymbol{B})\cdot\hbar\boldsymbol{v}\frac{\partial f_0}{\partial E}=0$$

式(6.3.1)改写成

$$-e\boldsymbol{v}\cdot\boldsymbol{E}\frac{\partial f_0}{\partial E}-\frac{e}{\hbar}\boldsymbol{v}\times\boldsymbol{B}\cdot\nabla_{\boldsymbol{k}}f_1=-\frac{f_1}{\tau} \tag{6.3.2}$$

设

$$f_1=-\frac{\partial f_0}{\partial E}\boldsymbol{X}(E)\cdot\boldsymbol{k}$$

则

$$\begin{aligned}\nabla_{\boldsymbol{k}}f_1&=-\nabla_{\boldsymbol{k}}\left\{\frac{\partial f_0}{\partial E}\cdot\boldsymbol{X}(E)\cdot\boldsymbol{k}\right\}\\&=-\frac{\partial f_0}{\partial E}\boldsymbol{X}(E)-\left\{\hbar\boldsymbol{k}\cdot\frac{\partial}{\partial E}\left(\frac{\partial f_0}{\partial E}\boldsymbol{X}\right)\right\}\boldsymbol{v}\end{aligned}$$

代入式(6.3.2),得

$$f-f_0=\frac{e\tau}{\hbar}\boldsymbol{E}\cdot\nabla_{\boldsymbol{k}}f_0+\frac{e\tau}{\hbar}\boldsymbol{v}\times\boldsymbol{B}\left(-\frac{\partial f_0}{\partial E}\boldsymbol{X}(E)\right) \tag{6.3.3}$$

或

$$-\frac{m}{\hbar}\frac{\partial f_0}{\partial E}\boldsymbol{X}(E)\cdot\boldsymbol{v}=\frac{\partial f_0}{\partial E}\frac{e\tau}{\hbar}\boldsymbol{E}\cdot\hbar\boldsymbol{v}-\frac{\partial f_0}{\partial E}\frac{e\tau}{\hbar}(\boldsymbol{B}\times\boldsymbol{X})\cdot\boldsymbol{v}$$

由于 $\boldsymbol{v}$ 的任意性,得

$$\boldsymbol{X}(E)=-\frac{\hbar e\tau}{m}\boldsymbol{E}+\frac{e\tau}{m}\boldsymbol{B}\times\boldsymbol{X} \tag{6.3.4}$$

这个矢量方程可写成

$$\boldsymbol{X}=\boldsymbol{L}+\boldsymbol{M}\times\boldsymbol{X}$$

两边点乘 $\boldsymbol{M}$,得

$$\boldsymbol{M}\cdot\boldsymbol{X}=\boldsymbol{M}\cdot\boldsymbol{L}$$

故

$$\begin{aligned}\boldsymbol{X}&=\boldsymbol{L}+\boldsymbol{M}\times(\boldsymbol{L}+\boldsymbol{M}\times\boldsymbol{X})\\&=\boldsymbol{L}+\boldsymbol{M}\times\boldsymbol{L}+\boldsymbol{M}\times(\boldsymbol{M}\times\boldsymbol{X})\\&=\boldsymbol{L}+\boldsymbol{M}\times\boldsymbol{L}+\boldsymbol{M}(\boldsymbol{M}\cdot\boldsymbol{X})-M^2\boldsymbol{X}\end{aligned}$$

即

$$\boldsymbol{X}=\frac{\boldsymbol{L}+\boldsymbol{M}\times\boldsymbol{L}+(\boldsymbol{L}\cdot\boldsymbol{M})M}{1+M^2}$$

依此关系式,得

$$\boldsymbol{X}(E)=-\frac{e\tau\hbar}{m}\left\{\boldsymbol{E}+\frac{e\tau}{m}\boldsymbol{B}\times\boldsymbol{E}+\left(\frac{e\tau}{m}\right)^2\boldsymbol{B}(\boldsymbol{B}\cdot\boldsymbol{E})\right\}\Big/\left[1+(\omega_c\tau)^2\right] \tag{6.3.5}$$

式中 $\omega_c=eB/m$ 为电子在磁场中的回旋频率。

电流密度

$$\begin{aligned}\boldsymbol{j}&=-\frac{2}{(2\pi)^3}\int e\boldsymbol{v}(f_0+f_1)\mathrm{d}\boldsymbol{k}\\&=\frac{e^2}{4\pi^3}\int\boldsymbol{v}\frac{\partial f_0}{\partial E}\boldsymbol{X}(E)\cdot\boldsymbol{k}\mathrm{d}\boldsymbol{k}\end{aligned} \tag{6.3.6}$$

将式(6.3.5)代入上式,可将电流密度表示式写成

$$\boldsymbol{j}=\delta\boldsymbol{E}-\alpha\boldsymbol{E}\times\boldsymbol{B}+\gamma\boldsymbol{B}(\boldsymbol{B}\cdot\boldsymbol{E}) \tag{6.3.7}$$

式中

$$\delta=\frac{2e^2}{3}\int\frac{\tau v^2\left(-\frac{\partial f_0}{\partial E}\right)}{1+\omega_c^2\tau^2}\mathrm{d}\boldsymbol{k}=\frac{\sigma_0}{1+\omega_c^2\tau^2} \tag{6.3.8}$$

$$\alpha = -\frac{2e^2}{3}\int \frac{\tau(e\tau/m)v^2\left(-\frac{\partial f_0}{\partial E}\right)}{1+\omega_c^2\tau^2}\mathrm{d}\boldsymbol{k} = -\frac{\sigma_0(e\tau/m)}{1+\omega_c^2\tau^2} \tag{6.3.9}$$

$$\gamma = \frac{2e^2}{3}\int \frac{\tau(e\tau/m)^2v^2\left(-\frac{\partial f_0}{\partial E}\right)}{1+\omega_c^2\tau^2}\mathrm{d}\boldsymbol{k} = \frac{\sigma_0(e\tau/m)^2}{1+\omega_c^2\tau^2} \tag{6.3.10}$$

6.3.2 霍尔效应

1879 年霍尔试图确定在磁场中载流导线受到的力是作用于导线还是作用于在导线中流动的电荷，而发现的新的物理现象。如图 6.7 所示，z 方向的磁场 B 使沿 x 方向电流的载体电子受到洛伦兹力的作用而偏转，在垂直于 j_x 和 B 方向上产生横向电场 E_y，这一现象称为霍尔效应(Hall effect)，E_y 称为霍尔电场。比例系数

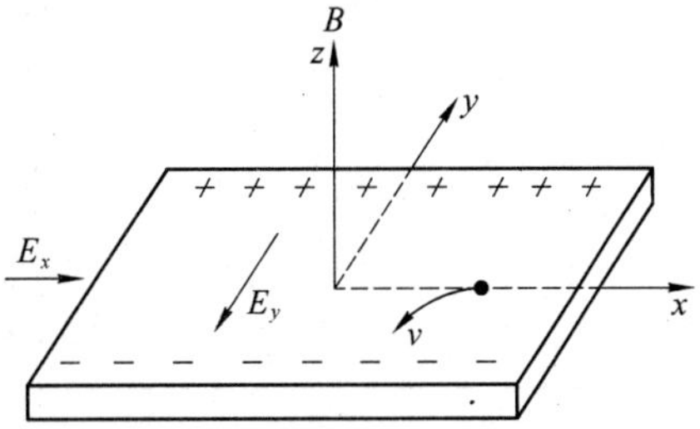

图 6.7 霍尔效应示意图

$$R_H = E_y/(j_x B)$$

称为霍尔系数，是描写霍尔效应的重要物理量，下面讨论它的物理内涵。

由式(6.3.7)知道，在霍尔效应的实验条件下，电流密度

$$\boldsymbol{j} = \delta\boldsymbol{E} - \alpha(\boldsymbol{E}\times\boldsymbol{B}) \tag{6.3.11}$$

写成分量为

$$j_x = \delta\cdot E_x - \alpha B E_y \tag{6.3.12a}$$

$$j_y = \alpha B E_x + \delta\cdot E_y \tag{6.3.12b}$$

实验中 y 方向是在开路状态，$j_y = 0$，有 $E_x = -\frac{\delta}{\alpha B}E_y$

代入式(6.3.12a)，得

$$j_x = -\frac{\delta^2+\alpha^2B^2}{\alpha B}E_y$$

霍尔系数

$$R_H = \frac{E_y}{j_x B} = \frac{-\alpha}{\delta^2+\alpha^2B^2} \tag{6.3.13}$$

在弱磁场条件下，$\omega_c\tau \ll 1$，δ 和 α 表示式中分母 $1+\omega_c^2\tau^2 \approx 1$，于是

$$\delta \doteq \sigma_0 = \frac{ne^2\tau(E_F)}{m} \tag{6.3.14}$$

$$\alpha = \frac{ne^3\tau^2(E_F)}{m^2} \tag{6.3.15}$$

于是

$$R_H = -\frac{\alpha^3}{\sigma_0^2} = -\frac{1}{ne} \tag{6.3.16}$$

如果金属中载流粒子是空穴，它的密度为 p，在相同条件下，霍尔系数是

$$R_H = \frac{1}{pe} \tag{6.3.17}$$

因此,测量金属的霍尔系数可以判断该金属的载流粒子是电子还是空穴,并估算其密度。

表 6-2 列出一些金属的霍尔系数的实验值以及由此推算的载流粒子密度。

表 6-2 一些金属的霍尔系数

金属	$R_H\times10^{-10}\ \dfrac{m^3}{A\cdot s}$	载流子类型	载流子密度 $\times10^{28}\ m^{-3}$
Li	−1.7	n	3.7
Na	−2.1	n	3.0
K	−4.2	n	1.5
Rb	−5.0	n	1.2
Cu	−0.6	n	10.4
Ag	−0.9	n	7.0
Au	−0.7	n	8.9
Be	2.4	p	2.6
W	1.2	p	5.2

现在的科学认识告诉我们,金属中载流子的类型和密度是由该金属晶体的能带结构的细节和价电子的填充情况来决定的。同时霍尔系数也与载流子的散射机制有关,因为 R_H 的分子与 τ^2 的平均值 $\overline{\tau^2}$ 有关,而分母与 $\overline{\tau}^2$ 有关。

6.3.3 磁致电阻

考虑磁场引起金属电阻的变化时,在弱磁场条件下至少要计入磁场的平方项。这时式(6.3.5)$\boldsymbol{X}(E)$的分母不能近似当作 1,$\boldsymbol{X}(E)$写成

$$\boldsymbol{X}=-\frac{e\tau\,\hbar}{m}\left[\boldsymbol{E}+\frac{e\tau}{m}\boldsymbol{B}\times\boldsymbol{E}+\left(\frac{e\tau}{m}\right)^2[(\boldsymbol{B}\cdot\boldsymbol{E})\boldsymbol{B}-B^2\boldsymbol{E}]\right\} \tag{6.3.18}$$

将 $\boldsymbol{X}$ 的这个表示式代入式(6.3.6),得

$$\boldsymbol{j}=\sigma_0\boldsymbol{E}-\alpha_0\boldsymbol{E}\times\boldsymbol{B}-\gamma_0B^2\boldsymbol{E}+\gamma_0(\boldsymbol{B}-\boldsymbol{E})\boldsymbol{B} \tag{6.3.19}$$

这里 α_0 和 γ_0 是 α 和 γ 表示式中分母以 1 代替 $1+\omega_c^2\tau^2$ 的结果。式(6.3.19)又可改写成 $\boldsymbol{E}$ 依赖电流密度 $\boldsymbol{j}$ 的关系式:

$$\boldsymbol{E}=\rho_0\{\boldsymbol{j}+a(\boldsymbol{j}\times\boldsymbol{B})+bB^2\boldsymbol{j}+c(\boldsymbol{j}\cdot\boldsymbol{B})\boldsymbol{B}\} \tag{6.3.20}$$

其中

$$\rho_0=\sigma_0^{-1},\ a=-\rho_0\alpha_0,\ b=-c=(\gamma_0-\rho_0\alpha_0)\rho_0 \tag{6.3.21}$$

在有磁场时,金属的电阻率

$$\rho=(\boldsymbol{E}\cdot\boldsymbol{j})/j^2 \tag{6.3.22}$$

通常用下列量表示磁场对金属电阻率的影响:

$$\begin{aligned}M&=\frac{\Delta\rho}{\rho_0B^2}=\frac{\rho-\rho_0}{\rho_0B^2}=\frac{[\boldsymbol{E}(\boldsymbol{B})-\boldsymbol{E}(\boldsymbol{B}=0)]\cdot\boldsymbol{j}}{[\boldsymbol{E}(\boldsymbol{B}=0)\cdot\boldsymbol{j}]B^2}\\&=\frac{b\rho_0j^2B^2+c(\boldsymbol{j}\cdot\boldsymbol{B})^2\rho_0}{\rho_0j^2B^2}=b+c\frac{(\boldsymbol{j}\cdot\boldsymbol{B})^2}{j^2B^2}\end{aligned} \tag{6.3.23}$$

如金属具有立方结构,下面列出电流密度和磁场在某些方向的磁致电阻值:

$\boldsymbol{j}$	[100]	[100]	[110]	[110]	[110]	[111]	[111]
$\boldsymbol{B}$	[100]	[010]	[001]	$[1\bar{1}0]$	[110]	[111]	$[1\bar{1}0]$
M	$b+c=0$	b	b	b	$b+c=0$	$b+c=0$	b

由此可见,对于金属中的自由电子气,其等能面是球面,给出的结果是纵向磁致电阻是零,横向磁致电阻是 b,并且当 $\boldsymbol{B}$ 方向确定,$\boldsymbol{j}$ 在垂直 $\boldsymbol{B}$ 的平面上改变方向,磁致电阻值不变。究其原因是由于在磁场中洛伦兹力只改变电子的动量 $\hbar\boldsymbol{k}$ 的方向,不影响电子的能量。所以电子波矢在费米面上与磁场相垂直的一条曲线——圆周上变化。如果电子不受散射,电子在圆周上的不停地旋转,角频率也是 $\omega_c=\dfrac{eB}{m}$,实际上电子遭受散射,只能在圆周上走过 τ 时间的路程。在弱磁场条件 $\omega_c\tau=\dfrac{eB}{m}\tau\ll 1$ 时,电子在这一圆周上走了一小段路程,遭散射到费米球面上另一个圆周曲线上走一片段路程。τ 很短,在 4 K 时也只有 $\approx10^{-9}$ 秒,室温时 τ 更小。在宏观测量的时段里,电子可以遍历各个圆形轨道的不同片段路程。因此,测量磁致电阻能获得有关金属费米面几何形状的信息。

在强磁场条件 $\dfrac{eB}{m}\tau>1$,这时我们得回到式(6.3.7)—式(6.3.11),得到在任意磁场条件下的横向磁致电阻

$$\frac{\Delta\rho}{\rho_0}=\frac{\rho_B-\rho_0}{\rho_0}=\frac{AB^2}{1+(R_H\sigma B)^2} \tag{6.3.24}$$

当 B 较弱时,$\dfrac{\Delta\rho}{\rho_0}\propto B^2$,同前面得到的结果一样。而当 B 极大时,横向磁致电阻达到它的饱和值:

$$\left.\frac{\Delta\rho}{\rho_0}\right|_{B\to\infty}=\frac{A}{(R_H\sigma)^2} \tag{6.3.25}$$

图 6.8 是 J. R. Klauder 和 J. E. Kunzler 在 4.2 K 和 $B=1.8$ T 条件下测量 $\boldsymbol{B}$ 沿[100]方向时,电流在垂直磁场方向铜的横向磁致电阻 $\Delta R/R_0=(R(B)-R_0)/R_0$ 的实验结果,显然,这个曲线的形状,对[100]轴具有 4 度旋转对称。这个结果不能用费米面是球面的模型来解释。

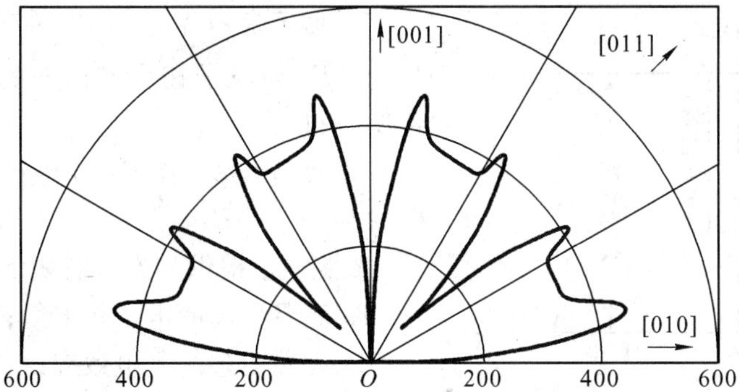

图 6.8 磁场沿[100]方向铜晶体的横向磁致电阻

后来,D. Shoenberg 测量了铜晶体在低温和强磁场条件下,电子气的抗磁磁化率随磁场振荡的现象。他分析了振荡的周期,提出铜的费米面模型,如图 6.9 所示。铜的布里渊区是截角八面体,沿八个[111]等价方向费米面呈“圆管形”能面与相邻布里渊区相连,这管形区

是费米面的"颈部",其截面积为 A_n,通过布里渊中心的截面是一个大圆,其面积为 A_b,这接近球面的部分是费米面的"腹部",对于铜这两个截面比 $A_b/A_n = 27$。Shoenberg 的这个铜费米面模型来自实验,也与磁致电阻的实验结果相符。同年 B. Segall 对铜的能带结构作了精巧的计算,算出的费米面形状与上述模型一致。

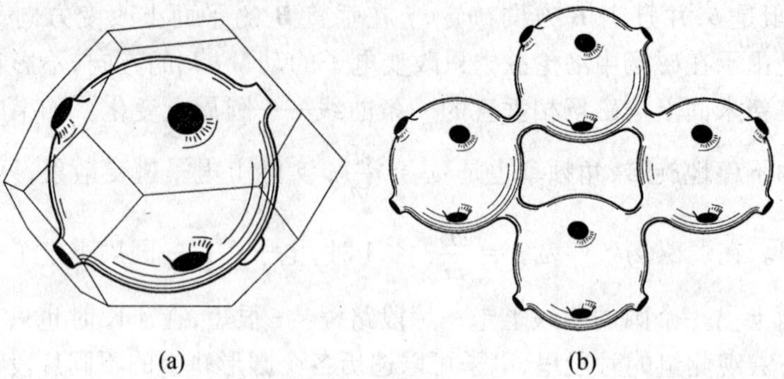

图 6.9　铜的费米面

(a) 铜在一个布里渊区中的费米面;(b) 铜在几个相邻布里渊区中的费米面

实际上,Ag 和 Au 的费米面形状也同 Cu 的费米面模型相似,只是它们的 A_b/A_n 之比不同,对 Ag 为 51,对 Au 为 29。

§6.4　电子发射

有很多实验表明,只要对金属中电子提供必要的有限的能量,电子就会脱离金属而出射,这就是电子发射。这意味着自由电子在金属(势箱)中的势能加动能低于箱外电子势能的差距是有限的。其实质是在晶体之内所有正离子产生的对电子的吸引力势被平均地抹平了,如同对电子没有吸引力作用,但处于低势能的水平,而如果电子想脱离晶体,这吸引就起作用了。

基于有限深的势箱模型,如图 6.10 所示,我们引入两个物理量:

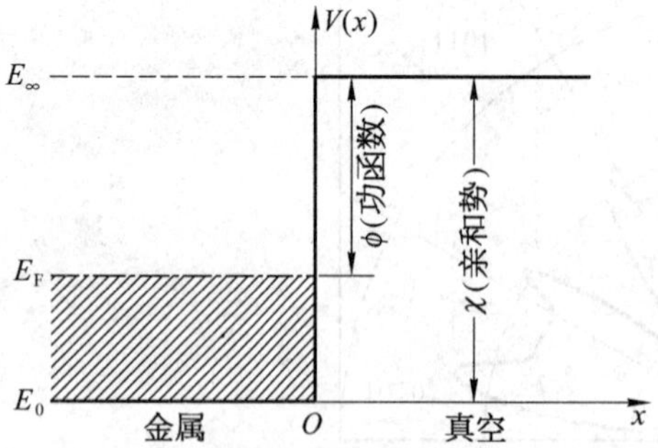

图 6.10　一个电子在金属表面的势能(模型)

1. *电子亲和势* χ　指电子在势箱外无穷远处的势能 E_∞ 与电子在金属内部的势能 E_0 之差。$\chi = E_\infty - E_0$。

2. *功函数* ϕ　指 E_∞ 与电子气费米能量 E_F 之差。$\phi = E_\infty - E_F$。

依照能量提供的方式有如下几种电子发射:

1. 高温引起的电子热发射;
2. 光照引起的光电效应;
3. 强电场引起的场致发射。

现在我们用索末菲自由电子气模型来描述这些现象和效应。

6.4.1　电子热发射

设金属的温度为 T,电子沿 x 轴垂直地脱离金属表面形成电流密度 $j_x(T)$。电子发射

的必要条件是电子速度的 x 分量 v_x 必须超过某临界值,满足

$$\frac{m}{2}v_x^2 \geqslant E_F + \phi = \frac{m}{2}v_{x0}^2 \tag{6.4.1}$$

电子能量 $E(\boldsymbol{k}) = \frac{\hbar^2 \boldsymbol{k}^2}{2m} = \frac{1}{2}mv^2$, 导出在单位体积晶体,在波矢空间的 $d\boldsymbol{k} = dk_x dk_y dk_z$ 范围里的状态数目为

$$\frac{2}{8\pi^3}d\boldsymbol{k} = 2\left(\frac{m}{h}\right)^3 d\boldsymbol{v} \tag{6.4.2}$$

故速度在 v_x 到 $v_x + dv_x$, v_y 到 $v_y + dv_y$, v_z 到 $v_z + dv_z$ 之间的电子数为

$$\begin{aligned} dn &= 2\left(\frac{m}{h}\right)^3 \frac{1}{e^{\left(\frac{1}{2}mv^2 - E_F\right)/k_B T} + 1} d\boldsymbol{v} \\ &= n(v_x, v_y, v_z) dv_x dv_y dv_z \end{aligned} \tag{6.4.3}$$

这里 $n(v_x, v_y, v_z)$是电子的速度分布。因而 $v_x n(v_x, v_y, v_z) dv_x dv_y dv_z$ 是从金属内部出来,在单位时间能抵达并可能通过金属表面单位面积的电子数。按照量子力学,实际上能通过金属表面的电子数,应是上述这个数目乘以电子波贯穿表面势垒的透射率 $\delta(v_x)$。因此热发射电流密度的数值为

$$\begin{aligned} j(T) &= e\int_{v_{x0}}^{\infty}\int_{-\infty}^{\infty}\int_{-\infty}^{\infty} v_x \cdot \delta(v_x) \cdot n(v_x, v_y, v_z) dv_x dv_y dv_z \\ &= 2e\left(\frac{m}{h}\right)^3 \int_{v_{x0}}^{\infty}\int_{-\infty}^{\infty}\int_{-\infty}^{\infty} \frac{\delta(v_x) v_x dv_x dv_y dv_z}{1 + \exp\left\{\left[\frac{m}{2}(v_x^2 + v_y^2 + v_z^2) - E_F\right]\Big/ k_B T\right\}} \end{aligned} \tag{6.4.4}$$

引入平面极坐标

$$\rho^2 = v_y^2 + v_z^2,\ dv_y dv_z = \rho d\rho d\varphi \tag{6.4.5}$$

对 $d\varphi$ 的积分为 2π,再令

$$\frac{m\rho^2}{2k_B T} = \xi,\ \rho d\rho = \frac{k_B T}{m} d\xi \tag{6.4.6}$$

$$\frac{m}{2}v_x^2 - E_F = \varepsilon,\ v_x dv_x = \frac{d\varepsilon}{m} \tag{6.4.7}$$

于是电流密度

$$j(T) = \frac{4\pi m e k_B T}{h^3}\int_{\phi}^{\infty}\int_{0}^{\infty} \frac{\delta(\varepsilon) d\xi d\varepsilon}{\exp\left(\frac{\varepsilon}{k_B T} + \xi\right) + 1} \tag{6.4.8}$$

按式(6.4.1),ε 的积分下限为功函数 ϕ。对 ξ 积分得

$$j(T) = \frac{4\pi m e k_B T}{h^3}\int_{\phi}^{\infty} \delta(\varepsilon) \ln\left[1 + \exp\left(-\frac{\varepsilon}{k_B T}\right)\right] d\varepsilon \tag{6.4.9}$$

到此为止,索末菲模型是严格的。

下面作近似计算,首先把 $\delta(\varepsilon)$用一平均值$\bar{\delta}$代替,即不论 $v_x \geqslant v_{x0}$, 取何数值,透射率是常数。另外,由于功函数 ϕ 远比 $k_B T$ 高得多,在整个积分范围 $\varepsilon \gg k_B T$, 故取近似如下:

$$\ln\left[1+\exp\left(-\frac{\varepsilon}{k_B T}\right)\right]\approx \exp\left(-\frac{\varepsilon}{k_B T}\right)$$

最后得

$$j(T)=A\bar{\delta}T^2\exp\left(-\frac{\phi}{k_B T}\right) \tag{6.4.10}$$

这里

$$A=\frac{4\pi mek_B}{h^3}=120\ \frac{\mathrm{A}}{\mathrm{cm^2\cdot K^2}} \tag{6.4.11}$$

式(6.4.10)称为里查孙-德西曼(Richardson-Dushman)公式,它是1928年由索末菲和诺德海姆(L. Nordheim)各自独立地导出的。表6-3列出一些金属的功函数的实验值(eV)。

表6-3　部分金属的功函数 ϕ

金属	ϕ(eV)	金属	ϕ(eV)	金属	ϕ(eV)
Li	2.38	Ca	2.80	Al	4.25
Na	2.35	Sr	2.35	In	3.8
K	2.22	Ba	2.49	Ga	3.96
Rb	2.16	Nb	3.99	Tl	3.7
Cs	1.81	Fe	4.31	Sn	4.38
Cu	4.4	Mn	3.83	Pb	4.0
Ag	4.3	Zn	4.24	Bi	4.4
Au	4.3	Cd	4.1	Sb	4.08
Be	3.92	Hg	4.52	W	4.5
Mg	3.64				

[引自 N. W. Ashcroft, N. D. Mermin. Solid State Physics. New York: Holt, Rinehart and Winston, 1976. 364]

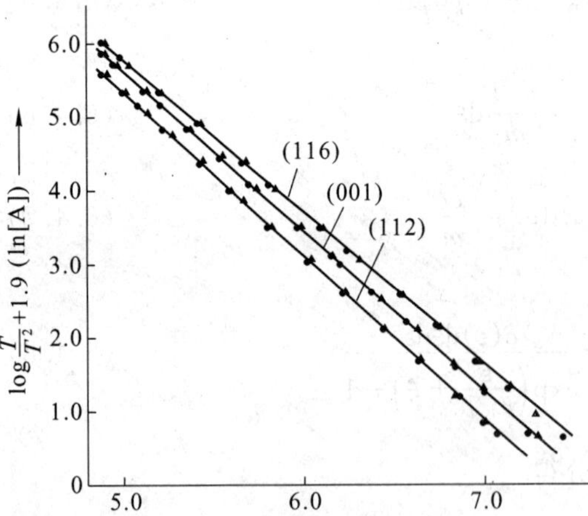

图6.11　钨晶体沿三个不同晶向进行的电子热发射规律

图6.11展示钨晶体沿三个不同晶向的电子热发射电流密度 $j/T^2\sim\frac{1}{T}$ 的实验结果与里查孙-德西曼公式比较。

6.4.2　光电效应

赫兹于1888年用紫外光照射金属,观测到从金属发射出带电粒子的现象,这就是光电效应。1897年J. J. 汤姆孙发现电子,1900年伦纳德(P. Lennard)测定金属在光照时发射出来的带电粒子的荷质比,证明它们就是电子。实验表明,光电效应是瞬时发生的,发射电子与光照射之间的时差小于 3×10^{-9} 秒。出射的光电子数目与光强成正比,而与频率无关。对于每一种金属,只有入射光频率 ν 大于一定频率 ν_0,才有光电效应。ν_0 称为红限,是金属的特性。这些现象,用光波是电磁波的经典理论难以解释。1905年爱因斯坦提出红限对应的光子能量就是金属的功函数:

$$h\nu_0 = \phi \tag{6.4.12}$$

他同时给出在频率 $\nu > \nu_0$ 的光照射下,光电子动能的最大值为

$$E_{\mathrm{m}} = h(\nu - \nu_0) \tag{6.4.13}$$

在索末菲自由电子气模型中,电子气服从费米-狄拉克分布,在温度 T,在费米能级以上的能态存在电子。因而光电子动能最大值只有在绝对零度时严格成立。

对于光电效应问题,电子吸收一个光子 $h\nu$,相当于表面势垒高度下降了 $h\nu$ 的电子发射问题。所以式(6.4.8)原则上适用,只须加入光子能量 $h\nu$ 带来的必要修正。这时,由于

$$\frac{1}{2}mv_x^2 + h\nu - E_{\mathrm{F}} = \varepsilon' \tag{6.4.14}$$

所以该式中 ε 应改为 $\varepsilon' - h\nu$, 再令 $\delta(\varepsilon) = \bar{\delta}$, 得

$$j(T) = \frac{4\pi mek_{\mathrm{B}}T}{h^3}\bar{\delta}\int_{\phi}^{\infty}\ln\left[1+\exp\left(-\frac{\varepsilon' - h\nu}{k_{\mathrm{B}}T}\right)\right]\mathrm{d}\varepsilon' \tag{6.4.15}$$

又设 $\varepsilon = \varepsilon' - \phi$, $\mathrm{d}\varepsilon' = \mathrm{d}\varepsilon$, 于是

$$j(T) = \frac{4\pi mek_{\mathrm{B}}T}{h^3}\bar{\delta}\int_{0}^{\infty}\ln\left[1+\exp\left(-\frac{\varepsilon - (h\nu - \phi)}{k_{\mathrm{B}}T}\right)\right]\mathrm{d}\varepsilon \tag{6.4.16}$$

福勒(R. H. Fowler)于 1931 年分两种情况: (1)$(h\nu - \phi)/k_{\mathrm{B}}T = x \leqslant 0$ 以及(2)$x \geqslant 0$, 将对数函数展开得到如下结果

$$j(T) = \alpha AT^2\bar{\delta}\phi_{\mathrm{F}}(x) \tag{6.4.17}$$

$\phi_{\mathrm{F}}(x)$称为福勒函数,

$$\phi_{\mathrm{F}}(x) = \left[\mathrm{e}^x - \frac{\mathrm{e}^{2x}}{2^2} + \frac{\mathrm{e}^{3x}}{3^2} - \cdots\right], \text{当 } x \leqslant 0 \tag{6.4.18}$$

$$\phi_{\mathrm{F}}(x) = \left[\frac{x^2}{2} + \frac{\pi^2}{6} - \left(\mathrm{e}^{-x} - \frac{\mathrm{e}^{-2x}}{2^2} + \frac{\mathrm{e}^{-3x}}{3^2} - \cdots\right)\right], \text{当 } x \geqslant 0 \tag{6.4.19}$$

这里 A 见式(6.4.11),α 包含光吸收和电子遭遇散射等因素。福勒利用上述理论与实验结果拟合,如图 6.12 所示。并求得

金属	Ag	Au	Ta
ϕ(eV)	4.74	4.90	4.12

1932 年 L. A. DuBridge 等对 Pd 又验证了福勒理论,给出 Pd 的 $\phi = 4.97$ eV。

在光电效应基础上,后来发展了紫外光电子谱(UPS)和 X 射线光电子谱(XPS)成为研究固体电子结构和物质成分的重要实验手段。

6.4.3 场致发射

施加强电场 F 后,在金属体外的势能

$$V(x) = E_{\infty} - E_0 - eFx \tag{6.4.20}$$

如图 6.13 所示,它是一条斜直线。按照量子力学观点,能量低于势能最大值的电子,也有可能从金属穿过势垒发射出来。在外加强电场作用下,金属发射的电子流可按热发射电子流的方法来计算。主要区别在于所有 $v_x > 0$ 的都有可能发射。因此场致发射的电流密度为

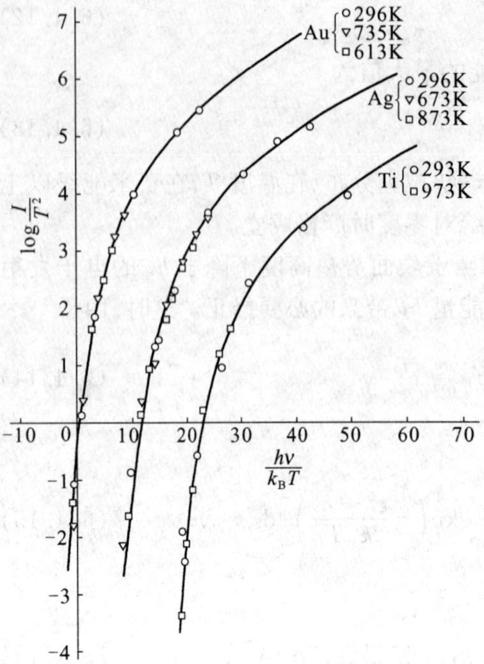

图 6.12 三种金属光电流密度与光子能量的关系

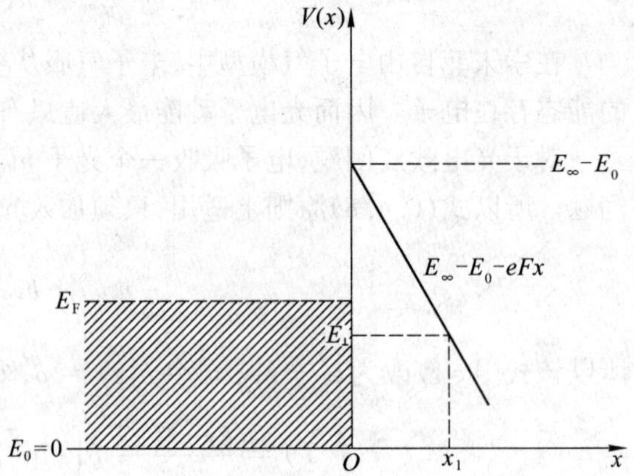

图 6.13 电子通过强电场在金属表面形成的三角形势垒

$$j(T,\ F)=\frac{4\pi mek_{\mathrm{B}}T}{h^{3}}\int_{-E_{\mathrm{F}}}^{\infty}\delta(\varepsilon)\ln\left[1+\exp\left(-\frac{\varepsilon}{k_{\mathrm{B}}T}\right)\right]\mathrm{d}\varepsilon \tag{6.4.21}$$

积分下限由式(6.4.7)在 $v_x=0$ 的条件来定。

对此问题透射系数 $\delta(\varepsilon)$密切依赖于能量,采用 WKB(G. Wentzel, H. A. Kramers, L. Brillouin)近似

$$\delta(E_{\perp})=\exp\left\{-\frac{2}{\hbar}\int_{0}^{x_1}2m(V(x)-E_{\perp})^{\frac{1}{2}}\,\mathrm{d}x\right\} \tag{6.4.22}$$

式中

$$E_{\perp}=\frac{m}{2}v_x^2$$

x_1 由

$$V(x)-E_{\perp}=0 \tag{6.4.23}$$

来确定。将 $V(x)$函数关系代入(6.4.22),容易求得

$$\delta(E_{\perp})=\exp\left[-\frac{4}{3}\,\frac{(2m)^{1/2}}{e\,\hbar F}(\chi-E_{\perp})^{3/2}\right]$$

现在计算场致发射电流,取 $T\approx 0$ K 的情况,此时 $\varepsilon>0$ 的状态都没有被电子占据,因而式(6.4.21)的积分上限为 $\varepsilon=0$, 下限可视为$-\infty$。由于 $T\approx 0$ K 时 ε 总是小于零

$$\ln\left[1+\exp\left(-\frac{\varepsilon}{k_{\mathrm{B}}T}\right)\right]\approx-\frac{\varepsilon}{k_{\mathrm{B}}T} \tag{6.4.24}$$

这样式(6.4.21)改写成

$$j(0,\ F)=\frac{4\pi me}{h^{3}}\int_{-\infty}^{0}\delta(\varepsilon)\varepsilon\,\mathrm{d}\varepsilon \tag{6.4.25}$$

显然,能量为 $E_{\perp}\approx E_{\mathrm{F}}$(即 $\varepsilon\approx 0$) 的电子对场致发射电流的贡献是主要的,因为这些电子的

贯穿概率最大。所以把 $\delta(\varepsilon)$在 $\varepsilon=0$ 处展开

$$\delta(\varepsilon)\approx\exp\left\{-\frac{4}{3}\frac{(2m)^{1/2}}{e\hbar F}\left(\phi-\frac{3}{2}\phi\varepsilon+\cdots\right)\right\} \tag{6.4.26}$$

代入式(6.4.9)得

$$\begin{aligned} j(0,F)&\approx\frac{4\pi me}{\hbar^3}\exp\left[-\frac{4}{3}\frac{(2m)^{1/2}}{e\hbar F}\phi^{3/2}\right]\cdot\int_{-\infty}^{0}\varepsilon\exp\left[\frac{2(2m)^{1/2}}{e\hbar F}\phi^{1/2}\varepsilon\right]\mathrm{d}\varepsilon\\ &=\alpha\frac{F^2}{\phi}\exp\left(-\beta\frac{\phi^{3/2}}{F}\right) \end{aligned} \tag{6.4.27}$$

式中

$$\alpha=\frac{e^3}{8\pi h},\ \beta=\frac{4}{3}\frac{(2m)^{1/2}}{e\hbar} \tag{6.4.28}$$

式(6.4.27)称为福勒-诺德海姆公式。在场致发射实验中电场强度 F 在 10^{10} 伏/米的量级。图 6.14 是钨单晶沿几个方向的场致发射电流与外加电场的关系,直线是福勒-诺德海姆公式。

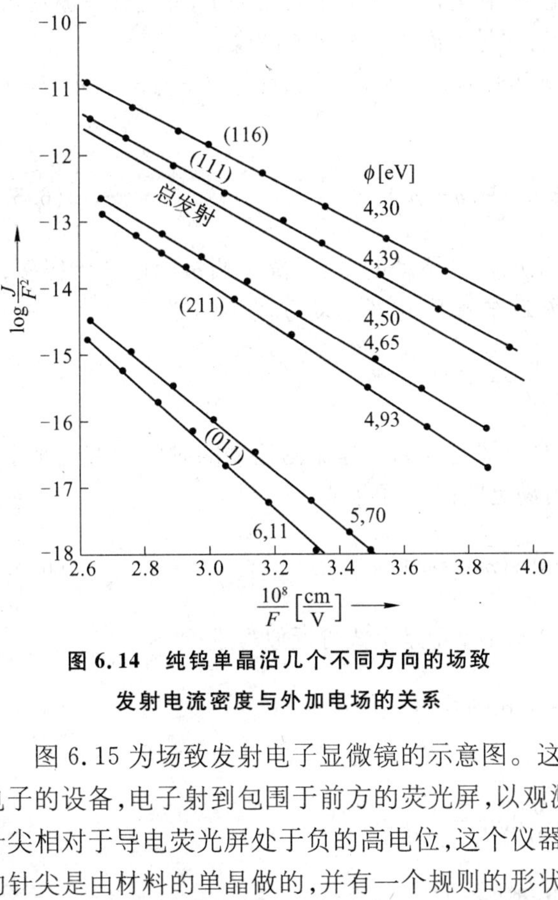

图 6.14 纯钨单晶沿几个不同方向的场致发射电流密度与外加电场的关系

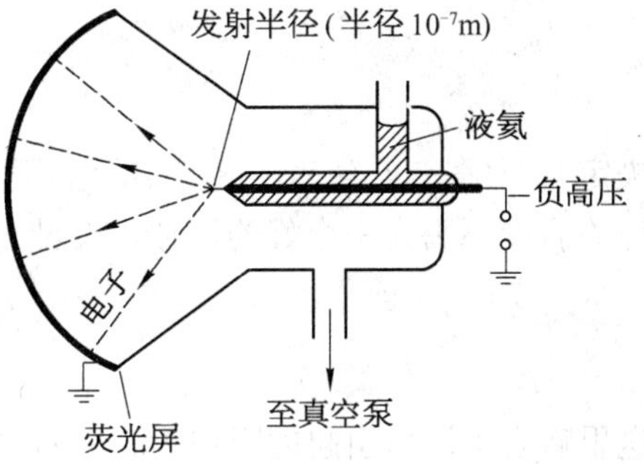

图 6.15 场发射电子显微镜

图 6.15 为场致发射电子显微镜的示意图。这是一个让晶体针尖在高电场作用下发射电子的设备,电子射到包围于前方的荧光屏,以观测晶体表面的结构。在这简单仪器中金属针尖相对于导电荧光屏处于负的高电位,这个仪器抽真空至很低气压以防气体放电。理想的针尖是由材料的单晶做的,并有一个规则的形状。场致发射电子沿垂直表面方向离开针尖,如果 r_t 是针尖半径,r_s 为针尖离荧光屏的距离,则投射到荧光屏上针尖表面的像的放大倍数为 r_s/r_t。分辨率受金属原子振动限制,为此针尖应以液氦冷却。虽然看不到个别原子的像,但能观测到亮暗有别的规则的图斑,对应于针尖不同功函数的区域。这些可用金属表面上不同晶面来解释。

§6.5 等离子体

索末菲的金属自由电子气模型取得相当好的结果，阐明不少物理现象，但也有它的局限性。其一是没有考虑晶格离子产生的周期性势场，这个问题的探索和解决是下一章固体能带论的主题。其二是没有考虑电子之间的相互作用，这是本节以及下一节讨论的主题。

我们以凝胶模型作为基础，在这模型中电子在带正电荷均匀分布的凝胶介质中运动，保持体系电中性。但由于电子之间有长程的库仑相互作用，电子气会在库仑力驱动下形成某种彼此相关的集体运动。

6.5.1 等离子体振荡

电子气与其正电荷凝胶组成金属中的等离子体。若 n 是电子的平均数密度，则电子平均电荷密度为 $\rho_0=-en$，它与正电荷凝胶的平均电荷密度 $\rho_0^+=en$ 绝对值相等，正好保证系统电中性。设想由于某种原因引起密度涨落。在某一微小区域电子密度低于平均密度，该微小区域的正电荷背景就会吸引周围的电子，补充而来的电子数太多了，库仑作用驱使再离开该处。这样形成电子密度有节奏的起伏，便是等离子体振荡的图像。

电子电荷密度 $\rho(\boldsymbol{r},t)$ 一般说是位置 $\boldsymbol{r}$ 和时间 t 的函数，其起伏是以 $\rho-\rho_0$ 表示，与此电荷起伏相联系的电场 $\boldsymbol{E}$ 由泊松方程

$$\nabla\cdot\boldsymbol{E}=\frac{1}{\varepsilon_0}(\rho-\rho_0)\tag{6.5.1}$$

决定，ε_0 为真空电容率。这里实际上假定正电荷是不动的，由于离子质量比电子大得多，这样的假设不失为一个好的近似。在此电场 $\boldsymbol{E}$ 作用下，电子运动方程

$$m\frac{\mathrm{d}\boldsymbol{v}}{\mathrm{d}t}=-e\boldsymbol{E}\tag{6.5.2}$$

这里略去了散射引起的阻尼力，在下面将会弄清楚等离子体振荡运动的时间周期远小于电导过程中的弛豫时间。当然电子运动应当满足电荷守恒定律

$$\frac{\partial\rho}{\partial t}+\mathrm{div}(\rho\boldsymbol{v})=0\tag{6.5.3}$$

如果电子密度偏离平均值不大，即 $(\rho-\rho_0)\ll\rho_0$，于是上式可近似写成

$$\frac{\partial\rho}{\partial t}+\rho_0\,\mathrm{div}\boldsymbol{v}=0\tag{6.5.4}$$

再对上式求时间导数，得

$$\begin{aligned}\frac{\partial^2\rho}{\partial t^2}&=-\rho_0\frac{\partial}{\partial t}\mathrm{div}\boldsymbol{v}=-\rho_0\,\mathrm{div}\frac{\partial\boldsymbol{v}}{\partial t}\\&=\frac{\rho_0 e}{m}\mathrm{div}\boldsymbol{E}\\&=\frac{\rho_0 e}{\varepsilon_0 m}(\rho-\rho_0)\end{aligned}\tag{6.5.5}$$

上式又可改写成

$$\frac{\partial^2}{\partial t^2}(\rho-\rho_0)+\omega_P^2(\rho-\rho_0)=0 \tag{6.5.6}$$

式中

$$\omega_P^2=\frac{ne^2}{\varepsilon m} \tag{6.5.7}$$

就是等离子体振荡频率,其大小可由

$$\omega_P^2=\frac{ne^2}{m\varepsilon_0}\approx\frac{10^{29}\times10^{-38}}{10^{-30}\times10^{-11}}\approx10^{32}\ \mathrm{s}^{-2}$$

故

$$\omega_P\approx10^{16}\ \mathrm{s}^{-1}$$

而电导过程的弛豫时间 $\tau\approx10^{-12}$ s,故 $\omega_P\tau\gg1$,表明我们在前面略去阻尼力是合理的。同时这也表明,等离子体振荡是在没有碰撞的情况下存在的一种集体运动。由于这里只涉及电场 $\boldsymbol{E}$ 的散度,所以等离子体振荡必定是一种纵波振荡,也就是说 $\rho-\rho_0$ 应写成

$$\rho-\rho_0=A_{\boldsymbol{q}}\mathrm{e}^{\mathrm{i}(\boldsymbol{q}\cdot\boldsymbol{r}-\omega_P t)} \tag{6.5.8}$$

更普遍的情形 $\rho-\rho_0$ 写成

$$\rho-\rho_0=\sum_{\boldsymbol{q}}A_{\boldsymbol{q}}\mathrm{e}^{\mathrm{i}[\boldsymbol{q}\cdot\boldsymbol{r}-\omega(q)t]} \tag{6.5.9}$$

详细的理论计算是 D. Pines 和博姆完成的,得到的色散关系为

$$\omega^2(q)=\omega_P^2+\frac{3}{5}v_F^2q^2 \tag{6.5.10}$$

这里 v_F 是费米速度。

6.5.2 等离体子

等离子体振荡的能量量子 $\hbar\omega_P$ 称为等离体子(plasmon),对于金属 $\hbar\omega_P$ 大约在 5~30 eV之间。由于 1 K$\simeq10^{-4}$ eV,在常温下很难激发等离子体振荡。因此,如果我们忽略零点振荡能量 $\frac{1}{2}\hbar\omega_P$,人们可以得出结论,电子气的运动是如此紧密关联以致不发生电荷起伏。实际上在常温时金属中的电子气处在零点振荡的状态,存在电荷密度的零点起伏。这种集体运动来自电子间库仑作用的长程部分,使电子之间在长距离范围相互关联,形成纵向长波振动。于是电子间的裸库仑作用 e^2/r 变成短程的或屏蔽的库仑作用

$$\frac{e^2}{r}\exp(-q_c r) \tag{6.5.11}$$

在 $r>\frac{1}{q_c}$ 的区域,原有的库仑作用基本消失,q_c 就是等离子体振荡的最大波矢值。

利用能量约 2 000 eV 的一束快电子穿过金属膜,测量电子能量损失强度的峰发生在什么能量,可以测定 $\hbar\omega_P$ 的值。图 6.16 是对 Mg 薄膜的实验结果。图中在 $\hbar\omega_P=10.6$ eV 及其整倍数位置的诸峰是属于等

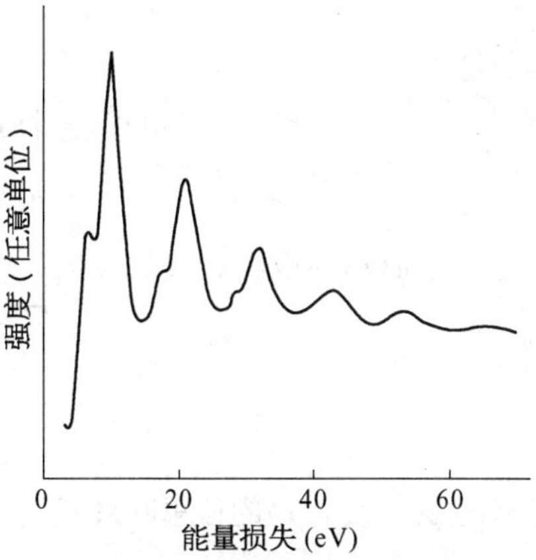

图 6.16 2 020 eV 电子被 Mg 薄膜散射 90°后的能量损失

[引自 C. J. Powell, J. B. Swann. *Phys. Rev.*, 116(1961)81]

离体子。而在 $\hbar\omega_P = 7.1\,\mathrm{eV}$ 及其整倍数位置的几个峰是激发金属电子气表面等离体子对应的能量损失。

朗道(L. D. Landau)曾经在研究液氦超流性质时提出低能量元激发和准粒子的概念。后来这些概念用于晶体物理也获成功。晶体是一个复杂的系统,其中粒子密度很高,粒子之间相互作用很重要。通常只能采用适当物理模型近似求解。有些晶体的基本性质,如内聚能,由系统的基态性质决定。许多晶体的基本性质则由系统的低能量激发态来说明。例如晶格的比热须由格波的量子-声子才能说明。声子就是晶格离子集体运动以格波形态表现的低能量元激发。每个声子有一定的能量和动量,故可用准粒子来描述。

等离子体振荡是金属电子气中长程库仑作用驱使形成的长波纵向振荡的集体运动,它们的准粒子是等离体子。只是由于 $\hbar\omega_P$ 的能量很大,常温下热能不足以激发这种元激发或准粒子。总之,这些元激发或准粒子,它们是代表系统某种集体运动形态的量子。因此离开这系统,这些量子就失去存在的根基。声子,等离体子等准粒子都是玻色粒子,服从玻色统计分布。还应当指出,等离子体振荡不仅在金属中存在,在半导体中价电子组成的电子气也存在等离子体振荡。

去掉长程库仑作用后,电子间只存在屏蔽库仑作用的电子气,称为准电子气。准电子仍然是费米子,服从费米-狄拉克统计分布。前面讲霍尔效应时,某些金属的霍尔系数是正号,其传导电流的粒子是空穴,也是准粒子在这些金属中存在空穴气体,它也是费米子,服从费米-狄拉克分布。

6.5.3 屏蔽库仑势

假定位于原点的点电荷 e_0 在 $\boldsymbol{r}$ 处产生的势为 $\varphi(\boldsymbol{r})$,由于这个势的影响,$\boldsymbol{r}$ 点的电子密度应为

$$n(\boldsymbol{r}) = \int f(E - e\varphi(\boldsymbol{r}))g(E)\mathrm{d}E \tag{6.5.12}$$

这里 $g(E)$ 为单位体积中自由电子的能态密度。当 $e\varphi(\boldsymbol{r})$ 为小量时,费米分布为

$$f(E - e\varphi(\boldsymbol{r})) = f(E) - \frac{\partial f}{\partial E}e\varphi(\boldsymbol{r}) \approx f(E) + \delta(E - E_F)e\varphi(\boldsymbol{r}) \tag{6.5.13}$$

于是

$$\begin{aligned} n(\boldsymbol{r}) &= \int [f(E) + \delta(E - E_F)e\varphi(\boldsymbol{r})]g(E)\mathrm{d}E \\ &= n_0 + e\varphi(\boldsymbol{r})g(E_F) \end{aligned} \tag{6.5.14}$$

势 $\varphi(\boldsymbol{r})$ 还应满足泊松方程

$$\begin{aligned} \nabla^2\varphi(\boldsymbol{r}) &= -\frac{1}{\varepsilon_0}\rho(\boldsymbol{r}) \\ &= \frac{1}{\varepsilon_0}[-e_0\delta(\boldsymbol{r}) + e^2 g(E_F)\varphi(\boldsymbol{r})] \end{aligned} \tag{6.5.15}$$

利用 $\varphi(\boldsymbol{r})$ 及 $\delta(\boldsymbol{r})$ 的傅里叶展式

$$\varphi(\boldsymbol{r}) = \frac{1}{(2\pi)^3}\int \mathrm{d}\boldsymbol{q}\varphi(\boldsymbol{q})\mathrm{e}^{\mathrm{i}\boldsymbol{q}\cdot\boldsymbol{r}} \tag{6.5.16}$$

$$\delta(\boldsymbol{r}) = \frac{1}{(2\pi)^3}\int \mathrm{d}\boldsymbol{q}\mathrm{e}^{\mathrm{i}\boldsymbol{q}\cdot\boldsymbol{r}} \tag{6.5.17}$$

将它们代入泊松方程,得

$$\varphi(\boldsymbol{q}) = \frac{e_0}{\varepsilon_0(q^2 + q_c^2)} \tag{6.5.18}$$

$$q_c^2 = \frac{e^2}{\varepsilon_0} g(E_F) = \frac{e^2}{\varepsilon_0} \frac{mk_F}{\pi^2 \hbar^2} \tag{6.5.19}$$

再将 $\varphi(\boldsymbol{q})$ 代到式(6.5.16)积分后得点电荷 e_0 的屏蔽库仑势为

$$\varphi(r) = \frac{1}{4\pi\varepsilon_0} \frac{e_0}{r} \exp(-q_c r) \tag{6.5.20}$$

通常定义 $\lambda = \dfrac{1}{q_c}$ 为屏蔽长度,对于金属 $\lambda \approx 10^{-10}$ m,大约与原子间距相当,可见准电子之间互作用确是短程的。

6.5.4 单粒子激发

金属电子气中除了有集体运动的激发外,还有单粒子激发。电子气的基态是费米球内所有状态被电子占满,费米球外的状态是空的。如果费米球内 $\boldsymbol{k}$ 状态电子激发到球外 $\boldsymbol{k}+\boldsymbol{q}$ 的空状态,则在球内出现一个 $\boldsymbol{k}$ 空穴,球外有一个 $\boldsymbol{k}+\boldsymbol{q}$ 电子。这种单粒子激发产生一个电子-空穴对,需要的能量为

$$\begin{aligned} E &= \frac{\hbar^2}{2m}[(\boldsymbol{k}+\boldsymbol{q})^2 - k^2] \\ &= \frac{\hbar^2}{2m}(q^2 + 2\boldsymbol{k}\cdot\boldsymbol{q}) \end{aligned} \tag{6.5.21}$$

而 $k \leqslant k_F$ 并
$$|\boldsymbol{k}+\boldsymbol{q}| > k_F$$

表示一个态在费米球内,一个在费米球面外。如果 $q > 2k_F$,球内所有电子都可以被激发,故 q 的上界为 $2k_F$,即 $0 < q < 2k_F$,相应的激发能量的界限为

$$E_{max} = \frac{\hbar^2}{2m}(q^2 + 2k_F q) \tag{6.5.22}$$

$$E_{min} = \begin{cases} 0, & \text{当 } q < 2k_F \\ \dfrac{\hbar^2}{2m}(q^2 - 2k_F q), & \text{当 } q > 2k_F \end{cases} \tag{6.5.23}$$

图 6.17 示意画出电子气中两种激发谱。由图可知,在 $q < q_c$ 区域,由于 $\hbar\omega_P > E_{max} = \hbar\omega_{max}$,电子气的个别激发不可能产生等离体子。在这区域,由于等离子体振荡是一种稳定的集体运动状态,它不可能衰减成为很多的个别激发。在 $q > q_c$ 区域,等离子体振荡的波长太短,一般是不稳定的,这时只有个别激发存在。

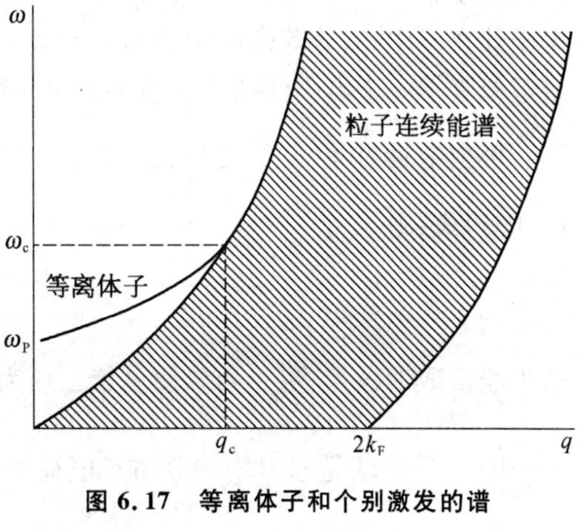

图 6.17 等离体子和个别激发的谱

现在估计在单位体积中等离体子的模式总数 N_P,由

$$\hbar\omega_{max} = \frac{\hbar^2 q_c^2}{2m} + \frac{\hbar q_c k_F}{m} \approx \hbar v_F q_c = \hbar\omega_c$$

可求得
$$q_c^2 \approx \left(\frac{\omega_P}{v_F}\right)^2 = \frac{mne^2}{\varepsilon_0 \hbar^2 k_F^2} = \frac{ne^2}{2\varepsilon_0 E_F}$$

在波矢空间,等离体子的波矢是处在半径为 q_c 的球内。故模式总数为

$$N_P = \frac{1}{8\pi^3}\left(\frac{4\pi}{3}q_c^3\right) \tag{6.5.24}$$

而单位体积电子气的自由度总数为 $3n$,因此

$$\frac{N_P}{3n} = \frac{q_c^3}{6k_F^3} \tag{6.5.25}$$

对于金属钠,$\dfrac{N_P}{3n} \approx 18\%$。

§6.6 维格纳晶格

前面讨论了在凝胶模型中电子气的库仑作用导致电子间的互作用是屏蔽的库仑作用,屏蔽效应的程度由 $q_c^2 \propto k_F$ 来量度,电子密度高,k_F 值大,q_c^2 也大,屏蔽效应强。这时电子可看成彼此独立地自由运动。在低密度的电子气中,其费米球半径 k_F 小,系统中电子的平均动能 $\overline{E} = \dfrac{3}{5}E_F$ 小,屏蔽效应很弱,电子间库仑作用仍然是长程的,不可忽略。

早在 1934 年维格纳就提出,当电子气密度足够低时,电子势能将超过平均动能,这时为了减小电子间的库仑排斥能,电子系统将在均匀正电荷背景中形成电子晶格。这就是维格纳晶格。

现在简要地估算维格纳电子晶格(Wigner's electron lattice)的能量。设电子气的密度为 n, $\dfrac{1}{n}$则是每个电子占有的空间,假定这体积是半径为 r_0 的球体

$$\frac{4\pi}{3}r_0^3 = \frac{1}{n} \tag{6.6.1}$$

若取玻尔半径 $a_B = \hbar^2/me^2$ 为单位,则 $r_0 = r_s a_B$。球内正电荷是均匀分布的,总电荷量为 e,电子处在球中心,故球是电中和的。若各个中性球之间相互作用忽略不计,电子晶格的总能量近似等于一个电中性球的能量乘以电中性球的总数。

每个中性球有三项能量:一是电子的平均动能 $\overline{E} = \dfrac{3}{5}E_F$,利用 $k_F = (3\pi^2 n)^{1/3}$ 及(6.6.1)式,则

$$\overline{E} = \frac{2.21}{r_s^2}\text{Ry} \tag{6.6.2}$$

这里能量取 $1\text{Ry} = \dfrac{me^4}{8\varepsilon_0^2\hbar^2}$ 为单位。第二项为球内均匀正电荷与位于球心的电子的互作用能,$-\dfrac{3}{r_s}\text{Ry}$。第三项是球内均匀分布正电荷本身的自作用能,$\dfrac{1.2}{r_s}\text{Ry}$。故每个中性球的能量为

$$\begin{aligned}\overline{E} &= \frac{2.21}{r_s^2} - \frac{3}{r_s} + \frac{1.2}{r_s} \\ &= \left(\frac{2.21}{r_s^2} - \frac{1.8}{r_s}\right)\mathrm{Ry} \end{aligned} \tag{6.6.3}$$

再计入电子的零点振动能,上式应添加一项$\frac{3}{r_s^{3/2}}\mathrm{Ry}$,

即
$$\overline{E} = \frac{2.21}{r_s^2} - \frac{1.8}{r_s} + \frac{3}{r_s^{3/2}} \tag{6.6.4}$$

维格纳估计当 $6 \leqslant r_s \leqslant 10$ 时,电子气系统将形成电子晶格。有人比较了几种可能的晶格结构,其中体心立方晶格具有最低的静止晶格能,故人们相信三维电子气系统在密度足够低时将凝结成体心立方结构。但迄今为止没有能够得到实验证实。有关评述可参阅 Care C. M 和 N. H. March 的评述①。

实际固体材料中的自由电子密度对应的 r_s 在 2～6 之间,在这范围内关联能远小于交换能。所以,寻找可能具有维格纳晶体状态的实际的人为体系,它的电子密度必须很低(对应的 r_s 很大),只有在这时关联作用才成为支配体系的主导因素。用新的方法研究三维电子气的关联效应估计出现维格纳晶体状态,体系的密度非常之低,r_s 要大于 80 光景②。

① *Adv. Phys.*, 24(1975)101—116

② *Phys. Rev. B*, 58(1998)6800—6806

习 题

1. 导出一维和二维自由电子气的能态密度。
2. 若二维电子气的面密度为 n_s，证明它的化学势为

$$\mu(T)=k_B T\ln\left[\exp\left(\frac{\pi\hbar^2 n_s}{mk_B T}\right)-1\right]。$$

3. He^3 是费米子，液体 He^3 在绝对零度附近的密度为 0.081 g/cm^3。计算它的费米能 E_F 和费米温度。
4. 金属钾在低温下的摩尔电子比热的实验值为 $c_e=2.08T$ mJ/mol·K，试用自由电子气模型求它的费米能 E_F 及状态密度 $g(E_F)$。
5. 银是一价金属，在 $T=295$ K 时，银的电阻率 $\rho=1.61\times10^{-6}\ \Omega\cdot$cm，在 $T=20$ K 时，电阻率 $\rho=0.038\times10^{-8}\ \Omega\cdot$cm。求在低温和室温时电子的自由程。银的原子量为107.87，密度为 10.5 g/cm^3。
6. Hunter S. C. 和 F. R. N. Nabarro 曾计算铜中每厘米位错线引起的电阻率如下：

   刃型位错 $\Delta\rho_E=0.59\times10^{-20}\ \Omega\cdot$cm

   螺型位错 $\Delta\rho_s=0.18\times10^{-20}\ \Omega\cdot$cm

   假定刃型位错和螺型位错有相同密度(位错密度为 1 cm^2 有多少条位错线)。已知位错产生的电阻率 $\Delta\rho=2\times10^{-8}\ \Omega\cdot$cm，问铜中的位错密度是多少？
7. 在室温下金属铍(Be)的霍尔系数为 2.44×10^{-10} m$^3\cdot$C^{-1}，求铍中空穴密度。
8. 试计算 Cs 在 $T=1\,000$ K 时热电子发射的电流密度。
9. Al 等离体子能量 $\hbar\omega_P$ 的实验值为 15.3 eV，按照自由电子气模型 Al 的电子密度为 $n=18.06\times10^{22}$ cm^{-3}，求 $\hbar\omega_P$ 的理论值。

第七章　周期场中的电子态

在第四章中，我们看到晶体的周期性结构决定了声子的色散关系。同样，对晶体中的电子而言，周期性结构导致电子处于周期性势场之中，从而也对电子态起决定性的影响，其结果是电子的能量可用一系列能带或许可带表示。每一个能带之中，电子的能量与电子波矢有确定的色散关系，通常称之为能带结构。许可带之间隔以能量不可能为电子所有的范围，称为禁带；恰如第四章的一维双原子链的情形，在声频支与光频支之间隔以一定宽度的频隙一样。能带理论是固体物理学的核心部分之一，具有极重要的意义。例如正是能带论促进了半导体学科的发展，并对于当代高度发展的微电子工业作出了奠基性的贡献。能带理论是用量子力学研究固体中电子的运动规律。显然，这原本是一个复杂的多体问题。在经过一定的近似处理后，可以转化成一个电子在周期性势场中的运动；晶体中其他所有电荷的影响均可用此单电子的周期场来概括。所以，能带理论有时亦称固体的单电子理论。

§7.1　周期性势场和布洛赫电子

将晶体看作是可在全部晶体中运动的价电子与位于格点(或基元中)的、由内层电子与原子核组成的离子(以下简称晶格离子或离子)的集合。因此，当不存在外场时体系的哈密顿量可表示为

$$H = H_e + H_i + H_{e\text{-}i} \tag{7.1.1}$$

其中，H_e 为电子部分：

$$H_e = \sum_k \frac{\hbar^2}{2m}(-\mathrm{i}\,\nabla_k)^2 + \frac{1}{8\pi\varepsilon_0}\sum_{k,\,k'}{}' \frac{e^2}{|\boldsymbol{r}_k - \boldsymbol{r}_{k'}|} \tag{7.1.2}$$

上式中第一项表示所有电子的动能之和，m 为电子质量，k 用以区分不同的电子；而第二项代表电子间的库仑相互作用势能，$\boldsymbol{r}_k$ 代表第 k 个电子的坐标，累加号上的撇号表示排除 $k=k'$ 的项。(7.1.1)式中的 H_i 为离子部分：

$$H_i = \sum_j \frac{\hbar^2}{2M}(-\mathrm{i}\,\nabla_j)^2 + \frac{1}{2}\sum_{jj'}{}' V_i(\boldsymbol{R}_j - \boldsymbol{R}_{j'}) \tag{7.1.3}$$

其中第一项代表所有离子的动能之和；$V_j(\boldsymbol{R}_j - \boldsymbol{R}_{j'})$ 表示一对位于 $\boldsymbol{R}_j$ 和 $\boldsymbol{R}_{j'}$ 的离子间的相互作用势能，因此上式第二项即为所有晶格离子之间的相互作用能量。(7.1.1)式中的最后一项表示价电子与晶格离子间的相互作用，可表示为

$$H_{e\text{-}i} = \sum_{k,\,j} V_{e\text{-}i}(\boldsymbol{r}_k - \boldsymbol{R}_j) \tag{7.1.4}$$

其中 $V_{e\text{-}i}(\boldsymbol{r}_k - \boldsymbol{R}_j)$ 表示位于 $\boldsymbol{r}_k$ 的价电子与位于 $\boldsymbol{R}_j$ 的晶格离子之间的相互作用势能。

7.1.1 单电子近似

由于晶体中的离子与电子的数密度通常在每立方米 10^{29} 的数量级,要准确求解与(7.1.1)式相应的薛定谔方程是根本不可能的。通常总是采用各种各样的近似方法。首先是应用所谓绝热近似或玻恩-奥本海姆近似。其根据是由于电子与离子具有明显不同的质量,在晶体中运动速率也有数量级的差别。例如,由第六章可知金属中的电子运动的典型速率 v_F 在 10^6 m/s 量级,而离子运动速率最高也只在 10^3 m/s 量级。就是说,相对电子而言,离子的运动极其缓慢。以至可以认为离子对电子的运动并无反应,而电子对离子的运动响应如此迅速,电子体系的能量总是处于与任一瞬时离子位置相对应的最低能量。通常将此描述为电子绝热地响应离子位置的变化。因此这一近似又称为绝热近似。绝热近似有效地将电子运动和离子运动分开成独立的两部分(退耦)。在讨论电子运动时,只须将所有离子固定在某一瞬间位置上。而在本章感兴趣的范围,可认为所有的离子都处在平衡位置,即相应于绝对零度时的情形。因此,可将关于电子的薛定谔方程写为

$$H\psi = (H_e + H_{e\text{-}i})\psi = E_e\psi \tag{7.1.5}$$

式中,在 $H_{e\text{-}i}$ 内,认为所有的离子都处在格点的平衡位置。从而离子位置在方程中只起参量作用,电子波函数只决定于电子的坐标。注意,上式中的哈密顿算符 H 比(7.1.1)式少一项 H_i。

将(7.1.2)与(7.1.4)式代入(7.1.5)式得

$$H = \sum_k H_k + \sum_{kk'}{}' H_{kk'} \tag{7.1.6}$$

其中

$$\left.\begin{aligned} H_k &= -\frac{\hbar^2}{2m}\nabla_k^2 + \sum_j V_{e\text{-}i}(\boldsymbol{r}_k - \boldsymbol{R}_j) \\ H_{kk'} &= \frac{1}{8\pi\varepsilon_0}\sum_{kk'}{}' \frac{e^2}{|\boldsymbol{r}_k - \boldsymbol{r}_{k'}|} \end{aligned}\right\} \tag{7.1.7}$$

在(7.1.6)式中,由于第二项的存在,问题仍很复杂,因为这一项涉及两个粒子的坐标。要是不存在这一交义项,(7.1.6)式对应的薛定谔方程便可简化成

$$\left(\sum_k H_k\right)\Phi = E\Phi \tag{7.1.8}$$

而 Φ 则可表示为单电子波函数 $\varphi_i(\boldsymbol{r}_i)$ 之乘积:

$$\Phi(\boldsymbol{r}_1, \boldsymbol{r}_2, \cdots, \boldsymbol{r}_N) = \varphi_1(\boldsymbol{r}_1)\varphi_2(\boldsymbol{r}_2)\cdots\varphi_N(\boldsymbol{r}_N) = \prod_{k=1}^{N}\varphi_k(\boldsymbol{r}_k) \tag{7.1.9}$$

其中 $\boldsymbol{r}_k$ 为第 k 个电子的坐标,N 为晶体中的价电子总数。而

$$E = \sum E_k$$

E_k 为单粒子能量,满足

$$H_k\varphi_k = E_k\varphi_k$$

将(7.1.9)视为方程的近似解,可据此计算 H 的久期值 E,然后再用变分方法确定单电子波函数 φ_k 应该满足的方程式。设(7.1.9)式中的 φ_k 满足正一性,即

$$\langle \varphi_k \mid \varphi_{k'} \rangle = \int \varphi_k^* \varphi_{k'} \mathrm{d}\tau = \delta_{kk'} \tag{7.1.10}$$

可得

$$E = \langle \Phi \mid H \mid \Phi \rangle = \sum_k \langle \varphi_k \mid H_k \mid \varphi_k \rangle + \frac{1}{2} \sum_{kk'} \langle \varphi_k \varphi_{k'} \mid H_{kk'} \mid \varphi_k \varphi_{k'} \rangle \tag{7.1.11}$$

根据变分原理,近似程度最好的 φ_k 应使久期值 E 为极小。因此将上式对 φ_k 变分,并将 E_k 作为拉格朗日乘子,即

$$\delta[E - \sum_k E_k(\langle \varphi_k \mid \varphi_k \rangle - 1] = 0 \tag{7.1.12}$$

由此得到

$$\begin{aligned} &\langle \delta\varphi_k \mid H_k \mid \varphi_k \rangle + \frac{e^2}{4\pi\epsilon_0} \sum_{k'(\neq k)} \langle \delta\varphi_k \varphi_{k'} \left| \frac{1}{\mid \boldsymbol{r}_{k'} - \boldsymbol{r}_k \mid} \right| \varphi_k \varphi_{k'} \rangle - E_k \langle \delta\varphi_k \mid \varphi_k \rangle \\ &= \langle \delta\varphi_k \mid H_k + \frac{e^2}{4\pi\epsilon_0} \sum_{k'(\neq k)} \langle \varphi_{k'} \left| \frac{1}{\mid \boldsymbol{r}_{k'} - \boldsymbol{r}_k \mid} \right| \varphi_{k'} \rangle - E_k \mid \varphi_k \rangle = 0 \end{aligned} \tag{7.1.13}$$

上式的成立并不依赖于 $\delta\varphi_k^*$,从而得到函数 φ_k 应当满足的方程

$$\left[-\frac{\hbar^2}{2m} \nabla^2 + V_i(\boldsymbol{r}) + \frac{e^2}{4\pi\epsilon_0} \sum_{k'(\neq k)} \int \frac{\mid \varphi_{k'}(\boldsymbol{r}') \mid^2}{\mid \boldsymbol{r} - \boldsymbol{r}' \mid} \mathrm{d}\tau' \right] \varphi_k(\boldsymbol{r}) = E_k \varphi_k(\boldsymbol{r}) \tag{7.1.14}$$

上式称为哈特里(Hartree)方程,为单电子波函数 φ_k 满足的方程。上式中 $\boldsymbol{r}$ 与 $\boldsymbol{r}'$分别为第 k 个与第k'个电子的位矢。上式左边第三项代表第 k 个电子在所有其他电子 $(k' \neq k)$ 作平均分布时的电子间库仑相互作用势,从而在一定的程度上计及电子间的相互作用。(7.1.14)式将晶体中多电子问题简化为一个在所有晶格离子的周期场 V_i 以及其他电子的平均场中运动的单电子问题,而变分的拉格朗日乘子就是单电子的能量。

7.1.2 布洛赫波

在上面的讨论中,我们没有考虑电子间的交换关联相互作用,进一步的讨论不属本书范围。这里重要的是,通过哈特里方程,我们将一复杂的多粒子体系问题约化为周期场中的单电子的运动。这也正是本章讨论的出发点。综上所述,讨论晶体中的电子态即为求解下列单电子薛定谔方程

$$H\psi = \left[-\frac{\hbar^2}{2m} \nabla^2 + V(\boldsymbol{r}) \right] \psi = E\psi \tag{7.1.15}$$

式中,$V(\boldsymbol{r})$包括晶体离子势与其他电子的平均势。显然 $V(\boldsymbol{r})$具有晶格的周期性

$$V(\boldsymbol{r} + \boldsymbol{R}_l) = V(\boldsymbol{r}) \tag{7.1.16}$$

式中 $\boldsymbol{R}_l$ 为任意格矢,可表示为基矢 $\boldsymbol{a}_1$, $\boldsymbol{a}_2$, $\boldsymbol{a}_3$ 的整数组合:

$$\boldsymbol{R}_l = l_1 \boldsymbol{a}_1 + l_2 \boldsymbol{a}_2 + l_3 \boldsymbol{a}_3$$

l_1、l_2、l_3 均为整数。通常称 $V(\boldsymbol{r})$为周期性势场。实际上 $V(\boldsymbol{r})$包括(7.1.14)式的第二和第三项。

引进平移算符 T_l, T_l 作用于任意函数 $f(\boldsymbol{r})$的结果是

$$T_l f(\boldsymbol{r}) = f(\boldsymbol{r} + \boldsymbol{R}_l) \tag{7.1.17}$$

将 T_l 作用于 $Hf(\boldsymbol{r})$得 $T_l H f(\boldsymbol{r})$,按 T_l 的定义

$$T_l H(\boldsymbol{r}) f(\boldsymbol{r}) = T_l [H(\boldsymbol{r}) f(\boldsymbol{r})] = H(\boldsymbol{r}+\boldsymbol{R}_l) f(\boldsymbol{r}+\boldsymbol{R}_l) \tag{7.1.18}$$

由于 $V(\boldsymbol{r}+\boldsymbol{R}_l) = V(\boldsymbol{r})$，以及算符 ∇^2 对平移不变，上式化为

$$T_l H f(\boldsymbol{r}) = H f(\boldsymbol{r}+\boldsymbol{R}_l) = H T_l f(\boldsymbol{r}) \tag{7.1.19}$$

由于 $f(\boldsymbol{r})$ 为任意函数，上式表明哈密顿算符 H 与平移算符 T_l 对易：

$$T_l H = H T_l \tag{7.1.20}$$

对易算符有共同的本征函数，而 H 的本征函数就是晶体中电子的波函数；因此可以选用平移算符的本征函数作为晶体电子波函数，而考察 T_l 的本征函数应有的性质就可知道晶体电子波函数 $\psi(\boldsymbol{r})$ 所应具有的性质。

由本征函数应具备的性质知

$$T_l \psi(\boldsymbol{r}) = \psi(\boldsymbol{r}+\boldsymbol{R}_l) = \lambda_l \psi(\boldsymbol{r}) \tag{7.1.21}$$

式中 λ_l 为本征值。而且如 T_m 为平移

$$\boldsymbol{R}_m = m_1 \boldsymbol{a}_1 + m_2 \boldsymbol{a}_2 + m_3 \boldsymbol{a}_3$$

的算符，则

$$T_m \psi(\boldsymbol{r}) = \psi(\boldsymbol{r}+\boldsymbol{R}_m) = \lambda_m \psi(\boldsymbol{r}) \tag{7.1.22}$$

λ_m 为与平移 $\boldsymbol{R}_m$ 相应的平移算符 T_m 的本征值。

由于

$$T_l T_m = T_{l+m} \tag{7.1.23}$$

是平移算符显然具有的性质，由(7.1.21)式与(7.1.22)式可见，T_{l+m} 的本征值 λ_{l+m} 必然满足

$$\lambda_l \lambda_m = \lambda_{l+m} \tag{7.1.24}$$

另一方面，如果假设晶体为沿 $\boldsymbol{a}_1$ 方向的 N_1 个原胞、$\boldsymbol{a}_2$ 方向的 N_2 个原胞、$\boldsymbol{a}_3$ 方向的 N_3 个原胞堆集而成，将第四章介绍的周期性边界条件应用于晶体电子波函数 $\psi(\boldsymbol{r})$，应有

$$\psi(\boldsymbol{r}+N_1\boldsymbol{a}_1) = \psi(\boldsymbol{r})$$

但

$$\psi(\boldsymbol{r}+N_1\boldsymbol{a}_1) = T_{N_1\boldsymbol{a}_1} \psi(\boldsymbol{r}) = (\lambda_{\boldsymbol{a}_1})^{N_1} \psi(\boldsymbol{r}) \tag{7.1.25}$$

式中 $\lambda_{\boldsymbol{a}_1}$ 为平移 $\boldsymbol{R}_l = \boldsymbol{a}_1$ 相应的平移算符的本征值。由此可得

$$\lambda_{\boldsymbol{a}_1} = \mathrm{e}^{\mathrm{i}\frac{2\pi}{N_1}t_1} \tag{7.1.26}$$

式中 t_1 为包括零在内的任意整数。同理由

$$\psi(\boldsymbol{r}+\boldsymbol{a}_2) = \lambda_{\boldsymbol{a}_2} \psi(\boldsymbol{r})\text{；}\ \psi(\boldsymbol{r}+\boldsymbol{a}_3) = \lambda_{\boldsymbol{a}_3} \psi(\boldsymbol{r})$$

及 $\boldsymbol{a}_2$、$\boldsymbol{a}_3$ 方向的周期性边界条件可得

$$\lambda_{\boldsymbol{a}_2} = \mathrm{e}^{\mathrm{i}\frac{2\pi}{N_2}t_2} \tag{7.1.27}$$

与

$$\lambda_{\boldsymbol{a}_3} = \mathrm{e}^{\mathrm{i}\frac{2\pi}{N_3}t_3} \tag{7.1.28}$$

综合以上三式可得

$$T_l\psi(\boldsymbol{r}) = \psi(\boldsymbol{r}+\boldsymbol{R}_l) = e^{i2\pi\left(l_1\frac{t_1}{N_1}+l_2\frac{t_2}{N_2}+l_3\frac{t_3}{N_3}\right)}\psi(\boldsymbol{r}) \tag{7.1.29}$$

如引进倒空间矢量

$$\boldsymbol{k} = \alpha_1\boldsymbol{b}_1 + \alpha_2\boldsymbol{b}_2 + \alpha_3\boldsymbol{b}_3 \tag{7.1.30}$$

使

$$\boldsymbol{k}\cdot\boldsymbol{R}_l = 2\pi(\alpha_1 l_1 + \alpha_2 l_2 + \alpha_3 l_3)$$

取

$$\alpha_i = \frac{t_i}{N_i};\ i = 1,\ 2,\ 3 \tag{7.1.31}$$

可得

$$\boldsymbol{k} = \frac{t_1}{N_1}\boldsymbol{b}_1 + \frac{t_2}{N_2}\boldsymbol{b}_2 + \frac{t_3}{N_3}\boldsymbol{b}_3 \tag{7.1.32}$$

注意(7.1.29)式右端 $\psi(\boldsymbol{r})$的系数其实正是与 $\boldsymbol{R}_l$ 相应的平移算符$\hat{T}_{\boldsymbol{R}_l}$的本征值：$T_l\psi(\boldsymbol{r}) = \lambda_{\boldsymbol{R}_l}\psi(\boldsymbol{r})$。因此如用 $\boldsymbol{k}$ 表示$\lambda_{\boldsymbol{R}_l}$，可得

$$\lambda_{\boldsymbol{R}_l} = e^{i\boldsymbol{k}\cdot\boldsymbol{R}_l} \tag{7.1.33}$$

如将波函数写成

$$\psi = \psi_{\boldsymbol{k}}(\boldsymbol{r}) = e^{i\boldsymbol{k}\cdot\boldsymbol{r}}u_{\boldsymbol{k}}(\boldsymbol{r}) \tag{7.1.34}$$

的形式，$u_{\boldsymbol{k}}(\boldsymbol{r})$必为具有晶格周期性的周期函数。这只需将平移算符作用上式：

$$T_l\psi = T_l[e^{i\boldsymbol{k}\cdot\boldsymbol{r}}u_{\boldsymbol{k}}(\boldsymbol{r})] = e^{i\boldsymbol{k}\cdot\boldsymbol{R}_l}e^{i\boldsymbol{k}\cdot\boldsymbol{r}}u_{\boldsymbol{k}}(\boldsymbol{r}+\boldsymbol{R}_l) \tag{7.1.35}$$

但由(7.1.33)式

$$T_l\psi = e^{i\boldsymbol{k}\cdot\boldsymbol{R}_l}\psi \tag{7.1.36}$$

代入(7.1.35)式即得

$$u_{\boldsymbol{k}}(\boldsymbol{r}+\boldsymbol{R}_l) = u_{\boldsymbol{k}}(\boldsymbol{r}) \tag{7.1.37}$$

(7.1.34)表明晶体中电子的波函数具有周期性调幅的平面波的形式。(7.1.34)或(7.1.36)式称为布洛赫定理，晶体中的电子波函数也因此而称为布洛赫函数。布洛赫函数是晶体电子哈密顿算符的本征函数，(7.1.32)式表出的 $\boldsymbol{k}$ 称为电子波矢，具有量子数的作用。由(7.1.32)式可知描写晶体电子态的波矢在倒空间是均匀分布的，每一个波矢的端点，或称状态代表点在倒空间占据的"体积"为

$$\frac{\boldsymbol{b}_1}{N_1}\cdot\left(\frac{\boldsymbol{b}_2}{N_2}\times\frac{\boldsymbol{b}_3}{N_3}\right) = \frac{1}{N}\Omega^*$$

其中 $N = N_1N_2N_3$ 为原胞总数，$\Omega^* = 8\pi^3/\Omega$ 为倒格子原胞的"体积"。由此，状态代表点在倒空间的密度即为

$$\frac{N}{\Omega^*} = \frac{1}{(2\pi)^3}N\Omega = V/(2\pi)^3$$

V 为晶体体积。可见周期性边界条件决定了描写电子状态的波矢 $\boldsymbol{k}$ 在许多方面类似于声子波矢 $\boldsymbol{q}$。

如在(7.1.36)式中将波矢 $\boldsymbol{k}$ 用$\boldsymbol{k}'$代替

$$\boldsymbol{k}' = \boldsymbol{k} + \boldsymbol{K}_h \tag{7.1.38}$$

$\boldsymbol{K}_h$ 为任意倒格矢，由于

$$e^{i\boldsymbol{k}'\cdot\boldsymbol{R}_l} = e^{i\boldsymbol{k}\cdot\boldsymbol{R}_l}$$

至少在非简并情形,$\boldsymbol{k}$ 与 $\boldsymbol{k}'$ 代表相同的电子态。因此,可以将 $\boldsymbol{k}$ 限制在第一布里渊区的范围内。显然,第一布里渊内所能容纳的状态代表点的个数恰为 $\Omega^* \Big/ \left(\frac{\Omega^*}{N}\right) = N$ 个,即状态代表点的数目等于原胞数。

值得指出的是,既然波函数可用波矢 $\boldsymbol{k}$ 标记,能量也可用 $\boldsymbol{k}$ 标记,即 $E = E(\boldsymbol{k})$。这一关系称为色散关系或能带结构。既然相差倒格矢的波矢描述同样的状态,应当也相应于同样的本征值。即 $\boldsymbol{k}$ 与 $\boldsymbol{k}' = \boldsymbol{k} + \boldsymbol{K}_h$ 应有同样的能量。换言之

$$E(\boldsymbol{k}) = E(\boldsymbol{k}') = E(\boldsymbol{k} + \boldsymbol{K}_h) \tag{7.1.39}$$

上式表明,我们要求电子能量的色散关系在倒空间具有倒格子的周期性。

此外,由于周期势 $V(\boldsymbol{r})$ 为实数,可以证明

$$E(\boldsymbol{k}) = E(-\boldsymbol{k}) \tag{7.1.40}$$

即能带的色散关系作为倒空间的函数为偶函数。

最后我们应指出,如将波矢限制在第一布里渊区中,与同一波矢相应可以有许多本征函数和本征能量,因此应给以附加标号 n,即波函数以 $\psi_{n\boldsymbol{k}}(\boldsymbol{r})$ 表示,能量以 $E_n(\boldsymbol{k})$ 表示。以后可以看到,指标 n 其实就是能带的标号。有时将这一种做法称为约化区表示法。将 $\psi_{n\boldsymbol{k}} = \psi_{n\boldsymbol{k}'}$ 以及 $E_n(\boldsymbol{k}) = E_n(\boldsymbol{k}')$, 推广至全部倒空间 (这里 $\boldsymbol{k}' = \boldsymbol{k} + \boldsymbol{K}_h$, $\boldsymbol{K}_h$ 为任意倒格矢), 则称为重复区表示法。

以下两节我们将就两种极端情形下的周期场 $V(\boldsymbol{r})$ 来仔细探讨布洛赫函数及能带结构所应具有的普遍特点。

§7.2 近自由电子近似

由上节知,单电子近似下晶体电子的薛定谔方程为(7.1.15)式,其中电子所处的周期性势场(常简称为晶体势)满足(7.1.16)式。本节讨论 $V(\boldsymbol{r})$ 随空间位置的变化不太强烈的情形,以至 $V(\boldsymbol{r})$ 的空间起伏可看作是对自由电子(势场为常数)情形的微扰。因此常将这种假设称为近自由电子近似,这种处理方法亦称微扰法。先从一维情形开始。此时,(7.1.15)式与(7.1.16)式分别简化成

$$\left[-\frac{\hbar^2}{2m}\frac{\mathrm{d}^2}{\mathrm{d}x^2} + V(x)\right]\psi(x) = E\psi(x) \tag{7.2.1}$$

$$V(x + la) = V(x) \tag{7.2.2}$$

其中,a 为一维晶格的周期,l 为任意整数。

7.2.1 一维周期势作为微扰

由于 $V(x)$ 为周期函数,可展开成傅里叶级数

$$V(x) = \sum_n V_n \mathrm{e}^{\mathrm{i}n\frac{2\pi}{a}x} = V_0 + \sum_n{}' V_n \mathrm{e}^{\mathrm{i}n\frac{2\pi}{a}x} \tag{7.2.3}$$

上式中撇号代表不包括常数项 V_0, V_0 即为平均势场。$n\frac{2\pi}{a}$ 实际上为一维倒格矢,因此上式其实为对所有倒格矢求和。为简单计,令

$$V_0 = 0 \tag{7.2.4}$$

于是(7.2.3)式化为

$$V(x) = \sum_n{}' V_n e^{in\frac{2\pi}{a}x} \tag{7.2.5}$$

由于势场为实数，

$$V(x) = V^*(x) \tag{7.2.6}$$

可得势场的傅里叶分量 V_n 满足

$$V_n^* = V_{-n} \tag{7.2.7}$$

将(7.2.5)式代入(7.2.1)式，方程化为

$$(H^0 + H')\psi = E\psi \tag{7.2.8}$$

其中

$$H^0 = -\frac{\hbar^2}{2m}\frac{d^2}{dx^2} \tag{7.2.9}$$

为一维电子的动能算符，其本征函数 ψ^0 即为自由电子的波函数：

$$H^0\psi^0 = E^0\psi^0 \tag{7.2.10}$$

$$\psi_k^0 = \frac{1}{\sqrt{L}}e^{ikx} \tag{7.2.11}$$

$1/\sqrt{L}$ 为归一化常数，$L = Na$ 为一维晶体的长度，N 为一维晶体的原胞数。波矢 k 满足自由电子的色散关系：

$$E^0(k) = \frac{\hbar^2 k^2}{2m} \tag{7.2.12}$$

而周期性边界条件为

$$\psi^0(x) = \psi^0(L + x)$$

限制 k 取值为

$$k = 2\pi\frac{s}{L} \tag{7.2.13}$$

s 为任意整数，上式即为(7.1.32)在一维情形的形式。因此我们也常将一维波矢 k 的范围局限于 $\left(-\frac{\pi}{a}, \frac{\pi}{a}\right)$ 的一维第一布里渊区内。将(7.2.8)式中的

$$H' = \sum_n{}' V_n e^{in\frac{2\pi}{a}x} \tag{7.2.14}$$

看作微扰，可得一级微扰能量

$$E^{(1)} = E^{(1)}(k) = H'_{kk} = \int_0^L \psi_k^{0*} H' \psi_k^0 dx \tag{7.2.15}$$

由于除 $n = 0$ 外

$$\int_0^L e^{in\frac{2\pi}{a}x} dx = 0 \tag{7.2.16}$$

$$E^{(1)} = 0 \tag{7.2.17}$$

因此必须计及二级微扰。二级微扰能量

$$E^{(2)}=E^{(2)}(k)=\sum_{k'}\frac{|H'_{k'k}|^2}{E^0_{(k)}-E^0(k')} \tag{7.2.18}$$

注意

$$H'_{k'k}=\int_0^L\psi_{k'}^{0*}\sum_n{}'V_n\mathrm{e}^{\mathrm{i}n\frac{2\pi}{a}x}\psi_k^0\mathrm{d}x \tag{7.2.19}$$

由(7.2.11)式与(7.2.16)式知,除非

$$k'-k=n\frac{2\pi}{a} \tag{7.2.20}$$

$$H'_{k'k}=0 \tag{7.2.21}$$

于是(7.2.18)式中对 k' 的累加可转化成对倒格矢的累加:

$$E^2_{(k)}=\sum_n{}'\frac{|V_n|^2}{\frac{\hbar^2}{2m}k^2-\frac{\hbar^2}{2m}\left(k+n\frac{2\pi}{a}\right)^2} \tag{7.2.22}$$

由此得能量

$$E(k)=E^0(k)+E^{(2)}(k)=\frac{\hbar^2k^2}{2m}+\sum_n{}'\frac{|V_n|^2}{\frac{\hbar^2}{2m}k^2-\frac{\hbar^2}{2m}\left(k+n\frac{2\pi}{a}\right)^2} \tag{7.2.23}$$

而波函数为

$$\psi_k=\psi_k^0+\psi_k^{(1)}$$

其中 $\psi_k^{(1)}$ 为一级微扰波函数

$$\psi_k^{(1)}=\sum_{k'}{}'\frac{H'_{k'k}}{E^0(k)-E^0(k')}\psi_{k'}^0=\sum_n{}'\frac{V_n}{\frac{\hbar^2}{2m}k^2-\frac{\hbar^2}{2m}\left(k+n\frac{2\pi}{a}\right)^2}\frac{1}{\sqrt{L}}\mathrm{e}^{\mathrm{i}\left(k+n\frac{2\pi}{a}\right)x} \tag{7.2.24}$$

$$\psi_k=\frac{1}{\sqrt{L}}\mathrm{e}^{\mathrm{i}kx}\left[1+\sum_n{}'\frac{V_n\mathrm{e}^{\mathrm{i}n\frac{2\pi}{a}x}}{\frac{\hbar^2}{2m}k^2-\frac{\hbar^2}{2m}\left(k+n\frac{2\pi}{a}\right)^2}\right] \tag{7.2.25}$$

将上式与(7.1.34)式比较可知,如将上式写成一维布洛赫函数的形式:

$$\psi_k=\mathrm{e}^{\mathrm{i}kx}u_k(x) \tag{7.2.26}$$

则函数

$$u_k(x)=\frac{1}{\sqrt{L}}\left[1+\sum_n{}'\frac{V_n}{\frac{\hbar^2}{2m}k^2-\frac{\hbar^2}{2m}\left(k+n\frac{2\pi}{a}\right)^2}\mathrm{e}^{\mathrm{i}n\frac{2\pi}{a}x}\right] \tag{7.2.27}$$

明显具有晶格周期性

$$u_k(x+la)=u_k(x) \tag{7.2.28}$$

应当注意(7.2.23)式与(7.2.25)式的适用性要求 k^2 与 $\left(k+n\frac{2\pi}{a}\right)^2$ 的差别远大于 $2m|V_n|/\hbar^2$。

如 k^2 与 $\left(k+n\frac{2\pi}{a}\right)^2$ 相差甚微,即以 k 与 $\left(k+n\frac{2\pi}{a}\right)$ 标志的自由电子的状态接近简并,就必须采用简并情形的微扰理论来处理。

7.2.2 能隙由来

当

$$(k')^2=\left(k+n\frac{2\pi}{a}\right)^2=k^2 \tag{7.2.29}$$

即

$$k=-n\frac{\pi}{a} \tag{7.2.30}$$

时,(7.2.22)与(7.2.25)式发散。因此 k 在 $\left(-n\frac{\pi}{a}\right)$ 附近,即

$$k=-n\frac{\pi}{a}(1+\Delta) \tag{7.2.31}$$

时,应以

$$\psi^0=A\psi_k^0+B\psi_{k'}^0 \tag{7.2.32}$$

作为零级波函数。这里 Δ 为小量,满足 $|\Delta|\ll 1$,而

$$k'=k+n\frac{2\pi}{a}=n\frac{\pi}{a}(1-\Delta) \tag{7.2.33}$$

将(7.2.8)式中的 ψ 近似代以(7.2.32)式的 ψ^0:

$$(H^0+H')(A\psi_k^0+B\psi_{k'}^0)=E(A\psi_k^0+B\psi_{k'}^0) \tag{7.2.34}$$

分别对上式乘以 ψ_k^{0*} 及 $\psi_{k'}^{0*}$ 并对一维晶体在空间积分,利用 ψ_k^0 的正一性可得出如下关于系数 A 与 B 的线性齐次方程

$$\left.\begin{aligned}(E-E^0(k))A-V_{-n}B&=0\\ -V_nA+(E-E^0(k'))B&=0\end{aligned}\right\} \tag{7.2.35}$$

由 ψ^0 不应为零得到如下关于电子能量 $E(k)$ 的久期方程:

$$\begin{vmatrix}E-E^0(k) & -V_{-n}\\ -V_n & E-E^0(k')\end{vmatrix}=0 \tag{7.2.36}$$

由此得

$$E(k)=\frac{1}{2}[E^0(k)+E^0(k')]\pm\{[E^0(k)-E^0(k')]^2+|V_n|^2\}^{1/2} \tag{7.2.37}$$

将(7.2.31)与(7.2.33)式代入上式,并令

$$T_n=\frac{\hbar^2}{2m}\left(n\frac{\pi}{a}\right)^2 \tag{7.2.38}$$

可将电子能量写成

$$E(k)=T_n(1+\Delta^2)\pm\{|V_n|^2+4T_n^2\Delta^2\}^{1/2} \tag{7.2.39}$$

由于 Δ 为小量,上式中的第二项可用泰勒级数展开成

$$\left.\begin{aligned} E(k) &= E(k)_+ = T_n + |V_n| + T_n\left(1 + \frac{2T_n}{|V_n|}\right)\Delta^2 \\ E(k) &= E(k)_- = T_n - |V_n| - T_n\left(\frac{2T_n}{|V_n|} - 1\right)\Delta^2 \end{aligned}\right\} \tag{7.2.40}$$

以上结果表明,在 $k = n\pi/a$ 的附近,电子的能量具有抛物线式的色散关系,而且 $E(k)$ 要末大于 $T_n + |V_n|$,要末小于 $T_n - |V_n|$,即存在 $2|V_n|$ 范围的能量不为电子所占有。这就是能隙(禁带),如图 7.1 所示。

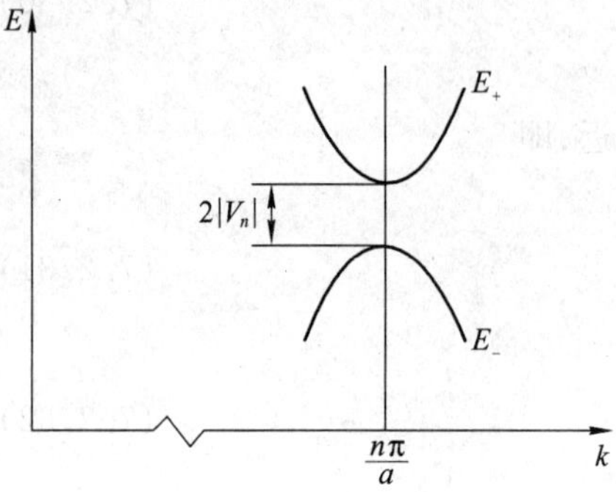

图 7.1 在 $k = \frac{n\pi}{a}$ 附近的能带结构

对于 k 与 $n\frac{\pi}{a}$ 相距稍远的范围,已可适用非简并微扰理论,电子的能量与自由电子的能量相差无几。将以上结果概括起来便可得如图 7.2 中粗线所示的 $E(k)$ 关系,此即为所谓扩展区表示法。将粗线按(7.1.39)式在倒空间延拓,便得细线所对应的重复区表示法;而局限在 $\left(-\frac{\pi}{a}, \frac{\pi}{a}\right)$ 之间则为约化区表示法。在约化区内,电子能量表示成若干能带,能带之间隔以宽度为 $2|V_n|$ 的禁带。每个能带之中能量与波矢具有确定的色散关系 $E_n(k)$,n 即可为能带或许可带的标号。

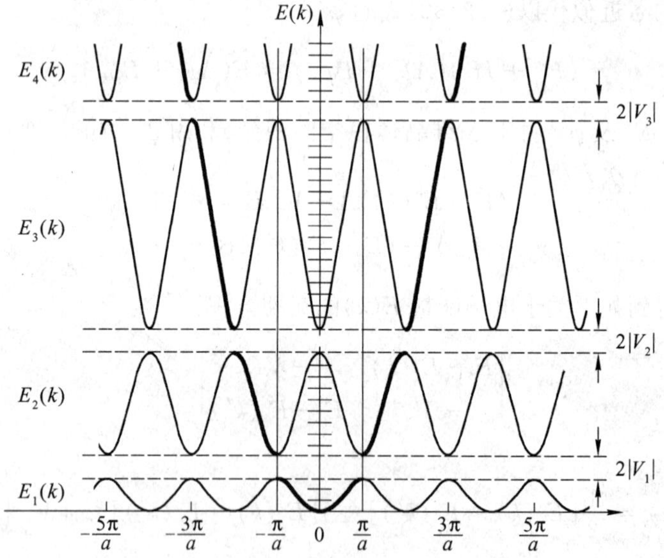

图 7.2 能带结构的三种图式表示

这里我们还可以注意到,$k = n\frac{\pi}{a}$ 正是一维布里渊区的边界,而(7.2.40)式正表明电子能带不连续发生在布里渊区的边界处。在一维情形,这就对应于禁带的出现。禁带的宽度为傅里叶分量绝对值的两倍,表明禁带的出现是电子在周期场中运动的必然结果。进一步的分析可使禁带形成的机理更为清楚。在波矢偏离布里渊区边界较远的情形,(7.2.25)式是较好的近似。其实可将(7.2.25)式理解为一波矢为 k 的自由电子入射晶体的结果。第一项为入射波,第二项为散射波,散射波的幅度都很小,对入射波的干扰甚小,于是电子态与自由电子相差甚微,这正是近自由电子近似的含义。然而当入射的自由电子的波矢接近布里渊区边界$\left(-n\dfrac{\pi}{a}\right)$时,与其波矢相差为倒格矢 $n\dfrac{2\pi}{a}$的散射波幅度甚大,与入射波的干涉会形成驻波,这也正是(7.2.32)式的含义,其中 $\psi_{k'}^0$ 正代表这一大振幅的散射波。从而具有这样的能量的电子波不能进入晶体,不能在晶体中运动,这也正是禁带的意义所在。事实上由 $k=n\dfrac{\pi}{a}$,可得 $2a=n\lambda\,(\lambda=2\pi/k$,为电子波长),这正是一维背向布拉格反射的条件:相邻原子的背向散射波干涉相长,使入射波遭致全反射而不得进入晶体内部。

最后,应该指出,从上面的讨论已可看出,在近自由电子近似中,所谓"弱周期场",即(7.2.5)式可作为微扰的含义是傅里叶分量的绝对值$|V_n|$远小于波矢为相应的布里渊区边界 $n\dfrac{\pi}{a}$的自由电子动能 $T_n=\dfrac{\hbar^2}{2m}\left(\dfrac{n\pi}{a}\right)^2$。

7.2.3 三维情况

现在我们将以上结果推广至三维情况。将周期场 $V(\boldsymbol{r})$展成傅里叶级数,并取平均场 $V_0=0$ 可得

$$V(\boldsymbol{r})=\sum_{\boldsymbol{K}_h}V_h\mathrm{e}^{\mathrm{i}\boldsymbol{K}_h\cdot\boldsymbol{r}}=\sum_{\boldsymbol{K}_h}{}'V_h\mathrm{e}^{\mathrm{i}\boldsymbol{K}_h\cdot\boldsymbol{r}}\tag{7.2.41}$$

其中 $\boldsymbol{K}_h=h_1\boldsymbol{b}_1+h_2\boldsymbol{b}_2+h_3\boldsymbol{b}_3$ 为任意倒格矢,求和中的撇号与前面一样表示不包括 $\boldsymbol{K}_h=0$ 的常数项。类似于(7.2.8)式将(7.1.15)式写成

$$(H^0+H')\psi(\boldsymbol{r})=E\psi(\boldsymbol{r})\tag{7.2.42}$$

其中

$$H^0=\frac{\hbar^2}{2m}\nabla^2$$

而

$$H'=V(\boldsymbol{r})=\sum_{\boldsymbol{K}_h}{}'V_h\mathrm{e}^{\mathrm{i}\boldsymbol{K}_h\cdot\boldsymbol{r}}\tag{7.2.43}$$

分别为自由电子动能算符(零级哈密顿量)与微扰。一级微扰能量

$$E^{(1)}(\boldsymbol{k})=H'_{\boldsymbol{kk}}=\int_V\psi_{\boldsymbol{k}}^{0*}H'\psi_{\boldsymbol{k}}^0\mathrm{d}\tau\tag{7.2.44}$$

其中自由电子波函数

$$\psi_{\boldsymbol{k}}^0=\frac{1}{\sqrt{V}}\mathrm{e}^{\mathrm{i}\boldsymbol{k}\cdot\boldsymbol{r}}\tag{7.2.45}$$

V 为晶体体积。由于除非 $\boldsymbol{K}_h=0$, 否则

$$\int_V\mathrm{e}^{\mathrm{i}\boldsymbol{K}_h\cdot\boldsymbol{r}}\mathrm{d}\tau=0\tag{7.2.46}$$

与一维情形一样, $E^{(1)}(\boldsymbol{k})=0$。因此必须计及二级微扰:

$$E^{(2)}(\boldsymbol{k})=\sum_{k'}\frac{|H'_{\boldsymbol{k}'\boldsymbol{k}}|^2}{E^0(\boldsymbol{k})-E^0(\boldsymbol{k}')}\tag{7.2.47}$$

其中 $E^0(\boldsymbol{k})=\frac{\hbar^2}{2m}k^2$ 为自由电子能量。

$$H'_{\boldsymbol{k}'\boldsymbol{k}}=\int_V \psi_{\boldsymbol{k}'}^{0*}\sum_{\boldsymbol{K}_h}{}' V_h \mathrm{e}^{\mathrm{i}\boldsymbol{K}_h\cdot\boldsymbol{r}}\psi_{\boldsymbol{k}}\,\mathrm{d}\tau=\sum_{\boldsymbol{K}_h}{}' V_h\delta_{\boldsymbol{k}',\,\boldsymbol{k}+\boldsymbol{K}_h} \tag{7.2.48}$$

$$E^{(2)}(\boldsymbol{k})=\sum_{\boldsymbol{K}_h}{}'\frac{|V_h|^2}{E^0(\boldsymbol{k})-E^0(\boldsymbol{k}+\boldsymbol{K}_h)} \tag{7.2.49}$$

由此得到非简并微扰适用的三维近自由电子近似的电子能量为

$$E(\boldsymbol{k})=E^0(\boldsymbol{k})+E^{(2)}(\boldsymbol{k})=\frac{\hbar^2}{2m}k^2+\sum_{\boldsymbol{K}_h}{}'\frac{|V_h|^2}{E^0(\boldsymbol{k})-E^0(\boldsymbol{k}+\boldsymbol{K}_h)} \tag{7.2.50}$$

波函数

$$\psi_{\boldsymbol{k}}=\psi_{\boldsymbol{k}}^0+\sum_{k'}\frac{H'_{\boldsymbol{k}'\boldsymbol{k}}}{E^0(\boldsymbol{k})-E^0(\boldsymbol{k}')}\psi_{\boldsymbol{k}'}^0=\psi_{\boldsymbol{k}}^0\left(1+\sum_{h}{}'\frac{V_h\mathrm{e}^{\mathrm{i}\boldsymbol{K}_h\cdot\boldsymbol{r}}}{E^0(\boldsymbol{k})-E^0(\boldsymbol{k}+\boldsymbol{K}_h)}\right) \tag{7.2.51}$$

在布里渊区边界处非简并微扰理论失效。实际上，$E^0(\boldsymbol{k})=E^0(\boldsymbol{k}+\boldsymbol{K}_h)$ 意味着 $k^2=(\boldsymbol{k}+\boldsymbol{K}_h)^2$，即

$$2\boldsymbol{k}\cdot\boldsymbol{K}_h+(\boldsymbol{K}_h)^2=0$$

$$\left(\boldsymbol{k}+\frac{\boldsymbol{K}_h}{2}\right)\cdot\boldsymbol{K}_h=0 \tag{7.2.52}$$

由图 7.3 可以清楚地看到，如 MN 为一垂直于纸面的布里渊区的边界，则端点在其上的电子波矢 $\boldsymbol{k}$ 必满足上式，即满足上式的电子波矢 $\boldsymbol{k}$ 正好处于布里渊区的边界处。由图 7.3 还可看到，当 $\boldsymbol{k}$ 满足(7.2.52)式时

$$k\sin\theta=\frac{1}{2}|\boldsymbol{K}_h| \tag{7.2.53}$$

对布拉维格子而言，如图 7.4 所示，若一族晶面与 $\boldsymbol{K}_h$ 垂直，则该晶面族的面间距

$$d=\boldsymbol{r}\cdot\frac{\boldsymbol{K}_h}{|\boldsymbol{K}_h|}=\boldsymbol{r}\cdot\frac{\boldsymbol{K}_h^0}{|\boldsymbol{K}_h^0|}$$

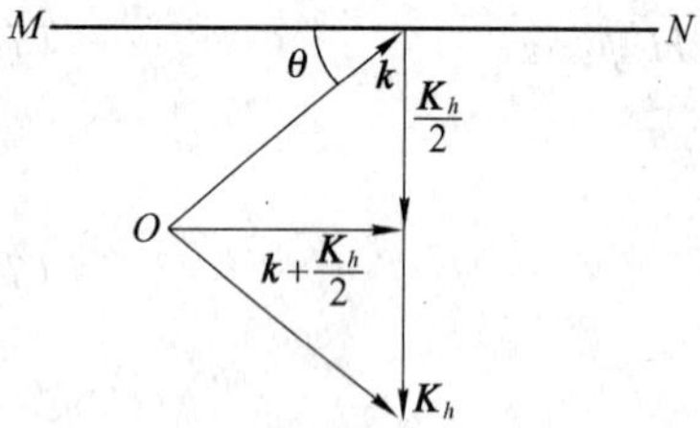

图 7.3 式(7.2.52)的几何意义

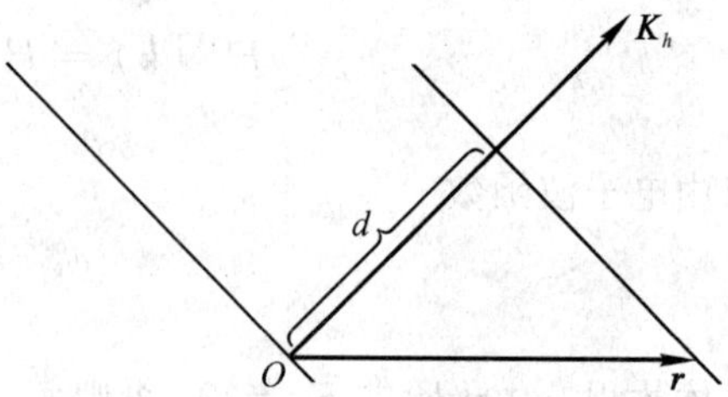

图 7.4 以 $\boldsymbol{K}_h$ 为法线的晶面间距

这里 $\boldsymbol{K}_h^0$ 为该方向的最短倒格矢，$\boldsymbol{K}_h=m\boldsymbol{K}_h^0$，$m$ 为整数，而 $\boldsymbol{r}$ 为最靠近原点的晶面上的任意点的位矢。如 $\boldsymbol{r}$ 为格矢，即 $\boldsymbol{r}=l_1\boldsymbol{a}_1+l_2\boldsymbol{a}_2+l_3\boldsymbol{a}_3$，而 $\boldsymbol{K}_h^0=h_1^0\boldsymbol{b}_1+h_2^0\boldsymbol{b}_2+h_3^0\boldsymbol{b}_3$，其中 h_1^0、h_2^0 与 h_3^0 为一组互质整数，可知 $d=\frac{2\pi(l_1h_1^0+l_2h_2^0+l_3h_3^0)}{|\boldsymbol{K}_h^0|}=\frac{2\pi M}{|\boldsymbol{K}_h^0|}$。这里 M 为一整数，可以证明，$M=1$，因此 $|\boldsymbol{K}_h^0|=2\pi/d$，将此代入(7.2.53)式，并用 $k=2\pi/\lambda$

代入,则得

$$2d\sin\theta = m\lambda \tag{7.2.54}$$

这正是布拉格反射公式。说明当波矢处于布里渊区边界的电子波入射晶体时,散射波将干涉加强。相应地电子能量 E 随波矢 $\boldsymbol{k}$ 变化的色散关系在布里渊区边界处出现不连续,其不连续性也正是势场傅里叶分量绝对值的两倍,即 $2|V_h|$。值得注意的是,在一维情形,能量不连续一定与禁带相对应。而在三维情形,某一方向的能量不连续不一定意味着这就是禁带,因为在倒空间的其他方向,这一范围的能量可能是电子的许可能量。

这里用布拉格反射来理解能量不连续是很有意义的。如果势场相应于 $\boldsymbol{K}_h$ 的傅里叶分量 $V(\boldsymbol{K}_h)=0$,这就表明虽然对某一倒格矢 $\boldsymbol{K}_h$ 而言波矢 $\boldsymbol{k}$ 满足(7.2.52)式或(7.2.54)式,但来自格点的散射波幅度为零,布拉格反射的强度为零,那末相应的能量不连续性便不再存在。对复式格子,如基元中各原子的散射波干涉相消,便是这种情形。设复式格子基元中包含 t 个原子,每个原子相对于原胞顶点的位矢可表示为 $\boldsymbol{d}_j=\mu_{j1}\boldsymbol{a}_1+\mu_{j2}\boldsymbol{a}_2+\mu_{j3}\boldsymbol{a}_3$, $j=1, 2, \cdots, t$,除去原胞顶角的原子对应于 $\mu_{ji}=0(i=1, 2, 3)$ 而外,其余的原子对应的 μ_{ji} 都是一些分数。这时晶体可看成 t 个子晶格的组合,晶体势也可看成各个子晶格晶体势的叠加。第 j 个子晶格的晶体势可以如下展开成傅里叶级数:

$$V_j(\boldsymbol{r}-\boldsymbol{d}_j)=\sum_h{}' V_{jh}\,\mathrm{e}^{\mathrm{i}\boldsymbol{K}_h\cdot(\boldsymbol{r}-\boldsymbol{d}_j)} \tag{7.2.55}$$

因此晶体势

$$V(\boldsymbol{r})=\sum_{j=1}^{t}V_j(\boldsymbol{r}-\boldsymbol{d}_j)=\sum_h{}'\sum_j V_{jh}\,\mathrm{e}^{\mathrm{i}\boldsymbol{K}_h(\boldsymbol{r}-\boldsymbol{d}_j)}=\sum_h{}'\sum_j V_{jh}\,\mathrm{e}^{-\boldsymbol{K}_h\cdot\boldsymbol{d}_j}\,\mathrm{e}^{\mathrm{i}\boldsymbol{K}_h\cdot\boldsymbol{r}} \tag{7.2.56}$$

但 $V(\boldsymbol{r})$ 本身可直接展开成傅里叶级数:

$$V(\boldsymbol{r})=\sum_{K_h}{}' V_h\,\mathrm{e}^{\mathrm{i}\boldsymbol{K}_h\cdot\boldsymbol{r}}$$

与(7.2.56)式相比可知复式格子晶体势的傅里叶分量为

$$V_h=\sum_j V_{jh}\,\mathrm{e}^{-\boldsymbol{K}_h\cdot\boldsymbol{d}_j} \tag{7.2.57}$$

如各个子晶格由相同原子构成,例如金刚石结构的情形,所有的与同一倒格矢 $\boldsymbol{K}_h$ 相应的 V_{jh} 都一样,可记为 V_{1h},则

$$V_h=V_{1h}\sum_j \mathrm{e}^{-\boldsymbol{K}_h\cdot\boldsymbol{d}_j}=V_{1h}S(\boldsymbol{K}_h) \tag{7.2.58}$$

而

$$S(\boldsymbol{K}_h)=\sum_{j=1}^{t}\mathrm{e}^{-\boldsymbol{K}_h\cdot\boldsymbol{d}_j} \tag{7.2.59}$$

称为结构因子,与(2.4.7)的几何结构因子有相似的含义。但是后者表达式中的倒格矢是相对于晶胞基矢作出的,而上式中的 $\boldsymbol{K}_h$ 则建立在原胞基矢之上。这是因为作理论计算时总是力求简单,因此常将原胞选作晶体结构的最小的重复单元的缘故。如果

$$S(\boldsymbol{K}_h)=0$$

则相应的傅里叶分量

$$V_h=0$$

由(7.2.59)可见,这表示原胞内各个原子的散射波干涉相消,从而破坏了布拉格反射。

§7.3 紧束缚近似

上一节近自由电子近似实际上是认为晶体势在晶体内部大部分空间无大的变化,只是在原子核周围有小的起伏。换言之,电子受原子的束缚比较弱。因此这一近似比较适用于价电子,特别是金属中的价电子。

7.3.1 原子轨道线性组合

与此相反,如果电子受原子核束缚较强,而原子之间的相互作用相对较弱,例如内壳层的电子及绝缘材料的价电子,近自由电子的观点就与实际情形相距较远,晶体中的电子的状态更接近于孤立原子中的情形。这时所谓紧束缚的方法更为适用。与近自由电子近似相对照,紧束缚方法不用自由电子的波函数,而用所有原子的电子波函数的线性叠加作为零级近似或尝试波函数:

$$\psi(\boldsymbol{r}) = \sum_{l,\,j,\,\alpha} A^{\alpha}_{l,j}\varphi^{\alpha}(\boldsymbol{r}-\boldsymbol{R}_l-\boldsymbol{d}_j) \tag{7.3.1}$$

这里 $\varphi^{\alpha}(\boldsymbol{r}-\boldsymbol{R}_l-\boldsymbol{d}_j)$ 表示位于第 l 个原胞内的第 j 个原子的第 α 个原子波函数或原子轨道。虽然对相同的 $\boldsymbol{R}_l$ 与 $\boldsymbol{d}_j$,即同一原子的不同 α 的轨道是相互正交的,但不同原子的轨道之间一般不具有正交的性质。因此(7.3.1)式并非将晶体波函数用正一系展开,只能看作是尝试波函数。然而为了符合布洛赫定理,将系数写成

$$A^{\alpha}_{l,\,j} = \frac{1}{\sqrt{N}}A^{\alpha}_{j}\mathrm{e}^{\mathrm{i}\boldsymbol{k}\cdot\boldsymbol{R}_l} \tag{7.3.2}$$

即

$$\psi_{\boldsymbol{k}}(\boldsymbol{r}) = \frac{1}{\sqrt{N}}\sum_{\alpha}\sum_{l,\,j}A^{\alpha}_{j}\mathrm{e}^{\mathrm{i}\boldsymbol{k}\cdot\boldsymbol{R}_l}\varphi^{\alpha}(\boldsymbol{r}-\boldsymbol{R}_l-\boldsymbol{d}_j)$$

或记为

$$\psi_{\boldsymbol{k}}(\boldsymbol{r}) = \sum_{\alpha,\,j}A^{\alpha}_{j}\varphi_{\alpha\boldsymbol{k}j}(\boldsymbol{r}) \tag{7.3.3}$$

式中

$$\varphi_{\alpha\boldsymbol{k}j}(\boldsymbol{r}) = \frac{1}{\sqrt{N}}\sum_{l}\mathrm{e}^{\mathrm{i}\boldsymbol{k}\cdot\boldsymbol{R}_l}\varphi^{\alpha}(\boldsymbol{r}-\boldsymbol{R}_l-\boldsymbol{d}_j) \tag{7.3.4}$$

有时称 $\varphi_{\alpha\boldsymbol{k}j}(\boldsymbol{r})$为与第 j 类原子的第 α 个原子轨道相应的布洛赫和。(7.3.3)式表示所有原子轨道布洛赫和的线性组合可以选为近似波函数。将(7.3.3)式代入(7.1.15)式便可进一步计算电子的能量。这里,为简单计,只讨论简单格子中 s 电子所形成的能带,这时可舍去标号 α 与 j,而将近似波函数写成

$$\psi_{\boldsymbol{k}}(\boldsymbol{r}) = \frac{1}{\sqrt{N}}\sum_{l=1}^{N}\mathrm{e}^{\mathrm{i}\boldsymbol{k}\cdot\boldsymbol{R}_l}\varphi(\boldsymbol{r}-\boldsymbol{R}_l) \tag{7.3.5}$$

这里 $\varphi(\boldsymbol{r}-\boldsymbol{R}_l)$ 即为位于第 l 个格点之上的原子的 s 电子轨道。将上式代入(7.1.15)式,并将其中的周期势 $V(\boldsymbol{r})$看作所有原子势的叠加:

$$V(\boldsymbol{r}) = \sum_{l'} v(\boldsymbol{r}-\boldsymbol{R}_{l'}) \tag{7.3.6}$$

其中 $v(\boldsymbol{r}-\boldsymbol{R}_l)$ 即为第 l 个格点上原子的原子势。可得

$$\sum_l \mathrm{e}^{\mathrm{i}\boldsymbol{k}\cdot\boldsymbol{R}_l}\left[-\frac{\hbar^2}{2m}\nabla^2 + \sum_{l'} v(\boldsymbol{r}-\boldsymbol{R}_{l'}) - E(\boldsymbol{k})\right]\varphi(\boldsymbol{r}-\boldsymbol{R}_l) = 0 \tag{7.3.7}$$

将上式乘以 $\varphi^*(\boldsymbol{r})$并对空间积分，并注意 $\varphi(\boldsymbol{r}-\boldsymbol{R}_{l'})$ 是原子哈密顿 $-\frac{\hbar^2}{2m}\nabla^2 + v(\boldsymbol{r}-\boldsymbol{R}_{l'})$ 的本征函数，相应的本征能量即为原子能级 E^s，可得

$$\begin{aligned}[E(\boldsymbol{k}) - E^s] \sum_l \mathrm{e}^{\mathrm{i}\boldsymbol{k}\cdot\boldsymbol{R}_l}\int\varphi^*(\boldsymbol{r})\varphi(\boldsymbol{r}-\boldsymbol{R}_l)\mathrm{d}\tau \\ = \sum_l \mathrm{e}^{\mathrm{i}\boldsymbol{k}\cdot\boldsymbol{R}_l}\int\varphi^*(\boldsymbol{r})[V(\boldsymbol{r}) - v(\boldsymbol{r}-\boldsymbol{R}_l)]\varphi(\boldsymbol{r}-\boldsymbol{R}_l)\mathrm{d}\tau\end{aligned} \tag{7.3.8}$$

如果原子间相互作用比较弱，则相邻原子波函数交叠甚少；在此情形，即使不同原子的轨道不正交，但也可近似认为

$$\int_V \varphi^*(\boldsymbol{r}-\boldsymbol{R}_{l'})\varphi(\boldsymbol{r}-\boldsymbol{R}_l)\mathrm{d}\tau \approx \delta_{l'l} \tag{7.3.9}$$

引进两个参量 C 与 J_l：

$$C = \int_V \varphi^*(\boldsymbol{r})[V(\boldsymbol{r}) - v(\boldsymbol{r})]\varphi(\boldsymbol{r})\mathrm{d}\tau \tag{7.3.10}$$

$$J_l = \int_V \varphi^*(\boldsymbol{r})[V(\boldsymbol{r}) - v(\boldsymbol{r}-\boldsymbol{R}_l)]\varphi(\boldsymbol{r}-\boldsymbol{R}_l)\mathrm{d}\tau \tag{7.3.11}$$

并且(7.3.8)式中的求和只取原点(注意原点处亦为一原子)的最近邻——紧束缚极限，便可将该式化为

$$E(\boldsymbol{k}) = E^s + C - J\sum_l \mathrm{e}^{\mathrm{i}\boldsymbol{k}\cdot\boldsymbol{R}_l} \tag{7.3.12}$$

上式中之$(-J)$即为与最近邻相应的 J_l，求和只对最近邻进行。图 7.5 就一维情形示意画出晶体势与第 l 个格点上的原子势以及彼此之差。由图可以想到，由于 $V(\boldsymbol{r}) - v(\boldsymbol{r})$ 是负的，$C < 0$；同样可知 $J_l < 0$，因而(7.3.12)中的 J 为正值。

7.3.2 能带和有效质量

下面针对具体的晶体结构——体心立方讨论(7.3.12)式。体心立方的每个格点有八个最近邻，如晶格常数为 a，可得

$$E(\boldsymbol{k}) = E^s + C - 8J\cos\frac{k_x a}{2}\cos\frac{k_y a}{2}\cos\frac{k_z a}{2} \tag{7.3.13}$$

由上式可明显看出晶体能带系由原子能级展宽而成。

对于上式表示的能带，其极小值位于倒空间的原点：

$$E_{\min} = E(0) = E^s + C - 8J \tag{7.3.14}$$

而最大值则在 $\boldsymbol{k}$ 空间中相互对称的六个点 $\left(\pm\frac{2\pi}{a}, 0, 0\right)$、$\left(0, \pm\frac{2\pi}{a}, 0\right)$与$\left(0, 0, \pm\frac{2\pi}{a}\right)$，分别位于第一布里渊区的六个端点($H$ 点)，能量为

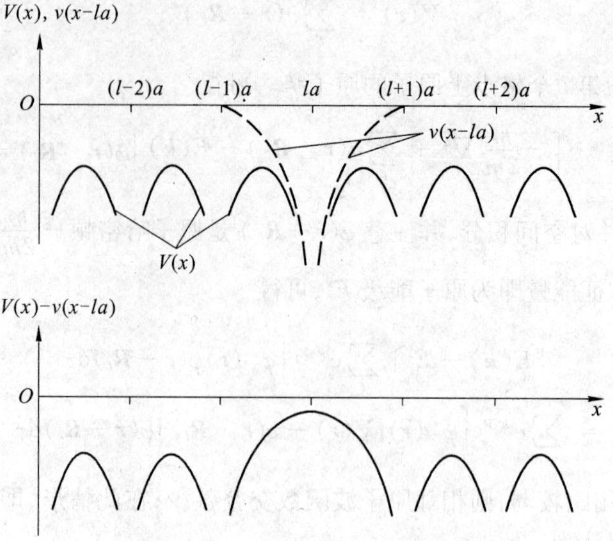

图 7.5　晶体势与原子势之差

$$E_{\max} = E(H) = E^{s} + C + 8J \tag{7.3.15}$$

显然能带宽度为 $16J$。可见能带宽度既决定于晶体结构(配位数),更决定于不同原子间相互耦合的程度。

在这里,能带极值附近的色散关系是值得注意的。将(7.3.13)式中三角函数在 $\boldsymbol{k}=0$ 附近用泰勒级数展开,可得

$$E(\boldsymbol{k}) = E_{\min} + Ja^{2}(k_x^2 + k_y^2 + k_z^2) \tag{7.3.16}$$

上式可写成

$$E(\boldsymbol{k}) = E_{\min} + \frac{\hbar^2 k^2}{2m^*} \tag{7.3.17}$$

其中

$$m^* = \hbar^2 / 2a^2 J > 0 \tag{7.3.18}$$

同样在能带极大值,例如$\left(\frac{2\pi}{a}, 0, 0\right)$附近也可将(7.3.13)式展开,即令 $k_x = \frac{2\pi}{a} + \delta k_x$, $k_y = \delta k_y$, $k_z = \delta k_z$,

$$E = E_{\max} - Ja^{2}(\delta k_x^2 + \delta k_y^2 + \delta k_z^2) \tag{7.3.19}$$

令

$$(\delta k)^2 = \delta k_x^2 + \delta k_y^2 + \delta k_z^2 \tag{7.3.20}$$

可得

$$E = E_{\max} + \frac{\hbar^2}{2m'^*}(\delta k)^2 \tag{7.3.21}$$

其中

$$m'^* = -\frac{\hbar^2}{2a^2 J} < 0 \tag{7.3.22}$$

(7.3.17)与(7.3.21)式表明,在这里由原子的 s 能级展宽而成的能带的极值附近,色散关系极类似于自由电子,只是自由电子的质量 m 应代之以 m^* 或 m'^*。常称 m^* 与 m'^* 为能带底

部与顶部的电子的有效质量。我们可以想到，有效质量这一参量在一定程度上概括了晶体周期场对电子的影响。而且电子处于不同的状态(即不同的波矢 $\boldsymbol{k}$)有不同的有效质量，甚至符号也会变化。这里我们已经看到在能带底部($E_{\min}$附近)电子的有效质量为正，而在能带顶部($E_{\max}$附近)，电子的有效质量为负。

应该指出的是，这里是以最简单的模型介绍了紧束缚近似计算能带的梗概，只考虑了原子的单一的 s 轨道，而且只针对布拉维格子。实际的情形会比较复杂，我们会在相应的章节中再作介绍。然而由这里的讨论已能看出原子能级由于晶体中相邻原子间的相互作用而展宽成能带这一定性图像。而且，得到的能带结构(色散关系)也具有能带的一般特点。例如(7.3.13)式的 $E(\boldsymbol{k})$明显满足倒空间的周期性和反演对称性，即

$$E(\boldsymbol{k}) = E(-\boldsymbol{k})$$

以及

$$E(\boldsymbol{k}+\boldsymbol{K}_h) = E(\boldsymbol{k})$$

这里 $\boldsymbol{K}_h = h_1\boldsymbol{b}_1 + h_2\boldsymbol{b}_2 + h_3\boldsymbol{b}_3 = \frac{2\pi}{a}[(h_2+h_3)\boldsymbol{i} + (h_3+h_1)\boldsymbol{j} + (h_1+h_2)\boldsymbol{k}]$ 为体立方的倒格矢，其中 h_1，h_2 与 h_3 为任意整数；而 $\boldsymbol{i}$、$\boldsymbol{j}$、$\boldsymbol{k}$ 为沿立方边的单位矢量。

7.3.3 等能面

对于面心立方晶体的 s 态电子，采用紧束缚方法处理，只计最近邻的相互作用，作为练习，读者可导出其能带为

$$E(\boldsymbol{k}) = E_0 - A - 4J\left[\cos\frac{k_x a}{2}\cos\frac{k_y a}{2} + \cos\frac{k_y a}{2}\cos\frac{k_z a}{2} + \cos\frac{k_z a}{2}\cos\frac{k_x a}{2}\right]$$

当 $E = E_0 - A + 2|J|$ 时，其等能面如图 7.6 所示。显然，这个等能面与第六章图 6.9 铜的费米面形状相似，差别在"颈部"的胖瘦程度不同。

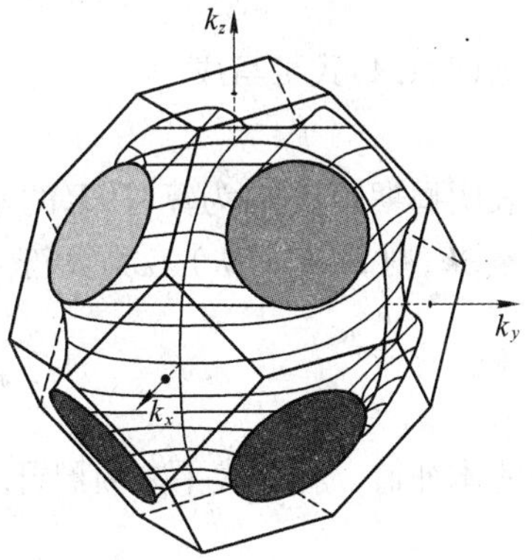

图 7.6 面心立方晶体紧束缚近似的一个等能面

§7.4 电子的准经典运动

历史上，能带理论由于成功地解释了不同固体导电本领的差异而受到重视，在固体材料的开发应用方面发挥了巨大的作用。构成今日物质文明重要基石的半导体微电子工业就是在能带理论的原理基础上发展起来的。研究固体导电性必然要涉及电子在固体中的运动。本节要说明的是，固体中的电子对外加电磁场的响应有如一质量为有效质量的经典自由电子，这就是所谓的电子的准经典运动。为此我们先讨论处于用波矢 $\boldsymbol{k}$ 标记的状态 $\psi_{\boldsymbol{k}}$ 的电子在晶体中的运动速度。

7.4.1 布洛赫态中电子的平均速度

由量子力学知道，电子的速度算符为

$$\boldsymbol{p}/m = \frac{\hbar}{m\mathrm{i}}\nabla \tag{7.4.1}$$

其中 $\boldsymbol{p}=\frac{\hbar}{\mathrm{i}}\nabla$ 为动量算符。由于晶体哈密顿算符中的势场项与 $\boldsymbol{p}$ 不对易,波函数 $\psi_{\boldsymbol{k}}$ 并非是速度算符的本征函数,表明处于 $\psi_{\boldsymbol{k}}$ 状态的电子没有确定的速度,只能计算其平均速度 $\boldsymbol{v}$。根据定义

$$\boldsymbol{v}=\frac{1}{m}\int_V \psi_{\boldsymbol{k}}^* \frac{\hbar}{\mathrm{i}}\nabla\psi_{\boldsymbol{k}}\mathrm{d}\tau \tag{7.4.2}$$

为简单计,这里略去能带标号 n。将 $\psi_{\boldsymbol{k}}=\mathrm{e}^{\mathrm{i}\boldsymbol{k}\cdot\boldsymbol{r}}u_{\boldsymbol{k}}(\boldsymbol{r})$ 代入上式可得

$$\boldsymbol{v}=\frac{\hbar}{m}\int u_{\boldsymbol{k}}^*(\boldsymbol{r})\left(\frac{1}{\mathrm{i}}\nabla+\boldsymbol{k}\right)u_{\boldsymbol{k}}(\boldsymbol{r})\mathrm{d}\tau \tag{7.4.3}$$

将布洛赫函数 $\psi_{\boldsymbol{k}}$ 代入晶体电子的薛定谔方程(7.1.15),可知周期函数 $u_{\boldsymbol{k}}(\boldsymbol{r})$ 满足如下方程:

$$\left[\frac{\hbar^2}{2m}\left(\frac{1}{\mathrm{i}}\nabla+\boldsymbol{k}\right)^2+V(\boldsymbol{r})\right]u_{\boldsymbol{k}}(\boldsymbol{r})=E(\boldsymbol{k})u_{\boldsymbol{k}}(\boldsymbol{r}) \tag{7.4.4}$$

令

$$H'_{\boldsymbol{k}}=\frac{\hbar^2}{2m}\left(\frac{1}{\mathrm{i}}\nabla+\boldsymbol{k}\right)^2+V(\boldsymbol{r}) \tag{7.4.5}$$

则(7.4.4)式可写成

$$H'_{\boldsymbol{k}}u_{\boldsymbol{k}}(\boldsymbol{r})=E(\boldsymbol{k})u_{\boldsymbol{k}}(\boldsymbol{r}) \tag{7.4.6}$$

表明周期函数 $u_{\boldsymbol{k}}$ 为算符 $H'_{\boldsymbol{k}}$ 的本征函数,其本征值则为电子能量。在上式中,令 $\boldsymbol{k}$ 变化一小量 $\delta\boldsymbol{k}$,则 $E(\boldsymbol{k}+\delta\boldsymbol{k})$ 应为算符

$$H'_{\boldsymbol{k}+\delta\boldsymbol{k}}=\frac{\hbar^2}{2m}\left(\frac{1}{\mathrm{i}}\nabla+\boldsymbol{k}+\delta\boldsymbol{k}\right)^2+V(\boldsymbol{r}) \tag{7.4.7}$$

的本征值。将上式平方项展开,只保留 $\delta\boldsymbol{k}$ 的一次项,则得

$$H'_{\boldsymbol{k}+\delta\boldsymbol{k}}\approx\frac{\hbar^2}{2m}\left(\frac{1}{\mathrm{i}}\nabla+\boldsymbol{k}\right)^2+V(\boldsymbol{r})+\frac{\hbar^2}{m}\left(\frac{1}{\mathrm{i}}\nabla+\boldsymbol{k}\right)\cdot\delta\boldsymbol{k} \tag{7.4.8}$$

将上式右边第三项视为对算符 $H'_{\boldsymbol{k}}$ 的微扰,便可用 $H'_{\boldsymbol{k}}$ 的本征函数 $u_{\boldsymbol{k}}(\boldsymbol{r})$ 计算一级微扰能量 $\Delta E(\boldsymbol{k})$

$$\Delta E(\boldsymbol{k})=\int u_{\boldsymbol{k}}^*(\boldsymbol{r})\frac{\hbar^2}{m}\left(\frac{1}{\mathrm{i}}\nabla+\boldsymbol{k}\right)\cdot\delta\boldsymbol{k}u_{\boldsymbol{k}}(\boldsymbol{r})\mathrm{d}\tau \tag{7.4.9}$$

而

$$E(\boldsymbol{k}+\delta\boldsymbol{k})=E(\boldsymbol{k})+\Delta E(\boldsymbol{k})=E(\boldsymbol{k})+\int u_{\boldsymbol{k}}^*(\boldsymbol{r})\frac{\hbar^2}{m}\left(\frac{1}{\mathrm{i}}\nabla+\boldsymbol{k}\right)\cdot\delta\boldsymbol{k}u_{\boldsymbol{k}}(\boldsymbol{r})\mathrm{d}\tau \tag{7.4.10}$$

另一方面,将 $E(\boldsymbol{k}+\delta\boldsymbol{k})$ 按波矢作泰勒级数展开,并只保留至 $\delta\boldsymbol{k}$ 的一次项,可得

$$E(\boldsymbol{k}+\delta\boldsymbol{k})\approx E(\boldsymbol{k})+\nabla_{\boldsymbol{k}}E\cdot\delta\boldsymbol{k} \tag{7.4.11}$$

将上式与(7.4.10)式相比较,考虑到 $\delta\boldsymbol{k}$ 的任意性可得

$$\nabla_{\boldsymbol{k}}E(\boldsymbol{k})=\int u_{\boldsymbol{k}}^*(\boldsymbol{r})\frac{\hbar^2}{m}\left(\frac{1}{\mathrm{i}}\nabla+\boldsymbol{k}\right)u_{\boldsymbol{k}}(\boldsymbol{r})\mathrm{d}\tau \tag{7.4.12}$$

将上式与(7.4.3)比较可得

$$\boldsymbol{v} = \boldsymbol{v}(\boldsymbol{k}) = \frac{1}{\hbar} \nabla_{k} E(\boldsymbol{k}) \tag{7.4.13}$$

由上式可见,由于 $E(\boldsymbol{k})$为倒空间的偶函数,$\boldsymbol{v}(\boldsymbol{k})$为奇函数,即

$$\boldsymbol{v}(-\boldsymbol{k}) = -\boldsymbol{v}(\boldsymbol{k}) \tag{7.4.14}$$

7.4.2 布洛赫电子在外场中的动力学

将(7.4.13)式对时间求导数,即可计算电子的加速度 $\boldsymbol{a}$:

$$\boldsymbol{a} = \frac{\mathrm{d}\boldsymbol{v}}{\mathrm{d}t} = \frac{\mathrm{d}}{\mathrm{d}t}\frac{1}{\hbar} \nabla_{k} E(\boldsymbol{k}) = \frac{1}{\hbar}\left(\frac{\mathrm{d}\boldsymbol{k}}{\mathrm{d}t} \cdot \nabla_{k}\right)[\nabla_{k} E(\boldsymbol{k})] \tag{7.4.15}$$

写成分量式得

$$\left.\begin{aligned}
a_x &= \frac{1}{\hbar}\frac{\partial^2 E}{\partial k_x^2}\frac{\mathrm{d}k_x}{\mathrm{d}t} + \frac{1}{\hbar}\frac{\partial^2 E}{\partial k_y \partial k_x}\frac{\mathrm{d}k_y}{\mathrm{d}t} + \frac{1}{\hbar}\frac{\partial^2 E}{\partial k_z \partial k_x}\frac{\mathrm{d}k_z}{\mathrm{d}t} \\
a_y &= \frac{1}{\hbar}\frac{\partial^2 E}{\partial k_x \partial k_y}\frac{\mathrm{d}k_x}{\mathrm{d}t} + \frac{1}{\hbar}\frac{\partial^2 E}{\partial k_y^2}\frac{\mathrm{d}k_y}{\mathrm{d}t} + \frac{1}{\hbar}\frac{\partial^2 E}{\partial k_z \partial k_y}\frac{\mathrm{d}k_z}{\mathrm{d}t} \\
a_z &= \frac{1}{\hbar}\frac{\partial^2 E}{\partial k_x \partial k_z}\frac{\mathrm{d}k_x}{\mathrm{d}t} + \frac{1}{\hbar}\frac{\partial^2 E}{\partial k_y \partial k_z}\frac{\mathrm{d}k_y}{\mathrm{d}t} + \frac{1}{\hbar}\frac{\partial^2 E}{\partial k_z^2}\frac{\mathrm{d}k_z}{\mathrm{d}t}
\end{aligned}\right\} \tag{7.4.16}$$

将上式写成矩阵形式

$$(\boldsymbol{a}) = \left(\frac{1}{m^*}\right)\left(\frac{\mathrm{d}\,\hbar\boldsymbol{k}}{\mathrm{d}t}\right) \tag{7.4.17}$$

其中矩阵元

$$\left(\frac{1}{m^*}\right)_{ij} = \frac{1}{\hbar^2}\frac{\partial^2 E}{\partial k_j \partial k_i},\ i,\ j = x,\ y,\ z \tag{7.4.18}$$

当有外加电磁场时,电子必受场力作用,可能使能量发生变化:

$$\frac{\mathrm{d}E}{\mathrm{d}t} = \nabla_{k} E \cdot \frac{\mathrm{d}\boldsymbol{k}}{\mathrm{d}t} = \frac{1}{\hbar}\nabla_{k} E \cdot \frac{\mathrm{d}\,\hbar\boldsymbol{k}}{\mathrm{d}t} \tag{7.4.19}$$

令

$$\boldsymbol{p} = \hbar\boldsymbol{k} \tag{7.4.20}$$

并在(7.4.19)式中代之以(7.4.13)式可得:

$$\frac{\mathrm{d}E}{\mathrm{d}t} = \boldsymbol{v} \cdot \frac{\mathrm{d}\boldsymbol{p}}{\mathrm{d}t} \tag{7.4.21}$$

$\mathrm{d}E/\mathrm{d}t$ 其实即为外力 $\boldsymbol{F}$ 对电子做功的功率,由经典力学知

$$\frac{\mathrm{d}E}{\mathrm{d}t} = \boldsymbol{v} \cdot \boldsymbol{F} \tag{7.4.22}$$

比较以上两式得

$$\boldsymbol{F} = \frac{\mathrm{d}\boldsymbol{p}}{\mathrm{d}t} \tag{7.4.23}$$

上式与牛顿第二定律具有完全相似的形式,常称 $\boldsymbol{p}$ 为准动量或晶体动量。值得注意的是虽然 $\boldsymbol{p}$ 具有动量的量纲,其变化率与外力的关系也与经典动量相同,但却不可将 $\boldsymbol{p}$ 与 $m\boldsymbol{v}$ 相

混。一来由于 $\boldsymbol{k}$ 可以相差任意倒格矢 $\boldsymbol{K}_h$，准动量只能精确到 $\hbar\boldsymbol{K}_h$；二来布洛赫函数 $\psi_{\boldsymbol{k}}(\boldsymbol{r})$ 既非动量算符 $\frac{\hbar}{\mathrm{i}}\nabla$ 的本征函数，$\hbar\boldsymbol{k}$ 也非动量的平均值。

但利用准动量 $\boldsymbol{p}$ 可将(7.4.17)式改写成

$$(\boldsymbol{a}) = \left(\frac{1}{m^*}\right)\left(\frac{\mathrm{d}\boldsymbol{p}}{\mathrm{d}t}\right) = \left(\frac{1}{m^*}\right)(\boldsymbol{F}) \tag{7.4.24}$$

这里 $(\boldsymbol{a})$ 与 $(\boldsymbol{F})$ 均为一列矩阵。由上式可知矩阵元 $\left(\frac{1}{m^*}\right)_{ij}$ 具有质量倒数的量纲。选择适当的坐标轴，可使矩阵 $\left(\frac{1}{m^*}\right)$ 对角化而将上式化为

$$\begin{pmatrix} a_x \\ a_y \\ a_z \end{pmatrix} = \begin{pmatrix} \frac{1}{m_{xx}} & & \\ & \frac{1}{m_{yy}} & \\ & & \frac{1}{m_{zz}} \end{pmatrix} \begin{pmatrix} F_x \\ F_y \\ F_z \end{pmatrix} \tag{7.4.25}$$

其中

$$\frac{1}{m_{xx}} = \frac{1}{\hbar^2}\frac{\partial^2 E}{\partial k_x^2},\ \frac{1}{m_{yy}} = \frac{1}{\hbar^2}\frac{\partial^2 E}{\partial k_y^2},\ \frac{1}{m_{zz}} = \frac{1}{\hbar^2}\frac{\partial^2 E}{\partial k_z^2} \tag{7.4.26}$$

如果 $E(\boldsymbol{k})$ 是各向同性的，有

$$\frac{1}{\hbar^2}\frac{\partial^2 E}{\partial k_x^2} = \frac{1}{\hbar^2}\frac{\partial^2 E}{\partial k_y^2} = \frac{1}{\hbar^2}\frac{\partial^2 E}{\partial k_z^2} = \frac{1}{\hbar^2}\frac{\mathrm{d}^2 E}{\mathrm{d}k^2} = \frac{1}{m^*} \tag{7.4.27}$$

则(7.4.25)即成为一标量方程：

$$\boldsymbol{a} = \frac{1}{m^*}\boldsymbol{F} \tag{7.4.28}$$

或

$$\boldsymbol{F} = m^*\boldsymbol{a} \tag{7.4.29}$$

上式表明，晶体中的电子在外力作用下的运动规律恰如一质量为 m^* 的自由粒子的运动——准经典运动。m^* 正是有效质量。将(7.3.17)式与(7.3.21)式对波矢求二阶导数并用 $\hbar^2$ 去除，正好就是 m^* 或 m'^* 的倒数。可见这里在原子能级展宽成的能带极值附近具有各向同性的 $E(\boldsymbol{k})$ 关系。$\left(\frac{1}{m}\right)_{ij}$ 称为有效质量张量，如能量在 $\boldsymbol{k}$ 空间的不同方向上具有不同的色散关系，有效质量为二阶张量。只有在 $E(\boldsymbol{k})$ 各向同性的情形，才约化成一标量。

这里特别要引起注意的是有效质量是与电子的状态有关的。如前所述，波矢不同有效质量也不同。甚至在能带的顶部电子的有效质量变成负的。还可以看到，一般而言比较窄的能带中有效质量较大，而宽能带对应的有效质量较小。另外应说明，由(7.4.21)与(7.4.22)式比较只能得出(7.4.23)式在与速度 $\boldsymbol{v}$ 平行的方向成立；但在垂直方向同样也成立，从而保证了(7.4.23)式的正确性。

§7.5 能带填充与固体的导电性,价带、导带与满带

固体导电性的表现之一便是在恒定的外加电压或电场作用下有一定数值的电流通过,而此电流则由电子的定向运动产生。如果固体材料包含 N 个原子,每个原子又有 n 个电子,固体中就包含 Nn 个电子。但是,在讨论固体导电性能时,我们不必研究所有 Nn 个电子对外电场的响应,而只须研究价电子的行为。固体中价电子所处的能带称为价带,即只需分析价带电子的导电性。

7.5.1 满带和不满带对电流的贡献

我们首先说明,一个填满的能带,即所有的状态都被电子占有的能带对电导无贡献。

设 $\boldsymbol{v}_n(\boldsymbol{k})$为第 n 个能带中处于波矢为 $\boldsymbol{k}$ 的状态 $\psi_{n\boldsymbol{k}}(\boldsymbol{r})$的电子的平均速度,则根据定义该能带对电流密度的贡献 $\boldsymbol{j}_n$ 可表示为

$$\boldsymbol{j}_n = -e\sum_{\boldsymbol{k}}\boldsymbol{v}_n(\boldsymbol{k}) \tag{7.5.1}$$

上式累加对第一布里渊区内所有的状态进行。由于在倒空间中能量为偶函数,如果能带为电子填满,$\boldsymbol{k}$ 与$(-\boldsymbol{k})$状态对电流的贡献互相抵消,该带对于电流的贡献为零:

$$\boldsymbol{j}_n = 0 \tag{7.5.2}$$

如不存在外电场,上式总成立,因为无论能带中电子填充的情形如何,都是正确的。但是,对于填满的能带(满带)而言,即使施加外场,上式仍然成立。事实上,在外电场 $\boldsymbol{E}$ 作用下,波矢 $\boldsymbol{k}$ 按

$$\frac{\mathrm{d}\boldsymbol{k}}{\mathrm{d}t} = \frac{1}{\hbar}(-e\boldsymbol{E}) \tag{7.5.3}$$

规律变化。为明确起见,考虑图 7.7 所示的一维情形,设 $t=0$ 时刻施加的外场沿 x 轴负方向,则在 Δt 时刻,能带填充情形如图 7.7(b)所示,范围为 $\Delta k = \frac{e\varepsilon}{\hbar}\Delta t$ 的电子从右边越出第一布里渊区而进入第二布里渊区;同时左边靠近布里渊区边界 Δk 的范围已不为电子所占据。然而这一情形与图 7.7(a)并无二致,因为 $E(k) = E(k+2\pi n/a)$, a 为一维晶格周期。右边越出布里渊边界的电子恰好可看作处于左端空出来的状态中的电子,如同客人从前门出去又从后门进来一般。换言之,即使存在外场,满带为电子的填充情形并不发生变化,因而对电流仍无贡献。简言之,满带中电子虽然很多(在 N 的量级),但并不导电。

如能带只为电子部分填充,即部分低能量状态为电子填充,而其余高能量状态并无电子占据,情形就不再如此。图 7.7(d)与(c)为部分填充能带有无外电场时的情形。图 7.7(d)明显表示,在施加外场 Δt 后,由于所有的状态代表点均向右位移 Δk,电子填充能带对 k 空间不再对称,电子对电流的贡献不再成对相消,而使

$$\boldsymbol{j}_n = -e\sum_{\boldsymbol{k}}\boldsymbol{v}(\boldsymbol{k}) \neq 0 \tag{7.5.4}$$

电场的漂移作用是使 Δk 随时间增加,但同时由于材料中存在的杂质和声子等散射因素促使电子在 k 空间恢复平衡态的对称分布。漂移与散射因素的共同作用结果便是在一定的电场作用下达到电子在 k 空间的非平衡稳态分布,而与一定的直流电流或电导率相对应。简

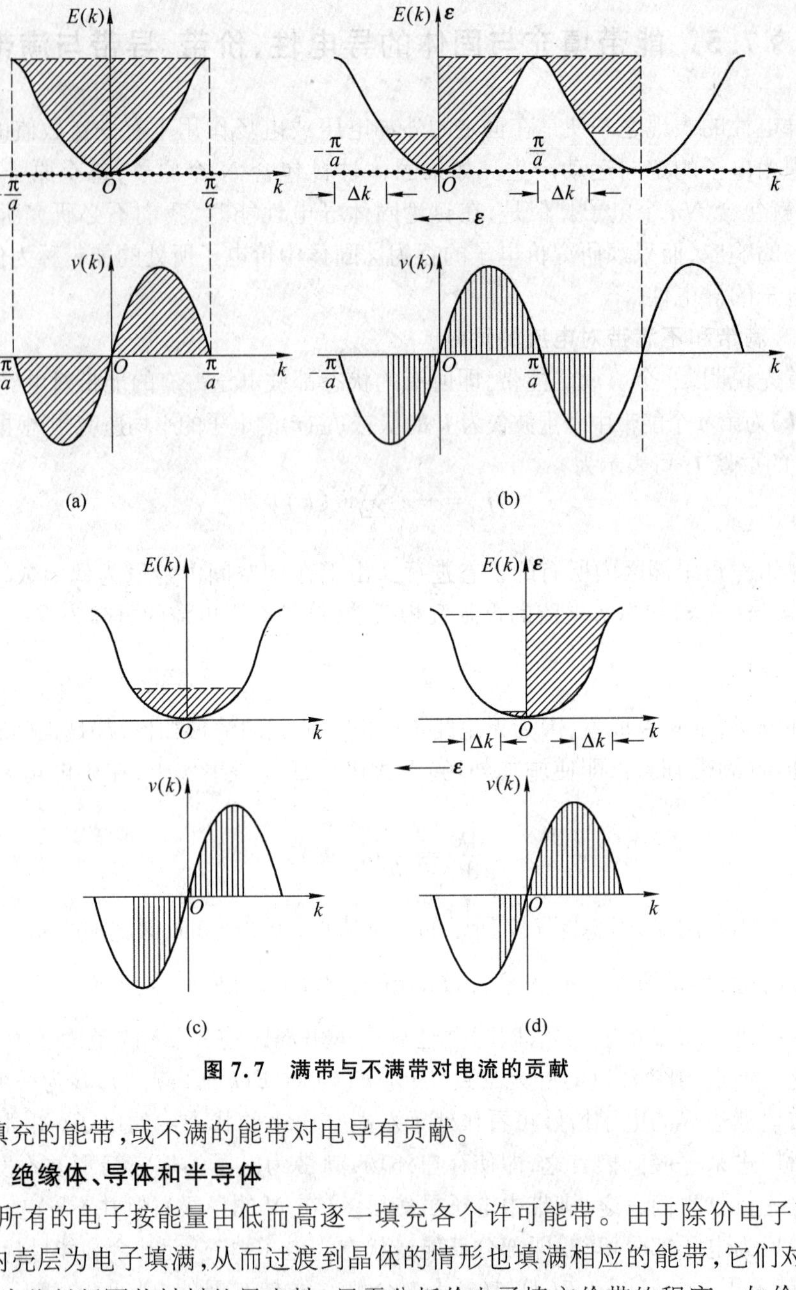

图 7.7　满带与不满带对电流的贡献

言之，部分填充的能带，或不满的能带对电导有贡献。

7.5.2　绝缘体、导体和半导体

晶体中所有的电子按能量由低而高逐一填充各个许可能带。由于除价电子而外，在原子的情形，内壳层为电子填满，从而过渡到晶体的情形也填满相应的能带，它们对电导自然毫无贡献。为此判断固体材料的导电性，只需分析价电子填充价带的程度。如价带为满带，当为绝缘体，倘为半满则应为导体。

不过，当我们针对一具体的晶体的一个具体能带统计其中的状态数时应计及原子能级的简并性。例如 p 态不计自旋是 3 度简并的，如是布拉维格子，则由 p_x、p_y 与 p_z 态展宽而成的能带在能量上会交叠而成为一个能带，因此这一能带如不与其他能带交叠则应视为包含 $3N$ 个轨道状态，计入自旋则应可容纳 $6N$ 个电子。如果是复式格子则还应计及其中所有原子的原子态。而且，实际情形往往是比较复杂的，在原子情形是能量分开的状态在形成晶体的时候可能产生耦合。Ⅳ族元素锗、硅就是如此。但是原子能级展宽成能带、同时展宽

过程保持量子态数目不变的一般原则总是不变的。

碱卤族化合物是典型的绝缘体，碱金属的外层电子转移到卤族元素，使得碱金属正离子与卤族元素负离子的最外层电子组态都是满壳层，从而展宽成被填满的能带，即价带是满带，这就解释了这类物质的绝缘性能。与此形成对照的是，结构为布拉维格子的碱金属，其原子只有一个价电子，从而价带只有一半状态被填充。半满的价带说明了碱金属的高导电性。

金属中导电电子的密度高达 $10^{29}/\mathrm{m}^3$ 数量级，电导率在 $10^{-6}\ \Omega\cdot\mathrm{cm}$ 量级。碱卤族绝缘体的电阻率一般在 $10^2\sim10^8\ \Omega\cdot\mathrm{cm}$。还有一类材料的导电本领介于两者之间，包括半导体和半金属。讨论这一类材料的导电机理最好借助空穴的概念。

设在某一能带顶部有一波矢为 $\boldsymbol{k}$ 的电子空缺而形成的电流为 $\boldsymbol{j}$

$$\boldsymbol{j}=-e\sum_{\boldsymbol{k}'}{}'\boldsymbol{v}(\boldsymbol{k}')$$

其中求和不包括 $\boldsymbol{k}'=\boldsymbol{k}$ 的状态。由(7.5.2)式知

$$\boldsymbol{j}+(-e)\boldsymbol{v}(\boldsymbol{k})=0$$

从而

$$\boldsymbol{j}=e\boldsymbol{v}(\boldsymbol{k})\tag{7.5.5}$$

上式表明空缺一个状态的能带的电流犹如由一个带正电荷 e，具有空缺态电子的速度的“粒子”对电流的贡献。这一粒子称为空穴。由此可见，空穴可用来描述少数顶部状态空缺的能带的导电性，其波矢也就是空缺电子的波矢 $\boldsymbol{k}$。在外场 $\boldsymbol{E}$ 作用下，状态为 $\boldsymbol{k}$ 的电子的加速度可用(7.4.25)式描写，在各向同性的能带情形可表示为

$$\boldsymbol{a}=\frac{\mathrm{d}}{\mathrm{d}t}\boldsymbol{v}(\boldsymbol{k})=\frac{1}{m'^*}\boldsymbol{F}=\frac{1}{m'^*}(-e\boldsymbol{E})\tag{7.5.6}$$

其中 m'^* 为能带顶附近电子的有效质量。由于 $\boldsymbol{v}(\boldsymbol{k})$ 也就是空穴的速度，上式的 $\boldsymbol{a}$ 也是空穴的加速度。将上式改写成 $\boldsymbol{a}=\dfrac{1}{-m'^*}e\boldsymbol{E}$，并引进

$$m_{\mathrm{h}}=-m'^*\tag{7.5.7}$$

得

$$\boldsymbol{a}=\frac{1}{m_{\mathrm{h}}}e\boldsymbol{E}\tag{7.5.8}$$

由于空穴多生成在能带顶部，$m'^*<0$，因而 $m_{\mathrm{h}}>0$，将上式与(7.5.6)式对比，可认为 m_{h} 为空穴的有效质量。综合以上所述，可将一波矢为 $\boldsymbol{k}$ 电子状态空缺形成的空穴的属性概括如下：带正电荷 e，速度为该电子速度 $\boldsymbol{v}(\boldsymbol{k})$，有效质量为正，数值上等于该电子有效质量的绝对值。

半导体（这里只指本征半导体，见下章）的价带在低温下是满带。然而价带与其上的许可带之间隔开的禁带宽度 E_{g} 较小，仅为 1 电子伏上下（通常一般将此禁带宽度 E_{g} 在 0.2～3.5 电子伏范围内的材料归为半导体，而绝缘体的禁带宽度较高，例如金刚石的 E_{g} 就约为 5.5 电子伏）。由此，在室温下，价带顶部的电子有一定的概率被激发至价带之上的空带（常称为导带），同时在价带中留下空穴，使价带与导带都成为部分为电子填充的能带，只是导带中只有很少一部分带底状态为电子占据，而价带中也只有极少的带顶部分为空穴占据。导

带中的电子与价带中的空穴都能对电导有贡献,因此常将它们统称为载流子。通常,由于半导体中的载流子数密度在$(10^{16}—10^{21})m^{-3}$量级,远小于金属中导电电子的数密度,故常温下半导体的电导率较低。半导体的电导率随着温度的增加或光照会迅速增加,同时也能通过掺杂增加导电本领,将在下一章中详细介绍。在低温下,半导体的价带是满带,本质上表现为绝缘体。

还有一类材料,称为半金属。其中载流子的数密度在$(10^{23}—10^{26})m^{-3}$量级,电导率也在绝缘体与金属之间,同时也存在电子与空穴两类载流子。半金属与半导体最根本的区别在于低温下电子在能带中的分布,如图 7.8 所示。

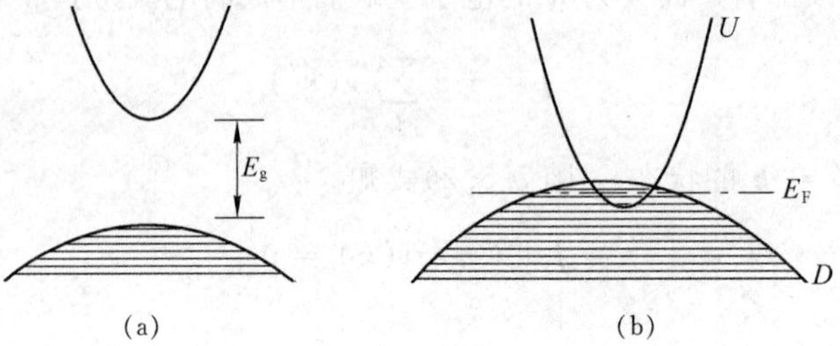

图 7.8　半导体与半金属能带中的电子分布示意

(a) 半导体; (b) 半金属

为简单计,图 7.8 中假设能带的极值都在 $\boldsymbol{k}$ 空间原点,且均为各向同性。图(a)表示低温下半导体的电子恰好填满全部价带,导带与价带之间隔以禁带,彼此并不交叠。而在图 7.8(b)的情形,上下两个能带 U 与 D 有少部分交叠,E_F 为费米能级。可见上能带 U 有少量能带底部的电子在 E_F 之下;而下能带的顶部有少量状态在 E_F 以上而成为空穴。这两部分载流子同样都对电流有贡献;但由于电子与空穴数密度都较小,电导率常比金属低几个量级。然而与半导体不同的是,其能带结构本质上是金属性的,费米能级为电子的许可能级,可以画出其费米面,这也正是这类材料称为半金属的原因。石墨与五价元素 As、Sb、Bi 是典型的半金属。这里值得注意的是,无论对半导体还是半金属,切勿误以为电子与空穴的荷电符号不同而使其对导电性的贡献相消。恰恰相反,它们对导电性的贡献是相加的。

最后应当指出,空穴这一概念不仅适用于半导体和半金属,就是在最常见的金属导体铝中,通常也认为基本上是由空穴提供导电性,每个原子平均大约提供一个空穴,而不看作提供三个电子。

§7.6　费米面和粒子的轨道

7.6.1　费米面构造法

1960 年 W. A. Harrison 提出用近自由电子模型构造费米面的方法,现在以正方格子为例,来说明这个方法。

设平面正方格子的周期为 a,它的倒格子的周期为$\dfrac{2\pi}{a}$,约化布里渊区的面积为 $\Omega^{*} = \dfrac{4\pi^2}{a^2}$,如晶格有 N 个原胞,计入自旋,约化布里渊区有 $2N$ 个状态,所以在 $\boldsymbol{k}$ 空间单位面积中

的状态数为

$$Z(\boldsymbol{k}) = 2N/\Omega^{*} \tag{7.6.1}$$

格点上每个原子若有 η 个价电子,晶格电子总数则是 ηN:

$$\eta N = \int_{0}^{k_{\mathrm{F}}} Z(\boldsymbol{k})\mathrm{d}\boldsymbol{k} = \pi k_{\mathrm{F}}^{2}\frac{2N}{\Omega^{*}} \tag{7.6.2}$$

所以费米波矢的数值为

$$k_{\mathrm{F}} = \left(\frac{\Omega^{*}}{2\pi}\eta\right)^{\frac{1}{2}} = \frac{\pi}{a}\times\left(\frac{2\eta}{\pi}\right)^{\frac{1}{2}} \tag{7.6.3}$$

费米能量

$$E_{\mathrm{F}} = \frac{\hbar^{2}k_{\mathrm{F}}^{2}}{2m} = \frac{h^{2}}{2m}\cdot\frac{1}{4a^{2}}\cdot\frac{2\eta}{\pi} \tag{7.6.4}$$

若 k_{F} 以 $\frac{\pi}{a}$ 为单位,E_{F} 以 $\frac{h^2}{2m}\frac{1}{4a^2}$ 为单位,容易算出,当 $\eta=1$ 时,$k_{\mathrm{F}}=0.798$, $E_{\mathrm{F}}=0.637$; $\eta=2$ 时,$k_{\mathrm{F}}=1.128$, $E_{\mathrm{F}}=1.273$; $\eta=3$, $k_{\mathrm{F}}=1.384$, $E_{\mathrm{F}}=1.910$; $\eta=4$, $k_{\mathrm{F}}=1.596$, $E_{\mathrm{F}}=2.546$。

图 7.9(a)画出二维正方格子的头三个布里渊区以及电子系统的费米能量曲线(圆周);(b)是这三个布里渊区经适当平移铺到约化布里渊区;(c)中各个区被电子占据的部分用斜线表示,构成费米面在相关布里渊中的几何形状。第一个区完全被电子占据,第二区剩下中心部分未被电子占据,第三区靠四个角顶部分被电子占据,如果画成周期性图式,就成为图 7.10(a)的花饰图案的费米面,由于是二维情形,实际是费米“线”。

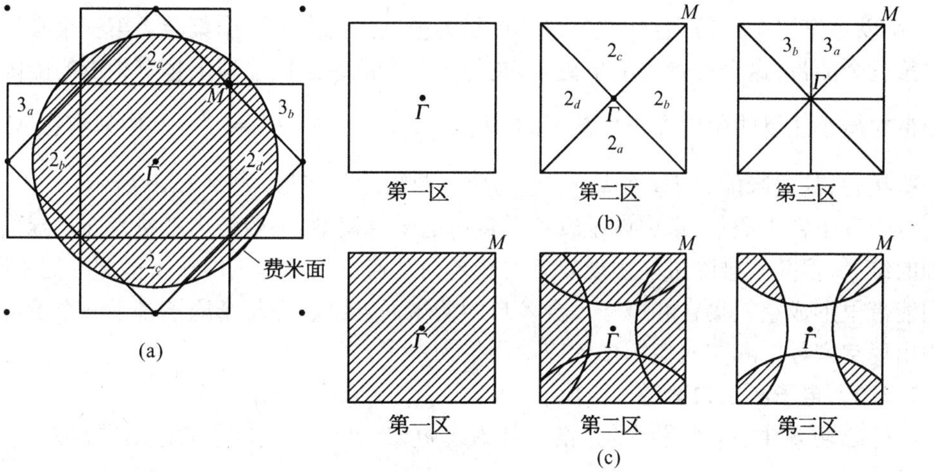

图 7.9 费米面构造

(a) 二维正方晶格的布里渊区;(b) 头三个布里渊区;(c) 第一、二、三区中被电子填充的部分,圆周是其费米线

至此我们实际采用的是自由电子模型,考虑周期场影响的近自由电子模型,必须计及以下几点:

(1) 周期势在布里渊区边界引起能隙;

(2) 费米面与布里渊区边界总是垂直相交;

(3) 晶体势使自由电子模型给出的费米面尖角处钝化变圆;

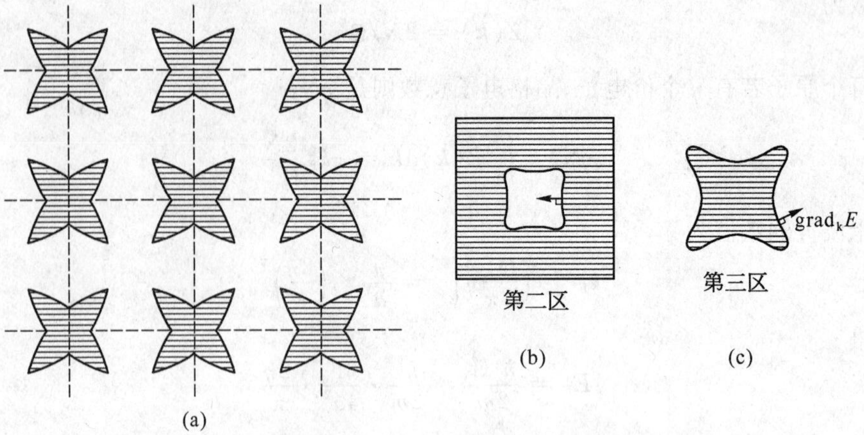

图 7.10 第二区(空穴型)与第三区(电子型)的费米面

(4) 费米面所包围的总体积只依赖于电子数密度而与晶格相互作用的细节无关。

定量描述需要做精确的能带计算,但定性的描绘可由图 7.9(c)的第二、第三区的费米面变成图 7.10(b)的相应图形。

在上面举的这个例子中,若此正方晶格中自由电子密度决定的费米能量 E_F 有如图 7.9(a)所示的费米"球"。电子占据头三个布里渊区,第一个布里渊区全被电子占满,形成一个满带,其能量最低。在第一和第二布里渊区边界,周期性势的有关傅里叶分量使两个区对应的能带之间存在能隙。第二个区对应的能带,能量较高,电子充填到费米能级 E_F,从 E_F 起到能带顶(在 Γ 点)之间的电子态是空的。每个空能级相当于一个带正电的"粒子"——空穴,所以这第二个能带顶部的空状态,可视为被空穴占据的一个集合。第三个布里渊区对应的第三个能带,这个能带的能量更高,它与第二个能带之间原理上也有相应的能隙。第三个能带的最小能量的位置在布里渊区的 M 点,其 $k_x = \dfrac{\pi}{a}$, $k_y = \dfrac{\pi}{a}$。其中只有在 M 点附近的一些状态,其费米能量 E_F 在 k_x-k_y 空间形成四瓣的几何形,如图 7.10 所示。

这个例子告诉我们,自由电子气和近自由电子气模型,一般给出其费米面是球面或近似球面的结果,但并不排除可能出现复杂的费米面几何形状。本例中在布里渊区的不同位置,不同能带里形成空穴集合和电子集合各自的费米面,因此,在每个原子多于一个价电子的金属中出现空穴导电和空穴型霍尔效应就不足为奇了。

7.6.2 电子和空穴轨道

在静磁场 $\boldsymbol{B}$ 中,电子受到的是洛伦兹力 $-e(\boldsymbol{v}\times\boldsymbol{B})$,因此电子的运动方程为

$$\hbar\frac{\mathrm{d}\boldsymbol{k}}{\mathrm{d}t}=-e\boldsymbol{v}\times\boldsymbol{B}$$

由于 $\hbar\boldsymbol{v}=\nabla_k E$,因而上式可写成

$$\frac{\mathrm{d}\boldsymbol{k}}{\mathrm{d}t}=-\frac{e}{\hbar^2}\nabla_k E\times\boldsymbol{B}$$

这表明电子在垂直于磁场 $\boldsymbol{B}$ 的等能面的曲线上运动。对于金属来说,人们关注的是费米面上的电子,它必定是在费米面上与 $\boldsymbol{B}$ 相垂直的平面中一条曲线上运动。这就是电子在磁场

B 作用下在费米面上的轨道。

一般说,在磁场中电子轨道有三种类型,如图 7.11 所示。(a)和(b)都是闭合轨道,两者沿相反的方向运行。图(a)是电子型轨道,电子带负电荷,其运动方向为逆时针方向,图(b)是空穴轨道,因带正电荷,沿顺时针方向运动,图(c)为开放轨道(open orbit),电子由 B 运动到布里渊区边界 A 点时,经历翻转过程由 B' 返回 B,这里 B 和 B' 等价,两者相差一个倒格矢。

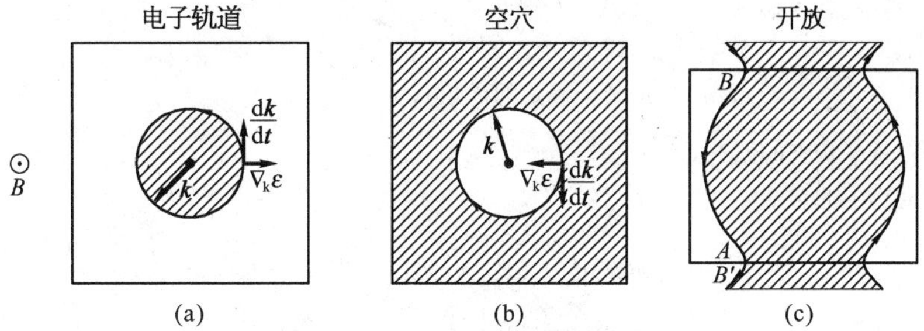

图 7.11 三种粒子轨道

(a) 闭合的电子轨道; (b) 闭合的空穴轨道; (c) 开放轨道

如果二维正方晶格的价电子产生的费米"面"如图 7.12(a)所示,在布里渊区角顶 M 及其等价点附近为空状态,则在周期性图式中费米面各部分连接成一个圆周,每个圆周对应各自的空穴轨道,如图 7.12(b)所示。

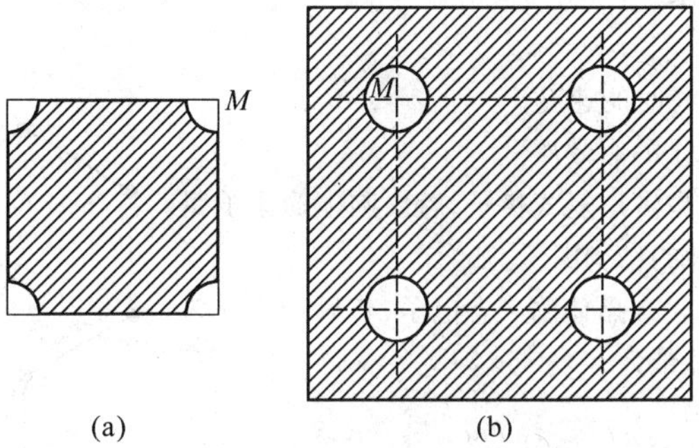

图 7.12 正方晶格价电子的费米面

(a) 近于满的布里渊区,在 M 点附近有空状态; (b) 在周期性图式表示中费米"面"不同区域连成一个闭合费米"面"

习　题

1. 一维周期场中电子的波函数 $\psi_k(x)$应当满足布洛赫定理。若晶格常数是 a,电子的波函数为

(i) $\psi_k(x) = \sin \frac{x}{a}\pi$;

(ii) $\psi_k(x) = i\cos \frac{3x}{a}\pi$;

(iii) $\psi_k(x) = \sum_{l=-\infty}^{\infty} f(x-la)$ (f 是某个确定的函数),

试求电子在这些状态的波矢。

2. 电子在周期场中的势能

$$V(x) = \begin{cases} \frac{1}{2}m\omega^2[b^2-(x-na)^2], & \text{当 } na-b \leqslant x \leqslant na+b \\ 0, & \text{当}(n-1)a+b \leqslant x \leqslant na-b \end{cases}$$

且 $a = 4b$, ω 是常数。试画出此势能曲线,并求此势能的平均值。

3. 用近自由电子模型处理上题,并求此晶体的第一个以及第二个禁带宽度。

4. 已知一维晶体的电子能带可写成

$$E(\boldsymbol{k}) = \frac{\hbar^2}{ma^2}\left(\frac{7}{8} - \cos ka + \frac{1}{8}\cos 2ka\right),$$

式中 a 是晶格常数。试求:

(i) 能带的宽度;

(ii) 电子在波矢 $\boldsymbol{k}$ 的状态时的速度;

(iii) 能带底部和顶部电子的有效质量。

5. 如右图所示平面正六方晶格是复式格子,若原胞中的原子属于同一元素,试求此晶体的结构因子。

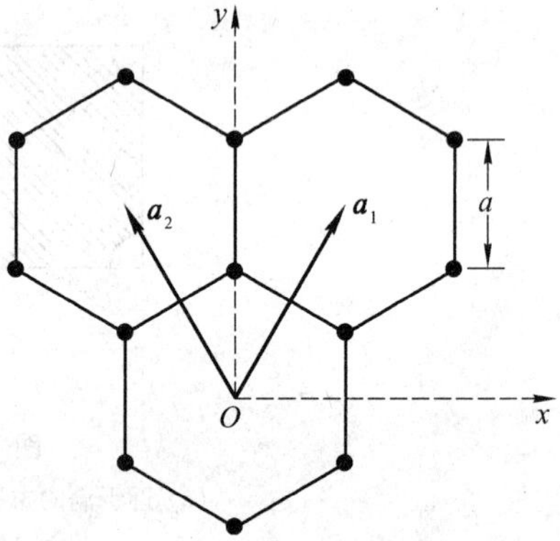

6. 用紧束缚方法处理面心立方晶体的 s 态电子,若只计最近邻的相互作用,试导出其能带为

$$E(\boldsymbol{k}) = E_0 - A - 4J\left[\cos\frac{k_xa}{2}\cos\frac{k_ya}{2} + \cos\frac{k_ya}{2}\cos\frac{k_za}{2} + \cos\frac{k_za}{2}\cos\frac{k_xa}{2}\right],$$

并求能带底部电子的有效质量。

7. 二维正方晶格的周期性势场可表示为

$$V(x, y) = -4U\cos\left(\frac{2\pi}{a}x\right)\cos\left(\frac{2\pi}{a}y\right)$$

a 为晶格常数,试由近自由电子近似计算布里渊区边界点 $\left(\frac{\pi}{a}, \frac{\pi}{a}\right)$处的能隙。

8. 图示为二维正三角形晶格,相邻原子间距为 a,只计入最近邻相互作用,试用紧束缚近似计算其 s 电子能带 $E(\boldsymbol{k})$、带中电子的速度 $\boldsymbol{v}(\boldsymbol{k})$以及能带极值附近的有效质量 m^*。

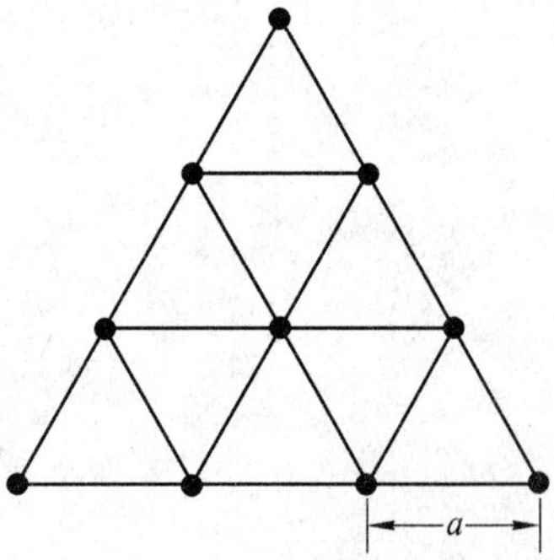

第八章　半导体中的电子过程

从 20 世纪 60 年代起，半导体一词已家喻户晓，原因是以半导体为材料制造的电子元器件广泛进入大众的日常生活。半导体元件的功能基于半导体材料的电子性质，这便是本章要讨论的主题之一。20 世纪 70 年代起半导体量子阱、超晶格以及二维电子气特性的研究，成为半导体物理的主流，它们是本章的另一主题。

§8.1　半导体的能带

上一章已初步介绍了本征半导体的能带。所谓本征半导体，实际上指除去存在晶格振动外，不存在任何杂质和缺陷等不完整性的半导体。其能带结构原则上类似于绝缘体；价带为满带，只是价带与导带之间的禁带宽度较绝缘体为小。Ⅳ族元素锗、硅以及Ⅲ-Ⅴ族金属间化合物是最常见的典型半导体材料。表 8-1 列出这些半导体的禁带宽度与导带底电子及价带顶空穴的有效质量。

表 8-1　典型半导体的禁带宽度 E_g 与载流子的有效质量

（以自由电子质量 m 为单位）

	Si	Ge	GaAs
300 K E_g(eV)	1.12	0.66	1.42
$m^*(m)$	m_l: 0.97	m_l: 1.58	0.068
	m_t: 0.19	m_t: 0.082	
$m_h(m)$	m_{hl}: 0.16	m_{hl}: 0.044	m_{hl}: 0.082
	m_{hh}: 0.49	m_{hh}: 0.29	m_{hh}: 0.45

8.1.1　金刚石结构中的 sp^3 杂化

Ⅳ族元素半导体锗、硅具有金刚石型结构，Ⅲ-Ⅴ族化合物半导体具有闪锌矿型结构。其共同的特点是每个原子有四个最近邻，形成正四面体型结构，如图 8.1 所示。应该注意的是图示单元既非原胞，更非晶胞。图 8.1 表明相邻原子间的化学键为共价键，具有正四面体构型，犹如甲烷 CH_4 中的碳-氢键。现在我们具体以金刚石为例，说明这种原子构型对能带的影响。

金刚石、锗、硅的价电子组态都是 ns^2np^2，具体而言，金刚石是 $2s^22p^2$，硅是 $3s^23p^2$，而锗是 $4s^24p^2$。两个 s 电子与两个 p 电子很难形成四面体型的共价键轨道。实际上当形成晶体时，价电子组态发生变化，从 ns^2np^2 变为 $nsnp^3$，即一个 s 电子须激发至 p 态。一个 s 轨道与 3 个 p 轨道之间按照如下的线性组合即可形成指向正四面体顶角的键轨道，如图8.2 所示。

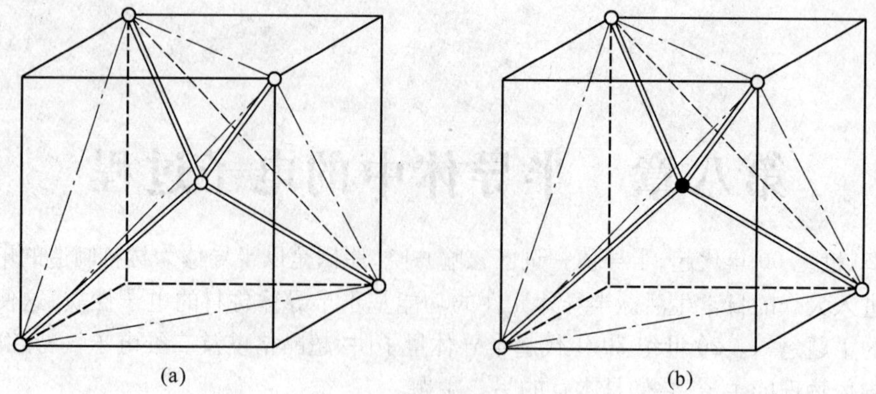

图 8.1　正四面体型结构

(a) 金刚石型；(b) 闪锌矿型

$$\left.\begin{aligned}\psi_1 &= \frac{1}{2}(s + p_x + p_y + p_z) \\ \psi_2 &= \frac{1}{2}(s - p_x + p_y + p_z) \\ \psi_3 &= \frac{1}{2}(s + p_x - p_y + p_z) \\ \psi_4 &= \frac{1}{2}(s + p_x + p_y - p_z)\end{aligned}\right\} \tag{8.1.1}$$

(8.1.1)式所示的原子轨道的线性组合称为杂化。因而近邻原子间是由杂化轨道形成共价键而联系在一起的。一个 s 原子轨道激发到 p 轨道所需的能量由原子结合成晶体时释放的内聚能补偿。

设晶体有 N 个原子,则如不计自旋价电子一共有 $4N$ 个量子态,展宽成晶体能带后价带中即应包含 $4N$ 个量子态,计入自旋可以容纳 $8N$ 个电子。但晶体一共只有 $4N$ 个价电子,只能填充半个价带,即价带当为半满,金刚石应为导体。当然实际情形并非如此,这是因为实际的价带分成上下两个能带。图 8.3 表示金刚石的价电子能量与近邻原子间距之间的关系。

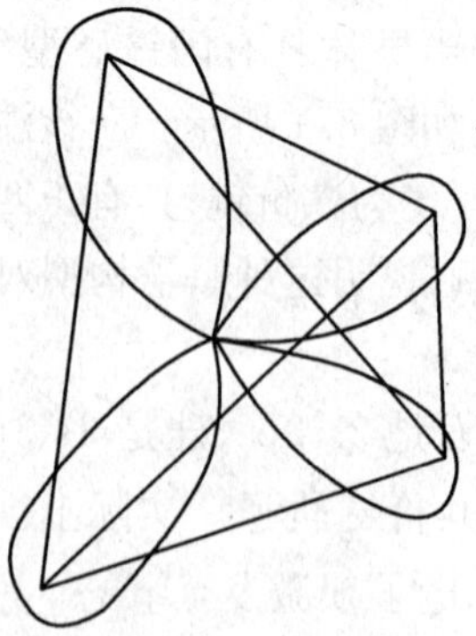

图 8.2　sp^3 杂化轨道

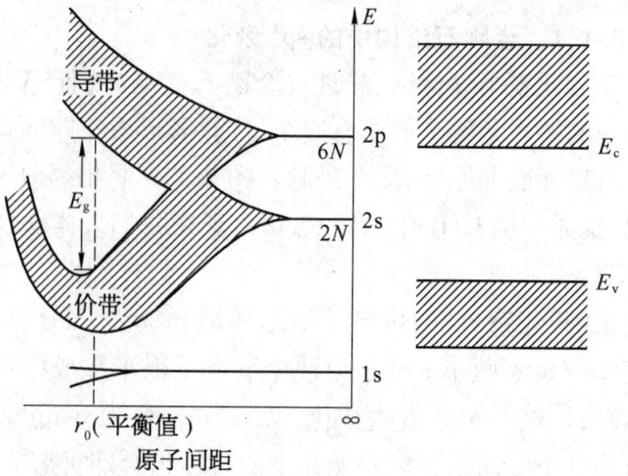

图 8.3　金刚石的能带与近邻原子间距的关系

图中左图的右边是设想晶体虽仍为金刚石型结构，但体积很大，以至近邻原子间距足以使原子间相互作用略去，价电子仍处在碳原子能级 2s 与 2p 中。随着原子间距减小，s、p 能级均展宽成能带、且两者发生交叠而成统一的能带，原子轨道相应杂化。然而在原子间距大于实际的平衡原子间距 r_0 处，这一能带又分开为上、下各包含 $2N$ 个量子态的能带，下能带恰好容纳 $4N$ 个价电子而成为价带——满带，而上能带则成为全空的导带。锗和硅的情形完全类似，其价带在低温下均被电子充满，导带中实际上没有电子。图 8.3 的右边为与 r_0 相应的实际金刚石的导带与价带的能量范围。

8.1.2 三个典型半导体的能带

然而仅仅了解价电子的能量范围在许多情形仍不足以描述半导体的电子性质，而是需要了解具体的电子态结构，其中的一个重要方面便是能带的色散关系 $E(\boldsymbol{k})$。图 8.4 即为锗、硅与砷化镓的价带与导带的 $E(\boldsymbol{k})$，我们注意到横坐标标明沿布里渊区中不同的对称轴的方向。

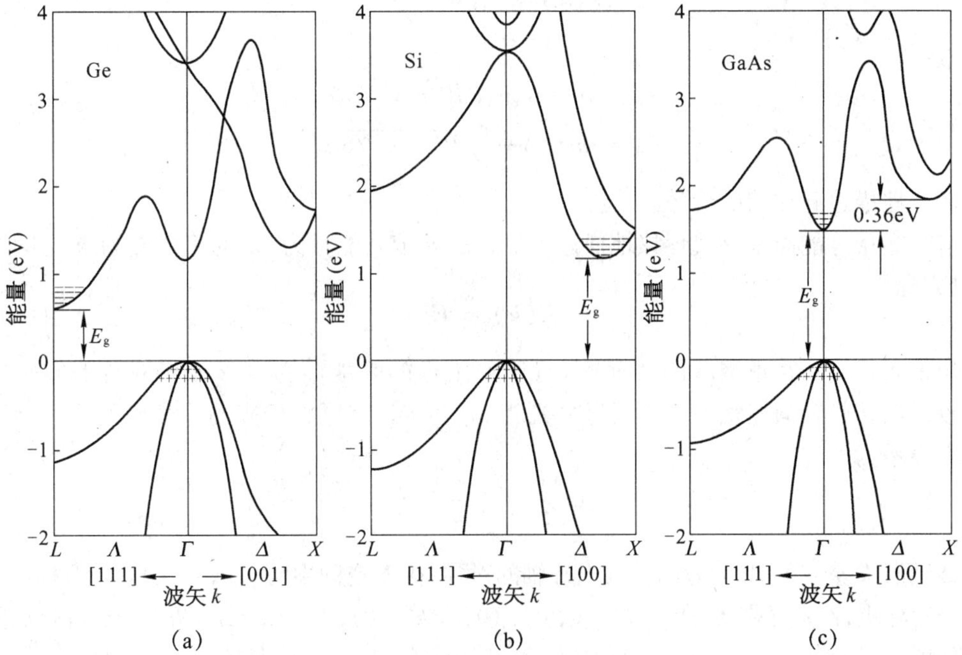

图 8.4 锗、硅与砷化镓的能带

(a) 锗；(b) 硅；(c) 砷化镓

由图可见，对于这三种典型半导体，价带顶都在 $\boldsymbol{k}$ 空间的原点，而且具有相近的结构。砷化镓的导带底也在 $\boldsymbol{k}=0$，与价带顶在同一点，常称之为直接带隙半导体。与之形成对照的是硅的导带底在 Δ 轴上接近第一布里渊区的边界，与价带顶不在 $\boldsymbol{k}$ 空间的同一点，称为间接带隙半导体。锗也是间接带隙半导体，导带底处于布里渊区边界上的 L 点，如图 8.4 所示。

图 8.4 所示的三个典型半导体的价带在价带顶都是三重简并的，即有三支能带在 $\boldsymbol{k}=0$ 处重合。如计入自旋则为在 $\boldsymbol{k}=0$ 六度简并的能带。不过由于自旋-轨道相互作用，价带顶附近变为四度简并的两支能带，另一二度简并的能带分裂出去，但带顶仍在 $\boldsymbol{k}=0$，能量分裂数值常用 $\Delta_{s\text{-}o}$ 代表。仍然在 $\boldsymbol{k}=0$ 简并的两支能带中曲率较大者称为轻空穴带；而曲率较小，即较为平坦者为重空穴带。两支能带中的空穴具有不同的有效质量，分别用 m_{hl} 与 m_{hh} 表示。

实际上,对于硅、锗价带,实验发现并非各向同性。价带顶附近能带的色散关系可表示为

$$E_{1,2}(\boldsymbol{k}) = E_v - \frac{\hbar^2}{2m}\{Ak^2 \pm [B^2k^4 + C^2(k_x^2k_y^2 + k_y^2k_z^2 + k_z^2k_x^2)]^{1/2}\} \tag{8.1.2}$$

而自旋轨道分裂能带则为各向同性,图 8.4 中未画出这个能带($\Delta_{s\text{-}o}$为自旋-轨道分裂能量)

$$E_3(\boldsymbol{k}) = E_v - \Delta_{s\text{-}o} - \frac{\hbar^2}{2m}Ak^2 \tag{8.1.3}$$

通常只需关心价带顶附近,即由(8.1.2)式表示的两支能带,其中根式前取+号的能带 $E_1(\boldsymbol{k})$为轻空穴带,$E_2(\boldsymbol{k})$为重空穴带。实际上,采用 m_{hl} 与 m_{hh} 是将(8.1.2)式所示的能带近似地用各向同性的能带表出,即

$$\left.\begin{aligned} E_1(\boldsymbol{k}) &\approx E_v - \frac{\hbar^2k^2}{2m_{hl}} \\ E_2(\boldsymbol{k}) &\approx E_v - \frac{\hbar^2k^2}{2m_{hh}} \end{aligned}\right\} \tag{8.1.4}$$

通常取

$$\left.\begin{aligned} m_{hl} &= m/(A + \sqrt{B^2 + C^2/5}) \\ m_{hh} &= m/(A - \sqrt{B^2 + C^2/5}) \end{aligned}\right\} \tag{8.1.5}$$

即可较好地描述硅和锗的价带。

有时亦用等能面来比较形象地描述半导体的能带。能量为 E_c 的等能面为 $\boldsymbol{k}$ 空间的曲面,其方程为

$$E(\boldsymbol{k}) = E_c \tag{8.1.6}$$

硅的导带底在第一布里渊区的 Δ 轴上,导带底附近的等能面为对于 Δ 轴对称的旋转椭球面。设沿椭球长轴与短轴的有效质量分别为 m_l 与 m_t,就可将相应的导带底附近的能带色散关系表示为

$$E(\boldsymbol{k}) = E_c + \frac{\hbar^2}{2}\left[\left(\frac{k_x - k_{x0}}{m_l}\right)^2 + \frac{k_y^2 + k_z^2}{m_t}\right] \tag{8.1.7a}$$

这里 Δ 轴沿 $\boldsymbol{k}$ 空间的[100]方向。由于 Δ 轴的对称,在 $\boldsymbol{k}$ 空间中与$(k_{x0}, 0, 0)$处于对称位置还有五个对称点,都是导带底,即$(-k_{x0}, 0, 0)$, $(0, \pm k_{x0}, 0)$, $(0, 0, \pm k_{x0})$,相应的导带底附近的能带可表示为

$$E(\boldsymbol{k}) = E_c + \frac{\hbar^2}{2}\left[\frac{(k_x + k_{x0})^2}{m_l} + \frac{k_y^2 + k_z^2}{m_t}\right] \tag{8.1.7b}$$

$$E(\boldsymbol{k}) = E_c + \frac{\hbar^2}{2}\left[\frac{k_x^2}{m_t} + \frac{(k_y - k_{x0})^2}{m_l} + \frac{k_z^2}{m_t}\right] \tag{8.1.7c}$$

$$E(\boldsymbol{k}) = E_c + \frac{\hbar^2}{2}\left[\frac{k_x^2}{m_t} + \frac{(k_y + k_{x0})^2}{m_l} + \frac{k_z^2}{m_t}\right] \tag{8.1.7d}$$

$$E(\boldsymbol{k}) = E_c + \frac{\hbar^2}{2}\left[\frac{k_x^2 + k_y^2}{m_t} + \frac{(k_z - k_{x0})^2}{m_l}\right] \tag{8.1.7e}$$

$$E(\boldsymbol{k}) = E_c + \frac{\hbar^2}{2}\left[\frac{k_x^2 + k_y^2}{m_t} + \frac{(k_z + k_{x0})^2}{m_l}\right] \tag{8.1.7f}$$

这里,E_c 为导带底,而 k_{x0} 到布里渊区中心的距离约为 Δ 轴长度的 80%左右。对于锗,其导带底位于[111]方向布里渊区的边界上的 L 点,因而一共有 8 个等价的导带底,导带底附近

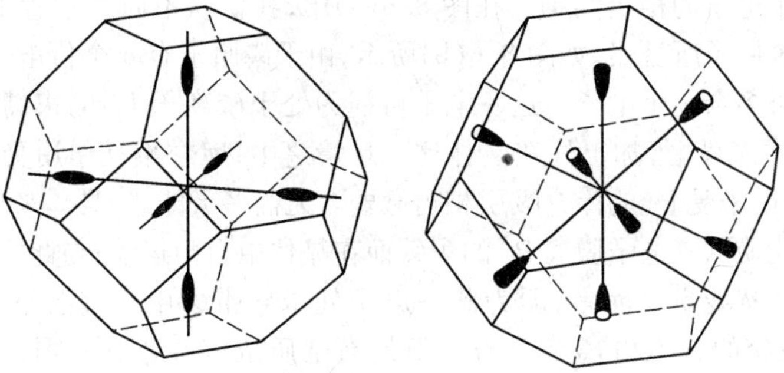

(a) (b)

图 8.5 硅和锗导带底附近的等能面

(a) 硅; (b) 锗

的等能面也是旋转椭球。硅和锗导带底附近的等能面如图 8.5 所示。由于锗的导带底在布里渊区边界上,每个椭球等能面只有一半在第一布里渊区内。表 8.1 中列出硅与锗的有效质量,而表 8-2 列出硅与锗价带的有关参数。

表 8-2 硅与锗的价带结构参数

	A	$\|B\|$	$\|C\|$	Δ		A	$\|B\|$	$\|C\|$	Δ
锗	13.0 ±0.2	8.9 ±0.1	10.3 ±0.2	0.28	硅	4.1 ±0.2	1.6 ±0.2	3.3 ±0.5	0.044

砷化镓的导带底与价带顶都在布里渊区的中心 Γ 点,而且能带极值附近的等能面都与球面相距不远。其价带顶附近的色散关系与硅和锗相似,也可表示为如(8.1.4)式所示的在 $\boldsymbol{k}=0$ 简并的两支能带:轻空穴与重空穴带。导带则可表示为

$$E(\boldsymbol{k}) = E_c + \frac{\hbar^2 k^2}{2m^*} \tag{8.1.8}$$

砷化镓载流子的有效质量具体为

$$m^* = 0.068m,\ m_{hl} = 0.082m,\ m_{hh} = 0.45m$$

砷化镓的导带在 Δ 轴上还有一个能量极小值,称为卫星谷,而将导带底称为下谷。卫星谷在下谷之上 0.36 eV 处,卫星谷内电子的有效质量为 $m_s^* = 1.2m$。砷化镓能带结构的这一特点使其得以用作微波器件的材料。

§8.2 杂质半导体

8.2.1 施主杂质和受主杂质

半导体的特性之一便是其电导率对掺杂极为敏感。以硅和锗为例,如掺入百万分之一量级的Ⅲ族或Ⅴ族元素,可使其室温电导率增加五六个数量级。

本节将以硅中掺磷和硼为例讨论掺杂影响半导体导电性的机理。磷与硼在硅中均以替代硅原子的形式存在,故称之为替位式杂质。如前所述,具有金刚石结构的硅晶体中每个原子有四个最近邻,四个价电子与四个近邻原子形成共用电子对的共价键,于是每个原子最外

层都形成具有八个电子的稳定结构。在图 8.6(a)中,我们以平面图示意地表出这一情形。如某一硅原子为磷原子所替代,如图 8.6(b)所示,由于磷原子有 5 个价电子,与近邻硅原子形成共价键后尚可多余一个电子。这一电子可视为处于磷离子 P^+ 的束缚之中。由于价电子受原子的束缚本来就弱,加上处在晶体这一环境之中,库仑相互作用受到晶体介质的屏蔽,使这一"多余"电子受 P^+ 的库仑吸引相当微弱。无需多大能量,具体来说,只需远小于禁带宽度的能量就能使这一电子脱离 P^+ 的束缚而在晶体中自由运动;与此同时磷原子被电离成一价正磷离子。从能量上而言,即为此一电子处于导带之中。室温下的热能足以使这一电子从受 P^+ 束缚的状态电离至导带。于是当杂质浓度并不太高时,每个磷原子在室温都能"施放"一个导带电子,故称磷(以及其他Ⅴ族元素)为施主型杂质,如电子已电离则称为电离施主杂质。由此亦可见,电子在电离前处于 P^+ 的束缚中,即处于禁带中;而且,这一状态相应的能量必离导带底 E_c 很近。这一束缚态称为施主杂质能级或简称为施主能级。导带底与施主能级间的能量差称为施主电离能,因而施主电离能应远小于禁带宽度。通常将掺有施主型杂质的半导体称为 n 型半导体。

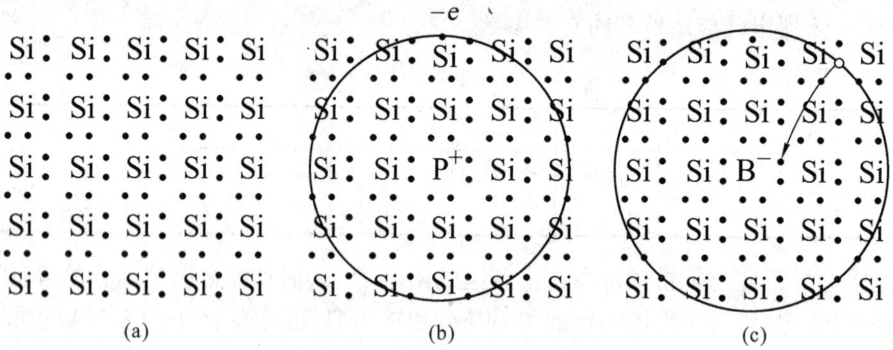

图 8.6 本征硅与掺杂硅示意图

(a) 本征;(b) 掺施主型杂质;(c) 掺受主型杂质

施主电离能可用类氢模型描写。认为杂质波函数 φ 满足薛定谔方程

$$\left[-\frac{\hbar^2}{2m^*}\nabla^2-\frac{e^2}{4\pi\varepsilon_0\varepsilon_s r}\right]\varphi(\boldsymbol{r})=E_i\varphi(\boldsymbol{r}) \tag{8.2.1}$$

式中 ε_s 为硅晶体的相对介电常数,将上式与氢原子的薛定谔方程相比较,形式上完全类似,只是以导带中电子的有效质量 m^* 代替电子质量,同时计入介质对 P^+ 库仑势的屏蔽。因此可直接引用氢原子的能量而将杂质电离能表示为

$$E_I=\frac{m^*e^4}{8\pi\varepsilon_0^2\varepsilon_s^2h^2}=\left(\frac{m^*}{m}\right)\frac{1}{\varepsilon_s^2}\,\frac{e^2}{8\pi\varepsilon_0a_0}=\frac{m^*}{m}\,\frac{1}{\varepsilon_s^2}\times 13.6\ \text{eV} \tag{8.2.2}$$

其中 $e^2/8\pi\varepsilon_0a_0=13.6$ eV 为氢原子的电离能,a_0 为玻尔半径。对于硅,$\varepsilon_s=11.7$,由(8.2.2)式计算的施主电离能约为 0.1 eV。实际上Ⅴ族元素在硅中的施主电离能在0.045～0.039 eV 左右,的确远小于禁带宽度 E_g,也与这里的讨论在数量级上基本相符。

相反,如以硼原子代替硅原子,则由于其外层只有三个价电子,与近邻形成完整的共价键尚缺一电子。此时,近邻硅原子上的价电子不需多大能量便能过来填补这一空缺而在自身留下一电子缺位,如图 8.6(c)所示。值得注意的是硅原子的价电子是处于价带中的,硅共价键上的电子缺失对应于价带中出现一空穴。与磷提供电子相似,室温下的热能足以提供电子由硅原子转移到硼原子上所需的能量。这一过程使硼原子成为带负电的一价硼负离子 B^-,因此这一能量可视为杂质原子硼的电离能。事实上中性的硼原子可视为带负电的硼离子束缚一带正电的空穴,因此这一过程即为将一空穴激发入价带的过程。同样硼的电离能也就是空穴的束缚能。硼由于接受价带电子而称为受主型杂质。空穴束缚能亦称为受主电离能。如浓度不太高,每个硼原子在室温下也都能提供一个载流子——价带空穴。由于空穴带正电荷,故常称掺有受主型杂质的半导体为 p 型半导体。在能带图上由于画出的都是电子能量,受主杂质的电子能级应处于禁带之中略高于价带顶 E_v 处。在图 8.7 中示意地画出施主杂质能级 E_d 和受主杂质能级 E_a。$E_c - E_d$ 为施主电离能,$E_a - E_v$ 则为受主电离能。同施主电离能一样受主电离能亦可用类氢模型估算,只需在(8.2.2)式中用价带顶的空穴有效质量 m_h 代替电子有效质量 m^*。

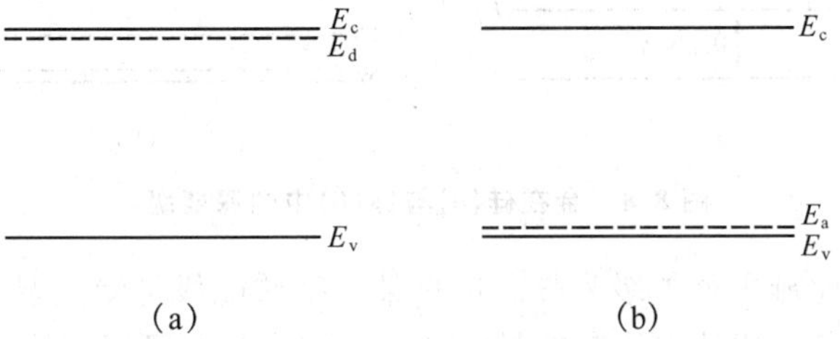

图 8.7 施主能级(a)和受主能级(b)

表 8-3 与表 8-4 列出硅、锗、砷化镓中的典型施主型杂质与受主型杂质的电离能。

表 8-3 硅和锗中施主和受主杂质的电离能(实验值)

		硅 Si	锗 Ge			硅 Si	锗 Ge
施主(eV)	锂 Li	0.033	0.009 3	受主(eV)	铟 In	0.016	0.011 2
	磷 P	0.045	0.012 0		铝 Al	0.057	0.010 2
	砷 As	0.049	0.001 27		硼 B	0.045	0.010 4
	锑 Sb	0.039	0.009 6		镓 Ga	0.065	0.010 8

表 8-4 GaAs 中施主与受主杂质的电离能(实验值)

受主	(eV)	施主	(eV)	受主	(eV)	施主	(eV)	受主	(eV)	施主	(eV)
镁 Mg	0.030	硫 S	0.006 1	锌 Zn	0.024～0.031	硒 Se	0.005 89	镉 Cd	0.021～0.030	碲 Te	0.03

在砷化镓中如掺入Ⅵ族元素如 S、Se、Te 等则将代替Ⅴ族 As 的位置而成为施主型杂质;而如掺入Ⅱ族元素 Zn、Be、Mg 等原子则将代替Ⅲ族原子 Ga 而成为受主型杂质。但如在砷化镓中掺入Ⅳ族的硅,则当硅代替镓时成为施主,而如代替砷的位置则成为受主。像这类在同一种半导体中既可为施主又可为受主的杂质称为两性杂质。

以上介绍的杂质能级,无论是施主或受主,其电离能均低于 0.1 eV,这类杂质统称为浅杂质,其主要作用之一表现为影响半导体中的载流子数密度。如在同一块半导体中同时掺有浓度为 N_d 的施主与浓度为 N_a 的受主,则由于施主能级 E_d 高于受主能级 E_a,则施主上的电子会自然跃迁至受主而使两者都电离,但却不提供能带中的任何载流子。这一现象称为杂质补偿。不难看出，如 $N_d > N_a$，则表现为 n 型半导体，因为这时单位体积内还有 $N_d - N_a$ 个施主可提供导带电子；反之，如 $N_a > N_d$，则单位体积内除去 N_d 个受主被补偿外，尚有 $N_a - N_d$ 个受主可以提供价带空穴，因而表现为 p 型半导体。

8.2.2 深能级杂质

另有一类杂质能级，其相应的电离能可与禁带宽度相比拟，甚至于接近禁带宽度，以至施主杂质能级反离价带顶较近，而受主型杂质能级离导带底较近。这一类杂质能级称为深能级。图 8.8 示意地画出元素 Au 在Ⅳ族元素半导体硅与锗中形成的深杂质能级。由图可

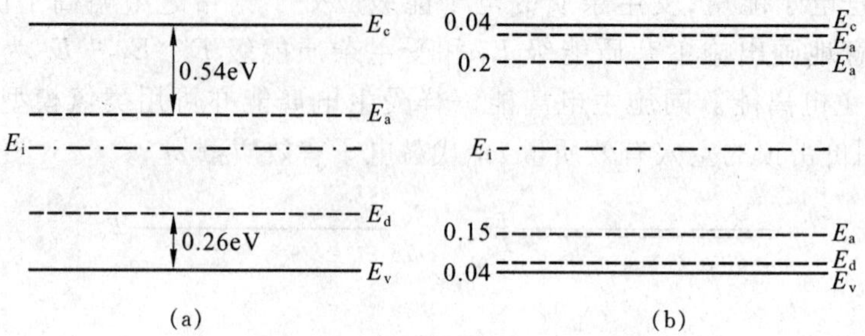

图 8.8 金在硅(a)与锗(b)中的深能级

见受主型能级位置反比施主型能级为高。可见某一杂质能级是受主型还是施主型并不只决定于其能级位置的高低。更值得注意的是，金在硅、锗中也是既可引进施主能级也可引进受主能级的两性杂质。深杂质能级可以俘获导带中的电子与价带中的空穴而使之束缚在杂质原子附近。但同样，在有限温度下这些被俘获的载流子又有一定的概率可重新激发到能带中去，犹如野生动物掉入陷阱又重新跃出地面一般。所以这类深能级又称为载流子的陷阱。如果一个深能级杂质原子同时俘获了一对电子、空穴，这一对载流子便会在杂质原子处复合消失，因此常将能起这种作用的深能级杂质称为载流子的复合中心。陷阱与复合中心对于半导体的电学性质会产生明显的影响，并且在多数情形会导致半导体器件性能的退化。除去掺入杂质外，半导体中的其他缺陷及不完整性也可在禁带中引入深能级。而且，杂质与缺陷还可结合起来形成复杂的复合体，例如砷化镓中的 DX 深能级中心就是由施主型杂质硅与局部晶格畸变所形成的复合体，而 EL2 则是与由 As 原子占据 Ga 位形成的所谓反位缺陷有关的复合体。

§8.3 半导体中电子的统计分布

载流子的运动及其对外场的响应在许多方面决定半导体的性质，了解热平衡时载流子在能带中对能量的分布是分析这类问题的基础。本节即讨论不同温度下载流子在能带及浅杂质能级上的统计分布。在这里，我们完全不计晶格振动的影响。然而对半导体而言，在有限温度下达到热平衡必然涉及电子与晶格振动的能量交换。所以，本节的讨论其实是基于§7.1 所介绍的绝热近似。正是在这一近似的前提下，这里的讨论才能以能带论作基础，因为单电子近似的能带论就是建立在绝热近似的框架之上的。

8.3.1 电子和空穴的数密度

电子是费米子，如§6.1 所述，遵循费米-狄拉克分布，即能量为 E 的能级在温度 T 被电子占据的概率由费米分布函数

$$f(E)=\frac{1}{1+e^{\frac{E-E_F}{k_BT}}} \tag{8.3.1}$$

表示,式中 E_F 为费米能级。由此可得导带中电子的数密度

$$n=\int_{E_c} g_c(E)f(E)\mathrm{d}E \tag{8.3.2}$$

其中 $g_c(E)$为导带电子的状态密度,即对单位体积的半导体材料而言导带中单位能量间隔的状态数。同样,价带中的空穴数密度可表示为

$$p=\int^{E_v} g_v(E)[1-f(E)]\mathrm{d}E \tag{8.3.3}$$

式中 $g_v(E)$为价带电子状态密度。(8.3.2)式中的积分上限当为导带顶,而(8.3.3)式的积分下限当为价带底。这里我们暂时不具体标明,下面将看到在一般情形下,可近似地将积分限取为正、负无穷大。

假设讨论的导带底与价带顶均在 $\boldsymbol{k}$ 空间原点并且具有各向同性的能带色散关系的简单情形,即导带底附近与价带顶附近 $E(\boldsymbol{k})$可分别表示为

$$E_c(\boldsymbol{k})=E_c+\frac{\hbar^2k^2}{2m_e} \tag{8.3.4}$$

与

$$E_v(\boldsymbol{k})=E_v-\frac{\hbar^2k^2}{2m_h} \tag{8.3.5}$$

这里,下标 c, v 分别代表导带与价带,E_c 为导带底,E_v 为价带顶,m_e、m_h 分别为导带底的电子与价带顶的空穴的有效质量。由以上二式以及§6.1的讨论可知,只要将(6.1.10)式中的电子质量代之以 m_e 或 m_h 即可得导带底与价带顶附近的状态密度,即

$$g_c(E)=\frac{1}{2\pi^2}\left(\frac{2m_e}{\hbar^2}\right)^{3/2}(E-E_c)^{1/2} \tag{8.3.6}$$

与

$$g_v(E)=\frac{1}{2\pi^2}\left(\frac{2m_h}{\hbar^2}\right)^{3/2}(E_v-E)^{1/2} \tag{8.3.7}$$

对于锗、硅这一类有着比较复杂能带结构的半导体,m_e 与 m_h 要分别代之以所谓的状态密度有效质量 m_e^S 与 m_h^S。锗、硅导带底附近等能面为旋转椭球面,故

$$m_e^S=(t^2m_t^2m_l)^{1/3} \tag{8.3.8}$$

t 为等价椭球的个数,即对硅 $t=6$; 对锗 $t=4$。而

$$m_h^S=(m_{hh}^{3/2}+m_{hl}^{3/2})^{2/3} \tag{8.3.9}$$

式(8.3.8)表示应计及倒空间中所有导带底附近的电子,而(8.3.9)式表示轻、重空穴均应予以统计。

通常半导体导带中的电子与价带中的空穴都很少,表示对导带

$$f(E)\ll 1 \tag{8.3.10}$$

而对价带

$$1-f(E)\ll 1 \tag{8.3.11}$$

于是,对导带

$$f(E)\approx e^{-\frac{E-E_F}{k_B T}} \tag{8.3.12}$$

而对价带

$$1-f(E)\approx e^{\frac{E-E_F}{k_B T}} \tag{8.3.13}$$

即费米分布约化成玻尔兹曼分布。

将(8.3.6)与(8.3.12)式代入(8.3.2)式即可计算导带电子数密度:

$$n=\frac{1}{2\pi^2}\left(\frac{2m_e^S}{\hbar^2}\right)^{3/2}\int_{E_c}^{\infty}(E-E_c)^{1/2}e^{-\frac{E-E_F}{k_B T}}dE \tag{8.3.14}$$

注意由于指数因子的出现,绝大多数电子都分布在离导带底 E_c 不远的能级上,能量高的区域贡献极小,便可将上式的积分上限取为∞。同样的原因,虽然在上式中已将表示能带底附近的状态密度表式(8.3.6)适用于全部导带范围,但一定不致引入太大的误差。由此可得

$$n=N_c e^{-(E_c-E_F)/k_B T} \tag{8.3.15}$$

式中

$$N_c=\frac{1}{4\pi^3}\left(\frac{2\pi m_e^S k_B T}{\hbar^2}\right)^{3/2} \tag{8.3.16}$$

称为导带电子有效状态密度。(8.3.15)式表明,为计算导带中的电子数密度,可将全部导带等效地用导带底替代,只需认为单位体积的半导体在导带底具有 N_c 个状态即可。根据与以上完全类似的理由,将(8.3.7)式与(8.3.13)式代入(8.3.3)式计算空穴数密度时也可以认为(8.3.7)式适用于全部价带,并且(8.3.3)式的积分下限可以取为(−∞),即

$$p=\frac{1}{2\pi^2}\left(\frac{2m_h^S}{\hbar^2}\right)^{3/2}\int_{-\infty}^{E_v}(E_v-E)^{1/2}e^{\frac{E-E_F}{k_B T}}dE \tag{8.3.17}$$

$$p=N_v e^{-(E_F-E_v)/k_B T} \tag{8.3.18}$$

其中

$$N_v=\frac{1}{4\pi^3}\left(\frac{2\pi m_h^S k_B T}{\hbar^2}\right)^{3/2} \tag{8.3.19}$$

为价带空穴有效状态密度。

8.3.2　本征载流子密度

由(8.3.15)式与(8.3.18)式得导带中的电子与价带中的空穴数密度的乘积

$$np=N_c N_v e^{-\frac{E_c-E_v}{k_B T}}=N_c N_v e^{-\frac{E_g}{k_B T}} \tag{8.3.20}$$

式中 $E_g=E_c-E_v$ 为禁带宽度。上式表明导带与价带载流子数密度的乘积只决定于半导体的本征性质,而与掺杂等非本征因素无关。

由(8.3.20)式可以直接得出本征半导体的载流子数密度。在本征半导体中载流子只能由价带顶附近的电子激发至导带形成,这称为本征激发,形成的载流子称本征载流子。显

然,对本征激发

$$n = p = n_i \tag{8.3.21}$$

从而

$$np = n_i^2 = N_c N_v e^{-E_g/k_B T} \tag{8.3.22}$$

因此本征载流子数密度

$$n_i = \sqrt{N_c N_v} e^{-\frac{E_g}{2k_B T}} \tag{8.3.23}$$

(8.3.21)式为本征激发的电中性条件,由(8.3.15)与(8.3.18)式得

$$N_c e^{-\frac{E_c - E_F}{k_B T}} = N_v e^{-\frac{E_F - E_v}{k_B T}}$$

据此可得本征半导体的费米能级 E_F:

$$E_F = E_i + k_B T \ln \frac{N_v}{N_c} \tag{8.3.24}$$

其中

$$E_i = \frac{1}{2}(E_c + E_v) \tag{8.3.25}$$

为禁带中央能量。通常导带与价带有效状态密度相差不太大,本征半导体的费米能级基本上处于禁带中央,视 N_v 与 N_c 的高低而随温度略有升降。表 8-5 列出硅、锗、砷化镓和锑化铟的导带与价带有效状态密度 N_c 与 N_v。注意,N_c 或 N_v 与 $g(E)$ 具有不同的量纲或单位,彼此相差能量的量纲或单位。

表 8-5 半导体的导带、价带有效状态密度和本征载流子数密度

	Si	Ge	GaAs	InSb
$N_c(m^{-3})$	2.7×10^{25}	8.9×10^{24}	4.7×10^{24}	2.5×10^{24}
$N_v(m^{-3})$	1.1×10^{25}	5.7×10^{24}	7.0×10^{24}	1.9×10^{25}
$n_i(m^{-3})$	1.5×10^{16}	2×10^{19}	2×10^{12}	2×10^{22}

8.3.3 n 型半导体中的电子分布

当存在杂质或缺陷时,应计及杂质能级的影响;这里只讨论浅杂质能级。为简单计,假设半导体中只掺入浓度为 N_d 的浅施主杂质,即 n 型半导体。

这里有一点需要说明。杂质轨道上最多只允许一个电子存在,而导带中的每一个能级却都允许自旋相反的两个电子存在。根据泡利不相容原理,当施主电离时,电子可以跃迁到导带中的空能级,也可以跃迁到已为一个电子占据的导带能级,但这个电子的自旋必须与原施主上电子的自旋相反。可是,对已电离的施主能级,即电离施主而言,无论导带中何种自旋的电子都可以跃迁下来。换言之,中性施主的电离受到额外的限制,使电子处于施主能级上的概率相应增加,大于(8.3.1)式中将 E 代以 E_d 的结果。仔细计算得到,在温度 T 施主 E_d 为电子占据的概率 $f_e(E_d)$ 应表示为

$$f_e(E_d) = \frac{1}{1 + \frac{1}{2} e^{(E_d - E_F)/k_B T}} \tag{8.3.26}$$

同样受主能级 E_a 为空穴占据的概率也应表示为

$$f_h(E_a) = \frac{1}{1 + \frac{1}{2}e^{(E_F - E_a)/k_B T}} \tag{8.3.27}$$

在下面的讨论中,都假定适用(8.3.12)或(8.3.13)式的情形。对于n型半导体,这表明E_F处在禁带中,且离导带底不很近。因而导带中的电子数密度与价带中的空穴数密度都不太大,这种情形称为非简并。这里我们还注意到,至少在非简并的情形,半导体的费米能级并不是电子的许可能级($E_F = E_d$或$E_F = E_a$的情形除外),这与金属有原则的不同。因而金属中的费米面的概念这里并不适用。

在非简并情形,存在施主杂质时导带中的电子数密度n与价带中的空穴数密度p仍由(8.3.15)式及(8.3.18)式表出,而施主杂质上的电子数密度(即中性施主杂质的浓度)n_d为

$$n_d = N_d f(E_d) = \frac{N_d}{1 + \frac{1}{2}e^{\frac{E_d - E_F}{k_B T}}} \tag{8.3.28}$$

此时电中性条件为

$$(N_d - n_d) + p = n \tag{8.3.29}$$

上式中的空穴来自本征激发,而电子则来自施主电离与本征激发两个方面。在很低的温度下,本征激发极微弱,以至空穴数密度可略去,$p \approx 0$,(8.3.29)式近似成为

$$N_d - n_d = n \tag{8.3.30}$$

表明导带电子全部来自施主杂质电离。将(8.3.15)与(8.3.28)式代入可得

$$\frac{N_d}{1 + 2e^{\frac{E_F - E_d}{k_B T}}} = N_c e^{-\frac{E_c - E_F}{k_B T}} \tag{8.3.31}$$

上式即为确定低温下费米能级的方程。令

$$\chi = \sqrt{\frac{N_c}{2N_d}}\, e^{-\frac{E_c - E_d}{2k_B T}} \tag{8.3.32}$$

(8.3.31)式化为

$$\frac{1}{1 + 2e^{\frac{E_F - E_d}{k_B T}}} = 2\chi^2 e^{\frac{E_F - E_d}{k_B T}} \tag{8.3.33}$$

上式为关于$e^{\frac{E_F - E_d}{k_B T}}$的二次代数方程,注意指数函数总是正的,可得

$$2e^{\frac{E_F - E_d}{k_B T}} = \frac{\sqrt{4 + \chi^2} - \chi}{2\chi} \tag{8.3.34}$$

从而

$$E_F = E_d + k_B T \ln \frac{\sqrt{4 + \chi^2} - \chi}{4\chi} \tag{8.3.35}$$

代入(8.3.15)式可得导带电子数密度

$$n = N_c \frac{\sqrt{4 + \chi^2} - \chi}{4\chi} e^{-\frac{E_c - E_d}{k_B T}} \tag{8.3.36}$$

8.3.4 电子数密度随温度的变化

在温度很低,以至满足 $\chi \ll 1$ 的情形,只有部分施主电离, $n_d < N_d$, 称为弱电离情形。此时(8.3.35)式化为

$$E_F = E_d + k_B T \ln \frac{1}{2\chi} = \frac{E_c + E_d}{2} + \frac{k_B T}{2} \ln \frac{N_d}{2N_c} \tag{8.3.37}$$

一般在非简并情形, $N_d < 2N_c$。由上式可见在很低温度下,费米能级从 $\frac{1}{2}(E_c + E_d)$ 开始随温度上升而下降。在这一温度范围,在(8.3.36)式中代入 $\chi \ll 1$ 可得

$$n \approx \sqrt{2N_c N_d}\, e^{\frac{-(E_c - E_d)}{2k_B T}} \tag{8.3.38}$$

如温度上升至 $\chi \gg 2$ 的范围, $\dfrac{\sqrt{4+\chi^2} - \chi}{4\chi} \approx \dfrac{1}{2\chi^2}$, (8.3.36)式成为

$$n \approx N_c e^{\frac{-(E_c - E_d)}{k_B T}} / 2\chi^2 = N_d \tag{8.3.39}$$

上式表明在这一温度范围,所有的施主均电离,但本征激发仍很微弱,导带电子数密度随温度变化不显著,这一情形称为强电离,相应的温度范围称为饱和区。

当温度上升至价带电子本征激发不能略去时,就进入本征激发温区或本征区。此时电中性条件可表示为

$$n \approx p + N_d \tag{8.3.40}$$

上式表明导带电子来自本征激发与杂质电离两个方面,而杂质已全部电离。将 $p = n_i^2/n$ 代入上式,可解得

$$n = (N_d + \sqrt{4n_i^2 + N_d^2})/2 \tag{8.3.41}$$

$$p = (\sqrt{4n_i^2 + N_d^2} - N_d)/2 \tag{8.3.42}$$

由上式可见,如 $n_i \ll N_d$, $n \approx N_d$, $p \approx 0$, 即为强电离情形。反之,如 $n_i \gg N_d$, $n \approx p \approx n_i$, 即本征激发的作用完全盖过杂质电离,载流子全部来自本征激发,半导体处于本征温区。

将(8.3.15)与(8.3.18)式代入便可由电中性条件(8.3.40)式求得费米能级

$$N_c e^{-\frac{E_c - E_F}{k_B T}} = N_v e^{-\frac{E_F - E_v}{k_B T}} + N_d$$

为简单计,略去 N_c 与 N_v 的区别,并利用(8.3.22)式与(8.3.25)式可得

$$E_F \approx E_i + k_B T \sinh^{-1}\left(\frac{N_d}{2n_i}\right) \tag{8.3.43}$$

在本征温区,随着温度升高,本征载流子数密度 n_i 不断增加,以至 $N_d/2n_i \ll 1$, 则

$$E_F \approx E_i \tag{8.3.44}$$

即费米能级在 $N_c \approx N_v$ 的情形逼近禁带中央,这正是(8.3.24)所示的本征半导体的情形。

图 8.9 为 n 型半导体硅 ($N_d = 10^{21}\ \mathrm{m^{-3}}$) 的导带电子数密度 n 随温度 T 的变化。由图可见,低于 125 K 范围为杂质电离区,电子全部来自杂质电离。125 K 附近,施主几乎全部电离,但本征激发仍可忽略,是为强电离区, $n \approx N_d = 10^{21}\ \mathrm{m^{-3}}$, 并且直至 550 K 随温度上

升都基本维持不变,是为饱和温区。550 K 之后进入本征激发区。

对于只掺受主的 p 型半导体,关于价带空穴数密度的讨论完全类似,此处不再赘述。

图 8.10 同时示出不同掺杂浓度的 n 型与 p 型硅的费米能级 E_F 随温度 T 的变化。由

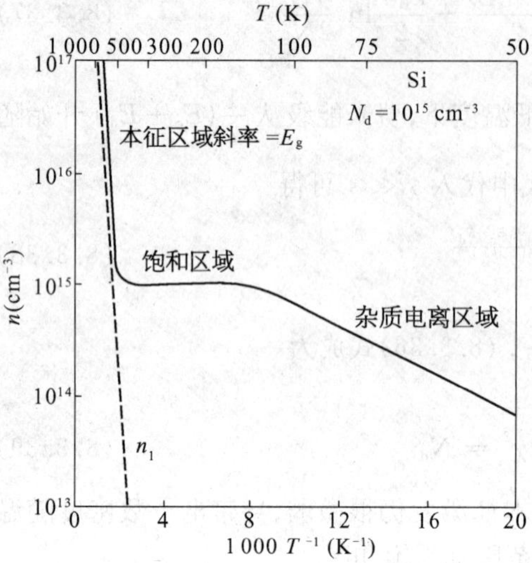

图 8.9　n 型 Si 的电子数密度与温度的关系
($N_d = 10^{21}$ m^{-3})

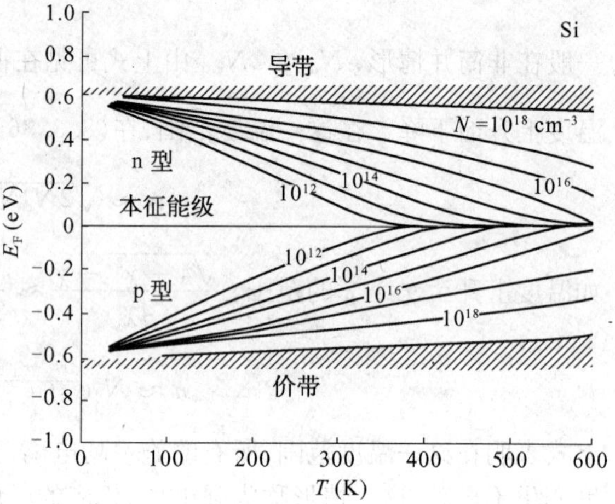

图 8.10　不同掺杂浓度的费米能级 E_F 随温度的变化

图可见从低温开始随温度的上升 n 型半导体与 p 型半导体的费米能级分别从 $\frac{1}{2}(E_c + E_d)$ 与 $\frac{1}{2}(E_a + E_v)$ 处逐渐向禁带中央趋近。图中也示出随着温度的上升,导带底 E_c 略有下降,价带顶 E_v 略有上升,而使禁带宽度随着温度的上升而略有下降,这里不再详述。

§ 8.4　半导体的电导率和霍尔效应

半导体在外加电磁场中的输运性质是制造半导体电子元器件的基础。最常见的输运性质为本节所要讨论的电导率和霍尔效应。

8.4.1　n 型半导体的电导率

第六章中已一般地介绍了如何由玻尔兹曼输运方程(6.2.12)讨论晶体材料的导电过程。这里只需针对半导体的情形加以具体应用。

在只考虑电场作用的情形,(6.2.12)式可表示成

$$\frac{e\boldsymbol{E}}{\hbar} \cdot \nabla_{\boldsymbol{k}} f(\boldsymbol{k}) = \frac{f(\boldsymbol{k}) - f_0(E)}{\tau(E)} \tag{8.4.1}$$

这里($-e\boldsymbol{E}$)代表外电场对电子的作用力,$f(\boldsymbol{k})$则为稳态情形的电子分布函数。由上式得

$$f(\boldsymbol{k}) = f_0(E) + \frac{e\tau(E)}{\hbar}\boldsymbol{E} \cdot \nabla_{\boldsymbol{k}} f(\boldsymbol{k}) \tag{8.4.2}$$

在外电场不太高时,可以认为电子的稳态分布函数相对平衡态分布函数 $f_0(E)$而言并无太大的偏离,以至我们在(8.4.2)式右边可用 $f_0(E)$近似代换 $f(\boldsymbol{k})$,即近似有

$$f(\boldsymbol{k}) = f_0(E) + e\tau \frac{\partial f_0}{\partial E}\boldsymbol{E} \cdot \boldsymbol{v} \tag{8.4.3}$$

注意,由于 $f(\boldsymbol{k})$为稳态分布函数,即单位体积的半导体材料在波矢 $\boldsymbol{k}$ 附近单位倒空间中的电子数,电子数密度 n 应为

$$n = \frac{2}{(2\pi)^3}\int_{BZ} f(\boldsymbol{k})\mathrm{d}\boldsymbol{k} \tag{8.4.4}$$

这里因子 2 代表自旋简并度。上式积分限为第一布里渊区,代表一个能带中的电子对电流的贡献。电流密度 $\boldsymbol{j}$ 的定义为

$$\boldsymbol{j} = -\frac{2e}{(2\pi)^3}\int_{BZ} \boldsymbol{v}(\boldsymbol{k})f(\boldsymbol{k})\mathrm{d}\boldsymbol{k} \tag{8.4.5}$$

将(8.4.3)式代入上式可得

$$\boldsymbol{j} = -\frac{2e}{(2\pi)^3}\int_{BZ} \boldsymbol{v}(\boldsymbol{k})f_0(E)\mathrm{d}\boldsymbol{k} - \frac{2e^2}{(2\pi)^3}\int_{BZ} \tau(E)\frac{\partial f_0}{\partial E}\boldsymbol{v}(\boldsymbol{E}\cdot\boldsymbol{v})\mathrm{d}\boldsymbol{k} \tag{8.4.6}$$

由于 $E(\boldsymbol{k}) = E(-\boldsymbol{k})$, $f_0(E)$为 $\boldsymbol{k}$ 空间的偶函数,而 $\boldsymbol{v}(\boldsymbol{k}) = -\boldsymbol{v}(-\boldsymbol{k})$ 为奇函数,上式第一项积分为零,电流密度成为

$$\boldsymbol{j} = -\frac{2e^2}{(2\pi)^3}\int_{BZ} \tau(E)\frac{\partial f_0}{\partial E}\boldsymbol{v}(\boldsymbol{E}\cdot\boldsymbol{v})\mathrm{d}\boldsymbol{k} \tag{8.4.7}$$

将上式写成分量形式

$$j_s = \sum_r \sigma_{sr}E_r,\ s,\ r = x,\ y,\ z \tag{8.4.8}$$

式中

$$\sigma_{sr} = -\frac{2e^2}{(2\pi)^3}\int_{BZ} \tau(E)\frac{\partial f_0}{\partial E}v_s v_r \mathrm{d}\boldsymbol{k} \tag{8.4.9}$$

称为电导率张量。由上式可知,由于被积函数中的任何一个因子都与能量有关,半导体的电导率与其能带结构有直接的关系。下面就典型情形具体讨论。

如等能面为球面,且导带底处于 $\boldsymbol{k}$ 空间原点,即相当于Ⅲ—Ⅴ族化合物半导体 InSb、GaAs 及 InP 等的导带底附近的电子,电子能量和速度分别为

$$E(\boldsymbol{k}) = \frac{\hbar^2 k^2}{2m_e},\ v_s = \frac{1}{\hbar}\frac{\partial E(\boldsymbol{k})}{\partial k_s} = \hbar k_s/m_e \tag{8.4.10}$$

其中 m_e 为电子的有效质量,从而

$$\sigma_{sr} = -\frac{2e^2\ \hbar^2}{(2\pi)^3 m_e^2}\int_{BZ} \tau(E)\frac{\partial f_0}{\partial E}k_s k_r \mathrm{d}\boldsymbol{k} \tag{8.4.11}$$

上式中 $\tau(E)$与$\partial f_0/\partial E$ 为 $\boldsymbol{k}$ 空间的偶函数,注意布里渊区在倒空间的对称性可得,除去 $s = r$ 上式积分为零,即电导率张量只有对角元不为零。而且,根据(8.4.10)式,导带底附近的等能面为球形,三个电导率张量的对角元应相等,即

$$\sigma_{xx} = \sigma_{yy} = \sigma_{zz} = \frac{-2e^2\ \hbar^2}{(2\pi)^3 m_e^2}\int_{BZ} \tau(E)\frac{\partial f_0}{\partial E}k_x^2 \mathrm{d}\boldsymbol{k} = \sigma \tag{8.4.12}$$

或

$$\sigma = \frac{-2e^2\hbar^2}{3(2\pi)^3 m_e^2}\int_{BZ}\tau(E)\,\frac{\partial f_0}{\partial E}k^2\,\mathrm{d}\boldsymbol{k} \tag{8.4.13}$$

即在等能面为球形的情形,我们得到标量电导率 σ。代入(8.4.10)式可将上式改写为

$$\sigma = -\frac{16\pi e^2}{3}\,\frac{\sqrt{2m_e}}{h^3}\int_0^{\infty}\tau(E)\,\frac{\partial f_0}{\partial E}E^{3/2}\,\mathrm{d}E \tag{8.4.14}$$

上式中积分上限改为∞的原因是$\frac{\partial f_0}{\partial E}$在高能量处可以略去。

由状态密度 $g(E)$的定义,电子数密度

$$n = \int_0^{E_t} g(E)f_0(E)\,\mathrm{d}E \tag{8.4.15}$$

上式中的积分上限 E_t 应为导带顶,(8.4.10)式表示的色散关系相应于

$$g(E) = 4\pi\,\frac{(2m_e)^{3/2}}{h^3}E^{1/2} \tag{8.4.16}$$

由此

$$n = 4\pi\,\frac{(2m_e)^{3/2}}{h^3}\int_0^{\infty}E^{1/2}f_0(E)\,\mathrm{d}E \tag{8.4.17}$$

应当指出,通常(8.4.16)式只适用于导带底附近不大的能量范围,但由于 $f_0(E)$在高能量范围衰减为零的事实,将电子数密度表达式中的积分上限延伸至无穷大,并且设全部能量范围(8.4.16)式都适用并不会引起可观的误差。利用分部积分,(8.4.17)式可改写为

$$n = -\frac{8\pi}{3}\,\frac{(2m_e)^{3/2}}{h^3}\int_0^{\infty}E^{3/2}\,\frac{\partial f_0}{\partial E}\,\mathrm{d}E \tag{8.4.18}$$

即

$$-\frac{16\pi}{3}\,\frac{\sqrt{2m_e}}{h^3} = \frac{n}{m_e}\left(\int_0^{\infty}E^{3/2}\,\frac{\partial f_0}{\partial E}\,\mathrm{d}E\right)^{-1}$$

从而可将 σ 用 n 表示:

$$\sigma = \frac{ne^2}{m_e}\,\frac{\int_0^{\infty}\tau(E)\,\frac{\partial f_0}{\partial E}E^{3/2}\,\mathrm{d}E}{\int_0^{\infty}\frac{\partial f_0}{\partial E}E^{3/2}\,\mathrm{d}E} \tag{8.4.19}$$

令

$$\langle\tau\rangle = \frac{\int_0^{\infty}\tau(E)\,\frac{\partial f_0}{\partial E}E^{3/2}\,\mathrm{d}E}{\int_0^{\infty}\frac{\partial f_0}{\partial E}E^{3/2}\,\mathrm{d}E} \tag{8.4.20}$$

可得

$$\sigma = \frac{ne^2}{m_e}\langle\tau\rangle \tag{8.4.21}$$

上式在形式上与(6.2.27)式的金属电导率相同。但对半导体,导带电子对电导率的贡献除与电子数密度及有效质量有关外,通常弛豫时间 τ 应按玻尔兹曼分布来统计平均 $\langle\tau\rangle$。$\langle\tau\rangle$ 具体取决于电子的散射机理。

8.4.2 电子迁移率

引入电子迁移率 μ_e,使

$$\sigma_e = ne\mu_e \tag{8.4.22}$$

则

$$\mu_e = e\langle\tau\rangle/m_e \tag{8.4.23}$$

根据欧姆定律,电流密度 $\boldsymbol{j} = \sigma\boldsymbol{E}$,可知迁移率 μ_e 的物理意义为单位外电场作用下电子所获得的定向漂移速度。

对于锗和硅,导带底不在布里渊区中心的情形,(8.4.21)式仍可适用,但应将 m_e 代之以电导率有效质量 m_e^c:

$$m_e^c = \left[\frac{1}{3}\left(\frac{2}{m_t} + \frac{1}{m_l}\right)\right]^{-1} \tag{8.4.24}$$

其中 m_t 与 m_l 分别为沿导带底附近椭球等能面纵轴与横轴的电子有效质量。

价带空穴同样对电导率有贡献。由§8.1可知,无论是Ⅳ族元素半导体还是Ⅲ-Ⅴ族化合物半导体,价带顶都在 $\boldsymbol{k}$ 空间原点,且在价带顶附近有在 $\boldsymbol{k} = 0$ 简并的轻、重空穴两支能带。空穴对电导率的贡献可表示为

$$\sigma_p = p_l e\mu_l + p_h e\mu_h \tag{8.4.25}$$

其中 p_l、p_h 分别为轻、重空穴的数密度,而 μ_l 与 μ_h 为相应的轻、重空穴的迁移率

$$\left.\begin{aligned} \mu_l &= e\langle\tau\rangle/m_{hl} \\ \mu_h &= e\langle\tau\rangle/m_{hh} \end{aligned}\right\} \tag{8.4.26}$$

m_{hl}、m_{hh}分别为轻、重空穴的有效质量。(8.4.23)式与(8.4.26)式中的 τ 均为相应载流子的散射弛豫时间。

载流子的弛豫时间 τ 决定于散射机理。在低温下,半导体中的电离杂质是主要的散射机理。随着温度的升高,晶格振动散射的作用愈来愈显著。对于元素半导体锗和硅,主要表现为纵向声频声子对载流子的散射,光频声子散射只在较高温度下才起作用;而对Ⅲ-Ⅴ族或Ⅱ-Ⅴ族这一类极性半导体,极性光频声子的散射有相当大的影响。

由于散射使弛豫时间下降,当存在若干种散射机理时,实际的载流子的弛豫时间 τ 可表示为

$$\frac{1}{\tau} = \sum_i \frac{1}{\tau_i} \tag{8.4.27}$$

式中 τ_i 为第 i 种散射机理相应的弛豫时间。可见弛豫时间小的散射机理起较大作用。各种散射机理相应的 τ_i 与温度有不同的关系。对于电离杂质散射

$$\langle\tau_I\rangle \sim T^{3/2} \tag{8.4.28}$$

对于声频声子散射

$$\langle\tau_A\rangle \sim T^{-3/2} \tag{8.4.29}$$

而光频声子的散射对温度有比较复杂的依赖关系。由此可见在光频声子散射并不起重要作

用的温度范围，低温下应以电离杂质散射的贡献为主，而在较高温度则以声频声子的晶格振动散射为主。从而得出低温下载流子的迁移率随温度上升而上升；而在较高温度迁移率则随温度上升而下降。图 8.11 为硅中的载流子迁移率随温度变化的关系。

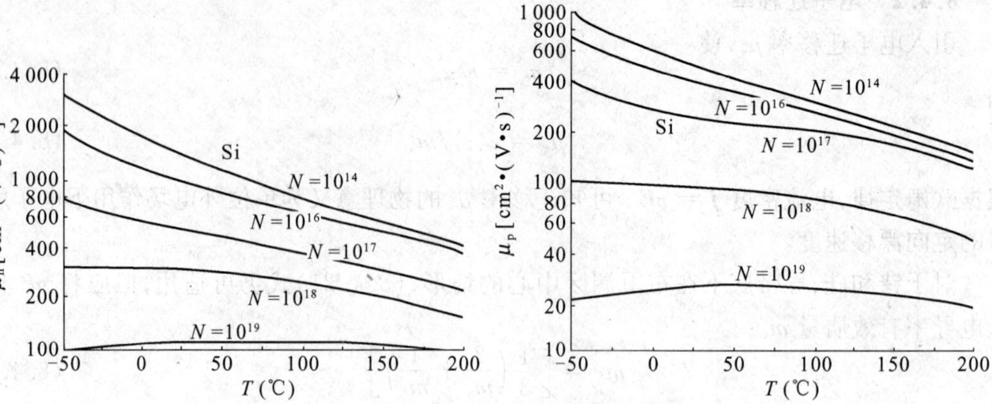

(a) 电子　　(b) 空穴

图 8.11　硅中载流子的迁移率与温度的关系

由图可见当掺杂浓度 N 低于 $10^{18}\,cm^{-3}$ 时，电离杂质散射虽然有降低迁移率的作用，表现为同一温度时掺杂浓度愈高迁移率愈低，但总体上迁移率与温度的关系由晶格振动散射起主导作用，呈现出随温度上升而下降的特点。但下降速率较(8.4.29)式所示为缓。而在掺杂浓度低于 $10^{14}\,cm^{-3}$ 时，实验表明电离杂质几乎对迁移率不起作用，迁移率完全决定于晶格振动散射，与(8.4.29)式一致。只有在掺杂浓度较高时，电离杂质的散射作用才在低温下明显超过晶格振动散射，而表现出低温下随温度上升迁移率上升的特点。

图 8.12 为 GaAs 的电子迁移率与温度的关系。图中同时画出单纯只有电离杂质散射或极性光频声子散射一种散射机理存在时，迁移率与温度的关系。由图明显可见，低温下电离杂质为主要散射机理，而在高温则由极性光频声子决定载流子的迁移率。至于在中间温区，呈现出较为复杂的情形，并不能只由这两种散射机理予以解释，表明更多的散射机理发挥作用，此处不再详细介绍。

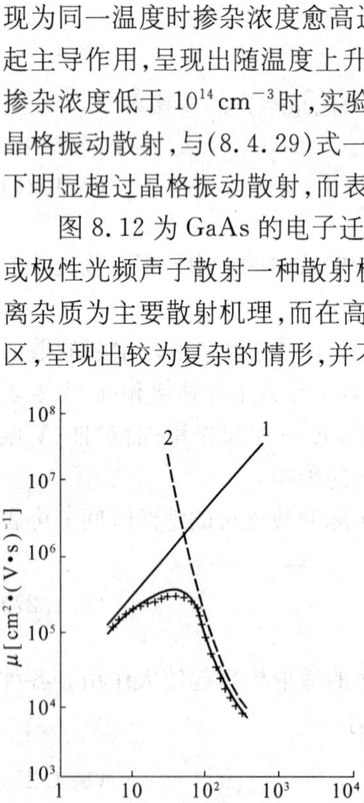

图 8.12　GaAs 的电子迁移率

1—电离杂质散射；2—极性光频声子散射；+—实验

综上所述，半导体的电导率可表示为

$$\sigma = \sigma_e + \sigma_p \tag{8.4.30}$$

其中 σ_e 与 σ_p 分别如(8.4.22)式与(8.4.25)式所示。由于载流子的数密度与迁移率都与温度有关，半导体的电导率 σ 随温度的变化关系呈现出远比金属复杂的特点。图8.13为 n 型与 p 型 Si 的电导率与温度的关系。注意横坐标为绝对温度的倒数。由图可见，在低温下，由于电离杂质的浓度随温度而指数上升[见(8.3.38)式]，使电导率表现为随温度上升而上升。在高温区本征激发使载流子数密度急剧上升，同样表现为决定电导率的主要因素，σ 随温度上升剧烈增加。中间为饱和温区，杂质全部电离，载流子数密度维持稳定，电导率主要由迁移率决定。在这一温区，晶格振动的散射已起主要作用,从而使电导率呈现出随着温度的上升而下降的特点。

8.4.3 n型半导体的霍尔效应

半导体同时受电场与磁场作用时,霍尔效应是典型的输运过程。

设想如图 8.14 所示的长方体型的半导体,边长分别沿直角坐标轴。沿 x 方向存在恒稳电流,而沿 z 方向施以感应强度为 $\boldsymbol{B}$ 的外磁场。设半导体中只存在单一的一种载流子——电子,而且所有的电子具有相同的漂移速度 $\boldsymbol{v}$。因此电子同时受到电场力与磁场的洛伦兹力的作用:

$$\boldsymbol{F} = -e(\boldsymbol{E}_e + \boldsymbol{v} \times \boldsymbol{B}) \tag{8.4.31}$$

$\boldsymbol{E}_e$ 为外加电场强度。在假设情形,电子速度 $\boldsymbol{v} = -\boldsymbol{i}v$,即沿 x 负方向运动,洛伦兹力使电子向 y 负方向偏转,从而在垂直于 y 轴方向的两边积累起异号电荷,y 负方向形成电子积累,而 y 正方向则因缺少电子而呈现正电荷。如果 y 方向不接外电路,所积累的电荷必产生指向 y 负方向的静电场 $\boldsymbol{E}_H$,$\boldsymbol{E}_H$ 对运动电子的作用力恰与洛伦兹力的方向相反。在稳态两者相抵,从而形成稳定的 y 向电场——霍尔电场。因此

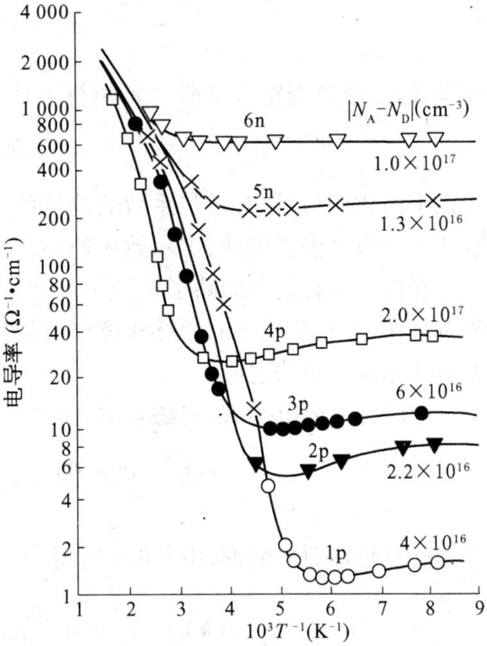

图 8.13 n型与p型硅的电导率与温度的关系

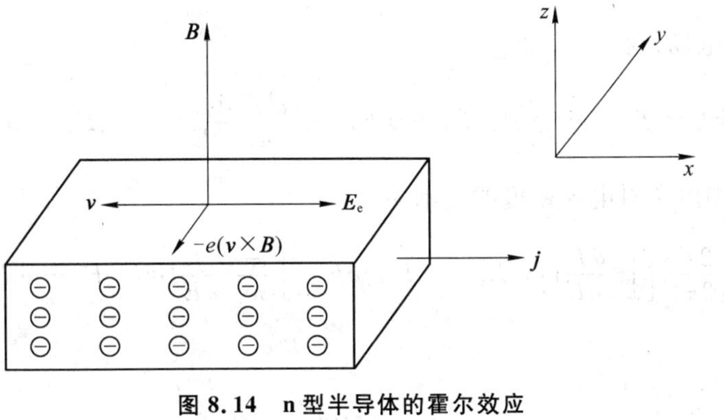

图 8.14 n型半导体的霍尔效应

$$-e\boldsymbol{E}_H = e\boldsymbol{v} \times \boldsymbol{B}$$

霍尔电场

$$\boldsymbol{E}_H = -\boldsymbol{v} \times \boldsymbol{B} \tag{8.4.32}$$

代入电流密度 $\boldsymbol{j} = -ne\boldsymbol{v}$,

$$\boldsymbol{E}_H = \boldsymbol{j} \times \boldsymbol{B}/ne = -\boldsymbol{B} \times \boldsymbol{j}/ne \tag{8.4.33}$$

这一在垂直于电流与磁场方向建立起电场的现象称为霍尔效应。一般用霍尔系数 R 描述霍尔效应。按定义,R 满足

$$\boldsymbol{E}_H = R(\boldsymbol{B} \times \boldsymbol{j}) \tag{8.4.34}$$

由此可见如不计空穴，n型半导体霍尔系数

$$R_n = -\frac{1}{ne} \tag{8.4.35}$$

完全类似，注意到空穴电荷为 e，可得不计电子的p型半导体的霍尔系数

$$R_p = 1/pe \tag{8.4.36}$$

由以上两式明显可知，霍尔系数的符号可以判断半导体中载流子的类型，而其数值则可决定载流子的数密度。因此，霍尔效应的测量是鉴定半导体材料的基本方法。

在以上的讨论中忽略了载流子速度的差异。由前面的关于电导率的讨论可知，在一定的电场作用下，载流子的漂移速度与散射机理和能带结构有关。以下仍由玻尔兹曼方程出发对此作进一步的说明。

同时计入外电场 $\boldsymbol{E}_e$ 与磁场 $\boldsymbol{B}$ 的作用，(8.4.1)式应代之以

$$\frac{e(\boldsymbol{E}_e + \boldsymbol{v}\times\boldsymbol{B})}{\hbar}\cdot\nabla_{\boldsymbol{k}} f(\boldsymbol{k}) = \frac{f(\boldsymbol{k}) - f_0(E)}{\tau(E)} \tag{8.4.37}$$

在等能面是球面的情形，由§6.3可得

$$f(\boldsymbol{k}) = f_0 + e\tau\frac{\partial f_0}{\partial E}\boldsymbol{v}\cdot\boldsymbol{E} + \frac{e^2\tau^2}{m_e}\frac{\partial f_0}{\partial E}\boldsymbol{v}\cdot(\boldsymbol{B}\times\boldsymbol{E}) \tag{8.4.38}$$

设如图8.14所示，

$$\boldsymbol{E} = E_e\boldsymbol{i} + E_H\boldsymbol{j}$$

$$\boldsymbol{B} = B\boldsymbol{k}$$

其中 $\boldsymbol{E}_H$ 为霍尔电场，则

$$f(\boldsymbol{k}) = f_0 + e\tau\frac{\partial f_0}{\partial E}(v_xE_e + v_yE_H) + \frac{e^2\tau^2}{m_e}\frac{\partial f_0}{\partial E}B(-v_xE_H + v_yE_e) \tag{8.4.39}$$

根据定义，导带中电子对电流密度的贡献为

$$\boldsymbol{j} = -\frac{2e^2}{(2\pi)^3}\left[\int\tau\frac{\partial f_0}{\partial E}\boldsymbol{v}(v_xE_e + v_yE_H)\mathrm{d}\boldsymbol{k} + \int\frac{e\tau^2}{m_e}\frac{\partial f_0}{\partial E}B\boldsymbol{v}(v_yE_e - v_xE_H)\mathrm{d}\boldsymbol{k}\right] \tag{8.4.40}$$

令

$$\omega_c = eB/m_e \tag{8.4.41}$$

为电子在磁场 $\boldsymbol{B}$ 中的回旋角频率。由此可将(8.4.40)式用分量形式写成

$$j_x = -\frac{2e^2}{(2\pi)^3}\left[\int\tau\frac{\partial f_0}{\partial E}v_x^2\mathrm{d}\boldsymbol{k}E_e - \omega_c\int\tau^2\frac{\partial f_0}{\partial E}v_x^2\mathrm{d}\boldsymbol{k}E_H\right] \tag{8.4.42}$$

$$j_y = -\frac{2e^2}{(2\pi)^3}\left[\int\tau\frac{\partial f_0}{\partial E}v_y^2\mathrm{d}\boldsymbol{k}E_H + \omega_c\int\tau^2\frac{\partial f_0}{\partial E}v_y^2\mathrm{d}\boldsymbol{k}E_e\right] \tag{8.4.43}$$

$$j_z = 0 \tag{8.4.44}$$

引进 τ 的 p 次幂的平均值

$$\langle \tau^p \rangle = \int \tau^p v^2 \frac{\partial f_0}{\partial E} \mathrm{d}\boldsymbol{k} \bigg/ \int v^2 \frac{\partial f_0}{\partial E} \mathrm{d}\boldsymbol{k} \tag{8.4.45}$$

在球形等能面情形，可得

$$\langle \tau^p \rangle = \int_0^\infty \tau^p E^{3/2} \frac{\partial f_0}{\partial E} \mathrm{d}E \bigg/ \int_0^\infty E^{3/2} \frac{\partial f_0}{\partial E} \mathrm{d}E \tag{8.4.46}$$

上式中积分上限所以取为∞是因为通常导带中的电子都分布在导带底附近，而也只有在这一范围等能面才能看作球面。再利用(8.4.18)式

$$\int_0^\infty E^{3/2} \frac{\partial f_0}{\partial E} \mathrm{d}E = -\frac{3}{8\pi} \frac{h^3}{(2m_e)^{3/2}} n$$

利用(8.4.46)式的定义可将 j_x 与 j_y 写成

$$j_x = \frac{ne^2 \langle \tau \rangle}{m_e} E_e - \frac{ne^2 \langle \tau^2 \rangle}{m_e} E_H \tag{8.4.47}$$

与

$$j_y = \frac{ne^2 \omega_c \langle \tau^2 \rangle}{m_e} E_e + \frac{ne^2 \langle \tau \rangle}{m_e} E_H \tag{8.4.48}$$

在 y 方向开路情形，$j_y = 0$，可得霍尔电场强度

$$E_H = -\frac{\omega_c \langle \tau^2 \rangle}{\langle \tau \rangle} E_e \tag{8.4.49}$$

通常情形 $\omega_c \tau \ll 1$，因此 $E_H \ll E_e$，可将(8.4.47)式右边第二项略去而得到

$$E_e = \frac{m_e}{ne^2 \langle \tau \rangle} j_x \tag{8.4.50}$$

由以上两式可得

$$E_H = -\frac{m_e \omega_c \langle \tau^2 \rangle}{ne^2 \langle \tau \rangle^2} j_x$$

由(8.4.41)式得

$$E_H = -\frac{1}{ne} \frac{\langle \tau^2 \rangle}{\langle \tau \rangle^2} B j_x \tag{8.4.51}$$

按照(8.4.34)式关于霍尔系数的定义，现在 $\boldsymbol{B} = B\boldsymbol{k}$，$\boldsymbol{j} = j_x \boldsymbol{i}$ 得

$$R = -\frac{1}{ne} \frac{\langle \tau^2 \rangle}{\langle \tau \rangle^2} \tag{8.4.52}$$

与(8.4.35)式相比，计入电子的速度分布，霍尔系数应乘以修正因子 γ_H

$$\gamma_H = \langle \tau^2 \rangle / \langle \tau \rangle^2 \tag{8.4.53}$$

γ_H 常称为霍尔因子。

通常称电导率 σ 与霍尔系数绝对值 $|R|$ 的乘积为霍尔迁移率 μ_H：

$$\mu_H = \sigma \mid R \mid = \frac{ne^2 \langle \tau \rangle}{m_e} \frac{1}{ne} \frac{\langle \tau^2 \rangle}{\langle \tau \rangle^2} = \gamma_H \mu \tag{8.4.54}$$

式中已代入迁移率 $\mu = e\langle\tau\rangle/m_e$。由上式可见霍尔迁移率与迁移率之比即为霍尔因子 γ_H。

γ_H 与散射机理有关。理论计算表明对声频声子的晶格振动散射，$\gamma_H = 3\pi/8 = 1.18$，而对电离杂质散射，$\gamma_H = 1.93$。由于电离杂质散射只在低温下起显著影响，通常可近似取 $\gamma_H = 1$。

以上讨论适用于导带底附近等能面是球面的情形。如果对 Ge、Si 等导带底多极值椭球形等能面的情形，γ_H 应代之以

$$\gamma_H = \frac{\langle\tau^2\rangle}{\langle\tau\rangle^2}\left(\frac{m_e^c}{m_H}\right) \tag{8.4.55}$$

其中 m_e^c 为电导率有效质量，如(8.4.24)式所示；而 m_H 称为霍尔有效质量，由

$$\frac{1}{m_H^2} = \frac{1}{3}\left(\frac{2}{m_l m_t} + \frac{1}{m_t^2}\right) \tag{8.4.56}$$

给出。

8.4.4 同时有两种载流子的霍尔系数

以上讨论同样适用于电子数密度可略去的 p 型半导体。大多数重要半导体的价带存在轻、重两种空穴，相应得出 p 型半导体的霍尔系数

$$R = \frac{1}{pe}\frac{\gamma_{hl}\eta_l\beta^2 + \gamma_{hh}\eta_h}{(\eta_l\beta + \eta_h)^2} \tag{8.4.57}$$

式中 γ_{hl} 与 γ_{hh} 分别为轻、重空穴的霍尔因子，而 $\eta_l = p_l/p$ 与 $\eta_h = p_h/p$ 分别为轻、重空穴的数密度对总空穴数密度 $p = p_l + p_h$ 的比值，$\beta = \mu_{hl}/\mu_{hh}$ 则为轻、重空穴迁移率之比。

对于半导体中两种载流子均不能忽略的情形，霍尔系数 R 为

$$R \approx \frac{1}{e}\frac{\gamma_h p - \gamma_e nb^2}{(p + nb)^2} \tag{8.4.58}$$

其中 $b = \mu_e/\mu_h$。如进一步近似取霍尔因子 $\gamma_h = \gamma_e = 1$，则

$$R \approx \frac{1}{e}\frac{p - nb^2}{(p + nb)^2} \tag{8.4.59}$$

一般而言，半导体中的电子迁移率 μ_e 大于空穴迁移率 μ_h。因此，对 n 型半导体而言，由上式可见，直至本征温区 $n > p$，霍尔系数为负，且随着温度的上升不改变符号。p 型半导体则相反，温度不太高时 $p \gg n$，$R > 0$，随着温度升高向本征区过渡时，如电子数密度升至 $n = p/b^2$，$R = 0$，进一步升高温度就使 $nb^2 > p$，$R < 0$。即随着温度的升高，p 型半导体的霍尔系数改变符号，由正变负。

在 SI 制中，霍尔系数的单位为 m^3C^{-1}。图8.15画出 InSb 在不同掺杂浓度下霍尔系数绝对值的对数随绝对温度 T 的倒数变化的情形。由图可明显看出 p 型半导体的霍尔系数变号。

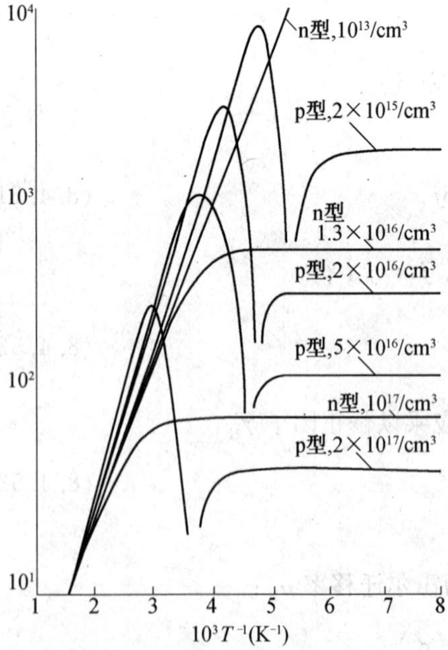

图 8.15 InSb 的霍尔系数与温度的关系

§8.5 非平衡载流子

8.5.1 非平衡少数载流子的产生和复合

由§8.3可知，当半导体处于热平衡时，电子与空穴的数密度满足如下关系

$$n_0 p_0 = n_i^2 \tag{8.5.1}$$

这里我们加下标0以示热平衡。

然而许多外来因素，例如局部温度不均匀或用光照射半导体等，都可以影响半导体中载流子的数密度，使之偏离平衡值。现在我们具体以光照射为例，讨论半导体偏离热平衡的情形。如图8.16所示，$x=0$处为半无限半导体的表面，有能量$h\nu > E_g$的光子光照射其上。价带电子吸收光子能量跃迁至导带生成电子-空穴对，使电子与空穴的数密度都增加。同样，电子与空穴相遇而复合消失的概率也增加。设在稳态，电子数密度可表示为

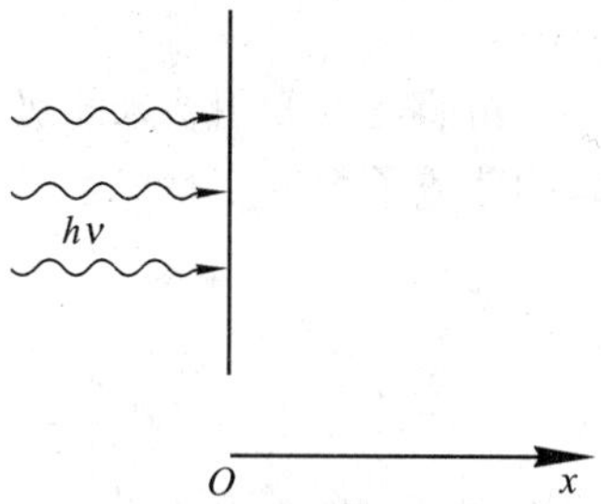

图 8.16 光照产生非平衡载流子

$$\left.\begin{aligned} n &= n_0 + \Delta n \\ p &= p_0 + \Delta p \end{aligned}\right\} \tag{8.5.2}$$

而且由上所述知

$$\Delta n = \Delta p \tag{8.5.3}$$

即由于光照产生载流子与复合消失这两个因素达到动态稳定时，载流子数密度对热平衡值的偏离不随时间变化。Δn与Δp称为非平衡载流子数密度，亦称额外载流子数密度。

应该指出，在热平衡时同样存在载流子的产生与复合过程。价带电子吸收热能跃迁至导带形成载流子，同时导带电子与价带空穴相遇放出能量而复合消失。热平衡时载流子的热激发与复合达平衡而维持其平衡数密度。

在通常温度下，n型半导体中导带电子数密度n远大于价带空穴数密度p，因此称n型半导体中电子为多数载流子(或简称多子)，空穴则为少数载流子(或简称少子)；而在p型半导体中空穴为多子，电子为少子。

虽然(8.5.3)式表明两种载流子数密度对平衡值的偏离相等，但非平衡少数载流子意义更为突出，因为非平衡多子数密度相对平衡值常可略去，而非平衡少子数密度则可能比平衡值大若干数量级。今以室温n型半导体为例，设施主浓度为$10^{16}\,\text{cm}^{-3}$，可近似取$n_0 \approx 10^{16}\,\text{cm}^{-3}$，如取室温本征载流子数密度$n_i \approx 10^{10}\,\text{cm}^{-3}$，则由$p_0 = n_i^2/n_0$，可得$p_0 \approx 10^4\,\text{cm}^{-3}$，即平衡多子与少子数密度相差竟达$10^{12}$。如对表面施以光照，使近表面处非平衡载流子数密度$\Delta n = \Delta p \approx 10^{10}\,\text{cm}^{-3}$，则$\Delta n$只使多子数密度$n$增添了完全可忽略不计的百万分之一，可却使少子数密度p增加了一百万倍。因此产生非平衡载流子的过程有时就索性称为非平衡少子的产生或注入。

如果在n型半导体的非平衡载流子数密度Δn与Δp达稳定之后的某一时刻(选作时间原点$t=0$)将光照撤去，则由于这一产生载流子的因素消失而使复合过程占优势，从而载流子数密度将随时间而衰减。设这一过程可用一时间参数τ表征，使Δp随时间的变化满足

$$d(\Delta p) = -\Delta p dt/\tau \tag{8.5.4}$$

上式的解为

$$\Delta p = \Delta p(0) e^{-t/\tau} \tag{8.5.5}$$

$$p = p_0 + \Delta p = p_0 + \Delta p(0) e^{-t/\tau} \tag{8.5.6}$$

$\Delta p(0)$ 即为稳态非平衡少子数密度。由上式可见，外界产生因素撤消后，非平衡少子数密度将以指数形式衰减而使少子数密度趋向平衡值。参量 τ 表征非平衡少子数密度衰减至 1/e 所需的时间，通常称之为非平衡少数载流子的寿命，有时亦不太严格地简称少子寿命。

仿照 §8.3 用费米能级表示载流子数密度的(8.3.15) 与(8.3.18) 式，可将偏离热平衡时的载流子数密度写成

$$n = N_c e^{-\frac{E_c - E_F^e}{k_B T}} \tag{8.5.7}$$

$$p = N_v e^{-\frac{E_F^h - E_v}{k_B T}} \tag{8.5.8}$$

式中 E_F^e 与 E_F^h 分别称为电子与空穴的准费米能级。在非平衡时 E_F^e 与 E_F^h 不相等。如令 $\Delta E_F^e = E_F^e - E_F$，$\Delta E_F^h = E_F^h - E_F$，$E_F$ 为平衡态费米能级，则由前面关于非平衡载流子数密度的分析可知，少子的 ΔE_F 的绝对值要远较多子的为大。

从上面的讨论可以想到非平衡少子数密度的衰减，即少子的寿命取决于复合过程，从而和复合机理有密切的关系。

8.5.2 非平衡载流子的复合机理

半导体中存在多种复合机理。总起来说可以分为两类，一为直接复合，二为间接复合。所谓直接复合是指导带中的电子释放近似等于禁带宽度 E_g 的能量跃迁入价带中的空状态而成为价带中的电子。通常即称此为电子落入价带与空穴复合。这里“落入”的意思当然是指能量降低，而并非指空间位置的上下。直接复合又可分为三种机理。一是辐射复合，即电子能量以发射光子的形式释放，光子能量 $\hbar\omega \approx E_g$，如图 8.17(a) 所示。二是电子的能量转移给晶格振动，即转变为声子的过程，如图8.17(b) 所示，称之为无辐射复合。三是俄歇式复合，电子将 $\geq E_g$ 的能量转移给另一电子，自身与价带空穴复合，而后者由于获得能量而受激至高能态甚至逸出半导体外，如图 8.17(c) 所示。复合过程应当遵循能量守恒与准动量守恒。由于能量 $h\nu$ 与禁带宽度 E_g 相当的光子波矢与布里渊区线度相比可以忽略，对于能带极值在布里渊区中心的直接带隙半导体，辐射复合表现为导带底的电子与价带顶空穴复合的“竖直”跃迁。而对间接带隙半导体，如价带顶位于布里渊区的中心而导带底位于 $\boldsymbol{k}_0$ 及其等价点的情形，导带底的波矢远大于能量 $h\nu$ 与禁带宽度 E_g 相等的光子波矢，导带底电子与价

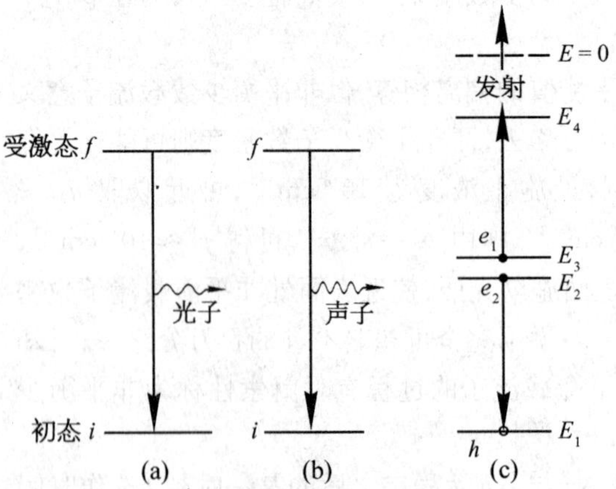

图 8.17 直接复合机理

(a) 辐射复合；(b) 无辐射复合；(c) 俄歇复合

带顶空穴的辐射复合不满足准动量守恒。因此必须有声子参与，使电子由导带底跃迁至布里渊区中心 $\boldsymbol{k}=0$ 附近，再与相近波矢的空穴复合，如图 8.18 所示。相应的能量守恒与准动量守恒表现为

$$\left.\begin{aligned}\boldsymbol{k}_0+\boldsymbol{q}&=\boldsymbol{k}_{\mathrm{p}}\approx 0\\ E_{\mathrm{g}}+\hbar\omega_{\mathrm{q}}&=\hbar\omega_{\mathrm{p}}\end{aligned}\right\} \tag{8.5.9}$$

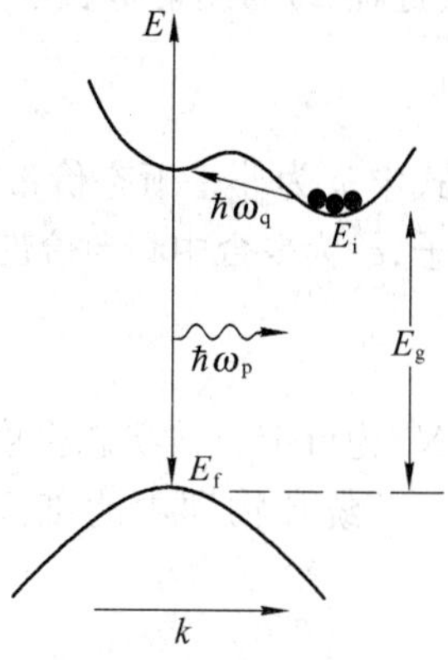

图 8.18 间接带隙的非俄歇式直接复合

式中 $\boldsymbol{k}_{\mathrm{p}}$ 与 $\boldsymbol{q}$ 为光子和声子的波矢，前者与后者相比常可略去；$\hbar\omega_{\mathrm{p}}$ 与 $\hbar\omega_{\mathrm{q}}$ 则分别为光子与声子的能量。由于间接带隙的辐射复合涉及到声子参与，复合的概率要比直接带隙小得多，这正是硅这类间隙带隙半导体的发光效率甚低，在制造光电子器件方面不显优势的原因。

无论涉及何种机理直接复合都是一种本征过程，相应的概率都不太大，或者说直接复合相应的少子寿命比较长。真正对少子复合有重大影响的是半导体中的深能级。半导体中会由于材料及工艺等各方面的因素产生深能级，实际上正是这些深能级决定了少子的寿命。在半导体开关器件中为了提高开关速度，必须降低少子寿命，因此要人为地引入深能级。下面具体分析深能级对少子寿命的影响。

涉及深能级的复合是间接复合，常将这类促进载流子复合的深能级称作复合中心。存在复合中心时载流子复合概率增加，所以虽是间接复合，其复合效率却比直接复合大得多。

间接复合涉及电子在深能级与导带或价带间的跃迁。常将导带电子跃迁到深能级上称为电子俘获，而将电子由深能级跃迁入价带称为空穴俘获；相反的过程则称为电子或空穴的发射。载流子为深能级俘获后在复合前仍可能重新被发射至能带中，即载流子可能在深能级上停留一定的时间而不遭到复合。有时将载流子停留时间较长的深能级称作陷阱，而将停留时间较短的称作复合中心。这里我们即具体针对 n 型半导体讨论少子寿命与复合中心的关系。

设如图 8.19 所示，复合中心能级用 E_{r} 代表。涉及复合中心的间接复合过程与如下四个具体过程有关。

(A)导带电子落入复合中心，即复合中心俘获电子；(B)复合中心向导带 E_{c} 发射电子；(C)复合中心向价带 E_{v} 发射电子，即复合中心俘获价带空穴；(D)复合中心俘获价带电子，即复合中心向价带发射空穴。

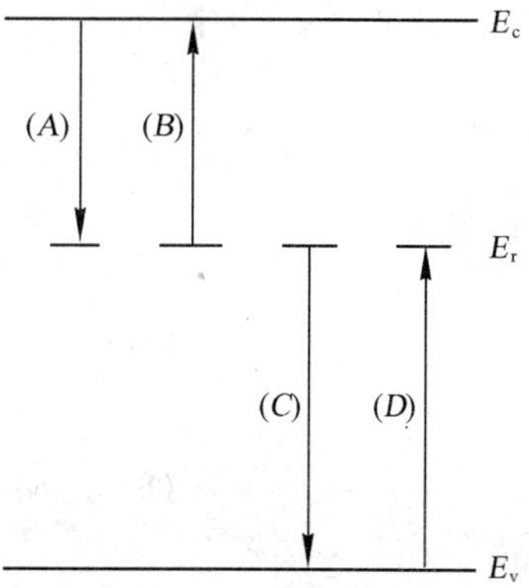

图 8.19 与复合中心有关的跃迁过程

如复合中心的浓度为 N_{r}，其上电子数密度为 n_{r}，则复合中心俘获电子(过程 A)的俘获率——单位体积的半导体单位时间内俘获的导带电子数应为

$$C_{\mathrm{c}}=c_{\mathrm{c}}n(N_{\mathrm{r}}-n_{\mathrm{r}}) \tag{8.5.10a}$$

这里 c_{c} 称为复合中心对电子的俘获系数，n 为非平衡态的导带电子数密度；而复合中心对导带发射电子(过程 B)的发射率(意义与俘获率相似，即单位时间内向导带发射的电子数密度)则可表为

$$E_{\mathrm{c}}=e_{\mathrm{c}}n_{\mathrm{r}}(N_{\mathrm{c}}-n) \tag{8.5.10b}$$

e_{c} 称为电子的发射系数，N_{c} 则为导带底有效状态密度，引用

N_c 后可认为复合中心发射向导带的电子均位于导带底。同样,将复合中心向价带发射电子(过程 C)的发射率表示为

$$E_v = e_v p n_r \tag{8.5.10c}$$

式中 p 为非平衡态价带空穴数密度,上式表明只有当价带中存在空穴时才能向价带发射电子,e_v 为复合中心向价带的发射率。最后将复合中心俘获价带电子(过程 D)的俘获率表示为

$$C_v = c_v(N_r - n_r)(N_v - p) \tag{8.5.10d}$$

N_v 为价带有效状态密度。上式中的 N_v 与(8.5.10b)式中的 N_c 有类似的含义。

统计物理中的细致平衡原理要求

$$C_c - E_v = E_c - C_v \tag{8.5.11}$$

即

$$c_c n(N_r - n_r) - e_v p n_r = e_c n_r(N_c - n) - c_v(N_r - n_r)(N_v - p) \tag{8.5.12}$$

上式适用于非平衡态,即存在非平衡载流子时的情形。注意即使在平衡态,复合中心能级 E_r 上也应有电子占据。因此可以根据平衡态时的情形确定(8.5.12)式中四个系数之间的关系。

在平衡态,A 过程表示为

$$C_c^0 = c_c n_0 (N_r - n_{r0}) \tag{8.5.13}$$

而 A 过程的逆过程则表示为

$$E_c^0 = e_c n_{r0} (N_c - n_0) \tag{8.5.14}$$

这里用角标 0 表示平衡态时的各有关参量。如果掺杂浓度不很高,无论是 n 型还是 p 型半导体,通常都可认为 $N_c \gg n_0$,由此上式可近似约化为

$$E_c^0 = e_c n_{r0} N_c \tag{8.5.15}$$

由平衡态时的微观可逆性原理知,相反的微观过程必恰好相抵,即 $C_c^0 = E_c^0$,则

$$c_c n_0 (N_r - n_{r0}) = e_c n_{r0} N_c \tag{8.5.16}$$

代入平衡时的

$$n_0 = N_c e^{-\frac{E_c - E_F}{k_B T}}$$

$$n_{r0} = N_r \frac{1}{1 + e^{\frac{E_r - E_F}{k_B T}}}$$

这里,为简单计略去(8.3.26)式中计入自旋影响的因子 1/2,由此可得

$$e_c = c_c e^{-\frac{E_c - E_r}{k_B T}} \tag{8.5.17}$$

引进

$$n_1 = N_c e^{-\frac{E_c - E_r}{k_B T}} \tag{8.5.18}$$

$$e_c = c_c \frac{n_1}{N_c} \tag{8.5.19}$$

n_1 的物理意义是当 E_F 与复合中心能级 E_r 相符时导带中的电子数密度。同样,根据 C 过程

与D过程的微观可逆原理,在N_v远高于平衡态空穴数密度p_0的情形可得

$$c_v = \frac{e_v}{N_v} p_1 \tag{8.5.20}$$

式中$p_1 = N_v e^{-\frac{E_r - E_v}{k_B T}}$为费米能级与复合中心重合时的平衡空穴数密度。将(8.5.19)与(8.5.20)代入(8.5.12)式

$$c_c n(N_r - n_r) - e_v p n_r = c_c \frac{n_1 n_r}{N_c}(N_c - n) - \frac{e_v}{N_v} p_1 (N_r - n_r)(N_v - p) \tag{8.5.21}$$

在所谓小注入情形,$N_c \gg n$, $N_v \gg p$,上式化为

$$c_c n(N_r - n_r) - e_v p n_r = c_c n_1 n_r - e_v p_1 (N_r - n_r)$$

由此可求得稳态非平衡情形复合中心能级E_r上的电子数密度

$$n_r = \frac{c_c n + e_v p_1}{c_c(n + n_1) + e_v(p + p_1)} N_r \tag{8.5.22}$$

由于载流子的复合意味着导带与价带消失相等数目的电子与空穴,而$C_c - E_c$显然为电子的复合率,即单位时间在单位体积的半导体内复合的电子数;同样,$E_v - C_v$当为空穴的复合率,且显然应有

$$C_c - E_c = E_v - C_v = R_r \tag{8.5.23}$$

将(8.5.10)式及(8.5.22)式代入上式,并注意n_1、p_1间也应满足

$$n_1 p_1 = n_i^2 \tag{8.5.24}$$

可得

$$R_r = \frac{c_c e_v (np - n_i^2)}{c_c(n + n_1) + e_v(p + p_1)} N_r \tag{8.5.25}$$

如在平衡态,$np = n_i^2$, $R_r = 0$,说明在平衡态载流子的数目不随时间变化,也就无所谓载流子的寿命。

在非平衡情形,$n = n_0 + \Delta n$, $p = p_0 + \Delta p$,且$\Delta n = \Delta p$,上式可化为

$$R_r = \frac{c_c e_v (n_0 + p_0 + \Delta p)\Delta p}{c_c(n_0 + n_1 + \Delta n) + e_v(p_0 + p_1 + \Delta p)} N_r \tag{8.5.26}$$

根据非平衡载流子寿命τ的定义(8.5.4)式

$$-\frac{d(\Delta p)}{dt} = R_r = \Delta p / \tau \tag{8.5.27}$$

即

$$\tau = \frac{c_c(n_0 + n_1 + \Delta p) + e_v(p_0 + p_1 + \Delta p)}{N_r c_c e_v (n_0 + p_0 + \Delta p)} \tag{8.5.28}$$

上式称为肖克利-里德公式。一般c_c与e_v相差不太大,因此上式表明多数载流子的数密度对寿命的大小起主要作用。下面我们就两种极端情形对肖克利-里德公式讨论。

一、小注入极限,即非平衡载流子的数密度Δp或Δn比少子数密度还少。此时(8.5.28)

式化为

$$\tau = \frac{c_c(n_0 + n_1) + e_v(p_0 + p_1)}{N_r c_c e_v (n_0 + p_0)} \tag{8.5.29}$$

对重掺施主的强 n 型半导体(用 n^+ 代表),上式分子第一项远较第二项为大,且 $n_0 \gg n_1$,而分母上 $n_0 + p_0 \approx n_0$

$$\tau = \frac{1}{N_r e_v} = \tau_+ \tag{8.5.30}$$

对轻掺施主的 n 型半导体,(8.5.29)式分母中的 $n_0 + p_0$ 仍与 n_0 相近,分子第二项相对第一项仍可略去,而第一项中的 n_0 与 n_1 相比随着掺杂浓度的高低也会有数量级的差别。例如在极低掺杂的弱 n 型半导体的情形,E_F 接近禁带中央,如 E_r 在禁带上半部就会使 $n_1 \gg n_0$;反之,在中等掺杂情形,E_F 在禁带中且离导带底较近,就可能使 $n_0 \gg n_1$。对 $n_1 \gg n_0$ 的情形

$$\tau = \frac{1}{N_r e_v}\frac{n_1}{n_0} \tag{8.5.31}$$

同样,对于掺受主的 p 型半导体,(8.5.29)式中分子的第一项可略去,分母 $n_0 + p_0 \approx p_0$,在 $p_1 \gg p_0$ 情形,有

$$\tau = \frac{p_1}{N_r c_c p_0} \tag{8.5.32}$$

而在重掺受主的强 p 型(p^+)半导体,(8.5.29)式成为

$$\tau = \frac{1}{c_c N_r} = \tau_- \tag{8.5.33}$$

二、大注入极限,即满足 $n, p \gg n_0, p_0, n_1, p_1$。此时(8.5.28)式成为

$$\tau = \frac{c_c + e_v}{N_r c_c e_v} = \frac{1}{N_r e_v} + \frac{1}{N_r c_c} = \tau_+ + \tau_- \tag{8.5.34}$$

上式表明,在大注入极限,少子寿命与载流子的数密度无关,只决定于复合中心的浓度与其俘获载流子的能力。

如果深能级起陷阱作用,例如由导带俘获电子,使电子束缚在深能级上,一段时间后并不是俘获一个价带空穴(即将电子发射入价带)与之复合而是重又将其发射入导带,那末非平衡载流子的实际寿命就要比肖克利-里德公式所预期的长一些。这已为实验证实,这里不再详细讨论。

8.5.3 非平衡载流子的扩散

少子寿命描述当外界扰动撤消后非平衡少子数密度随时间消失的过程。但从施加外界扰动开始也要经过一段时间后,半导体体内的非平衡少数载流子数密度才会形成不随时间变化的稳态分布。在注入处最高,而随着与注入处距离的增加逐渐衰减。这种少子数密度在空间分布的不均匀必引起少子扩散,而在扩散过程中又不断有少子被复合消失。这是此类非平衡态必然伴随的物理过程。下面以一维光注入为例讨论非平衡少子的扩散现象。

如图 8.20(a)所示,半无限的 n 型半导体的表面位于 $x = 0$ 处,表面光照以产生非平衡载流子 $\Delta n = \Delta p$。在 $x = 0$ 处非平衡少子密度为 $\Delta p(0)$。现考虑一与 x 方向垂直的长方体形薄片,面积为 ΔS,而在 x 方向的厚度为 Δx,薄片两面的坐标分别为 x 与 $x+\Delta x$,如图 8.20(b)所示。令少子

扩散流密度为 J，则 $[J(x)-J(x+\Delta x)]\Delta S$ 即为单位时间内在此薄片中减少的少子数，即单位时间内复合的少子数。由此

$$[J(x)-J(x+\Delta x)]\Delta S=\frac{\Delta p}{\tau}\Delta S\Delta x$$

式中 Δp 为薄片处非平衡少子数密度。上式的微分形式为

$$-\frac{\mathrm{d}J}{\mathrm{d}x}=\Delta p/\tau \qquad (8.5.35)$$

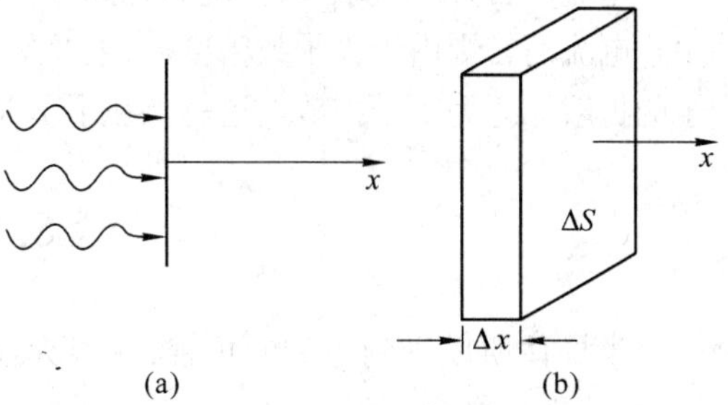

图 8.20 一维少子扩散示意图

由于平衡少子数密度 p_0 不随位置变化，少子梯度 $\frac{\mathrm{d}p}{\mathrm{d}x}=\frac{\mathrm{d}(\Delta p)}{\mathrm{d}x}$，扩散流密度

$$J=-D_{\mathrm{p}}\frac{\mathrm{d}(\Delta p)}{\mathrm{d}x} \qquad (8.5.36)$$

式中 D_{p} 为空穴的扩散系数，负号表示扩散流总指向数密度降低的方向。将上式代入(8.5.35)式可得

$$D_{\mathrm{p}}\frac{\mathrm{d}^2(\Delta p)}{\mathrm{d}x^2}=\Delta p/\tau \qquad (8.5.37)$$

上式有物理意义的解，即随 x 增大而降低的非平衡少子 Δp 为

$$\Delta p=\Delta p(0)\mathrm{e}^{-x/l_{\mathrm{p}}} \qquad (8.5.38)$$

式中 $\Delta p(0)$为光照面的非平衡少子数密度，而

$$l_{\mathrm{p}}=\sqrt{D_{\mathrm{p}}\tau} \qquad (8.5.39)$$

称为少子的扩散长度，其物理意义为非平衡少子数密度下降到注入处的 1/e 所需扩散的距离。上面的讨论完全可以适用于 p 型半导体。只是其中少子为电子，其扩散系数 D_{e} 与空穴的不同，因而电子的扩散长度

$$l_{\mathrm{e}}=\sqrt{D_{\mathrm{e}}\tau} \qquad (8.5.40)$$

一般也与空穴不同。

正因为 D_{e} 与 D_{p} 或 l_{e} 与 l_{p} 不同，在非平衡载流子扩散过程中就不能处处维持电中性。除极少数半导体外，一般而言，电子迁移率均比空穴迁移率大，而载流子的迁移率 μ 与扩散系数 D 之间存在如下的爱因斯坦关系：

$$\frac{D}{\mu}=k_{\mathrm{B}}T/\mathrm{e} \qquad (8.5.41)$$

可见，一般电子扩散系数 D_{e} 大于空穴的扩散系数 D_{p}。于是随着扩散进行，体内呈负电荷积累，便产生由表面指向内部的电场。这一电场要驱使载流子形成由电场决定的漂移电流，漂移电流主要由多子组成，而且方向总是倾向于恢复空间任一处的电中性。因此，尽管(8.5.37)式的扩散方程中没有计入电场项，结果还是正确的。

另外，由半导体制成的电子元器件在工作时总要施加外场，外场必然形成漂移电流。当同时存在载流子注入情形，在半导体内遂同时形成非平衡载流子的扩散电流与漂移电流。除非大注入极限，少子数密度总远小于多子数密度，因此漂移电流以多子为主。由上面的讨论知，

无论是少子还是多子,空间数密度的差别应不太大,相应的扩散电流也不应差别太大。因此对多子电流而言,由于多子数密度高,电流的漂移部分往往超过扩散部分,主要是漂移电流;而对少子电流而言则由于少子数密度低,主要是非平衡少子的扩散电流。所以,实际上通常将载流子的扩散称之为少子扩散。这一点在下节关于 p-n 结的原理介绍中可以看得很清楚。

§8.6 p-n 结

半导体所以受到人们的重视,在很大程度上是由于以半导体为材料制作的元器件在电子学,特别是微电子学中的应用。最重要的半导体元件当属晶体管,晶体管根据其中的载流子可分为双极型与单极型两类;前者系由两个背靠背的 p-n 结组成,根据其具体结构又可分为 pnp 晶体管和 npn 晶体管,而后者则具有金属-氧化物-半导体(MOS)型结构。本节讨论 p-n 结的工作原理,下节简单介绍 MOS 型晶体管。

8.6.1 p-n 结的内建电势差

图 8.21(a)为 p-n 结示意,系由 p 型半导体与 n 型半导体紧贴而成,实际上是在一块半导体的不同区域分别掺以受主型与施主型杂质形成的。

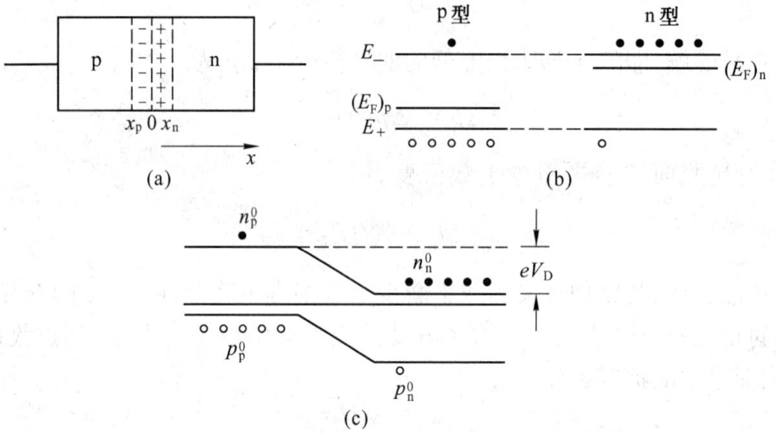

图 8.21 p-n 结

(a) p-n 结; (b) p 区与 n 区的能带; (c) p-n 结的平衡能带图

n 区电子为多子,空穴为少子;而 p 区空穴为多子,电子为少子。由§8.3 知 p 区与 n 区各自有不同的费米能级。因此 p 区与 n 区接触伊始必为一非平衡状态,n 区的电子必向数密度低的 p 区扩散;同样 p 区空穴亦必向 n 区扩散。电子与空穴的扩散均破坏结两边的电中性,从而使 n 区边界出现由施主正离子与空穴形成的正电荷积累,而在 p 区边界出现由受主负离子与电子形成的负电荷积累。结两边的异号电荷形成由 n 区指向 p 区的电场,p-n 结两边出现 n 区高于 p 区的电势差。显然这一电场并非外加电压引起,故称内建电场。内建电场对载流子的库仑力的作用阻止扩散的进行,当扩散作用形成的由 p 区指向 n 区的扩散电流与电场形成的反向漂移电流相等时 p-n 结即处于平衡态,p 区与 n 区的费米能级重合,p-n 结遂具有统一的费米能级 E_F。此时 n 区与 p 区的电势差 V_D 称为内建电势差。由于 V_D 的作用,n 区的电子静电势能比 p 区低 eV_D,结两边的能带产生数值为 eV_D 的相对移动,图 8.21(c)即为 p-n 结平衡能带图。由图可见 p-n 结平衡时能带弯曲,n 区相对于 p 区能带降低 eV_D。对于 n 区的电子与 p 区空穴来说,如要向对方扩散都必须克服数值为 eV_D 的势垒,故通常亦称 eV_D 为扩散势垒。由图还可看到,相对于 p 区而言,n 区的费米能级恰好降低 eV_D。由§8.3 知平衡时载流子的数密度由(8.3.15)式与(8.3.18)式确定

$$n = N_c e^{-\frac{E_c - E_F}{k_B T}}$$

$$p = N_v e^{-\frac{E_F - E_v}{k_B T}}$$

图 8.21(c)表明,平衡时势垒区的费米能级处在禁带中央,因而电子和空穴的数密度都很少,常可将其忽略,即近似认为势垒区内载流子"耗尽",故势垒区亦称耗尽区。显然势垒区形成一高阻区域。典型 p-n 结势垒宽度在 10 μm 量级。

由于具体工艺的不同,通常根据结两边掺杂浓度的分布而将 p-n 结分为缓变结与突变结两种,本节针对突变结模型讨论 p-n 结的伏安特性,即设 p 区与 n 区均为均匀掺杂,杂质浓度分别为 N_a 和 N_d。

由图 8.21(c)以及载流子数密度的表达式(8.3.15)可见,由于在势垒之外,p 区导带底比 n 区导带底高出 eV_D, n 区电子数密度 n_n^0 与 p 区电子数密度 n_p^0 之间存在如下关系

$$n_p^0 = n_n^0 e^{-eV_D/k_B T} \tag{8.6.1}$$

在室温附近,本征激发不明显,但杂质基本上已全部电离,近似有

$$n_n^0 = N_d$$

而 p 区空穴数密度近似为

$$p_p^0 = N_a$$

由于

$$n_p^0 = n_i^2 / p_p^0$$

(8.6.1)式化为

$$n_i^2 / N_a = N_d e^{-eV_D/k_B T}$$

因此得到内建电势差为

$$V_D = \frac{k_B T}{e} \ln \frac{N_a N_d}{n_i^2} \tag{8.6.2}$$

对典型的 Si p-n 结, $V_D \approx 0.75$ V, 而 Ge p-n 结 V_D 的典型值为 $V_D \approx 0.37$ V。

8.6.2 p-n 结的整流特性

在 p 区、n 区分别接上电极,便成为一个二极管。p-n 结二极管的重要特点是具有单向导电性。当对 p-n 结施加电压时,由于势垒区是高阻区,在一般情形无论外加电压的极性如何,都可认为电压全部降落在势垒区,因此势垒区外能带仍保持平直。

如外加电压为 $V < V_D$, 极性为 p 区接正,n 区接负(常称此为施加正向电压),则由于外加电压的极性与内建电势差相反,使势垒高度降为 $e(V_D - V)$, 外电场削弱了内建电场,破坏了漂移电流与扩散电流之间的平衡,从而形成流过 p-n 结的正向电流。

图 8.22 为 p-n 结施加正向电压时的能带图。图中势垒边界的位置分别为 x_n 与 x_p,类似于(8.6.1)式可得此时在 p 区势垒边少子——电子的数密度为

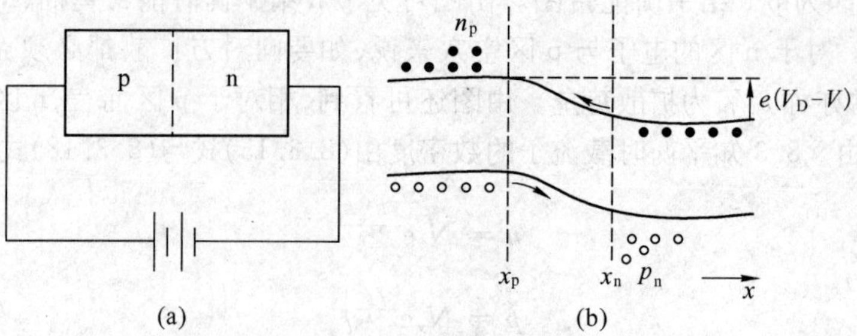

图 8.22 施正向电压时 p-n 结的能带图

$$n_p = n_n^0 e^{-e(V_D-V)/k_B T} \tag{8.6.3}$$

对比(8.6.1)式可知 p 区势垒边少子数密度 n_p 比平衡值 n_p^0 高,即形成了非平衡少数载流子。这是由于对 p-n 结施加电压出现的,故称为非平衡少子的电注入。非平衡少子数密度在势垒边为

$$\Delta n = n_p - n_p^0 = n_p^0(e^{eV/k_B T} - 1) \tag{8.6.4}$$

同理,在 n 区势垒边注入的非平衡少子——空穴的数密度为

$$\Delta p = p_n - p_n^0 = p_n^0(e^{eV/k_B T} - 1) \tag{8.6.5}$$

由于室温 $k_B T \approx \frac{1}{40}$ eV, 可见施加 0.1 V 以上的正向电压就会在势垒边形成可观的少子积累。在势垒边积累的少子必各向 p 区与 n 区内部扩散。n 区非平衡空穴的扩散流密度可由(8.5.36)式根据(8.5.38)式求出

$$j_p = -D_p \frac{d[\Delta p(x)]}{dx} \approx D_p \frac{\Delta p}{l_p} = p_n^0 \frac{D_p}{l_p}(e^{eV/k_B T} - 1) \tag{8.6.6}$$

这里我们为简单计,近似认为在距离势垒边扩散长度处已恢复载流子的平衡分布。更仔细的计算也得到同样的结果。同理可得 p 区非平衡少子——电子的扩散流密度

$$j_n = -n_p^0 \frac{D_n}{l_n}(e^{\frac{eV}{k_B T}} - 1) \tag{8.6.7}$$

负号表明电子扩散的方向与空穴相反。但由电子扩散形成的电流方向却与空穴相同;因此流过 p-n 结的正向电流密度为

$$j^+ = e(j_p - j_n) = e\left(n_p^0 \frac{D_n}{l_n} + p_n^0 \frac{D_p}{l_p}\right)(e^{\frac{eV}{k_B T}} - 1) \tag{8.6.8}$$

上式表明,在略去体电阻的前提下流过 p-n 结的正向电流随正向电压迅速上升。

在上面的讨论中似乎未曾计及势垒边界之外多子数密度在空间分布的变化。其实,以势垒边界的 p 区一侧为例,由于非平衡电子的积累,为了维持电中性必亦形成相应的空穴积累。正是由于空穴的相应积累,电子在扩散过程中才不断与空穴复合而减少,复合损失的空穴由电源正极补充。对 n 区亦可作同样的分析。可见多子的空间分布正是维持电流的连续性所需而不会对电流形成额外的贡献。

如对 p-n 结施加反向电压,原则上上面的讨论仍可适用,只是(8.6.8)式中的外加电压

取负值,即 $V<0$。于是随着反向电压由零开始增加,(8.6.8)式最右边的因子很快降为(−1)而不再随电压变化,即反向电流迅速饱和,而且饱和电流数值极小。可见除非极小的外加电压,在正、反向电压下流过 p-n 结二极管的电流数值差异悬殊,正向表现为低阻导通态,而反向表现为高阻阻断态。p-n 结的这种单向导电性在检波与整流方面都得到应用。图 8.23 画出 p-n 结的伏安特性曲线。某一反向高电压下反向电流的突然增加是由于高电场使势垒区击穿。

施加反向电压时外加电压与内建电压极性相同,增加了结区的漂移电流,使之超过扩散电流,其差值即构成反向电流。但反向漂移电流系由少子构成,因而数值很小。事实上施加反向电压时势垒增高,任何处于势垒边界的少子(p 区电子与 n 区空穴)均被势垒区高电场扫入对方,从而使势垒区边界少子数密度几乎为零。以 p 区为例,势垒边电子数密度为零,p 区内部的少子就要向势垒边界扩散,一旦抵达势垒边即被扫入 n 区而构成反向电流的一部分。即反向电流中的电子成分当为 $j_n=eD_n\dfrac{n_p^0}{l_n}$。同样,n 区一侧的少子空穴向势垒边的扩散构成反向电流中的空穴部分 $j_p=eD_p\dfrac{p_n^0}{l_p}$。两项之和恰为反向饱和电流

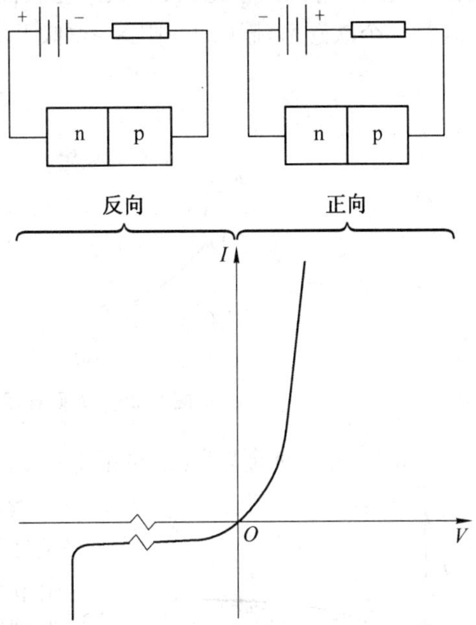

图 8.23 p-n 结电流一电压特性

$$j_0=e\left(p_n^0\frac{D_p}{l_p}+n_p^0\frac{D_n}{l_n}\right) \tag{8.6.9}$$

n_p^0 与 p_n^0 都是平衡少子数密度,数值极低,因此反向饱和电流数值极小。

§8.7 金属-氧化物-半导体(MOS)结构

8.7.1 理想 MOS 结构的表面势

在半导体硅表面形成一层氧化物(SiO_2),尔后在氧化层上镀一层金属(通常是铝),就构成了一个金属-氧化物-半导体(MOS)结构,如图 8.24 所示。为明确起见,这里假设 p 型半导体硅,因此空穴是多子,而电子是少子。现在设想半导体接地,而使金属处正电位,在半导体中产生由上向下的电场。在电场作用下,硅与氧化物的交界处,即硅表面的空穴被赶走,而留下带负电荷的电离受主杂质,形成空间电荷区。通常半导体中受主浓度并不很高,远低于原子数密度,因此要完全屏蔽外电场需要一定的厚度,即空间电荷区有一定的

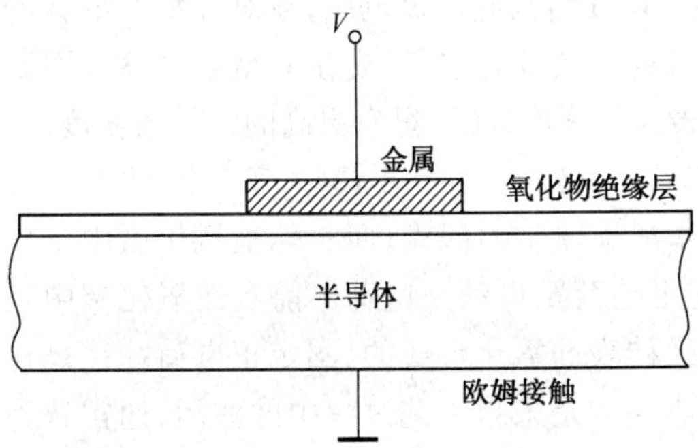

图 8.24 MOS 结构示意

厚度,设为 d。于是 MOS 结构就犹如一个平行板电容器,只是此时负极板为一厚度为 d 的介质。在由于电离受主杂质所构成的空间电荷区内存在电场,其电势是逐渐变化的,因而该区域中的半导体能带发生弯曲,如图 8.25 所示。常把半导体表面 $(x=0)$ 相对于体内 $(x \geqslant d)$ 的电势差称为表面势,记为 V_s。从图 8.25 可见,在空间电荷区内 $(0<x<d)$,价带边离费米能级 E_F 比较远,表明在表面附近空穴被赶走,那里只有极小的空穴数密度。该区是一个缺乏载流子的高阻区,类似于 p-n 结的势垒区,也是载流子的耗尽区。

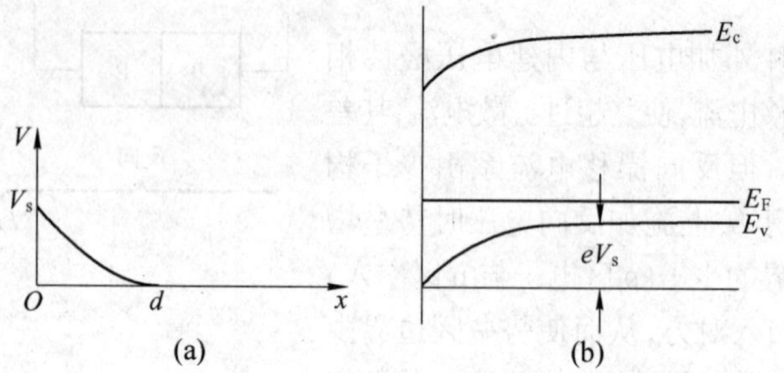

图 8.25　表面耗尽层的电势分布(a)与能带弯曲(b)

如果加大对金属施加的正电压,表面势相应增大,能带更为弯曲,如图 8.26 所示。当费米能级 E_F 高于表面处的本征能级 E_i(禁带正中央处)时,表面附近电子数密度将高于空穴数密度,即由 p 型转变成 n 型。这就是说表面附近的半导体导电类型变得与体内相反,所以称该区域为表面反型层。可见形成表面反型层的条件为:

$$eV_s \geqslant (E_i^B - E_F) \tag{8.6.10}$$

这里 E_i^B 表示半导体体内的本征能级,即未发生能带弯曲时的本征能级。

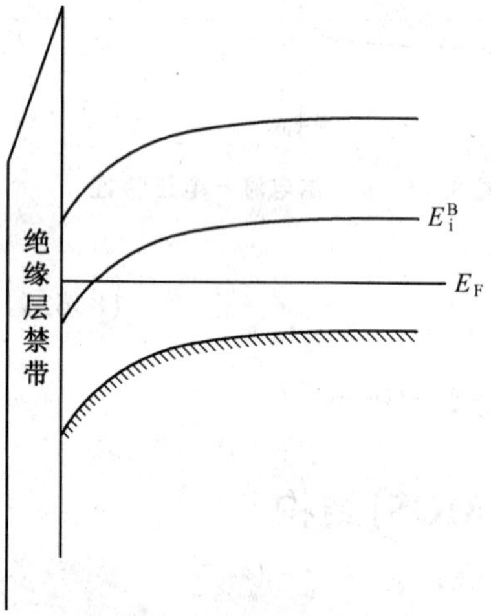

图 8.26　表面反型层能带弯曲

上面的讨论假定形成 MOS 结构的半导体是 p 型的。如果形成 MOS 结构的半导体是 n 型,也可作同样的讨论。这时如果对金属层施以负电压,则在其作用下,半导体表面的电子将被赶走,同样形成缺乏载流子(电子)的表面耗尽层。如加大负电压的值,则表面将由 n 型转变成 p 型,也形成表面反型层。如对 p 型半导体的 MOS 结构施以负电压,或对 n 型半导体的 MOS 结构施以正电压,则将在 p 型半导体表面积累起更多的空穴,或在 n 型半导体表面积累起更多的电子。常称这样的半导体表面区为表面积累层,在那里有更高的多子数密度。

8.7.2　平带电压

在前面的讨论中事实上作了氧化层和半导体都是理想的假设,而实际上氧化层中常包含有一些正电荷。这些正电荷可分为两种:固定正电荷及可动正电荷。前者在氧化层中是不能移动的。对于硅 MOS 结构,如氧化层是通过硅表面氧化形成的,固定正电荷往往是在半导体氧化时因缺氧而产生的硅正离子 Si^+;后者主要是来自工艺过程中的沾污,通常认为是钠的正离子 Na^+。在外加电压作用下这些正电荷可以在氧化层中移动,从而会造成

MOS 器件的不稳定。另外，由于处于半导体表面的原子与周围原子的成键状况和体内的原子不同，也会在表面处形成一些局域电子态，相应的能级处在禁带中，故称之为界面电子态。而且，和杂质能级类似，界面态既可以是施主型的也可以是受主型的，前者可以给出电子而带正电荷，后者可以接受电子而带负电荷。由于这些氧化层电荷和界面态电荷的作用，即使不加外电压，在半导体与氧化层的界面附近就已经存在了电场，因而界面附近的半导体能带已是弯曲的。图 8.27(a)示出了未加外电压时的能带图和电荷分布图。由于氧化层正电荷及界面态电荷(记为 Q_{SS})的存在，金属一侧和半导体一侧分别感应起负电荷 Q_M 及 Q_{SC}。由于存在 Q_M 及 Q_{SS}，在氧化层中形成自右向左的电场，因此氧化层能带发生倾斜。同样，半导体内的负电荷(电离受主杂质)Q_{SC}屏蔽了由 Q_{SS}产生的电场，使半导体在界面层附近的能带发生弯曲。要使半导体能带恢复到平直，必须在金属层上施加负电压，在金属一侧提供更多的负电荷以使 $Q_M=-Q_{SS}$，如图 8.27(b)所示。通常使 MOS 结构半导体能带变平直时的外加电压称为平带电压 V_{FB}。平带电压是 MOS 结构的一个很重要的物理参数。根据平带电压的测量可以了解氧化层电荷及界面态电荷密度等性质，至于界面态密度则可以借助 MOS 电容的测量而确定，此处不再赘述。

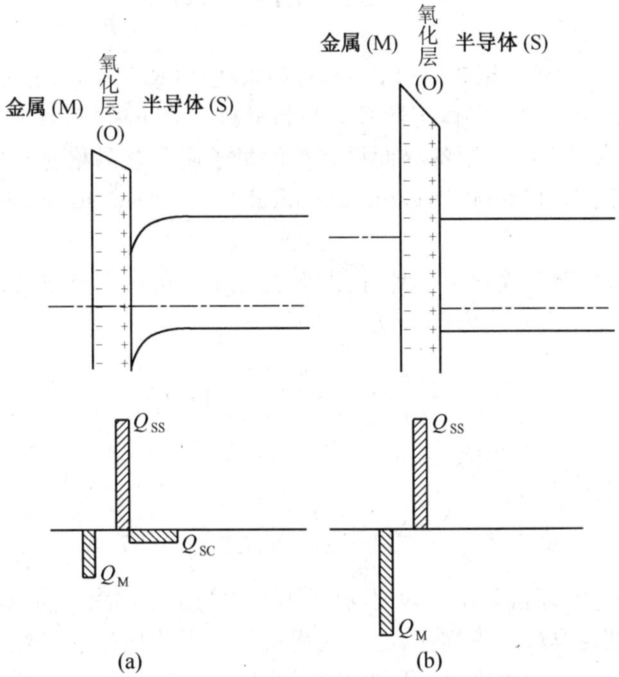

图 8.27 平带电压示意(设为 p 型半导体)

8.7.3 MOS 晶体管

MOS 结构常被用来制成能放大电信号或作信息存储单元的 MOS 晶体管。设如图 8.28所示，在硅 MOS 结构的 p 型半导体上制作两个强 n 型区，从而形成两个 p-n$^+$ 结，常分别称与该两个 n$^+$ 区连接的电极为漏极和源极，并分别用 D 和 S 表示。另外，称与金属层相连的电极为栅极，用 G 表示。设想如果在 D 极与 S 极之间施加一电压，则相当于对两个背靠背的 p-n 结施加电压。如其中一个 p-n 结处在正向则另一个必处于反向，因此流过的电流很小，只能是 p-n 结的反向饱和电流。现在如果在栅极 G 与 p 型硅衬底之间施以正电压，使 p 型硅的界面区转变为反型层，即变为 n 型硅。这样，在氧化层界面附近就形成 n 型硅的电流通道(常称为 n 型沟道)，于是在漏极 D 与源极 S 之间就有大量的电流流过。

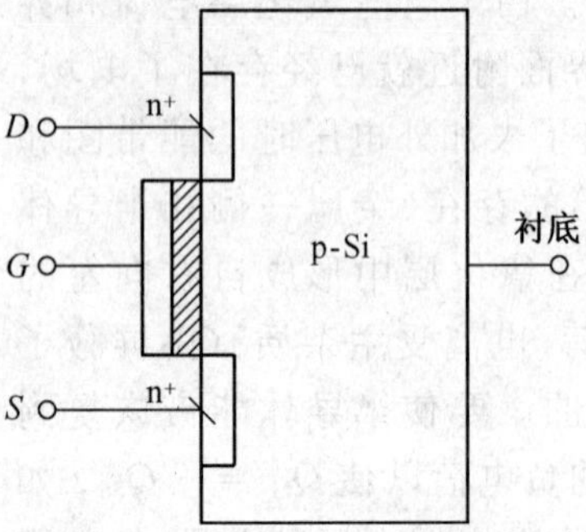

图 8.28 n 沟 MOS 晶体管结构示意

因此，可以用加在栅极 G 上的电压来控制流过源-漏之间的电流，从而放大加在栅极 G 上的电信号。对于由 p 型半导体制成的 MOS 晶体管，因为形成的是 n 型半导体沟道，所以称之为 n 沟 MOS 晶体管。如果制成 MOS 晶体管的是 n 型半导体，则组成漏、源区的应是掺入大量受主杂质的 p^+ 区，在栅极 G 上施加负电压，使氧化层附近的界面形成 p 型半导体的电流通道(称 p 型沟道)，则这种由 n 型半导体构成的 MOS 晶体管就称为 p 沟 MOS 晶体管。在 MOS 晶体管中只有一种载流子输运，故常称其为单极型晶体管，以别于 pnp 或 npn 双极型晶体管。MOS 单极型晶体管由于其独特的性质在许多电子器件，特别是大规模集成电路里获得重要应用。

§8.8 量子阱和超晶格

量子阱和超晶格是 1970 年江崎(L. Esaki)和朱兆祥(R. Tsu)首先提出的，这是一种由人工设计的成分交替变化的半导体超薄多层膜新材料。分子束外延(Molecular Beam Epitaxy，简称 MBE)技术提供一种制备界面很完整的量子阱和超晶格材料的方法。后来又有金属有机物化学汽相淀积(Metal Organic Chemical Vapor Deposition，简称 MOCVD)用来制备这种新材料。

这类材料中形成的势阱宽度 L 为纳米量级，与电子的德布罗意波长 λ 相当。如果 $\lambda_n = 2L/n,\ n = 1,\ 2,\ \cdots$，则沿宽度方向($z$ 方向)的波矢 (8.8.1)

$$k_{zn} = \frac{2\pi}{\lambda_n} = \frac{n\pi}{L},\ n = 1,\ 2,\ 3\cdots \tag{8.8.2}$$

所以基态能量相对于无势阱约束时高出

$$\Delta E = \frac{\hbar^2}{2m^*} \cdot \frac{\pi^2}{L^2} \tag{8.8.3}$$

这就是粒子的约束能量，来自于粒子的波动性，因此称为量子约束。所以在量子阱中的粒子行为不能用传统的准经典粒子来描述，必须采用量子力学的描述。当然在垂直于势阱宽度方向的平面中粒子没有受到约束，仍是自由粒子的状态。

超晶格就是为数极多的相同量子阱的周期阵列，相邻两个量子阱之间势垒区的宽度也是纳米量级。于是各量子阱的波函数相互耦合，形成一个以超晶格周期调制的布洛赫波。

8.8.1 半导体量子阱

制备量子阱的两种半导体必须有相同的晶体结构，且晶格常数很接近。例如 GaAs 和 AlAs 都是立方闪锌矿结构，晶格常数分别为 $a_{GaAs} = 0.565\,325$ nm 和 $a_{AlAs} = 0.566\,12$ nm，两者的失配程度为 $\Delta a \Big/ \left(\dfrac{a_1 + a_2}{2}\right) = 0.14\%$。在 AlAs 中掺 Ga 形成三元半导体 $Al_xGa_{1-x}As$

其晶格常数在适当成分 x 时与 a_{GaAs} 非常接近，失配程度更小。

GaAs 是价带顶和导带底都在布里渊区中心 Γ 点的直接能隙半导体，能隙 $E_g=1.424\ eV$。$Al_xGa_{1-x}As$ 在 $x<0.45$ 时也是直接能隙的，其能隙

$$E_g=1.424+1.247x(eV),\ x<0.45 \tag{8.8.4}$$

当 x 超过 0.45 时，$Al_xGa_{1-x}As$ 变成间接能隙的，导带底从 Γ 点移到 X 点 $\left[\frac{\pi}{a}(0,\ 0,\ 1)\text{点}\right]$，其能隙随 x 变化的经验公式为

$$E_g=1.985+1.147(x-0.45)^2(eV) \tag{8.8.5}$$

用 $Al_xGa_{1-x}As$（记作 B）-GaAs（记作 A）-$Al_xGa_{1-x}As$（B）制备的量子阱（Quantum well, QW）是一个典型样品，由于 $E_g(B)$ 大于 $E_g(A)$，在量子阱界面处，发生能带突变，称为带阶（band offset），导带带阶 $\Delta E_c\approx 300\ meV$，价带带阶 $\Delta E_v\approx 55\ meV$，如图 8.29(a)所示。

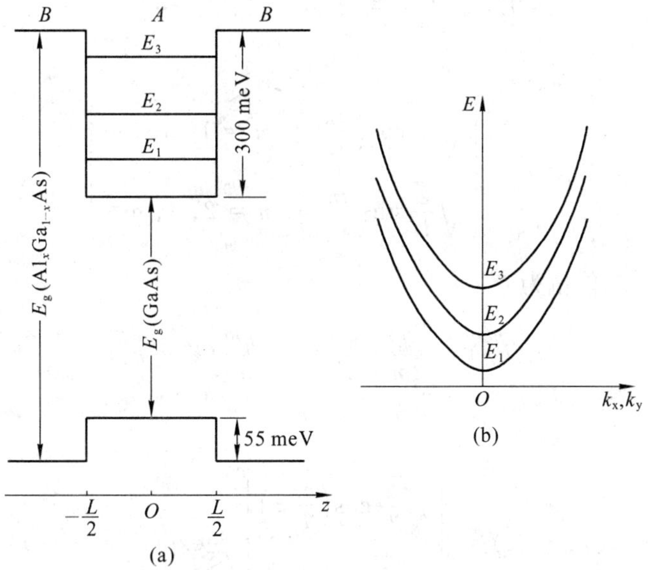

图 8.29 量子阱的子能带

(a)B(AlGaAs)-A(GaAs)-B(AlGaAs)量子阱；(b)该量子阱的二维电子气形成的子能带

在 $Al_xGa_{1-x}As$ 区掺 Si 作为施主，产生的导带电子流入 GaAs 层所在的势阱区。导带和价带两部分带阶之和等于 B 和 A 两种晶体的能隙差：

$$\Delta E_g=\Delta E_c+\Delta E_v \tag{8.8.6}$$

在宽度为 L 的 GaAs 两侧导带的势垒高度均为 $V_0=\Delta E_c$。

在势阱中，电子有效质量是 GaAs 导带电子的有效质量 $m^*=0.067\ m$，其薛定谔方程为

$$\left[-\frac{\hbar^2}{2m^*}\left(\frac{\partial^2}{\partial x^2}+\frac{\partial^2}{\partial y^2}\right)-\frac{\hbar^2}{2m^*}\frac{\partial^2}{\partial z^2}+V(z)\right]\psi(x,\ y,\ z)=E\psi(x,\ y,\ z) \tag{8.8.7}$$

令

$$\psi(x,\ y,\ z)=\frac{1}{\sqrt{S}}\exp(ik_xx+ik_yy)\zeta(z) \tag{8.8.8}$$

这里 S 为量子阱的界面面积，将 $\psi(x, y, z)$ 代入薛定谔方程，得

$$\left[-\frac{\hbar^2}{2m^*}\frac{\mathrm{d}^2}{\mathrm{d}z^2}+V(z)\right]\zeta(z)=\left[E-\frac{\hbar^2}{2m^*}(k_x^2+k_y^2)\right]\zeta(z)$$
$$=E'\zeta(z) \tag{8.8.9}$$

取势阱底为能量零点，势阱宽度中心为坐标原点，势能

$$V(z)=V_0=\Delta E_c,\text{当 } |z|>L/2;\ V(z)=0,\text{当 } |z|<L/2 \tag{8.8.10}$$

为了问题有解析形式的解，可近似地认为 $\Delta E_c\to\infty$，这就是无限深势阱模型。z 方向波函数的边界条件为

$$\zeta\left(\pm\frac{L}{2}\right)=0 \tag{8.8.11}$$

依此条件，方程(8.8.9)有解如下：

本征值

$$E'_n=\frac{\hbar^2}{2m^*}\frac{\pi^2}{L^2}n^2,\ n=1,\ 2,\ 3\cdots \tag{8.8.12}$$

相应的本征函数

$$\zeta(z)=\begin{cases}\sqrt{\dfrac{2}{L}}\cos\left(\dfrac{n\pi}{L}z\right),\ n=1,\ 3,\ 5\cdots\\[2ex] \sqrt{\dfrac{2}{L}}\sin\left(\dfrac{n\pi}{L}z\right),\ n=2,\ 4,\ 6\cdots\end{cases} \tag{8.8.13}$$

因此，量子阱中电子的能量为

$$E_n(k_{/\!/})=\frac{\hbar^2}{2m^*}\frac{\pi^2}{L^2}n^2+\frac{\hbar^2}{2m^*}(k_x^2+k_y^2) \tag{8.8.14}$$

相应的波函数为

$$\psi_{nk_{/\!/}}(x,\ y,\ z)=\begin{Bmatrix}\sqrt{\dfrac{2}{L}}\cos\left(\dfrac{n\pi}{L}z\right)\\[2ex] \sqrt{\dfrac{2}{L}}\sin\left(\dfrac{n\pi}{L}z\right)\end{Bmatrix}\frac{1}{\sqrt{S}}\exp(\mathrm{i}k_x x+\mathrm{i}k_y y) \tag{8.8.15}$$

依照式(8.8.13)，量子阱中在 z 方向电子能量是一系列分立能级，而在 xy 平面则是自由运动的准连续能级。所以对应每个分立能级形成一个子能带(sub-band)，如图 8.29(b)所示，某个子带中状态有电子占据，它们组成准二维电子气。两个相邻分立能级的间距为

$$\Delta E'_n=\frac{\hbar^2\pi^2}{2m^*L^2}(2n+1) \tag{8.8.16}$$

由此可知能级愈高(n 愈大)，相邻子能带最低能量之间的差距就愈大。

实际量子阱的势垒是有限值 ΔE_c，电子势能为

$$V(z)=V_0\theta\left(|z|-\frac{L}{2}\right) \tag{8.8.17}$$

这里 θ 是阶跃函数，当 $x>0$ 时 $\theta(x)=1$；当 $x<0$ 时 $\theta(x)=0$。这时在势垒区波函数

不再为零，在势阱边界 $z=\pm L/2$ 处，边界条件应保证粒子流量在界面连续，没有电荷积累于界面，故应满足

$$\frac{1}{m_A^*}\left(\frac{\partial\psi_A}{\partial z}\right)_{z=\pm\frac{L}{2}}=\frac{1}{m_B^*}\left(\frac{\partial\psi_B}{\partial z}\right)_{z=\pm\frac{L}{2}}$$

这时必须用计算机求得数值解 U_n^2 代替式(8.8.12)中的$(\pi n)^2$，n 取正整数 1，2，3…，即

$$E_n'=\frac{\hbar^2}{2m^*}\frac{U_n^2}{L^2} \tag{8.8.18}$$

对于上述 AlGaAs-GaAs-AlGaAs 量子阱，$m_A^*=m_B^*$，边界条件与通常量子力学表述的一致。

8.8.2 共振隧穿效应

现在考察如图 8.30(a)所示的双势垒约束的量子阱，两边再铠装厚的重掺杂的 n^+-GaAs层。势垒、势阱宽度均在几十纳米尺度，量子阱中设只有一个分立能级 E_1'。设 n^+-GaAs 区的费米能级 E_F 比 E_1'低，当该系统右边电极加小的正偏压 V_A 时，电子通过势垒隧穿的概率很小，左右两电极间传输的电流甚小。若偏压加大到 V_B 时，量子阱中 E_1'和左边的 n^+-GaAs 的 E_F 对齐，此时发生共振隧穿效应，左边 n^+-GaAs 区的电子相当容易贯穿势垒进入 E_1'，这些电子再隧穿第二个势垒，到达右边电极形成电流。电压再增高至 V_C，因量子阱中没有能级可接受电子，左边出射的电子难以进入阱区，电流跌至最低值。电压增到更高数值，势垒上沿更陡，相当于势垒变薄，在强电场中，左边电子更容易穿过势垒，电流迅速增大，得到如图 8.30(b)所示的 $I-V$ 曲线。其中电流的峰正是反映与量子阱能级相关的共振隧穿效应。

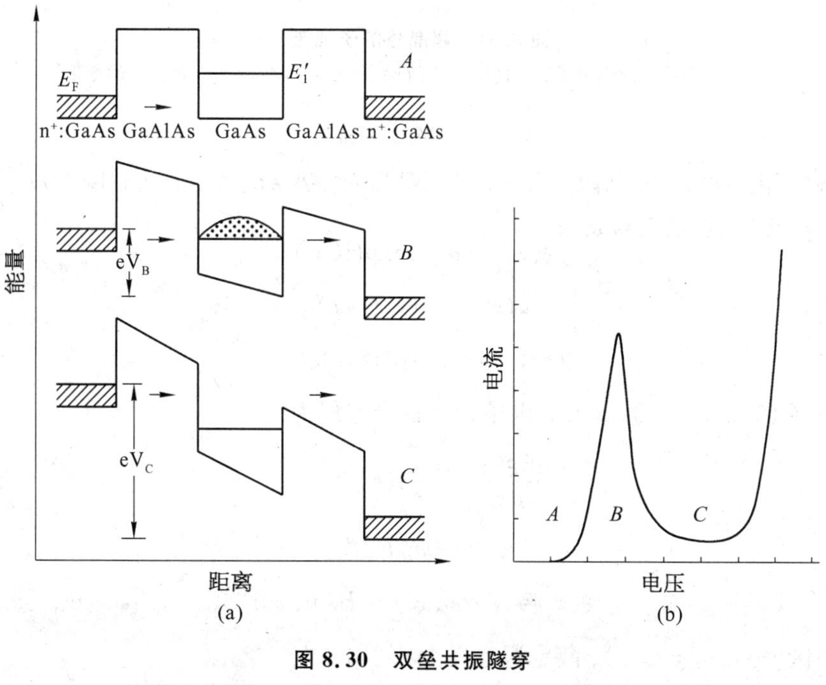

图 8.30 双垒共振隧穿

(a)双势垒约束的量子阱结构的共振隧穿效应；(b)相应的 $I-V$ 特性

8.8.3 超晶格的子能带

对于势阱和势垒(宽度分别为 a 和 b)交替周期排列形成的超晶格材料,超晶格的周期为 $d=a+b$,因而如图 8.31(a)所示电子势能为

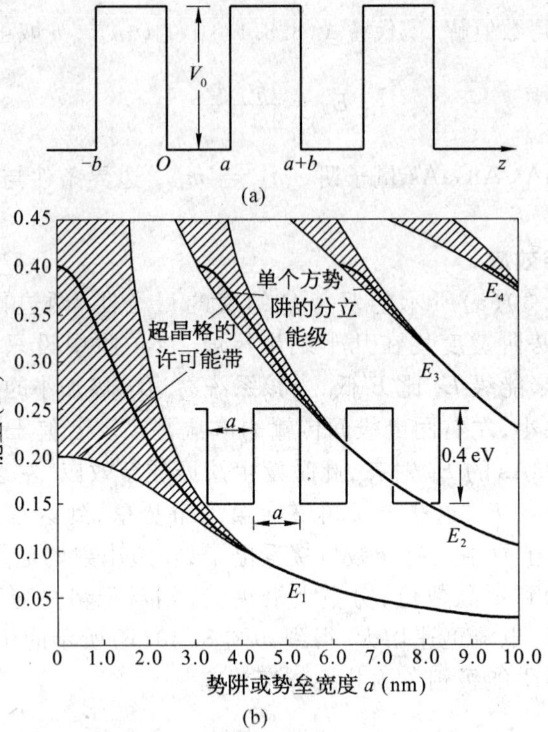

图 8.31 超晶格的子能带

(a) 在超晶格中 z 向电子的周期性势能;(b) 超晶格 z 向的子能带随阱宽的变化

$$V(z)=V(z+nd) \tag{8.8.19}$$

n 为整数,势垒高度为 V_0。设势阱区电子有效质量为 m_A^*,势垒区电子有效质量为 m_B^*。依照布洛赫定理,z 方向电子的波函数写成

$$\xi(z)=u(z)\exp(\mathrm{i}k_z z) \tag{8.8.20}$$

且
$$u(z)=u(z+nd) \tag{8.8.21}$$

或
$$\xi(z+d)=\exp(\mathrm{i}k_z d)\xi(z) \tag{8.8.22}$$

在势阱区 $(0\leqslant z\leqslant a)$,$z$ 方向电子的薛定谔方程为

$$\frac{\mathrm{d}^2\xi(z)}{\mathrm{d}z^2}+\alpha^2\xi(z)=0 \tag{8.8.23}$$

这里
$$\alpha^2=2m_A^*E/\hbar^2 \tag{8.8.24}$$

其解为
$$\xi(z)=A\cos(\alpha z)+B\sin(\alpha z) \tag{8.8.25}$$

在势垒区 $(-a\leqslant z\leqslant 0)$,薛定谔方程为

$$\frac{\mathrm{d}^2}{\mathrm{d}z^2}\xi(z)-\beta^2\xi(z)=0 \tag{8.8.26}$$

式中
$$\beta^2=\frac{2m_B^*}{\hbar^2}(V_0-E) \tag{8.8.27}$$

对于 $E<V_0$ 的情况,式(8.8.26)的解为
$$\xi(z)=C\cosh(\beta z)+D\sinh(\beta z),\ -b\leqslant z\leqslant 0 \tag{8.8.28}$$

由在 $z=0$ 波函数连续 $\xi(0^-)=\xi(0^+)$,得
$$A=C \tag{8.8.29}$$

再由 $z=0$ 处,粒子流连续得 $\frac{1}{m_A^*}\xi'(0^+)=\frac{1}{m_B^*}\xi'(0^-)$

由此得
$$B/D=\beta m_A^*/(\alpha m_B^*)=r \tag{8.8.30}$$

再利用式(8.8.22)得
$$\xi(a)=\exp(\mathrm{i}k_z d)\xi(-b) \tag{8.8.31}$$

于是,式(8.8.25)和式(8.8.28)可分别改写成
$$\xi(z)=A[\cos(\alpha z)+rF\sin(\alpha z)],\ 0\leqslant z\leqslant a \tag{8.8.32}$$

和
$$\xi(z)=A[\cosh(\beta z)+F\sinh(\beta z)],\ -b\leqslant z\leqslant 0 \tag{8.8.33}$$

其中
$$F=\frac{\cosh(\beta b)\exp(\mathrm{i}k_z d)-\cos(\alpha a)}{r\sin(\alpha a)+\sinh(\beta b)\exp(\mathrm{i}k_z d)} \tag{8.8.34}$$

将式(8.8.32)—式(8.8.34)代入式(8.8.31),便可求得决定电子能量的方程:
$$\cos(k_z d)=\cos(\alpha a)\cosh(\beta b)+\frac{V_0\left(\frac{m_A^*}{m_B^*}\right)^{1/2}-E\left[\left(\frac{m_A^*}{m_B^*}\right)^{1/2}+\left(\frac{m_B^*}{m_A^*}\right)^{1/2}\right]}{2\sqrt{E(V_0-E)}}\sin(\alpha a)\sinh(\beta b) \tag{8.8.35}$$

式(8.8.32)中常数 A,由归一化条件
$$\int_{-a}^{a}\xi^*(z)\xi(z)\mathrm{d}z=1 \tag{8.8.36}$$

决定。图 8.31(b)中阴影区是设 $m_A^*=m_B^*=0.1\,m$, $b=a$, $V_0=0.4\,\mathrm{eV}$ 时算出的沿 z 方向电子运动的子能带。图中浓重的曲线表示当势垒宽度 b 很大时,子能带变成孤立量子阱中的分立能级 E_1、E_2、E_3 和 E_4,及其随势阱宽度的变化。由图看出,当阱宽 $a=3.0\,\mathrm{nm}$ 时,阱中只有一个能级 E_1。若阱宽 $a=5.0\,\mathrm{nm}$ 时,阱中有两个能级 E_1 和 E_2。而阱宽为 7.0 nm 时,量子阱中有三个能级。

超晶格的电子状态密度决定于 z 方向的子能带以及 xy 平面电子自由运动的二维电子气的能带。其结果如图 8.32 实线所示。

为了比较,图中同时画出三维(3D)和二维(自由电子气)的状态密度:

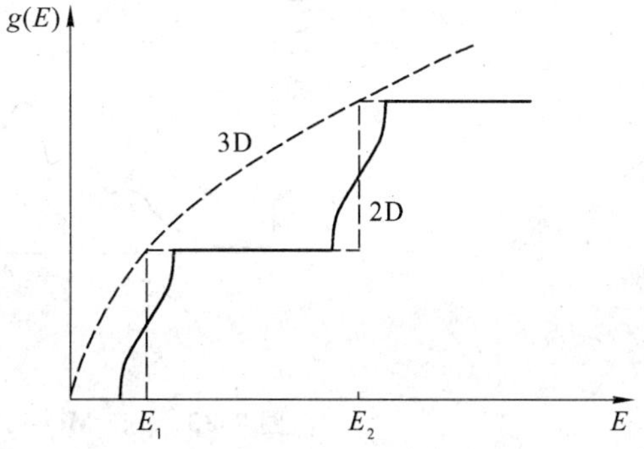

图 8.32 超晶格中电子的状态密度

$$g_{3D}(E) = m^* \sqrt{2m^* E}/\pi^2 \hbar^3 \tag{8.8.37}$$

$$g_{2D}(E) = 2m^*/\pi \hbar^2 \tag{8.8.38}$$

E_1，E_2 是单个量子阱的能级，E_1 和 E_2 附近的曲线是量子阱组成相应超晶格后由 E_1 和 E_2 各自展宽形成的 z 向运动子能带的状态密度。能量超过子能带范围的水平线部分是 xy 面上自由电子气的状态密度。

§8.9 二维电子气

8.9.1 硅-MOS 反型层

Si-MOSFET 是硅基金属-氧化物-半导体场效应晶体管的简称，其结构如图 8.33(a)所示。在这里基底是 p 型 Si，氧化物是 SiO_2 绝缘体，金属是 Al 作为栅极，两端是源极 S 和漏极 D。当栅极加正电压时在 p 型 Si 与 SiO_2 毗邻区由于能带弯曲形成一个很薄的反型层，即这一层是 n 型半导体，如图中虚线所示。1966 年福勒(A. B. Fowler)和方复(F. F. Fang)等将上述样品放在垂直于界面的磁场中，在低温下测量反型层里电子气的磁电导随栅压的变化，发现有振荡现象，如图 8.33(b)所示。这证实了在反型层中有二维电子气存在。从此开创了研究二维电子气的新领域，三十多年来持续不衰，成为科学家关注的凝聚态物理的前沿。

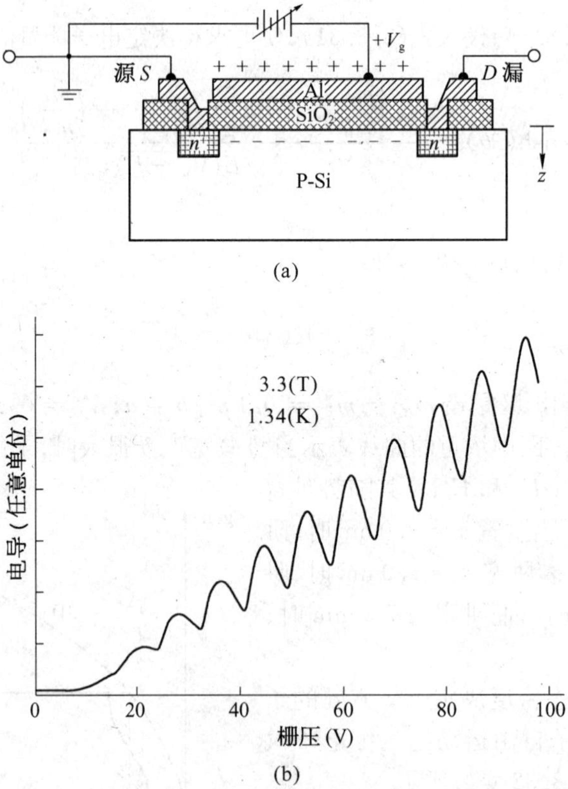

图 8.33 p-Si MOSFET 结构在低温下的磁电导振荡

(a) Si MOSFET 结构示意图；(b) 在低温和强磁场中的磁电导振荡

在 p-Si MOSFET 结构的栅极的正电位 V_g 超过某一阈值时，SiO_2/Si 界面处半导体向下弯曲的能带形成一个三角形势阱，如图 8.34(a)所示。电子在垂直于界面的 z 方向运动受到势阱约束，而在平行于界面(xy 面)的运动是自由的。因此在反型层里存在二维自由电子气。栅极电位 V_g 决定半导体的费米能级与栅极铝的费米能级之间的差距，而半导体中载流子浓度决定于它的费米能级的位置。因此 Si-MOS 反型层中二维电子气系统的一个重要特色是栅压 V_g 可调节电子浓度 n。A. B. Fowler 和方复等观测的磁电导随 V_g 振荡的实质是随 n 而振荡。

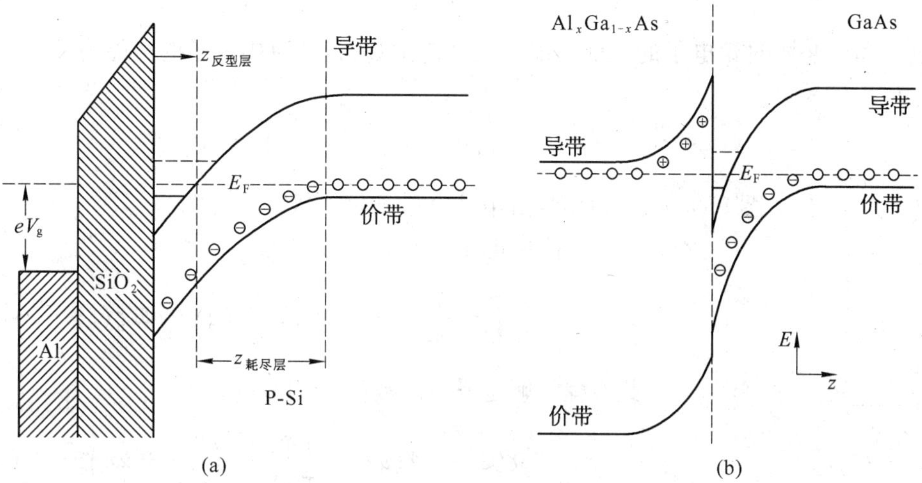

图 8.34 反型层和异质结界面的电子势阱

(a) 栅极(Al)上加正电压时能带的弯曲；(b) GaAs-AlGaAs 异质结结构界面附近的电子势阱

8.9.2 GaAs-AlGaAs 异质结势阱

前一节说过 GaAs 是直接能隙 $E_g = 1.424$ eV 的半导体，而 $Al_xGa_{1-x}As$ 当 $x < 0.45$ 时也是直接能隙半导体，其 $E_g = 1.424 + 1.247x$(eV)，一般取 $x = 0.3$，这时 AlGaAs 的导带底比 GaAs 导带底高出 300 meV；而 GaAs 的价带顶要比前者高出 55 meV。采用分子束外延生长技术可制成界面很平整的异质结。结合采用调制掺杂技术，在 AlGaAs 区掺施主(通常用 Si)；在 GaAs 区掺受主，则形成异质 p-n 结。在界面附近，两个区的能带相对位置如图 8.34(b)所示。在 GaAs 界面附近形成一个三角形势阱，势阱左侧就是异质半导体贡献的势垒，其高度就是 300 meV。n 型 AlGaAs 的电子向 GaAs 区扩散，正好落在这界面势阱中，因此界面势阱中电子浓度依赖于 n 区预先设计的施主浓度。故这个二维电子气系统的特点是载流子浓度 n 不能改变，但这系统的电子有很高的迁移率 $\mu_e \approx 10^4 \sim 10^6\ cm^2/V \cdot s$，而在 Si-MOSFET反型层中 μ_e 最高值为 $10^4\ cm^2/V \cdot s$。这两个二维电子气系统的势阱宽度大约为 30～50 nm，Si-MOS反型层中势阱宽度可达 100 nm。

二维电子气领域的研究，获得了丰硕的成果，1980 年冯克利青(K. von Klitzing)因发现整数量子霍尔效应荣获 1985 年诺贝尔物理奖。1982 年崔琦(D. C. Tsui)、施特默(H. L. Störmer)和戈沙德(A. C. Gossard)发现分数霍尔效应，1983 年劳夫林(R. B. Laughlin)提出分数量子霍尔效应是由于形成新的凝聚态并由电荷为$-e/3$ 的准粒子产生而引起的。1997 年实验结果肯定有$-e/3$ 电荷的准粒子存在，1998 年崔琦、施特默和劳夫林为此荣获诺贝尔奖。这个领域也有很强的应用性,已经开发出若干新型的微电子器件和光电子器件。这个领域的发展潜力很大,也是人们进入纳米领域的重要阶梯。

8.9.3 三角形势阱中的电子态

1957 年 J. R. Schrieffer 预言在 p-Si 的反型层界面势阱中电子态将量子化。当电子的波长 λ 与势阱宽度可比拟时,按照不确定关系,势阱中电子在 z 方向运动的状态应形成分立的量子化能级;而平行于界面则保持其自由运动的特征。因此,电子的能量应写成

$$E = E_n + \frac{\hbar^2}{2m^*}(k_x^2 + k_y^2) \tag{8.9.1}$$

现在就三角形势阱讨论电子的本征态能量及其波函数,该势阱中电子的势能为

$$V(z) = \begin{cases} \infty, 当\ z \leqslant 0 \\ eFz, 当\ z > 0 \end{cases} \tag{8.9.2}$$

其中 F 为一常数。图 8.35 是三角形势阱中几个量子化能级的示意图。

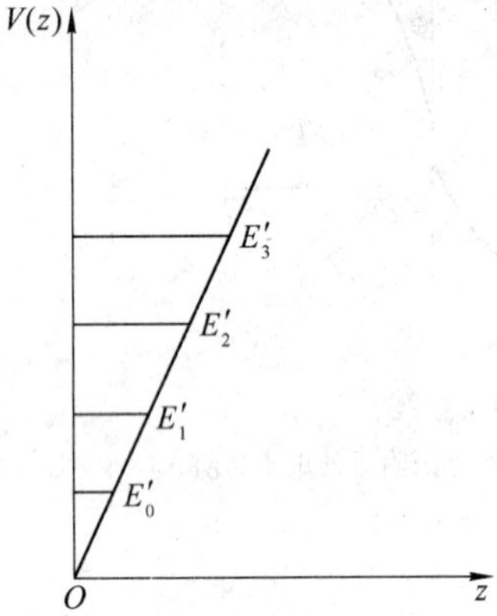

图 8.35 三角形势阱中的量子化能级

势阱中电子的薛定谔方程为

$$\left[-\frac{\hbar^2}{2m^*}\frac{\mathrm{d}^2}{\mathrm{d}z^2} + V(z)\right]\zeta(z) = E'\zeta(z) \tag{8.9.3}$$

此方程的解是爱里函数(Airy function)

$$\zeta(z) = A(u) = \frac{1}{\pi}\int_0^\infty \cos\left(\frac{1}{3}x + ux\right)\mathrm{d}x \tag{8.9.4}$$

其中

$$u = \left(\frac{2m^* eF}{\hbar^2}\right)^{1/3} z - \left(\frac{2m^*}{\hbar^2}\right)^{1/3} \frac{E'}{(eF)^{2/3}}$$

$$= \left(\frac{2m^*}{\hbar^2}eF\right)^{1/3} z - r \tag{8.9.5}$$

边界条件 $\zeta(z)\,|_{z=0} = 0$

即

$$A(u)\,|_{z=0} = A(-r) = 0 \tag{8.9.6}$$

根据这条件可决定 r 的一系列分立值

$$r_n = \left(\frac{2m^*}{\hbar^2}\right)^{1/3} \frac{E'_n}{(eF)^{2/3}},\ n = 0,\ 1,\ 2,\ 3\cdots \tag{8.9.7}$$

得电子的本征能量为

$$E'_n = \left(\frac{\hbar^2}{2m^*}\right)^{1/3} (eF)^{2/3} r_n \tag{8.9.8}$$

r_n 的头几个分立值为:

$$r_0 = 2.338,\ r_1 = 4.087,\ r_2 = 5.520$$

$$r_3 = 6.787,\ r_4 = 7.944$$

所以,基态能量

$$E'_0 = 2.338\left(\frac{\hbar^2}{2m^*}\right)^{1/3} (eF)^{2/3} \tag{8.9.9}$$

$A(-r) = 0$ 的根 r_n 当 $n > 4$ 时,可近似写成

$$r_n = \left[\frac{3}{2}\pi\left(n + \frac{3}{2}\right)\right]^{2/3} \tag{8.9.10}$$

相应的能级
$$E'_n = \left(\frac{\hbar^2}{2m^*}\right)^{1/3}(eF)^{2/3}\left[\frac{3}{2}\pi\left(n + \frac{3}{4}\right)\right]^{2/3},\ n > 4 \tag{8.9.11}$$

8.9.4 朗道能级

设在垂直于势阱界面的 z 方向加外磁场 $\boldsymbol{B} = B\boldsymbol{k}$，选此磁场的矢势为 $\boldsymbol{A} = xB\boldsymbol{j}$，显然满足 $\boldsymbol{B} = \nabla \times \boldsymbol{A}$ 和 $\nabla \cdot \boldsymbol{A} = 0$。这里 $\boldsymbol{j}$ 和 $\boldsymbol{k}$ 是 y 和 z 方向的单位矢量。若电子有效质量为 m^*，势阱中电子在磁场中的薛定谔方程为

$$\left[\frac{1}{2m^*}(\boldsymbol{p} + e\boldsymbol{A})^2 + V(z)\right]\psi(x,\ y,\ z) = E\psi(x,\ y,\ z) \tag{8.9.12}$$

将上述矢势 $\boldsymbol{A} = xB\boldsymbol{j}$ 代入，得

$$-\frac{\hbar^2}{2m^*}\left[\frac{\partial^2}{\partial x^2} + \left(\frac{\partial}{\partial y} + \frac{\mathrm{i}eBx}{\hbar}\right)^2\right]\psi + V(z)\psi = E\psi \tag{8.9.13}$$

令
$$\psi(x,\ y,\ z) = \zeta(z)\varphi(x)\mathrm{e}^{\mathrm{i}k_y y} \tag{8.9.14}$$

$$E = E'_n + E_N \tag{8.9.15}$$

代入式(8.9.13)分离出两个方程如下：

$$\left[-\frac{\hbar^2}{2m^*}\frac{\mathrm{d}^2}{\mathrm{d}z^2} + V(z)\right]\zeta(z) = E'_n\zeta(z) \tag{8.9.16}$$

及
$$\left[-\frac{\hbar^2}{2m^*}\frac{\mathrm{d}^2}{\mathrm{d}x^2} + \frac{1}{2}m^*\omega_c^2(x - x_0)^2\right]\varphi(x) = E_N\varphi(x) \tag{8.9.17}$$

这里
$$\omega_c = eB/m^* \tag{8.9.18}$$

是电子在磁场中的回旋角频率，方程(8.9.17)是人们熟知的谐振子的薛定谔方程，$x_0 = -\hbar k_y/eB$ 是振子中心的坐标，也就是在 xy 面里电子圆形回旋轨道中心的坐标。对三角形势阱 $V(z)$，前面已经求出方程(8.9.16)的本征能量 E'_n 及其本征函数——爱里函数。方程(8.9.17)的本征能量

$$E_N = \left(N + \frac{1}{2}\right)\hbar\omega_c,\ N = 0,\ 1,\ 2,\ 3\cdots \tag{8.9.19}$$

这能级称为朗道能级。相应的波函数为

$$\varphi(x) = \frac{1}{\sqrt{l}}\exp\left[-\frac{1}{2}\left(\frac{x - x_0}{l}\right)^2\right]\mathrm{H}_N\left(\frac{x - x_0}{l}\right) \tag{8.9.20}$$

这里
$$l = (\hbar/eB)^{1/2} \tag{8.9.21}$$

是回旋圆形轨道的半径，称为"磁长度"。而 $\mathrm{H}_N(\xi)$ 为 N 阶厄米多项式

$$\mathrm{H}_N(\xi) = \frac{(-1)^N}{\sqrt{2^N \cdot \sqrt{\pi} \cdot N!}}\mathrm{e}^{\xi^2}\frac{\mathrm{d}^N}{\mathrm{d}\xi^N}\mathrm{e}^{-\xi^2} \tag{8.9.22}$$

在垂直磁场中二维电子气的朗道能级，形式上同一维谐振子的能级一样，但由于在本问

题中谐振子中心坐标 $x_0 = -\hbar k_y/eB$ 有许多个可能值，因此这朗道能级是一个高度简并的能态。若系统在 x 和 y 方向的尺度分别为 L_x 和 L_y，由 y 方向的周期性边界条件给出波矢

$$k_y = \frac{2\pi s}{L_y},\ s = 0,\ \pm 1,\ \pm 2,\ \pm 3\cdots \tag{8.9.23}$$

故在 y 方向相邻两个 k_y 值的间距为 $\Delta k_y = \dfrac{2\pi}{L_y}$，它又决定了相邻两个谐振子中心的间距 $\Delta x_0 = \hbar\Delta k_y/eB = \dfrac{2\pi\hbar}{eBL_y}$。在尺度为 L_x 的范围共有谐振子中心的数目为

$$N_L = L_x/\Delta x_0 = L_xL_yeB/(2\pi\hbar) = g_LL_xL_y \tag{8.9.24}$$

所以系统单位面积里包含的谐振子中心数目为

$$g_L = eB/h \tag{8.9.25}$$

g_L 也是系统单位面积里朗道能级的简并度。

在 xy 平面，谐振子的轨道是半径为 l 的圆周，包围的面积是 πl^2。如果认为相邻轨道之间有些间隙面积，平均每个轨道占据的面积为 $2\pi l^2$，则系统单位面积容纳的圆形回旋轨道数目为 $\dfrac{1}{2\pi l^2} = eB/2\pi\hbar = \dfrac{eB}{h} = g_L$，正是朗道能级的简并度，如图 8.36(a)所示。由此可见朗道能级简并度与磁场 B 成正比，而系统的电子数是一定的，所以系统费米能级 E_F 以下包含的朗道能级数目随磁场 B 增大而减少。

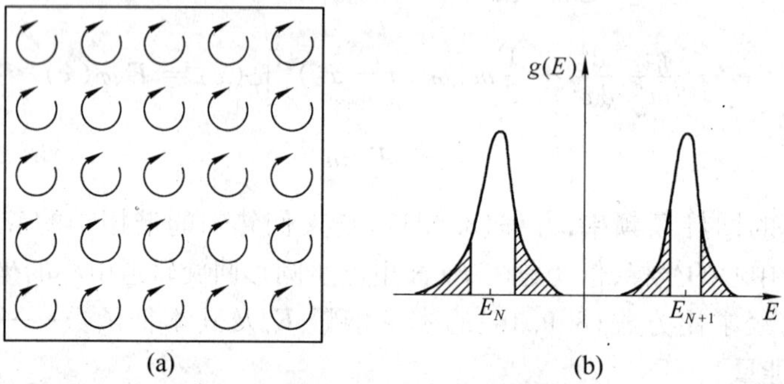

图 8.36 朗道能级的简并轨道和状态密度

(a) 朗道能级的简并轨道；(b) 每个朗道能级展宽后的状态密度

在实际系统中由于存在无规分布的杂质离子，电子受到它们的散射，每个朗道能级展宽成一个能级按高斯分布的微细能带，如图 8.36(b)所示，图中划斜线区是无规杂质势引起的局域态，中心区是广延态。于是系统朗道能级 E_N 的态密度由理想情况

$$g(E) = g_L\delta(E - E_N) \tag{8.9.26}$$

变为

$$g(E) = g_L\frac{1}{\sqrt{\frac{\pi}{2}\Gamma_N^2}}\exp\left[-\frac{2(E-E_N-V_N)^2}{\Gamma_N^2}\right] \tag{8.9.27}$$

这里 Γ_N 为高斯分布的宽度，V_N 是能级的位移。

习　题

1. 设一一维半导体,晶格常数为 a,导带底及价带顶附近的能带可分别表为

$$E_c(k)=\frac{\hbar^2k^2}{3m_0}+\frac{\hbar^2(k-k_1)^2}{m_0},$$

及

$$E_v(k)=\frac{\hbar^2k_1^2}{6m_0}-\frac{3\hbar^2k^2}{m_0};$$

其中 m_0 为电子质量, $k_1=2\pi/a$, 试求:(1)禁带宽度,(2)导带底与价带顶的电子有效质量,(3)价带顶电子跃迁到导带底时准动量的变化。(4)如 $a=0.314\times10^{-9}$ m, 试写出以上各量在 SI 制中的数值。

2. 已知 $T=300$ K 时,硅的本征载流子浓度 $n_i=1.5\times10^{10}\ \mathrm{cm^{-3}}$, 如费米能级在禁带中央 E_i 以上 0.26 eV 处,试计算此时电子与空穴的数密度。

3. 某半导体中只掺入浓度为 $N_D=10^{13}\ \mathrm{cm^{-3}}$ 的施主杂质,施主电离能 $E_I=1$ meV, 有效质量为 $0.01m_0$, m_0 为自由电子质量。试估算 $T=4$ K 时的导带电子的数密度及霍尔系数。已知 $k_BT\ll E_g$。

4. 已知 n 型硅 $E_g=1.10$ eV, 施主电离能为 0.05 eV,掺杂浓度 $N_D=10^{15}\ \mathrm{cm^{-3}}$,当 $T=300$ K 时 E_F 位于禁带中央以上 0.29 eV 处,试计算此时施主能级上的电子数密度。

5. 300 K 时锗的本征电阻率为 0.47 Ω · m。如果电子和空穴的迁移率分别为 $\mu_n=0.36\ \mathrm{m^2/V\cdot s}$ 及 $\mu_p=0.17\ \mathrm{m^2/V\cdot s}$, 试计算锗的本征载流子数密度。

6. 已知 GaAs 的 $E_g=1.42$ eV, $m_e=0.068m_0$, m_h 可取 $0.5m_0$, m_0 为自由电子质量,试求其 300 K 时的导带底与价带顶的有效状态密度 N_c 与 N_v 以及本征载流子浓度。

7. 如 300 K 时硅的电子与空穴的迁移率分别为 $\mu_n=1\,350\ \mathrm{cm^2/V\cdot s}$ 与 $\mu_p=500\ \mathrm{cm^2/V\cdot s}$, 试计算其本征电导率。

8. 已知硅样品为长方体形,几何尺寸为沿 x 方向长 2.5 mm, y 方向宽 0.25 mm,z 方向高 50 μm。若现沿 x 方向通以 2 mA 的电流,沿 z 方向施以 0.5 Wb/m² 的磁场,y 方向测得的电压为 1.25 mV, x 方向样品两端的外加电压为 85 mV,试计算载流子的数密度及迁移率。假设样品中只有一种载流子。

第九章　固体的表面和界面

1877 年吉布斯(J. W. Gibbs)根据热力学相平衡原理提出凝聚体有“表面相”存在，其组分与体内相有别。晶体表面是指晶体最外几个原子层的区域，其中的原子结构、合金成分、原子振动、电子态都与体内有异，具有独特的物理和化学性质。许多重要的技术，如金属防腐蚀和钝化、防回火变脆、多相催化、晶体外延生长、固体电子器件、光电子器件、大规模集成电路都涉及很多表面和界面的物理问题。

近三四十年来由于超高真空技术、表面处理工艺、计算机应用、表面各种电子谱仪和表面结构观测技术不断进步，表面和界面物理的基础研究达到了趋向成熟的水平。尤其在量子阱、超晶格、纳米材料、量子霍尔效应等新兴领域都与固体的表面和界面密切有关，并且交叉互动发展。

本章主要介绍表面原子结构、表面原子振动、表面电子态、表面电磁耦合子、量子霍尔效应等基本物理内容和有关的新概念。

§9.1　表面原子结构

晶体表面是依附于块体(bulk)材料的二维系统。在垂直于表面方向原子排列的周期性在边界中断了。表面原子处在一种非对称环境：它们在朝向块体内部及在表面平面都有相邻原子，但在表面外面没有原子。这种对称性降低的环境迫使表面原子进入新的平衡位置(异于块体中的平衡位置)，可能形成独特的二维结构。

9.1.1　表面二维晶格

表面原子结构一般是双周期的。这并不意味表面原子全落在一个平面内，而是指这个结构具有二维的周期性，需要不共线的两个独立矢量来表示它的周期性。表面结构也可能是晶体表面吸附外来原子或分子形成的二维结构。

晶体表面原子结构可用它们等价点形成的平面周期性阵列即二维布拉维点阵或二维晶格来描写。通常二维布拉维点阵又称二维格子(two-dimensional net)，二维原胞称为元格(mesh)。元格是一个平行四边形，其相邻两条边线对应的矢量为 $\boldsymbol{a}_1$ 和 $\boldsymbol{a}_2$ 就是二维点阵的基矢。二维点阵中任一格点的格矢

$$\boldsymbol{T} = n_1\boldsymbol{a}_1 + n_2\boldsymbol{a}_2 \tag{9.1.1}$$

这里 n_1, n_2 为任意整数。

二维布拉维点阵有五种元格形式，示于图 9.1。它们是(1)正方(Square)，(2)简单长方(Primitive rectangular)，(3)中心长方(Centred rectangular)，(4)六角(Hexagonal)，(5)斜方(Oblique)格子。这些二维点阵可分成四个晶系：正方晶系、长方晶系、六角晶系和斜方晶系。正方晶系有 3 个点群：$2mm$, 4, $4mm$；长方晶系只有一个点群：m；六角晶系有 4 个点群：3, $3mm$, 6, $6mm$；斜方晶系有 2 个点群：1, 2。各符号的意义与第一章晶体结构所界定的相同。

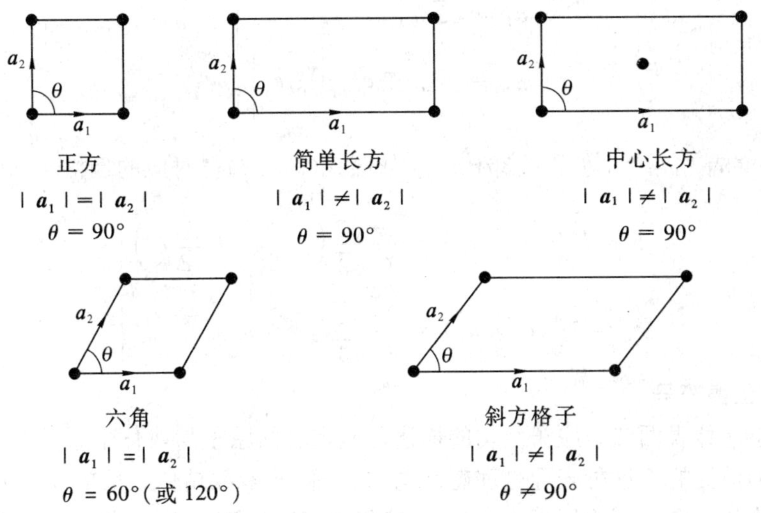

图 9.1　二维布拉维格子

考虑到二维晶体中可能存在滑移反映线的对称性,可得二维晶体的空间群有 17 个类型。

9.1.2　二维倒格子

二维点阵(晶格)有它的基矢 $\boldsymbol{a}_1$ 和 $\boldsymbol{a}_2$,同三维晶格类似,二维晶格也有自己的倒格子,它是由基矢 $\boldsymbol{b}_1$ 和 $\boldsymbol{b}_2$ 规定的点阵。

$$\left.\begin{aligned}\boldsymbol{b}_1&=2\pi(\boldsymbol{a}_2\times\boldsymbol{n})/A\\ \boldsymbol{b}_2&=2\pi(\boldsymbol{n}\times\boldsymbol{a}_1)/A\end{aligned}\right\}\tag{9.1.2}$$

这里 $A=|\boldsymbol{a}_1\times\boldsymbol{a}_2|$ 为二维元格面积,$\boldsymbol{n}$ 是垂直于二维平面的单位矢量但无量纲。二维倒格子就是由二维倒格矢

$$\boldsymbol{K}_h=h_1\boldsymbol{b}_1+h_2\boldsymbol{b}_2\tag{9.1.3}$$

形成的倒格点的阵列。这里(h_1, h_2)是任意整数及零。容易验证 $\boldsymbol{a}_i$ 与 $\boldsymbol{b}_j$ 之间满足关系式

$$\boldsymbol{a}_i\cdot\boldsymbol{b}_j=2\pi\delta_{ij},\ i,\ j=1,\ 2\tag{9.1.4}$$

二维晶体中的晶列是一条直线,可以有两种方法来描写,一是按三维晶体晶列的方式描写,在二维晶格原点作一条与该晶列平行的直线,在这条新直线上找离原点最近的格点,写出其格矢 $\boldsymbol{R}_l=l_1'\boldsymbol{a}_1+l_2'\boldsymbol{a}_2$,求 l_1', l_2'的互质整数$[l_1, l_2]$作为该晶列的标记。二是仿照三维晶体晶面的米勒指数方法来描写二维晶体的晶列取向。第二种方法在表面物理中是常用的。在以 $\boldsymbol{a}_1$ 和 $\boldsymbol{a}_2$ 为坐标轴的系统中,晶列在两个轴上的截距分别为 $r_1\boldsymbol{a}_1$ 和 $r_2\boldsymbol{a}_2$,将$\dfrac{1}{r_1}$和$\dfrac{1}{r_2}$约化成两个互质整数(h_1, h_2),就是这二维晶列的指数。这种方法得到的晶列指数可与倒格矢 $\boldsymbol{K}_h=h\boldsymbol{b}_1+h_2\boldsymbol{b}_2$ 相联系,而$|\boldsymbol{K}_h|^{-1}$代表晶列间距。这样二维晶列的米勒指数在分析晶体表面对粒子束衍射结果很有用。

现在以面心立方结构的 Cu 晶体(111)面为例来说明二维晶格和它倒格的两套基矢。Cu 晶体(111)面内原子呈密排六角点阵。选取立方晶体的$[\bar{1}10]$, $[\bar{1}\bar{1}2]$和$[111]$三个方向的单位矢量为 $\boldsymbol{e}_1$, $\boldsymbol{e}_2$ 和 $\boldsymbol{e}_3$。这样选择 $\boldsymbol{e}_1$ 和 $\boldsymbol{e}_2$ 在(111)面内,$\boldsymbol{e}_3$ 是该面的法线方向,故 $\boldsymbol{e}_3=\boldsymbol{n}$。在(111)面 Cu 原子组成的二维六角点阵的基矢为

$$\left.\begin{aligned} \boldsymbol{a}_1 &= \sqrt{2}\,a\boldsymbol{e}_1 \\ \boldsymbol{a}_2 &= \sqrt{2}\,\boldsymbol{a}\left[\frac{1}{2}\boldsymbol{e}_1+\frac{\sqrt{3}}{2}\boldsymbol{e}_2\right] \end{aligned}\right\} \tag{9.1.5}$$

式中 a 为 Cu 的晶格常数,等于 0.361 nm。依照式(9.1.2)得对应的倒格子基矢如下:

$$\left.\begin{aligned} \boldsymbol{b}_1 &= \frac{2\pi}{A}(\boldsymbol{a}_2\times\boldsymbol{e}_3)=\frac{2\pi}{a}\frac{\sqrt{2}}{\sqrt{3}}\left(-\frac{1}{2}\boldsymbol{e}_2+\frac{\sqrt{3}}{2}\boldsymbol{e}_1\right) \\ \boldsymbol{b}_2 &= \frac{2\pi}{A}(\boldsymbol{e}_3\times\boldsymbol{a}_1)=\frac{2\pi}{a}\frac{\sqrt{2}}{\sqrt{3}}\boldsymbol{e}_2 \end{aligned}\right\} \tag{9.1.6}$$

9.1.3 伍德符号

前面关于晶体表面二维原子结构的描述是假定表面原子与块体中原子处于相同的点阵中不同格点为前提的。这种表面是理想结构的表面,大多数晶体表面的二维原子结构的二维周期性比块体相应晶面的周期大。1964 年伍德(E. A. Wood)提出以下列符号来描述实际晶体表面的二维结构

$$R(h\ k\ l)p\times q-D$$

这里 R 表示基底材料晶体的化学符号,$(h\ k\ l)$是该表面所在晶面的米勒指数。p 和 q 分别为表面实际的二维晶格的基矢 $\boldsymbol{a}_{s1}$ 和 $\boldsymbol{a}_{s2}$ 为理想结构的二维晶格基矢 $\boldsymbol{a}_1$ 和 $\boldsymbol{a}_2$ 的倍数,即

$$\boldsymbol{a}_{s1} = p\boldsymbol{a}_1,\ \boldsymbol{a}_{s2} = q\boldsymbol{a}_2$$

D 是形成表面二维晶格吸附物质(原子或分子)的化学符号。如果 $\boldsymbol{a}_{s1}$ 与 $\boldsymbol{a}_1$(或 $\boldsymbol{a}_{s2}$ 与 $\boldsymbol{a}_2$)之间夹角为 α,则用以下符号描写

$$R(h\ k\ l)\frac{|\boldsymbol{a}_{s1}|}{|\boldsymbol{a}_1|}\times\frac{|\boldsymbol{a}_{s2}|}{|\boldsymbol{a}_2|}-\alpha-D$$

例如 Ni 是面心立方结构的晶体,当 Ni(001)表面吸附一层 S 原子后,形成正方形二维结构,其元格边长为基底 Ni(001)面基矢长度的$\sqrt{2}$倍,而且两个元格相对旋转 45°,如图 9.2 所示。这种结构记为 Ni(001)$\sqrt{2}\times\sqrt{2}$-45°-S。由于这种表面结构可成一个较大的正方形带一个中心的元格。因此也用符号 Ni(001)-C(2×2)-S 来描写。

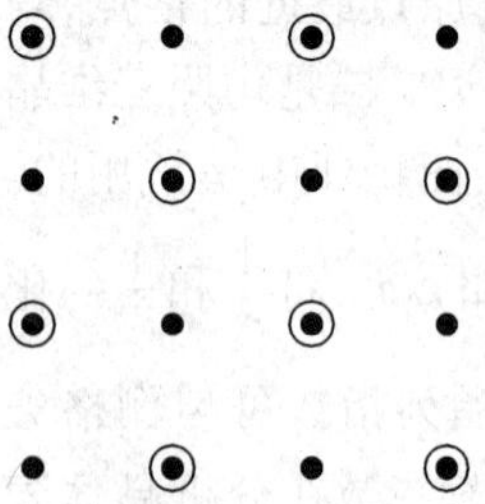

图 9.2 镍(001)表面上硫覆盖层的结构

⊙ 代表吸附的硫原子

9.1.4 低能电子衍射

低能电子衍射(Low Energy Election Diffraction,简称 LEED)是一种用低能量电子束测定晶体表面原子结构的实验技术。所用的电子束的电子能量 E 介于 5 eV 到 500 eV 之间,它相应的电子波波长为

$$\lambda = 1.226\,38/V^{1/2} \tag{9.1.7}$$

式中 λ 的单位为 nm,电压 V 以伏特为单位。波长的量级正好相当于晶体中原子间距。由于这种低能电子的非弹性散射的平均自由程 l 很短,约 0.5—1 nm,且能量损失超过 5 eV。在 LEED 实验中探测器能量分辨达 0.5 eV,故只检测弹性散射的电子。而且主要来自厚度为 l 的浅表几个原子层弹性散射出来的电子。深层的散射电子受非弹性散射平均自由程小的限制,基本上出不来。图 9.3(a)是 LEED 实验设备的示意图。

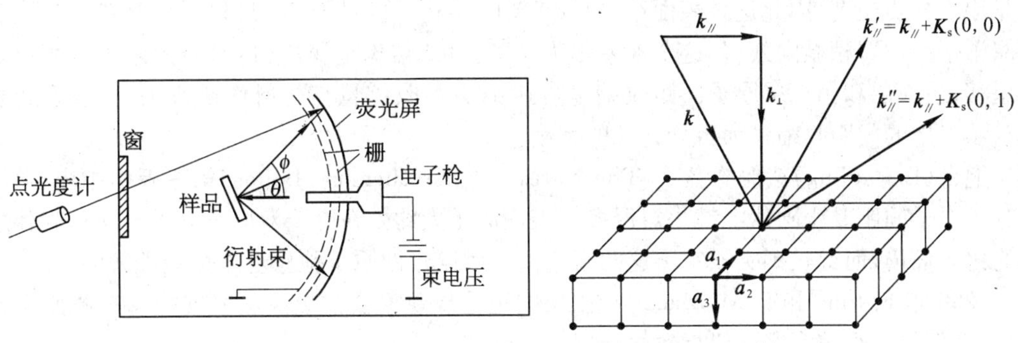

(a) (b)

图 9.3 低能电子衍射

(a) 实验安排示意图；(b) 电子衍射束示意图

来自晶体近表面几个原子层的电子衍射，实际上是电子波经历这几层原子组成的一个叠层平面光栅的衍射。入射电子的波矢 $\boldsymbol{k}$ 受这些二维光栅散射形成一系列衍射束从晶体表面反射出来，如图 9.3(b)所示。相对于入射电子束，衍射束的组态由二维晶格的平移对称性来预告。依照动量守恒定律，末态电子的动量

$$\hbar \boldsymbol{k}'_{/\!/} = \hbar \boldsymbol{k}_{/\!/} + \boldsymbol{K}_s(h_1,\ h_2) \tag{9.1.8}$$

$$k_{/\!/} = (2mE/\ \hbar^2)^{1/2}\sin\theta \tag{9.1.9}$$

这里 E 为入射电子能量，Q 是入射束与表面外法线间夹角。$\boldsymbol{K}_s(h_1,\ h_2) = h_1\boldsymbol{b}_1 + h_2\boldsymbol{b}_2$ 为二维倒格矢。通常，用倒格矢 $\boldsymbol{K}_s(h_1,\ h_2)$来标记衍射斑，它带来的信息是晶体表面原子二维结构平移对称性，至于表面元格中原子结构需对衍射斑的强度作细致分析计算才能获得。由于这种分析十分复杂，不宜在此讨论。

图 9.4(a)是面心立方晶体(100)面 (1×1) 结构的 LEED 斑点图，而(b)是 (2×2) 结构的 LEED 斑点图。而图 9.5 是 1988 年 D. J. Hannaman 和 M. A. Passler 利用 LEED 研究发现 CO 吸附于 Ni(110)面时形成 (2×1) 结构。CO 分子的轴线与表面法线在两个相反方向倾斜 17°，因此表面二维元格中含 2CO，所以这结构记为 Ni(110)-(2×1)-2CO。

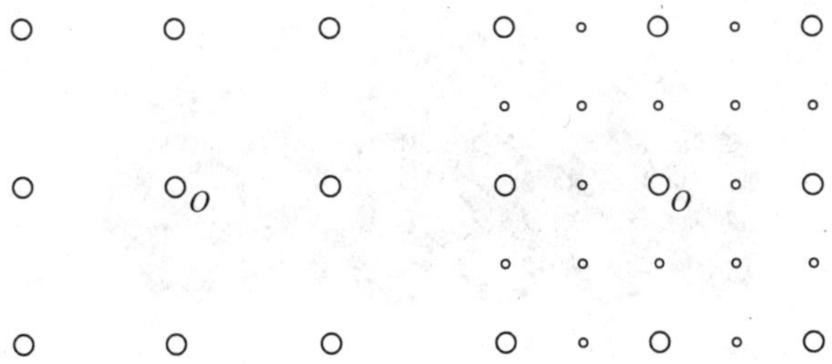

(a) (1×1) (b) (2×2)

图 9.4 fcc(100)表面的 LEED 图

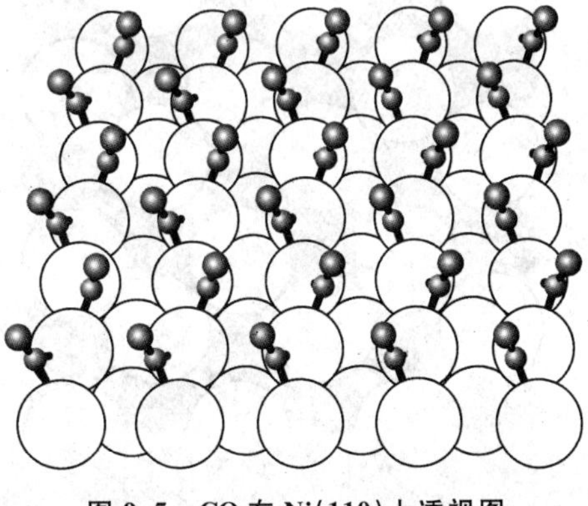

图 9.5 CO 在 Ni(110)上透视图

9.1.5 弛豫、重构和偏析

密排结构的金属表面如 fcc 的(111)表面和 fcc 的(100)表面，表面原子的平衡位置几乎

就是原来格点位置,因此这种表面结构是 (1×1) 结构。但对于 Pd(111)面和 Pt(111)面,表面原子平衡位置稍微向外移,这个现象称为弛豫。fcc 结构金属的(110)表面原子平衡位置向里移,最外层和第二层原子间距收缩量可达 10%。收缩量与材料性质有关,一般金属表面与第二层的间距收缩量为百分之几的程度。

泡令(L. Pauling)在他的名著《The Nature of the Chemical Bonds》第三版中指出,双原子分子原子间距要比固体中键长短得多。表面原子大约处在介于双原子分子与块体固体之间的化学环境,而键长确实限定于这两者之间。所以表面原子弛豫现象是能理解的。

1988 年 F. Jona 和 P. M. Macus 指出层间距弛豫现象会往更深层发展,收缩、膨胀交替发生,弛豫的大小随深度近似指数律衰减。

半导体 GaAs 等Ⅲ-Ⅴ族化合物是闪锌矿结构,块体材料的四面体键角为 109.5°,GaAs(110)面是中性表面,单位面积中正负离子数一样多。GaAs(110)表面显示更大更明显的弛豫。在表面上有些原子键角减小为 90°±4°,而其他原子键角增大到 120°±4°,表面上 Ga 原子往内移,而 As 原子往外移。

晶体表面不再保持或基本保持 (1×1) 理想结构,为了使表面系统的总能量达到最低值,表面原子的二维结构发生改变成为 $(p\times q)$ 结构,这就是表面重构。

偏析(segregation)或分凝是指合金表面组分与块体不一样的现象,在表面可能某一组分偏富,也可能偏贫。例如含铬的不锈钢表面铬组分偏富,金属镍含有微量铜时铜也富集于表面。

9.1.6 金属表面重构的类型

清洁金属表面发生重构的现象不太多,大体有三种类型的重构:

(1) 位移型重构(displacive reconstruction)。金属 Mo 和 W 都是 bcc 结构,其(100)表面是这种类型重构的例子。表面原子只须沿[011]方向位移 0.03 nm,就产生 c(2×2) 结构。图 9.6 是 W(100)-c(2×2) 重构表面的俯视图。

(2) 缺列型重构(missing-row reconstruction)。Ir、Pt、Au 都是面心立方结构,它们的(110)表面发生每隔一列原子失去一列原子,形成 (1×2) 重构现象,如图 9.7 所示。也有每隔一列原子失去平行的两列原子,形成 (1×3) 重构。

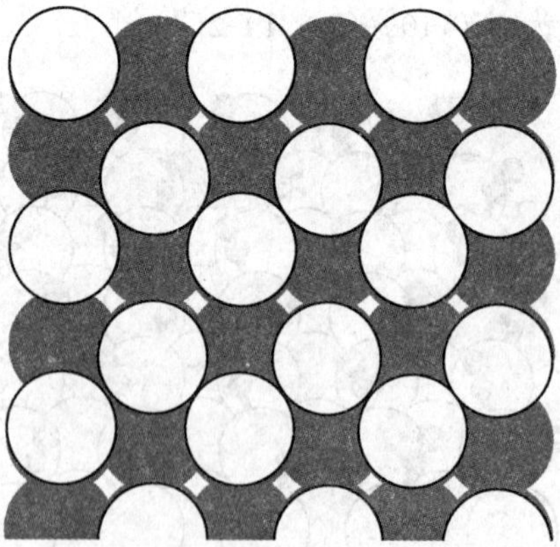

W(100)-c(2×2)

图 9.6 W(100)-c(2×2) 重构表面的顶视图

白色圆圈表示顶层的 W 原子

图 9.7 fcc(110) 表面(1×2) 缺列型重构的透视图

透视方向沿缺少原子列方向

(3) 表面顶层原子形成六角密排结构。Au 和 Pt 晶体都是面心立方结构,但它们的

(100)表面原子却形成六角密排结构。

9.1.7 硅(111)-7×7 重构

半导体表面发生重构是常见的。原因是半导体的化学键有高度的方向性。产生某个表面必然要切断原来穿过该晶面的化学键,使它们变成悬挂键,这对二维系统来说在能量上是很不利的。半导体表面重构的一个驱动因素就是尽可能减少表面悬挂键的数目。

最典型的例子是 1959 年 R. E. Schlier 和 H. E. Farnsworth 用 LEED 实验观测到 Si(111)表面经高温退火后形成 (7×7) 重构。1983 年 G. Binnig 等用他们新发明的扫描隧穿显微镜(STM)直接观测 Si(111)- 7×7 元格原子结构的像。如图 9.8 所示,菱形元格角顶是小洞,菱形长对角线的长度为 (4.6 ± 0.1)nm。短对角线的长度为 (2.9 ± 0.4)nm,它把菱形分成两半,左右各是一个等边三角形。有 12 个高台有规则地分布于两个三角形里。

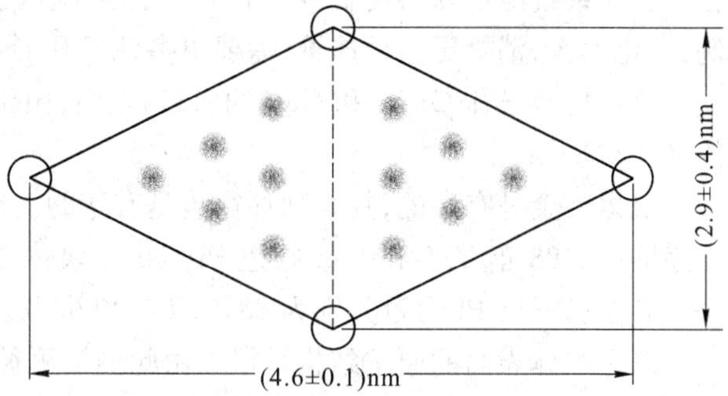

图 9.8 Si(111)-7×7 结构的 STM 图像

1985 年高柳(K. Takayanagi)等在前人工作基础上提出 Si(111)- 7×7 的 DAS 模型,如图 9.9 所示。两个等边三角形的每条

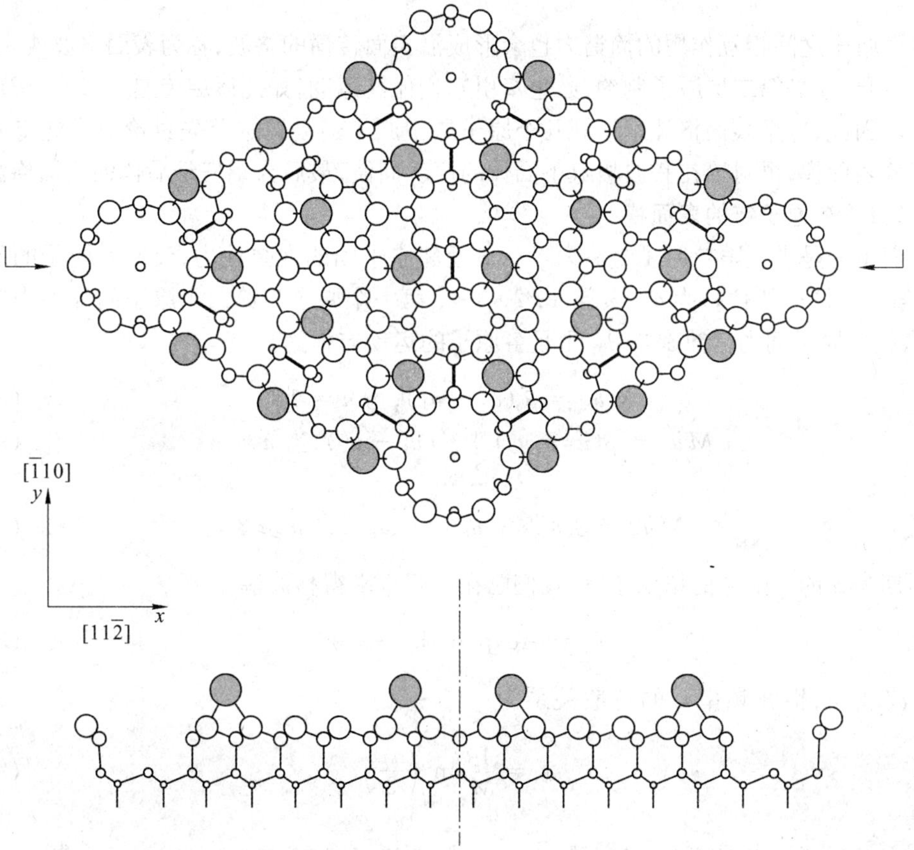

图 9.9 Si(111)-7×7 重构表面的原子排列

边有三个二聚物(Dimer, D);十二个高台对应于十二个叠顶原子(Adatom, A);如沿长对角线垂直剖开,可以看到,右半原子在垂直方向上堆垛是正常的,而左半相对中轴线原子堆垛正好是右半的镜像,这表明左半原子有堆垛层错(Stacking fault, S),故这个模型起名为DAS模型。后来的实验研究和理论计算结果都证实这个模型是合理的。在DAS模型中将原来Si(111)面7×7元格范围的49个悬挂键,经过重组消除了30个悬挂键,使表面系统能量降低到最低值。悬挂键的消除率为30/49 = 0.612。或许人们要问若消除更多的悬挂键会不会使系统能量降得更低呢?这是因为系统价键重组仍然受到价键的空间取向性的限制,变化太大,消除更多悬挂键,需要更多地提升形变能量,反而使系统能量上升了。

化合物半导体GaAs和GaP的(111)表面,由于Ga贫化产生Ga空位,因而形成一种新的2×2重构。

块体合金是有序的,其表面往往也是有序的。块体合金本身是无序的,其表面一般也是无序的。1988年Y. Gauthier报道Pt_x-Ni_{1-x}块体合金中Pt含量为50%时,其(111)表面第一、第二、第三层Pt含量分别为88%, 9%和65%。

总之固体表面的原子结构是很难由此例推测彼例,只能对具体材料的具体表面进行细致的实验检测才有结论。

§9.2 表面原子振动

表面原子之间相互作用的简谐力也会形成沿表面传播的格波,称为表面格波或表面(简正)模。由于还受第二层原子制约,必也牵引它们伴其运动,如此逐层传递其影响,至若干层而衰亡。因此,每个表面格波牵涉到几个原子层中原子运动。本节先讨论原子链有一个终端情况的表面模,再讨论在长波极限下固体的声表面波,最后介绍三维晶体的表面格波。

9.2.1 单原子链的表面模

最简单的是半无限单原子链。只考虑最近邻原子间的准弹性力,设所有原子的质量都是M,第n个原子的位移为u_n, $n = 1, 2, 3\cdots$, 第一个原子与第二个原子间弹性力常数为β',其余相邻原子间力常数都是β。于是各原子的运动方程为

$$M\ddot{u}_1 = \beta'(u_2 - u_1),\text{当 } n = 1 \tag{9.2.1}$$

$$M\ddot{u}_2 = \beta(u_3 - u_2) + \beta'(u_1 - u_2),\text{当 } n = 2 \tag{9.2.2}$$

$$\cdots\cdots$$

$$M\ddot{u}_n = \beta(u_{n+1} + u_{n-1} - 2u_n),\text{当 } n \geqslant 3 \tag{9.2.3}$$

对于周期为a的无限长的单原子链,我们已在第四章求得格波解

$$u_n = A\exp[\mathrm{i}(qna - \omega t)] \tag{9.2.4}$$

q为格波波矢,格波频率ω的色散关系为

$$\omega^2 = \frac{4\beta}{M}\sin^2\left(\frac{qa}{2}\right) \tag{9.2.5}$$

波矢限制在简约布里渊区中,即$-\dfrac{\pi}{a} \leqslant q < \dfrac{\pi}{a}$范围,故频率限制在$0 \leqslant \omega^2 < \dfrac{4\beta}{M}$。

对于式(9.2.1)—式(9.2.3),可取试解如下

$$u_1 = A_1 \exp(i\omega t) \tag{9.2.6}$$

$$u_n = A\exp(-yn + i\omega t),\ n > 1 \tag{9.2.7}$$

将这试解代入式(9.2.3),得出

$$M\omega^2 = 2\beta(1-\cosh y) \tag{9.2.8}$$

很明显,若 $y = iqa$ 即为纯虚数,式(9.2.8)就变成式(9.2.5),给出无限一维单原子链晶格振动的体内频率。当 y 是实数或有正实部的复数时,式(9.2.8)所表示的是衰减解的频率。现在考虑边界原子1和2的运动,将式(9.2.6)及(9.2.7)代入式(9.2.1)及(9.2.2),得到两个关于 A_1 和 A 作为未知数的线性齐次方程。A_1 和 A 有异于零的解,其系数组成的行列式应等于零。再利用式(9.2.8),消去 ω,可求得决定 y 的方程:

$$e^y = -\varepsilon - (\varepsilon^2 + \varepsilon)^{1/2} \tag{9.2.9}$$

式中 $\varepsilon = (\beta' - \beta)/\beta$,对于表面振动模,$y$ 的实部必须是正的。式(9.2.9)只有在 $\varepsilon > \frac{1}{3}$ 时,才有表面格波的解。这解写为:

$$y = y_0 + i\pi$$

y_0 为正实数,同此 y 值对应的表面振动模频率为

$$\omega = \left[\left(\frac{2\beta}{M}\right)(1+\cosh y_0)\right]^{1/2} \tag{9.2.10}$$

这表面模频率比体内模最大频率 $\left(\frac{4\beta}{M}\right)^{1/2}$ 还大。因此,当 $\varepsilon > \frac{1}{3}$ 时,半无限单原子链存在一个表面模振动,其频率高于无限一维链的许可频带。若表面原子 $(n=1)$ 与第二个原子间的力常数 β' 与体内相邻原子间力常数 β 相等,则不存在这样的表面模。

另外,有人将自由端第一个原子的质量设为 M',相当于表面吸附一个异质原子。如仍然只考虑最近邻互作用,则存在表面模的条件是

$$\frac{\beta'}{\beta} > 4\frac{M'}{M}\Big/\left[2\left(\frac{M'}{M}\right)+1\right] \tag{9.2.11}$$

若 $\beta' = \beta$,只要 $M' < M/2$ 就能出现表面模。

9.2.2 一维双原子链的表面模

图9.10(a)是一维双原子链,原子质量 $m <$ 原子质量 M。原子间力常数为 β,相邻原子间距为 $a/2$,两种原子交替排列,周期为 a。在第四章我们已经求得无限的双原子链的格波频率

$$\omega^2 = \beta\left(\frac{1}{M}+\frac{1}{m}\right) \pm \beta\left[\left(\frac{1}{M}+\frac{1}{m}\right)^2 - \frac{4\sin^2\left(\frac{qa}{2}\right)}{Mm}\right]^{1/2} \tag{9.2.12}$$

可分成两支格波,声频支,其频率范围为:

$$0 \leqslant \omega \leqslant \left(\frac{2\beta}{M}\right)^{1/2}$$

及光频支,其频率范围为

$$\left(\frac{2\beta}{m}\right)^{1/2} \leqslant \omega \leqslant \left[2\beta\frac{(m+M)}{mM}\right]^{1/2}$$

在这两者之间是双原子链格波的禁止频带:

$$\left(\frac{2\beta}{M}\right)^{1/2} < \omega < \left(\frac{2\beta}{m}\right)^{1/2}$$

为了理解表面模,必须超出上述讨论。式(9.2.12)可以重写成

$$4\beta^2 \sin^2\left(q\frac{a}{2}\right) = 2\beta(M+m)\omega^2 - Mm\omega^4 \tag{9.2.13}$$

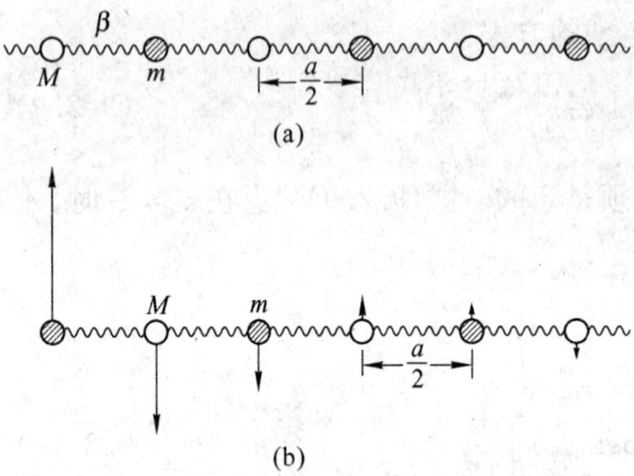

图 9.10 半无限的一维双原子链

如 ω 大于光频支的最大频率: $[2\beta(M+m)/Mm]^{1/2}$, 上式给出 $\sin^2\left(q\frac{a}{2}\right)<0$; 若 ω 处在禁止频带里,则 $\sin^2\left(q\frac{a}{2}\right)>1$。前者对应波矢 q 为纯虚数 $\mathrm{i}y$,后者对应波矢 $q=\frac{\pi}{a}+\mathrm{i}y$, y 为实数。这虽然是形式上有意义,但在禁带里 q 为复数则与我们讨论的表面模有联系。

现在考虑半无限的双原子链,为明确计左端原子质量 m 较轻,如图 9.10(b)所示。端点原子 $(n=0,\ j=1)$,原胞中第二个原子编号为 $(n=0,\ j=2)$,它们的运动方程为

$$m\frac{\mathrm{d}^2}{\mathrm{d}t^2}u(0,1) = \beta[u(0,2)-u(0,1)] \tag{9.2.14}$$

以试解

$$u(n,1) = \frac{1}{\sqrt{m}}A\mathrm{e}^{\mathrm{i}[qna-\omega t]} \tag{9.2.15}$$

$$u(n,2) = \frac{1}{\sqrt{M}}B\mathrm{e}^{\mathrm{i}\left[q\left(n+\frac{1}{2}\right)a-\omega t\right]} \tag{9.2.16}$$

代入式(9.2.14),得

$$2(\beta-m\omega^2)\frac{A}{\sqrt{m}} = \beta\frac{B}{\sqrt{M}}\exp(\mathrm{i}qa/2) \tag{9.2.17}$$

再利用第四章对双原子链求得的

$$\frac{A}{B} = \frac{\frac{2\beta}{\sqrt{mM}}\cos(qa/2)}{\frac{2\beta}{m}-\omega^2} = \frac{\frac{2\beta}{M}-\omega^2}{\frac{2\beta}{\sqrt{mM}}\cos\left(\frac{qa}{2}\right)} \tag{9.2.18}$$

可把上式改写成

$$2(\beta-m\omega^2)\cos(qa/2) = (2\beta-m\omega^2)\exp(\mathrm{i}qa/2) \tag{9.2.19}$$

式(9.2.19)显然找不到实数 q 可满足该式。然而存在一个频率 ω 为实数,波矢 q 为复数的

解。在式(9.2.18)和式(9.2.19)消去 $\exp(\mathrm{i}qa/2)$,可求得 ω^2 的方程为

$$\omega^2(Mm\omega^2-\beta M-\beta m)=0 \tag{9.2.20}$$

此代数方程有两个解:第一个解 $\omega^2=0$,由式(9.2.18),此时 $q=0$,而由式(9.2.15)和(9.2.16)给出所有原子 $u(n,1)=u(n,2)$,这个解对应于晶格平移。第二个解是

$$\omega^2=\omega_s^2=\beta\left(\frac{1}{M}+\frac{1}{m}\right) \tag{9.2.21}$$

图 9.11 画出当 $m=M/2$ 时,这个频率 ω_s 正好在禁带之中,其波矢 q 应是复数 $q=\frac{\pi}{a}+\mathrm{i}y$,以此波矢代入(9.2.18)得

$$\sinh^2(ya/2)=\frac{(M-m)^2}{4Mm} \tag{9.2.22}$$

由式(9.2.15)、(9.2.16)和(9.2.18)可求得

$$\frac{u(n,2)}{u(n,1)}=-\frac{(2\beta-m\omega^2)\exp\left(-y\frac{a}{2}\right)}{2\beta\sinh(ya/2)} \tag{9.2.23}$$

及 $$\frac{u(n+1,1)}{u(n,2)}=-\frac{2\beta\sinh(ya/2)\exp\left(-y\frac{a}{2}\right)}{2\beta-m\omega^2} \tag{9.2.24}$$

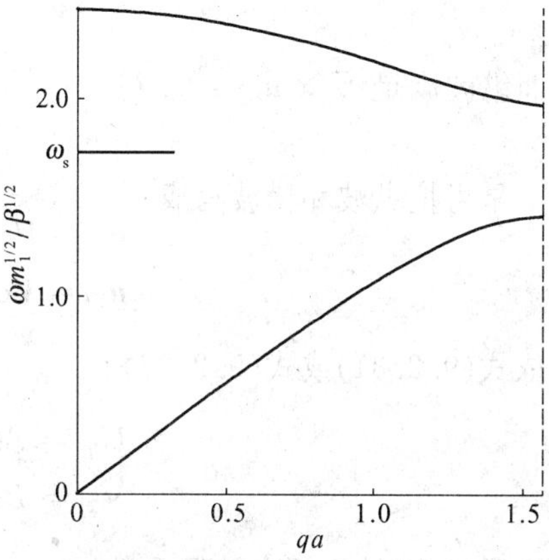

图 9.11 当 $m=\frac{M}{2}$ 时半无限一维双原子链的表面模频率 ω_s

这两个关系式明确指出,链上各相邻原子位移的相对相位,而且振幅随离表面距离而指数衰减。图 9.10(b)示意画出各原子的振幅和相位。正是振幅指数衰减的特征,这个振动模是局域于表面区,故称为表面模。

如果界端是重质量 M 的原子,重复上述计算,可证明此时不存在表面模。若 $m=M$,双原子链转化为单原子链。由式(9.2.22)得 $y=0$,波矢 q 是纯实数,频率 $\omega_s=\left(\frac{2\beta}{M}\right)^{1/2}$,成为体内的一个振动模。

9.2.3 瑞利波

1885 年英国瑞利爵士(Lord Rayleigh)从理论上导出在各向同性的弹性固体中存在声频的体内波和表面波。表面波的能量集中在固体表面层内,后人称这种表面波为瑞利波。它的特点不是单纯的压缩波,也不是单纯的切变横波,而是同时兼有纵波位移 $\boldsymbol{u}_\mathrm{L}$ 和横波位移 $\boldsymbol{u}_\mathrm{T}$ 的混合型波。$\boldsymbol{r}$ 点物质的位移

$$\boldsymbol{u}=\boldsymbol{u}_\mathrm{L}+\boldsymbol{u}_\mathrm{T} \tag{9.2.25}$$

设固体占据 $z\leqslant 0$ 的半空间,局域于表面区沿 x 方向传播的波为

$$\boldsymbol{u}_{\mathrm{L,T}}\propto\exp[\mathrm{i}(q_x x-\omega t)]\exp(\kappa_{\mathrm{L,T}}z) \tag{9.2.26}$$

它们满足弹性波方程

$$\frac{\partial^2}{\partial t^2}\boldsymbol{u}_{\mathrm{L,T}}=v_{\mathrm{L,T}}^2\nabla^2\boldsymbol{u}_{\mathrm{L,T}} \tag{9.2.27}$$

式中
$$v_{\mathrm{L}}^2=\frac{E(1-\nu)}{\rho(1+\nu)(1-2\nu)} \tag{9.2.28}$$
为纵波速度,而
$$v_{\mathrm{T}}^2=\frac{E}{2\rho(1+\nu)} \tag{9.2.29}$$
为横波速度。在上两式里 ρ 是固体密度,E 为杨氏模量,ν 是泊松比。由波方程可求得
$$\kappa_{\mathrm{L,T}}^2=\left(q_x^2-\frac{\omega^2}{v_{\mathrm{L,T}}^2}\right) \tag{9.2.30}$$
再由横波满足 $\nabla\cdot\boldsymbol{u}_{\mathrm{T}}=0$,可求得 $\boldsymbol{u}_{\mathrm{T}}$ 的 x 分量与 z 分量之间有关系:
$$\mathrm{i}q_x u_{\mathrm{T}x}+\kappa_{\mathrm{T}}u_{\mathrm{T}z}=0 \tag{9.2.31}$$
而纵波满足 $\nabla\times\boldsymbol{u}_{\mathrm{L}}=0$,得
$$\mathrm{i}q_x u_{\mathrm{L}z}-\kappa_{\mathrm{L}}u_{\mathrm{L}x}=0 \tag{9.2.32}$$
于是可把纵波和横波写成
$$\left.\begin{aligned}\boldsymbol{u}_{\mathrm{L}}&=\boldsymbol{U}\exp[\mathrm{i}(q_x x-\omega t)]\exp(\kappa_{\mathrm{L}}z)\\\boldsymbol{u}_{\mathrm{T}}&=\boldsymbol{V}\exp[\mathrm{i}(q_x x-\omega t)]\exp(\kappa_{\mathrm{T}}z)\end{aligned}\right\} \tag{9.2.33}$$
依式(9.2.31)或式(9.2.32)有
$$\left.\begin{aligned}U_x&=Aq_x,\ U_y=0,\ U_z=-\mathrm{i}\kappa_{\mathrm{L}}A\\V_x&=B\kappa_{\mathrm{T}},\ V_y=0,\ V_z=-\mathrm{i}q_xB\end{aligned}\right\} \tag{9.2.34}$$
这里 A 和 B 为两个波幅系数。

设 $z=0$ 的固体表面是无应力的自由表面,即
$$\sigma_{xz}=\sigma_{yz}=\sigma_{zz}=0$$
而应变
$$\overline{u}_{ij}=\frac{1}{2}\left(\frac{\partial u_i}{\partial x_j}+\frac{\partial u_j}{\partial x_i}\right),\ i,\ j=x,\ y,\ z$$
依照胡克定律
$$\left.\begin{aligned}\sigma_{xz}&=\frac{E}{1+\nu}\overline{u}_{xz}\\\sigma_{yz}&=\frac{E}{1+\nu}\overline{u}_{yz}\\\sigma_{zz}&=\frac{E}{(1+\nu)(1-2\nu)}[(1-\nu)\overline{u}_{zz}+\nu(\overline{u}_{xx}+\overline{u}_{yy})]\end{aligned}\right\} \tag{9.2.35}$$
因此,边界面无应力条件改写成
$$\overline{u}_{xz}=0 \tag{9.2.36}$$
$$\overline{u}_{yz}=0 \tag{9.2.37}$$
$$\nu(\overline{u}_{xx}+\overline{u}_{yy})+(1-\nu)\overline{u}_{zz}=0 \tag{9.2.38}$$
由条件式(9.2.36)可求得
$$2\kappa_{\mathrm{L}}q_xA+(q_x^2+\kappa_{\mathrm{T}}^2)B=0 \tag{9.2.39}$$
又由条件式(9.2.38),再用式(9.2.30)消去 κ_{L}^2,得
$$2\kappa_{\mathrm{T}}q_xB+(q_x^2+\kappa_{\mathrm{T}}^2)A=0 \tag{9.2.40}$$

联立式(9.2.39)和(9.2.40),这里 A, B 作为未知数,由其有解条件可求出瑞利波色散关系应当满足的代数式:

$$4\kappa_L\kappa_T q_x^2 = (q_x^2 + \kappa_T^2)^2 \tag{9.2.41}$$

将此式平方,再依照式(9.2.30)代入 κ_L^2 和 κ_T^2,得到关系式:

$$16q_x^4\left(q_x^2 - \frac{\omega^2}{v_L^2}\right)\left(q_x^2 - \frac{\omega^2}{v_T^2}\right) = \left(2q_x^2 - \frac{\omega^2}{v_T^2}\right)^4 \tag{9.2.42}$$

这是一个 ω 和 q_x 的齐次方程,其解必可表示成 ω 与 q_x 成正比关系,因此瑞利波的色散关系为

$$\omega = \xi v_T q_x \tag{9.2.43}$$

这里 ξ 依赖于 v_T^2/v_L^2,不难看出 v_T^2/v_L^2 与杨氏模量 E 无关,而只依赖于泊松比 ν,如图(9.12)所示。通常 ξ 值在 0.87—0.96 之间。由此可见瑞利波速度略小于 v_T,是一种无色散的表面波。

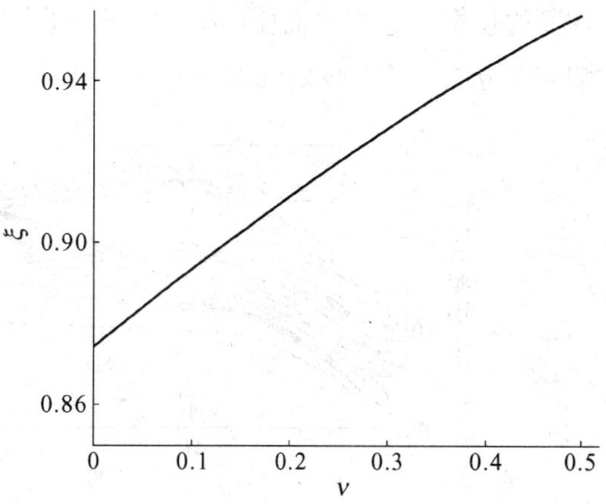

图 9.12 瑞利波参数 ξ 与泊松比 ν 的关系

9.2.4 三维晶体的表面格波

为简便计,这里讨论一个元胞只有一个原子的简单结构的晶体。表面第 l 个元格中原子的位移 α 分量为 $u_\alpha(l)$,在简谐模型中,因原子位移引起晶体原子间附加势能为

$$\Phi = \frac{1}{2}\sum_{l\alpha}\sum_{l'\beta}\Phi_{\alpha\beta}(l-l')u_\alpha(l)u_\beta(l') \tag{9.2.44}$$

第 l 原子在 α 方向的运动方程为

$$M\ddot{u}_\alpha(l) = -\sum_{l'\beta}\Phi_{\alpha\beta}(l-l')u_\beta(l') \tag{9.2.45}$$

位移 $u_\alpha(l)$ 中参与波矢为 $\boldsymbol{q}_{/\!/}$ 的表面格波成分为

$$u_\alpha(l, \boldsymbol{q}_{/\!/}) = M^{-1/2}A_\alpha(l_3, \boldsymbol{q}_{/\!/})\exp[\mathrm{i}\boldsymbol{q}_{/\!/}\cdot\boldsymbol{r}_{/\!/}(l) - \mathrm{i}\omega t] \tag{9.2.46}$$

这里 $\boldsymbol{r}_{/\!/}$ 是原子三维坐标 $\boldsymbol{r}$ 在二维平面的投影,l_3 作为离表面的层次指标,故 $\boldsymbol{r}_{/\!/}$ 只与平面位矢指标(l_1, l_2)有关。$A_\alpha(l_3, \boldsymbol{q}_{/\!/})$代表该表面波在位移 $u_\alpha(l)$中占有的比例。故

$$u_\alpha(l) = \sum_{\boldsymbol{q}_{/\!/}} u_\alpha(l_1\boldsymbol{q}_{/\!/}) \tag{9.2.47}$$

由于不同波矢 $\boldsymbol{q}_{/\!/}$ 的表面格波是相互独立的,所以 $u_\alpha(l, \boldsymbol{q}_{/\!/})$满足的方程也是

$$M\ddot{u}_\alpha(l, \boldsymbol{q}_{/\!/}) = -\sum_{l'\beta}\Phi_{\alpha\beta}(l-l')u_\beta(l') \tag{9.2.48}$$

将式(9.2.46)代入上式,得

$$\begin{aligned}\omega^2 A_\alpha(l_3, \boldsymbol{q}_{/\!/}) &= \sum_\beta\sum_{l'} M^{-1}\Phi_{\alpha\beta}(l-l')\exp[\mathrm{i}\boldsymbol{q}_{/\!/}\cdot(\boldsymbol{r}_{/\!/}(l') - \boldsymbol{r}_{/\!/}(l))]A_\beta(l', \boldsymbol{q}_{/\!/}) \\ &= \sum_\beta D_{\alpha\beta}(l_3, l_3', \boldsymbol{q}_{/\!/})A_\beta(l_3', \boldsymbol{q}_{/\!/})\end{aligned} \tag{9.2.49}$$

式中 $D_{\alpha\beta}$ 为动力学矩阵元，

$$D_{\alpha\beta}(l_3,\ l_3',\ \boldsymbol{q}_{/\!/}) = \frac{1}{M}\sum_{l'}\Phi_{\alpha\beta}(l-l')\exp\{\mathrm{i}\boldsymbol{q}_{/\!/}\cdot[\boldsymbol{r}_{/\!/}(l')-\boldsymbol{r}_{/\!/}(l)]\} \tag{9.2.50}$$

A_β 有非零解的条件为

$$\det|D_{\alpha\beta}(l_3,\ l_3',\ \boldsymbol{q}_{/\!/}) - \omega^2\delta_{\alpha\beta}\delta_{l_3l_3'}| = 0 \tag{9.2.51}$$

由此可求得表面格波的色散关系 $\omega_j(\boldsymbol{q}_{/\!/})$，$j=1,\ 2,\ 3$。如果二维元格中不只一个原子，则表面格波支数也相应增多。

阿仑等用 12 层原子组成的板晶(Slab)，原子间采用伦纳德-琼斯势作为互作用势，晶体具有面心立方结构，表面为(111)面。他们所做的晶格振动的动力学计算结果示于图 9.13。图中 S_1，S_2 和 S_3 是三支表面格波的色散关系。其余曲线是体内格波色散关系在二维布里渊区的投影。这些表面模中 S_1 是瑞利波，在靠近布里渊区的中心 $\bar{\Gamma}$ 附近，曲线接近直线，即 $\omega\propto q_{/\!/}$，离 $\bar{\Gamma}$ 点较远的波矢 $q_{/\!/}$ 瑞利波有色散。

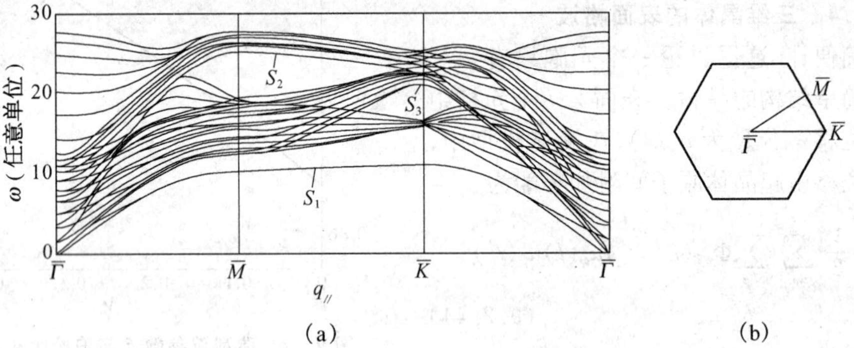

图 9.13　表面格波的色散关系(a)和表面布里渊区(b)

[引自 Phys. Rev. B 4(1971)1661]

图 9.14 是 R. B. Doak 等用[4]He 原子束非弹性散射法测到的 Ag(111)表面格波的色散

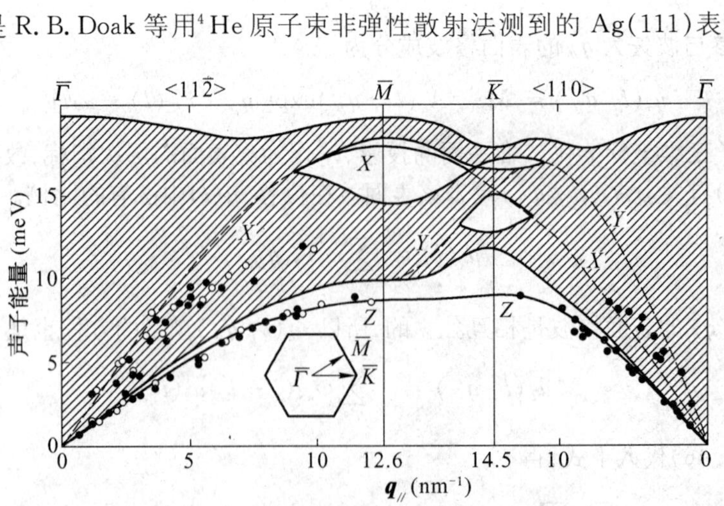

图 9.14　Ag(111)表面格波的声子色散关系

[引自 Phys. Rev. Lett., 51(1983)578]

曲线。图中实圆点是固态晶体，圆圈为外延晶体测得的数据。体内格波的频率区是图中带斜线的区域。锁线是赝表面模①。图中的曲线是多克等引用 Armand 和 Bortolani 的计算结果。由图可以看出对于 Ag(1 1 1)表面，瑞利波的色散关系的理论结果与实验数据符合甚好。

§9.3 表面电磁耦合子

锗、硅Ⅳ族元素形成的每个原胞含两个原子的晶体，原子离开平衡点的振动并不产生电偶极矩。但是对于一个原胞含一个正离子和一个负离子的晶体，离子离开平衡点就伴生离子极化，它所产生的电磁场与表面振动模之间有强的相互作用，它们耦合在一起形成表面电磁耦合场振荡。这个振荡的能量量子就是表面电磁耦合子。

9.3.1 表面电磁振荡

在第四章里曾经讲过，在长波极限条件下，离子晶体可看成一个各向同性的连续介质。由黄昆方程可导出离子晶体的介电函数

$$\varepsilon(\omega) = \varepsilon(\infty)\frac{\omega_{\mathrm{LO}}^2 - \omega^2}{\omega_{\mathrm{TO}}^2 - \omega^2} \tag{9.3.1}$$

再与频率为 ω 波矢为 $\boldsymbol{q}$ 的电磁波在各向同性介质中传播的色散关系 $c^2q^2 = \varepsilon(\omega)\omega^2$ 相结合，便可求得离子晶体内横光学模和电磁波联合产生的电磁耦合模，即体电磁耦合子的两支色散关系。本节要讨论的是离子晶体由于存在表面而形成的表面电磁耦合模及其色散关系。

现在考察半无限固体，$z = 0$ 面是其表面，$z > 0$ 是真空，真空的介电常数 $\varepsilon_{\mathrm{v}} = 1$。$z \leqslant 0$ 区是固体，其介电函数 $\varepsilon_{\mathrm{m}}(\omega)$ 如式(9.3.1)。在固体及真空区，电场都应满足麦克斯韦的电磁场波动方程

$$\nabla^2\boldsymbol{E} + \frac{\omega^2}{c^2}\varepsilon_{\mathrm{v,\,m}}\boldsymbol{E} = 0 \tag{9.3.2}$$

对于局域在表面附近的场，可写成

$$\boldsymbol{E}(x,\ z) = \boldsymbol{A}_{\mathrm{v,\,m}}\exp(\mathrm{i}k_{/\!/}x)\exp(-\kappa_{\mathrm{v,\,m}}\mid z\mid) \tag{9.3.3}$$

这里 $\boldsymbol{k}_{/\!/}$ 是平行表面的波矢，取它沿 x 方向，将此解代入波动方程式(9.3.2)，得

$$\kappa_{\mathrm{v,\,m}}^2 = k_{/\!/}^2 - \frac{\omega^2}{c^2}\varepsilon_{\mathrm{v,\,m}} \tag{9.3.4}$$

再由 $\mathrm{div}\boldsymbol{D} = 0$，即 $\mathrm{div}\boldsymbol{E} = 0$，给出以下关系

$$\pm\kappa_{\mathrm{v,\,m}}A_{\mathrm{v,\,m;}\,z} = \mathrm{i}k_{/\!/}\,A_{\mathrm{v,\,m;}\,x} \tag{9.3.5}$$

在此我们看到上式不含 $A_{\mathrm{v,\,m}}$ 的 y 分量，故可令 $A_{\mathrm{v,\,m;}\,y} = 0$。

在垂直表面方向，电位移 D_n 应当连续

$$\varepsilon_{\mathrm{v}}A_{\mathrm{v,}\,z} = \varepsilon_{\mathrm{m}}A_{\mathrm{m,}\,z} \tag{9.3.6}$$

而沿表面，电场的切向分量应连续

$$A_{\mathrm{v,}\,x} = A_{\mathrm{m,}\,x} \tag{9.3.7}$$

---

① 赝表面模是弹性各向异性晶体中存在的一种表面格波模，它沿表面传播的波矢分量里含有一个小的虚部。故表现为幅度衰减很慢的表面波，称之为赝表面模。

由式(9.3.5)及(9.3.6),得

$$\varepsilon_v/\varepsilon_m = -\kappa_v/\kappa_m \tag{9.3.8}$$

因 κ_v 和 κ_m 都是正值,给出 ε_v 和 ε_m 必须符号相反,才会有表面波存在。真空在 $\varepsilon_v = 1$, 惟有固体介电函数 $\varepsilon_m(\omega) < 0$ 区域才可能传播表面模电磁振荡。在频率 $\omega_{TO} < \omega < \omega_{LO}$ 范围,离子晶体的 $\varepsilon_m(\omega)$正好取负值,能满足上述条件。由式(9.3.4)及(9.3.8)消去 $\kappa_{v,m}$,便得到 ω 随 $k_{/\!/}$ 变化的色散关系:

$$\frac{c^2}{\omega^2}k_{/\!/}^2 = \frac{\varepsilon_v\varepsilon_m}{\varepsilon_v + \varepsilon_m} = \frac{\varepsilon(\omega)}{1+\varepsilon(\omega)} \tag{9.3.9}$$

所以,$\varepsilon_m = \varepsilon(\omega)$ 必须小于-1。当 $\varepsilon(\omega) = -1$ 时,由式(9.3.1),得

$$\omega = \omega_S = \sqrt{\frac{\varepsilon(0)+1}{\varepsilon(\infty)+1}}\,\omega_{TO} \tag{9.3.10}$$

因此,表面电磁振荡的频率 ω 应在下列范围:

$$\omega_{TO} < \omega < \omega_S \tag{9.3.11}$$

图 9.15 画出表面极化振荡频率的色散关系。这种振荡的能量量子$\hbar\omega$ 称为表面电磁耦合子。

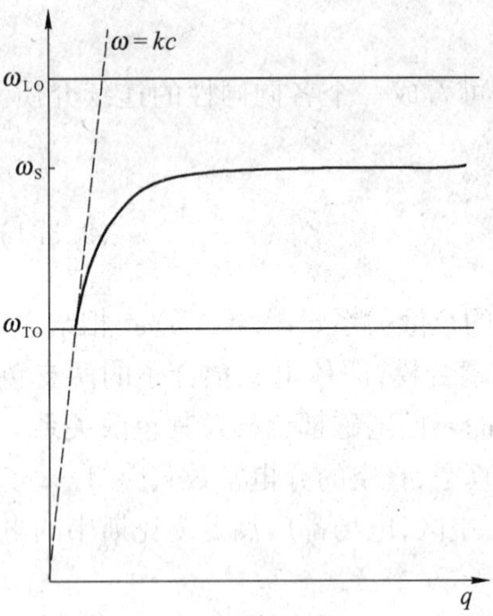

9.15 表面极化振荡的频率一波矢关系

9.3.2 衰减全反射

衰减全反射(Attenuated Total Reflection,简称为ATR),其实验原理可由图 9.16(a)来说明,固体表面样品放在棱镜底面下一小距离处。在棱镜内相对底面入射角 φ 达到临界角,则有沿棱镜底面传播的光波,其波矢为

$$k_{/\!/} = \frac{\omega}{c}n\sin\varphi$$

这里 n 是棱镜折射率。图 9.16(b)给出这光波频率

$$\omega = ck_{/\!/}/n\sin\varphi \tag{9.3.12}$$

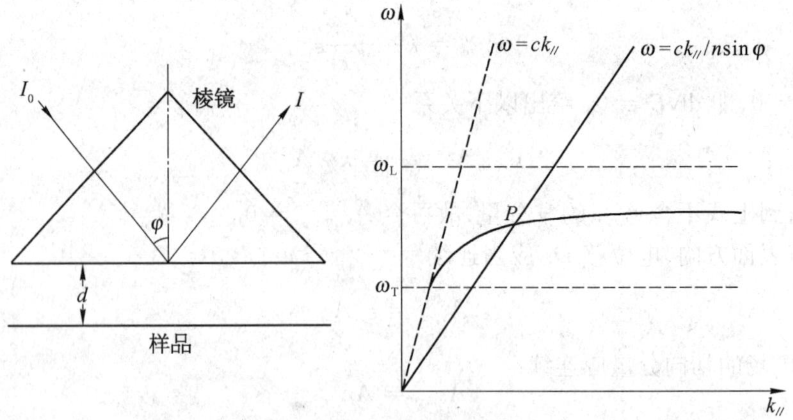

(a) (b)

图 9.16 全反射衰减法

(a) 实验装置; (b) 表面电磁耦合子色散关系

与表面极化波色散关系相匹配的 P 点。这时在棱镜内壁发生的全反射光波的电磁场透过小间隙 d 进入样品表面，激发与 P 点对应的频率和波矢的表面极化波，使全反射波明显衰减。因此在实验中应扫描光波频率，测量入射和反射光强，求得反射系数 $R(\omega)$ 曲线，该曲线下垂的谷点对应的 $\hbar\omega$ 正是由于激发表面电磁耦合子而损失能量，导致衰减全反射。图9.17是 1972 年 N. Marschall 和菲希尔(B. Fischer)用 ATR 方法测得的 GaP 晶体的表面电磁耦合子的色散关系，与理论曲线符合甚好。

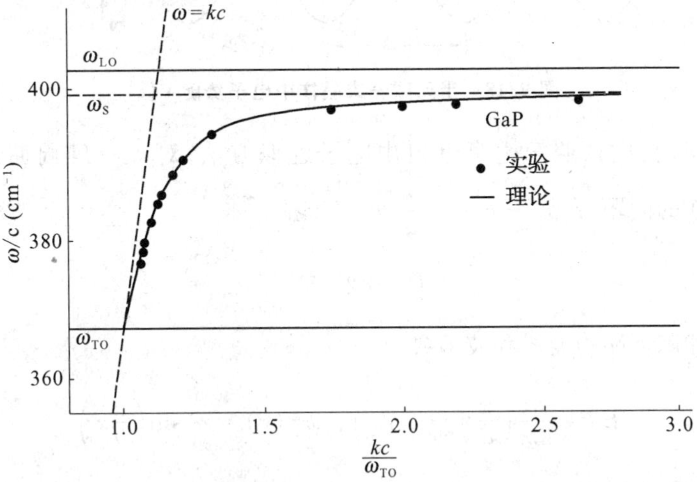

图 9.17 GaP 晶体的表面电磁耦合子的色散关系

[引自 Phys. Rev. Lett., 28(1972)811]

§9.4 表面电子态

表面电子态是一种局域在晶体表面几个原子层的电子态。20 世纪 30 年代塔姆(I. Tamm)、E. T. Goodwin 及肖克利(W. Shockley)先后从不同角度对不同情况从理论上论证由于周期场在晶体表面中断将产生的表面电子态。对于半导体，与表面悬挂键对应的局域态就是表面电子态，其能级常位于体材料的禁带中。

9.4.1 表面能级

现在讨论一维模型晶体，晶格常数为 a，占据 $z \leqslant 0$ 空间，电子在晶体中的周期性势能为

$$V(z) = 2V_1\cos\left(\frac{2\pi}{a}z\right) = V_1\left(e^{i\frac{2\pi}{a}z} + e^{-i\frac{2\pi}{a}z}\right) \tag{9.4.1}$$

在 $z > 0$ 区域是真空，电子势能为

$$V(z) = V_0 \tag{9.4.2}$$

如图 9.18 所示。

这一维模型中电子的薛定谔方程为

$$\left(-\frac{\hbar^2}{2m}\frac{d^2}{dz^2} + V(z)\right)\psi(z) = E\psi(z) \tag{9.4.3}$$

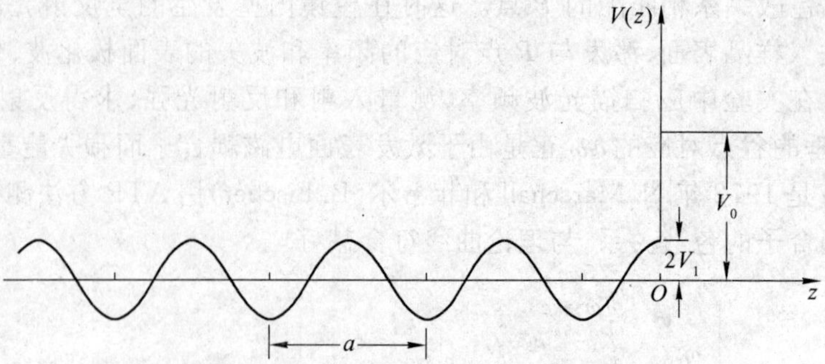

图 9.18 半无限一维晶体中电子势能 $V(z)$

为了解这个方程,我们依照第七章近自由电子近似方法,对于一维周期性势为 $V(z)=V_1(e^{i\frac{2\pi}{a}z}+e^{-i\frac{2\pi}{a}z})$ 的问题,在波矢 $k=\pm\frac{\pi}{a}$ 处,有能隙

$$E_g = 2|V_1| \tag{9.4.4}$$

在 $V_1>0$ 时,能隙下端的能量和波函数为

$$E_- = \frac{\hbar^2}{2m}\left(\frac{\pi}{a}\right)^2 - |V_1|,\ \psi_-(z) = A\sin\left(\frac{\pi}{a}z\right) \tag{9.4.5}$$

能隙上端的状态的能量和波函数为

$$E_+ = \frac{\hbar^2}{2m}\left(\frac{\pi}{a}\right)^2 + |V_1|,\ \psi_+(z) = A\cos\left(\frac{\pi}{a}z\right) \tag{9.4.6}$$

现在回来处理半无限一维模型中表面电子态的问题。电子很可能在块体材料能隙中存在电子态,这时 $k=\pm\frac{\pi}{a}-i\kappa$。于是在 $z\leqslant 0$ 区,

$$\psi_L(z) = Ae^{\kappa z}\cos\left(\frac{\pi}{a}z+\delta\right) \tag{9.4.7}$$

当 $z\to-\infty$ 时,$\psi_L(z)$应趋于零,故 κ 应大于零。而相移 δ 由下式决定

$$\sin(2\delta) = \frac{\hbar^2}{2m}\cdot\frac{2\pi\kappa}{aV_1} \tag{9.4.8}$$

在 $z>0$ 真空区当 $E<V_0$ 时,$\psi_R(z) = B\exp\left[-\frac{\sqrt{2m(V_0-E)}}{\hbar}z\right]$ (9.4.9)

在 $z=0$ 处,两边波函数及其导数连续:

$$\frac{\psi'_L(0)}{\psi_L(0)} = \frac{\psi'_R(0)}{\psi_R(0)} \tag{9.4.10}$$

由此得到

$$-\frac{\pi}{a}\operatorname{tg}\delta + \kappa = -\sqrt{\frac{2m}{\hbar^2}(V_0-E)} \tag{9.4.11}$$

这就是表面能级应满足的关系式,经改写,可得表面能级

$$E_s = V_0 - \frac{\hbar^2}{2m}\left[\frac{\pi}{a}\mathrm{tg}\,\delta - \kappa\right]^2 \tag{9.4.12}$$

它应落在能隙之中,即

$$E_- < E_s < E_+ \tag{9.4.13}$$

由式(9.4.11)知,该式右边是负值,左边 $\kappa > 0$, 因此 tg δ 必须是正的。由此推知 $\sin(2\delta)$也是正的。按照式(9.4.8)只有 $V_1 > 0$ 的情况,才有可能存在表面能级 E_s。表面态波函数在真空区 $\psi_R(z)$是指数衰减的,而在晶体内 $\psi_L(z)$是振幅衰减的振荡函数。这种形式的波函数称为隐失波(evanescent wave)。

9.4.2 表面能带

实际晶体表面原子排列具有二维周期性。以简立方晶格为例,$z \leqslant 0$ 是晶体所在空间,$z = 0$ 为晶体表面。这时平行 z 轴的每一条原子链各有它的表面能级 E_s,有相应的表面态波函数

$$\psi(x, y, z) = \begin{cases} A(x, y)e^{\kappa z}\cos\left(\frac{\pi}{a}z + \delta\right), & z \leqslant 0 \\ B(x, y)\exp\left(-\frac{\sqrt{2m(V_0 - E)}}{\hbar}z\right), & z > 0 \end{cases} \tag{9.4.14}$$

这里纯一维的振幅 A 变成为(x, y)的函数,同理真空区振幅 B 也变成(x, y)函数。如果只考虑与表面平行的同一晶面上最近邻原子间的相互作用,由于 z 方向存在指数因子,为简单计只需考虑 $z = 0$ 表面一层最近邻原子间相互作用。设交叠相互作用积分为 J_s。则表面能级 E_s 展宽成能带

$$E_s(\boldsymbol{k}_{/\!/}) = E_s(k_x, k_y) = E_s + J_s(e^{ik_xa} + e^{-ik_xa} + e^{ik_ya} + e^{-ik_ya}) \tag{9.4.15}$$

很明显,$E_s(\boldsymbol{k}_{/\!/})$具有二维倒格矢 $\boldsymbol{K}_s = h_1\boldsymbol{b}_1 + h_2\boldsymbol{b}_2$ 的周期性:

$$E_s(\boldsymbol{k}_{/\!/}) = E_s(\boldsymbol{k}_{/\!/} + \boldsymbol{K}_s)$$

这里 $\boldsymbol{b}_1$、$\boldsymbol{b}_2$ 是二维倒格子基矢,h_1, h_2 是任意整数。

如果某个表面能级 $E_s(\boldsymbol{k}'_{/\!/})$与同一波矢 $\boldsymbol{k}'_{/\!/}$的块体能级 $E(\boldsymbol{k}) = E(\boldsymbol{k}'_{/\!/}, k_\perp)$ 有相同能量,则这两个态的波函数将发生杂化,形成新的状态,称为表面共振态。表面共振态与表面态的区别是前者离表面向体内过渡到某一布洛赫态,而真正表面态离表面向内是指数衰减趋于零。

图 9.19(a)是 Cu(1 1 1)的表面布里渊区,Cu 是面心立方晶体,它的(1 1 1)面的基矢和倒格子基矢分别如式(9.1.5)和(9.1.6)所示。依照布里渊区构成方法,可得到它的形状是一个正六边形。布里渊区中心为$\overline{\Gamma}$点,六边形相邻两条边线的会合点为$\overline{K}$点,边线中点分别为$\overline{M}$和$\overline{M}'$。图 9.19(b)、(c)是实验测得的 Cu(1 1 1)表面在$\overline{\Gamma}$点和$\overline{M}$附近的两个表面能带的色散曲线。经理论分析,$\overline{\Gamma}$点附近的表面能带与表面 Cu 原子的 4s 电子有关。而在$\overline{M}$点附近的表面能带与表面 Cu 原子的 3d 电子有关。

9.4.3 表面态密度

表面态密度有一个粗略的估计,它与单位面积表面原子数目是同一数量级,大约 $10^{15}/\mathrm{cm}^2$。这些表面态能级分布在多宽的能量范围决定于表面两个相邻原子间的交叠相互作用积分 J_s 及表面原子的配位数 Z_s。一般说即使 J_s 与体内相应的交叠相互作用积分

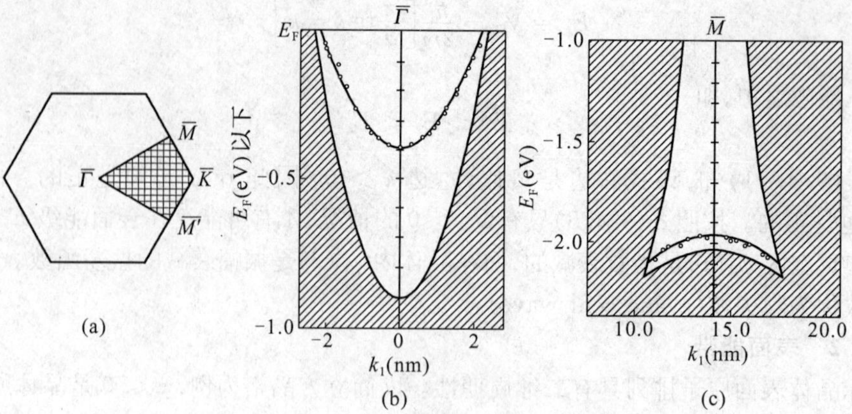

图 9.19 Cu(1 1 1)表面态的能量色散关系

(a) Cu(1 1 1)表面布里渊区；(b) 在$\overline{\Gamma}$点附近的表面电子态；(c) 在$\overline{M}$点附近的表面电子态

J 一样大，Z_s 总是小于体内原子配位数 Z，因而表面能带是较窄的。如果每个表面原子提供一个价电子，则表面电子的面密度也是 $10^{15}/\mathrm{cm}^2$ 的数量级，它们组成一个子系统依托于块体材料，具有一些特殊的物理、化学性质。从这意义上讲，固体表面是一种新型的特殊材料。

现在讨论表面能带这个子系统的态密度。按定义，若 $d+1$ 维的晶体，其中有一维因受表面势垒限制产生分裂能级 E_n，剩下 d 维空间电子气的色散关系为 $E_d(\boldsymbol{k})$，按定义态密度

$$g(E)=\frac{1}{V}\sum_{n,\,\boldsymbol{k}}\delta(E-E_n-E_d(k)) \tag{9.4.16}$$

为了方便计，令 $d+1$ 维晶体体积为 1，上式重写成

$$g(E)=\sum_n\int \mathrm{d}E'\delta(E-E_n-E')\sum_{\boldsymbol{k}}\delta(E'-E_d(k)) \tag{9.4.17}$$

而

$$\sum_{\boldsymbol{k}}\delta(E'-E_d)=g_d(E') \tag{9.4.18}$$

为 d 维自由电子气的态密度 $g_d(E')$，可以证明，$g_d(E)\propto E^{\frac{d}{2}-1}$ ①，因此态密度为

$$g(E)=\sum_n g_d(E-E_n)$$
$$\propto\sum_n(E-E_n)^{\frac{d}{2}-1} \tag{9.4.19}$$

---

① 在 d 维空间，自由电子能量为 E，则 $\frac{2mE}{\hbar^2}=\sum_{i=1}^{d}k_i^2$，所以等能面是 d 维 k 空间的“球面”，其包含的体积为 $C\left(\frac{2mE}{\hbar^2}\right)^{d/2}$，这里 C 是一个常数。此时 $\boldsymbol{k}$ 空间每个 $\boldsymbol{k}$ 点占有的体积为 $(2\pi/L)^d$，L 为 d 维晶体的每一维长度。“球内”状态总数为 $z=\frac{CL^d}{(2\pi)^d}\left(\frac{2mE}{\hbar^2}\right)^{d/2}$，对 E 求导有 $\mathrm{d}Z=L^d g(E)\mathrm{d}E$，得 $g(E)\approx E^{\frac{d}{2}-1}$。

对于表面能带中的二维电子气而言，$d=2$

$$g_{d=2}(E)=\text{常数}$$

式(9.4.19)表示应当对各个表面能带进行累加。例如，前面举的 Cu(1 1 1)表面的例子，应对 4s 和 3d 电子产生的表面能带两支二维电子气累加。

9.4.4 光电子谱

光电子谱(Photoelectron Spectroscopy)是以一定能量的光子束照射固体，利用光电效应产生光电子，测量光电子的能量分布曲线或角分辨谱来获取固体中电子态信息的重要实验手段。1954 年瑞典科学家西格班(K. Siegbahn)领导的小组建立起第一台高灵敏度的电子谱仪，测量由 X 射线激发的光电子谱，清楚地测得谱峰，成为研究固体中原子轨道能量的有效方法。不久他们又发现光电子谱中有化学位移效应，即谱峰能量依赖于原子所处的化学环境。因而他们称此谱仪为化学分析用电子谱(Electron Spectroscopy for Chemical Analysis，简称 ESCA)。通常采用 Mg K_α 线($\hbar\omega\approx 1\ 254$ eV)作为光电子谱的光源，因此现在人们称之为 X 射线光电子谱(X ray Photoelectron Spectroscopy，简称 XPS)。主要用于探测固体中离子实里芯电子的束缚能，作为元素分析手段。也用于测量固体中价电子所在能带的态密度。

1962 年英国科学家特奈(D. W. Turner)等又创制使用真空紫外光源激发的光电子谱仪。这种谱仪特称为紫外光电子谱(Ultraviolet Photoelectron Spectroscopy，简称 UPS)。常用的紫外光源是氦共振灯产生的单色光，He Ⅰ 线的 $\hbar\omega=21.22$ eV，He Ⅱ 线的 $\hbar\omega=40.8$ eV。由于 UPS 的分辨率很高，可达约 10～25 meV，这种谱仪更适合于基础研究，如固体中价带的状态密度，甚至可观测氢分子离子的振动谱。

1964 年 E. O. Kane 提出一篇有预见的论文，原则上从光电子谱的角度关系的实验结果可描绘出晶体电子的能带。经过 10 年，才有史密斯(N. V. Smith)和 M. M. Traum 用 F. J. Disalvo 制备的层状材料 TaS_2 和 $TaSe_2$ 的单晶完成了角分辨光电子谱的测量，得到的结果与 L. F. Mattheiss 的理论计算的能带色散曲线符合。前面所说的 Cu(1 1 1)表面两个表面能带的色散关系就是用角分辨光电发射谱(Angular-Resolved Photo Emission Spectroscopy，简称 ARPES)测量得到的。

20 世纪 70 年代同步辐射光源问世，这种光源能产生频率可连续调节的单色光，光子能量 $\hbar\omega$ 从几个 eV 可变到几千 eV，且光强高，偏振性好，大大拓展了光电子谱的应用领域。

光电子谱测量的光电子动能 E，是从光子能量 $\hbar\omega$ 转移给这个电子。这是一个电子吸收光子发生跃迁的过程，在跃迁时电子要克服它在初态低于费米能级 E_F 的结合能 E_B 和表面功函数 ϕ，多出的能量才是光电子的动能 E。按照能量守恒定律

$$E=\hbar\omega-E_B-\phi \tag{9.4.20}$$

图 9.20 表示光电子谱原理简意，说明晶体中电子初态能级与各特征能级之间的相对位置以及光电子动能 E 的关系。

一般认为光电子经历三步过程：一是光跃迁，二是电子从光跃迁点迁移到表面，三是克服以功函数 ϕ 为高度的表面势垒，才出射到固体之外成为光电子。

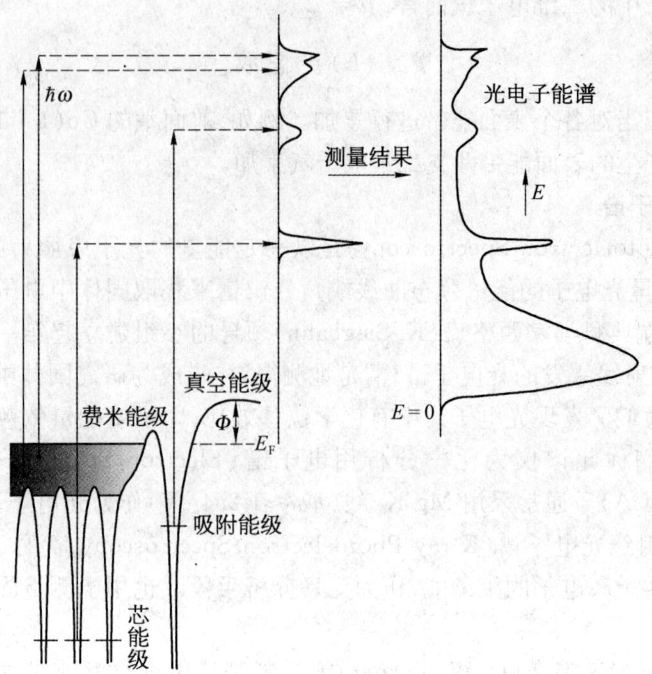

图 9.20 光电子谱原理示意

§9.5 量子霍尔效应

量子霍尔效应是在低温和强磁场条件下二维电子系统的一种宏观量子现象。1980 年冯·克里钦(K. von Klitzing)发现了整数量子霍尔效应(IQHE),两年之后(1982 年)崔琦,施特默(H. L. Störmer)和 A. C. Gossard 又发现了分数量子霍尔效应(FQHE)。1983 年劳夫林(R. B. Laughlin)提出分数量子霍尔态是一种不可压缩的量子液体,在量子霍尔液体中,存在着带分数电荷的准粒子。

9.5.1 整数量子霍尔效应

在磁场 $\boldsymbol{B}=B\boldsymbol{e}_z$ 中在 xy 面以速度 $\boldsymbol{v}$ 运动的电子,其运动方程为

$$m\dot{\boldsymbol{v}}=-e(\boldsymbol{E}+\boldsymbol{v}\times\boldsymbol{B}) \tag{9.5.1}$$

在稳态情况 $\dot{\boldsymbol{v}}=0$,意味着 $\boldsymbol{E}=-\boldsymbol{v}\times\boldsymbol{B}$,即电场力与磁场引起洛伦兹力平衡。对于面密度为 n 的二维电子气,电流密度

$$\boldsymbol{j}=-ne\boldsymbol{v} \tag{9.5.2}$$

由 $\boldsymbol{E}=-\boldsymbol{v}\times\boldsymbol{B}$,有

$$E_x=v_yB,\ E_y=-v_xB \tag{9.5.3}$$

于是

$$\left.\begin{aligned} j_x&=-nev_x=\frac{en}{B}E_y\\ j_y&=-nev_y=-\frac{en}{B}E_x\end{aligned}\right\} \tag{9.5.4}$$

此式说明电流密度 $\boldsymbol{j}$ 沿与电场 $\boldsymbol{E}$ 相垂直的方向流动。

由式(9.5.4)得霍尔电阻率为

$$R_{xy} = \frac{E_y}{j_x} = B/en \tag{9.5.5}$$

和霍尔电导率

$$G_{xy} = j_y/E_x = -en/B \tag{9.5.6}$$

因此,对于经典的电子气 R_{xy} 随磁场 B 的变化是一条直线,如图 9.21(b)所示。而对角的电阻率 R_{xx} 和对角的电导率 G_{xx} 是

$$R_{xx} = 0,\ G_{xx} = 0 \tag{9.5.7}$$

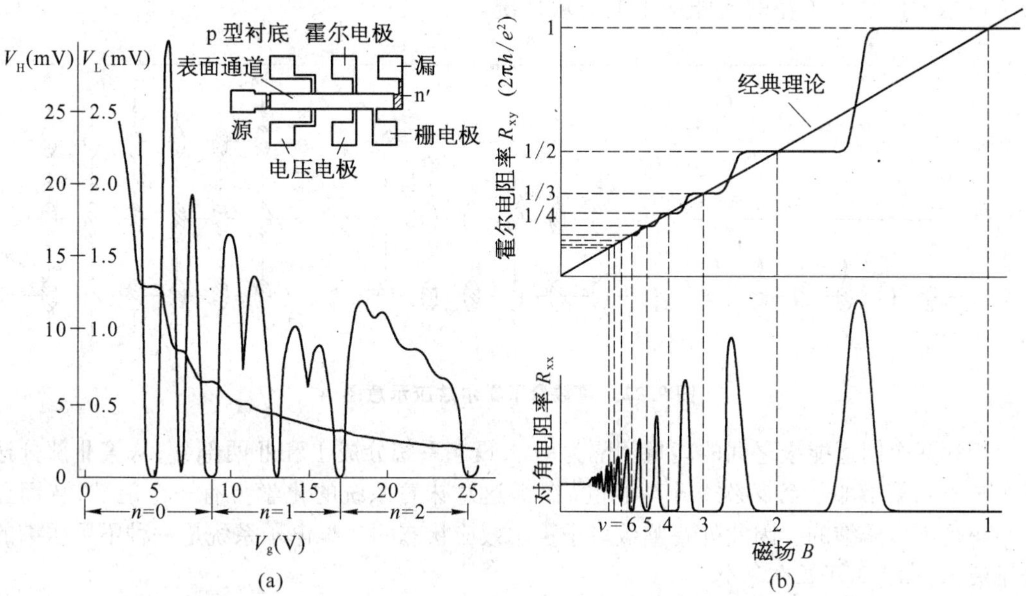

图 9.21 整数量子霍尔效应

(a) 霍尔电压和纵向电压随栅压的变化; (b) 霍尔电阻率和纵向电阻率与磁场的关系

然而,在 1980 年冯·克里钦对 p-Si MOSFET 样品在低温 $T = 1.5\ \mathrm{K}$ 和磁场 $B = 18\ \mathrm{T}$ 条件下,测量霍尔电压 V_{H} 和纵向电压 V_{L} 的结果,从而算出霍尔电阻率 R_{xy} 和对角电阻率 R_{xx},给出的结果如图 9.21 的粗曲线所示。$R_{xy} - B$ 曲线有几个特征性的平台;R_{xx} 曲线呈现舒布尼可夫-迪·哈斯振荡,在 R_{xy} 出现平台的地方,$R_{xx} = 0$。

这个奇特的现象,冯·克里钦给出了合理的解释。根据第八章朗道能级的量子理论,每个朗道能级的简并度为 $g_{\mathrm{L}} = eB/2\pi\hbar$。面密度为 n 的二维电子气,正好填满整数 i 个朗道能级时,有

$$n = ig_{\mathrm{L}} = i\frac{eB}{2\pi\hbar} \tag{9.5.8}$$

将此代入式(9.5.5),得霍尔电阻率

$$R_{xy} = \frac{1}{i}\cdot\frac{2\pi\hbar}{e^2} \tag{9.5.9}$$

正是图 9.21 中平台的霍尔电阻率的数值,这就是整数量子霍尔效应。

在量子世界,面积为 S 的二维系统,垂直磁场 B 产生的磁通 $\Phi = BS$,磁通本身也是量

子化的，磁通量子 $\phi_0 = h/e = 4.14 \times 10^{-15}\,\mathrm{T \cdot m^2}$。$\phi_0$ 是很小的量，地磁场在 1 $\mathrm{cm^2}$ 面积中约有 10^6 个磁通量子。朗道能级简并度 $g_L = eB/2\pi\hbar = \left.\dfrac{BS}{\phi_0}\right|_{S=1}$ =单位面积磁通量子数目。因此对于整数量子霍尔效应而言，当 $i=1$ 时，即朗道基态能级为电子充满，相当于每个电子拥有一个磁通量子。如 $i=2$，能量最低的两个朗道能级被电子占满。此时，量子数 $N_l=0$ 和 $N_l=1$ 的朗道能级上的各一个电子共同拥有一个磁通量子。依此类推，$i=3$ 时，$N_l=0, 1, 2$ 的三个朗道能级全被电子占满，三个能级中各一个电子共同拥有一个磁通量子。如果用一个带箭头的直线代表一个磁通量子。图 9.22 代表 $i=1$、2、3 时整数量子霍尔效应时电子在朗道能级上的充填情况。

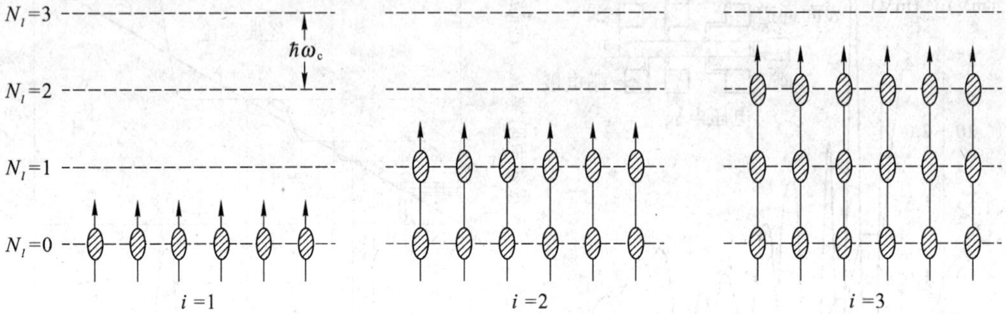

图 9.22 整数量子霍尔效应示意图

相邻两个朗道能级之间的能量间隔为 $\hbar\omega_c$，设想系统分成Ⅰ和Ⅱ两部分，从第Ⅱ部分送一个电子到第Ⅰ部分至少必须升高能量 $\hbar\omega_c$。这意味着系统的化学势有一个能隙，从而显示系统是不可压缩的。因此处在整数量子霍尔效应状态的二维电子系统是一种不可压缩的量子液体，称为量子霍尔液体。

实验表明整数量子霍尔电阻率平台值 $R_{xy} = \dfrac{1}{i} \cdot R_K$，$R_K = h/e^2 = 25\,812.807\,\Omega$，不因样品不同而改变。$R_K$ 称为冯·克里钦常量。1988 年国际计量委员会已建议，从 1990 年元旦起在世界范围内用量子霍尔电阻标准代替原来的标准电阻的实物基准。1996 年 A. Jeffery 等报告用量子霍尔电阻率测量结果给出精细结构常数 $\alpha = \dfrac{\mu_0 c e^2}{4\pi\hbar}$ 的倒数值

$$\alpha^{-1} = 137.036\,003\,7(27) \qquad (0.020 \times 10^{-6}) \tag{9.5.10}$$

这里 μ_0 为真空磁导率，等于 $4\pi \times 10^{-7}\,\mathrm{H/m}$；$c$ 是真空中的光速，其定义值为299 792 458 m/s。故 $\mu_0 c$ 是无误差的常量。这样只要求得冯·克里钦常量 R_K，就可求出 α 值。莫尔(P. J. Mohr)和泰勒①(B. N. Taylor)推荐的 α^{-1} 值为

$$\alpha^{-1} = 137.035\,999\,76(50) \qquad (3.7 \times 10^{-9}) \tag{9.5.11}$$

9.5.2 分数量子霍尔效应

1982 年崔琦、施特默和 Gossard 以调制掺杂的 AlGaAs-GaAs 异质结势阱的二维电子气为对象，测量它在很低温度和更强磁场下的霍尔效应。当温度 T 降至 0.5 K，磁场 B 增

---

① Rev. Mod. Phys., 72(2000)351。

至 28 T 时，发现霍尔电阻率为

$$R_{xy} = \frac{1}{\nu} \cdot \frac{h}{e^2} \tag{9.5.12}$$

当 $\nu = \frac{1}{3}, \frac{2}{3}$ 时，出现新的平台，对应处纵向电阻率 $R_{xx} = 0$。后来人们又发现 ν 等于其他奇整数分母的分数时，R_{xy} 也有平台。图 9.23 是后来人们用非常高迁移率（$\mu > 10^6\ \mathrm{cm^2/V \cdot s}$）

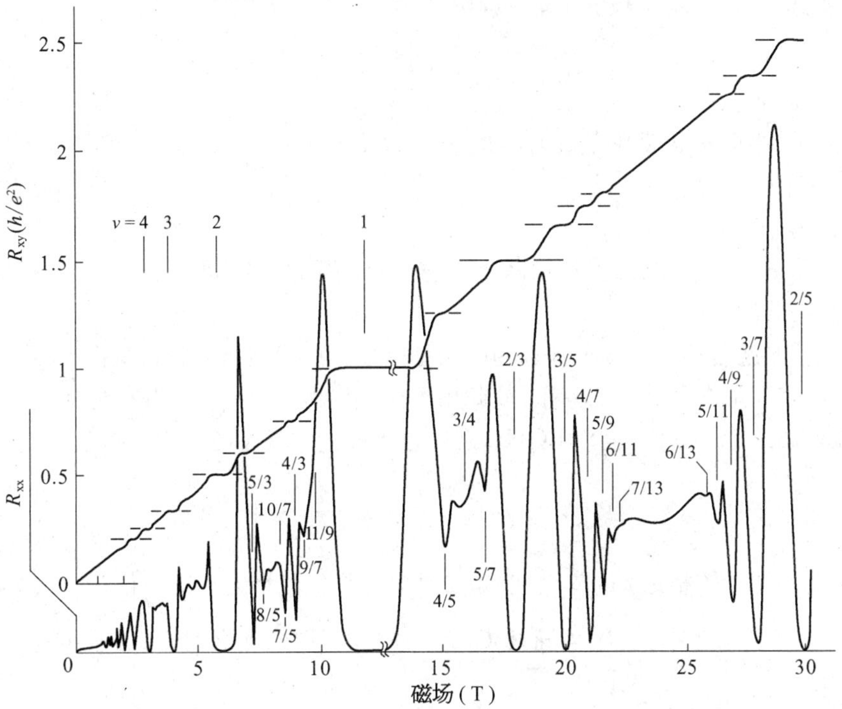

图 9.23 量子霍尔电阻率平台的综览图

的样品得到的量子霍尔电阻率 R_{xy} 的各种平台，以及相应的纵向电阻率 R_{xx} 的谷值（接近于零）的综览图，图中包含着丰富的分数量子霍尔效应（Fractional Quantum Hall Effect，简称 FQHE），其中主要的分数值有

$$\left.\begin{aligned} \nu &= \frac{p}{2p+1} = \frac{1}{3}, \frac{2}{5}, \frac{3}{7}, \frac{4}{9}, \cdots, \quad p = 1, 2, 3, \cdots \\ \nu &= \frac{p}{2p-1} = \frac{2}{3}, \frac{3}{5}, \frac{4}{7}, \frac{5}{9}, \cdots, \quad p = 2, 3, 4, \cdots \end{aligned}\right\} \tag{9.5.13}$$

它们都是奇整数分母的分数。这表示朗道基态能级（$N_l = 0$ 的能级）中只有分数 ν 的状态被电子占据，ν 称为填充因子（filling factor）。

9.5.3 劳夫林理论

如何理解分数量子霍尔效应背后隐藏的深层次的物理内涵，是物理学界关注的重要课题，在这方面劳夫林作出了开创性工作，所以他同崔琦和施特默一起共享 1998 年诺贝尔物理学奖。

劳夫林对最简单又最典型的 $\nu = \frac{1}{m} = \frac{1}{3}$ 的情况的 FQHE 态作分析，探索二维电子系

统 N 个电子的多体尝试波函数的形式。设电子的二维坐标(x, y)写成复数形式 $z_j = x_j + iy_j$ 是系统中第 j 个电子的坐标。劳夫林建议的尝试波函数是

$$\Psi_m(z_1, z_2, \cdots, z_N) = (z_1 - z_2)^m (z_2 - z_3)^m \cdots (z_j - z_k)^m \cdots (z_{N-1} - z_N)^m F \quad (9.5.14)$$

式中 F 是各个电子坐标$|z_j|^2$ 表述的高斯函数的连乘积,实际上是各谐振子基态的连乘积所表述的 N 粒子的哈特里波函数。Ψ_m 的主要特点反映在 F 前面不同粒子坐标差 $(z_j - z_k)^m$ 的连乘积,这个连乘积称为 Jastrow 因子

$$f(z_j - z_k) = \prod_{j<k} (z_j - z_k)^m \quad (9.5.15)$$

有了这个因子,注意 m 为奇整数,因而 Ψ_m 具有以下特点:

(1) 若某两个电子坐标值相等 $z_j = z_k$,则 $\Psi_m = 0$。表示系统中电子之间有自动回避其他电子的行为。

(2) 由于 m 是奇整数,交换任意两个电子位置,波函数 Ψ_m 变号,具有反对称性,满足多体费米子波函数的条件。

每个电子的波函数是谐振子基态的高斯型函数,电子又互相回避,从而形成一种新的凝聚态,电子在空间基本上是均匀分布,彼此相离微小间距,这样系统的库仑排斥能将有效下降,这新凝聚态是量子液体,也称 FQHE 态。量子液体的基态能量为

$$E_\nu = -\gamma_\nu E_c = -\gamma_\nu \frac{e^2}{4\pi\epsilon_0\epsilon_s l} \quad (9.5.16)$$

这里 E_c 称为两个电子相距 l 的库仑能,是二维电子系统能量的特征单位,$l = (\hbar/eB)^{1/2}$ 即磁长度,ϵ_0 是真空电容率,ϵ_s 是半导体 GaAs 的介电常数,约等于 12.9。对于 $\nu = \frac{1}{3}$ 的 FQHE 基态,$\gamma_\nu = 0.416$。

在基态之上存在一个能隙 Δ_ν,其大小为

$$\Delta_\nu = \alpha_\nu E_c \quad (9.5.17)$$

对于 $\nu = \frac{1}{3}$ 的情况,$\alpha_\nu = 0.056$。能隙之上是系统的激发态,是安置系统因受扰动产生的准粒子的能级。劳夫林创意性提出 $\nu = \frac{1}{3}$ 的量子液体中的准粒子是带分数电荷 $\pm \nu e = \pm \frac{e}{m}$ 的准粒子。带 $+\frac{e}{m}$ 的是准空穴,带 $-\frac{e}{m}$ 的是准电子。

按照劳夫林的想法,当 $\nu = \frac{1}{m} = \frac{1}{3}$ 时,朗道基态中每个电子享有 $m = 3$ 个磁通量子,如图 9.24(a)所示。如果移走一个电子,就产生一个大空穴,相当于系统多出 3 个磁通量子,如图 9.24(b)所示。为了降低系统能量,这个大空穴分成 m 个小空穴,每个小空穴即准空穴的电荷为 e/m,拥有一个磁通量子如图 9.24(c)所示。如果系统加进一个电子,系统中出现 m 个“交叠”包,这就是 m 个准电子,如图 9.24(d)所示。为了降低系统能,这 m 个准电子也应分开均匀分布于系统中,如图 9.24(e)所示。当然所有准电子都应处在能隙以上的准粒子状态。由于系统有涨落,可能出现如图 9.24(f)的情况,产生一个准空穴和一个准电子。

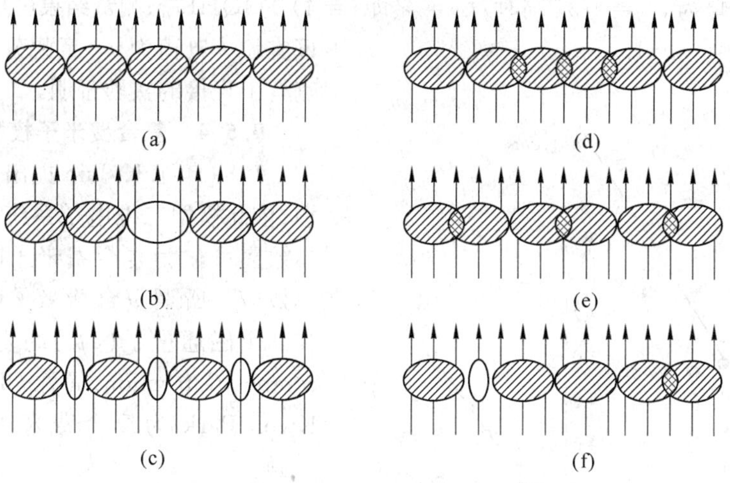

图 9.24 $\nu=\frac{1}{3}$ 的 FQHE 态及其准空穴和准电子

由上所述可以认为当系统中多一个磁通量子时相当于生成一个准空穴。当少一个磁通量子时相当于形成一个准电子，带有电荷$-\frac{e}{m}$。

现在回过来看$\nu=\frac{1}{m}=\frac{1}{3}$的霍尔平台。$\nu=\frac{1}{3}$处$R_{xy}=3\frac{2\pi\hbar}{e^2}$，在$\nu>\frac{1}{3}$时，电子多了，磁通量子不够分配，因此这时有若干准电子存在。而在$\nu<\frac{1}{3}$区域，磁通量子多了，出现若干准空穴。这些带分数电荷的准粒子在其浓度较小时受杂质的钉扎，不参与导电过程。因此在霍尔效应中电流、霍尔电阻率、纵向电阻率如同$\nu=\frac{1}{3}$的情况，从而形成霍尔平台，如图 9.25 所示。当准粒子浓度超过杂质所能钉扎的数量，平台就被破坏。

1997 年 L. Saminadayar 等对量子霍尔液体的准粒子对背散射电流 J_B 引起的电流涨落 S 作测量，理论上 $S=\frac{e}{m}J_B$，他们的实验结果如图 9.26 所示，证实在$\nu=\frac{1}{3}$FQHE 态的准

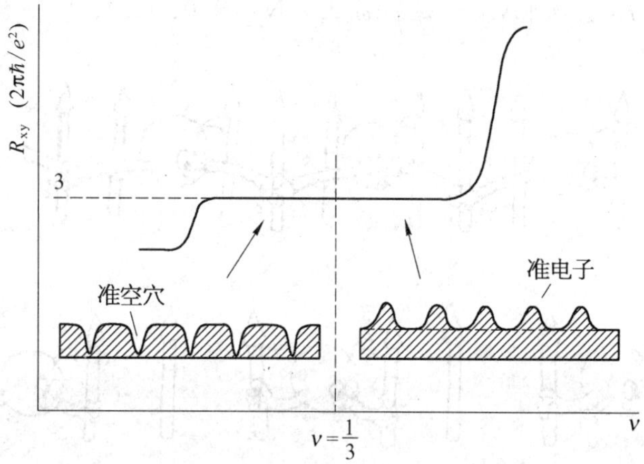

图 9.25 $\nu=\frac{1}{3}$ 的霍尔平台

粒子荷载电荷量为 $e^* = e/3$。同时对 $\nu = 4$(即 $i = 4$) 的 IQHE 态测量结果(见该图的插图)，证实粒子电荷为 e。至此劳夫林的理论预言有了直接的实验证明。

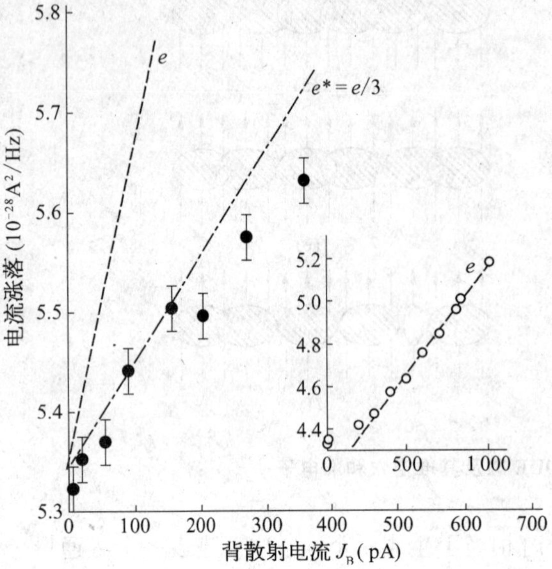

图 9.26 准电子引起的电流涨落(噪声)S 与背散射电流

[引自 Phys. Rev. Lett., 79(1997)2526]

9.5.4 复合费米子模型

1989 年 J. K. Jain 提出复合费米子模型,依此模型二维电子系统的分数量子霍尔效应可化为复合费米子的整数量子霍尔效应。所谓复合费米子就是一个电子与两个磁通量子($2\phi_0$)的复合体,英文为 composite fermion,简称 CF。图 9.27 是 Kwon Park 为复合费米子画的一幅幽默画。

大家记得系统单位面积朗道能级的简并度 $g_L = B/\phi_0$，而电子面密度为 n,故填充因子为

$$\nu = \frac{n}{B/\phi_0} = \frac{n\phi_0}{B} = \frac{p}{2p+1} \tag{9.5.18}$$

n 个电子,用去 $2n$ 个 ϕ_0 变成 n 个复合费米子,剩余磁场为

$$B^* = B - 2n\phi_0 = \frac{n\phi_0(2p+1)}{p} - 2n\phi_0 = \frac{n\phi_0}{p} \tag{9.5.19}$$

若 m_{CF}^* 为 CF 的有效质量,则在磁场 B^* 中 CF 的回旋角频率为

$$\omega_{CF}^* = \frac{eB^*}{m_{CF}^*} \tag{9.5.20}$$

相应的 CF 朗道能级为

$$E_{N_{CF}} = \left(N_{CF} + \frac{1}{2}\right)\hbar\omega_{CF}^*, \quad N_{CF} = 0, 1, 2, 3, \cdots \tag{9.5.21}$$

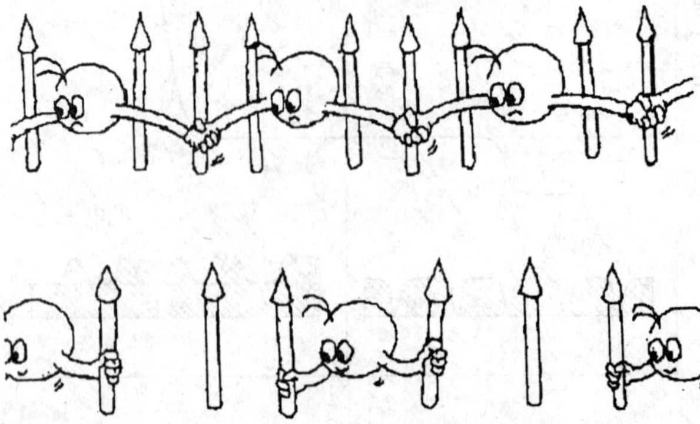

图 9.27 复合费米子的一幅漫画

现在以 $\nu=\frac{p}{2p+1}=\frac{1}{3}$ 及 $\frac{3}{7}$ 两个 FQHE 态为例来说明。$\nu=\frac{1}{3}$ 时，$p=1$，这情况，复合费米子在磁场 $B^*=n\phi_0$ 中运动，CF 朗道能级简并度为 $g_L^*=B^*/\phi_0$，正好等于 CF 的面密度 n。故此情况相当于复合费米子朗道基态能级恰被占满的状态。也就是 $i=1$ 的 CF 整数量子霍尔效应。

而 $\nu=\frac{3}{7}$ 相当于 $p=3$，这时复合费米子是在磁场 $B^*=\frac{n\phi_0}{p}$ 中运动。CF 朗道能级的简并度为 $B^*/\phi_0=\frac{n}{p}$，因此要有 p 个朗道能级正好能装尽 n 个 CF。这情况相当于 $i=3$ 的 CF 整数量子霍尔效应。这两种情况可用图 9.28 表示。图中系统 $n=6$，此时 $\nu=\frac{1}{3}$ 和 $\frac{3}{7}$ 的 FQHE 分别相当于 $i=1$ 的 CF 的 IQHE 和 $i=3$ 的 CF 的 IQHE。

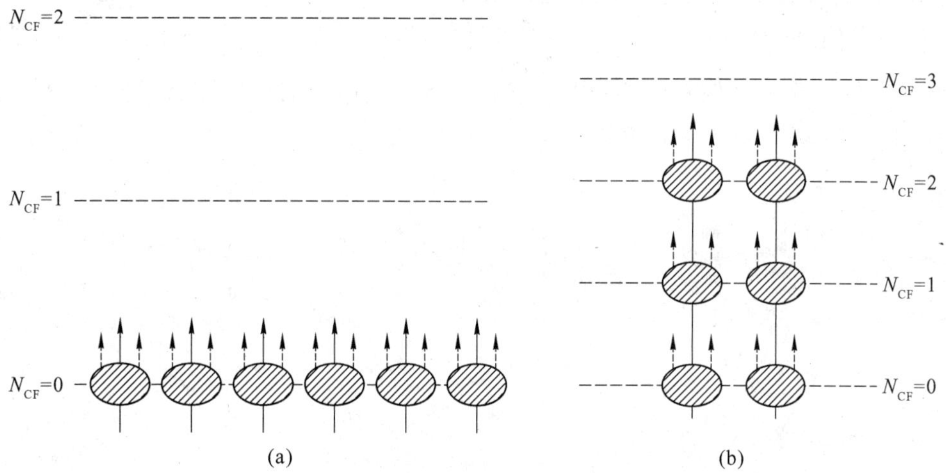

图 9.28 分数量子霍尔效应相当于 CF 整数量子霍尔效应

(a) $\nu=\frac{1}{3}$ $(i=1)$；(b) $\nu=\frac{3}{7}$ $(i=3)$

习 题

1. 面心立方晶体(0 0 1)表面上吸附某元素 X 形成 3×1 结构,试画出它们在实空间中的图像和其 LEED 图样。

2. Ⅲ-Ⅴ族半导体具有立方闪锌矿结构,(1 1 0)面是其解理面,表面二维元格含有一个Ⅲ族原子一个Ⅴ族原子,故这表面是电中性的。它的元格如图所示,基矢 $\boldsymbol{a}_1 = a\boldsymbol{k}$, $\boldsymbol{a}_2 = \frac{a}{2}(\boldsymbol{i}+\boldsymbol{j})$, $\boldsymbol{i}$, $\boldsymbol{j}$, $\boldsymbol{k}$ 为立方晶胞 x、y、z 轴的单位矢量,求其倒格子基矢 $\boldsymbol{b}_1$ 和 $\boldsymbol{b}_2$ 以及相应的二维布里渊区。

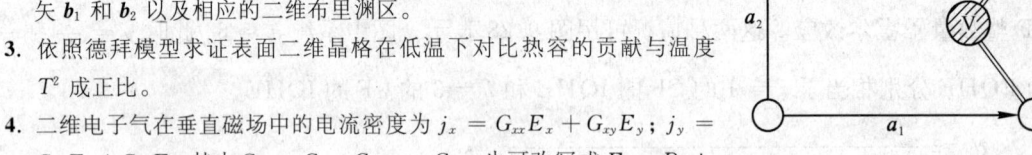

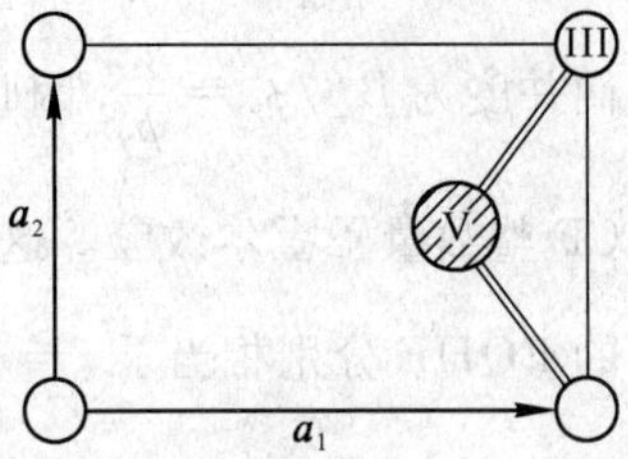

3. 依照德拜模型求证表面二维晶格在低温下对比热容的贡献与温度 T^2 成正比。

4. 二维电子气在垂直磁场中的电流密度为 $j_x = G_{xx}E_x + G_{xy}E_y$; $j_y = G_{yx}E_x + G_{yy}E_y$,其中 $G_{xx} = G_{yy}$, $G_{xy} = -G_{yx}$,也可改写成 $E_x = R_{xx}j_x + R_{xy}j_y$, $E_y = R_{yx}j_x + R_{yy}j_y$,求 $R_{xx} = \frac{G_{xx}}{G_{xx}^2 + G_{xy}^2}$, $R_{xy} = -\frac{G_{xy}}{G_{xx}^2 + G_{xy}^2}$,故当 $G_{xx} = 0$ 时,$R_{xx} = 0$, $R_{xy} = -\frac{1}{G_{xy}}$。

第十章　固体的介电性

固体对外加电场的响应有两种方式：一种是以材料中电荷可长程迁移形成传导电流，这种材料的典型是金属。另一种是以感应方式沿电场方向产生电偶矩或引起固体中固有电偶矩转向。这种响应方式的固体称为电介质。绝缘体是典型的电介质。半导体兼有传导和感应两者的特性。

本章的主要内容是：固体电极化的宏观描述和其微观过程，介电损耗同微观极化弛豫过程的关系。着重介绍很重要的一种介电晶体——铁电体的基本性质和相关的相变特征，以及相变的微观机制。晶体离子横光频支振动的电磁场与光波电磁场的耦合产生电磁耦合子，已于第四章有所介绍。但电子使晶体离子位移产生的极化电场，反过来阻止电子运动，导致电子与其邻区的晶格畸变组成新的粒子称为极化子，这是本章最后要讲述的内容。

§10.1　晶体的介电常数

10.1.1　宏观电场与退极化场

在外电场 $\boldsymbol{E}_0$ 作用下，晶体中的各个本来是电中性的原子都将被极化。即原子中带正电荷的原子核与带负电荷的电子在电场作用下将发生相对位移。这样原子产生了电偶矩 $\boldsymbol{p}$，而这些电偶矩又会在其周围产生电场。假设晶体中所有原子电偶矩在位置 $\boldsymbol{r}$ 处产生的总电场为 $\boldsymbol{E}_p(\boldsymbol{r})$。由于晶体中的原子是周期性排列的，各个原胞中相应位置处的 $\boldsymbol{E}_p(\boldsymbol{r})$ 应该相同。这样晶体中位置 $\boldsymbol{r}$ 处的实际电场应是外电场 $\boldsymbol{E}_0$ 与 $\boldsymbol{E}_p(\boldsymbol{r})$ 的矢量和：

$$\boldsymbol{E}_c(\boldsymbol{r}) = \boldsymbol{E}_0 + E_p(\boldsymbol{r}) \tag{10.1.1}$$

$\boldsymbol{E}_c(\boldsymbol{r})$ 被称为在 $\boldsymbol{r}$ 点的局域电场(简称局域场)。晶体中各原子受到的电场就是局域场 $\boldsymbol{E}_c(\boldsymbol{r})$，而不是外电场 $\boldsymbol{E}_0$。假设第 j 类原子的极化率为 α_j，则处在 $\boldsymbol{r}$ 点的第 j 类原子所产生的原子偶极矩 $\boldsymbol{p}_j$ 等于

$$\boldsymbol{p}_j = \alpha_j \boldsymbol{E}_c(\boldsymbol{r}) \tag{10.1.2}$$

当我们对晶体中的电场进行测量时，通常都是对一个宏观小而微观大的区域进行测量的。尽管该区域从宏观看来仅是个“点”，但是从微观上来说，它包含了成千上万个原子，所以实验上测量到的宏观电场(简称宏观场)实际上是该小区域中的局域电场 $\boldsymbol{E}_c(\boldsymbol{r})$ 的平均值：

$$\boldsymbol{E} = \overline{\boldsymbol{E}_c(\boldsymbol{r})} = \boldsymbol{E}_0 + \overline{\boldsymbol{E}_p(\boldsymbol{r})} \tag{10.1.3}$$

在电学中通常所说的电场，或者在麦克斯韦方程中的电场都是宏观电场 $\boldsymbol{E}$，实际上就是局域场 $\boldsymbol{E}_c(\boldsymbol{r})$ 的平均值。下面就讨论宏观电场 $\boldsymbol{E}$ 的计算。

从静电学知道，晶体中的极化强度 $\boldsymbol{P}$ 定义是单位体积中原子偶极矩的矢量和。假设晶体中第 j 类原子数密度为 N_j，则

$$\boldsymbol{P} = \sum_j N_j \boldsymbol{p}_j \tag{10.1.4}$$

图 10.1 示出了一个放在外电场 $\boldsymbol{E}_0$ 中的平板晶体样品。图中用小箭头表示在外电场作用下少数几个极化后的原子偶极矩。箭头前端表示偶极矩的正电荷,尾端表示负电荷。在晶体内部,箭头前端的正电荷与前一个箭头尾端的负电荷相中和。因此对于均匀的晶体样品,其内部不会出现宏观的电荷。但是对处在样品表面的原子偶极矩(小箭头)的电荷却无法中和,因此在样品表面存在表面电荷密度 σ。显然 σ 与原子偶极矩 $\boldsymbol{p}_j$ 有关,因而也与极化强度 $\boldsymbol{P}$ 有关。现知 $\boldsymbol{P}$ 与介质表面电荷密度 σ 之间有关系:

$$\sigma = \boldsymbol{n} \cdot \boldsymbol{P} = P\cos\theta \tag{10.1.5}$$

式中 $\boldsymbol{n}$ 表示介质表面法线方向单位矢量;θ 表示介质表面法线方向与极化强度 $\boldsymbol{P}$ 之间的夹角。对于表面很大的平板样品,如图 10.1 所示,假设外电场 $\boldsymbol{E}_0$ 与表面相垂直,则平板介质的极化强度 $\boldsymbol{P}$ 也与表面相垂直,因而 $\theta=0$。所以在此情况下,$\sigma=|\boldsymbol{P}|=P$。这一表面电荷将在样品内产生电场强度 $\boldsymbol{E}_1$,由高斯定理可得

$$E_1 = \frac{\sigma}{\varepsilon_0} = \frac{P}{\varepsilon_0} \tag{10.1.6}$$

从图 10.1 可知,由表面电荷产生的电场强度 $\boldsymbol{E}_1$ 的方向与 $\boldsymbol{E}_0$ 及 $\boldsymbol{P}$ 正好相反,因而常把它称为退极化电场。考虑到 $\boldsymbol{E}_1$ 与 $\boldsymbol{P}$ 方向相反后,(10.1.6)式可改写成下面的矢量表示式:

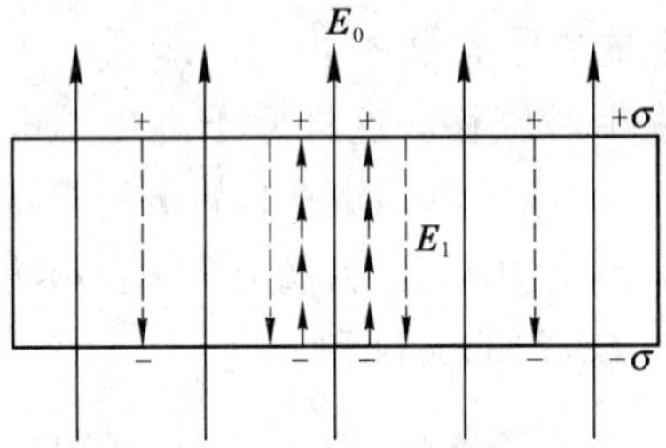

图 10.1 平板样品在垂直板面的外电场 $\boldsymbol{E}_0$ 作用下的极化情况

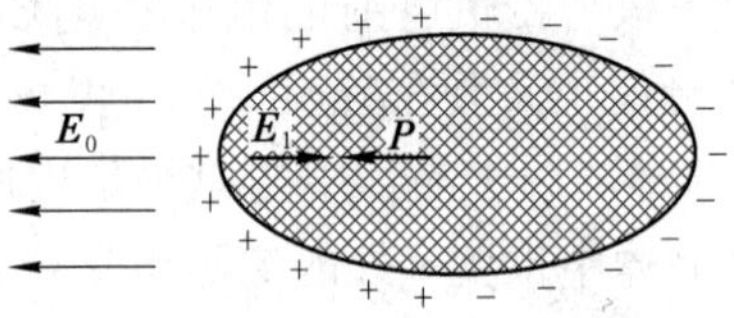

图 10.2 椭球样品在外电场 $\boldsymbol{E}_0$ 中的极化情况

$$\boldsymbol{E}_1 = -\boldsymbol{P}/\varepsilon_0 \tag{10.1.7}$$

退极化电场 $\boldsymbol{E}_1$ 当然是宏观电场。因此平板晶体中的总宏观电场 $\boldsymbol{E}$ 可写成

$$\boldsymbol{E} = \boldsymbol{E}_0 + \boldsymbol{E}_1 = \boldsymbol{E}_0 - \boldsymbol{P}/\varepsilon_0 \tag{10.1.8}$$

如果晶体的外形是如图 10.2 所示的椭球,这时,由静电学方法可以计算得沿椭球三个主轴方向的退极化电场:

$$\begin{cases} E_{1x} = -N_x \dfrac{P_x}{\varepsilon_0} \\ E_{1y} = -N_y \dfrac{P_y}{\varepsilon_0} \\ E_{1z} = -N_z \dfrac{P_z}{\varepsilon_0} \end{cases} \tag{10.1.9}$$

式中 N_x、N_y、N_z 是由椭球形状决定的常数。常称之为退极化因子。在球形的极限情况下,

$$N_x = N_y = N_z = 1/3 \tag{10.1.10}$$

因此对球形晶体,退极化电场

$$\boldsymbol{E}_1 = -\frac{1}{3}\frac{\boldsymbol{P}}{\varepsilon_0} \tag{10.1.11}$$

由此可见,晶体内的退极化电场与晶体外形有关。在一般的情况下,退极化电场可表示成:

$$\boldsymbol{E}_1 = -N\frac{\boldsymbol{P}}{\varepsilon_0} \tag{10.1.12}$$

式中退极化因子 N 由晶体外形决定。表 10-1 给出了在某些特殊外形情况的退极化因子。

表 10-1 在某些特殊外形情况下的退极化因子 N

形状	外加电场 $\boldsymbol{E}_0$ 取向	N	形　状	外加电场 $\boldsymbol{E}_0$ 取向	N
球	任意	1/3	长圆柱	垂直侧面	1/2
平板	垂直表面	1	长圆柱	平行侧面	0
平板	平行表面	0			

任意形状晶体内的宏观电场 $\boldsymbol{E}$ 应表示成

$$\boldsymbol{E} = \boldsymbol{E}_0 + \boldsymbol{E}_1 = \boldsymbol{E}_0 - N\frac{\boldsymbol{P}}{\varepsilon_0} \tag{10.1.13}$$

静电学中知道,在均匀的介质内,极化强度 $\boldsymbol{P}$ 与宏观电场 $\boldsymbol{E}$ 成正比:

$$\boldsymbol{P} = \varepsilon_0 \chi \boldsymbol{E} \tag{10.1.14}$$

其比例系数 χ 即是介质的极化率。应注意的是 χ 也是个宏观量,而原子极化率 α_j 是个微观量。把(10.1.13)式代入(10.1.14)式,可得

$$\boldsymbol{P} = \frac{\varepsilon_0 \chi}{1 + N\chi}\boldsymbol{E}_0 \tag{10.1.15}$$

由此可见,一个晶体内的极化强度 $\boldsymbol{P}$ 的大小与退极化因子 N 有关,因而也与晶体的外形有关。

10.1.2 局域场的洛伦兹模型

前面谈及了两类物理量,即宏观的物理量(宏观电场 $\boldsymbol{E}$、极化强度 $\boldsymbol{P}$ 及晶体的极化率 χ)及微观的物理量(局域电场 $\boldsymbol{E}_c$、原子偶极矩 $\boldsymbol{p}_j$ 及原子极化率 α_j)。前者可由实验测量得到;而后者是在从微观角度讨论晶体中原子在外电场作用下的状态,并由此解释晶体的电学性质时所采用的物理量。因此为了能从微观的原子状态阐明晶体的宏观性质,就必须先求出宏观电场 $\boldsymbol{E}$ 与局域电场 $\boldsymbol{E}_c$ 以及晶体极化率 χ 与原子极化率 α_j 间的关系。由于情况比较复杂,很难给出晶体中任一点的局域物理量与宏观物理量间的一般关系式。这里只能给出具有立方对称性的晶体中特殊点,宏观电场 $\boldsymbol{E}$ 与微观物理量的关系。

考虑如图 10.3(a)所示的长方形晶体,在外电场 $\boldsymbol{E}_0$ 作用下,晶体内产生极化强度 $\boldsymbol{P}$ 及退极化电场 $\boldsymbol{E}_1$。晶体中的宏观电场 $\boldsymbol{E}=\boldsymbol{E}_0+\boldsymbol{E}_1$。其中退极化电场 $\boldsymbol{E}_1$ 由外表面的电荷密度 σ 所产生。

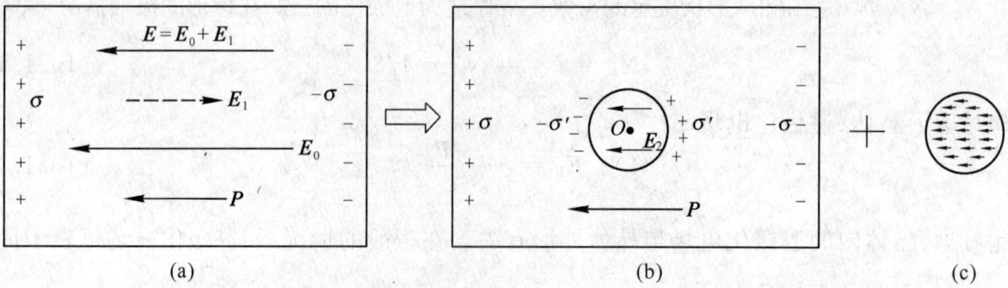

图 10.3 按洛伦兹模型计算 O 点的局域场 E_c

(a) 宏观电场 $\boldsymbol{E}$; (b) 球外均匀极化产生的电场; (c) 球内原子偶极矩产生的电场

下面计算晶体中某一点 O 处的局域电场 $\boldsymbol{E}_c$。局域电场里面除外加电场 $\boldsymbol{E}_0$ 外,还包括所有原子的偶极矩在 O 点所产生的电场。关键是对后者的计算,为此把所有原子偶极矩划分成两部分(参见图 10.3(b)及图 10.3(c)):以 O 点为中心画出一个宏观小而微观大的小球。处在球外面的原子偶极矩,因它们离 O 点较远,它们在 O 点的电场,近似采用宏观静电学的方法进行计算;而球内的原子偶极矩在 O 点的电场则用微观的方法进行计算。这样 O 点的局域电场可表示成:

$$\boldsymbol{E}_c = \boldsymbol{E}_0 + \boldsymbol{E}_{球外} + \boldsymbol{E}_{球内} \tag{10.1.16}$$

下面先计算球外原子偶极矩在 O 点处产生的电场 $\boldsymbol{E}_{球外}$。参见图 10.3(b),球外原子偶极矩在晶体外表面形成面电荷密度 σ,在小球表面处形成面电荷密度 σ'。因此球外原子偶极矩在 O 点处产生的电场即是表面电荷密度 σ 及 σ' 在 O 点处产生的电场。而由 σ 所产生的电场即是退极化电场 $\boldsymbol{E}_1$;假设由 σ' 在 O 点处产生的电场强度为 $\boldsymbol{E}_2$,则由球外原子偶极矩在 O 点处产生的电场应是

$$\boldsymbol{E}_{球外} = \boldsymbol{E}_1 + \boldsymbol{E}_2 \tag{10.1.17}$$

环上电荷$=2\pi a\sin\theta\cdot a\mathrm{d}\theta\cdot P\cos\theta$

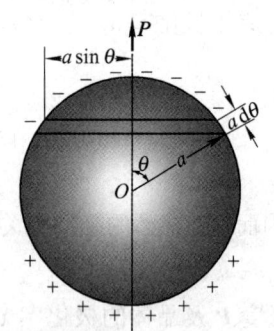

图 10.4 电场强度 E_2 的计算

现在计算由 σ' 在 O 点处产生的电场强度 $\boldsymbol{E}_2$。把图 10.3(b)中的空球部分单独地放大后画成图 10.4。球表面电荷密度 σ' 可按(10.1.5)式给出

$$\sigma' = P\cos\theta$$

设小球的半径为 a,则如图所示的圆环电荷量为

$$\begin{aligned}\mathrm{d}q &= -\sigma'\cdot 2\pi a\sin\theta\cdot a\mathrm{d}\theta \\ &= -2\pi a^2 P\cos\theta\sin\theta\mathrm{d}\theta\end{aligned}$$

考虑到圆环的对称性,由圆环电荷在球心 O 点处产生的电场强度只能存在沿 $\boldsymbol{P}$ 方向的分量,与 $\boldsymbol{P}$ 垂直方向的分量必为零。故 $\mathrm{d}q$ 在 O 点处产生的电场强度沿 $\boldsymbol{P}$ 方向的分量为

$$\mathrm{d}E_2 = -\frac{\mathrm{d}q}{4\pi\varepsilon_0 a^2}\cos\theta = \frac{1}{2\varepsilon_0}P\cos^2\theta\sin\theta\mathrm{d}\theta$$

所以,

$$E_2 = \int\mathrm{d}E_2 = \int_0^{\pi}\frac{1}{2\varepsilon_0}P\cos^2\theta\sin\theta\mathrm{d}\theta = \frac{P}{3\varepsilon_0}$$

如果考虑到方向,则可写成矢量表示式

$$\boldsymbol{E}_2 = \frac{1}{3\varepsilon_0}\boldsymbol{P} \tag{10.1.18}$$

代入(10.1.17)式,可得

$$\boldsymbol{E}_{球外} = \boldsymbol{E}_1 + \frac{1}{3\varepsilon_0}\boldsymbol{P} \tag{10.1.19}$$

最后,计算球内各原子偶极矩在 O 点处产生的电场。这里必须采用微观的方法,即必须逐个地对球内各原子偶极矩在 O 点处产生的电场强度进行矢量求和。显然,这是一个非常复杂的问题。对于晶体内的一般点,很难求出结果。这里只讨论具有高度对称性的点的情况。假设 O 点具有立方对称性,O 点的左右、上下、前后的原子都有相同的分布。当对晶体施行立方对称操作后,原子的分布情况对 O 点来说保持不变。在此情况下,球内所有原子偶极矩在 O 点处的电场强度矢量和只能为零。因为如果不为零,则必须沿某个方向,当对晶体施行立方对称操作后,该方向必然发生改变。但是因为 O 点具有立方对称性,立方对称操作后,电场方向不应改变。故在 O 点具有立方对称性的情况下,球内原子偶极矩在 O 点处的电场强度 $\boldsymbol{E}_{球内}$ 必须为零。即

$$\boldsymbol{E}_{球内} = 0 \tag{10.1.20}$$

这样把(10.1.19)及(10.1.20)式代入(10.1.16)式,可得

$$\boldsymbol{E}_c = \boldsymbol{E}_0 + \boldsymbol{E}_1 + \frac{1}{3\varepsilon_0}\boldsymbol{P} \tag{10.1.21}$$

考虑到(10.1.13)式,最后可得具有立方对称性的 O 点处的局域电场强度 $\boldsymbol{E}_c$ 与宏观电场之间的关系:

$$\boldsymbol{E}_c = \boldsymbol{E} + \frac{1}{3\varepsilon_0}\boldsymbol{P} \tag{10.1.22}$$

上式称之为洛伦兹关系式。有时也称局域电场为洛伦兹有效电场。若把(10.1.14)式代入(10.1.22)式,可得

$$\boldsymbol{E}_c = \left(1 + \frac{\chi}{3}\right)\boldsymbol{E} \tag{10.1.23}$$

10.1.3 克劳修斯-莫索提公式

根据(10.1.2)及(10.1.4)式,可得晶体中的极化强度

$$\boldsymbol{P} = \sum_j N_j\alpha_j\boldsymbol{E}_c(\boldsymbol{r}_j) \tag{10.1.24}$$

这里的 $\boldsymbol{r}_j$ 表示第 j 类原子处的位置矢量。假设晶体中所有原子都具有立方对称性,则可利用(10.1.23)式,把(10.1.24)式进一步写成

$$\boldsymbol{P} = \left(1 + \frac{\chi}{3}\right)\left(\sum_j N_j\alpha_j\right)\boldsymbol{E} \tag{10.1.25}$$

利用晶体极化率 χ 的定义(10.1.14)式,就可得到 χ 与 α_j 间的关系式:

$$\chi = \frac{\dfrac{1}{\varepsilon_0}\sum_j N_j\alpha_j}{1 - \dfrac{1}{3\varepsilon_0}\sum_j N_j\alpha_j} \tag{10.1.26}$$

此外，电位移矢量 $\boldsymbol{D}$ 依定义为

$$\boldsymbol{D} = \varepsilon_0 \boldsymbol{E} + \boldsymbol{P} = \varepsilon_0 (1 + \chi) \boldsymbol{E} = \varepsilon_0 \varepsilon\ \boldsymbol{E} \tag{10.1.27}$$

介电常数 ε 与极化率 χ 间有如下关系式：

$$\varepsilon = 1 + \chi \tag{10.1.28}$$

把(10.1.26)式代入上式，可进一步得到介电常数 ϵ 与原子极化率 α_j 间的关系式：

$$\frac{\varepsilon_s - 1}{\varepsilon_s + 2} = \frac{1}{3\varepsilon_0} \sum_j N_j \alpha_j \tag{10.1.29}$$

由于这里讨论的是直流静电场下的晶体介电性质，因此这里的介电常数称为静态介电常数，并用 ε_s 表示。利用(10.1.29)式，只要知道原子极化率 α_j，就可计算得到晶体的静态介电常数 ε_s。而后者是可由实验测量决定的。(10.1.29)式称为克劳修斯-莫索提公式。

§10.2 极化的微观机制

现在讨论产生原子极化率的微观机制。这里考察非导体的介电性质。在非导体中不存在可自由移动的自由电子。此时，晶体极化的微观机制主要有三个：(1)电子位移极化；(2)离子位移极化；(3)固有电偶极矩的转向极化。下面就分别加以讨论。

10.2.1 电子位移极化

当原子处存在有局域电场 $\boldsymbol{E}_c$ 时，晶体中的原子核与电子会沿着相反的方向发生位移，由此引起原子的电子位移极化率为 α_e。对于晶体中的大部分芯电子来说，它们的状态与孤立原子中的电子状态差别不大(由于外层价电子的屏蔽，邻近原子对芯电子影响较小。)，因此，这里近似地把晶体中的原子看成是孤立原子，并讨论孤立原子的电子位移极化率。采用量子力学的微扰理论，对多电子原子采用哈特里近似，处在 l 态的电子对原子极化率的贡献可写成

$$\alpha_l = 2 \sum_j \mid M_{jl} \mid^2 / (E_j - E_l) \tag{10.2.1}$$

式中 E_l、E_j 分别表示 l 态及 j 态电子能级。而

$$M_{jl} = \langle \psi_j(\boldsymbol{r}) \mid -ex \mid \psi_l(\boldsymbol{r}) \rangle \tag{10.2.2}$$

表示 l 态与 j 态之间的偶极跃迁矩阵元，这里假设局域电场沿 x 方向。$\psi_l(\boldsymbol{r})$ 及 $\psi_j(\boldsymbol{r})$ 分别表示处在 l 态及 j 态的单电子波函数。(10.2.1)式中的 $\sum_j$ 表示对原子中的所有空态(激发态)进行求和。整个原子的电子位移极化率应是原子中所有电子的极化率之和：

$$\alpha_e = \sum_l \alpha_l = 2 \sum_l \sum_j \mid M_{jl} \mid^2 / (E_j - E_l) \tag{10.2.3}$$

式中 $\sum_l$ 表示对原子中所有占有态求和；而 $\sum_j$ 表示对原子中的所有空态(激发态)求和。上式可近似地适用于晶体原子中的芯电子。对于晶体原子中的价电子，它们都形成价键。按能带理论，它们都处在晶体的价带状态中。因此在(10.2.3)式中可近似地认为 l 态(占有态)是晶体中的价带状态，而 j 态(空态)是晶体中的所有空带状态。在对所有空带 j 态进行求和时，

离价带最近的空带(半导体的导带)贡献最大。因此,对于价电子,(10.2.3)式可近似写成

$$\alpha_{ev} \approx 2z \mid M_{cv} \mid^2 / E_g \tag{10.2.4}$$

式中 E_g 表示价带与最低空带(导带)间的能量间距,即禁带宽度。z 表示原子中的价电子数,M_{cv} 表示导带与价带间的偶极跃迁矩阵元。

在(10.2.3)式中,对于芯电子和价电子相比,芯电子能级比价电子能级低得多,因此芯电子的能级与空态能级之差 $E_j - E_l$ 比价电子大得多。所以在(10.2.3)式中的各求和项中,价电子的值比芯电子大得多,也即在原子的电子位移极化率中,主要贡献来自于价电子。因此,作为更粗略的估计,如果只计及价电子对原子极化率的贡献,则

$$\alpha_e \approx \alpha_{ev} \approx 2z \mid M_{cv} \mid^2 / E_g \tag{10.2.5}$$

即原子的电子位移极化率与晶体的禁带宽度 E_g 成反比。通常,半导体的禁带宽度 E_g 比绝缘体小得多,因而半导体的原子极化率比绝缘体的原子极化率大得多。如果近似采用克劳修斯-莫索提公式,则半导体的静态介电常数比绝缘体大得多。这与实验结果相吻合。半导体硅、锗的静态介电常数分别为 12 及 16,而绝缘体金刚石的静态介电常数仅为 5.7。

10.2.2 离子位移极化

对于离子晶体或具有部分离子性的共价晶体(如 GaAs、InP 等),由于晶体是由正负离子或带有部分离子性的原子所组成,当对这种晶体施加外电场时,正负离子将在电场方向上作相反方向移动,由此引起正负离子对的电偶极矩

$$p_i = e\Delta r \tag{10.2.6}$$

这里 e 是正负离子所带的电荷量,Δr 是正负离子位移后,它们之间距离的变化。第三章讨论晶体内聚能时知道,由 N 对正负离子对组成的晶体的内能为

$$U(r) = -\frac{NMe^2}{4\pi\varepsilon_0}\left[\frac{1}{r} - \frac{r_0^{n-1}}{nr^n}\right] \tag{10.2.7}$$

上式中 r_0 为相邻离子之间的平衡距离。因此每对离子间的互作用能应为

$$u(r) = \frac{U(r)}{N} = -\frac{Me^2}{4\pi\varepsilon_0}\left[\frac{1}{r} - \frac{r_0^{n-1}}{nr^n}\right] \tag{10.2.8}$$

当正负离子间的距离 $r = r_0 + \Delta r$ 时,如果 Δr 很小,$u(r)$ 可在 r_0 附近作泰勒级数展开:

$$\begin{aligned} u(r) &= u(r_0 + \Delta r) \approx u(r_0) + \left.\frac{\mathrm{d}u(r)}{\mathrm{d}r}\right|_{r_0} \Delta r + \frac{1}{2}\left.\frac{\mathrm{d}^2 u(r)}{\mathrm{d}r^2}\right|_{r_0} (\Delta r)^2 \\ &= -\frac{Me^2}{4\pi\varepsilon_0 r_0}\left(1 - \frac{1}{n}\right) + \frac{Me^2(n-1)}{8\pi\varepsilon_0 r_0^3}(\Delta r)^2 \end{aligned} \tag{10.2.9}$$

这里的计算,已利用 $\left.(\mathrm{d}u/\mathrm{d}r)\right|_{r_0} = 0$ 的条件。由上式可得当正负离子在平衡位置 r_0 附近改变 Δr 时,正负离子间产生的恢复力

$$f = -\frac{Me^2(n-1)}{4\pi\varepsilon_0 r_0^3}\Delta r \tag{10.2.10}$$

对正负离子来说,它们在局域电场 E_c 作用下的库仑力

$$f_e = eE_c \tag{10.2.11}$$

应与恢复力相平衡,即它们的合力应等于零:

$$f + f_e = 0$$

把(10.2.10)及(10.2.11)式代入上式,即可求得在局域电场 E_c 作用下,正负离子间产生的位移:

$$\Delta r = \frac{4\pi\varepsilon_0 r_0^3}{Me(n-1)}E_c \tag{10.2.12}$$

代入(10.2.6)式,可得离子位移后的偶极矩:

$$p_i = \frac{4\pi\varepsilon_0 r_0^3}{M(n-1)}E_c$$

按照(10.1.2)式,即可得离子位移极化率

$$\alpha_i = \frac{4\pi\varepsilon_0 r_0^3}{M(n-1)} \tag{10.2.13}$$

必须注意,所导出的 α_i 是表示每一对离子的极化率,而不是每个离子的极化率。因此在使用(10.1.29)式计算晶体静态介电常数时,式中的 N_j 应是第 j 类离子对的密度(即单位体积内的离子对数)。从(10.2.13)式可见,离子位移极化率 α_i 与离子间平衡距离 r_0 的三次方成正比。若把平衡间距看成是正负离子半径之和,则 α_i 与正负离子半径之和的三次方成正比。离子半径愈大,则 α_i 也愈大。但离子半径愈大,晶体中的离子对密度 N_j 就愈小,因此对晶体的静态介电常数来说,离子半径大的晶体,它的静态介电常数并不一定大。

需要指出的是对于离子晶体,每个离子的芯电子在电场作用下,仍能引起电子位移极化。所以对于离子晶体或具有部分离子性的共价晶体来说,应该同时考虑离子位移极化及电子位移极化。

10.2.3　固有电偶极矩转向极化

有些分子因电子电荷分布常偏向于某个原子,而使分子具有固有电偶极矩 $\boldsymbol{p}_0$。当这些分子构成晶体时,由于晶体中分子(原子)间互作用比较大,这些分子固有电偶极矩常难以转向。只有当熔化时,分子电偶矩才能在电场作用下发生转向,使介电常数有陡然的增长。但是在有些情况下(主要取决于分子形状的对称程度及晶体结构),即使在晶体中,这些固有的分子电偶矩在电场作用下也可发生转向。现在已经在许多含这种带有固有电偶矩的极性分子晶体中,发现并系统地研究了由于固有电偶矩转向所引起的介电性质。其中很多是较复杂的有机化合物,这些化合物中常包含有较大极性的基。图 10.5 给出了低温下 HCl 晶体的介电常数随温度的变化情况。晶体在 98.7 K 由正交晶系转变成立方晶系,这时介电常数发生如图所示的陡然增加。从这个温度直至熔点(159 K),介电常数基本上按 $1/T$ 的线性关系逐渐下降。在此例中,由于晶体结构改变成立方晶系后,HCl 分子可以在晶体中比较自由地取不同方位,因而,使固有电矩转向极化成为介电极化的主要机制。显然,在这种极性分子晶体中仍然存在有电子位移极化。

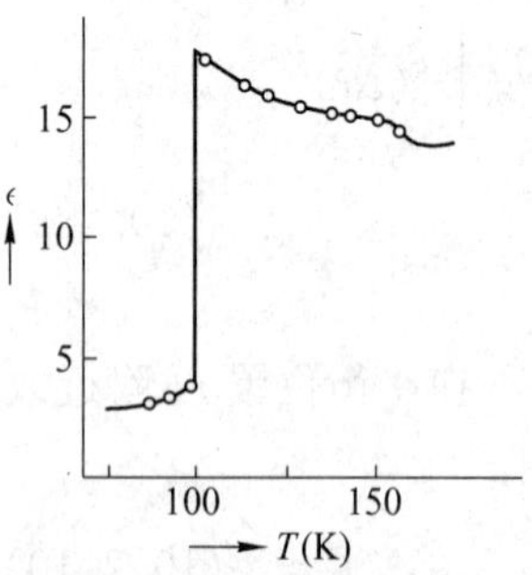

图 10.5　HCl 晶体的介电常数随温度的变化

在无外加电场的情况下，由于晶格的热运动，这些固有电偶极矩的取向都是杂乱无章的，因此整个晶体不表现出极化强度。但如对晶体施加电场 $\boldsymbol{E}_0$（在某个固有电偶矩处有局域电场 $\boldsymbol{E}_c$），由于固有电偶矩 $\boldsymbol{p}_0$ 方向与局域电场 $\boldsymbol{E}_c$ 趋向一致时具有较低的能量，固有电偶矩 $\boldsymbol{p}_0$ 的方向将逐渐转向与 $\boldsymbol{E}_c$ 相一致，使整个晶体的极化强度不再为零。在绝对零度下，晶体中的所有固有电矩 $\boldsymbol{p}_0$ 的方向都将转向与 $\boldsymbol{E}_c$ 相一致，因为这样可使体系的总能量为最低。但是在有限温度下，由于热扰动，仍有一些固有电矩的方向不能与 $\boldsymbol{E}_c$ 保持相同。而且温度越高，方向与 $\boldsymbol{E}_c$ 不一致的固有电矩就越多。假设某固有电矩 $\boldsymbol{p}_0$ 与电场 $\boldsymbol{E}_c$ 之间的夹角为 θ，则其在电场中的势能为

$$U_p = -\boldsymbol{p}_0 \cdot \boldsymbol{E}_c = -p_0 E_c \cos\theta \tag{10.2.14}$$

由统计物理学知道，该固有电矩出现在此方向的概率应与

$$\exp[-U_p/k_B T] = \exp[p_0 E_c \cos\theta/k_B T]$$

成正比，因此在有限温度 T 下，固有电矩沿局域电场 $\boldsymbol{E}_c$ 方向（设为 z 方向）分量的平均值应为

$$\begin{aligned}\bar{p}_z &= \frac{\int_0^{2\pi}\mathrm{d}\varphi\int_0^{\pi}\sin\theta\mathrm{d}\theta p_0\cos\theta\exp[p_0 E_c\cos\theta/k_B T]}{\int_0^{2\pi}\mathrm{d}\varphi\int_0^{\pi}\sin\theta\mathrm{d}\theta\exp[p_0 E_c\cos\theta/k_B T]} \\ &= p_0 L\left(\frac{p_0 E_c}{k_B T}\right)\end{aligned} \tag{10.2.15}$$

其中

$$L(x) = \cot x - \frac{1}{x} \tag{10.2.16}$$

称为朗之万函数。在室温及通常的场强下，$p_0 E_c \ll k_B T$（一般分子的固有电矩 $p_0 \approx 10^{-29}\,\mathrm{C\cdot m}$，若取 E_c 为 $10^5\ \mathrm{V/m}$，则在室温 $T=300\ \mathrm{K}$，$p_0 E_c/k_B T \simeq 10^{-4}$），即 $x = p_0 E_c/k_B T \ll 1$。在此条件下，朗之万函数可近似地写成 $L(x) \approx x/3$。因此，(10.2.15)式可近似地写成

$$\bar{p}_z = \frac{p_0^2 E_c}{3k_B T} \tag{10.2.17}$$

按照(10.1.2)式，由固有电偶极矩转向产生的分子极化率为

$$\alpha_r = \frac{p_0^2}{3k_B T} \tag{10.2.18}$$

由上式可见，固有电偶极矩转向极化的最大特点是与温度有关，随着温度的提高而成反比地下降。

10.2.4　可使固有电矩转向的局域场

这里必须特别指出，前面导出的局域电场 $\boldsymbol{E}_c$ 与宏观电场 $\boldsymbol{E}$ 之间的洛伦兹关系式(10.1.22)式不能应用于固有电矩转向极化的情况。因而，克劳修斯-莫索提公式也不能应用于固有电矩转向极化的情况。这是由于各个电偶矩在点 O 处产生的电场中有一部分并不能使在该点的固有电矩发生转向。由于电偶矩之间的相互作用，处于 O 点的电偶矩会使晶体中其他各个电偶矩都转向与它相一致，而这部分因 O 点电矩的作用引起的其他各个电矩方向的改变在 O 点所产生的电场，并不能引起 O 点的电矩发生转向，因为它们的方向是

一致的。在前面推导洛伦兹关系式时未考虑这一因素，所以(10.1.22)及(10.1.29)式均不能应用于固有电矩转向极化的情况。昂萨格(L. Onsager)讨论了这一问题，并指出能引起固有电矩发生转向的局域电场应表示成

$$E_{cr}=\frac{3\varepsilon_s}{2\varepsilon_s+1}\boldsymbol{E} \tag{10.2.19}$$

$\boldsymbol{E}_{cr}$称为昂萨格局域场。当 ε_s 比 1 大得多时，能使固有电矩转向的电场 $\boldsymbol{E}_{cr}$比由洛伦兹关系式给出的 $\boldsymbol{E}_c$ 小得多。

最后值得指出的是固有电偶极矩转向极化不仅存在于某些分子晶体中，而且也存在于含有点缺陷的离子晶体中。如图 10.6 所示，离子晶体中的正负离子空位也会形成固有电偶极矩。它们在电场作用下也会产生固有电偶极矩转向极化。

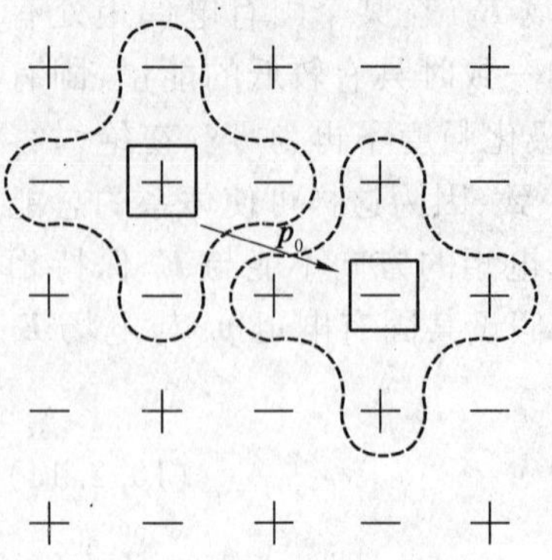

图 10.6　离子晶体中正负离子空位形成固有电偶极矩

§10.3　介电损耗和极化弛豫

10.3.1　在交变电场中介质的能量损耗

前面讨论了静电场下的晶体极化情况。如果施加于晶体的是一个随时间变化的交变电场，这时晶体中各种各样的电偶矩也将以相同频率随时间而变化。晶体中的极化强度也以相同频率变化。但是由于电子、离子及分子都存在惯性，而且在电子、离子发生位移及分子固有电矩发生转向时，都存在有阻力，因此这些原子(离子对、分子)电偶矩的随时间变化关系将滞后于电场。也即电偶矩与电场间存在相位差，因而晶体的极化强度与电场间也存在相位差。假设晶体中的宏观电场 $\boldsymbol{E}$ 为

$$\boldsymbol{E}(t)=\boldsymbol{E}_A\cos\omega t \tag{10.3.1}$$

则晶体的极化强度 $\boldsymbol{P}$ 可写成

$$\begin{aligned}\boldsymbol{P}(t)&=\boldsymbol{P}_A\cos(\omega t-\delta)\\&=\boldsymbol{P}_1\cos\omega t+\boldsymbol{P}_2\sin\omega t\end{aligned} \tag{10.3.2}$$

它们间存在着相位差 δ。这里已令

$$\left.\begin{aligned}\boldsymbol{P}_1&=\boldsymbol{P}_A\cos\delta\\\boldsymbol{P}_2&=\boldsymbol{P}_A\sin\delta\end{aligned}\right\} \tag{10.3.3}$$

按照(10.1.14)式，分别引入两个极化率 χ_1 及 χ_2：

$$\begin{cases}\boldsymbol{P}_1=\varepsilon_0\chi_1\boldsymbol{E}_A\\\boldsymbol{P}_2=\varepsilon_0\chi_2\boldsymbol{E}_A\end{cases} \tag{10.3.4}$$

由(10.3.3)式可得

$$\chi_2/\chi_1=P_2/P_1=\tan\delta \tag{10.3.5}$$

或者方便地采用复数的极化率

$$\chi=\chi_1+\mathrm{i}\chi_2 \tag{10.3.6}$$

这时，δ 即是复数极化率的幅角。

在介质极化过程中，电场所做的功，也即介质极化过程中，电场的能量损耗（介电损耗）可表示成

$$\begin{aligned} dW &= \boldsymbol{E}(t)\cdot d\boldsymbol{P}(t) \\ &= [-\boldsymbol{E}_A\cdot\boldsymbol{P}_1\omega\cos\omega t\sin\omega t + \boldsymbol{E}_A\cdot\boldsymbol{P}_2\omega\cos^2\omega t]dt \end{aligned} \tag{10.3.7}$$

一个周期内的电场能量损耗

$$W = \int_0^T dW = \frac{T}{2}\omega\boldsymbol{E}_A\cdot\boldsymbol{P}_2 \tag{10.3.8}$$

电场能量的平均损耗速率

$$\frac{d\overline{W}}{dt} = \frac{1}{2}\omega\boldsymbol{E}_A\cdot\boldsymbol{P}_2 = \frac{1}{2}\varepsilon_0\omega\chi_2 E_A^2 \tag{10.3.9}$$

由此可见，介电损耗与复数极化率的虚部 χ_2 成正比。而由(10.3.5)式可知，只有当极化强度与电场间存在相位差 $\delta\neq 0$ 时，χ_2 才不等于 0，才存在介电损耗。实际上，这反映电子、离子位移或固有电矩转向时存在有阻力。而电场能量的损耗正是用来克服这种阻力。

对于上述三种极化机制，电子位移极化只有在频率达到可见光或更高频率时，才有比较明显的阻尼和较大的电磁场能量损耗，即固体的光吸收。对于离子位移极化，只有当频率在红外光频率范围时，才有较大的电磁场能量损耗，晶格红外吸收。只有固有电矩转向极化，在通常无线电频率（微波频率以下）就有明显的电磁场能量损耗，通常把这种低频的电磁场能量损耗称之为介电损耗。所以引起介电损耗的主要极化机制是固有电矩转向极化。下面就讨论一下由固有电矩转向极化引起的晶体极化率 $\chi=\chi_1+i\chi_2$ 与频率间的变化关系。

10.3.2 极化滞后于电场

由于固有电矩在电场作用下发生转向时，会遇到阻力，因而使由固有电矩转向而引起的极化强度 $\boldsymbol{P}$ 滞后于宏观电场 $\boldsymbol{E}$。假设在 $t=0$ 时，加上直流外电场，由于 $\boldsymbol{P}$ 滞后于电场，所以 $\boldsymbol{P}$ 随时间的变化关系可表示成

$$\boldsymbol{P}(t) = \varepsilon_0\chi_s\boldsymbol{E}(1-e^{-t/\tau}) \tag{10.3.10}$$

即 $\boldsymbol{P}$ 是以指数的形式逐渐地上升至稳定值 $\varepsilon_0\chi_s\boldsymbol{E}$（$\chi_s$ 表示静电极化率）。这里 τ 称为弛豫时间。它反映了从非平衡态过渡到平衡态时的时间长短。(10.3.10)式满足下面的微分方程

$$\frac{d\boldsymbol{P}(t)}{dt} = \frac{\varepsilon_0\chi_s\boldsymbol{E}-\boldsymbol{P}(t)}{\tau} \tag{10.3.11}$$

现在如果加上的外电场改为以角频率 ω 变化的交变电场，因而这时的宏观电场 $\boldsymbol{E}$ 也将是以 ω 变化的交变电场（并把它写成复数形式）：

$$\boldsymbol{E}(t) = \boldsymbol{E}_A e^{-i\omega t} \tag{10.3.12}$$

所以在此情况下，(10.3.11)式应改写成

$$\frac{d\boldsymbol{P}(t)}{dt} = \frac{\varepsilon_0\chi_s\boldsymbol{E}_A e^{-i\omega t}-\boldsymbol{P}(t)}{\tau} \tag{10.3.13}$$

求解微分方程(10.3.13)式，可求得

$$\boldsymbol{P}(t) = \varepsilon_0\chi(\omega)E_A e^{-i\omega t} \tag{10.3.14}$$

其中

$$\chi(\omega)=\frac{\chi_s}{1-i\omega\tau} \tag{10.3.15}$$

即是在频率为 ω 的交变电场作用下的极化率。由上式可分别求得极化率的实部 χ_1 及虚部 χ_2：

$$\begin{cases}\chi_1=\dfrac{\chi_s}{1+\omega^2\tau^2}\\ \chi_2=\dfrac{\chi_s\omega\tau}{1+\omega^2\tau^2}\end{cases} \tag{10.3.16}$$

利用(10.3.5)式,可把复数极化率的幅角,即 $\boldsymbol{P}$ 滞后于 $\boldsymbol{E}$ 的相位差 δ 与弛豫时间 τ 直接联系起来

$$\tan\delta=\omega\tau \tag{10.3.17}$$

如前所述,对于含有固有电矩的晶体,除存在固有电矩转向极化外,同时也存在电子位移极化。而电子位移极化在低频情况下不会引起电场能量损耗,由它引起的晶体极化率在低频下基本上是一个与频率无关的常量。如果把它记为 χ_e,那么含有固有电矩的晶体的总极化率应表示成

$$\chi=\chi_e+\chi_1+i\chi_2 \tag{10.3.18}$$

按照关系式(10.1.28)式,可得晶体的介电常数

$$\varepsilon=1+\chi_e+\chi_1+i\chi_2=\varepsilon_e+\chi_1+i\chi_2 \tag{10.3.19}$$

这里已令 $\varepsilon_e=1+\chi_e$ 表示由电子位移极化引起的介电常数(它也是一个与频率无关的常量)。从上式可见,在交变电场的情况下,由于固有电矩转向时的阻尼,介电常数也可表示成复数形式(复数介电常数):

$$\varepsilon=\varepsilon_1+i\varepsilon_2 \tag{10.3.20}$$

其中

$$\begin{cases}\varepsilon_1=\varepsilon_e+\chi_1=\varepsilon_e+\dfrac{\chi_s}{1+\omega^2\tau^2}\\ \varepsilon_2=\chi_2=\dfrac{\chi_s\omega\tau}{1+\omega^2\tau^2}\end{cases} \tag{10.3.21}$$

由上式可得当 $\omega=0$ 时的静电介电常数

$$\varepsilon_s=\varepsilon_e+\chi_s$$

即

$$\chi_s=\varepsilon_s-\varepsilon_e$$

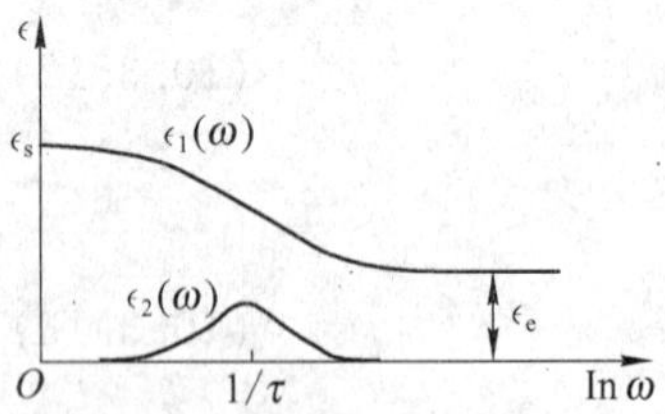

图 10.7　ε_1 和 ε_2 与频率 ω 间的变化关系

把上式代入(10.3.21)式,可得

$$\begin{cases}\varepsilon_1=\varepsilon_e+\dfrac{\varepsilon_s-\varepsilon_e}{1+\omega^2\tau^2}\\ \varepsilon_2=\dfrac{(\varepsilon_s-\varepsilon_e)\omega\tau}{1+\omega^2\tau^2}\end{cases} \tag{10.3.22}$$

上式常称之为德拜方程。图 10.7 分别示出了介电常数的实部 ε_1 及虚部 ε_2 与频率 ω 的变化关系。从图中可以看到,当 $\omega=\dfrac{1}{\tau}$

时,ε_2 具有峰值。根据(10.3.21)式的第二式,由(10.3.9)式表出的介电损耗功率也可写成

$$\frac{d\overline{W}}{dt}=\frac{1}{2}\varepsilon_0\varepsilon_2\omega E_A^2 \tag{10.3.23}$$

损耗功率与 ε_2 成正比。因此,当 $\omega=\frac{1}{\tau}$ 时,介电损耗功率也有最大值。对于大部分含固有电偶矩的晶体,$\frac{1}{\tau}$ 约在超高频至微波的频率范围内 ($\tau\approx10^{-6}$—10^{-10} s)。

§10.4 铁 电 性

10.4.1 热电体和铁电体

有一类含有固有电矩的晶体,即使在无外加电场的情况下,这些固有电矩也排列整齐,而具有自发的极化强度。由于自发极化强度的存在,这类固体表面往往吸附有许多带电粒子。这些带电粒子屏蔽了自发极化强度,使它们不显示电偶极矩的特性。但如对它们加热,可以去除那些吸附在表面上的带电粒子,而显现出电偶极矩的存在。所以常把这类固体称为热释电晶体,简称热电体(pyroelectrics)。对热电体施加外电场时,有一类热电体的自发极化强度可以随外电场的方向而转向。常把这类热电体称为铁电体(ferroelectrics)。铁电体所具有的特性就称为铁电性(ferroelectricity)。常见的铁电体有下面三类:罗谢耳盐型,如 $NaK(C_4H_4O_6)\cdot 4H_2O$ 及 $LiNH_4(C_4H_4O_6)\cdot H_2O$; KDP 型,如 KH_2PO_4、RbH_2PO_4、CsH_2AsO_4;钙钛矿型,如 $BaTiO_3$、$SrTiO_3$ 等。若按形成铁电性的机理分类,可把铁电体分成两类:(1)位移型铁电体,钙钛矿型铁电体即属于这一类。这一类铁电性来自正负离子的相对位移。(2)无序-有序型铁电体,罗谢耳盐及 KDP 型铁电体均属此类。这一类铁电体都有氢键,氢核(质子)在氢键上有两个位置,分别靠近氢键的两端。当氢核在此两位置上任意分布(无序分布)时,尽管这时晶体内也存在固有电矩,但是这些固有电矩的取向是任意的,是杂乱无章的,因此整个晶体没有自发的极化强度。当氢核在此两位置上有序(有规则)分布时,这些固有电矩方向一致,引起自发的极化强度,也即引起铁电性。

10.4.2 铁电体的一般性质

所有铁电体都有下面性质:

(1) 相变。所有铁电体的铁电性都只出现在一定的温度范围。在较高温度时,它们都有对称性较高的晶体结构,而且不具有铁电性,不存在自发的极化强度。当温度下降到相变温度时,晶体从较高对称性的结构转变成对称性较低的结构,同时出现自发极化强度。这是一个相变过程,不具有铁电性的相常称为顺电相(paraelectric phase),而称有铁电性的相为铁电相(ferroelectric phase)。相变温度称为居里温度,记以 T_C。铁电相变也有一级相变及二级相变两类。前者有潜热存在,自发极化强度在相变点不连续。当从顺电相在相变温度下转变成铁电相时,极化强度突然由零值跳变至有限值。后者不存在有潜热(但是热容量在相变点不连续),极化强度在相变点是连续的:在铁电相内,从相变温度处的零值开始随着温度的下降而连续变大。在顺电相内,铁电体的介电常数满足下面的关系:

$$\varepsilon=\frac{C}{T-T_0}+\varepsilon_\infty \tag{10.4.1}$$

式中 ε_∞ 是高频介电常数,可近似认为它不随温度变化。C 是与温度无关的常数(但随不同铁电体而异),常称之为居里常数。对于二级相变,式中的 T_0 即是居里温度 T_C;而对一级相变,$T_0 < T_C$。常称(10.4.1)式为居里-外斯定律。常见铁电体的居里温度 T_C 已在表 10-2 中列出。

表 10-2 常见铁电体的居里温度 T_C 及饱和极化强度 P_S

	T_C(K)	P_S(10^{-2}C/m^2)
罗谢耳盐型[①]		
$NaKC_4H_4O_6 \cdot 4H_2O$	297, 255	0.24
KDP 型		
KH_2PO_4	123	5.3
KD_2PO_4	213	4.5
RbH_2PO_4	147	5.6
钙钛矿型		
$BaTiO_3$	393	26
$PbTiO_3$	763	>50
$LiTiO_3$	883	23
$KNbO_3$	712	30
$LiNbO_3$	1 463	300

① 罗谢耳盐(酒石酸钾钠 $NaKC_4H_4O_6 \cdot 4H_2O$)的铁电相只存在于 297 K $\geqslant T \geqslant$ 255 K 范围内,故有两个相变温度。

(2) 铁电畴。当铁电体处在铁电相时,铁电体内存在固有的电偶极矩。但是通常在铁电体的整个晶体内,并非所有的固有电偶极矩都处在同一方向,而是在整个晶体内划分成几个区域,在每个区域内,各个电偶极矩方向都相互一致,而对不同区域,则方向并不一致,这样的区域常称之为铁电畴(ferroelectric domain)。电畴与电畴之间的界面区域称为畴壁。因为铁电体的固有电偶极矩只能沿某些晶轴方向,铁电体的电畴也只能以几种形式存在。例如,对于铁电体 $BaTiO_3$,只有相互垂直的两个极化方向,因此,它只有两种电畴壁,分别称为 180°畴壁及 90°畴壁。前者是两个电极矩方向相反的电畴之间的畴壁;而后者则是两个电极矩方向相互垂直的电畴之间的畴壁。电畴的畴壁很薄,仅为 1 个点阵常数。图 10.8(a)及(b)分别示出了铁电体 $BaTiO_3$ 的这两种畴壁的情况。整个晶体的自发极化强度的大小决定于各个电畴的体积大小及分布情况,并等于各个电畴的极化强度的矢量和。当对晶体施加电场时,会产生许多与外电场方向相一致的新电畴,这些新电畴常呈劈形,并沿尖端方向

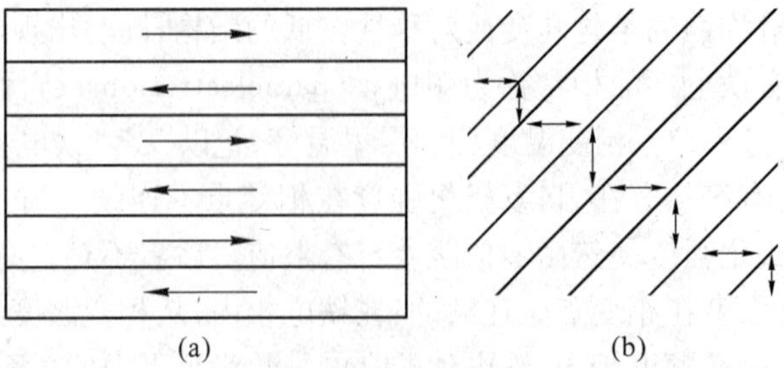

(a) (b)

图 10.8 两种畴壁示意图

(a) 180°畴壁; (b) 90°畴壁

发展，而畴壁移动很小。由于这些新电畴的出现，使沿外电场方向的极化强度迅速增加。

(3) 电滞回线。铁电体的基本特征之一是在外电场作用下，铁电体的自发极化强度能够随外电场而转向。如沿铁电体的某极化方向施加外电场时，铁电体的极化强度将呈现出如图 10.9 所示的回线特征，并称此为电滞回线。假设开始时，铁电体的极化强度为零(铁电体内各电畴的极化强度相互抵消，其矢量和为零)。在外电场 $\boldsymbol{E}$ 作用下，产生许多极化方向与 $\boldsymbol{E}$ 一致的新电畴，致使与 $\boldsymbol{E}$ 方向一致的电畴区域不断增大，而与 $\boldsymbol{E}$ 方向不一致的电畴区域不断减小，因而使铁电体的总极化强度迅速增大。在图 10.9 中极化强度 P 沿 OA 曲线上升。在足够大的电场下，整个铁电体将变成只有一个电畴，所有固有电偶极矩的方向都与 $\boldsymbol{E}$ 一致，极化强度达到饱和。其值称之为饱和极化强度，记以 P_s。当极化强度达到饱和后，随着外电场的继续增加，极化强度只作缓慢的增大。这时的极化过程与一般的非铁电性电介质的极化过程相同，极化强度的增大来源于电子和离子的位移极化。如果在极化强度达到饱和以后，逐渐减小电场，这时极化强度 P 并不按原路沿 AO 曲线回到 O 点，而是沿 AB 曲线变化。当外电场变为零值时，晶体仍存在一定的剩余极化强度 P_r。这是由于铁电体的电畴在外电场撤去以后，并不能恢复原状。若要消去 P_r，则必须施加相反方向的电场，当反向电场达到 $-E_c$ 时，才使 P_r 变为零。常称 E_c 为矫顽电场(coercive electri field)。

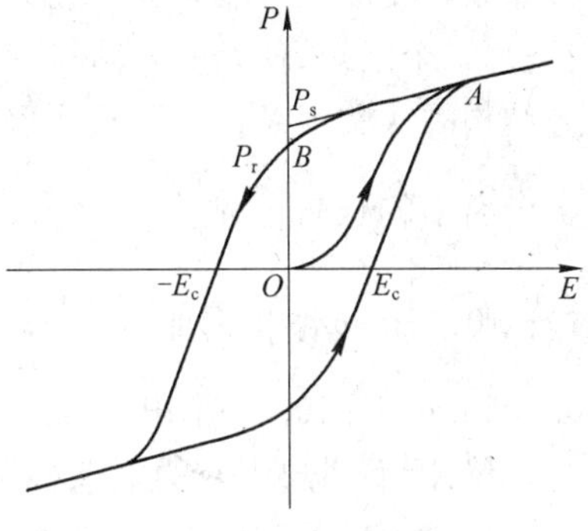

图 10.9　铁电体的电滞回线

§ 10.5　钛酸钡的铁电性

10.5.1　位移型相变

$BaTiO_3$ 晶体是目前最重要也是研究得最多的一种铁电体。在 120 ℃以上，它处于顺电相，具有立方对称性的晶体结构(O_h 或 $Pm3m$ 对称群)。图 10.10(a)示出了钛酸钡的原胞。Ba 处在四个顶角位置，Ti 处在体心位置，而六个 O 处在各个面心位置。它们组成一个氧八面体，将体心的 Ti 围在其中。这些氧八面体也以立方结构形式进行排列，如图 10.10(b)

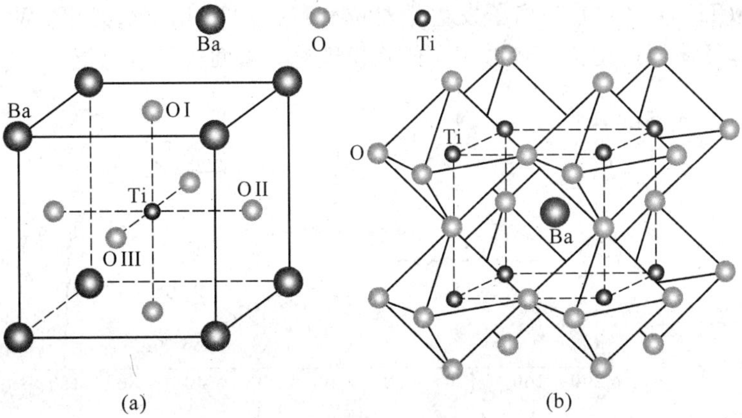

图 10.10　钛酸钡晶体的原胞(a)及氧八面体的排列(b)

所示。这里要注意的是处于上下底面中心的 O 与处于左右或前后侧面中心的 O 各有不同的对称性，故在图 10.10(a)中分别记为 OⅠ、OⅡ及 OⅢ。

当温度下降至 120 ℃时，钛酸钡发生相变，由顺电相转变成铁电相。这时晶体结构由立方晶系转变成正方晶系(C_{4v}或 $P4\ mm$ 对称群)。三个沿原立方轴方向的基矢中有一个伸长，另二个缩短，伸长的 c 轴与缩短的 a 轴之比约为 1.01。X 光衍射实验指出，对于处于正方结构的钛酸钡来说，Ti 离子及 O 离子都在 c 轴方向发生了位移。在正方结构的原胞中，各个离子的位置分别为：Ba(0, 0, 0)、Ti$\left(\frac{1}{2}, \frac{1}{2}, \frac{1}{2}+\delta z_{\mathrm{Ti}}\right)$、OⅠ$\left(\frac{1}{2}, \frac{1}{2}, -\delta z_{\mathrm{OI}}\right)$、OⅡ$\left(\frac{1}{2}, 0, \frac{1}{2}-\delta z_{\mathrm{OII}}\right)$、OⅢ$\left(0, \frac{1}{2}, \frac{1}{2}-\delta z_{\mathrm{OII}}\right)$。其中 $\delta z_{\mathrm{Ti}}=0.006\ \mathrm{nm}$, $\delta z_{\mathrm{OI}}=0.009\ \mathrm{nm}$, $\delta z_{\mathrm{OII}}=0.006\ \mathrm{nm}$。图 10.11 示出了 Ti^{4+} 及 O^{2-} 离子的位移情况。由于正负离子(Ti^{4+} 及 O^{2-})的相对位移，因而引起固有的电偶极矩，所以钛酸钡是一种典型的位移型铁电体(displacive class of ferrelectrics)。它只有一个极化方向，即沿 c 轴方向。

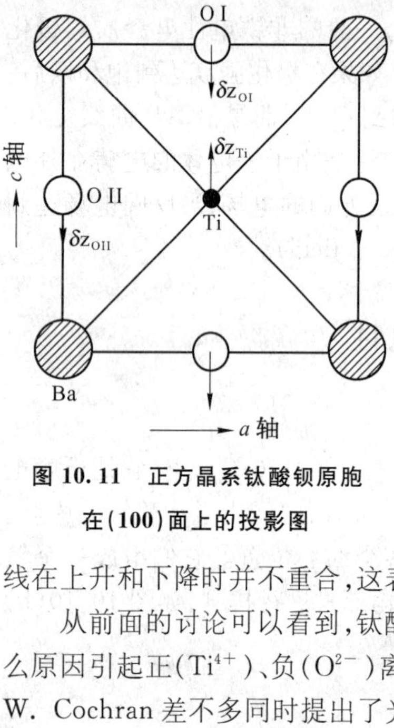

图 10.11 正方晶系钛酸钡原胞在(100)面上的投影图

钛酸钡在 120 ℃时，由顺电相转变成铁电相的相变，属一级相变，极化强度 P 在相变温度 120 ℃处由零突变成有限值 P_s。随着温度的下降，钛酸钡还会发生第二、第三次相变。而这两次相变都是两个铁电相间的相变。其中第二次相变发生在 0 ℃附近，钛酸钡由正方晶系结构转变成正交晶系结构，对称性下降至 C_{2v}。这时的极化方向沿[011]方向。第三次相变发生在－80 ℃附近，晶格结构变成为三角晶系，对称性下降为 C_{3v}。此时的极化方向沿[111]方向。图 10.12 示出了沿顺电相时的一个立方轴方向测量到的自发极化强度 P_s 与温度的变化关系。图中在 0 ℃及－80 ℃附近处表出的向下箭头表示温度降低时的情况，向上箭头表示温度上升时的情况。由于温度变化的方向不同，在 0 ℃及－80 ℃处极化强度 P_s 的曲线在上升和下降时并不重合，这表明在相变过程中有“热滞”存在。

从前面的讨论可以看到，钛酸钡铁电性的引起是由于正负离子间的相对位移。但是什么原因引起正(Ti^{4+})、负(O^{2-})离子发生相对位移呢？1960 年安德森(P. W. Anderson)与 W. Cochran 差不多同时提出了光频声子的软模理论。下面作简要介绍。

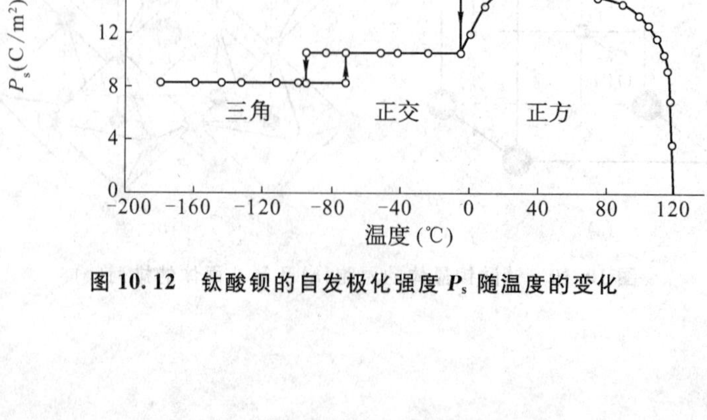

图 10.12 钛酸钡的自发极化强度 P_s 随温度的变化

10.5.2 软模理论

由第四章知道,晶格振动的格波频率的平方与恢复力常数 β 成正比。

设想在某个温度下,恢复力常数趋近于零,则相应的格波频率也将趋近于零,表示离子间发生相对位移后,无力回到原来位置,也即相应于发生了永久的正负离子间的相对位移。与弹簧的振动相比,弹性越强的弹簧,其力常数也愈大,振动频率也愈高;而弹性很小的"软"弹簧,它的振动频率就很低。因此这里把频率很低的格波称之为"软"模。当软模的频率趋近于零时,就产生正负离子间的永久位移,从而产生固有的电偶极矩。因为这里涉及的是正负离子间的相对位移(振动),所以这种声子必然是光频支声子。另外这里的正负离子间的相对位移应该遍及整个晶体,即整个晶体中的正负离子都作相同的相对位移,所以这里涉及的声子应是零波矢($q=0$)的声子。综上所述,这里讨论的声子应是零波矢的光频软模声子。

在离子晶体中,当正负离子间发生相对振动(光频支振动)时,除受到一般晶体的短程恢复力$-\beta\Delta r$ 外,还受到由于离子位移极化(偶极矩)所产生的局域电场力 zeE_c(假设正负离子的电荷分别为$\pm ze$)。因此离子间相对振动时的恢复力可写成

$$F=-\beta\Delta r+zeE_c \tag{10.5.1}$$

如果采用由(10.1.22)式表出的局域场的洛伦兹表式,考虑到这里不存在外加电场,因而宏观电场 $\boldsymbol{E}=0$, 所以

$$E_c=\frac{P}{3\varepsilon_0}=\frac{p}{3\Omega\varepsilon_0}=\frac{ze\Delta r}{3\Omega\varepsilon_0} \tag{10.5.2}$$

式中 Ω 及 $p(=ze\Delta r)$ 分别表示原胞体积及原胞中的偶极矩(这里也已假设原胞中只含一对位移的正负离子)。把(10.5.2)式代入(10.5.1)式,可得

$$F=-\left[\beta-\frac{(ze)^2}{3\Omega\varepsilon_0}\right]\Delta r \tag{10.5.3}$$

正负离子间的相对振动方程可由下式给出:

$$M\Delta\ddot{r}=-\left[\beta-\frac{(ze)^2}{3\Omega\varepsilon_0}\right]\Delta r \tag{10.5.4}$$

式中 M 是正负离子的折合质量。由上式可得振动频率

$$\omega_{\mathrm{TO}}^2=\frac{1}{M}\left[\beta-\frac{(ze)^2}{3\Omega\varepsilon_0}\right] \tag{10.5.5}$$

由(10.5.3)式可以看到,局域电场力与短程力方向相反,后者使位移的离子恢复原来位置,而前者则促使其位移。这里没有考虑非简谐力的作用,因此由(10.5.5)式给出的 ω_{TO} 是一个常数。如果考虑非简谐力的作用,按第四章的讨论,可把非简谐力写成

$$f(\Delta r)^2+g(\Delta r)^3+\cdots=-\zeta\Delta r$$

这里已令 $\zeta=-f\Delta r-g(\Delta r)^2+\cdots$,是正负离子相对位移 Δr 的函数。而 Δr 的最大幅度(即离子相对振动的振幅)与温度有关,随着温度的升高而变大。因而 ζ 也是温度 T 的函数,可把非简谐力表示成$-\zeta(T)\Delta r$ 的形式。这样,在考虑非简谐力作用以后,(10.5.3)式应改写成

$$F=-\left[\beta+\zeta(T)-\frac{(ze)^2}{3\varepsilon_0\Omega}\right]\Delta r \tag{10.5.6}$$

相应的(10.5.5)式应改写成

$$\omega_{TO}^2=\frac{1}{M}\left[\beta+\zeta(T)-\frac{(ze)^2}{3\varepsilon_0\Omega}\right] \tag{10.5.7}$$

如果对某种特殊晶体结构，$\zeta(T)$随着温度的升高而变大，则当温度 T 较高时，$\beta+\zeta(T)>\frac{(ze)^2}{3\varepsilon_0\Omega}$，恢复力 $F/\Delta r<0$，表示尚有一定恢复力使位移的离子回到原来的平衡位置。但当温度下降时，$\zeta(T)$变小，因而非简谐力也随之下降。当温度 T 下降至相变温度 T_C 时，$\beta+\zeta(T)=\frac{(ze)^2}{3\varepsilon_0\Omega}$，恢复力 F 及角频率 ω_{TO} 都变为零。这时晶体中已无恢复力可使位移的离子回到原来的平衡位置，晶体产生了正负离子间的永久位移，并由此引起固有电偶极矩。晶体由顺电相转变成铁电相。

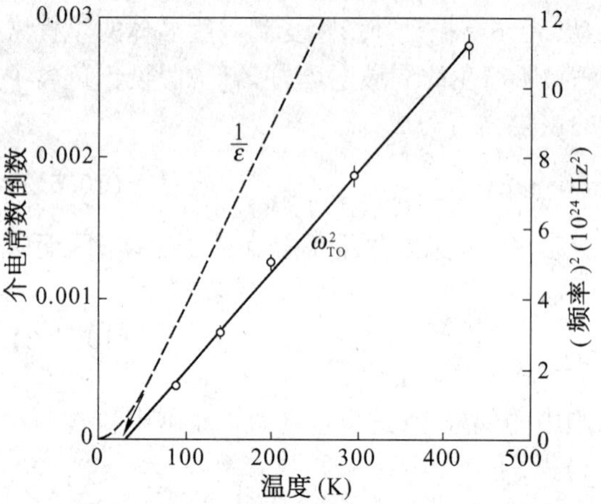

图 10.13　位移型铁电体 $SrTiO_3$ 的 ω_{TO}^2 及 $1/\epsilon$ 与温度间的变化关系

上述光频支软模理论得到了实验的支持。科莱(R. A. Cowley)用中子的非弹性散射方法，测量了位移型铁电体钛酸锶($SrTiO_3$)零波矢的横向光频声子的角频率 ω_{TO}^2 与温度间的变化关系。其测量结果如图 10.13 所示。从图中可以看到，随着温度趋近于 T_C($SrTiO_3$ 的 T_C 约 30 K)，ω_{TO}^2 下降至零。图中的虚线示出了介电常数倒数随温度的变化关系。图 10.14 示出了另一个位移型铁电体 SbSI(锑硫碘)的测量结果。当温度由小于 T_C 的温度逐渐趋近 T_C 时，铁电体 SbSI 的一支横向光频支声子的频率也随之降低而趋近于零。这些实验测量结果都支持了光频支声子软模理论的正确性。

在第四章，讨论极性晶体的晶格振动时，曾引出 LST 关系：

$$\frac{\varepsilon_\infty}{\varepsilon_s}=\frac{\omega_{TO}^2}{\omega_{LO}^2} \tag{10.5.8}$$

由此关系式可以看到，如果纵向光频支声子频率不随温度变化，而当横向光频声子频率 ω_{TO} 趋近于零时，静态介电常数 ε_s 就趋向无穷大，也即出现铁电性(不存在外电场，就存在自发极化强度，故极化率 χ 为无穷大，因而 ε_s 也为无穷大)。所以 LST 关系从另一个侧面提示了光频支声子软模理论，并且指出该软模声子必定是横向光频支声子。因此该理论更严格地应称之为横向光频支声子软模理论。

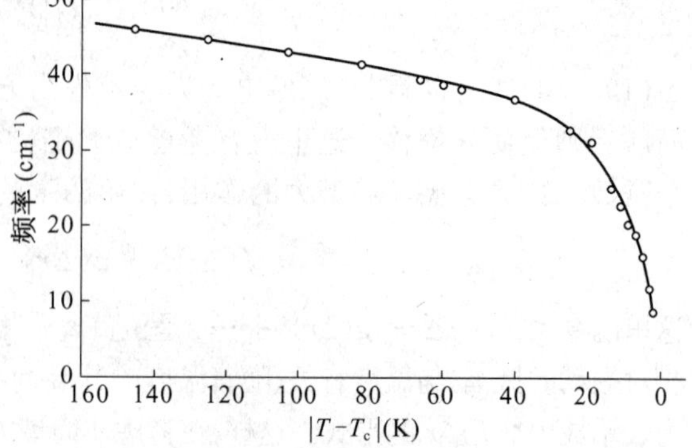

图 11.14　位移型铁电体 SbSI 的 ω_{TO} 与 $|T-T_C|$ 的变化关系

§ 10.6　磷酸二氢钾的铁电性

10.6.1　磷酸二氢钾的晶体结构

磷酸二氢钾(KH_2PO_4)是一种典型的无序-有序型铁电体。它的居里温度 $T_C = 123\,K$。在此居里温度以上,它具有正方晶系结构,为顺电相。温度在 T_C 以下,由顺电相转变成铁电相,晶体结构转变成正交晶系,自发极化强度沿 c 轴方向。它的相变属二级相变。相变过程无潜热发生(但热容量在相变点不连续)。自发极化强度在相变点也没有突变,随温度升高而趋近于 T_C 时,自发极化强度逐渐下降并趋近于零。

图 10.15 示出了处于铁电相的 KH_2PO_4 的一个原胞,原胞的四个顶角都是由磷酸根

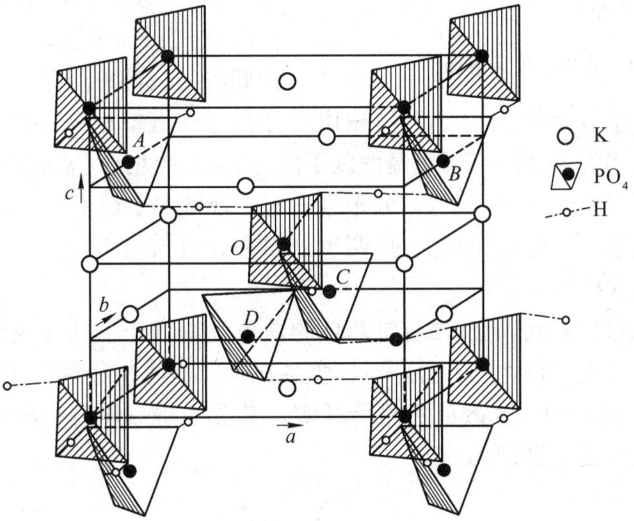

图 10.15　处于铁电相时的磷酸二氢钾晶体的原胞

$(PO_4)^{3-}$ 组成的四面体,在原胞的一对侧面的上部及另一对侧面的下部都各有一对磷酸根四面体,在原胞的中心也有一个磷酸根四面体。每个磷酸根四面体都处在由其他四个磷酸根四面体所决定的大四面体的中心。例如四个侧面上的四个磷酸根四面体(图中的 A、B、C、D)组成了一个大四面体,处于原胞中心的磷酸根四面体(图中的 O)就在这个大四面体的中心。磷酸根四面体的四个顶角是氧原子,四面体中心是磷原子。处于大四面体中心的磷酸根四面体(如图中的 O)的两个上顶角处的氧与处于大四面体上顶角的两个磷酸根四面体(如图中的 A、B)的下顶角处的一个氧之间各有一个氢原子,并组成氢键。同样处于大四面体中心的磷酸根四面体(图中的 O)的两个下顶角处的氧与处于大四面体下顶角处的磷酸根四面体(如图中的 C、D)的上顶角处的氧原子之间也各有一个氢原子,也组成氢键。所以每个磷酸根四面体与四周的四个磷酸根四面体各有一个氢键。氢核并不处在两个氧原子的中间,而是偏向某个氧原子一方(氢原子与较近的氧原子间形成共价键,而与较远的氧原子间依靠范德瓦耳斯力相结合)。

10.6.2　氢键上氢核分布从无序变为有序

图 10.16 示出了一个磷酸根四面体的四个氢键上的氢核位置分布情况。从图中可以看

到四个氢核在氢键上的不同位置分布方式共有 $2^4=16$ 种。但是四个氢核不能同时处在一个磷酸根四面体的四个顶角氧原子附近，否则使该局部区域不能保持电中性，因而也将使能量增高。为了使各部分区域都能保持电中性，每个磷酸根四面体只能有两个氢核接近其顶角的氧原子。如果加上这一限制，则氢核在氢键上的位置分布方式只有六种。当两个氢核接近四面体的上顶角氧原子，而两个氢核远离下顶角氧原子（如图中所示），这时将产生方向向上（即沿 $+c$ 轴方向）的电偶极矩。相反，当氢核远离上顶角氧原子，而接近下顶角氧原子时，则形成方向向下（沿 $-c$ 轴方向）的电偶极矩。而其他四种方式都将产生与 c 轴垂直方向的电偶极矩。在相变温度以上时，上述六种氢核位置分布方式概率相等，因此平均来说，不产生固有的电偶极矩。当温度下降至居里温度以下时，晶体发生相变，晶格结构由原来的正方晶系相变成正交晶系，使这六种氢核位置分布方式的出现概率变得不相等，两个氢核接近上顶角氧原子或下顶角氧原子的概率增大，这两种分布方式具有较低的能量。因而形成极化方向沿 c 轴的固有电偶极矩。

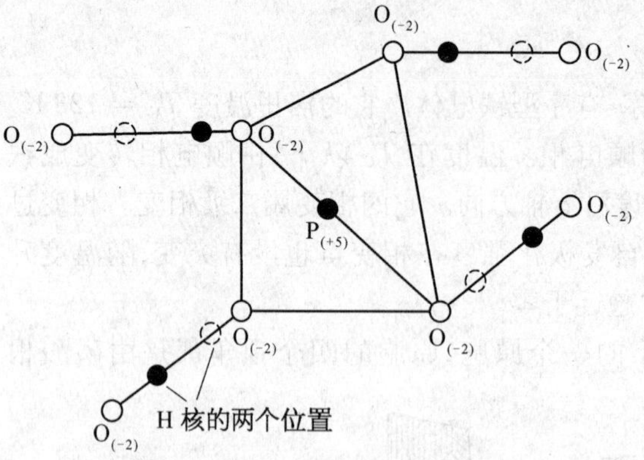

图 10.16 氢核位置示意图

从上面的讨论可以看到，磷酸二氢钾晶体的铁电性来源于氢核在氢键上的位置从无序分布到有序分布的转变，故称它为无序-有序型铁电体。有时也称它为氢键铁电体。氢核的有序化为一系列 X 射线和中子散射实验所证实。有关的进一步理论研究尚有铁电体的六顶角模型理论及铁电隧道模型理论等。

§10.7 朗道相变理论

10.7.1 铁电体的自由能密度

现在对铁电体的相变作简要的讨论。由热力学知道，在恒定温度及恒定压强下体系的平衡态问题可根据吉布斯自由能的极小条件解决。为研究铁磁及铁电相变问题，朗道提出他独特的自由能函数表述。对于铁电相变，朗道自由能密度是极化强度 P、温度 T 及宏观电场 E 的函数：$G(P, T, E)$。在不同温度时的热平衡状态可根据朗道自由能极小值条件

$$\frac{\partial G}{\partial P}=0 \tag{10.7.1}$$

及

$$\frac{\partial^2 G}{\partial P^2}>0 \tag{10.7.2}$$

决定。在相变点附近，朗道把自由能密度 $G(P, T, E)$ 写成 P 的幂级数形式

$$G(P, T, E)=-EP+g_0+\frac{1}{2}g_2P^2+\frac{1}{4}g_4P^4+\frac{1}{6}g_6P^6+\cdots \tag{10.7.3}$$

式中的 $g_0, g_2, g_4, g_6, \cdots$ 可以是温度的函数。因为在电场 $E=0$ 的情况下当极化强度方向

反向时,晶体性质不变,其自由能也不变,所以在(10.7.3)式中只有 P 的偶次幂项存在。当 $E \neq 0$ 时,自由能增加 $-EP$ 能量。在各个不同温度下的热平衡状态可根据(10.7.1)、(10.7.2)式给出

$$\frac{\partial G}{\partial P} = 0 = -E + g_2 P + g_4 P^3 + g_6 P^5 \qquad (10.7.4)$$

$$\frac{\partial^2 G}{\partial P^2} = g_2 + 3g_4 P^2 + 5g_6 P^4 > 0 \qquad (10.7.5)$$

10.7.2　二级相变

先考虑宏观电场 $E = 0$ 的情况。这时晶体内存在的极化强度 P 即是自发极化强度 P_s。由(10.7.4)式可见,在 $E = 0$ 的情况下,$P = 0$ 是方程(10.7.4)式的一个解。而此解正相应于顺电相的情况,也即在 $T > T_C$ 的顺电相时,$P = 0$ 应是平衡态解,应满足极小值条件(10.7.5)式:

$$\left.\frac{\partial^2 G}{\partial P^2}\right|_{P=0} = g_2 > 0 \qquad (T > T_C) \qquad (10.7.6)$$

但对于 $T < T_C$ 时的铁电相来说,$P = 0$ 并不对应于自由能的极小值,应该是自由能的极大值。因此在 $T < T_C$ 的铁电相时,$\frac{\partial^2 G}{\partial P^2}$应小于零,即

$$\left.\frac{\partial^2 G}{\partial P^2}\right|_{P=0} = g_2 < 0 \qquad (T < T_C) \qquad (10.7.7)$$

这说明 g_2 随温度的变化情况:当 $T < T_C$ 时,$g_2 < 0$;当 $T > T_C$ 时,$g_2 > 0$。因此可令

$$g_2 = (T - T_C)/C \qquad (10.7.8)$$

这里 C 是与温度无关的常数。

当 $T < T_C$ 时,铁电体处于铁电相,晶体中存在自发极化强度 P_s。因此 $P = P_s$ 也必能满足 $E=0$ 的(10.7.4)及(10.7.5)式。因为当 $T < T_C$ 时,$g_2 < 0$,因此为了使 $P = P_s$ 能满足(10.7.5)式,就必须要求 g_4 大于零,并忽略六次幂以上的项(因为六次幂以上项的计入并不会产生新的物理内容)。这样由 $E=0$ 的(10.7.4)式,即可求出 $T < T_C$ 时的自发极化强度 P_s:

$$P_s = \sqrt{-\frac{g_2}{g_4}} = \sqrt{\frac{T_C - T}{g_4 C}} \qquad (T < T_C) \qquad (10.7.9)$$

图 10.17 画出了自发极化强度 P_s 与温度的变化关系。从(10.7.9)式可见,当温度 T 趋近居里温度 T_C 时,自发极化强度 P_s 趋近于零,所以自发极化强度 P_s 在相变点是连续的,可以证明,熵在相变点也是连续的(即无潜热)。由此可见,这种相变是二级相变。图 10.18 已示出了在不同温度下朗道自由能 G 与极化强度 P 的变化关系。当 $T > T_C$ 时,$P = 0$ 是自由能的唯一极小值。当 $T < T_C$ 时,$P = 0$ 相应于自由能的极大值,而 $P = P_s$ 相应于极小值。

现在考虑顺电相($T > T_C$)时,极化率 $\chi = \frac{P}{E}$ 的变化情况。因为顺电相时,在通常的电场强度下,极化强度都不大,在(10.7.4)式中忽略 P 的三次幂以上的项。由此可得

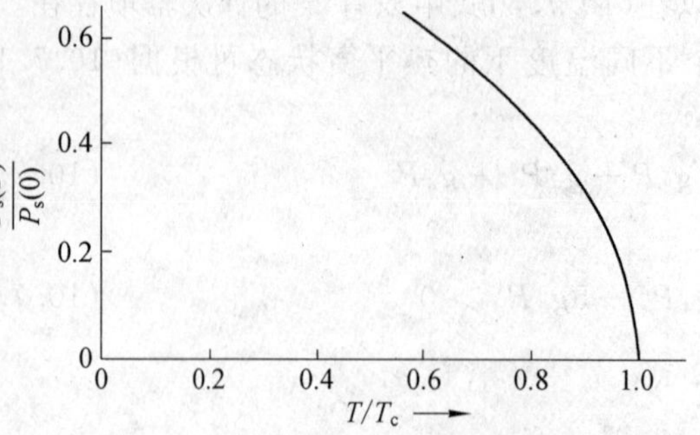

图 10.17 二级相变时 P_s 与 T 的变化关系

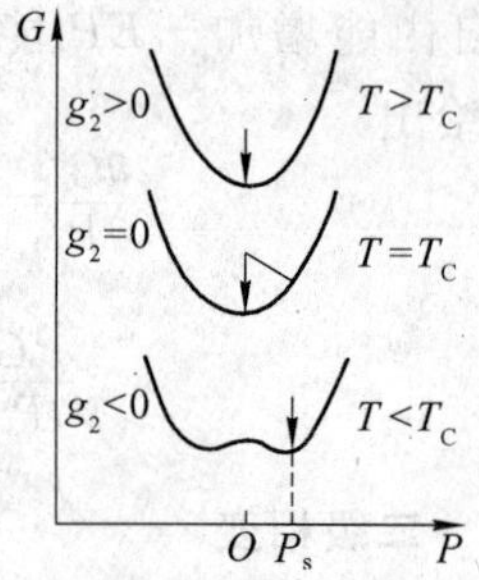

图 10.18 二级相变时 G 与 P 之间的变化关系

$$\chi = \frac{P}{E} = \frac{1}{g_2} = \frac{C}{T - T_C} \quad (T > T_C) \tag{10.7.10}$$

上式即是居里-外斯定律,也可写成(10.4.1)式的形式。

罗谢耳盐及磷酸二氢钾的铁电相变都属于二级相变,上述的讨论都适用于它们的相变过程。

10.7.3 一级相变

下面讨论一级相变过程的情况。仍然从 $E=0$ 时的(10.7.4)及(10.7.5)式开始。当 $T>T_C$ 顺电相时,$P=0$ 仍是它的一个解,为满足(10.7.5)式,仍要求 $g_2>0$。但当 $T<T_C$ 铁电相时,尽管 $P=0$ 已不符合铁电体的实际情况,但是它仍然可以是(10.7.5)式的解,即仍然可以是自由能的一个极小值,只要(10.7.5)式还同时存在另一个解 $P=P_s$。即自由能在 $T<T_C$ 时有两个极小值,而且 $P=P_s$ 这个极小值的自由能值比 $P=0$ 时的自由能值低($P=P_s$ 是自由能的最小值)。这样,在 $T<T_C$,达到热平衡时,铁电体应具有非零的自发极化强度 P_s。所以相应于这一情况,即使在 $T<T_C$(在 T_C 附近),$P=0$ 仍可以是极小值,仍可以满足(10.7.5)式。这就是说,即使在 $T<T_C$ 的情况下,g_2 仍要求大于零($g_2>0$)。但为了要求朗道自由能还存在有另一个极小值,由(10.7.4)式可见,在 $E=0$ 及 $g_2>0$ 的情况下,要得到实数的 P 值解,必须要求 $g_4<0$ 及 $g_6>0$。所以对于一级相变的情况,要求 $g_2>0$,$g_4<0$,$g_6>0$。图 10.19 画出了在此情况下,朗道自由能 G 与极化强度 P 之间的变化关系。当 $T>T_C$,顺电相时,朗道自由能只有一个极小值 $P=0$。当 $T<T_C$,铁电相时,朗道自由能有两个极小值,即 $P=0$ 及 $P=P_s$。而后者自由能值比前者更低,因此平衡态时,晶体具有自发极化强度 P_s。当 $T=T_C$ 时,按一级相变的特征,在相变温度时,两相共存,即顺电相($P=0$)及铁电相($P=P_s$)同时并存,在自由能上就反映在同时存在两个自由能相等的极小值。所以在 $T=T_C$ 时,有

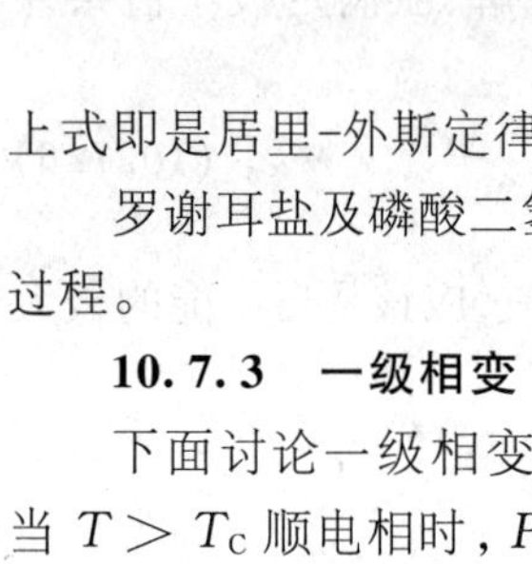

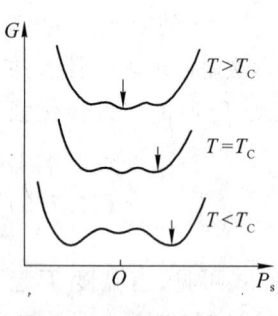

图 10.19 一级相变时 G 与 P 间的变化关系

$$G(P_s, T_C, 0) = G(0, T_C, 0) \tag{10.7.11}$$

把(10.7.3)式代入,可得

$$6g_2 + 3g_4 P_s^2 + 2g_6 P_s^4 = 0 \tag{10.7.12}$$

因为 P_s 也必须同时满足 $E=0$ 的(10.7.4)式,因此根据(10.7.12)及 $E=0$ 的(10.7.4)式,可求得

$$P_s^2(T_C)=-\frac{4g_2}{g_4}=\frac{4g_2}{|g_4|} \tag{10.7.13}$$

$$g_6=\frac{3}{16}\frac{g_4^2}{g_2} \tag{10.7.14}$$

根据上面的讨论,自发极化强度 P_s 在 $T=T_C$ 时,存在有一个突变,它并不连续地趋近于零。钛酸钡的铁电相变属于一级相变。图 10.20 示出了钛酸钡的自发极化强度随温度的变化情况,它在 $T=T_C$ 时有突变。

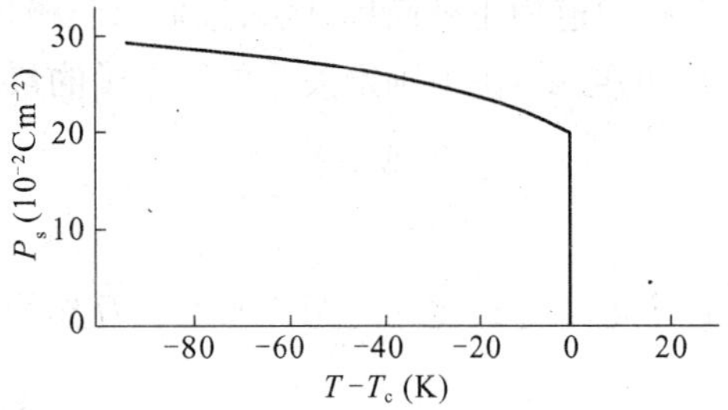

图 10.20 钛酸钡的自发极化强度的理论计算值与温度间的变化关系

现在讨论存在宏观电场 E 时的顺电相。与讨论二级相变时的情况相似,这时 P 通常是比较小的,因此可近似忽略 P 的高次幂项。由(10.7.4)式,可直接得到

$$\chi=\frac{P}{E}=\frac{1}{g_2} \tag{10.7.15}$$

根据实验知道,铁电体处在顺电相时,χ(或 ϵ)满足居里-外斯定律,因此可得

$$g_2=(T-T_0)/C \tag{10.7.16}$$

式中 T_0 是小于 T_C 的一个特征温度。

§10.8 极 化 子

本节主题是讨论电子与晶体离子极化的相互作用,导致电子运动状态变化,形成电子与晶格畸变相伴的新组态——极化子。

10.8.1 电子与晶体离子极化的相互作用

假设在晶体导带底有一个静止的电子,它使近邻离子中的电子位移极化,同时也使离子位移极化,从而在晶体中产生一个新电场:

$$F=-\frac{e}{4\pi\varepsilon_0\varepsilon r^2} \tag{10.8.1}$$

这里 ε 为晶体的总介电常数。如果将所有离子按住不动,就不会有离子极化对电场的贡献,这时的电场只与电子位移有关,

$$F'=-\frac{e}{4\pi\varepsilon_0\varepsilon(\infty)r^2} \tag{10.8.2}$$

这里 $\varepsilon(\infty)$ 是电子位移极化引起的高频介电常数。所以,离子位移极化产生的电场为

$$F-F'=\left[\frac{1}{\varepsilon(\infty)}-\frac{1}{\varepsilon}\right]\frac{e}{4\pi\varepsilon_0 r^2}=\frac{e}{4\pi\varepsilon_0\bar{\varepsilon}r^2} \tag{10.8.3}$$

这里 $\bar{\varepsilon}$ 为离子位移极化引起的介电常数,且

$$\frac{1}{\bar{\varepsilon}}=\frac{1}{\varepsilon(\infty)}-\frac{1}{\varepsilon} \tag{10.8.4}$$

如果这个电场足够大,有可能阻止电子离开自己所在位置。

1933 年朗道对这问题作了分析,认为一个电子在它所极化的介质电场中能形成束缚态,好像“电子掘了一个洞让自己陷入其中”,这个能级比原来导带底的能量低。朗道称这个电子连同其周围晶格畸变区的系统为极化子(polaron)。

10.8.2 球势阱模型——小极化子

朗道用下列简单办法,近似求出极化子的基态能量。在半径为 r 的球形空腔里质量为 m^* 的电子,由不确定关系可得电子的最小动能为

$$T=\frac{\pi \hbar^2}{2m^* r^2} \tag{10.8.5}$$

这个电子与极化的连续介质的相互作用能为

$$U\approx-\frac{e^2}{4\pi\varepsilon_0\bar{\varepsilon} r} \tag{10.8.6}$$

总能量 $E=T+U$ 依赖于 r,对 E 求极小,得在

$$r=r_0=4\pi^3\varepsilon_0\bar{\varepsilon}\times\frac{\hbar^2}{m^* e^2} \tag{10.8.7}$$

时,能量取极小值

$$E_0=-\frac{1}{\pi^2}\cdot\frac{m^* e^4}{2(4\pi\varepsilon_0\bar{\varepsilon})^2\hbar^2} \tag{10.8.8}$$

为了实现这种紧束缚的小极化子,在极化子势阱中电子的运动应当比重的离子运动快得多。这样才符合绝热近似。如电子的速度为 v,产生极化的离子振动为纵光频支,其频率为 ω_{LO},于是应有

$$\frac{r_0}{v}\ll\frac{1}{\omega_{LO}} \tag{10.8.9}$$

对于处在基态的电子其德布罗意波长等于

$$\lambda\!\!\!^{-}=\frac{\lambda}{2\pi}\approx r_0\ll\frac{v}{\omega}=l \tag{10.8.10}$$

l 为在离子振动一个周期中电子走过的路程。而电子的动能为

$$T_0=\frac{1}{2}m^* v^2 \tag{10.8.11}$$

由式(10.8.11)、(10.8.5)和(10.8.7)求得 v,代入不等式(10.8.9)可得

$$\frac{1}{\pi^3}\frac{m^* e^4}{(4\pi\varepsilon_0\bar{\varepsilon})^2\hbar^2}\cdot\frac{1}{\hbar\omega_{LO}}=\frac{2}{\pi}\frac{|E_0|}{\hbar\omega_{LO}}\gg 1 \tag{10.8.12}$$

这就是绝热近似适用的条件。

现在引入无量纲参数

$$\alpha^2 = \frac{\pi^2 \mid E_0 \mid}{\hbar \omega_{\text{LO}}} = \frac{m^* e^4}{2(4\pi\varepsilon_0 \bar{\varepsilon})^2 \hbar^3 \omega_{\text{LO}}} \tag{10.8.13}$$

于是紧束缚的小极化子的基态能量写成

$$E_0 = -\frac{1}{\pi^2}\alpha^2 \hbar \omega_{\text{LO}} \approx -\alpha^2 \hbar \omega_{\text{LO}} \tag{10.8.14}$$

按条件(10.8.12),

$$\alpha \gg 1 \tag{11.8.15}$$

由此可知,在小极化子情况,基态能量与 α^2 成比例。

10.8.3 大极化子

1950 年 H. Fröhlich 等研究了电子的德布罗意波波长 $\lambda\!\!\!^{-}$ 与 l 同数量级的弱耦合的大极化子的情况。此时

$$\lambda\!\!\!^{-} \leqslant l = \frac{v}{\omega} \tag{10.8.16}$$

由于电子不局域于小范围,而在线度 $\lambda\!\!\!^{-}$ 的区域内,其中由电子感应产生的正电荷量约等于 $+e$,故相关的能量为

$$E' = -\frac{e^2}{4\pi\varepsilon_0 \bar{\varepsilon} \lambda\!\!\!^{-}} \tag{10.8.17}$$

能量最小值对应于 $\lambda\!\!\!^{-}$ 最大值的情况,按式(10.8.16)

$$\lambda\!\!\!^{-}_{\max} = \frac{v}{\omega_{\text{LO}}} \tag{10.8.18}$$

故

$$E'_0 = -\frac{e^2}{4\pi\varepsilon_0 \bar{\varepsilon} \lambda\!\!\!^{-}_{\max}} = -\frac{e^2 \omega_{\text{LO}}}{4\pi\varepsilon_0 \bar{\varepsilon} v} \tag{10.8.19}$$

速度 v 由德布罗意波长关系确定

$$\lambda\!\!\!^{-}_{\max} = \frac{\hbar}{m^* v} = \frac{v}{\omega_{\text{LO}}} \tag{10.8.20}$$

于是由式(10.8.19)得到大极化子基态能量为

$$E'_0 = -\sqrt{2}\alpha \hbar \omega_{\text{LO}} \approx -\alpha \hbar \omega_{\text{LO}}$$

与 α 成正比。

Fröhlich 等进一步计算后,给出了离子极化场对电子能带有效质量的修正,得到极化子的有效质量为

$$\begin{aligned} m^{**} &= m^* \Big/ \left(1 - \frac{1}{6}\alpha\right) \\ &\approx m^* \left(1 + \frac{1}{6}\alpha\right) \end{aligned} \tag{10.8.21}$$

这里近似等式取 $\alpha \ll 1$ 的近似,m^* 为能带有效质量。表 10-3 是若干离子晶体和极性晶体的有关极化子的数据。

表 10-3 某些晶体的极化子耦合常数 α,有效质量 m^{**}

晶体	KCl	KBr	AgCl	AgBr	InSb	GaAs
α	3.97	3.52	2.00	1.69	0.014	0.06
m^{*}/m	0.50	0.43	0.35	0.24	0.014	0.066
m^{**}/m^{*}	2.5	2.2	1.5	1.4	1.0	1.0

佩卡尔(С. И. Пекар)、李政道、骆(F. E. Low)和 D. Pines 对极化子理论发展有很好的贡献。文革后,顾世洧和他的学生在这方面做了很多工作。

习　题

1. 已知具有金刚石结构的硅,它的点阵常数 $a = 0.543$ nm, 它的静态介电常数 $\epsilon_s = 12$。请根据克劳修斯-莫索提公式估算硅原子的极化率 $\alpha=$?

2. 若对面积很大的硅片垂直地施加 12 V/m 的外电场,根据上题的数据求出硅片内的宏观电场强度及硅原子处的局域电场强度。

3. 已知 NaCl 晶体的点阵常数 $a = 0.564$ nm, 体弹性模量 $K = 2.4 \times 10^{10}$ N/m^2 。请求出每个离子对的离子位移极化率 α_I,并按克劳修斯-莫索提公式估算由离子位移极化率所引起的静态介电常数 ϵ_s。并把 ϵ_s 的计算值与实验测量值 5.62 相比较,并分析存在此偏差的主要原因。

4. 设有两个中性原子的体系,两原子相距一定距离 a,每个原子的极化率为 α。求此体系变成铁电性(即两个原子电偶极矩平行)时 a 与 α 之间应满足的关系。

5. 若朗道的铁电体自由能密度写成

$$G(T, P) = G(T, 0) + \frac{1}{2}r(T - T_0)P^2 + \frac{1}{4}g_4 P^4 + \frac{1}{6}g_6 P^6$$

对于一级相变情况 $g_4 < 0$, 试求

(a) 在 $T = T_C$ 时的自发极化强度 P_s;

(b) 居里点 T_C。

第十一章　固体的光学性质

当光通过固体时会发生各种现象:反射、吸收、折射、散射。这和光与固体中电子、激子、晶格振动、杂质及缺陷等的相互作用密切相关。反之,当固体吸收外界的能量后,其中部分能量以光波形式发射出来,在特殊条件下得到激光。通过研究固体中的光吸收和光发射,可直接获得固体中电子状态——能带结构及其他各种激发态的信息。本章首先介绍描述固体光学性质的基本参数及其相互关系,接着讲述固体的本征光吸收,引出宏观光学参数与晶体中微观电子过程之间的联系。再讨论激子和离子晶体的光吸收。接着探讨固体中光的拉曼散射。继之讲述激光发生的原理和典型的固体激光器及半导体激光器。激光出现后,光波电场大大提高,非线性极化和光学应运而生,这也是本章最后的主题。

§11.1　光学参数

11.1.1　光学参数与介电常数的关系

现在开始讨论在高频电磁场即光场作用下的绝缘晶体性质。对大部分非磁性晶体来说,电磁场的作用主要体现在电场对晶体中原子、电子的作用,因而晶体的光学性质直接与晶体的介电性质有关。这就使晶体的光学参数直接与晶体的介电常数有关。

根据麦克斯韦方程

$$\left.\begin{aligned}\nabla\times\boldsymbol{E}&=-\frac{\partial\boldsymbol{B}}{\partial t}=-\mu_0\mu\frac{\partial\boldsymbol{H}}{\partial t}\\\nabla\times\boldsymbol{H}&=\frac{\partial\boldsymbol{D}}{\partial t}=\varepsilon_0\varepsilon\frac{\partial\boldsymbol{E}}{\partial t}\end{aligned}\right\}\tag{11.1.1}$$

可以导出电磁场的波动方程

$$\nabla^2\boldsymbol{E}=\mu_0\varepsilon_0\mu\varepsilon\frac{\partial^2\boldsymbol{E}}{\partial t^2}\tag{11.1.2}$$

这里 $\boldsymbol{H}$、$\boldsymbol{B}$ 分别是磁场强度及磁感应强度。μ_0 及 μ 分别是真空磁导率及晶体的相对磁导率。假设在晶体中传播的光波是一个平面电磁波,其电场分量可写成

$$\boldsymbol{E}=\boldsymbol{E}_A\exp[\mathrm{i}(\omega t-\boldsymbol{q}\cdot\boldsymbol{r})]\tag{11.1.3}$$

把上式代入波动方程(11.1.2)式,可得波矢 $\boldsymbol{q}$ 与角频率 ω 间的关系式:

$$q^2=\mu_0\varepsilon_0\mu\varepsilon\omega^2\tag{11.1.4}$$

因为

$$q=\frac{2\pi}{\lambda}=\frac{\omega}{v}\tag{11.1.5}$$

由(11.1.4)式可得光在晶体中的传播速度

$$v = 1/\sqrt{\mu_0\varepsilon_0\mu\varepsilon} = c/\sqrt{\mu\varepsilon} = \frac{c}{n_c} \tag{11.1.6}$$

这里已令光在真空中的光速 $c = \dfrac{1}{\sqrt{\mu_0\varepsilon_0}}$，而

$$n_c = \sqrt{\mu\varepsilon} \approx \sqrt{\varepsilon} \tag{11.1.7}$$

即是晶体的折射率。在上式中的第二等式是因为对大部分非磁性晶体，$\mu \approx 1$。

在光波电磁场中，晶体的介电常数 ε 常表示成复数形式(称为复介电常数)

$$\varepsilon = \varepsilon_1 + \mathrm{i}\varepsilon_2 \tag{11.1.8}$$

若把(11.1.8)式代入(11.1.7)式，则 n_c 也变成复数(称为复折射率)：

$$n_c = n + \mathrm{i}\kappa \tag{11.1.9}$$

而且 n、κ 与 ε_1、ε_2 有下面的关系：

$$n^2 - \kappa^2 = \varepsilon_1 \tag{11.1.10}$$

$$2n\kappa = \varepsilon_2 \tag{11.1.11}$$

n_c 的实部称为折射率，其虚部为消光系数。为了阐明 κ 的物理意义，把(11.1.5)及(11.1.6)式一起代入(11.1.3)式，并设光波沿 x 方向传播，可得

$$\begin{aligned}\boldsymbol{E} &= \boldsymbol{E}_A \exp\left[\mathrm{i}\omega\left(t - \frac{n_c}{c}x\right)\right] \\ &= \boldsymbol{E}_A \mathrm{e}^{-\frac{\omega\kappa}{c}x} \exp\left[\mathrm{i}\omega\left(t - \frac{n}{c}x\right)\right]\end{aligned} \tag{11.1.12}$$

由上式可以看到，沿 x 方向传播的光波电场振幅以指数形式衰减。而消光系数 κ 与此衰减大小有关。按照电磁学，光波的能流密度用坡印亭矢量

$$\boldsymbol{S} = \boldsymbol{E} \times \boldsymbol{H} \tag{11.1.13}$$

表示，将在光的传播方向上，每隔单位距离的光能流密度 $\boldsymbol{S}$ 的相对变化率称为该晶体媒质的吸收系数 α：

$$\alpha = \frac{1}{|\boldsymbol{S}|}\frac{\mathrm{d}|\boldsymbol{S}|}{\mathrm{d}t} \tag{11.1.14}$$

考虑到光波是一个横波，在平面电磁波的情况下，由麦克斯韦方程(11.1.1)式的第一式可得

$$|\boldsymbol{S}| = |EH| = \frac{q}{\mu_0\omega}|E|^2 = \frac{q}{\mu_0\omega}E_A^2 \mathrm{e}^{-\frac{2\omega\kappa}{c}x} \tag{11.1.15}$$

把上式代入(11.1.14)式，即得

$$\alpha = \frac{2\omega\kappa}{c} = \frac{4\pi\kappa}{\lambda_0} \tag{11.1.16}$$

式中 λ_0 表示光在真空中的波长。可见反映光强衰减快慢的吸收系数正比于消光系数 κ。利用(11.1.11)式，可把吸收系数 α 与介电常数的虚部 ε_2 联系起来。

$$\alpha = \frac{\omega\varepsilon_2}{cn} = \frac{2\pi\varepsilon_2}{\lambda_0 n} \tag{11.1.17}$$

前面曾提到介电常数虚部 ε_2 与电场在晶体中的能量损耗有关。在光学中，电磁场在晶体中的能量损耗常用吸收系数 α 来描述。

从实验方面考虑，原则上可从光波通过薄膜样品时的衰减测量吸收系数。但是在很多情况下，由于晶体的吸收系数较大，以致使衰减长度很短，样品必须非常薄，这就使样品的制备变得非常困难。在这种情况下，通常采用样品表面反射系数的测量。最简单的是测量垂直入射时的反射系数 R。理论上，反射系数的定义为反射光的能流密度 S_r 与入射光的能流密度 S_i 之比

$$R = S_r/S_i = |E_r/E_i|^2 \tag{11.1.18}$$

这里的第二个等式已利用了关系式(11.1.15)式。其中 E_r 及 E_i 分别表示反射光及入射光在样品表面处的电场强度。利用电磁场在两个媒质界面处的边界条件可以求得在垂直入射时反射系数 R 的表式：

$$R = \frac{|n_c - 1|^2}{|n_c + 1|^2} = \frac{(n-1)^2 + \kappa^2}{(n+1)^2 + \kappa^2} \tag{11.1.19}$$

把 n 和 κ 与介电常数 $\varepsilon = \varepsilon_1 + i\varepsilon_2$ 间的关系代入，就可得到 R 与介电常数间的关系。

从(11.1.16)式可见，当吸收系数 α 很大时，消光系数 κ 也很大。若 $\kappa \gg n$，则由(11.1.19)式可见，反射系数 $R \approx 1$。即入射光几乎完全被反射。所以如果某一晶体强烈吸收某一频率范围的光波，那末它也将有效地反射该频率范围的光波。相反，如果晶体对某频率的光波吸收很小，消光系数 $\kappa \approx 0$，则由(11.1.19)式也可看到，反射系数 R 仍有一定的值。从上面的讨论可知，反射系数 R 与吸收系数 α 之间具有一定的关系，可以通过复折射率或复介电常数把它们联系起来。

11.1.2　克拉默斯-克勒尼希(Kramers-Kronig)关系

对于不同频率的光波，晶体的介电常数 ε、复折射率 n_c 都各不相同，所以 ε 及 n_c 都是频率 ω 的复变函数。在数学上，对一个满足一定条件的复变函数，它的实部与虚部间存在一定的关系，即克拉默斯-克勒尼希关系，或简称 K-K 关系。介电常数 $\varepsilon(\omega)$ 及复折射率 $n_c(\omega)$ 的实部与虚部间都能满足下面的 K-K 关系：

$$\begin{cases} \varepsilon_1(\omega) = 1 + \dfrac{2}{\pi} P\displaystyle\int_0^\infty \dfrac{s\varepsilon_2(s)}{s^2 - \omega^2} ds \\ \varepsilon_2(\omega) = -\dfrac{2\omega}{\pi} P\displaystyle\int_0^\infty \dfrac{\epsilon_1(s)}{s^2 - \omega^2} ds \end{cases} \tag{11.1.20}$$

及

$$\begin{cases} n(\omega) = 1 + \dfrac{2}{\pi} P\displaystyle\int_0^\infty \dfrac{s\kappa(s)}{s^2 - \omega^2} ds \\ \kappa(\omega) = -\dfrac{2\omega}{\pi} P\displaystyle\int_0^\infty \dfrac{n(s)}{s^2 - \omega^2} ds \end{cases} \tag{11.1.21}$$

式中 P 表示取积分的主值：

$$P\int_0^\infty \equiv \lim_{\delta \to 0} \left[\int_0^{\omega - \delta} + \int_{\omega + \delta}^\infty \right] \tag{11.1.22}$$

K-K 关系在光学测量中有十分广泛的用途。例如只要实验上测量到各个频率下的晶体吸收系数 $\alpha(\omega)$，利用(11.1.16)式，即可求得各个频率的消光系数 $\kappa(\omega)$。然后根据 K-K

关系(11.1.21)式的第一式即可求得折射率 $n(\omega)$,并可利用(11.1.10)及(11.1.11)式求得介电常数的实部及虚部。当利用反射系数 R 进行测量时,也常利用 K-K 关系。令

$$r = E_r/E_i = |r| e^{i\theta} \tag{11.1.23}$$

当光波的电场分量写成平面波形式时,θ 即表示反射光与入射光之间的相位差。根据(11.1.18)式及(11.1.19)式可得

$$\begin{cases} R = |r|^2 = \dfrac{(n-1)^2 + \kappa^2}{(n+1)^2 + \kappa^2} \\ \tan\theta = \dfrac{2\kappa}{n^2 + \kappa^2 - 1} \end{cases} \tag{11.1.24}$$

原则上,只要同时测量到 R 及 θ,根据上式,即可求得 n 及 κ。但相位差 θ 的测量是非常困难的。为此,人们引进复变函数

$$LR = \ln r^2 = \ln R + i2\theta \tag{11.1.25}$$

再利用 K-K 关系式直接由 $R(\omega)$ 求得 $\theta(\omega)$:

$$\theta(\omega) = -\frac{\omega}{\pi} P\int_0^\infty \frac{\ln R(s)}{s^2 - \omega^2} ds \tag{11.1.26}$$

这样,只要求得各个频率下的反射系数 $R(\omega)$,根据(11.1.26)式即可求得 $\theta(\omega)$,然后按(11.1.24)式,即可求得 $n(\omega)$ 及 $\kappa(\omega)$。也可利用(11.1.10)及(11.1.11)式求得介电常数 $\varepsilon_1(\omega)$ 及 $\varepsilon_2(\omega)$。由于 K-K 关系中的主值积分范围是 0—∞,为了保证一定的精度,对 $\alpha(\omega)$ 或 $R(\omega)$ 的测量必须在尽可能广的频率范围内进行,当然有时也作某些近似。

由下一节的讨论将可以看到,在理论上根据晶体的能带结构常可计算得到介电常数的虚部 $\varepsilon_2(\omega)$。为了能与实验测量值 $\alpha(\omega)$ 或 $R(\omega)$ 进行比较,常可利用 K-K 关系式由 $\varepsilon_2(\omega)$ 求得 $\varepsilon_1(\omega)$,然后再按(11.1.10)及(11.1.11)式求得 $n(\omega)$ 及 $\kappa(\omega)$,最后再按(11.1.17)及(11.1.19)式求得 $\alpha(\omega)$ 及 $R(\omega)$ 的理论计算值。当然,也可按相反的步骤,由 $\alpha(\omega)$ 或 $R(\omega)$ 的实验测量值计算得到 $\varepsilon_1(\omega)$ 及 $\varepsilon_2(\omega)$,并与它们的理论计算值进行比较。

§ 11.2　带间跃迁和本征光吸收

11.2.1　经典的洛伦兹理论

前面讨论电子位移极化时谈到,在静电场作用下,晶体中原子核与其周围的电子云会发生相对位移,从而引起电偶极矩。现在讨论在高频交变的光电场作用下,由电子位移极化引起的极化率及介电常数。这是洛伦兹采用经典阻尼振子在光电场中强迫振动来模拟这过程,故称为经典的洛伦兹理论。

考虑晶体中的一个原子,在光电场作用下,由于原子核质量比电子大得多,只考虑电子相对于原子核的来回振荡,因此可看成是个谐振子。假设它们之间的振动频率为 ω_0(也称之为谐振子的固有频率),则电子相对原子核的位移可表示成

$$x = x_A e^{i\omega_0 t} \tag{11.2.1}$$

电子的振动方程可写成

$$m\ddot{x} = -m\omega_0^2 x \tag{11.2.2}$$

上式中 m 是电子的质量。按牛顿第二定律，$-m\omega_0^2 x$ 是电子位移的恢复力，它起源于原子核与电子之间的库仑作用力。所以，电子的固有振动是它绕原子核运动的一种模拟。

实际上，电子与晶体中的其他粒子(如声子)间也有相互作用，使电子能量逐渐消耗，也就是电子在振动过程中还受到阻尼力。通常将这阻尼力写成

$$-m\Gamma\frac{\mathrm{d}x}{\mathrm{d}t}$$

于是，振动方程(11.2.2)改写成

$$m\frac{\mathrm{d}^2 x}{\mathrm{d}t^2}=-m\omega_0^2 x-m\Gamma\frac{\mathrm{d}x}{\mathrm{d}t} \tag{11.2.3}$$

当对晶体施加频率为 ω 的光电场 $E=E_A\mathrm{e}^{-\mathrm{i}\omega t}$ 后，电子将受到电场作用力

$$-eE=-eE_A\mathrm{e}^{-\mathrm{i}\omega t}$$

因此，电子的振动方程又应写成

$$m\frac{\mathrm{d}^2 x}{\mathrm{d}t^2}=-m\omega_0^2 x-m\Gamma\frac{\mathrm{d}x}{\mathrm{d}t}-eE_A\mathrm{e}^{-\mathrm{i}\omega t} \tag{11.2.4}$$

由于光波波长比晶格常数大得多，可近似认为在原子尺度或晶格原子间距范围，光电场幅度不随位置变化，在频率为 ω 的交变电场力作用下，电子作强迫振动

$$x=x_0\mathrm{e}^{-\mathrm{i}\omega t} \tag{11.2.5}$$

将上式代入(11.2.4)式，可得

$$x_0=-\frac{e}{m}\frac{(\omega_0^2-\omega^2)+\mathrm{i}\Gamma\omega}{(\omega_0^2-\omega^2)+\Gamma^2\omega^2}E_A \tag{11.2.6}$$

即

$$x=-\frac{e}{m}\frac{(\omega_0^2-\omega^2)+\mathrm{i}\Gamma\omega}{(\omega_0^2-\omega^2)+\Gamma^2\omega^2}E_A\mathrm{e}^{-\mathrm{i}\omega t} \tag{11.2.7}$$

由于电子相对原子核的位移为 x，每个电子产生的电偶极矩即为 $-ex$，如果电子数密度为 N，则电子位移对极化强度的贡献应为

$$P=-Nex \tag{11.2.8}$$

根据(11.2.8)式，晶体的电子极化率 χ 可表示为

$$\chi=\frac{P}{\varepsilon_0 E}=-\frac{Nex}{\varepsilon_0 E}=\frac{Ne^2}{m\varepsilon_0}\frac{(\omega_0^2-\omega^2)+\mathrm{i}\Gamma\omega}{(\omega_0^2-\omega^2)+\Gamma^2\omega^2} \tag{11.2.9}$$

根据介电常数 $\epsilon=1+\chi$ 的关系，可得复数介电常数的实部及虚部：

$$\varepsilon_1(\omega)=1+\frac{Ne^2}{m\varepsilon_0}\frac{\omega_0^2-\omega^2}{(\omega_0^2-\omega^2)+\Gamma^2\omega^2} \tag{11.2.10}$$

$$\varepsilon_2(\omega)=\frac{Ne^2}{m\varepsilon_0}\frac{\Gamma\omega}{(\omega_0^2-\omega^2)+\Gamma^2\omega^2} \tag{11.2.11}$$

由此可见，计入阻尼作用，即考虑电子与晶体中其他粒子的互作用后，晶体的电子极化率及光频介电常数均为复数。由前面的讨论可知，光场在晶体中消耗的能量与介电常数的虚部

成正比。实际上,电子就是通过与晶体中的其他粒子间的互作用而将其从光电场获得的能量传递给晶格,从而使光场能量损耗。

11.2.2 量子理论

现在用量子力学来讨论晶体电子的极化率和光频介电常数。通常,由于电子与光场发生互作用的区域比光在晶体中的波长小得多,故可忽略电磁场在空间的变化,如同前面式(11.2.5)一样,将光电场写成

$$\boldsymbol{E} = \boldsymbol{E}_A \mathrm{e}^{-\mathrm{i}\omega t} \tag{11.2.12}$$

采用偶极近似,并设光电场沿 x 方向,则单电子哈密顿量写成:

$$\begin{aligned} H &= H_0 - exE_A \mathrm{e}^{-\mathrm{i}\omega t} \\ &= H_0 + H_I \end{aligned} \tag{11.2.13}$$

式中 H_0 是晶体单电子的哈密顿量,而

$$H_I = -exE_A \mathrm{e}^{-\mathrm{i}\omega t} \tag{11.2.14}$$

是微扰哈密顿量,依赖于时间 t。此时,单电子波函数 Ψ 应满足含时的薛定谔方程:

$$\mathrm{i}\hbar \frac{\partial \Psi}{\partial t} = H\Psi = (H_0 + H_I)\Psi \tag{11.2.15}$$

在未加光电磁场之前,设电子处在 H_0 的第 l 个本征态:

$$\psi_l(\boldsymbol{r}, t) = \mathrm{e}^{-\frac{\mathrm{i}}{\hbar}E_l t}\varphi_l(\boldsymbol{r}) \tag{11.2.16}$$

式中 E_l 是相应的本征能级。计入微扰之后,电子波函数可写成:

$$\begin{aligned} \Psi(\boldsymbol{r}, t) &= \sum_j C_j(t)\psi_j(\boldsymbol{r}, t) + C_l(t)\psi_l(\boldsymbol{r}, t) \\ &= \sum_j C_j(t)\mathrm{e}^{-\frac{\mathrm{i}}{\hbar}E_j t}\varphi_j(\boldsymbol{r}) + C_l(t)\mathrm{e}^{-\frac{\mathrm{i}}{\hbar}E_l t}\varphi_l(\boldsymbol{r}) \end{aligned} \tag{11.2.17}$$

其中 $\psi_j(\boldsymbol{r}, t)$ 及 E_j 分别表示 $\hat{H}_0$ 的未被电子占据的本征波函数及本征能级。由于通常光电场强度并不大,可把 $\hat{H}_I$ 及由此引起的激发态系数 $C_j(t)$ 都认为是小量。把(11.2.17)式代入(11.2.16)式,在只计及一级小量的近似下,可得

$$\frac{\mathrm{d}C_j}{\mathrm{d}t} = \frac{1}{\mathrm{i}\hbar}\langle \varphi_j \mid \hat{H}_I \mid \varphi_l \rangle C_l(t)\mathrm{e}^{\mathrm{i}\frac{1}{\hbar}(E_j - E_l)t} \tag{11.2.18}$$

由于开始施加光场时,电子处在 l 态,$C_l(t)$ 是个大量,而其他的激发态系数 $C_j(t)$ 均为小量。考虑到波函数(11.2.17)式的归一化条件:

$$|C_l(t)|^2 + \sum_j |C_j(t)|^2 = 1$$

在只考虑一级小量情况下,可认为

$$C_l(t) \approx 1 \tag{11.2.19}$$

(11.2.18)式表示在施加光场以后,处在 l 态的电子在光场的扰动下跃迁至未占据的激发态 $\psi_j(\boldsymbol{r}, t)$。由于电子处在激发态 $\psi_j(\boldsymbol{r}, t)$ 是不稳定的,它会在晶体中其他粒子(如声子或光子)的扰动下回落到基态(即非辐射复合或辐射复合)。因此,处在激发态 ψ_j 的电子都只有

一定的寿命。可认为 $C_j(t)$以下面的形式衰减：

$$C_j(t) = C_j(0)e^{-\frac{\Gamma}{2}t} \tag{11.2.20}$$

$C_j(t)$满足方程

$$\frac{\partial C_j}{\partial t} = -\frac{\Gamma}{2}C_j \tag{11.2.21}$$

所以计入电子与其他粒子间的相互作用，即阻尼作用后，(11.2.18)式应改写成

$$\frac{\partial C_j}{\partial t} = \frac{1}{i\hbar}\langle \varphi_j \mid \hat{H}_I \mid \varphi_l \rangle e^{i\omega_{jl}t} - \frac{\Gamma}{2}C_j \tag{11.2.22}$$

这里已利用了(11.2.19)式，并令

$$\omega_{jl} = \frac{1}{\hbar}(E_j - E_l) \tag{11.2.23}$$

由(11.2.14)式，矩阵元为

$$\langle \varphi_j \mid \hat{H}_I \mid \varphi_l \rangle = -eE_A\langle \varphi_j \mid x \mid \varphi_l \rangle e^{-i\omega t} \tag{11.2.24}$$

把上式代入(11.2.22)式，并解此微分方程，可得

$$C_j(t) = \frac{eE_A}{\hbar}\langle \varphi_j \mid x \mid \varphi_l \rangle \frac{e^{i(\omega_{jl}-\omega)t}}{(\omega_{jl}-\omega) - i\Gamma/2} \tag{11.2.25}$$

电子的平均电偶极矩应是

$$\bar{p} = \langle \Psi \mid -ex \mid \Psi \rangle \tag{11.2.26}$$

利用(11.2.17)、(11.2.19)、(11.2.23)及(11.2.25)式，可算得：

$$\begin{aligned} \bar{p} &= \sum_j \frac{1}{\hbar} \mid \langle \varphi_j \mid -ex \mid \varphi_l \rangle \mid^2 \left\{ \frac{1}{(\omega_{jl}-\omega) - i\Gamma/2} + \frac{1}{(\omega_{jl}+\omega) + i\Gamma/2} \right\} E_A e^{-i\omega t} \\ &= \sum_j \frac{2 \mid M_{jl} \mid^2 \omega_{jl}}{\hbar} \frac{E_A e^{i\omega t}}{(\omega_{jl}^2 - \omega^2) - i\Gamma\omega} \end{aligned} \tag{11.2.27}$$

这里已把电偶极矩的矩阵元记作 M_{jl}：

$$M_{jl} = \langle \varphi_j \mid -ex \mid \varphi_l \rangle \tag{11.2.28}$$

设晶体中的电子数密度为 N，则晶体中电子位移贡献的极化强度为

$$P = N\bar{p} = \sum_j \frac{2N \mid M_{jl} \mid^2 \omega_{jl}}{\hbar} \frac{E_A e^{-i\omega t}}{(\omega_{jl}^2 - \omega^2) - i\Gamma\omega} \tag{11.2.29}$$

由此可得晶体的电子极化率

$$\chi = \frac{P}{\varepsilon_0 E} = \frac{N\bar{p}}{\varepsilon_0 E_A e^{-i\omega t}} = \sum_j \frac{2N \mid M_{jl} \mid^2 \omega_{jl}}{\hbar} \frac{1}{(\omega_{jl}^2 - \omega^2) - i\Gamma\omega} \tag{11.2.30}$$

利用 $\epsilon = 1 + \chi$，可求得光频介电常数的实部和虚部：

$$\varepsilon_1(\omega) = 1 + \sum_j \frac{2N \mid M_{jl} \mid^2 \omega_{jl}}{\varepsilon_0 \hbar} \frac{\omega_{jl}^2 - \omega^2}{(\omega_{jl}^2 - \omega^2) + \Gamma^2\omega^2} \tag{11.2.31}$$

$$\varepsilon_2(\omega) = \sum_j \frac{2N \mid M_{jl} \mid^2 \omega_{jl}}{\varepsilon_0 \hbar} \frac{\Gamma\omega}{(\omega_{jl}^2 - \omega^2) + \Gamma^2\omega^2} \tag{11.2.32}$$

式(11.2.31)及(11.2.32)表明,按照量子理论,晶体中应存在许多种固有频率 ω_{jl} 各不相同的谐振子,其频率 $\omega_{jl}=\dfrac{E_j-E_l}{\hbar}$ 与电子的激发态能级 E_j 与基态能级 E_l 间的间距大小有关。电子的位移极化可以用电子从基态到激发态间的跃迁来表述,常引用参数:

$$f_{jl}=\frac{2\mid M_{jl}\mid^2 m\omega_{jl}}{e^2\ \hbar} \tag{11.2.33}$$

则式(11.2.31)—式(11.2.32)可分别改写成

$$\varepsilon_1(\omega)=1+\sum_j\frac{Ne^2 f_{jl}}{m\varepsilon_0}\frac{\omega_{jl}^2-\omega^2}{(\omega_{jl}^2-\omega^2)+\Gamma^2\omega^2} \tag{11.2.34}$$

$$\varepsilon_2(\omega)=\sum_j\frac{Ne^2 f_{jl}}{m\varepsilon_0}\frac{\Gamma\omega}{(\omega_{jl}^2-\omega^2)+\Gamma^2\omega^2} \tag{11.2.35}$$

以上两式在形式上与经典理论结果(11.2.10)、(11.2.11)式相似,在这里,f_{jl}表示第 j 个谐振子对介电常数贡献的大小,所以常称之为振子强度。它也表达了量子理论的又一特色,对静电场,$\omega=0$, 由(11.2.34)及(11.2.35)式可得静态介电常数:

$$\varepsilon_s=\varepsilon_1(0)=1+\sum_j\frac{Ne^2 f_{jl}}{m\varepsilon_0\omega_{jl}^2}=1+\sum_j\frac{2N\mid M_{jl}\mid^2}{\varepsilon_0(E_j-E_l)} \tag{11.2.36}$$

这里已近似认为各个原子中处于不同初态 E_l 上电子的极化率都相同。

图 11.1(a)示出根据介电常数的洛伦兹理论表式(11.2.10)及(11.2.11)画出的 $\varepsilon_1(\omega)$及 $\varepsilon_2(\omega)$与 ω 的关系曲线。图 11.1(b)则是 GaAs 晶体的介电常数随光子能量变化的实验曲线。这两个图大致相似。实际晶体的介电常数比洛伦兹理论的单振子模型要复杂,包含有多个谐振子。

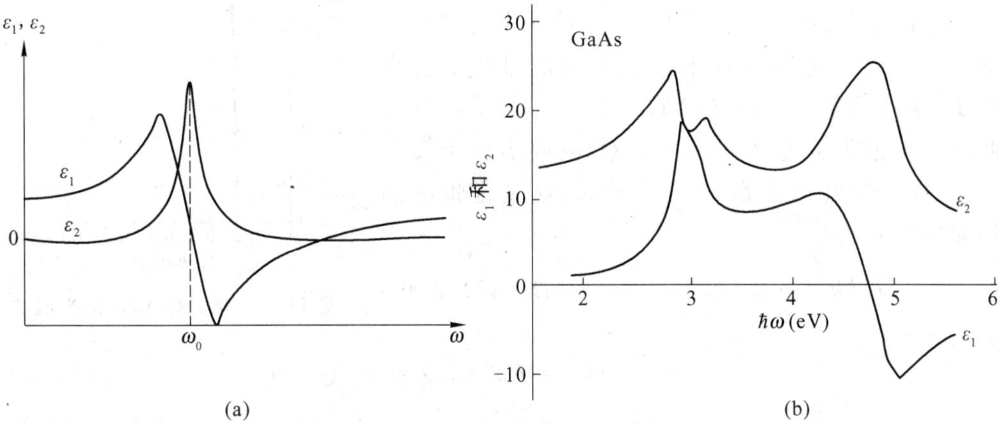

图 11.1 $\varepsilon_1(\omega)$及 $\varepsilon_2(\omega)$的理论和实验曲线

(a)理论曲线;(b)GaAs 的实验曲线

11.2.3 直接跃迁光吸收

由图 11.1(a)可以看到,当 $\omega=\omega_0$ 时,$\varepsilon_2(\omega)$具有极大值,因而吸收系数在 $\omega=\omega_0$ 处也有极大值,即 $\alpha\sim\omega$ 曲线在 ω_0 时出现光吸收峰。如上所述,经典谐振子的固有频率 ω_0 对应于

电子从基态 E_l 到激发态 E_j 之间的光跃迁的频率：$\omega_{jl}=(E_j-E_l)/\hbar$。

在实际晶体中单电子的能态为能带，对于绝缘体和半导体，价带是满带，导带是空带，如图 11.2 所示。设光波波矢为 $\boldsymbol{q}$，其大小 $q=\omega/c$。价带电子在状态 $E_v(\boldsymbol{k}_v)$ 吸收一个光子 $\hbar\omega(\boldsymbol{q})$，跃迁到导带状态 $E_c(\boldsymbol{k}_c)$，这是带间跃迁过程，应满足能量守恒和准动量守恒定律：

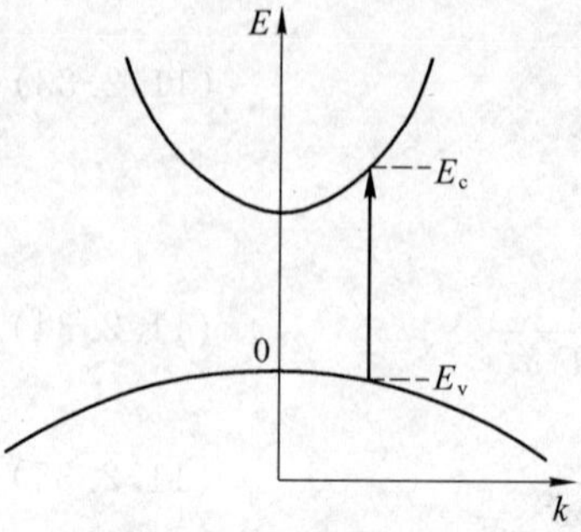

图 11.2 直接跃迁示意图

$$E_c-E_v=\hbar\omega \tag{11.2.37}$$

$$\hbar\boldsymbol{k}_c-\hbar\boldsymbol{k}_v=\hbar\boldsymbol{q} \tag{11.2.38}$$

由于电子波矢 k_c，k_v 与晶格间距的倒数相当，约为 $10^8\ \text{cm}^{-1}$，而红光光波波长为几千倍晶格间距，波矢约为 $10^5\ \text{cm}^{-1}$，所以光子波矢 q 往往可以忽略，即 $q\approx 0$。于是由式(11.2.38)得

$$\boldsymbol{k}_c\approx\boldsymbol{k}_v \tag{11.2.39}$$

这说明在这种带间跃迁的过程，电子波矢在跃迁前后是保持不变的。这种带间跃迁称为直接跃迁或竖直跃迁。

具有直接能隙的半导体 InSb、GaAs 等，它们的带间跃迁对应的光吸收边应是导带底与价带顶之间的能量差 E_g，能量小于 E_g 的光子入射，就不会有光吸收。图 11.3 是 G. W. Gobeli 和范绪筠(H. Y. Fan)测得的 InSb 的光吸收谱，充分显示带边直接跃迁的特征。在 $\hbar\omega\geqslant E_g$ 处吸收系数陡然上升。

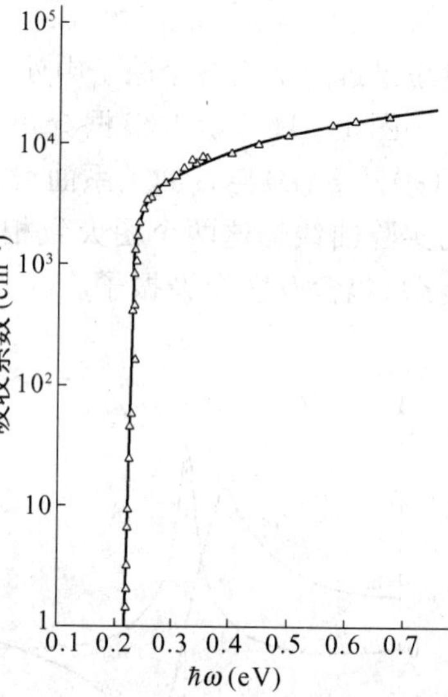

图 11.3 半导体 InSb 的光吸收谱

11.2.4 间接跃迁光吸收

有些固体，如半导体锗或硅其价带顶在布里渊区 $\boldsymbol{k}=0$ 的 Γ 点，而其导带底不在 Γ 点，锗的导带底在布里渊区的 L 点。还有一种带间光吸收的过程。价带电子 $E_v(\boldsymbol{k}_v)$ 吸收光子 $\hbar\omega(\boldsymbol{q})$ 的同时还与声子相互作用吸收一个波矢为 $\boldsymbol{Q}$ 的声子 $\hbar\Omega(\boldsymbol{Q})$ 或放出一个波矢为 $-\boldsymbol{Q}$ 的声子 $\hbar\Omega$ 才能跃迁到导带底，这过程也应满足能量守恒：

$$E_c(\boldsymbol{k}_c)-E_v(\boldsymbol{k}_v)=\hbar\omega\pm\hbar\Omega \tag{11.2.40}$$

和准动量守恒：

$$\hbar\boldsymbol{k}_c-\hbar\boldsymbol{k}_v=\hbar\boldsymbol{q}\pm\hbar\boldsymbol{Q}\approx\pm\hbar\boldsymbol{Q} \tag{11.2.41}$$

这里“+”号对应吸收声子，“−”号对应发射声子的过程。由于这类吸收需要两个过程同时发生，概率较小，相应的吸收系数也较小。图 11.4(a)示意画出间接跃迁的过程。而图 11.4(b)是锗晶体吸收系数随光子能量 $\hbar\omega$ 变化的实验曲线，呈两段式的特征，开始时，吸收系数较小，相应于间接跃迁光吸收。随后，当 $\hbar\omega\geqslant E_g^d$ 后，直接跃迁开始，吸收系数骤然增大。

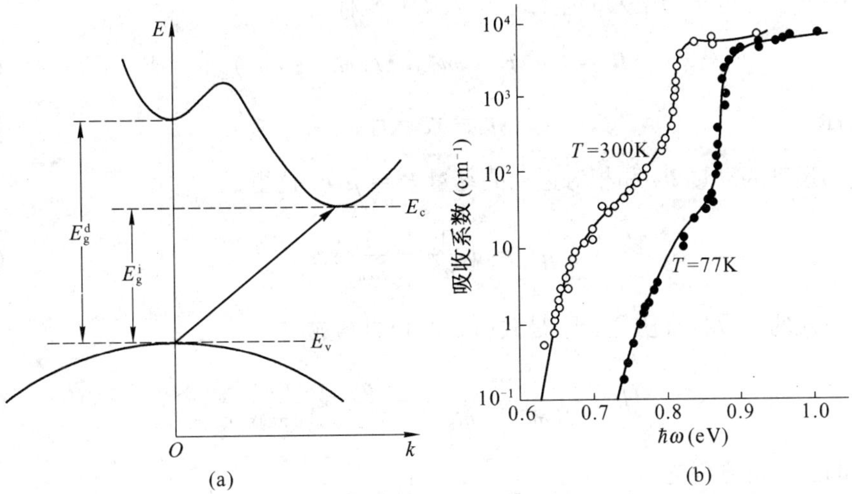

图 11.4　间接跃迁光吸收示意图(a)和实验测得锗的光吸收谱(b)

§ 11.3　激子的光吸收

11.3.1　两种激子

上节的结论是，只有光子能量超过某一阈值$\hbar\omega_{th}$，才可能发生带间跃迁光吸收。但在低温下许多非导体即使在光子能量$\hbar\omega$ 小于阈值，仍然存在特征吸收峰，如图 11.5 所示。这些分立的吸收谱线是由激子光吸收所引起的。

导带电子和价带的空穴分别带负、正电荷，彼此间有库仑吸引作用，因此一个空穴和一个电子有可能相互束缚形成一个电中性的复合体，称为激子。

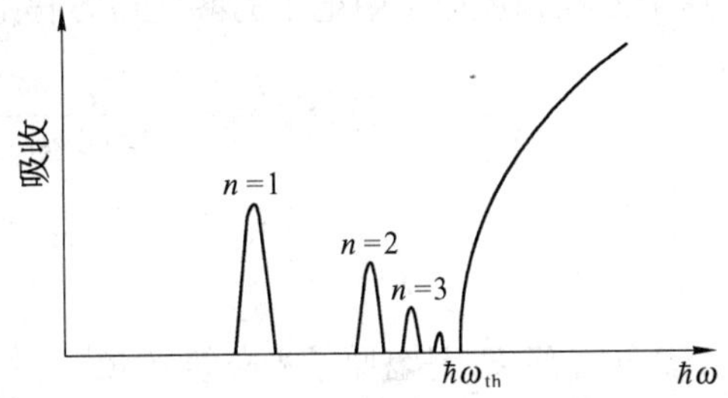

图 11.5　激子吸收谱线示意图

对于能带较宽，禁带较窄的半导体，其中激子里电子与空穴之间距离往往较大，相互间束缚较弱。这类激子称为松束缚激子或莫特-万尼尔(Mott-Wannier)激子。相反，对于能带比较窄，禁带比较宽的离子晶体或分子晶体，其中激子里电子和空穴的间距往往较小，约与分子尺度相当，这类激子束缚较紧密，称为紧束缚激子或弗仑克尔(Frenkel)激子。由于电子和空穴都可在晶体中自由运动，这两种激子的质心也可在晶体中自由运动。激子内部电子和空穴的相对运动靠库仑吸引力维系形成复合体。

11.3.2　松束缚激子的光吸收

假定半导体具有简单的能带，价带顶和导带底均在 $\boldsymbol{k}=0$ 点，其等能面都是球面，价带空穴的有效质量为 m_h^*，动量为 $\boldsymbol{p}_h$；导带电子的有关量分别为 m_e^* 和 $\boldsymbol{p}_e$。松束缚激子中电子和空穴相隔较远，它们之间的相互作用可看成介电常数为 ε_s 的介质中两个点电荷间的库仑互作用。故激子的哈密顿量为

$$H=\frac{\boldsymbol{p}_e^2}{2m_e^*}+\frac{\boldsymbol{p}_h^2}{2m_h^*}-\frac{e^2}{4\pi\varepsilon_0\varepsilon_s|\boldsymbol{r}_e-\boldsymbol{r}_h|} \tag{11.3.1}$$

式中 $\boldsymbol{r}_e$、$\boldsymbol{r}_h$ 分别是电子与空穴的坐标。引入质心坐标

$$\boldsymbol{R} = (m_e^* \boldsymbol{r}_e + m_h^* \boldsymbol{r}_h)/(m_e^* + m_h^*) \tag{11.3.2}$$

及相对坐标

$$\boldsymbol{r} = \boldsymbol{r}_e - \boldsymbol{r}_h \tag{11.3.3}$$

再引入质心运动的动量 $\boldsymbol{P}_R$ 和相对运动的动量 $\boldsymbol{P} = \mu^* \dot{\boldsymbol{r}}$，这里

$$\mu^* = \left(\frac{1}{m_e^*} + \frac{1}{m_h^*}\right)^{-1} \tag{11.3.4}$$

为电子和空穴的有效折合质量。于是式(11.3.1)可写成

$$H = \frac{\boldsymbol{P}_R^2}{2(m_e^* + m_h^*)} + \frac{\boldsymbol{p}^2}{2\mu^*} - \frac{e^2}{4\pi\varepsilon_0\varepsilon_s r} \tag{11.3.5}$$

激子系统的薛定谔方程为

$$\hat{H}F(\boldsymbol{R}, \boldsymbol{r}) = E'F(\boldsymbol{R}, \boldsymbol{r}) \tag{11.3.6}$$

设波函数

$$F(\boldsymbol{R}, \boldsymbol{r}) = e^{i\boldsymbol{K}\cdot\boldsymbol{R}}\psi(\boldsymbol{r}) \tag{11.3.7}$$

能量

$$E' = \frac{\hbar^2 K^2}{2(m_e^* + m_h^*)} + E \tag{11.3.8}$$

将此 $F(\boldsymbol{R}, \boldsymbol{r})$和 E' 代入式(11.3.6)，获得电子和空穴的相对运动部分的薛定谔方程：

$$\left(\frac{\hat{\boldsymbol{p}}^2}{2\mu^*} - \frac{e^2}{4\pi\varepsilon_0\varepsilon_s r}\right)\psi(\boldsymbol{r}) = E\psi(\boldsymbol{r}) \tag{11.3.9}$$

这个方程和氢原子中电子的薛定谔方程形式一样，其本征能量可写成

$$\begin{aligned} E_n &= -\frac{\mu^* e^4}{2\,\hbar^2(4\pi\varepsilon_0\varepsilon_s)^2} \cdot \frac{1}{n^2}, \quad n = 1, 2, 3, \cdots \\ &= \frac{\mu^*}{m\varepsilon_s^2} \cdot E_n^H \end{aligned} \tag{11.3.10}$$

故激子能级 E_n 是氢原子相应能级 E_n^H 的$\frac{\mu^*}{m\varepsilon_s^2}$倍。对于半导体，有效折合质量 μ^* 比电子质量 m 小得多，而介电常数 ϵ_s 又较大，因而激子的基态束缚能 $|E_{n=1}| \approx 0.01$ eV。所以激子光吸收必须在低温条件下观测。氢原子的基态轨道半径 $a_B = \frac{4\pi\varepsilon_0\,\hbar^2}{me^2}$，激子基态的有效半径 $a_{ex} = \frac{m\varepsilon_s}{\mu^*}a_B$，大约为几个纳米到几十个纳米(相当于原子间距的几十至几百倍)。当电子和空穴相距无限远时，系统中是一个价带顶空穴和导带底电子。取价带顶为能量零点，则此时系统能量为 E_g，故激子系统能量为

$$E' = E_g + \frac{\hbar K^2}{2(m_e^* + m_h^*)} + E_n \tag{11.3.11}$$

这里 $\boldsymbol{K}$ 是质心自由运动对应的波矢。

由此看来，激子光吸收对应于价带电子吸收光子后跃迁到激子各个分立能级的过程。在这过程中同样要遵守能量守恒：

$$\hbar\omega = E_g + \frac{\hbar K^2}{2(m_e^* + m_h^*)} - \frac{\mu^*}{m\varepsilon_s^2} \cdot \frac{me^4}{2(4\pi\varepsilon_0 \hbar)^2} \cdot \frac{1}{n^2} \tag{11.3.12}$$

和准动量守恒：

$$\hbar \boldsymbol{q} = \hbar \boldsymbol{K} \tag{11.3.13}$$

由于光子波矢 $\boldsymbol{q}$ 很小，可近似认为 $\boldsymbol{q} = \boldsymbol{K} \approx 0$，所以

$$\hbar\omega = E_g - \frac{\mu^*}{m\varepsilon_s^2} \cdot \frac{me^4}{2(4\pi\varepsilon_0 \hbar)^2} \cdot \frac{1}{n^2} \tag{11.3.14}$$

图 11.6 是实验测得的半导体 Cu_2O 的激子吸收谱。理论分析表明 Cu_2O 的带间跃迁光吸收是禁戒的，因而 $n = 1$ 的激子跃迁也是禁戒的，故只有 $n = 2, 3, 4, \cdots$ 的激子吸收峰。

11.3.3 紧束缚激子的光吸收

离子晶体或分子晶体的价带、导带很窄，空穴和电子有效质量较大，禁带又很宽，晶体的介电常数较小。估计激子基态束缚能在 1 eV 的数量级。紧束缚激子中的电子与空穴的间距与原子间距相当。这时正、负电荷的两个粒子间的相互作用不能简单看成是真空中库仑互作用除以晶体的介电常数，而具有比较复杂的形式。

紧束缚激子中电子和空穴处在同一原子或相邻原子中，可以近似将其看成是晶体中某个原子或分子的电子受光场作用后形成的激发态。由于晶体中相邻原子(分子)间存在相互作用，这种激发态不会长时间停留在一个原子(分子)上，而是可从一个原子(分子)转移到相邻的原子(分子)，以波的形式在晶体中传播，这就是激发波。

设想晶体的 N 个原子中只有一个原子处于激发态。这个处于激发态的原子是这 N 个原子中的任一个。因此，共有 N 个等价的激发态波函数。于是，紧束缚激子的波函数应是这 N 个原子激发态波函数的线性叠加。考虑最近邻原子间互作用，采用紧束缚近似法可以求得紧束缚激子的能带。由于这激子能带很窄，因此位于离子晶体宽的禁带中靠近导带(空带)底附近。

图 11.7是人们在77 K时测得的离子晶体KBr的在吸收边附近的吸收谱。当光子能

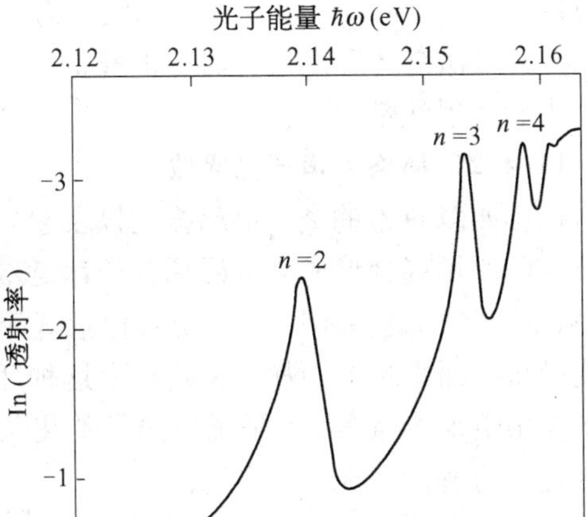

图 11.6 在 $T = 77$ K 测得的 Cu_2O 的激子光吸收谱

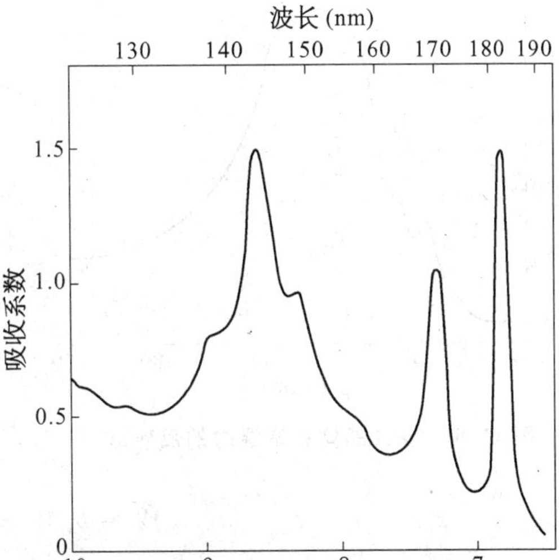

图 11.7 在 $T = 77$ K 时测得的 KBr 晶体的激子光吸收谱

量超过 7.8 eV 时,可观察到光电导现象。7.8 eV 被认定为禁带宽度。在光子能量为 6.8 eV和 7.4 eV 时有两个吸收峰,它们就是紧束缚激子的吸收峰。

§11.4　极性晶体的晶格光反射和光吸收

在第四章讨论离子晶体的晶格振动时,得到离子晶体的介电常数

$$\varepsilon(\omega)=\frac{\omega_{\mathrm{LO}}^2-\omega^2}{\omega_{\mathrm{TO}}^2-\omega^2}\varepsilon_\infty \tag{4.5.13}$$

ω_{TO}和ω_{LO}分别为横向和纵向光频支振动频率。本节就在这基础上讨论离子晶体的光学性质。

11.4.1　极性晶体的反射谱

由式(4.5.13),当频率ω处在$\omega_{\mathrm{TO}}<\omega<\omega_{\mathrm{LO}}$范围,$\varepsilon(\omega)<0$,这时,依照式(11.1.10)和(11.1.11)可得

$$\left.\begin{aligned}&\text{折射率}\quad n=0\\&\text{消光系数}\quad \kappa=\sqrt{|\varepsilon(\omega)|}=\left[\varepsilon_\infty\frac{\omega_{\mathrm{LO}}^2-\omega^2}{|\omega_{\mathrm{TO}}^2-\omega^2|}\right]^{1/2}\end{aligned}\right\} \tag{11.4.1}$$

在上述频区的光波在垂直入射时,晶体的反射系数式(11.1.19)为

$$R=\frac{(n-1)^2+\kappa^2}{(n+1)^2+\kappa^2}=1 \tag{11.4.2}$$

即频率ω在ω_{TO}至ω_{LO}之间的光波将被全反射。可见,极性晶体不许频率ω在ω_{TO}至ω_{LO}之间的光波传播通过晶体,也不能存在该频率范围的电磁耦合子。

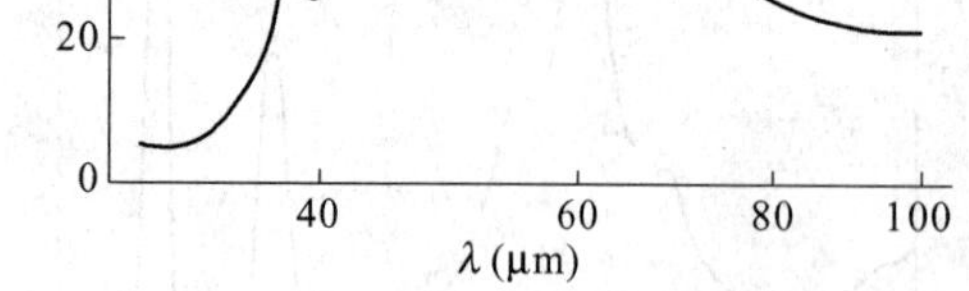

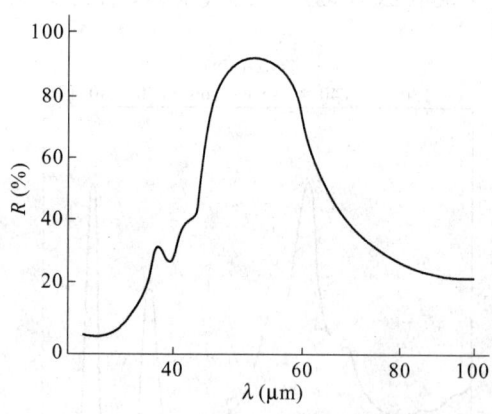

图 11.8　NaCl 晶体在室温时的反射谱

图 11.8 是离子晶体 NaCl 的反射谱。从图中可以得到,在ω_{LO}与ω_{TO}所对应的波长为 38～61 μm 之间存在高反射带。历史上曾把该反射带称为剩余射线带。

11.4.2　晶格单声子光吸收

在第四章讨论的离子晶格振动以及它的极化波与电磁场耦合形成的电磁耦合子都是本征振荡,没有考虑这些本征振荡与其他模式声子的能量转换而引起的损耗。在宏观上这种耗能机制是用阻尼力描写,于是正负离子约化位移$\boldsymbol{W}$的运动方程应写成

$$\ddot{\boldsymbol{W}}=b_{11}\boldsymbol{W}+b_{12}\boldsymbol{E}-\Gamma\dot{\boldsymbol{W}} \tag{11.4.3}$$

式中Γ代表阻尼力强弱的常数。考虑到阻尼项后,介电常数变成复数

$$\varepsilon(\omega)=\frac{\omega_{\mathrm{LO}}^2-\omega^2-\mathrm{i}\Gamma\omega}{\omega_{\mathrm{TO}}^2-\omega^2-\mathrm{i}\Gamma\omega}\varepsilon_\infty \tag{11.4.4}$$

其实部为
$$\varepsilon_1(\omega)=\varepsilon_\infty\frac{(\omega_{LO}^2-\omega^2)(\omega_{TO}^2-\omega^2)+\Gamma^2\omega^2}{(\omega_{TO}^2-\omega^2)^2+\Gamma^2\omega^2}\tag{11.4.5}$$

而虚部是
$$\varepsilon_2(\omega)=\varepsilon_\infty\frac{(\omega_{LO}^2-\omega_{TO}^2)\Gamma\omega}{(\omega_{TO}^2-\omega^2)^2+\Gamma^2\omega^2}\tag{11.4.6}$$

根据(11.1.17)式,可得光在晶体中的吸收系数
$$\alpha=\frac{\varepsilon_\infty}{cn}\frac{(\omega_{LO}^2-\omega_{TO}^2)\Gamma\omega^2}{(\omega_{TO}^2-\omega^2)^2+\Gamma^2\omega^2}\tag{11.4.7}$$

由此可见,吸收系数 α 在 $\omega=\omega_{TO}$ 处达峰值。晶体在横向光频支声子频率 ω_{TO}处应有明显的光吸收。其吸收峰的宽度与 Γ 成正比$\left(\text{当 }\omega=\omega_{TO}\pm\frac{\Gamma}{2}\text{ 时},\alpha(\omega)\text{将减小至峰值 }\alpha(\omega_{TO})\text{的一半}\right)$。

因为电磁波是横波,当光波入射至极性晶体后,正负离子在光电场作用下产生的强迫振动也必是横向格波。当入射光波的频率 ω 趋近晶格离子的固有频率,即横向光频支格波频率 ω_{TO}时,将出现共振,正负离子间的强迫振动达到最大的振幅,晶格从光电场获得最大能量。如果存在阻尼作用,即与晶体的其他模式声子间存在相互作用,则在强迫振动过程中晶格离子从光场获得的能量可以传递给晶体中的其他声子,即转变成晶体的热能。这就是晶格光吸收。

根据量子力学的观点,在极性晶体中光波能直接与正负离子的横向光频支晶格振动发生相互作用,吸收一个光子而发射一个声子。在吸收光子及发射声子过程中,必须同时满足能量守恒及准动量(波矢)守恒定律:
$$\hbar\omega=\hbar\omega_{TO}\tag{11.4.8}$$
$$\hbar\boldsymbol{q}=\hbar\boldsymbol{Q}\tag{11.4.9}$$

这就是说吸收的光子频率就是发射的横向光频支声子频率 ω_{TO};吸收的光子波矢 $\boldsymbol{q}$ 就是发射的横向光频支声子的波矢 $\boldsymbol{Q}$。因为光子的波矢 $\boldsymbol{q}$ 非常小,所以发射的横向光频支声子的波矢必局限于布里渊区中心 Γ 点附近。如果考虑到阻尼作用,即考虑被光波激发起来的(或吸收光子后发射的)横向光频支声子与其他声子间的互作用,则该横向光频支声子就只有一定的寿命 τ,它会衰变成其他声子。根据量子力学不确定关系,该横向光频支声子的能量有一定的不确定范围 $\Delta(\hbar\omega)=\hbar(\Delta\omega)$:
$$\tau\cdot\hbar\,\Delta\omega\approx\hbar$$

即
$$\Delta\omega\approx 1/\tau\tag{11.4.10}$$

这就是说在 $\omega_{TO}\pm\Delta\omega$ 范围内的光波都能产生光吸收。也即吸收峰存在有一定的宽度。而由前面知道吸收峰宽度与阻尼系数 Γ 成正比。由此可见,阻尼系数 Γ 应与横向光频支声子寿命的倒数 $1/\tau$ 有关。

11.4.3 晶格双声子光吸收

除上述单声子光吸收过程外,在极性晶体中还存在双声子光吸收过程及多声子光吸收过程。第四章曾指出,由于非简谐力的存在,两个声子可以转变成一个其他模式的声子,也可以是一个模式的声子转变成两个其他模式的声子。

在声子转变过程中也应满足能量守恒和准动量守恒(波矢守恒)定律。在本章我们用 ω, $\boldsymbol{q}$ 表示光波的频率和波矢。故采用 Ω, $\boldsymbol{Q}$ 来表示声子的频率和波矢,至于声子所属的频

支用 σ 来区别。于是,两个声子并合成一个声子的过程为

$$\hbar\Omega(\boldsymbol{Q}'', \sigma'') + \hbar\Omega(\boldsymbol{Q}', \sigma') = \hbar\Omega(\boldsymbol{Q}, \sigma) \tag{11.4.11}$$

$$\hbar\boldsymbol{Q}'' + \hbar\boldsymbol{Q}' = \hbar\boldsymbol{Q} \tag{11.4.12}$$

而一个声子分解成两个声子的过程为

$$\hbar\Omega(\boldsymbol{Q}'', \sigma'') - \hbar\Omega(\boldsymbol{Q}', \sigma') = \hbar\Omega(\boldsymbol{Q}, \sigma) \tag{11.4.13}$$

$$\hbar\boldsymbol{Q}'' - \hbar\boldsymbol{Q}' = \hbar\boldsymbol{Q} \tag{11.4.14}$$

在此我们只限于正常过程,略去倒易过程(在准动量守恒式子中忽略 $\boldsymbol{K}_l$)。

设想极性晶体在光电场作用下吸收一个光子 $\hbar\omega(\boldsymbol{q})$,同时发射一个声子 $\hbar\Omega(\boldsymbol{Q}'', \sigma'')$。随后该声子通过声子间互作用(非简谐作用)又转化成两个声子 $\hbar\Omega(\boldsymbol{Q}, \sigma)$ 及 $\hbar\Omega(\boldsymbol{Q}', \sigma')$,如图 11.9(a)所示。图中以不带波纹线的箭头表示光子。这里声子 $(\boldsymbol{Q}'', \sigma'')$ 是个中间态,其存在的时间非常短,因此可以认为该过程是吸收了一个光子 $\hbar\omega(\boldsymbol{q})$ 而发射了两个声子,$\hbar\Omega(\boldsymbol{Q}, \sigma)$ 及 $\hbar\Omega(\boldsymbol{Q}', \sigma')$,如图 11.9(b)所示。同样,吸收光子 $\hbar\omega(\boldsymbol{q})$ 时,发射的声子 $\hbar\Omega(\boldsymbol{Q}'', \sigma'')$ 可以与一个声子 $\hbar\Omega(\boldsymbol{Q}', \sigma')$ 一起湮没而发射声子 $\hbar\Omega(\boldsymbol{Q}, \sigma)$,如图 11.9(c)所示。显然图中的 $(\boldsymbol{Q}'', \sigma'')$ 也可以略去而直接表示成图 11.9(d)的形式。即这一个过程相当于同时吸收一个光子 $\hbar\omega(\boldsymbol{q})$ 及一个声子 $\hbar\Omega(\boldsymbol{Q}', \sigma')$ 而发射一个声子 $\hbar\Omega(\boldsymbol{Q}, \sigma)$。上述这种吸收一个光子,发射两个声子或发射一个声子、吸收一个声子的过程就是双声子光吸收过程。双声子光吸收过程也必须满足能量守恒及准动量(波矢)守恒定律。对于发射两个声子的过程,有

$$\hbar\omega(\boldsymbol{q}) = \hbar\Omega(\boldsymbol{Q}, \sigma) + \hbar\Omega(\boldsymbol{Q}', \sigma') \tag{11.4.15}$$

$$\hbar\boldsymbol{q} = \hbar\boldsymbol{Q} + \hbar\boldsymbol{Q}' \tag{11.4.16}$$

对于发射一声子,吸收一个声子的过程,有

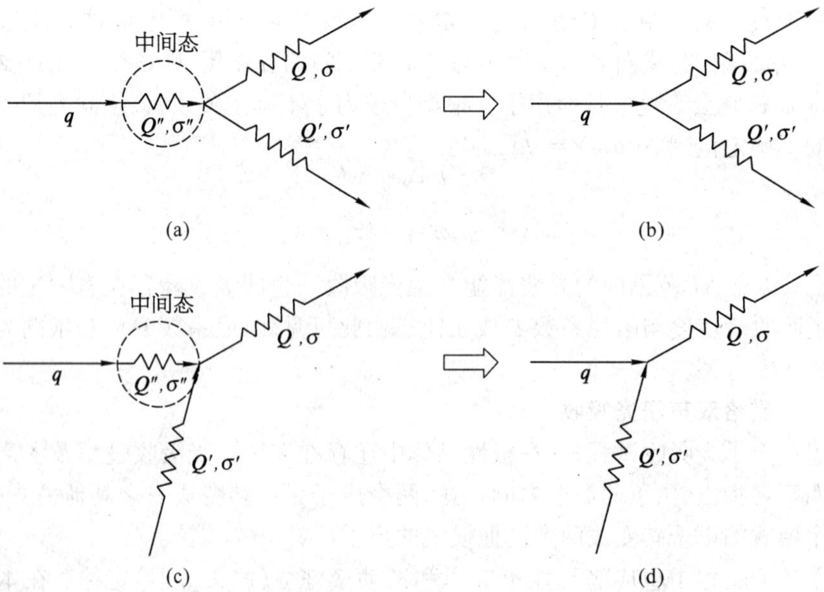

图 11.9　双声子光吸收过程

$$\hbar\omega(\boldsymbol{q}) = \hbar\Omega(\boldsymbol{Q},\sigma) - \hbar\Omega(\boldsymbol{Q}',\sigma') \tag{11.4.17}$$

$$\hbar\boldsymbol{q} = \hbar\boldsymbol{Q} - \hbar\boldsymbol{Q}' \tag{11.4.18}$$

考虑到光子波矢 $\boldsymbol{q}$ 很小,即 $q \approx 0$,所以(11.4.16)式可写成 $\boldsymbol{Q}+\boldsymbol{Q}' \approx 0$,即发射的两个声子的波矢应近似等值反向。而(10.4.18)式可近似写成 $\boldsymbol{Q} \approx \boldsymbol{Q}'$,即发射的声子波矢应与吸收的声子波矢近似相等。

由于双声子光吸收过程是一个两级微扰过程,其发生概率比单声子光吸收过程(一级微扰过程)小得多。所以双声子光吸收过程的吸收系数比单声子光吸收过程小得多。

图 11.10 示出了极性半导体 GaAs 晶体的双声子光吸收谱。其中峰 $A(\hbar\omega = 0.041\,3\ \text{eV})$ 相应于吸收一个光子后发射两个声子: $TO_1 + TA$, 即第一模式的横向光频声子 TO_1 $(\hbar\Omega = 0.032\,4\ \text{eV})$ 和横向声频声子 $TA(\hbar\Omega = 0.008\,9\ \text{eV})$。而峰 $B(\hbar\omega = 0.038\ \text{eV})$ 相应于吸收光子后发射 LO 及 TA 两个声子。它们的能量 $\hbar\Omega$ 分别为 0.029 及 0.009 eV。所以要分析研究双声子或多声子光吸收过程必须同时进行理论计算及实验测量,在分析实验结果时必须事先了解晶格振动的声子谱。

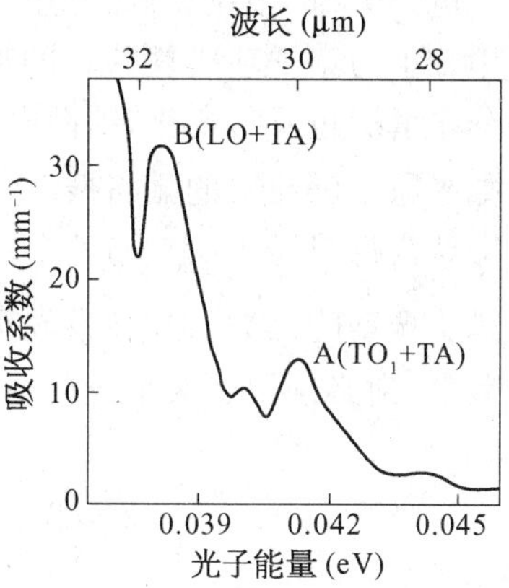

图 11.10 GaAs 的双声子光吸收谱

§11.5 拉 曼 散 射

本节讨论另一个重要的光学性质,即光散射。当光波在某一介质中传播时,经光波与介质中的原子、分子的相互作用后,使光的传播方向发生改变。这一现象即为光散射。如果散射光的频率与入射光相同,则为弹性散射,常称瑞利散射。如果散射光的频率与入射光不同,则为非弹性散射,并把频率低于入射光频率的散射光线称之为斯托克斯线,而把频率高于入射光频率的散射光线称之为反斯托克斯线。在晶体中引起非弹性散射的原因很多,光频声子、声频声子及其他各种元激发,如激子、等离子激元、磁振子等都可以使光波在晶体中产生非弹性散射。目前除由声频声子引起的非弹性散射称之为布里渊散射外,其余各种元激发所引起的非弹性散射均称之为拉曼散射。如果有两个元激发参与,则称为二级拉曼散射。本节只讨论由光频声子引起的一级拉曼散射。

11.5.1 经典的拉曼散射理论

根据经典的电磁场理论,当光电磁波入射至一晶体后,晶体中的原子(分子)就在光电磁场作用下发生极化;形成振荡的电偶极矩,也形成振荡的极化强度:

$$\boldsymbol{P} = \varepsilon_0 \underset{\sim}{\chi} \cdot \hat{e}_L E_L \tag{11.5.1}$$

式中 $\underset{\sim}{\chi}$ 表示晶体的极化率张量(χ 下面的"～"表示张量。在各向异性的情况下,极化率是一个二级张量),$\hat{e}_L$ 表示入射光的偏振方向上的单位矢量,E_L 是入射光的电场分量:

$$E_L = E_L^0 \exp[-\mathrm{i}(\omega_L t - \boldsymbol{q}_L \cdot \boldsymbol{r})] + \text{c. c} \tag{11.5.2}$$

ω_L、$\boldsymbol{q}_L$ 分别表示入射光的角频率及波矢。"c. c"表示是前一项的复共轭。

现在将晶体近似看成是连续介质，晶体中某一光学声子模式的格波可表示成：

$$u(\boldsymbol{r},\ t) = A\exp[\mathrm{i}(\omega_{\mathrm{v}}t - \boldsymbol{Q}\cdot\boldsymbol{r})] + A^{*}\exp[-\mathrm{i}(\omega_{\mathrm{v}}t - \boldsymbol{Q}\cdot\boldsymbol{r})] \tag{11.5.3}$$

式中 $A \equiv A(\boldsymbol{Q},\ \sigma)$，其中 σ 代表频支，$\boldsymbol{Q}$ 为波矢，A 为格波的振幅，ω_{v} 为格波的角频率。与光电场 E_{L} 的情况相同，这里也认为晶格振动具有余弦的变化形式。因此，在式(11.5.3)中加上与第一项成复共轭的项。由于晶格振动，粒子间距不断发生变化，这就使其电子分布情况也不断变化，因而电子位移极化率$\underset{\sim}{\alpha}$也不断地随着原子(分子)的位置发生变化。如果原子(分子)的晶格振动频率 ω_{v} 比光波频率 ω_{L} 小得多，则可采用准静态的绝热近似：即认为每当原子(分子)处在一个位置时，有一个确定的极化率。因此可把极化率看成是晶格振动的函数，把$\underset{\sim}{\chi}$作泰勒级数展开，并只取其一次项(若要考虑二级或更高级的拉曼散射，则必须取二次幂或更高次幂项)，可得：

$$\underset{\sim}{\chi} = \underset{\sim}{\chi}^{0} + \frac{\partial \underset{\sim}{\chi}}{\partial A}\cdot A\mathrm{e}^{\mathrm{i}(\omega_{\mathrm{v}}t-\boldsymbol{Q}\cdot\boldsymbol{r})} + \frac{\partial \underset{\sim}{\chi}}{\partial A^{*}}\cdot A^{*}\,\mathrm{e}^{-\mathrm{i}(\omega_{\mathrm{v}}t-\boldsymbol{Q}\cdot\boldsymbol{r})} \tag{11.5.4}$$

式中$\underset{\sim}{\chi}^{0}$ 表示没有晶格振动时的极化率。把(11.5.2)及(11.5.4)一起代入(11.5.1)式，可得

$$\begin{aligned}\boldsymbol{P} = {} & \varepsilon_0\,\underset{\sim}{\chi}^{0}\cdot\hat{e}_{\mathrm{L}}E_{\mathrm{L}}^{0}\mathrm{e}^{-\mathrm{i}(\omega_{\mathrm{L}}t-\boldsymbol{q}_{\mathrm{L}}\cdot\boldsymbol{r})} \\ & + \varepsilon_0\,\frac{\partial \underset{\sim}{\chi}}{\partial A}\,\hat{e}_{\mathrm{L}}AE_{\mathrm{L}}^{0}\mathrm{e}^{-\mathrm{i}[(\omega_{\mathrm{L}}-\omega_{\mathrm{v}})t-(\boldsymbol{q}_{\mathrm{L}}-\boldsymbol{Q})\cdot\boldsymbol{r}]} \\ & + \varepsilon_0\,\frac{\partial \underset{\sim}{\chi}}{\partial A^{*}}\cdot\hat{e}_{\mathrm{L}}A^{*}E_{\mathrm{L}}^{0}\mathrm{e}^{-\mathrm{i}[(\omega_{\mathrm{L}}+\omega_{\mathrm{v}})t-(\boldsymbol{q}_{\mathrm{L}}+\boldsymbol{Q})\cdot\boldsymbol{r}]} + \mathrm{c.\,c}\end{aligned} \tag{11.5.5}$$

由上式可见，考虑晶格振动对极化率的影响后，由光电场引起的极化强度除了包含有输入光波的频率 ω_{L} 的成分外，还包含有 $\omega_{\mathrm{L}}-\omega_{\mathrm{v}}$ 及 $\omega_{\mathrm{L}}+\omega_{\mathrm{v}}$ 的频率成分。

由电磁场理论知道，振荡的电偶极矩(极化强度)会向四周发射电磁波，而此电磁波即是散射光波。因此，这里的散射光波也有三种频率成分：ω_{L}，$\omega_{\mathrm{L}}-\omega_{\mathrm{v}}$ 及 $\omega_{\mathrm{L}}+\omega_{\mathrm{v}}$。第一种情况相应于弹性散射(瑞利散射)，散射光频率 $\omega_{\mathrm{s}}=\omega_{\mathrm{L}}$。第二及第三种情况，散射光的频率 ω_{s} 都不同于入射光的频率 ω_{L}，它们都是拉曼散射。按能量守恒及准动量守恒定律，它们的频率与波矢分别有下面关系：

$$\omega_{\mathrm{s}} = \omega_{\mathrm{L}} \pm \omega_{\mathrm{v}} \tag{11.5.6}$$

$$\boldsymbol{q}_{\mathrm{s}} = \boldsymbol{q}_{\mathrm{L}} \pm \boldsymbol{Q} \tag{11.5.7}$$

式中"＋"号相应于反斯托克斯线，而"－"号相应于斯托克斯线。根据经典的电磁理论，电极化强度 $\boldsymbol{P}$ 发射出来的沿单位矢量$\hat{e}_{\mathrm{s}}$偏振的散射光在单位立体角内的功率可写成

$$\frac{\mathrm{d}W_{\mathrm{s}}}{\mathrm{d}\Omega} = \frac{\omega_{\mathrm{s}}^{4}V^{2}}{(4\pi)^{2}\varepsilon_0 c^{3}}\mid \hat{e}_{\mathrm{s}}\cdot\boldsymbol{P}\mid^{2} \tag{11.5.8}$$

式中 V 是散射区域的体积。而入射光波的能流密度，即通过单位截面的功率为

$$\frac{\mathrm{d}W_{L}}{\mathrm{d}S} = \varepsilon_0 cE_{\mathrm{L}}^{2} \tag{11.5.9}$$

规定微分散射截面$\frac{d\sigma}{d\Omega}$为

$$\frac{d\sigma}{d\Omega}=\frac{dW_s}{d\Omega}\Big/\frac{dW_L}{dS} \tag{11.5.10}$$

因为$\frac{dW_s}{d\Omega}$及$\frac{dW_L}{dS}$的单位分别是瓦及瓦/米^2,所以微分散射截面具有面积的量纲,其单位为米^2。把(11.5.8)及(11.5.9)式一起代入(11.5.10)式,并考虑(11.5.1)式,可得

$$\frac{d\sigma}{d\Omega}=\frac{\omega_s^4V^2}{(4\pi)^2c^4}\mid\hat{e}_s\cdot\underset{\sim}{\chi}\cdot\hat{e}_L\mid^2 \tag{11.5.11}$$

把(11.5.5)式代入上式,并略去瑞利散射部分,同时把表式对平衡态取平均值。对于斯托克斯线,可得

$$\frac{d\sigma_s}{d\Omega}=\frac{\omega_s^4V^2}{(4\pi)^2c^4}\mid\hat{e}_s\cdot\frac{\partial\underset{\sim}{\chi}}{\partial A}\cdot\hat{e}_L\mid^2\langle AA^*\rangle \tag{11.5.12}$$

对于反斯托克斯散射光,可得

$$\frac{d\sigma_a}{d\Omega}=\frac{\omega_s^4V^2}{(4\pi)^2c^4}\left|\hat{e}_s\cdot\frac{\partial\underset{\sim}{\chi}}{\partial A^*}\cdot\hat{e}_L\right|^2\langle A^*A\rangle \tag{11.5.13}$$

式中$\langle AA^*\rangle$及$\langle A^*A\rangle$分别表示晶格振动振幅的平方对热平衡状态求平均值,在量子力学中,利用二次量子化方法,可算得

$$\langle AA^*\rangle=\frac{\hbar}{2\omega_v}(n+1) \tag{11.5.14}$$

$$\langle A^*A\rangle=\frac{\hbar}{2\omega_v}n \tag{11.5.15}$$

式中 n 是声子数,在温度 T 时,平均声子数为

$$n=\frac{1}{\exp\left(\frac{\hbar\omega_v}{k_BT}\right)-1} \tag{11.5.16}$$

利用(11.5.12)式—(11.5.16)式,可得斯托克斯散射光的散射截面$\frac{d\sigma_s}{d\Omega}$与反斯托克斯散射光的散射截面$\frac{d\sigma_a}{d\Omega}$间的关系:

$$\frac{d\sigma_s}{d\Omega}=\frac{n+1}{n}\frac{d\sigma_a}{d\Omega}=\frac{d\sigma_a}{d\Omega}\exp(\hbar\omega_v/k_BT) \tag{11.5.17}$$

从上式可见,温度愈低,斯托克斯线的微分散射截面$\frac{d\sigma_s}{d\Omega}$比反斯托克斯线的微分散射截面$\frac{d\sigma_a}{d\Omega}$的比愈大,因而斯托克斯散射光也愈比反斯托克斯散射光强。图 11.11 给出了单晶硅在不同温度下测得的拉曼散射光谱。入射光波长是 514.5 nm,图的左边相应于斯托克斯线,右边相应于反斯托克斯线。从图中可以看到斯托克斯线比反斯托克斯线强度高得多,而且温度愈低,两者强度比愈大,这与(11.5.17)式相一致。有时常可根据它们的强度比反过来去决定晶体散射区的温度 T。

为了更便于理论与实验进行比较,常引进微分散射效率$\frac{dS}{d\Omega}$,其定义为

$$\frac{dS}{d\Omega}=\frac{d\sigma}{d\Omega}\Big/V \tag{11.5.18}$$

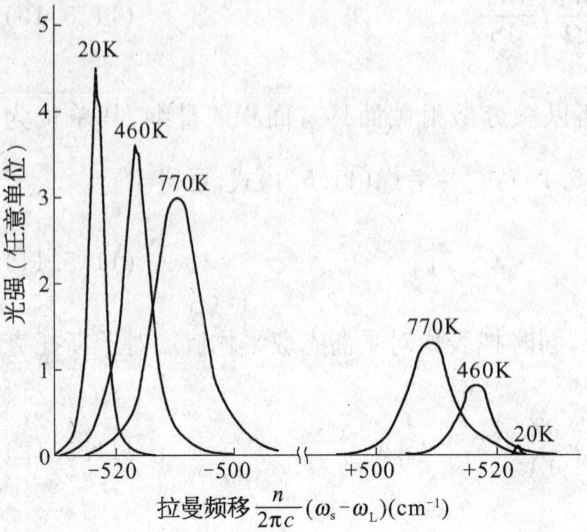

图 11.11 硅在不同温度下的拉曼光谱

因为$\frac{d\sigma}{d\Omega}$的量纲是面积,$\frac{dS}{d\Omega}$的量纲是长度的倒数。因此微分散射效率$\frac{dS}{d\Omega}$的物理意义是在散射区的每单位长度内散射光功率与入射光功率之比。把微分散射效率乘以散射区长度,并考虑当光线进入及离开晶体表面时的反射损失及光线在晶体中的吸收损失,从已知的入射光强度就可计算得到在单位立体角内的散射光功率。

11.5.2 拉曼张量

由(11.5.12)及(11.5.18)式可得微分散射效率

$$\frac{dS}{d\Omega}\propto\left|\hat{e}_s\cdot\frac{\partial\underset{\sim}{\chi}}{\partial A}\cdot\hat{e}_L\right|^2 \tag{11.5.19}$$

为方便起见,常把二阶张量$\frac{\partial\underset{\sim}{\chi}}{\partial A}$写成

$$\underset{\sim}{R}=C\frac{\partial\underset{\sim}{\chi}}{\partial A} \tag{11.5.20}$$

或写成分量形式:

$$R_{ij}=C\frac{\partial\chi_{ij}}{\partial A} \tag{11.5.21}$$

这里 C 是一个与ω_s^2、c^2、$(n+1)^{1/2}$等物理量有关的常数,不同的作者有不同的定义。常把$\underset{\sim}{R}$称为拉曼张量。于是式(11.5.19)可写成

$$\frac{dS}{d\Omega}\propto|\hat{e}_s\cdot\underset{\sim}{R}\cdot\hat{e}_L|^2 \tag{11.5.22}$$

故只有上式右方不为零时,$\frac{dS}{d\Omega}$才不等于零,才能产生拉曼散射。而上式右方是否等于零,可直接根据晶体对称性来判断。

拉曼张量$\underset{\sim}{R}$是受晶体对称性制约的,而具体实验安排确定了入射光和散射光的传播方向 α 和 δ。所以,在拉曼散射实验中常用 $\alpha(\beta,\gamma)\delta$ 来表示,其中 β 和 γ 分别表示入射光和散射光的偏振方向(即$\hat{e}_L$和$\hat{e}_s$)。例如,在前向散射情况,入射光与散射光沿同一个方向传播。具体例子:$z(y,x)z$,就表示入射光沿 z 方向传播,偏振为 y 方向;散射光也沿 z 方向传播,其偏振是沿 x 方向。再如 $x(z,y)\bar{x}$的实验安排属于背散射情况。入射光沿 x 方向传播,其偏振方向为 z 向;散射光偏振沿 y 方向,并沿 $-x$ 方向传播。

以闪锌矿结构的 GaAs、GaP、InP、AlSb 等为例。它们的晶体结构属空间群 $F4\overline{3}m$(或 T_d^2)。每个原胞有两个原子,所以原胞有 6 个振动自由度。参与拉曼散射的声子波矢 $\boldsymbol{Q}=\pm(\boldsymbol{q}_S-\boldsymbol{q}_L)$,这里 $\boldsymbol{q}_S$ 和 $\boldsymbol{q}_L$ 是散射光波和入射光波的波矢。我们曾经多次说过,光波波矢很小可视为零,于是只有 $\boldsymbol{Q}=0$ 的声子才参与散射过程。在 $\boldsymbol{Q}=0$ 点,闪锌矿结构的晶体,其晶格振动的对称性分类为 $2\Gamma_{15}$,其中一个 Γ_{15} 是三重简并的声频模,另一个 Γ_{15} 是具有拉曼活性的光频模,这本来也是三度简并的,但由于纵波极化电场使它分裂成一个非简并的纵光频模和一个二度简并的横光频波。所以在拉曼散射中给出两条谱线。图11.12 是这类晶体的拉曼光谱。表 11-1 是根据拉曼散射谱测得的 ω_{TO} 和 ω_{LO}。

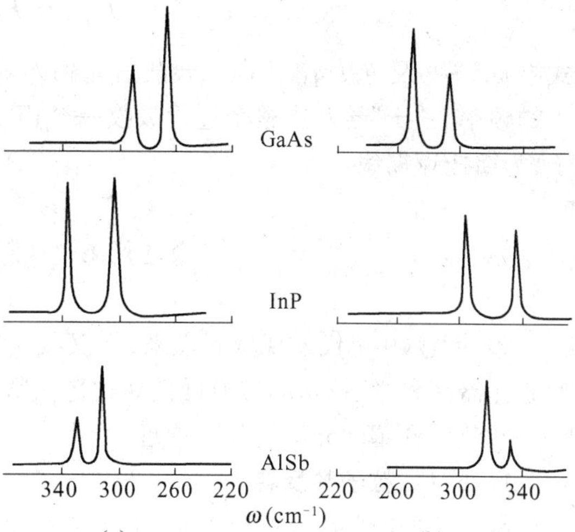

图 11.12 闪锌矿结构的晶体的拉曼光谱

(a) 斯托克斯散射;(b) 反斯托克斯散射

表 11-1 闪锌矿结构的晶体的光频模频率(cm⁻¹)

晶体 / 光频模	GaAs	InP	AlSb	GaP	ZnS	ZnTe
ω_{LO}	282	345	340	403	352	208
ω_{TO}	269	304	319	367	272	177

11.5.3 微观的模型

从量子力学来看,拉曼散射实际是双光子过程,且伴随声子的产生或湮没。如图 11.13 所示,这过程可分成三个步骤:①、②、③。首先是价带中电子吸收一个光子跃迁至导带,它吸收或发射一个声子在导带内跃迁如图 11.3(a)所示,再由导带下落与价带空穴复合产生一个光子。或者如图 11.13(b)所示,价带空穴吸收或发射声子再吸收光子跃迁至导带,导带电子与价带空穴复合产生一个光子。这些过程总体上应满足能量和准动量守恒定律:

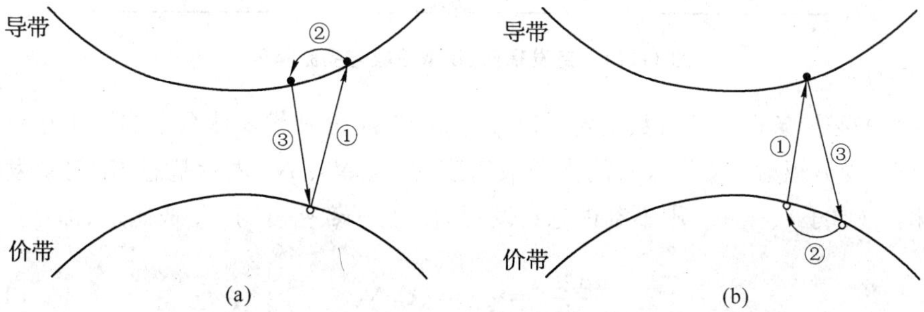

图 11.13 拉曼散射中微观粒子的过程

$$\hbar\omega_s = \hbar\omega_L \pm \hbar\omega_v \qquad (11.5.23)$$

$$\hbar \boldsymbol{q}_s = \hbar \boldsymbol{q}_L \pm \hbar \boldsymbol{Q} \qquad (11.5.24)$$

式中 ω_s，ω_L 及 $\boldsymbol{q}_s$，$\boldsymbol{q}_L$ 分别代表散射光和入射光的频率与波矢。ω_v，$\boldsymbol{Q}$ 为有拉曼活性的声子的频率。“+”号对应整个过程吸收一个声子，是反斯托克斯线。“−”号对应发射一个声子，为斯托克斯线。

§11.6 激光作用原理

20 世纪 60 年代发现激光以来，不仅极大地拓宽了传统光学的学科领域，而且各种各样的激光器在科学、技术的方方面面获得范围极其广泛的应用。

本节将介绍激光器的基本原理。

11.6.1 粒子数反转

激光为“由辐射的受激发射的光放大”的缩写。这里辐射即发光，而受激发射（常称受激辐射）系指在入射辐射场的光子驱动下形成的电子由高能级向低能级跃迁而产生的光发射，该入射光子的能量应与此二能级的能量差相等。为简单计，假设能产生激光的气体介质原子具有 E_1 与 E_2 两个能级，且设 E_1 为基态，E_2 为激发态，即所谓二能级系统，则有三种原子跃迁（即原子中电子能量的变化）过程与激光的产生有关。一是自发辐射，即位于 E_2 的原子有一定的概率自动向低能级跃迁而发射能量 $h\nu = E_2 - E_1$ 的光子，这种发射不需外来光子的刺激。一是受激吸收，即如对体系照射频率 $\nu = (E_2 - E_1)/h$ 的光子，原子有一定的概率吸收此光子而由基态 E_1 跃迁到激发态 E_2。受激吸收必须有外来光子的作用，不能靠热起伏实现。与受激吸收相反的过程就是受激辐射。一个能量为 $h\nu = E_2 - E_1$ 的入射光子诱导处于高能级的原子发射同样能量的光子而跃迁到基态，使体系中光子数增加。受激辐射发射的光子的性质与入射光子相同，即具有相同的频率、传播方向、偏振态和几乎相同的相位，从而能相干叠加到入射光场上去；如这一物理过程超过受激吸收，就有可能形成光放大。图 11.14 示意地表示出自发辐射、受激吸收与受激辐射三种物理过程。

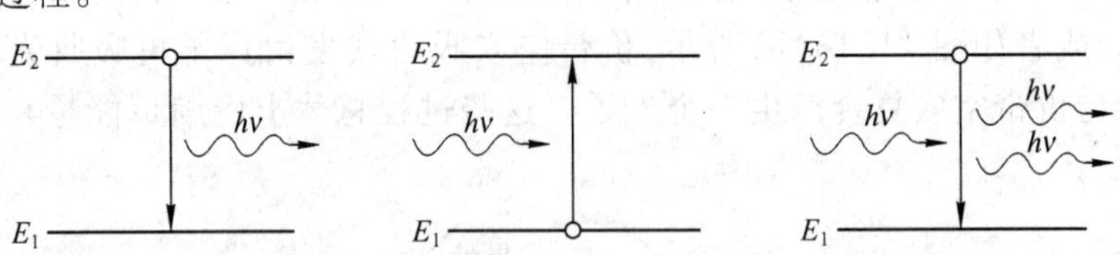

图 11.14 自发辐射、受激吸收与受激辐射

形成光放大的必要条件是粒子数反转。以 φ_2、φ_{21} 与 φ_{12} 分别代表体系中的原子在单位时间内自发辐射、受激辐射与受激吸收的光子数密度，并以 N_1、N_2 表示基态 E_1 与激发态能级 E_2 上的粒子（原子）数密度，则不难设想自发辐射的粒子数密度与 N_2 成比例，即：

$$\frac{\mathrm{d}N_2}{\mathrm{d}t} = \varphi_2 = A_{21} N_2 \qquad (11.6.1)$$

比例系数 A_{21} 称为爱因斯坦自发辐射系数，亦称自发辐射概率，为表征体系本身性质的一个特征参量,其物理意义是单位时间内发生自发辐射的粒子数与激发态能级上的粒子数的比。受激辐射必须在外加辐射的驱使下发生,故 φ_{21} 应与入射到体系中的外加电磁辐射的能量密度 ρ_ν 成比例:

$$\frac{dN_2'}{dt} = \varphi_{21} = B_{21}\rho_\nu N_2 \tag{11.6.2}$$

比例系数 B_{21} 称为爱因斯坦受激辐射系数,也是体系本身的特征参数而与入射辐射场无关。上式中的撇号表示辐射的受激过程。与此类似受激吸收过程也应与入射辐射场的能量密度 ρ_ν 成比例,即:

$$\frac{dN_1}{dt} = \varphi_{12} = B_{12}\rho_\nu N_1 \tag{11.6.3}$$

比例系数 B_{12} 称为受激吸收系数,与 B_{21} 一样为体系本身的特征参量。

体系的三个特征参量 A_{21}、B_{21} 与 B_{12} 之间并不是彼此孤立的而是存在着密切的关系。设想一包括二能级原子体系的处于热平衡的空腔,其内部辐射场不随时间变化,因此基态和激发态上的粒子数亦形成稳定分布而不随时间改变。显然相同时间内吸收与辐射过程必平衡,即:

$$\varphi_2 + \varphi_{21} = \varphi_{12} \tag{11.6.4}$$

代入(11.6.1)—(11.6.3)式得:

$$(A_{21} + B_{21}\rho_\nu)N_2 = B_{12}\rho_\nu N_1 \tag{11.6.5}$$

因此

$$\rho_\nu = \frac{A_{21}N_2}{B_{12}N_1 - B_{21}N_2} = \frac{A_{21}}{B_{21}} \cdot \frac{1}{\dfrac{B_{12}}{B_{21}}\dfrac{N_1}{N_2} - 1} \tag{11.6.6}$$

注意 $E_2 - E_1 = h\nu$,正是辐射或吸收光子的能量。根据玻尔兹曼分布律,如能级 E_1 与 E_2 的简并度为 g_1 与 g_2,

$$\frac{N_1}{N_2} = \frac{g_1}{g_2} e^{\frac{h\nu}{k_B T}} \tag{11.6.7}$$

代入(11.6.6)式得:

$$\rho_\nu = \frac{A_{21}}{B_{21}} \frac{1}{\dfrac{B_{12}}{B_{21}}\dfrac{g_1}{g_2} e^{\frac{h\nu}{k_B T}} - 1} \tag{11.6.8}$$

将上式与黑体辐射的普朗克公式

$$\rho_\nu = \frac{8\pi\nu^2}{c^3} \frac{h\nu}{e^{\frac{h\nu}{k_B T}} - 1} \tag{11.6.9}$$

相比较可知:

$$\frac{A_{21}}{B_{21}} = \frac{8\pi\nu^3 h}{c^3} \tag{11.6.10}$$

和

$$B_{12}g_1 = B_{21}g_2 \tag{11.6.11}$$

这里 c 为光速。在 E_2 与 E_1 非简并($g_1 = g_2 = 1$)或简并度相等($g_1 = g_2$)的情形:

$$B_{12} = B_{21} \tag{11.6.12}$$

即爱因斯坦的受激辐射与受激吸收系数相等。由此可见在 $g_1 = g_2$ 情形，满足(11.6.12)式，由(11.6.7)式可得受激辐射与受激吸收的光子数密度之比为：

$$\frac{\varphi_{21}}{\varphi_{12}} = \frac{N_2}{N_1} = e^{-\frac{h\nu}{k_B T}} \tag{11.6.13}$$

在上式中，如取与可见光相应的光子能量，在室温下上式之比值为 10^{-42} 量级，可见对热平衡体系，受激吸收过程与自发辐射过程互相平衡，受激辐射过程实际上不起作用。要形成受激辐射的光放大，必须对体系提供能量，使体系处于非平衡态，外加能量将粒子由基态抽运(泵送)到激发态而实现粒子数反转，即：

$$N_2/N_1 > 1 \tag{11.6.14}$$

通常激光器中驱动高能态的粒子实现受激发射的入射光子并非来自体系之外，恰恰来自体系本身的自发辐射。自发辐射的随机性使受其驱动的受激发射光子的传播也是随机的。为了实现沿特定方向发射单色性很高的放大相干受激发射，通常采用所谓光学谐振腔，即两面互相平行的反射镜，其中一面为部分反射镜。这样只有沿垂直于镜面的轴向传播的光子才能在谐振腔内往返传播反复放大而成能量相当集中，单色性、方向性都很好的激光从部分反射镜处垂直于镜面(即沿"轴向")输出。其他偏离轴向传播的光子不起作用。

由此可见，在产生沿轴向输出的激光过程中，我们可略去自发辐射过程，只须分析受激吸收与受激辐射这两个对光能量起相反作用的过程。当频率为 $\nu = (E_2 - E_1)/h$ 的光波在激光器工作介质中沿轴向传播时，前者使光强下降，而后者使光强增加，只有后者超过前者，才能产生有效的光放大。

11.6.2 负吸收系数

如图 11.15 所示，考虑介质中一薄片状体积，薄片厚 Δl，面积为 ΔS，光束垂直于薄片传播，则薄片两边的光强差

$$I - I_0 = \Delta I = -\alpha I_0 \Delta l \tag{11.6.15}$$

α 为介质对在其中传播的光波的吸收系数，其物理意义是光强下降至 $1/e$ 所通过的介质厚度的倒数。根据前面的讨论，Δt 时间内因受激吸收而导致的在薄片中基态 E_1 上的粒子数的变化应为

$$\Delta N_1 = \varphi_{12} \Delta t \Delta S \Delta l = B_{12} \rho_\nu N_1 \Delta t \Delta S \Delta l$$

而在只考虑受激辐射时其所导致的激发态能级上粒子数的变化为

$$\Delta N_2' = \varphi_{21} \Delta t \Delta S \Delta l = B_{21} \rho_\nu N_2 \Delta t \Delta S \Delta l$$

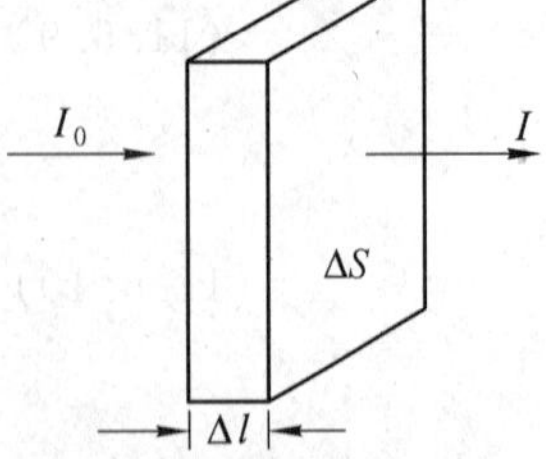

图 11.15 光波通过薄片介质时强度衰减

注意辐射使光强增加而吸收使光强减小，因此由以上二式可得通过薄片前后光强变化为

$$\Delta I = h\nu(\Delta N_2' - \Delta N_1)/\Delta S \Delta t = h\nu(B_{21} N_2 - B_{12} N_1)\rho_\nu \Delta l \tag{11.6.16}$$

对比(11.6.15)式得吸收系数

$$\alpha = \frac{h\nu}{I_0}(B_{12} N_1 - B_{21} N_2)\rho_\nu \tag{11.6.17}$$

易见光强与辐射场能量密度 ρ_ν 与光速 v 之间满足关系

$$I_0 = \rho_\nu v = \rho_\nu c/n \tag{11.6.18}$$

可得

$$\alpha = h\nu \frac{n}{c}(B_{12}N_1 - B_{21}N_2) \tag{11.6.19}$$

其中

$$v = c/n \tag{11.6.20}$$

为激光器工作介质中的光速,n 为介质的折射率。将(11.6.10)与(11.6.11)式代入(11.6.19)式得

$$\alpha = \frac{c^2}{8\pi\nu^2 n^2}A_{21}\left(\frac{g_2}{g_1}N_1 - N_2\right) \tag{11.6.21}$$

这里,我们已将(11.6.10)式中真空光速 c 代以介质中的 $v = c/n$。由(11.6.15)式可见实现光放大的必要条件是 $\alpha < 0$,因此由(11.6.21)式可见,这要求

$$\frac{N_2}{g_2} > \frac{N_1}{g_1} \tag{11.6.22}$$

可将$(-\alpha)$称为放大增益系数 G

$$G = \frac{c^2}{8\pi\nu^2 n^2}A_{21}\left(N_2 - \frac{g_2}{g_1}N_1\right) \tag{11.6.23}$$

11.6.3 阈值条件

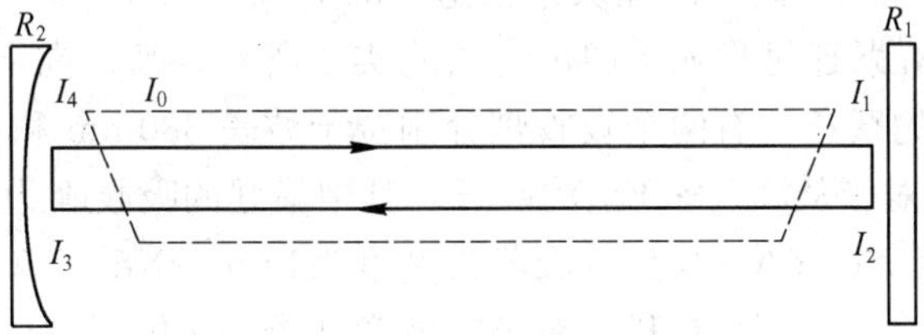

图 11.16 光学谐振腔示意图

虽然 $G > 0$ 为产生激光的必要条件,然而,单单 $G > 0$ 还不足以产生激光输出,这是因为激光器介质内还存在各种损耗机理,其中以反射镜的有限尺寸引起的衍射损耗为主。光学谐振腔的镜面反射率 R 小于 100%的镜面透射损失也是另一主要损耗机理。如图 11.16 所示,如形成稳定的激光输出,至少应使光束在谐振腔内往返一周能保持光强不变,即 $I_0 = I_4$。设谐振腔两个镜面的反射率为 R_1 与 R_2,强度为 I_0 的光束如在传播过程中不存在损耗,则仅由于镜面反射往返一次后光强变为 $I = I_0R_1R_2$。由此与镜面反射有关的平均单程损耗为

$$\frac{1}{2}\frac{I_0 - I}{I_0} = \frac{1}{2}(1 - R_1R_2) \tag{11.6.24}$$

谐振腔镜面对光束衍射引起的衍射损耗也可以相应地引入单程损耗因子 α_D,其定义为只存在衍射损耗时光束在谐振腔内往返一次光强变为

$$I = I_0 e^{-2\alpha_D} \tag{11.6.25}$$

计入光放大增益系数以及衍射损耗与有限透射率可得

$$I_4 = I_0 R_1 R_2 e^{2(Gd-\alpha_D)} \tag{11.6.26}$$

式中 d 为谐振腔两镜面之间的距离。由上式可得稳定输出的条件为

$$R_1 R_2 e^{2(Gd-\alpha_D)} = 1 \tag{11.6.27}$$

通常将上式称为激光器应满足的振荡条件或阈值条件。

§11.7　激　光　器

1960 年 T. H. Maiman 研制成功世界上第一台以红宝石晶体($Al_2O_3 : Cr^{3+}$)为工作物质的激光器(亦称红宝石激光器),工作波长 λ 为 694.3 nm。此后,激光器有非常大的发展,品种很多,大致可分成:固体激光器,半导体激光器、气体激光器、液体和染料激光器,还有自由电子激光器。本节将介绍典型的固体激光器和半导体激光器各一例。

11.7.1　Nd:YVO_4 激光器

YVO_4 为四方晶体,锆石英($ZrSiO_4$)结构。20 世纪 80 年代后期解决了晶体生长的基本问题后,成为目前非常重要的激光器工作物质。

福建物质结构研究所用自己生长的 Nd:YVO_4 晶体作为激光介质,用 LiB_3O_5 晶体为倍频材料,在泵浦功率为 21.1 W 时,获得输出功率 5.25 W 的连续绿色激光,光-光转化效率为 24.8%。美国 Nighan 用激光二极管泵浦 Nd:YVO_4 激光器获得 35 W 激光输出,光-光转化效率达 62%,量子效率为 94%。这是目前最好水平。

Nd:YVO_4 晶体中 Nd^{3+} 离子的能级结构与 Nd:YAG 中 Nd^{3+} 离子的能级结构相似,如图 11.17 所示。受激光跃迁过程如图中带箭头的实线所示。箭头向上代表光吸收的跃迁,箭头向下的为光发射的跃迁。有两个吸收带分别位于波长 880 nm 和 808 nm 附近,前者对应从 $^4I_{9/2} \to {}^4F_{3/2}$,后者对应从 $^4I_{9/2} \to {}^4F_{5/2}$ 的跃迁。其中最强的吸收峰为波长在 808.7 nm,宽为 20 nm 的吸收带,而 Nd:YAG 相应的吸收带宽度为4 nm。Nd:YVO_4 的这个带吸收截面大,有利于激光二极管泵浦抽运电子,其宽度又远大于激光二极管的谱宽,因而温度变化不会影响泵浦效率。但 Nd:YVO_4 晶体中 Nd^{3+} 离子 $^4F_{5/2}$ 中粒子的寿命约 0.1 ns,,非常短,故该能级上的电子通过无辐射跃迁很快地弛豫到能级 $^4F_{3/2}$,这是一个亚稳能级,寿命为 0.1 ms 量级,在这能级上实现粒子数反转。

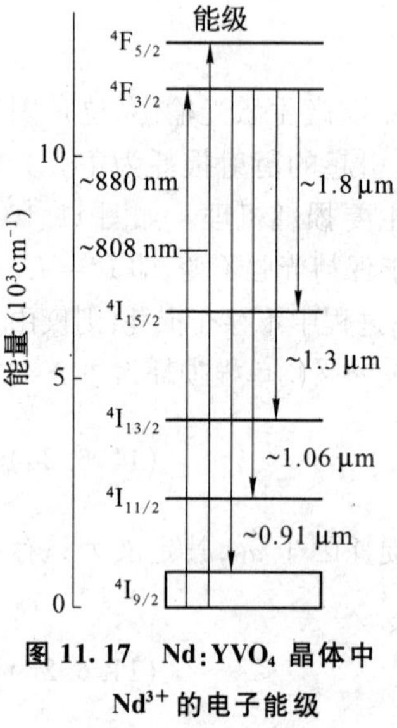

图 11.17　Nd:YVO_4 晶体中 Nd^{3+} 的电子能级

从 $^4F_{3/2}$ 能级的电子跃迁到能量较低的四个能级,发射相应波长的辐射:

$^4F_{3/2} \to {}^4I_{15/2}$,波长为 1 839 nm;$^4F_{3/2} \to {}^4I_{13/2}$,波长为 1 342 nm;

$^4F_{3/2} \to {}^4I_{11/2}$,波长为 1 064 nm;$^4F_{3/2} \to {}^4I_{9/2}$,波长为 914 nm。

其中波长为 1 064 nm 的谱线的发射截面为 20×10^{-19} cm^2 是 Nd:YAG 相应谱线的 7—8 倍。因而增益最佳。

11.7.2　半导体 p-n 结型激光器

在 p-n 结型半导体激光器中,激发态 E_2 相当于导带而基态 E_1 相当于价带,光辐射的机理便是导带电子与价带空穴的

复合。由于电子多集中在导带底而空穴多集中于价带顶,这一复合发光的光子能量近似等于禁带宽度

$$h\nu \approx E_c - E_v = E_g \tag{11.7.1}$$

p-n 结激光器工作时应对其施加正向电压,于是 n 区向 p 区注入电子,与价带空穴复合而发光。(8.5.7)与(8.5.8)式表明非平衡态的载流子数密度可以类似于平衡态的形式以有效导带或价带状态密度 N_c、N_v 表出,唯应以电子与空穴各自的准费米能级 E_F^e 与 E_F^h 代替平衡态的费米能级 E_F。由此可见,非平衡态导带中能级为 E 的状态为电子占据的概率可用

$$f_e^c(E) = \frac{1}{1 + e^{\frac{E-E_F^e}{k_B T}}} \tag{11.7.2}$$

表示,而价带能量为 E 的能级为空穴占据的概率应为

$$f_p^v(E) = 1 - f_e^v(E) \tag{11.7.3}$$

其中

$$f_e^v(E) = \frac{1}{1 + e^{\frac{E-E_F^h}{k_B T}}} \tag{11.7.4}$$

为非平衡态价带能级 E 为电子占有的概率。注意只有导带中能量为 E 的电子与价带中处于能级 $E - h\nu$ 的空穴复合才能发射能量为 $h\nu$ 的光子,略去自发辐射,在 $\mathrm{d}t$ 时间内单位能量间隔中受激辐射的光子数密度应为

$$\mathrm{d}\varphi_S/\mathrm{d}E = g_c(E) f_e^c(E) \cdot g_v(E - h\nu) f_p^v(E - h\nu) B_{cv} \rho(\nu) \mathrm{d}t \tag{11.7.5}$$

式中 B_{cv} 为导带-价带间的受激辐射爱因斯坦系数,g_c 与 g_v 为导带与价带状态密度。同样 $\mathrm{d}t$ 时间内单位能量间隔中因受激吸收减少的光子数密度应为

$$-\mathrm{d}\varphi_A/\mathrm{d}E = g_v(E - h\nu) f_e^v(E - h\nu) \cdot g_c(E) \cdot [1 - f_e^c(E)] B_{vc} \rho(\nu) \mathrm{d}t \tag{11.7.6}$$

式中 B_{vc} 为受激吸收爱因斯坦系数。如我们将能带中能量相同的状态也看作不同的能级,即每个能级的简并度均当作 1,则如前所述,

$$B_{cv} = B_{vc} = B \tag{11.7.7}$$

由以上两式知,计入受激辐射与受激吸收两种因素,并考虑到导带中各种能量电子的贡献,单位时间内光子数密度的增量为

$$\frac{\mathrm{d}\varphi}{\mathrm{d}t} = \frac{\mathrm{d}\varphi_S}{\mathrm{d}t} + \frac{\mathrm{d}\varphi_A}{\mathrm{d}t} = \int_0^\infty g_c(E) g_v(E - h\nu)[f_v^c(E) - f_e^v(E - h\nu)] B\rho(\nu) \mathrm{d}E \tag{11.7.8}$$

光放大的必要条件 $\mathrm{d}\varphi/\mathrm{d}t > 0$ 要求

$$f_e^c(E) > f_e^v(E - h\nu) \tag{11.7.9}$$

由(11.7.2)与(11.7.4)式知上式要求

$$E_F^e - E_F^h > h\nu = E_g \tag{11.7.10}$$

(11.7.9)式表明导带能级为电子占据的概率比与之以光子能量 $h\nu$ 相联系的价带能级为电

子占据的概率大,这实际上就是粒子数反转的条件。(11.7.10)式表明要实现粒子数反转应使电子与空穴的准费米能级差别大于禁带宽度。图 11.18 为与此情形相应的加正向电压的 p-n 结能带图。由图可见,电子准费米能级在超过 p-n 结时基本不变,而在 p 区一侧电子扩散长度的范围内逐渐下降,在 p 区内部与空穴准费米能级重合;同样空穴准费米能级越过结后在 n 区一侧空穴扩散长度范围内逐渐上升而与 n 区电子准费米能级重合。而且由图可见,结区准费米能级的差别恰好与外加电压相等(一般 p-n 结施加正向电压时均如此)。由此,(11.7.10)式表明 p-n 结激光器的工作电压必须大于禁带宽度对电子电荷的比值。(11.7.10)式还意味着制作激光器的 p-n 结掺杂浓度必须相当高,即必须重掺杂,以致平衡态费米能级均处于能带中,在 n 区处于导带,p 区处于价带。这样,在施加大于 E_g/e 的正向电压时才能发射 $h\nu = E_g$ 的光子。图 11.19 示意地表出有关过程。

对比适用于气体原子体系的(11.6.19)式,由(11.7.8)式可知半导体激光器的增益系数

$$G = -\alpha = Bh\nu \frac{n}{c}\int_0^{\infty} g_c(E)g_v(E-h\nu)[f_e^c(E) - f_e^v(E-h\nu)]\mathrm{d}E \qquad (11.7.11)$$

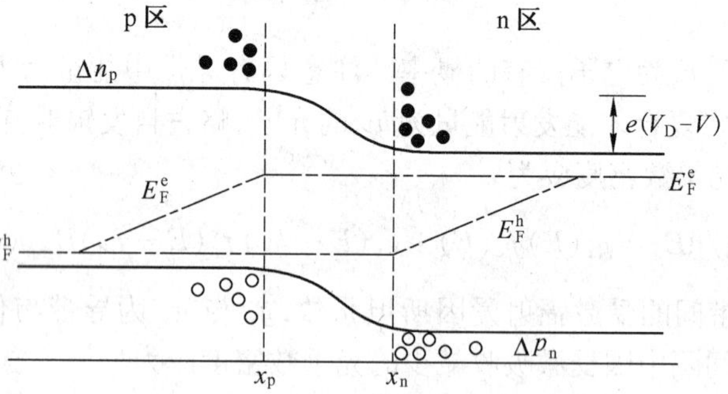

图 11.18 正向 p-n 结的能带图与准费米能级

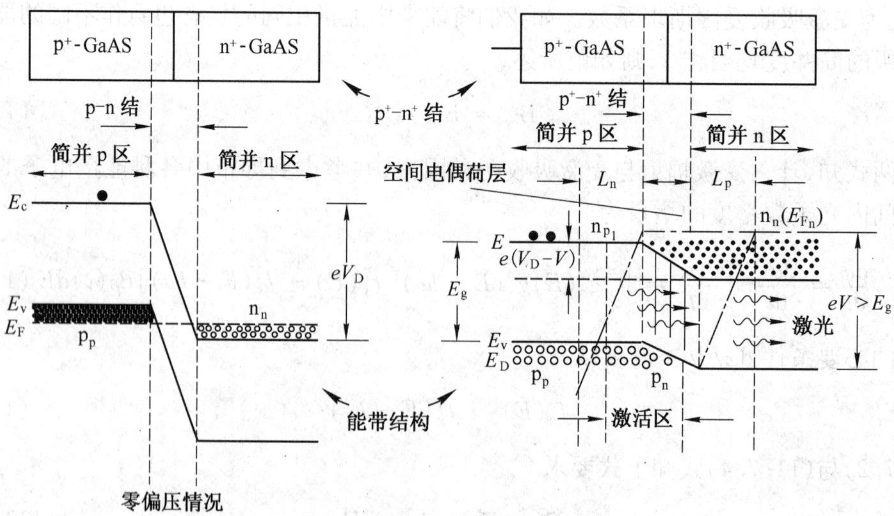

图 11.19 GaAs p-n 结激光器产生受激辐射的过程

阈值条件(11.6.27)要求

$$G > G_t = \frac{1}{d}\left(\alpha_D + \frac{1}{2}\ln\frac{1}{R_1 R_2}\right) \tag{11.7.12}$$

在半导体激光器中激光沿 p-n 结面输出,与结面垂直的半导体的晶体解理面构成自然谐振腔的两个反射镜面,因此 d 即为 p-n 结面的几何宽度。对于 GaAs p-n 结激光器,分析表明增益系数 G 与 p-n 结的正向电流密度 J 成幂函数的关系

$$G = \beta J^m \tag{11.7.13}$$

其中 β 与 m 为常数,β 称为增益因子,m 随激光器的结构而异。由此可知为了获得激光输出电流密度必须大于阈值电流密度

$$J_{th} = \left[\frac{1}{\beta d}\left(\alpha_D + \frac{1}{2}\ln\frac{1}{R_1 R_2}\right)\right]^{1/m} \tag{11.7.14}$$

后来,H. Kroemer 设计一种双异质结构(double heterostructure)的半导体激光器,其性能更好。

§ 11.8 非线性极化和非线性光学

11.8.1 非线性极化率

在§11.2 讨论的洛伦兹理论中,把晶体中的原子看成是由电子云及原子核组成的谐振子,并近似地认为电子云与原子核间的恢复力满足胡克定律,与它们间的相对位移存在有线性关系($-m\omega_0^2 x$)。在此近似下,电子相对原子核的位移 x 由(11.2.8)式给出。若晶体中电子数密度为 N,则由电子位移引起的极化强度与外电场间具有线性关系

$$P = -Nex = \varepsilon_0 \chi E = \varepsilon_0 \chi E_A \mathrm{e}^{-\mathrm{i}\omega t} \tag{11.8.1}$$

这里的 χ 由(11.2.9)式给出。与第四章晶格振动的非简谐力相类似,电子云与原子核组成的谐振子的恢复力也并非严格地满足胡克定律,在此恢复力中也包含非简谐成分。为简单起见,这里只考虑二次非线性项,并把它写成 $-mvx^2$,其中 v 是量纲为 $\mathrm{L}^{-1}\mathrm{T}^{-2}$ 的系数,它表示二次非线性力的大小特征。通常二次非线性项与线性项 $-m\omega_0^2 x$ 相比是一个很小的小量。只有当 x 比较大(也即外场强 E 比较大)时才有比较明显的效应。考虑到恢复力的二次非线性项 $-mvx^2$ 后,§11.2 中的振子运动方程(11.2.3)式应改写成:

$$m\ddot{x} = -m\omega_0^2 x - mvx^2 - m\Gamma\frac{\mathrm{d}x}{\mathrm{d}t} - eE_A \mathrm{e}^{-\mathrm{i}\omega t} \tag{11.8.2}$$

(11.8.2)式不能严格求解,为求近似解,令

$$x = \sum_{i=1}^{n} x_i \tag{11.8.3}$$

并认为 $x_i \propto E_A^i$,这里将电场 E_A 看成是一个小量,因此 x_i 是 i 级小量。将(11.8.3)式代入(11.8.2)式,按照小量的级次 i,可分别列出相应的方程:

一级小量 ($i=1$),

$$\ddot{x}_1+\omega_0^2x_1+\Gamma\dot{x}_1=-\frac{e}{m}E_A\mathrm{e}^{-\mathrm{i}\omega t} \tag{11.8.4}$$

二级小量($i=2$),

$$\ddot{x}_2+\omega_0^2x_2+\Gamma\dot{x}_2=-vx_1^2 \tag{11.8.5}$$

对于其他高级小量,也可分别依次列出。为简单起见,这里只考虑至二级小量。把(11.8.4)式与(11.2.4)式相比较,可知它们是完全一致的,因此其解即可由(11.8.4)式得到:

$$\begin{aligned}x_1&=-\frac{e}{m}\frac{(\omega_0^2-\omega^2)+\mathrm{i}\Gamma\omega}{(\omega_0^2-\omega^2)+\Gamma^2\omega^2}E_A\mathrm{e}^{-\mathrm{i}\omega t}\\&=-\frac{\varepsilon_0}{Ne}\chi^{(1)}(\omega)E_A\mathrm{e}^{-\mathrm{i}\omega t}\end{aligned} \tag{11.8.6}$$

在上式的第二等式中已利用了关系式(11.2.9),并把极化率 χ 改写成 $\chi^{(1)}(\omega)$,因为它表示的是与外场成正比的线性极化率。把(11.8.6)式代入(11.8.5)式,可得

$$\ddot{x}_2+\omega_0^2x_2+\Gamma\dot{x}_2=-\frac{\varepsilon_0^2v}{N^2e^2}\chi^{(1)}(\omega)\chi^{(1)}(\omega)E_A^2\mathrm{e}^{-\mathrm{i}2\omega t} \tag{11.8.7}$$

与(11.8.4)式的求解相似,可得(11.8.7)式的解为

$$x_2=-\frac{\varepsilon_0^3mv}{N^3e^4}\chi^{(1)}(2\omega)\chi^{(1)}(\omega)\chi^{(1)}(\omega)E_A^2\mathrm{e}^{-\mathrm{i}2\omega t} \tag{11.8.8}$$

在只考虑二级小量的情况下,由电子位移引起的极化强度可表示为

$$P=-Ne(x_1+x_2)=P_1+P_2 \tag{11.8.9}$$

其中

$$P_1=-Nex_1=\varepsilon_0\chi^{(1)}(\omega)E_A\mathrm{e}^{-\mathrm{i}\omega t}$$

即是§10.2 讨论的极化强度,它与外场具有线性关系。而

$$P_2=-Nex_2=\frac{\varepsilon_0^3mv}{N^2e^3}\chi^{(1)}(2\omega)\chi^{(1)}(\omega)\chi^{(1)}(\omega)E_A^2\mathrm{e}^{-\mathrm{i}2\omega t} \tag{11.8.10}$$

如果引进二阶非线性极化率 $\chi^{(2)}(2\omega)$

$$P_2=-Nex_2=\varepsilon_0\chi^{(2)}(2\omega)E_A^2\mathrm{e}^{-\mathrm{i}2\omega t}$$

则二阶非线性极化率

$$\chi^{(2)}(2\omega)=\frac{\varepsilon_0^2mv}{N^2e^3}\chi^{(1)}(2\omega)\chi^{(1)}(\omega)\chi^{(1)}(\omega) \tag{11.8.11}$$

在实际的情况下,外电场应有实数的形式

$$E=E_A\cos\omega t=\frac{1}{2}E_A\mathrm{e}^{\mathrm{i}\omega t}+\frac{1}{2}E_A\mathrm{e}^{-\mathrm{i}\omega t} \tag{11.8.12}$$

这样在(11.8.2)及(11.8.4)式中电场项应改写成 $\frac{1}{2}(E_A\mathrm{e}^{\mathrm{i}\omega t}+E_A\mathrm{e}^{-\mathrm{i}\omega t})$,于是(11.8.6)及(11.8.9)式应分别改写成

$$x_1=-\frac{\varepsilon_0}{Ne}\chi^{(1)}(\omega)E_A\cos\omega t \tag{11.8.13}$$

$$P_1 = -Nex_1 = \varepsilon_0 \chi^{(1)}(\omega) E_A \cos \omega t \tag{11.8.14}$$

若把(11.8.13)式代入(11.8.5)式，则在(11.8.7)式中不仅有 2ω 项，而且同时存在 ω 的零次项(即与 ω 无关的常数项)

$$\ddot{x}_2 + \omega_0^2 x_2 + \Gamma \dot{x}_2 = -\frac{\epsilon_0^2 v}{N^2 e^2} \chi^{(1)}(\omega) \chi^{(1)}(\omega) \left[\frac{E_A^2}{2} \cos 2\omega t + \frac{E_A^2}{2} \right] \tag{11.8.15}$$

这样其解(11.8.8)式应改写成

$$x_2 = -\frac{\varepsilon_0^3 mv}{N^3 e^4} \left\{ \chi^{(1)}(2\omega) \chi^{(1)}(\omega) \chi^{(1)}(\omega) \cdot \frac{E_A^2}{2} \cos 2\omega t + \chi^{(1)}(0) \chi^{(1)}(\omega) \chi^{(1)}(\omega) \cdot \frac{E_A^2}{2} \right\} \tag{11.8.16}$$

由(11.8.10)式表出的二阶非线性极化强度应改写成

$$P_2 = -Nex_2 = \frac{\varepsilon_0^3 mv}{N^2 e^3} \left[\chi^{(1)}(2\omega) \chi^{(1)}(\omega) \chi^{(1)}(\omega) \cdot \frac{E_A^2}{2} \cos 2\omega t + \chi^{(1)}(0) \chi^{(1)}(\omega) \chi^{(1)}(\omega) \cdot \frac{E_A^2}{2} \right] \tag{11.8.17}$$

同样，可引进二阶非线性极化率 $\chi^2(2\omega)$ 及 $\chi^{(2)}(0)$

$$P_2 = \varepsilon_0 \chi^{(2)}(2\omega) \cdot \frac{E_A^2}{2} \cos 2\omega t + \varepsilon_0 \chi^{(2)}(0) \frac{E_A^2}{2} \tag{11.8.18}$$

其中 $\chi^{(2)}(2\omega)$ 仍由(11.8.11)式给出，而

$$\chi^{(2)}(0) = \frac{\varepsilon_0^2 mv}{N^2 e^3} \chi^{(1)}(0) \chi^{(1)}(\omega) \chi^{(1)}(\omega) \tag{11.8.19}$$

所以在频率为 ω 的入射光作用下，晶体中除产生频率为 ω 的线性极化强度 P_1 外，还产生倍频 2ω 及直流成分的二阶非线性极化强度 P_2。这说明在晶体中存在有频率 ω 及 2ω 的电偶极子的振动，这些电偶极子的振动将各自辐射相应频率的电磁波(光波)。通常称能产生非线性作用的晶体为非线性晶体。可见通过非线性晶体的作用，可得到倍频的光辐射，而且还得到直流电场，即可使光整流。

这里只讨论二级小量，如果考虑更高级小量，则可得三阶及三阶以上的非线性极化率，通过非线性晶体的作用，可以得到三倍频及更高倍频的光辐射，当然这些高倍频辐射强度将更小。

如果入射光是由两个频率 ω_1 及 ω_2 组成的混合光

$$E = E_1 \cos \omega_1 t + E_2 \cos \omega_2 t$$

则在二阶非线性极化强度中将包含有 $2\omega_1$、$2\omega_2$、$\omega_1 + \omega_2$、$|\omega_1 - \omega_2|$ 及直流成分，即通过非线性晶体的作用不仅可以得到倍频及直流成分。而且还可以得到和频和差频。所以非线性晶体可以用来作为光倍频器、光混频器及光整流器。

上面讨论的仅是一维情形，在三维情形须考虑晶体的各向异性。如果也只考虑到二阶非线性极化率，则极化强度可用分量形式表示为

$$P_i = \varepsilon_0 \sum_j \chi_{ij}^{(1)}(\omega) E_{Aj} \cos \omega t + \varepsilon_0 \sum_{j,k} \chi_{ijk}^{(2)}(2\omega) \frac{E_{Aj} E_{Ak}}{2} \cos 2\omega t + \varepsilon_0 \sum_{jk} \chi_{ijk}^{(2)}(0) \frac{E_{Aj} E_{Ak}}{2} \tag{11.8.20}$$

所以，一阶线性极化率 $\chi^{(1)}$ 是二阶张量，二阶非线性极化率 $\chi^{(2)}$ 是三阶张量。如果考虑更高的 n 阶非线性极化率 $\chi^{(n)}$，则应是 $n+1$ 阶张量。对于三维情况，(11.8.11)及(11.8.19)式可分别近似地用分量形式表示成：

$$\chi_{ijk}^{(2)}(2\omega) \approx \frac{\varepsilon_0^2 mv}{N^2 e^3} \chi_{ii}^{(1)}(\omega) \chi_{jj}^{(1)}(\omega) \chi_{kk}^{(1)}(2\omega) \tag{11.8.21}$$

$$\chi_{ijk}^{(2)}(0) \approx \frac{\varepsilon_0^2 mv}{N^2 e^3} \chi_{ii}^{(1)}(\omega) \chi_{jj}^{(1)}(\omega) \chi_{kk}^{(1)}(0) \tag{11.8.22}$$

必须指出，非线性极化率与晶体的对称性有关，存在有反演对称性的晶体，偶次阶非线性极化率均为零。

如果采用量子理论，在§11.2中求解(11.2.15)式时，也只考虑一级近似，由此得到极化强度与外电场成正比的结果[参见(11.2.29)式]，并由此求得由(11.2.30)式给出的线性极化率。如果在求解量子方程(11.2.15)式时，考虑到更高级的近似，例如在考虑二级近似下，同样可得二阶非线性极化率。由于它们的形式非常复杂，这里只列出关于倍频的二阶非线性极化率的一个张量元 $\chi_{111}^{(2)}(2\omega)$ 的表示式：

$$\begin{aligned}\chi_{111}^{(2)}(2\omega) = -\sum_{g\neq i\neq j} \frac{N}{2\hbar^2\varepsilon_0} M_{gi} M_{ij} M_{jg} \rho_{gg}^{(o)} [&(2\omega - \omega_{ig})^{-1}(\omega - \omega_{jg})^{-1} \\ &+ (2\omega + \omega_{ig})^{-1}(\omega + \omega_{jg})^{-1} - (\omega + \omega_{ig})^{-1}(\omega - \omega_{jg})^{-1}]\end{aligned} \tag{11.8.23}$$

式中 g 表示各个占据能级，$\rho_{gg}^{(o)}$ 表示这些占据能级的电子占据概率；i，j 是未被电子占据的激发态能级；M_{ij} 与(11.2.28)式定义相同，表示 i 能级与 j 能级间的偶极跃迁矩阵元，ω_{ig} 与(11.2.23)式的定义相同，$\hbar\omega_{ig}$ 表示 i 能级与 g 能级间的能量差。在上面的表式中没有考虑电子受其他粒子的散射，即没有考虑阻尼。

11.8.2 相位匹配

在实际应用非线性晶体制作光的倍频器、混频器及整流器时必须解决相位匹配问题。设想有频率为 ω 的光波入射于非线性晶体，它在晶体中的波矢为 $k = n(\omega)\omega/c$，其中 $n(\omega)$ 是晶体对频率为 ω 的光的折射率。在前面的讨论中，为简单起见，只写出了电场强度及极化强度随时间的变化关系，而没有写出与空间位置的关系。实际上入射光电场应写成

$$E = E_A \cos(\omega t - kx) \tag{11.8.24}$$

这时，二阶非线性极化强度 P_2 的表示式(11.8.18)式应写成

$$P_2 = \varepsilon_0 \chi^{(2)}(2\omega) \frac{E_A^2}{2} \cos(2\omega t - 2kx) + \varepsilon_0 \chi^{(2)}(0) \frac{E_A^2}{2} \tag{11.8.25}$$

由上式可见在晶体中激发起来的倍频极化波的波矢是 $2k = 2n(\omega)\omega/c$，但是由该极化波辐射出来的光波频率是 2ω，与此光波相应的波矢应是

$$k' = n(2\omega) 2\omega/c \tag{11.8.26}$$

在一般情况下，因为 $n(2\omega) \neq n(\omega)$，因此 $k' \neq 2k$。这样，由晶体不同位置的极化波辐射出来的光波相位不能相互匹配，干涉结果可能相互抵消。所以，为了实际能得到频率为 2ω 的光波，必须设法使 k' 与 $2k$ 相等，也即使倍频的光波与倍频的极化波的相位一致。通常都利用非线性晶体的双折射性质来达到相位匹配的目的。双折射晶体的折射率与光的入射角度及温度有关。因此选择适当的入射角及温度，使 $k' = 2n(2\omega)\omega/c$ 与 $2k = 2n(\omega)\omega/c$ 相等，从而得到干涉相长的倍频光波。

11.8.3　铁电晶体的非线性光学性质

对我们来讲，关注的是那些具有优良非线性光学特性的晶体。一般，二阶极化强度可写成

$$P_i^{(2)} = \varepsilon_0 \sum_{j,k} \chi_{ijk}^{(2)} E_{Aj} E_{Ak} = \sum_{j,k} d_{ijk} E_{Aj} E_{Ak} \tag{11.8.27}$$

这里 i, j, k 均取 1, 2, 3 即 x, y, z 三个分量，而 $\chi_{ijk}^{(2)}$ 和 d_{ijk} 为三阶张量的诸分量。对于具有中心对称的晶体，E_{Aj}，E_{Ak} 符号反向时，引起 $P^{(2)}$ 符号反向而数值不变，即

$$P_i^{(2)} = d_{ijk} E_{Aj} E_{Ak} = -d_{ijk}(-E_{Aj})(-E_{Ak}) = -d_{ijk} E_{Aj} E_{Ak}$$

故 $d_{ijk} = 0$。因此只有非中心对称的晶体才有非线性光学效应。通常将式(11.8.27)改写成下列矩阵形式：

$$\begin{pmatrix} P_x^{(2)} \\ P_y^{(2)} \\ P_z^{(2)} \end{pmatrix} = \begin{pmatrix} d_{11} & d_{12} & d_{13} & d_{14} & d_{15} & d_{16} \\ d_{21} & d_{22} & d_{23} & d_{24} & d_{25} & d_{26} \\ d_{31} & d_{32} & d_{33} & d_{34} & d_{35} & d_{36} \end{pmatrix} \begin{pmatrix} E_{Ax}^2 \\ E_{Ay}^2 \\ E_{Az}^2 \\ 2E_{Ay}E_{Az} \\ 2E_{Az}E_{Ax} \\ 2E_{Ax}E_{Ay} \end{pmatrix} \tag{11.8.28}$$

上式中 d_{il} 称为晶体的二阶极化率或二次谐波系数(倍频系数)，其第二个指标 $l = 1, 2, \cdots, 6$ 与 d_{ijk} 后两个指标 jl 的对应关系是 11→1，22→2，33→3，(23, 32)→4，(13,31)→5，(12, 21)→6。$\varepsilon_0 \chi_{ijk}^{(2)} = d_{il}$。在 SI 单位制中，$d_{il}$ 的单位为 pf/V，这里 p 代表 10^{-12}。

1964 年米勒(R. C. Miller)曾提出一个经验规则：

$$\chi_{ijk}^{(2)} = \chi_{ii}^{(1)} \cdot \chi_{jj}^{(1)} \cdot \chi_{kk}^{(1)} \Delta_{ijk}^{(2)} \tag{11.8.29}$$

$\Delta_{ijk}^{(2)}$ 是与材料有关的常系数，他发现各种不同的非线性光学晶体，$\chi^{(2)}$ 值可相差达四个数量级，而 $\Delta^{(2)}$ 值的变化只有几倍。铁电晶体由于没有中心对称，又有大的线性极化率 $\chi^{(1)}$，因此成为首选的目标。人们果然发现铁电晶体中的磷酸二氢钾(KH_2PO_4 简写为 KDP)，铌酸钾($KNbO_3$)，铌酸锂($LiNbO_3$)都是重要的非线性光学晶体。

KDP 晶体的点群对称性为 $\bar{4}2\,m$，二阶极化率(倍频系数)矩阵为

$$\begin{pmatrix} 0 & 0 & 0 & d_{14} & 0 & 0 \\ 0 & 0 & 0 & 0 & d_{25} & 0 \\ 0 & 0 & 0 & 0 & 0 & d_{36} \end{pmatrix}$$

且 $d_{14} = d_{25} = d_{36}$，实验测出其

$$d_{36} = 3.55 \times 10^{-24}\ \text{pf/V} \tag{11.8.30}$$

$KNbO_3$ 晶体的点群对称性为 $mm2$，其倍频系数矩阵为

$$\begin{pmatrix} 0 & 0 & 0 & 0 & d_{15} & 0 \\ 0 & 0 & 0 & d_{24} & 0 & 0 \\ d_{31} & d_{32} & d_{33} & 0 & 0 & 0 \end{pmatrix}$$

且 $d_{31} = d_{15}$，$d_{32} = d_{24}$，故有三个独立的 d_{il}，其实验值为

$$\left.\begin{aligned} d_{31} &= -10.5 \times 10^{-23}\ \text{pf/V} \\ d_{32} &= -11.1 \times 10^{-23}\ \text{pf/V} \\ d_{33} &= -18.2 \times 10^{-23}\ \text{pf/V} \end{aligned}\right\} \tag{11.8.31}$$

而 $LiNbO_3$ 晶体的点群对称性为 3 m，相应的 d_{il} 矩阵为

$$\begin{pmatrix} 0 & 0 & 0 & 0 & d_{15} & d_{16} \\ d_{21} & d_{22} & 0 & d_{24} & 0 & 0 \\ d_{31} & d_{32} & d_{33} & 0 & 0 & 0 \end{pmatrix}$$

且有 $d_{21} = d_{16} = -d_{22}$，$d_{31} = d_{15}$ 和 $d_{32} = d_{24}$，故有三个独立的 d_{il}，其值为

$$\left.\begin{aligned} d_{22} &= (21.7 \pm 2) \times 10^{-24}\ \text{pf/V} \\ d_{31} &= (-5.7 \pm 5.8) \times 10^{-24}\ \text{pf/V} \\ d_{33} &= (-4.83 \pm 6.9) \times 10^{-23}\ \text{pf/V} \end{aligned}\right\} \tag{11.8.32}$$

陈创天在前人工作基础上，提出无机晶体中对非线性光学极化率有贡献的主要来自晶体中阴离子基团。他和合作者预言并成功制备出 BBO(即 β-BaB_2O_4)和 LBO(即 LiB_3O_5)晶体。这两种材料由于其紫外区域透明性好，非线性极化率大，且其双折射特性也好，在非线性光学器件中得到应用。因此，陈创天的阴离子基团模型得到国际学术界公认。BBO 晶体的点群对称性为 $3m$，同前面说的 $LiNbO_3$ 一样，因此，BBO 晶体有三个独立的 d_{il}，其实验值为

$$\left.\begin{aligned} d_{22} &= \pm 20.5 \times 10^{-24}\ \text{pf/V} \\ d_{31} &= \mp 1.42 \times 10^{-24}\ \text{pf/V} \\ d_{33} &\approx 0 \end{aligned}\right\} \tag{11.8.33}$$

11.8.4　Ⅲ-Ⅴ族半导体的非线性光学性质

还有，闪锌矿结构的半导体也是一类重要的非线性光学晶体。这类晶体属立方结构，但没有对称中心，它的三个主轴是等价的，故其二阶极化率(倍频系数)矩阵为

$$\begin{pmatrix} 0 & 0 & 0 & d_{14} & 0 & 0 \\ 0 & 0 & 0 & 0 & d_{25}=d_{14} & 0 \\ 0 & 0 & 0 & 0 & 0 & d_{36}=d_{14} \end{pmatrix}$$

对于这类材料在上世纪 70 年代，W. A. Harrison 用 sp^3 杂化形成的价键中分出共价键成分 α_c 和极性键成分 α_p：

$$\alpha_c = \frac{V_2}{\sqrt{V_2^2 + V_3^2}};\ \alpha_p = \frac{V_3}{\sqrt{V_2^2 + V_3^2}} \tag{11.8.34}$$

α_p 称为极性度(polarity)，这里 V_2 为原胞中两个原子势的对称部分，V_3 为其反对称部分。$2V_3$ 是两个原子各自杂化而成的能级之差。而 $2\sqrt{V_2^2+V_3^2}$ 为决定两个原子杂化轨道结合成价键产生的反键态能级与成键态能级的差，晶体中各原胞的成键态的线性组合产生晶体的价带；而反键态的线性组合引出晶体的导带，导带和价带之间隔着能隙。由原子杂化轨道能级到晶体能带的演化过程示意画在图 11.20。Harrison 只考虑导带和价带对极化的贡献，导出闪锌矿结构半导体的极化率

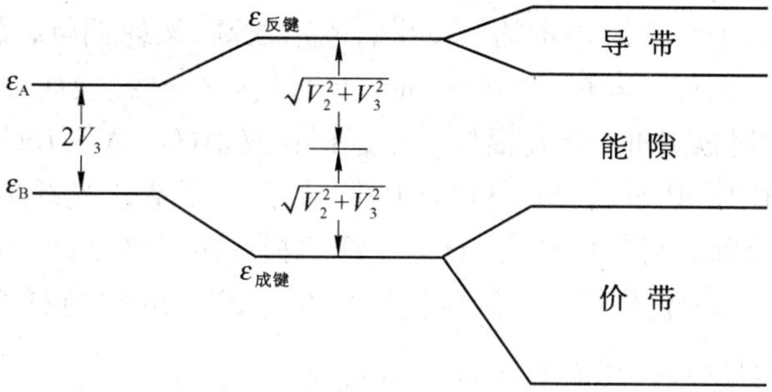

图 11.20　杂化能级演化成价带和导带

$$\chi_1 = Ne^2 d^2 \gamma^2 (1-\alpha_p^2)/[12(V_2^2+V_3^2)^{1/2}] \qquad (11.8.35)$$

式中 d 为键长，N 为电子数密度，所以 $N/2$ 就是单位体积中价键的数目。γ 是一个标度参数，使得由此给出的静态介电常数与实验值符合较好。1975 年 M. M. Choy 等在这基础上导出闪锌矿结构半导体的倍频系数

$$d_{14} = \varepsilon_0 \frac{\sqrt{3}}{48} N \frac{(\gamma e d)^3}{V_2^2} \alpha_p (1-\alpha_p^2)^2$$

表 11-2 列出Ⅲ-Ⅴ族半导体的二阶极化率。GaSb、InAs、InSb 三种材料因其能隙都很小，导致计算值与实验值差距很大。

表 11-2　一些Ⅲ-Ⅴ半导体的二阶极化率和有关参数

半导体	d(nm)	V_2(eV)	V_3(eV)	γ	d_{14}/ε_0(计算值)	d_{14}/ε_0(实验值)
Gap	0.236	2.92	1.72	1.50	1.40($\times 10^{-12}$m/V)	1.70($\times 10^{-12}$m/V)
GaAs	0.245	2.74	1.51	1.60	2.00	2.04
GaSb	0.265	2.34	1.17	1.72	3.21	6.28
InP	0.254	2.55	1.82	1.60	2.04	2.55
InSb	0.281	2.08	1.28	1.84	3.37	7.79
InAs	0.261	2.42	1.61	1.72	2.93	5.55

§ 11.9　光纤和固体电荷耦合器件的原理

现代社会处在信息社会的时代，支撑信息时代的是世界性的信息网络以及个人电脑的普及。世界性网络应包括多个先进的系统：计算机控制系统、卫星传输系统、光纤信号传输系统、多媒体图像通讯系统和数字通讯系统等。第一个系统是控制和管理信息网，第二、第三系统是信息网的骨干，最后两个系统是信息和图像发送之用。世界性信息网络的成功凝

聚了几代科学技术人员的奉献。2009 年度诺贝尔物理学奖的一半授予英籍华人科学家高锟(C. K. Kao)以表彰他倡议用石英光纤作为信息传输线的理论分析的杰出贡献,另一半授予美国科学家波义耳(W. S. Boyle)和史密斯(G. E. Smith)以表彰他们发明半导体电荷耦合器件的杰出贡献。本节就对这两项贡献的物理基础作简要介绍。

11.9.1　光纤传输光信号的原理

电子通信时代靠铜制导线传输电信号,经历了从架空明线、对称电缆到同轴电缆的发展过程。每根标准的同轴铜管每千米的铜用量为 200kg,每条电缆有 8 根铜管,再加上电缆的金属护套,每条电缆每千米金属用量达 4000kg,成本很高,又耗铜材,又笨重。当时虽已有光导玻璃纤维,但其损耗每千米超过 1000dB(分贝),而同轴电缆损耗每千米只有 20dB。正在人们感到很无奈的时候,1966 年高锟与合作者霍克汉姆(G. A. Hockham)发表了一篇高瞻远瞩的著名论文[IEE. Proc., 113, 1151(1966)],分析了造成光纤传输损耗的主要原因后,明白提出只要完全除去材料中杂质,石英光纤的损耗定可降至同轴电缆一样的水平,能够实用。1970 年代 Corning 公司果真制成损耗只有 20dB/km 的纯石英光纤。从此光纤通信技术蓬勃发展。

石英光纤的低损耗区有三个:波长为 850nm 的短波窗口,波长为 1300nm 的第二个窗口以及波长为 1500nm 的长波窗口。光纤的发展也经历了几代技术更新。第一代,1980 年启用,光源是掺 Al 的 GaAs 激光二极管,工作于波长 850nm 窗口,可在室温下运作。第二代 1983 年起使用,工作于波长 1300nm 窗口,光源采用 InGaAsP 四元合金激光二极管。第三代开始用于 1991 年,窗口在波长 1550nm,光源也是采用四元合金激光二极管;第四代 1995 年肇始,窗口仍在波长 1500nm,光源依然用四元合金激光二极管,但加进两项新技术:掺铒光纤放大器(Erbium-Doped Fiber Amplifeier, EDFA)和波分复用(Wavelength Division Multiplexing, WDM)技术,实现了在一根光纤上能超高速传输超容量信息。采用 EDFA 使无中继传输距离延长几倍,而 WDM 技术能在一条光纤上同时传输几个乃至几千个不同波长的光载波信道,每个光载波又可携带不同的信息。

光纤的典型结构是三层同轴的圆柱体,其截面是三个同心圆,如图 11.21(a)所示。中心是纤芯,半径为 a,其折射率为 n_1,材料是高纯石英(SiO_2)掺适量 GeO_2 等提高折射率,纤芯直径约为 5μm 到 50μm,SiO_2 的纯度达 99.9999%。纤芯外面是折射率为 n_2(n_2 略小于 n_1)的高纯 SiO_2 但掺少量 F 或 B_2O_3 来减小折射率。包层外直径 2b 为 125μm。包层外面是环氧树脂或硅橡胶的涂覆层,其作用在增强光纤的柔韧性和机械强度,厚度约 5～40μm。

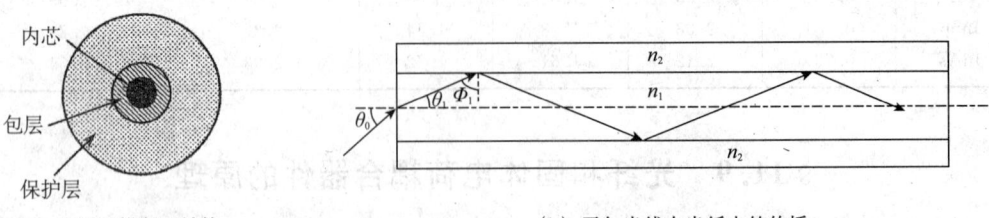

(a) 光纤的横断面结构

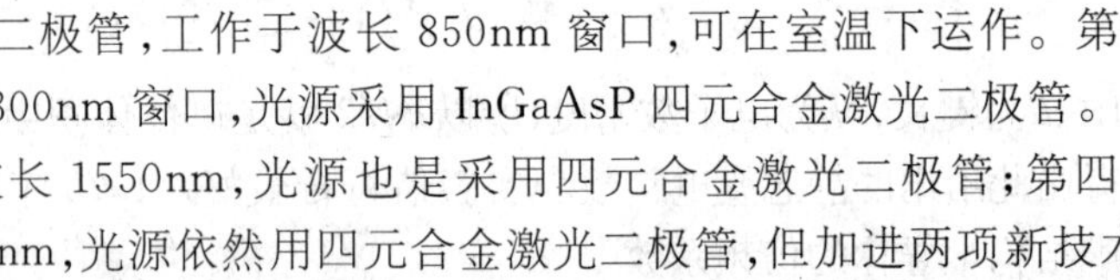

(b) 子午光线在光纤中的传播

图 11.21　光纤结构和子午光线在光纤中的传播

纤芯和包层的相对折射率差为

$$\Delta=\frac{n_1^2-n_2^2}{2n_1^2}\approx\frac{n_1-n_2}{2n_1} \tag{11.9.1}$$

对于石英光纤,$n_1\approx1.5$,$\Delta\approx0.01$,而光纤的数值孔径规定为

$$NA=n_1\sqrt{2\Delta} \tag{11.9.2}$$

光纤的导光特性是基于光线在纤芯/包层界面的全反射,使光线限制在纤芯中传输。光纤中有两种光线:子午光线和斜射光线。子午光线是传输路径位于子午面(通过光纤轴线的平面)上的光线;斜射光线是不经过轴线传播的光线。图 11.21(b)是子午光线在光纤中传播,光线从空气(折射率为 $n_0=1$)射入光纤端面,入射角 $\theta\leqslant\theta_0$(入射临界角)的光线均能在纤芯/包层界面受到全反射而在纤芯里传播,依照斯奈尔折射定律和全反射临界角的规定,可求得 $\sin\theta_0=n_1\sqrt{2\Delta}$,即上述引用的数值孔径 NA。

光的本质是电磁波,它在介质中传播的规律,应当从求解相关的电磁波方程,且满足适当的边界条件,得出光纤中许可传输的光(电磁)波模式,并依此分析其色散特性、传输功率等。对于纤芯一包层折射率突变的阶跃光纤,若只有一个光(电磁)波模式能通过光纤则是单模阶跃光纤;如允许多个模式通过那就是多模阶跃光纤。

在 $\Delta\ll1$ 的条件下,光纤中的光波非常接近横电磁波(TEM),沿圆柱体轴(z)向的场分量 E_z 和 H_z 很小,横向场分量很强,取电场沿 y 轴,则 E_y 满足的波动方程:

$$\nabla^2E_y+k_0^2n^2E_y=0 \tag{11.9.3}$$

这里 $k_0=2\pi/\lambda$,为自由空间中光波的波数,λ 为相应的波长,n 为光纤中不同媒质的折射率,选用圆柱坐标系(r,θ,z),算符∇^2 表示成

$$\nabla^2=\frac{\partial^2}{\partial r^2}+\frac{1}{r}\frac{\partial}{\partial r}+\frac{1}{r^2}\frac{\partial^2}{\partial\theta^2}+\frac{\partial^2}{\partial z^2} \tag{11.9.4}$$

对于正 z 方向传播的光波,E_y 具有数学表达式 $exp(-i\beta z)$,其中 β 是传播常数,满足方程

$$\frac{\partial^2E_y}{\partial z^2}=-\beta^2E_y \tag{11.9.5}$$

于是原来的波动方程改写成

$$\frac{\partial^2E_y}{\partial r^2}+\frac{1}{r}\frac{\partial E_y}{\partial r}+\frac{1}{r^2}\frac{\partial^2E_y}{\partial\theta^2}+(k_0^2n^2-\beta^2)E_y=0 \tag{11.9.6}$$

分离变量

$$E_y(r,\theta)=R(r)\Phi(\theta) \tag{11.9.7}$$

由于光纤横截面有轴对称,$\Phi(\theta)$应当写成 $\sin m\theta$ 或 $\cos m\theta$,$m=0$, 1,2 3,…于是对于各自均匀的纤芯和包层而言,径向函数 $R(r)$满足下列两个方程

$$\frac{d^2R}{dr^2}+\frac{1}{r}\frac{dR}{dr}+[(k_0{}^2n_1{}^2-\beta^2)-\frac{m^2}{r^2}]R=0,(r\leqslant a) \tag{11.9.8}$$

$$\frac{d^2R}{dr^2}+\frac{1}{r}\frac{dR}{dr}-[(\beta^2-k_0{}^2n_1{}^2)+\frac{m^2}{r^2}]R=0,(r\geqslant a) \tag{11.9.9}$$

这是 m 阶的贝塞尔方程,计入在纤芯一包层界面电场切向分量连续的条件,得两个区域的 E_y 的表达式为

$$E_{y1}=A\frac{J_m(\frac{u}{a}r)}{J_m(u)}\cos m\theta\exp[i(\omega t-\beta z)],(r\leqslant a)\tag{11.9.10}$$

$$E_{y2}=A\frac{K_m(\frac{w}{a}r)}{K_m(w)}\cos m\theta\exp[i(\omega t-\beta z)],(r\geqslant a)\tag{11.9.11}$$

这里

$$u^2=a^2(k_0^2n_1^2-\beta^2),w^2=a^2(\beta^2-k_0^2n_2^2)\tag{11.9.12}$$

而 $J_m(x)$和 $K_m(x)$分别为贝塞尔函数和修正贝塞尔函数,如图 11.22 所示。

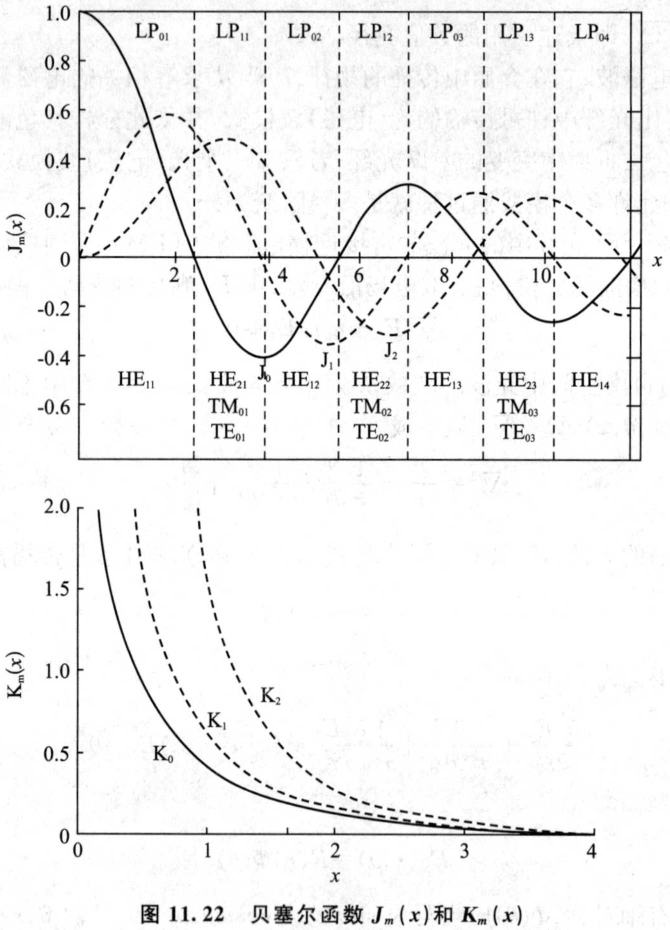

图 11.22　贝塞尔函数 $J_m(x)$和 $K_m(x)$

在上面我们将光(电磁)波的矢量场当作标量场(E_y)来处理,得到的是标量模或线性偏振模,用 LP_{mn}表示有关模式,这里 m 就是贝塞尔函数 $J_m(u)$的阶,n 是 $J_m(u)=0$ 的第 n 个根。例如 LP_{01}模对应 $J_0(u)=0$ 的第一个根 $u_{01}=2.405$,LP_{11}模对应于 $J_1(u)=0$ 的第一个根 $u_{11}=3.832$。

如果我们严格用矢量场的波动方程出发求解,得到的是矢量模包括横电模 TE_{0n},横磁模 TH_{0n}以及 TE 和 TM 混合起来的混合模 EH_{mn}和 HE_{mn},它们都有纵向场分量,E_z 强的记为EH_{mn},H_z 强的记为HE_{mn}。以上就是图 11.22 中各符号的含义。

11.9.2 光纤的损耗

石英光纤实用化就必须降低损耗。设光纤输入的光功率为 P_{in}，输出光功率为 P_{out}，光纤长度为 L(km)，光纤的损耗常数为 α_P[单位为$(km)^{-1}$]。它们之间的关系为

$$P_{out}=P_{in}\exp(-\alpha_p L) \tag{11.9.13}$$

实际上人们常用每千米的损耗分贝数来度量，其定义是

$$\alpha=-\frac{10}{L}\lg[P_{out}/P_{in}]\text{dB/km} \tag{11.9.14}$$

石英光纤的传输窗口是它的损耗谱中三个低损耗的频区，如图 11.23 所示。引起光纤损耗的主要机理是材料的吸收损耗、散射损耗和辐射损耗。最受关注的成就是通过超纯光纤的工艺技术将 1240nm 和 1390nm 的 OH 峰削去，实现第二个和第三个窗口联通，最大损耗不超过 0.5dB/km，使波分复用技术能在更宽频区应用。

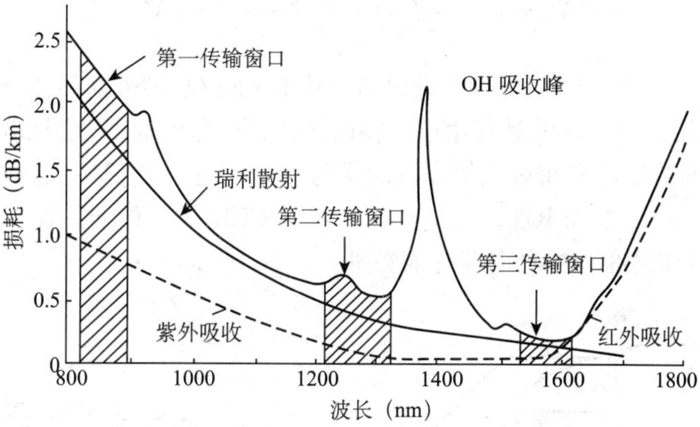

图 11.23 光纤损耗谱特性

材料损耗主要来自石英中 Si－O 键振动的吸收，出现在波长 910nm、1250nm 和 2100nm 的吸收峰，吸收谱的尾巴延伸到 1500～1700nm 范围，这是石英光纤工作波长的上限。另一个来源是 O－H 键振动的吸收峰，振动的基波在波长 2730nm，其二次谐波在 1390nm，这个吸收峰很高，现代工艺已可使 O－H 键损耗降到低于 0.5db/km。

散射损耗主要来自石英材料密度不均匀和折射率不均匀引起对光的瑞利散射，这种散射与光波波长四次方成反比，因而在短波长区很重要，在长波长区损耗较小，这就是光纤通信在长波长方向发展的原因。

辐射损耗主要来自安装使用时光纤被弯曲，造成有些光线不能全反射而漏出纤芯，引起损耗。

11.9.3 MOS 电容特性

1970 年美国贝尔实验室的 W. S. Boyle 和 G. E. Smith 发明了一个新型器件，称为电荷耦合器件(Charged Coupled Device, CCD)，论文发表在 Bell Syst. Tech. J. 49, 587 (1970)。典型的是 Si－CCD，其实是在 p－Si 底片上生长厚约 100～200nm 的连续的氧化层(SiO_2)，在其上形成紧密相隔(距离小于 2.5μm)的电容阵列。在阵列两端有输入和输出电极，目的在于注入和检测 CCD 阵列中的信号电荷。由 §6.7 我们知道每个电容器都是 MOS 结构，即 p－Si－SiO_2－金属，但在 CCD 中栅极不用不透光的金属(如 Al)而是用能够

过一定频率范围光波的多晶硅薄膜，这个薄膜要按电容阵列要求相互间隔，间距小于 2.5μm。栅极电压 V_G 控制着 SiO_2/p－Si 交界半导体表面势 V_S，当 V_G 是足够大的正偏压时，在栅极下面的 p－Si 表面形成反型层—n 型沟道。根据静电学原理，求解一维的泊松方程，能得到表面势 V_S 依赖 V_G 的关系：

$$V_G - V_{FB} = V_S + \frac{1}{C_{OX}}\sqrt{2\varepsilon_0\varepsilon_s e N_A V_S} \tag{11.9.15}$$

式中，V_{FB}是平带电压，即栅极所需加的电压正好能使能带不弯曲，ε_s 是硅的介电常数，ε_0 为真空的介电常数，e 是电子电荷量，N_A 为 p－Si 中受主浓度，C_{OX}为氧化层电容。

在有外界光或电信号激励时，空间电荷区会因之产生电子－空穴对，空穴在表面电场作用下被赶出耗尽区，而电子逆着电场运动，进入并存贮与沟道势阱中。电子多了，表面势变小，势阱变浅，空间电荷区收窄。计及这些信号电荷 Q_S，式(11.9.15)应改写成

$$V_G - V_{FB} = \frac{Q_S}{C_{OX}} + \frac{\sqrt{2\varepsilon_0\varepsilon_s e N_A V_S}}{C_{OX}} + V_S \tag{11.9.16}$$

由这个关系式可知，当 $V_G - V_{FB}$保持定值时，V_S 基本上随 Q_S 增大而线性下降。说明信号电荷量控制势阱的深度。CCD 就是利用这个特性来转移信号电荷，把信号电荷从一个因带有这些电荷而变浅的势阱流到相邻的未变浅的深势阱中。这里要记住，这些过程是非平衡的状态下且在热激发载流子未出现之前进行的。所以 CCD 是一种非平衡器件。图 11.24 是单个 MOS 电容器和它在有信号电荷时的势阱。

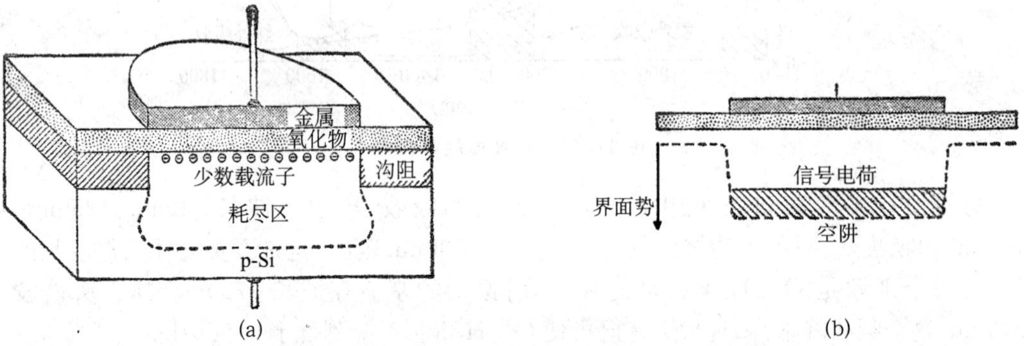

图　11.24

(a)MOS 电容器剖面图；(b)有信号电荷的势阱

为了实现 CCD 器件 MOS 电容器之间信号电荷的定向转移，必须满足三个条件：

(1) 相邻 MOS 电容器的间距很小，使用它们能相互耦合，利于沟道电荷转移；

(2) 通过控制相邻 MOS 电容栅极电压高低调节势阱深浅，使信号电荷由浅势阱流转到深势阱；

(3) CCD 中电荷转移依确定方向进行。为此在 MOS 阵列上的各路电压脉冲—时钟脉冲必须严格满足相位要求，使得任何时刻，势阱的变化总朝着一个方向。

11.9.4　三相 N 沟 CCD

为了达到电容间信号电荷转移，在 CCD 的电容阵列上划分成由几个相邻电容为一单元的无限循环结构。每个单元称为一位，将每一位中对应位置上的电容栅极连到各自共同电极上，此共同电极称为相线。若将 MOS 线列电容划分为相邻三个为一单元，则成为三相

CCD 结构，所施加的时钟脉冲依次相位差为 120°。加了这种时序脉冲就可实现信号电荷的定向转移。在 p－Si 底片上形成 n 沟道 MOS 结构，信号电荷以电子为载体，其迁移率高有利电荷转移，所用的时钟脉冲为正电位。

图 11.25 是一个三相 CCD 的单元，带有信号电荷注入和检测的输入和输出栅极。(a) CCD 处在电荷贮存模式($V_1=V_3>V_2$)；(b)处在电荷转移模式($V_1>V_2>V_3$)。

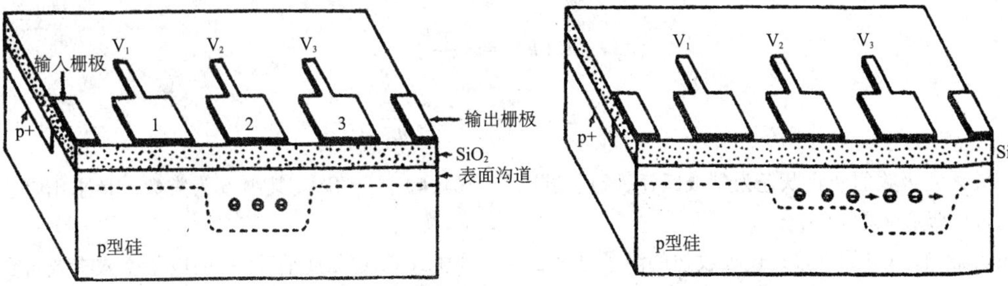

图　11.25

(a)CCD 处在电荷贮存模式；(b)CCD 处在电荷转移模式

上面所述的是表面沟道的 CCD，由于信号电荷沿表面反型层的沟道运行，受到界面态的俘获，转移效率最高达 99.99％。如今普遍采用的埋沟 CCD 结构，信号电荷沿体内的沟道传输，避开界面态的影响，最高转移效率能达到 99.999％，甚至 99.9999％。

CCD 本身由于有贮存和转移信号电荷的功能，可作为移位寄存器之用，组成顺序存储记忆电路。CCD 阵列配上适当光敏元构成光传感的靶面用于固态 TV 摄像器，称为 CCD 摄像器，这种阵列已用在探测太空中的可见光和紫外线等辐射，可得到有关星体图像。

习 题

1. 设某晶体对 6×10^{14} Hz 的光波测得吸收系数 $\alpha=8.5\times10^{7}(\mathrm{m}^{-1})$，反射率 $R=0.72$，求该晶体在该频率处的折射率 n、消光系数 κ 及复数介电常数。
2. 已知某半导体的价带顶及导带底附近的能带可表示成：

$$E_{\mathrm{v}}(\boldsymbol{k})=-\frac{\hbar^2k^2}{2m_{\mathrm{h}}^*}$$

$$E_{\mathrm{c}}(\boldsymbol{k})=E_{\mathrm{g}}+\frac{\hbar^2k^2}{2m_{\mathrm{e}}^*}$$

该晶体光吸收的竖直跃迁为禁戒跃迁，跃迁矩阵元 $|M_{\mathrm{cv}}(\boldsymbol{k})|^2=Bk^2$，其中 B 为常数。请求出吸收边附近的吸收系数 $\alpha(\omega)$。
3. 由实验测得 Ge 的直接跃迁吸收边的激子谱峰 $\varepsilon_1=0.0012\,\mathrm{eV}$，请由此估算 Ge 的电子空穴有效折合质量 μ^*（Ge 的介电常数 $\varepsilon_{\mathrm{s}}=16$）。
4. 已知 NaCl 晶体的剩余射线带的频率(波长)范围是 38～61 μm。又知 NaCl 的静态介电常数 $\varepsilon_{\mathrm{s}}=5.62$。请写出各频率的介电常数表示式 $\varepsilon(\omega)$。
5. 设入射光的电矢量可表示成 $\boldsymbol{E}_{\mathrm{L}}=A_{\mathrm{L}}\boldsymbol{x}^0\cos[2\times10^{15}t-q_{\mathrm{L}}z]$。实验测得的散射光的电矢量：斯托克斯光束 $\boldsymbol{E}_{\mathrm{s}}=A_{\mathrm{s}}\boldsymbol{y}^0\cos(1.92\times10^{15}t+q_{\mathrm{s}}z)$；反斯托克斯光束 $\boldsymbol{E}_{\mathrm{a}}=A_{\mathrm{a}}\boldsymbol{y}^0\cos(2.08\times10^{15}t+q_{\mathrm{a}}z)$。请写出此实验的配置方式 $\alpha(\beta\gamma)\delta$。如果测得的 $\left|\frac{A_{\mathrm{s}}}{A_{\mathrm{a}}}\right|^2=5$，请求晶体散射区的温度 T。

第十二章　固体的磁性

荷电体运动就会产生磁场。固体的磁性来源于固体中各种荷电粒子(电子及核子)的自旋运动及轨道运动。因此研究它可以获得许多有关固体材料的物质结构及固体中各种微观粒子间相互作用的信息。固体磁性材料在当前科学技术及国民经济中有着十分重要的应用。本章首先对固体磁性的实验现象作一般的论述,然后分别说明产生这些磁性现象的原因。由于固体中芯电子与作共有化运动的自由电子具有不同的磁学性质,所以其抗磁性及顺磁性将分别予以讨论。铁磁性及反铁磁性均起源于粒子间互作用的量子效应,这里将作简要论述。最后,对近来研究的一些磁学现象,将作扼要介绍。

§12.1　固体磁性的一般论述

12.1.1　固体的磁化率

如果在磁场强度为 $\boldsymbol{H}$,磁感应强度为

$$\boldsymbol{B}_0 = \mu_0 \boldsymbol{H} \tag{12.1.1}$$

的磁场中 ($\mu_0 = 4\pi \times 10^{-7}$ H/m, 为真空磁导率),放置一个体积为 V 的均匀固体,在磁场的作用下,固体中感应产生磁偶极矩 $\boldsymbol{P}_m$,它与均匀固体体积 V 成正比。固体的磁化强度 $\boldsymbol{M}$ 的定义为单位体积的磁偶极矩:

$$\boldsymbol{M} = \boldsymbol{P}_m / V \tag{12.1.2}$$

对于不均匀的固体,磁化也不均匀,这时磁化强度的定义为

$$\boldsymbol{M} = \frac{d\boldsymbol{P}_m}{dV} \tag{12.1.3}$$

磁化强度 $\boldsymbol{M}$ 是一个矢量,在均匀的固体中,$\boldsymbol{M}$ 或者与 $\boldsymbol{H}$ 平行,或者与 $\boldsymbol{H}$ 反平行。在 SI 单位制中,$\boldsymbol{P}_m$ 的单位为 Am^2, $\boldsymbol{M}$ 的单位是 A/m,与磁场强度 $\boldsymbol{H}$ 的单位相同。

引入无量纲的物理量——磁化率

$$\chi = \frac{M}{H}$$

上式也可写成

$$\boldsymbol{M} = \chi \boldsymbol{H} \tag{12.1.4}$$

磁化率 χ 直接表示固体材料被磁场磁化的难易程度,它是表示固体磁性的重要物理量。

固体被磁化后,自身将产生磁感应强度 $\boldsymbol{B}_1$,故总磁感应强度为

$$\boldsymbol{B} = \boldsymbol{B}_0 + \boldsymbol{B}_1 \tag{12.1.5}$$

实验指出,$\boldsymbol{B}_1$ 与磁化强度 $\boldsymbol{M}$ 成正比:

$$B_1 = \mu_0 M = \mu_0 \chi H = \chi B_0 \tag{12.1.6}$$

因此
$$B = (1+\chi)B_0 = \mu_0(1+\chi)H = \mu_0 \mu H \tag{12.1.7}$$

由此可见
$$\mu = 1+\chi \tag{12.1.8}$$

也是一个无量纲的物理量，常称为相对磁导率。

根据磁化率的大小及正负，可把固体分成三类：抗磁体、顺磁体及铁磁体(包括反铁磁体及亚铁磁体)。下面将分别讨论它们的性质。表 12-1 示出了某些固体的磁化率。

表 12-1 某些固体的磁化率

抗磁体		顺磁体		铁磁体	
Bi	-18×10^{-5}			Fe	1 000
Cu	-0.95×10^{-5}	$FeCl_2$	360×10^{-5}	Co	240
Ge	-0.8×10^{-5}	$NiSO_4$	120×10^{-5}	Ni	150
Si	-0.4×10^{-5}	Pt	26×10^{-5}		
He	-0.5×10^{-5}				
Xe	-25.0×10^{-5}				

12.1.2 抗磁性及顺磁性

磁化率 $\chi<0$ 的物体称为抗磁体。它的主要特点是在外磁场中所产生的磁矩或磁化强度很小，并与外磁场方向相反，故其 χ 值是负的很小的数。第二个特点是 χ 与外磁场 $\boldsymbol{H}$ 无关。第三个特点是磁化率 χ 与温度也无关。抗磁体最本质的特征是物体中所有原子(离子)都没有固有磁矩。

顺磁体是磁化率 χ 为很小正数的材料。其本质特征是材料内包含有浓度可观的因不满原子壳层而具有固有磁矩的离子(称为顺磁离子)。在无外磁场时，这些顺磁离子的固有磁矩的取向是杂乱无章的，各磁矩的矢量和为零，不表现出磁性。当加外磁场后，各固有磁矩倾向于与外磁场相同方向排列，产生的总磁矩与外磁场方向一致，于是表现出顺磁性。这种顺磁体的磁化率依赖于外磁场 $\boldsymbol{H}$，也依赖于温度。

大多数金属都是顺磁体。这是由于金属中有大量的自由电子，每个电子有两个自旋态，有其自旋磁矩。在无外磁场时，电子在这两个自旋态的概率相等，总体上表现出没有磁矩。在外磁场中，自旋磁矩方向与外磁场平行的状态被电子占据的概率增大，因而总磁矩与外磁场方向一致。在外磁场中自由电子的轨道发生改变产生相应的总抗磁磁矩，但其值为总顺磁磁矩的三分之一。因此，金属自由电子气的净磁矩是顺磁的，与由顺磁离子引起的顺磁性不同，金属的磁化率 χ 与温度无关。Cu 由于其离子实的抗磁磁矩超过其自由电子气的顺磁磁矩而表现为抗磁性。

12.1.3 铁磁性

铁磁体的磁化率 χ 是数值很大的正数，比顺磁体磁化率大 5—6 个数量级。常见的铁磁体有 Fe、Ni、Co。每个原子都有不满的 3d 壳层引起的固有磁矩，又由于相邻原子间的量子力学互作用，使各原子的固有磁矩趋于排列平行，产生铁磁性。铁磁体的磁化率 χ 也依赖外磁场 H。

铁磁体只有温度低于铁磁居里温度 T_C 时才存在。温度高于 T_C，铁磁体转变为顺磁体，其磁化率 χ 满足居里-外斯定律

$$\chi = \frac{\mu_0 C}{T - T_P} \tag{12.1.9}$$

这里 T_P 称为顺磁居里温度，T_P 值略高于 T_C，表 12-2 列出若干铁磁体的 T_C 和 T_P 值(K)。

表 12-2 若干铁磁体的 T_C 和 T_P(K)

	Fe	Co	Ni	Gd	Dy	Ho	Er
T_C(K)	1 043	1 388	627	292	85	20	20
T_P(K)	1 093	1 428	650	317	154	85	42

12.1.4 反铁磁体及亚铁磁体

在铁磁体中，原子间的互作用量子力使离子(原子)磁矩的取向相互一致；但是在某些场合下，这种量子作用力也可使相邻离子(原子)的磁矩方向相反，结果总的不表现出磁性。在外磁场作用下，通常表现为特有的顺磁性，并有显著的各向异性，这种固体材料常称之为反铁磁体。常见的反铁磁体都是过渡金属的化合物，如 $CrCl_2$、MnO、NiO、CoO、FeF_2、VCl_3、V_2O_4 等。

也存在有这样的情况，固体中含有两种大小不等固有磁矩的离子(原子)，而这些离子(原子)间的量子作用力，也使它们的磁矩方向相反，由于离子(原子)磁矩大小不等，结果相减以后仍存在有一定的磁矩。在此情况下与铁磁体相同，它也显现出一定的自发磁化强度。这种固体常称之为亚铁磁体，如 Fe_3O_4($FeO \cdot Fe_2O_3$)。这里的 Fe 有两种化学价，一种是二价的，一种是三价的。它们具有不同的原子(离子)磁矩。而该两种铁离子间的量子作用力使它们的磁矩方向相反，因此相减以后仍存在有一定的磁矩，结果也显现出自发磁化强度。因为大部分亚铁磁体是铁的氧化物，故也称亚铁磁体为铁氧体。由于铁氧体都是绝缘体，有较大的电阻率，因此铁氧体在国民经济中有非常重要的应用。除 Fe_3O_4 外，重要的铁氧体尚有 $MnFe_2O_4$、$CoFe_2O_4$、$NiFe_2O_4$、$Y_3Fe_5O_{12}$、$Gd_3Fe_5O_{12}$ 等。

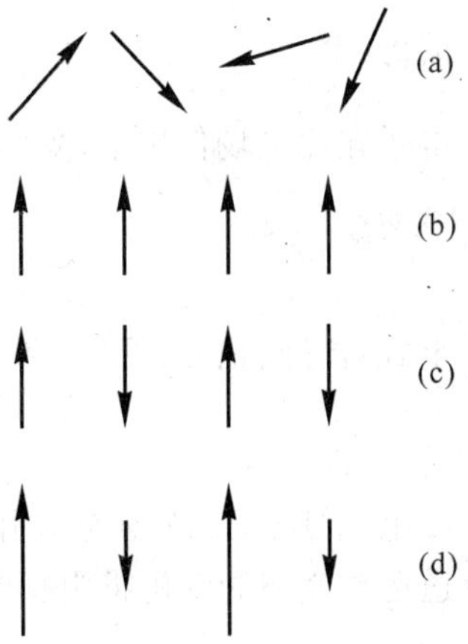

图 12.1 四种原子磁矩排列方式

(a) 顺磁体；(b) 铁磁体；
(c) 反铁磁体；(d) 亚铁磁体

图 12.1 示出了顺磁体、铁磁体、反铁磁体及亚铁磁体中的原子(离子)磁矩的排列情况。

§ 12.2 固体的抗磁性

抗磁性是所有物质的一种本性。无论是价电子或芯电子的运动所引起的电流在外磁场作用下都会产生与外磁场方向相反的磁矩。下面分别予以说明。

12.2.1 芯电子的抗磁性

现在用半经典的理论说明芯电子的抗磁性。假想芯电子绕原子核作圆周运动。设电子的运动速率为 v，运动轨道半径为 ρ，因此电子的绕核旋转频率 $f = v/2\pi\rho$。电子轨道运动引起的电流大小为

$$I = -fe = -\frac{ev}{2\pi\rho} \tag{12.2.1}$$

由电磁学知道，由此闭合电流所引起的磁矩为

$$M = IA = I\pi\rho^2 = -\frac{1}{2}ev\rho \tag{12.2.2}$$

式中 A 是电子绕核运动轨道的面积。

现在如果垂直该轨道平面施加外磁场，其磁感应强度为 B，则通过电子轨道的磁通量为

$$\phi = BA = \pi\rho^2 B \tag{12.2.3}$$

按电磁学的法拉第定律，变化的磁通量将在电流回路中引起感应电动势 emf：

$$emf = -\frac{\mathrm{d}\phi}{\mathrm{d}t} = -\pi\rho^2\frac{\mathrm{d}B}{\mathrm{d}t} \tag{12.2.4}$$

此感应电动势 emf 等价于在电子轨道内存在有电场强度 E：

$$emf = \oint \boldsymbol{E}\mathrm{d}\boldsymbol{l} = E2\pi\rho$$

所以

$$E = \frac{1}{2\pi\rho}emf = -\frac{\rho}{2}\frac{\mathrm{d}B}{\mathrm{d}t} \tag{12.2.5}$$

电子在此电场作用下，受到的作用力为 $-eE$，因而电子有加速度：

$$\frac{\mathrm{d}v}{\mathrm{d}t} = \frac{-eE}{m} = \frac{e\rho}{2m}\frac{\mathrm{d}B}{\mathrm{d}t} \tag{12.2.6}$$

上式对时间积分，可得

$$\Delta v = \frac{e\rho}{2m}\Delta B \tag{12.2.7}$$

由上式可见，外磁场的作用使电子的轨道运动速率发生变化。而由(12.2.2)式可知电子轨道运动速率的变化将引起电子轨道磁矩的变化：

$$\Delta M = \frac{-e\rho}{2}\Delta v \tag{12.2.8}$$

把(12.2.7)式代入上式可得

$$\Delta M = -\frac{e^2\rho^2}{4m}\Delta B = -\frac{\mu_0 e^2\rho^2}{4m}\Delta H \tag{12.2.9}$$

因此按定义(12.1.4)式可得由每个芯电子引起的磁化率

$$\chi_{电子} = -\frac{\mu_0 e^2}{4m}\rho^2 \tag{12.2.10}$$

如果一个原子有 z 个芯电子，因各个电子的轨道半径都不相同，该原子的磁化率可写成

$$\chi_{原子} = -\frac{\mu_0 e^2}{4m}\sum_{i=1}^{z}\rho_i^2 \tag{12.2.11}$$

令电子轨道半径的方均根平均值为 $[\langle\rho^2\rangle]^{1/2}$，则

$$\sum_{i=1}^{z}\rho_i^2 = z\langle\rho^2\rangle \tag{12.2.12}$$

设电子轨道平面为 xy 平面,则

$$\langle \rho^2 \rangle = \langle x^2 \rangle + \langle y^2 \rangle \tag{12.2.13}$$

如果原子具有球对称性,半径为 r

$$\langle x^2 \rangle = \langle y^2 \rangle = \langle z^2 \rangle = \frac{1}{3}\langle r^2 \rangle$$

因此

$$\langle \rho^2 \rangle = \frac{2}{3}\langle r^2 \rangle \tag{12.2.14}$$

把(12.2.12)、(12.2.14)式代入(12.2.11)式可得原子磁化率

$$\chi_{原子} = -\frac{\mu_0 z e^2}{6m}\langle r^2 \rangle \tag{12.2.15}$$

如果在单位体积内,固体含有 N 个原子,其磁化率则可写成

$$\chi_C = \frac{-\mu_0 N z e^2}{6m}\langle r^2 \rangle \tag{12.2.16}$$

等式右边的负号表明,由此产生的感应磁矩方向与外磁场相反,即抗磁性。上式常称为朗之万抗磁磁化率公式。

由(12.2.16)式可见,原子序数越大,原子包含的芯电子数 z 就愈多,则由该原子组成的固体的抗磁磁化率 χ 也就愈大。

12.2.2 自由电子抗磁性

现在讨论金属或半导体中电子气的抗磁性。在§8.9我们求解了在外磁场 $\boldsymbol{B} = B\boldsymbol{e}_z$ 中电子的薛定谔方程。(这里 $\boldsymbol{e}_z$ 是 z 方向单位矢量),得到电子的本征能量为

$$E(n, k_z) = \frac{\hbar^2 k_z^2}{2m^*} + \left(n + \frac{1}{2}\right)\hbar\omega_c, \ n = 0, 1, 2, \cdots$$

这里 $\omega_c = \dfrac{eB}{m^*}$ 为有效质量 m^* 的电子在磁场中的回旋频率。表明在垂直磁场的 xy 面上电子运动的能级是量子化的,这些能级 $E_n = \left(n + \dfrac{1}{2}\right)\hbar\omega_c$ 称为朗道能级。每个朗道能级都是简并的,如果晶体在 xy 平面的面积 $L_x L_y$ 正好是单位面积,计入自旋的两种态,一个朗道能级的简并度 g_L 与外磁场 B 成正比:

$$g_L = eB/h$$

为简便计,下面考察在绝对零度时在 z 方向加有磁场的,处在 xy 平面内的二维电子气系统,这时 $k_z = 0$,电子能量就是朗道能级

$$E_n = \left(n + \frac{1}{2}\right)\hbar\omega_c$$

在未加磁场时,二维电子气的费米能级为 E_F^0。图12.2示出了在施加磁场前后电子能级的变化。图12.3则示出当外磁场变化时,电子在朗道能级中的填充情况。如磁场 B 沿 z 方向,当 $B = B_1$ 时,电子正好填满 n_0 个朗道能级。增大磁场,当 $B = B_2 > B_1$,朗道能级简并

度增大，电子气只能填满 $\left(n_0-\frac{1}{2}\right)$ 个朗道能级，即原来填满电子的最高能级只填了一半。

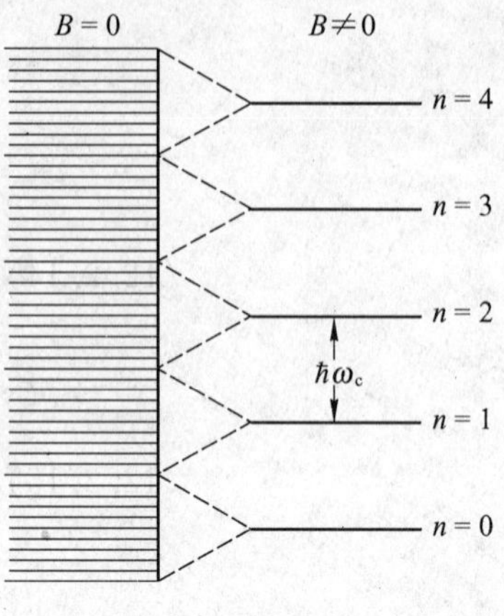

图 12.2　xy 平面内自由电子的准连续能级因磁场作用变成分立的朗道能级

B 继续增加，g_L 也随之增大，到了磁场 $B=B_3$ 时，填有电子的最高的能级只有一小部分电子。磁场达到 $B=B_4$ 时，电子气恰巧填满 (n_0-1) 个朗道能级，第 n_0 个朗道能级完全撤空。容易看出电子气的总能量也随磁场增大而变化。图 12.4 示出一个朗道能级被电子全部或部分填满时电子系统在施加外磁场前后的能量变化。其中图(a)为完全填满情况，A 区电子进入朗道能级后能量下降，而 B 区电子则能量上升，总能量保持不变。但对部分填满的图(b)情况，能量上升的电子数多于能量下降的电子数，施加磁场后总能量上升。现在回到图 12.3，可判明当 $B=B_1$ 时，系统总能量不变。但随着磁感应强度的增加，当 $B=B_2$、B_3 时，系统的能量将相继升高；而当 $B=B_4$ 时，总能量又恢复到未加磁场时的数值。所以随着磁感应强度的增加，系统总能量的增加也作周期性变化。众所周知，磁化强度为 $\boldsymbol{M}$ 的每单位体积磁性物体在磁场中应有附加能量

$$\Delta E=-\boldsymbol{M}\cdot\boldsymbol{B}$$

即如果磁化强度 $\boldsymbol{M}$ 与外磁场 $\boldsymbol{B}$ 方向相同，则磁感应强度 $\boldsymbol{B}$ 的增加将引起系统能量的减少。

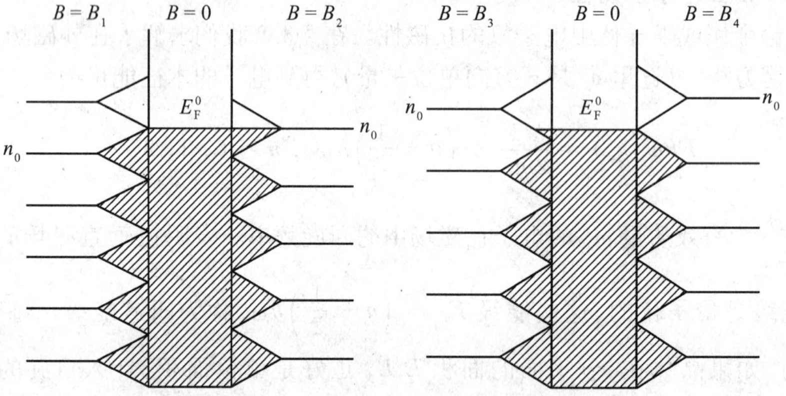

图 12.3　在不同磁感应强度下二维电子的朗道能级的变化

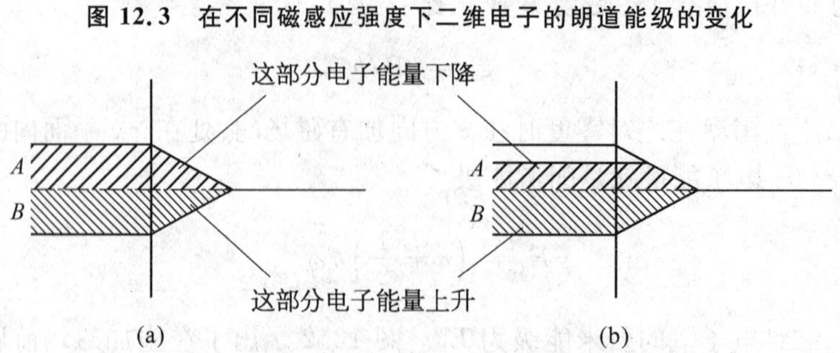

图 12.4　朗道能级的填充程度对体系总能量的影响

(a) 朗道能级被完全填满；(b) 朗道能级未被完全填满

而这里讨论的导电电子系统的能量却随着磁感应强度 $\boldsymbol{B}$ 的增加而增加，这说明导电电子系统的磁化强度 $\boldsymbol{M}$ 的方向与磁场 $\boldsymbol{B}$（或 $\boldsymbol{H}=\boldsymbol{B}/\mu_0$）的方向相反，根据(12.1.4)式导电电子系统的磁化率 χ_L 应由下式决定

$$\boldsymbol{M}=\chi_L\boldsymbol{H}=\frac{1}{\mu_0}\chi_L\boldsymbol{B} \tag{12.2.17}$$

所以 $\chi_L<0$，这就是说，在外磁场下导电电子表现出抗磁性，通常称它为朗道抗磁性。因为系统的能量 E 随着磁感应强度 $\boldsymbol{B}$ 作周期性的变化，χ_L 也相应地随磁感应强度 $\boldsymbol{B}$ 作周期性振荡。图 12.5 示出了铋单晶的抗磁化率 χ 随磁感应强度 $\boldsymbol{B}$ 的振荡。通常称此现象为德哈斯-范阿尔芬(de Hass-Van Alphen)效应。理论表明 χ 的振荡周期 $\Delta\left(\frac{1}{B}\right)$ 和与 $\boldsymbol{B}$ 相垂直的费米面的最大横截面积 A_F 成正比。因此，通过在不同磁场方向下测得的周期 $\Delta\left(\frac{1}{B}\right)$ 可以了解在 $\boldsymbol{k}$ 空间中金属费米面的形状。不过实际观察 χ 的振荡效应必须满足一定的实验条件。首先要求朗道能级间距 $\hbar\omega_c$ 比 k_BT 大得多，即

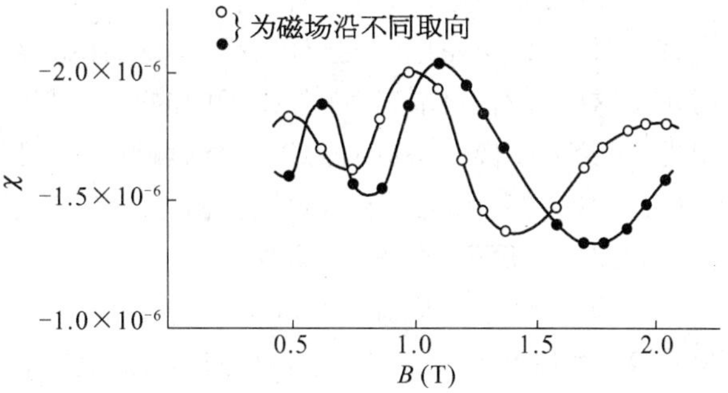

图 12.5 铋的德哈斯-范阿尔芬效应

$$\hbar\omega_c=\frac{\hbar e}{m^*}B\gg k_BT \tag{12.2.18}$$

只有这样，朗道能级上的电子填充情况才不受温度的影响，否则由于热激发在费米能级附近的朗道能级都只会被部分填充，因此很难清楚地得到系统能量及磁化率随磁感应强度而振荡的结果，从而只有在强磁场及低温下才能清楚地观察振荡效应。

另一个必须满足的条件是

$$\omega_c\tau=\frac{eB}{m^*}\tau\gg1 \tag{12.2.19}$$

这里 τ 是电子的平均自由时间。上式的意义是电子在经受相邻两次碰撞的时间间隔内，已绕磁场旋转许多次，只有在此情况下，导电电子系统才清楚地形成分立的朗道能级。为满足(12.2.19)式的要求，实验样品的晶格结构必须十分完整，所含杂质必须十分少，只有这样才可获得比较长的平均自由时间 τ。如果前面提到的两个条件不能同时满足，实验上就难以看到抗磁化率 χ_L 的振荡效应。但是仍然可以测量到导电电子系统的朗道抗磁磁化率。金属及半导体的朗道抗磁磁化率 χ_L 可分别表示为

金属：
$$\chi_L=-\frac{1}{2}\left(\frac{m}{m^*}\right)^2 n\mu_0\mu_B^2/E_F^0 \tag{12.2.20}$$

半导体：
$$\chi_L=-\frac{1}{3}\left(\frac{m}{m^*}\right)^2 n\mu_0\mu_B^2/k_BT \tag{12.2.21}$$

式中 m 表示真空中自由电子的质量，E_F^0 表示金属在绝对零度时费米能级，μ_B 是玻尔磁子

[参见(12.3.8)式]，n 是金属或半导体的自由(导电)电子密度。

从(12.2.20)及(12.2.21)式可以看到，χ_L 与导电电子的有效质量 m^* 有关，对于多数半导体，$m^* \ll m$，因此半导体的朗道抗磁磁化率 χ_L 常有较大的值。而一般金属的 m^* 都比较大，因此它们的 χ_L 比较小。

§12.3　固体的顺磁性

如前所述，引起固体顺磁性的原因主要有三个：1. 固体中存在具有固有磁矩的顺磁离子；2. 固体中的自由电子的自旋磁矩；3. 固体中存在束缚于缺陷或杂质上的单个电子的自旋磁矩。这些固有电偶极矩在外磁场中的转向引起了顺磁性。下面将先从原子(离子)的磁性出发，讨论顺磁离子的固有磁矩。然后讨论固有磁矩在外磁场作用下转向的统计理论，导出顺磁磁化率的表示式。最后讨论自由电子的顺磁性。

12.3.1　原子(离子)的磁性

由原子物理我们知道，电子轨道运动产生的轨道磁矩为 $\boldsymbol{\mu}_L$，而电子的轨道角动量为 $\boldsymbol{L}$，轨道角动量的方向正好与 $\boldsymbol{\mu}_L$ 相反，并且

$$\boldsymbol{\mu}_L = -\frac{e}{2m}\boldsymbol{L} \tag{12.3.1}$$

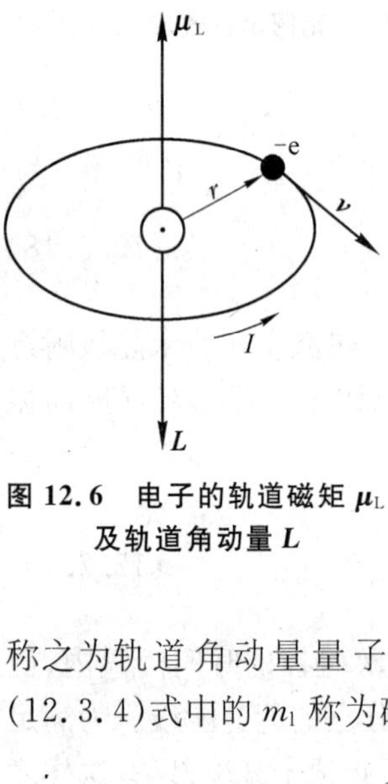

图 12.6　电子的轨道磁矩 $\boldsymbol{\mu}_L$ 及轨道角动量 $\boldsymbol{L}$

在此常把比例系数称为轨道运动的旋磁比：

$$\gamma_L = -\frac{e}{2m} \tag{12.3.2}$$

由量子力学知道，轨道角动量 $\boldsymbol{L}$ 及其在外场方向上的投影 L_z 只能取下面的分立值

$$L = \hbar\sqrt{l(l+1)} \tag{12.3.3}$$

$$L_z = m_l\hbar \tag{12.3.4}$$

这里
$$l = 0,\ 1,\ 2,\ 3,\ \cdots,\ n-1 \tag{12.3.5}$$

称之为轨道角动量量子数。l 共可取 n 个分立值，而 n 为该电子壳层的主量子数。(12.3.4)式中的 m_l 称为磁量子数，它只能取下面的分立值：

$$m_l = -l,\ -(l-1),\ \cdots,\ 0,\ 1,\ 2,\ \cdots,\ l \tag{12.3.6}$$

m_l 共可取 $2l+1$ 个值。

由(12.3.1)式可知，轨道磁矩 $\boldsymbol{\mu}_L$ 也只能取分立值

$$\mu_L = \frac{-e\hbar}{2m}\sqrt{l(l+1)} = -\mu_B\sqrt{l(l+1)} \tag{12.3.7}$$

这里
$$\mu_B = \frac{e\hbar}{2m} = 9.27\times10^{-24}\ \mathrm{A\cdot m^2} \tag{12.3.8}$$

是磁矩的最小单元，在量子论里，磁矩也是量子化的，不能连续变化，其最小的变化单元即是 μ_B，称为玻尔磁子。轨道磁矩沿外场方向上的投影 μ_{Lz} 应与 L_z 成正比：

$$\mu_{Lz} = \gamma_L L_z = -\frac{e}{2m}L_z = -\frac{e\hbar}{2m}m_l = m_l\mu_B \tag{12.3.9}$$

除轨道运动外,电子还有自旋运动,还具有自旋角动量 $\boldsymbol{S}$。

与自旋角动量相对应的也存在自旋磁矩 $\boldsymbol{\mu}_S$,由实验测量发现自旋磁矩在外场方向上的投影就等于玻尔磁子 μ_B,即

$$\begin{aligned}\mu_{Sz} &= \pm\mu_B = \pm\frac{e\hbar}{2m} = -\frac{e}{m}m_s\hbar \\ &= -\frac{e}{m}S_z\end{aligned} \tag{12.3.10}$$

式中的负号反映了由于电子带有负电荷,因而使磁矩的方向与角动量的方向相反。这样得到了自旋磁矩与自旋角动量间的比例系数

$$\gamma_S = -\frac{e}{m} \tag{12.3.11}$$

称之为自旋的旋磁比。与(12.3.2)式相比较,可见自旋旋磁比是轨道旋磁比的二倍。

通常原子中包含有多个电子,如果第 i 个电子轨道角动量及自旋角动量分别为 $\boldsymbol{L}_i$ 及 $\boldsymbol{S}_i$,则原子的总轨道角动量及自旋角动量应分别为 $\boldsymbol{L}_i$ 及 $\boldsymbol{S}_i$ 的矢量和

$$\boldsymbol{L} = \sum_i \boldsymbol{L}_i \tag{12.3.12}$$

$$\boldsymbol{S} = \sum_i \boldsymbol{S}_i \tag{12.3.13}$$

而原子的总角动量

$$\boldsymbol{J} = \boldsymbol{L} + \boldsymbol{S} \tag{12.3.14}$$

电子在轨道运动与自旋运动之间存在着自旋-轨道互作用。如果不考虑电子自旋-轨道间的互作用,那末 L^2、L_z 及 S^2、S_z 都将是个守恒量,l, m_l, s 及 m_s 都是一个好的量子数。在考虑自旋-轨道互作用后,电子的总角动量 $\boldsymbol{J}$(包括量值和方向)是个守恒量,而 L_z 及 m_l 不再守恒。因此如图 12.7 所示,为了使 $\boldsymbol{J} = \boldsymbol{L} + \boldsymbol{S}$ 保持不变,$\boldsymbol{L}$ 和 $\boldsymbol{S}$ 只能环绕 $\boldsymbol{J}$ 旋转。这样相应的磁矩 $\boldsymbol{\mu}_L$ 和 $\boldsymbol{\mu}_S$ 也将绕 $\boldsymbol{J}$ 旋转,由于轨道旋磁比与自旋旋磁比不同,致使总磁矩 $\boldsymbol{\mu} = \boldsymbol{\mu}_L + \boldsymbol{\mu}_S = \gamma_L\boldsymbol{L} + \gamma_S\boldsymbol{S} = \gamma_L(\boldsymbol{L} + 2\boldsymbol{S})$ 的方向与总角动量 $\boldsymbol{J} = \boldsymbol{L} + \boldsymbol{S}$ 不在同一直线上,因而总磁矩 $\boldsymbol{\mu}$ 也不是恒定的,也在不停地旋转。因为这种旋转的频率一般很高,所以实际测量到的常是 $\boldsymbol{\mu}$ 在 $\boldsymbol{J}$ 方向上的分量 $\boldsymbol{\mu}_J$,而垂直 $\boldsymbol{J}$ 方向的分量的平均值为零。由图 12.7 可以得到

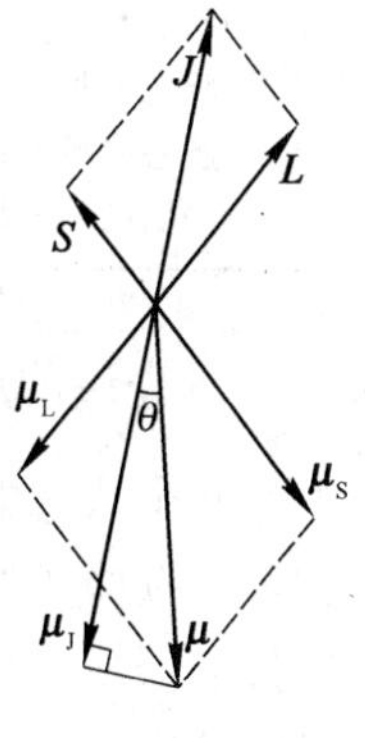

图 12.7 $\boldsymbol{J}$、$\boldsymbol{L}$、$\boldsymbol{S}$ 及 $\boldsymbol{\mu}_J$、$\boldsymbol{\mu}_L$、$\boldsymbol{\mu}_S$ 间的关系

$$\boldsymbol{\mu}_J = \frac{\boldsymbol{\mu}\cdot\boldsymbol{J}}{J^2}\boldsymbol{J} = g\gamma_L\boldsymbol{J} \tag{12.3.15}$$

其中 $$g = \frac{\boldsymbol{\mu}\cdot\boldsymbol{J}}{\gamma_L J^2} = \frac{(\boldsymbol{L}+2\boldsymbol{S})\cdot\boldsymbol{J}}{J^2} = \frac{(\boldsymbol{J}+\boldsymbol{S})\cdot\boldsymbol{J}}{J^2} = 1 + \frac{\boldsymbol{S}\cdot\boldsymbol{J}}{J^2} \tag{12.3.16}$$

因为 $\boldsymbol{L} = \boldsymbol{J} - \boldsymbol{S}$, 所以 $L^2 = J^2 + S^2 - 2\boldsymbol{J}\cdot\boldsymbol{S}$, 即 $\boldsymbol{J}\cdot\boldsymbol{S} = \frac{1}{2}(J^2 + S^2 - L^2)$。考虑到 J^2, S^2

及 L^2 的本征值分别为 $j(j+1)\hbar^2$, $s(s+1)\hbar^2$, $l(l+1)\hbar^2$, (12.3.16)式可写成

$$g = 1 + \frac{j(j+1)+s(s+1)-l(l+1)}{2j(j+1)} \tag{12.3.17}$$

由(12.3.15)式可见,实验测量到的原子总磁矩 $\boldsymbol{\mu}_J$ 与 $\boldsymbol{J}$ 成正比,其比例系数除轨道旋磁比 γ_L 之外,还有数字因子 g,常称此数字因子为朗德(Landé) g 因子。利用(12.3.2)、(12.3.8)及(12.3.15)式,原子磁矩 $\boldsymbol{\mu}_J$ 的绝对值可表示成

$$\mu_J = g\sqrt{j(j+1)}\,|\gamma_L\hbar| = p\mu_B \tag{12.3.18}$$

这里已令

$$p = g\sqrt{j(j+1)} \tag{12.3.19}$$

由(12.3.18)式可见,原子的平均磁矩 μ_J 是玻尔磁子 μ_B 的 p 倍,p 称为有效磁子数。

12.3.2 洪德定则及顺磁离子

先以碳原子为例,说明在碳原子结构中电子的状态安排。由原子物理知道,原子中有许多子壳层。表 12-3 列出了各个电子壳层内的电子状态及可容纳的电子数。一般来说,各个壳层状态的能量都是不相同的,电子总是先填满能量较低的状态再去填充能量较高的状态。对于那些被填满的电子壳层,这些电子的轨道角动量及自旋角动量之矢量和都分别为零。因此它们对原子的总角动量没有贡献,为了计算原子的总角动量及磁矩只须考虑未被填满壳层的电子情况。对碳原子来说,它共有 6 个电子,因此它填满 $n=1$ 的 s 壳层,(1s 壳层)、$n=2$ 的壳层(2s 壳层),还有 2 个电子填充在 2p 壳层内(可表示成 $1s^2 2s^2 2p^2$)。因为 p 壳层共可容纳 6 个电子,所以 2p 壳层是个非满壳层。

表 12-3 原子中各电子壳层内的电子状态及可容纳的电子数

主量子数 n	1	2	3	4	5
轨道角动量量子数 l	0	0, 1	0, 1, 2	0, 1, 2, 3	0, 1, 2, 3, 4
状态记号	s	s p	s p d	s p d f	s p d f g
状态内可容纳电子数	2	2 6	2 6 10	2 6 10 14	2 6 10 14 18
壳层内可容纳电子数	2	8	18	32	50

2p 壳层的 6 个电子状态: $m_l = 1, 0, -1$, $m_s = \frac{1}{2}, -\frac{1}{2}$。若不考虑自旋-轨道互作用,上述 6 个状态的能量都是相等的,但计入自旋-轨道互作用后,上述 6 个状态的能量就不再相等。碳原子 2p 壳层中的两个电子当然占据其中能量最低的两个状态。但是哪两个状态能量最低或者说碳原子的这两个 2p 电子究竟占据哪两个状态呢?洪德(F. Hund)根据大量实验事实总结出下面的经验定则,电子在非满壳层中的占据情况可根据该定则确定:

(1) 原子的自旋量子数 s 取泡利不相容原理所允许的最大值。

(2) 原子的轨道角动量量子数 l 也取泡利不相容原理所允许的、而且与定则(1)不矛盾的最大值。

(3) 若壳层内电子数不到半满,取 $j=|l-s|$,若壳层内电子数等于或超过半满,则取 $j=l+s$。

根据上面定则的(1)及(2),碳原子中的两个电子应占据 $m_l = 1, 0$; $m_s = 1/2, 1/2$, 这

样可得碳原子的自旋量子数 $s = 1/2 + 1/2 = 1$，而轨道角动量量子数 $l = 1 + 0 = 1$。碳原子的 2p 电子数只有 2 个，不到 p 壳层的半满数。所以，根据定则(3)，原子总角动量量子数 $j = |l - s| = |1 - 1| = 0$。因此由(12.3.18)式可知碳原子的磁矩 $\boldsymbol{\mu}_J = 0$，没有固有磁矩。

对于电子数较多的原子，有时内壳层的电子能量高于外壳层电子，这时电子将先填充外壳层，而内壳层变成不满壳层。在元素周期表中，有两族元素，即稀土金属族元素及过渡金属元素，具有非满的内壳层。前者的 4f 壳层未满，后者的 3d 壳层未满。通常这些内壳层电子具有非零的角动量，因而也有非零的原子磁矩。常把这些有非零磁矩的离子(原子)称为顺磁离子。下面分别对稀土金属离子及过渡金属离子给予适当的讨论。

稀土族元素包括元素周期表中从 La 开始到 Lu 的 15 个元素。除 La 和最后两个元素 Yb 和 Lu 以外，都有未满的 4f 壳层。在 4f 壳层外面还有 5s、5p 和 5d、6s 等壳层。在晶体中，稀土金属最外层的 5d、6s 电子常被电离或与其他原子形成价键。而 5s 及 5p 壳层都是满的，对离子磁矩无贡献，稀土金属的磁性就只决定于未满的 4f 壳层中的电子。由于 4f 壳层是内壳层，4f 电子受到外面的 5s 和 5p 电子的屏蔽，因此，即使在晶体中，4f 电子也很少受到晶体中其他原子的影响。失去 5d、6s 电子的稀土金属离子的磁性基本上与孤立的自由离子一样。据此稀土金属离子的磁矩可根据 4f 电子的数目按洪德定则计算得到。表 12-4 列出了某些稀土金属离子的有效磁子数 p 的理论计算值及实验测量值。从表中可以看到理论值和实验值符合得很好。

表 12-4 某些稀土金属离子的有效磁子数 $p = g\sqrt{j(j+1)}$

离　　子	理　论　值	实　验　值
Pr^{3+}	3.58	3.6
Nd^{3+}	3.62	3.6
Dy^{3+}	10.6	10.6
Tb^{3+}	9.72	9.5

包括 Fe、Co、Ni 在内的过渡金属元素的原子都有未满的 3d 壳层。在 3d 壳层外面尚有 2 个 4s 电子，但在晶体中这两个 4s 电子常被电离或与其他原子形成价键，因此过渡金属的未满的 3d 壳层就暴露在离子的最外面，直接受到晶体中周围离子的作用。这种周围离子的作用常具有一定的晶体对称性，因此常被称为晶体场。对于铁族离子来说，3d 电子受到的晶体场作用远比自旋-轨道互作用大(约为 100 倍)，在晶体场的作用下，电子的轨道运动常被破坏，使电子的轨道角动量被猝灭，$\boldsymbol{L} = 0$，因此剩下的只有自旋角动量 $\boldsymbol{S}$。即处在晶体中的过渡金属离子的总角动量 $\boldsymbol{J} = \boldsymbol{S}$。从表 12-5 列出的过渡金属离子的有效磁子数中也可以看到，p 的实验测量值与 $p = 2\sqrt{s(s+1)}$ 的计算值非常接近；但与 $p = g\sqrt{j(j+1)}$ 的计算值却相差很大[当 $l = 0$，$j = s$ 时，由(12.3.17)式可计算得到朗德 g 因子 $g = 2$]。这就说明了过渡金属离子的 3d 电子的轨道角动量确已被猝灭。

表 12-5 过渡金属离子的有效磁子数 p

离　　子	$p = g\sqrt{j(j+1)}$ 计算值	$p = 2\sqrt{s(s+1)}$ 计算值	实　验　值
Ti^{3+}，V^{++}	1.55	1.73	1.7
V^{3+}	1.63	2.83	2.8

(续表)

离　　子	$p=g\sqrt{j(j+1)}$ 计算值	$p=2\sqrt{s(s+1)}$ 计算值	实 验 值
V^{2+}, Cr^{3+}, Mn^{4+}	0.77	3.87	3.8
Mn^{2+}、Fe^{3+}	5.92	5.92	5.9
Fe^{2+}	6.70	4.90	5.4
Co^{2+}	6.64	3.87	4.8
Ni^{2+}	5.59	2.83	3.2

12.3.3 朗之万顺磁磁化率

在化合物或合金中若掺有磁矩为 $\boldsymbol{\mu}_J$ 的顺磁离子，如果加外磁场 $\boldsymbol{B}$，则顺磁离子将获得附加的能量：

$$E=-\boldsymbol{\mu}_J\cdot\boldsymbol{B}=-g\gamma_L\boldsymbol{J}\cdot\boldsymbol{B}=-g\gamma_L BJ_z \tag{12.3.20}$$

这里已应用了(12.3.15)式。式中的 J_z 表示总角动量 $\boldsymbol{J}$ 在外磁场 $\boldsymbol{B}$ 方向上的投影。由量子力学知道

$$J_z=m_j\hbar \tag{12.3.21}$$

其中

$$m_j=-j,\,-j+1,\,-j+2,\,\cdots,\,j-1,\,j \tag{12.3.22}$$

把(12.3.21)式代入(12.3.20)式，并考虑(12.3.2)及(12.3.8)式，

则

$$E=g\mu_B Bm_j \tag{12.3.23}$$

根据(12.3.22)式，m_j 可以取 $2j+1$ 个不同的数值。所以总角动量量子数为 j 的离子能级在外磁场的作用下分裂成 $2j+1$ 个能级(常称为塞曼分裂)。在有限温度 T 下，离子按统计规律以一定的概率分布在这些能级上，离子处在某个 m_j 能级上的概率与因子 $\exp\left(-\dfrac{g\mu_B Bm_j}{k_B T}\right)$ 成正比。因此在有限温度 T 下，由外磁场 $\boldsymbol{B}$ 引起的离子平均能量

$$\overline{E}=\frac{\sum\limits_{m_j=-j}^{j}g\mu_B Bm_j\exp\left(-\dfrac{g\mu_B Bm_j}{k_B T}\right)}{\sum\limits_{m_j=-j}^{j}\exp\left(-\dfrac{g\mu_B Bm_j}{k_B T}\right)} \tag{12.3.24}$$

由此可得到

$$\overline{E}=-g\mu_B BjB_J\left(\frac{g\mu_B Bj}{k_B T}\right) \tag{12.3.25}$$

其中

$$B_J(y)=\frac{2j+1}{2j}\coth\left[\left(1+\frac{1}{2j}\right)y\right]-\frac{1}{2j}\coth\left(\frac{y}{2j}\right) \tag{12.3.26}$$

是布里渊函数，这里已令

$$y=\frac{g\mu_B Bj}{k_B T} \tag{12.3.27}$$

也可将外磁场 $\boldsymbol{B}$ 引起的平均离子附加能量 $\overline{E}$ 写成下面形式：

$$\overline{E}=-\boldsymbol{\mu}_J\cdot\boldsymbol{B}=-\boldsymbol{\mu}_z B \tag{12.3.28}$$

式中 $\boldsymbol{\mu}_z$ 表示离子磁矩在外磁场 $\boldsymbol{B}$ 方向的分量的平均值。

与(12.3.25)式相比较可得

$$\boldsymbol{\mu}_z = g\mu_B j B_J\left(\frac{g\mu_B Bj}{k_B T}\right) \tag{12.3.29}$$

假设化合物或合金中的顺磁离子数密度为 N,则可得磁化强度

$$M = N\boldsymbol{\mu}_z = Ng\mu_B j B_J\left(\frac{g\mu_B Bj}{k_B T}\right) \tag{12.3.30}$$

图 12.8 示出了某些顺磁离子在磁场方向的平均磁矩 $\boldsymbol{\mu}_z$ 随磁场与温度比 B/T 的变化关系。如图所示,实验结果与理论曲线很好相符。图中所示的 s 表示顺磁离子的总自旋角动量量子数。对于过渡金属磁性离子,(12.3.29)及(12.3.30)式中的 $j = s$。

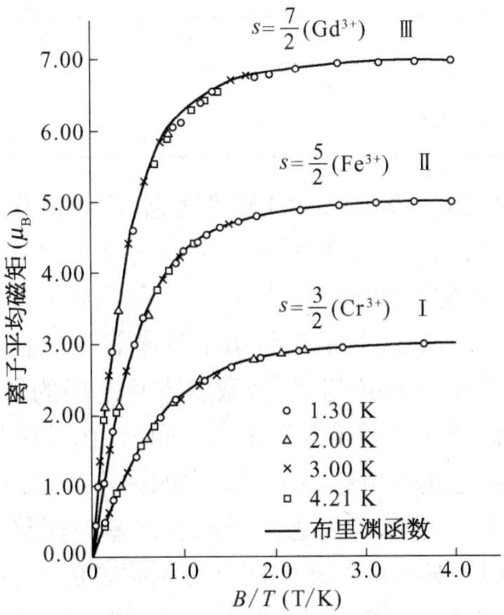

图 12.8　某些顺磁离子晶体的磁化强度随磁场与温度比值的变化关系

Ⅰ 钾铬矾;Ⅱ 铁铵矾及Ⅲ 硫化钆八水化合物

根据(12.1.4)式,可得磁化率

$$\chi = \frac{M}{H} = \frac{N\mu_0 g\mu_B j B_J(g\mu_B Bj/k_B T)}{B} \tag{12.3.31}$$

在室温及磁场不太强的情形,$k_B T \gg g\mu_B Bj$,此时布里渊函数 $B_J(g\mu_B Bj/k_B T)$ 可近似表示成

$$B_J(g\mu_B Bj/k_B T) \approx \frac{j+1}{3j}\frac{g\mu_B Bj}{k_B T} \tag{12.3.32}$$

将(12.3.32)式代入(12.3.31)式,可得高温弱场下的顺磁磁化率

$$\chi = \mu_0\frac{Nj(j+1)g^2\mu_B^2}{3k_B T} = \mu_0\frac{Np^2\mu_B^2}{3k_B T} \tag{12.3.33}$$

这里已应用了关系式(12.3.19)式。上式给出了顺磁体所遵循的居里定律,即磁化率 χ 与绝对温度 T 成反比。其系数

$$C = \frac{Np^2 \mu_B^2}{3k_B} \tag{12.3.34}$$

称之为居里常数。居里定律是 1895 年居里根据大量实验事实总结出来的经验定律。10 年后朗之万用经典的统计方法证明了这一定律。所以顺磁磁化率称之为朗之万顺磁磁化率。利用(12.3.33)式所表示的居里定律，根据实验测得的 χ 与 T 的关系，可测量各种顺磁离子的有效磁子数 p。对部分稀土金属离子及过渡金属离子测得的 p 值已分别在表 12-4 及表 12-5 中列出。从表 12-4 可以看到，对于大部分稀土金属离子，其 p 的理论计算值与实验测量值都符合得很好，但是实验上发现对于稀土离子钐 Sm^{3+} 及铕 Eu^{3+} 的实验测量值却不能与理论值相符，如表 12-6 所示。

表 12-6 稀土离子 Sm^{3+} 及 Eu^{3+} 的有效磁子数 p

离子	理论值	实验值
Sm^{3+}	0.84	1.5
Eu^{3+}	0	3.4

为了解释这一现象，范・弗莱克(Van Vleck)及弗朗克(Frank)作了进一步的研究。在上面关于朗之万顺磁值的讨论中，只考虑了各个离子的基态，即只考虑处于基态时的原子磁矩在外磁场下的转向，而没有考虑它的激发态的影响。实际上在外磁场 $\boldsymbol{B}$ 的作用下，可引起电子由基态能级向激发态能级的跃迁，此情况与第十章中讨论电极化率相类似。如(10.2.1)式所示，电极化率 α_l 与占据态(基态)l 与空态(激发态)j 之间的偶极矩阵元$|M_{jl}|$有关，也即基态与激发态之间的电偶极跃迁可引起电极化率。同样，由外磁场 $\boldsymbol{B}$ 引起的电子由基态能级至激发态能级的磁偶极跃迁也可引起磁化率。它的大小与基态能级和激发态能级间的距离成反比。对于极大部分稀土离子，激发态能级都远离基态能级。因此由磁偶极跃迁所引起的顺磁磁化率比由固有磁矩转向所产生的朗之万顺磁磁化率小得多。从而可以把它们忽略。但对于 Sm^{3+} 及 Eu^{3+}，它们的激发态与基态间的距离比较近，由磁偶极矩跃迁所引起的顺磁磁化率比较大，而不能被忽略。这种由磁偶极跃迁所引起的顺磁性常称之为范・弗莱克顺磁性。当激发态能级与基态能级之间的间距与 $k_B T$ 相差不多时，范・弗莱克顺磁化率与温度 T 呈现非常复杂的关系。当激发态能级与基态能级间的间距比 $k_B T$ 大得多时，范・弗莱克顺磁磁化率与温度 T 无关。

12.3.4 自由电子的顺磁性

下面讨论由自由电子的自旋磁矩转向而引起的顺磁性。通常也把它称为泡利顺磁性。

自由电子都具有自旋角动量 $\boldsymbol{s}$，其自旋量子数 $s = \frac{1}{2}$。由(12.3.10)及(12.3.11)式，每个自由电子都有自旋磁矩：

$$|\boldsymbol{\mu}_s| = \gamma_s |\boldsymbol{s}| = \frac{e\hbar}{2m} = \mu_B \tag{12.3.35}$$

在外磁场 $\boldsymbol{B}$ 的作用下，自由电子的自旋(或自旋磁矩)只可能沿两个方向，或者与磁场 $\boldsymbol{B}$ 相同，或者相反。自旋磁矩方向与 $\boldsymbol{B}$ 一致的自由电子在磁场中的能量为

$$E_{\uparrow} = -\mu_B B \tag{12.3.36}$$

而自旋磁矩方向与 $\boldsymbol{B}$ 相反的电子在磁场中的能量为

$$E_{\downarrow} = \mu_B B \tag{12.3.37}$$

因此,在绝对零度下,全部自由电子的磁矩都要转到与外磁场 $\boldsymbol{B}$ 的方向相一致,因为这样的电子具有较低的能量 $E_{\uparrow} < E_{\downarrow}$。但是,实际上由于泡利不相容原理,自由电子的磁矩并不能全部转向。图 12.9 表示在磁场中自由电子的能量分布情况。这里纵轴表示导电电子的能量,横轴表示导电电子的状态密度。其正方向表示自旋磁矩与 $\boldsymbol{B}$ 相一致的电子(以 $\uparrow \mu_B$ 表示)的状态密度 $g_+(E)$,负方向表示自旋磁矩与 $\boldsymbol{B}$ 相反的电子(以 $\downarrow -\mu_B$ 表示)的状态密度 $g_-(E)$。如无外磁场,如图(a)所示,由于泡利不相容原理,每个电子能级只能被两个自旋方向相反的电子占据。因此电子只能逐一向上填充能级,直至费米能级 E_F^0。当施加磁场 $\boldsymbol{B}$ 后,自旋磁矩方向与 $\boldsymbol{B}$ 相一致的电子能量将下降 $\mu_B B$,而自旋磁矩方向与 $\boldsymbol{B}$ 相反的电子能量将上升 $\mu_B B$,如图(b)所示,由图可见,这时能量较高的一部分自旋磁矩方向与 $\boldsymbol{B}$ 相反的电子将发生自旋转向,从与 $\boldsymbol{B}$ 相反方向转至与 $\boldsymbol{B}$ 一致方向。图(c)表示达到平衡时的情形。从图中可以看到,在外磁场 $\boldsymbol{B}$ 的作用下,实际上只有处在费米能级 E_F^0 附近电子的自旋磁矩才能转向。发生转向的电子数可近似地表示为 $\frac{1}{2}g(E_F^0)\mu_B BV$, 这里 V 是晶体体积(因为 $g(E_F^0)$ 表示在 E_F^0 处的状态密度包括正负方向自旋的电子,而发生转向的电子仅是自旋向下的电子,因此其状态密度仅是 $g(E_F^0)$ 的一半)。每个电子磁矩的转向都使晶体的总磁矩改变 $2\mu_B$,因此在外加磁场 $\boldsymbol{B}$ 的作用下,晶体的磁化强度(单位体积内的总磁矩)可表示为

$$M = g(E_F^0)\mu_B^2 B \tag{12.3.38}$$

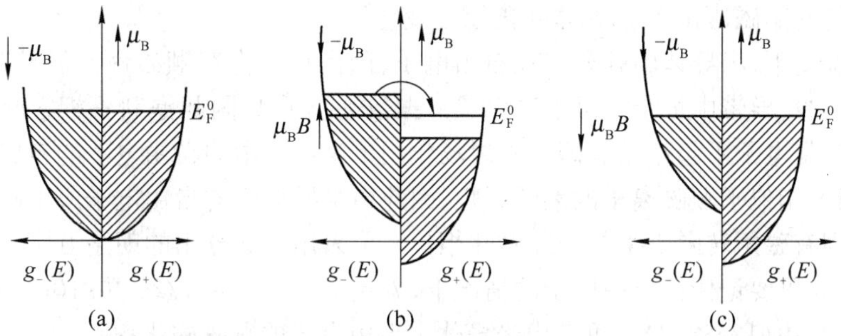

图 12.9　绝对零度时,金属中自由电子能量分布在磁场中的变化

(a) $H=0$; (b) $H \neq 0$, 未平衡; (c) $H \neq 0$, 达到平衡

由此可得绝对零度下的泡利顺磁磁化率为

$$\chi_P = \frac{M}{H} = \frac{\mu_0 M}{B} = \mu_0 g(E_F^0)\mu_B^2 \tag{12.3.39}$$

我们知道,对于具有有效质量 m^* 的自由电子的能量色散关系可表示成

$$E(\boldsymbol{k}) = \frac{\hbar^2 k^2}{2m^*} \tag{12.3.40}$$

其状态密度 $g(E_F^0)$ 与自由电子数密度 n 有下面关系

$$g(E_F^0) = \frac{3}{2}\frac{n}{E_F^0} \tag{12.3.41}$$

因此泡利顺磁磁化率也可写成

$$\chi_{\mathrm{P}} = \frac{3}{2}\mu_0 n\mu_{\mathrm{B}}^2/E_{\mathrm{F}}^0 \tag{12.3.42}$$

前面给出了绝对零度下的泡利顺磁磁化率,这里要注意的是它们仅适用于金属的情形。因为在绝对零度下,只有金属才有自由电子;对于半导体来说,除非掺杂浓度非常高($10^{19}\,\mathrm{cm}^{-3}$以上),在绝对零度时并没有自由电子,所以也就不存在泡利顺磁性。只有在有限温度下,半导体才有自由电子(或空穴)存在,因而也才有泡利顺磁性。

在 $T \neq 0$ 时,由于热扰动,电子在能级 E 上的分布应由费米分布函数表示:

$$f(E) = \frac{1}{1 + \mathrm{e}^{(E-E_{\mathrm{F}})/k_{\mathrm{B}}T}} \tag{12.3.43}$$

参照图 12.9,金属的磁化强度应由下式给出:

$$M = \mu_{\mathrm{B}}\int_{-\mu_{\mathrm{B}}B}^{\infty} f(E)\,\frac{1}{2}g(E+\mu_{\mathrm{B}}B)\mathrm{d}E - \mu_{\mathrm{B}}\int_{\mu_{\mathrm{B}}B}^{\infty} f(E)\,\frac{1}{2}g(E-\mu_{\mathrm{B}}B)\mathrm{d}E \tag{12.3.44}$$

由此可计算得金属中自由电子的泡利顺磁磁化率

$$\begin{aligned}\chi_{\mathrm{P}} &= \mu_0\mu_{\mathrm{B}}^2 g(E_{\mathrm{F}}^0)\left\{1 - \frac{\pi^2}{12}\left(\frac{k_{\mathrm{B}}T}{E_{\mathrm{F}}^0}\right)^2\right\} \\ &= \frac{3}{2E_{\mathrm{F}}^0}\mu_0 n\mu_{\mathrm{B}}^2\left\{1 - \frac{\pi^2}{12}\left(\frac{k_{\mathrm{B}}T}{E_{\mathrm{F}}^0}\right)^2\right\}\end{aligned} \tag{12.3.45}$$

对于金属来说,通常 $E_{\mathrm{F}}^0 \gg k_{\mathrm{B}}T$,因此即使在有限温度下,上式括号内的第二项也是个小量,所以金属的泡利顺磁磁化率 χ_{P} 基本不随温度变化。

在有限温度下,半导体中开始存在自由电子,因而也有泡利顺磁性。但是在半导体中,自由电子数很少,导带中每个能级上的电子占据数远小于 1,因此泡利不相容原理实际上对半导体中的导带电子不起作用。即在外磁场作用下半导体中的自由电子的自旋磁矩可以自由转向,其情况相似于顺磁离子的离子磁矩,因此由半导体中的自由电子所引起顺磁性与由顺磁离子的固有磁矩转向所引起的顺磁性相似。可采用前面导出的朗之万顺磁磁化率表式(12.3.33)式。只要记住在自由电子的情况下,$l = 0$, $j = s = 1/2$,并由(12.3.17)式计算得 $g = 2$,这样由(12.3.33)式可给出半导体中自由电子的顺磁磁化率:

$$\chi_{\mathrm{P}} = n\mu_0\mu_{\mathrm{B}}^2/k_{\mathrm{B}}T \tag{12.3.46}$$

这里,已用半导体中的自由电子数密度(浓度)n 替代了(12.3.33)式中的顺磁离子数密度 N。

综上所述,金属及半导体中的自由电子,既有顺磁性又有抗磁性。

对于金属其磁化率为

$$\chi_{\mathrm{f}} = \frac{3}{2E_{\mathrm{F}}^0}\mu_0 n\mu_{\mathrm{B}}^2\left[1 - \frac{1}{3}\left(\frac{m}{m^*}\right)^2\right] \tag{12.3.47}$$

而对于半导体

$$\chi_{\mathrm{f}} = \frac{n\mu_0\mu_{\mathrm{B}}^2}{k_{\mathrm{B}}T}\left[1 - \frac{1}{3}\left(\frac{m}{m^*}\right)^2\right] \tag{12.3.48}$$

从这两个式子可见,自由电子的磁性主要取决于 m/m^*,即取决于电子的能带结构。对于大多数半导体，$m^* \ll m$，因此掺杂半导体中自由电子对磁性的贡献主要是抗磁性的。对于金属来说，尽管它的情况比较复杂，对有些金属、导带中的自由电子对不同方向常有不同的有效质量 m^*，但是一般来说其数值都较大，因此从总体上来说，大部分金属的自由电子磁化率 χ_f 均表现为顺磁性。

§12.4 电子顺磁共振

12.4.1 共振原理

下面讨论由顺磁体中的顺磁离子或被缺陷、杂质束缚的自旋未配对的单电子所引起的一种磁现象。对顺磁体施加直流磁场 $\boldsymbol{B}$，在 $\boldsymbol{B}$ 的作用下，顺磁离子获得附加的能量，如(12.3.23)式所示。因为量子数 m_j 可以取 $2j+1$ 个值[参见(12.3.22)式]，顺磁离子的电子能级将分裂成 $2j+1$ 个，这就是塞曼效应，如图 12.10 所示。在图中已假设顺磁离子的总角动量量子数 $j=\dfrac{3}{2}$，因此分裂成 4 个能级。而各个能级之间的距离均为 $g\mu_B B$。如果这时对顺磁体再施加一个交变的电磁场，在交变磁场分量作用下，电子总角动量的方向可以发生改变，也即电子在能级间可以发生跃迁(选择定则满足 $\Delta m_j=\pm 1$)，从而产生电磁场能量的吸收。或者说，电子在吸收电磁场能量量子：

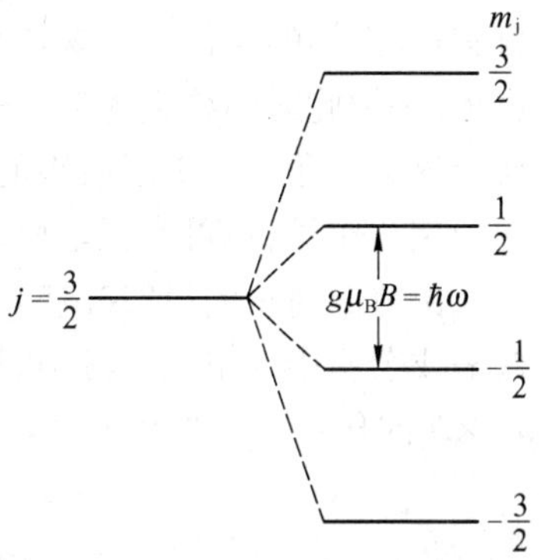

图 12.10 顺磁离子的电子能级在直流磁场 B 作用下的塞曼分裂

$$\hbar\omega = g\mu_B B \tag{12.4.1}$$

以后，从 m_j 能级跃迁至 m_j+1 能级。也就是说在固定的直流磁场 $\boldsymbol{B}$ 的情况下，当交变电磁场频率 ω 改变到满足(12.4.1)式时，顺磁体就能对交变电磁场能量产生强烈的吸收，产生吸收的峰值。这一现象就称之为电子顺磁共振或电子自旋共振(EPR 或 ESR)。在具体作实验测量时，常把交变电磁场的频率 ω(通常在微波频段)保持恒定，而让直流磁场以很低的频率(几十赫)进行变化(即在直流磁场上叠加一个频率几十赫的交变磁场)。这样当磁场 B 满足(12.4.1)式时，就有一个吸收峰值。图 12-11 示出了电子顺磁共振的实验装置。顺磁体样品放在微波的共振腔(空腔谐振器)内，该共振腔放置在一个由电磁铁产生的磁场内(磁场 B 约十分之几特斯拉)，由微波发生器产生微波电磁场输入共振腔，在顺磁体未对电磁场能量产生吸收时，共振腔具有很高的 Q 值。当磁场 B 变化到满足(12.4.1)式时，样品对电磁场产生吸收。因而使共振腔的 Q 值迅速下降，并在

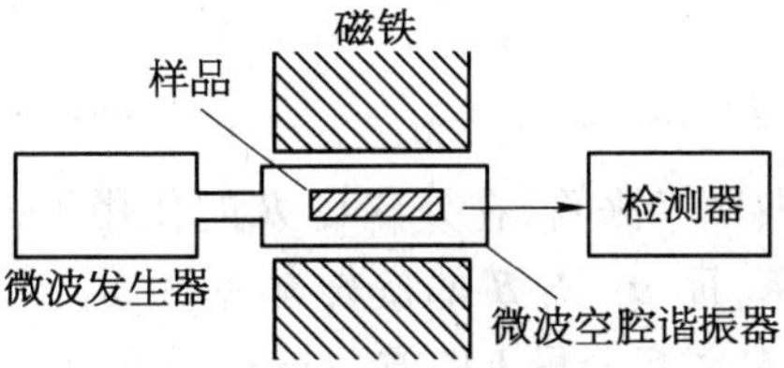

图 12.11 电子顺磁共振实验装置

$$B=\frac{\hbar\omega}{g\mu_B}$$

处，形成下降的峰值。因为 B, ω 都可由实验测得，很容易求得顺磁离子的 g 值。

对于束缚在缺陷或杂质附近的单电子，它有未被补偿的自旋角动量 $\boldsymbol{s}$ $\left(s=\frac{1}{2}\right)$，在外磁场 $\boldsymbol{B}$ 的作用下，它将分裂成 $2s+1=2$ 个能级，能级间距也为 $g\mu_B B$，对顺磁体施加交变电磁场后，电子也可在两个能级间发生跃迁，并产生共振吸收，同样可用顺磁共振实验求得束缚电子的 g 值。如果认为束缚电子的轨道角动量 $l=0$，则 $j=s$，按(12.3.17)式，应计算得 $g=2$。但实际上实验测得的 g 值，随样品能带结构的不同，常与2稍有差别。

12.4.2 弛豫时间

当电子吸收交变电磁场的能量由低能级跃迁至高能级后，处在高能级上的电子是不稳定的。它常通过与晶格原子的互作用，激发起晶格振动，把能量转变成为热能，而自己由高能级回复到低能级。实际上当撤去交变电磁场后，顺磁体中的各个离子磁矩就是依靠这一自旋-晶格间的互作用而恢复到热平衡。显然这一互作用愈强，则恢复到热平衡所需的时间愈短，常把此时间称之为自旋-晶格弛豫时间 τ_1。顺磁离子磁矩(或杂质、缺陷束缚的单电子自旋磁矩)，还受到邻近磁矩的相互影响，特别会受到晶体原子核磁矩的影响。由这一磁矩间的相互作用，也可类似地引入自旋-自旋弛豫时间 τ_2。

由前面讨论的(12.3.15)式可知，顺磁离子的磁矩与其总角动量 $\boldsymbol{J}$ 成正比(对于束缚于缺陷或杂质中的单电子磁矩，只要令 $j=s$, $g=2$)，而在外磁场 $\boldsymbol{B}$ 作用下，$\boldsymbol{J}$ 将受到力矩 $\boldsymbol{\mu}_J\times\boldsymbol{B}$ 的作用。根据经典力学知道，总角动量 $\boldsymbol{J}$ 的变化速率应等于该力矩：

$$\frac{d\boldsymbol{J}}{dt}=\boldsymbol{\mu}_J\times\boldsymbol{B} \tag{12.4.2}$$

根据(12.3.15)式可得

$$\frac{d\boldsymbol{\mu}_J}{dt}=g\gamma_L(\boldsymbol{\mu}_J\times\boldsymbol{B}) \tag{12.4.3}$$

假设 $\boldsymbol{\mu}_J$ 沿 $\boldsymbol{B}$ 方向的分量为 μ_{Jl} 而垂直 $\boldsymbol{B}$ 方向的分量为 μ_{Jt}，则可把(12.4.3)式的解写成

$$\mu_{Jt}=\mu_{Jt}^0 e^{i\omega_0 t} \tag{12.4.4}$$

$$\mu_{Jl}=\mu_{Jl}^0 \tag{12.4.5}$$

其中

$$\omega_0=-g\gamma_L B=g\mu_B B/\hbar \tag{12.4.6}$$

式中 μ_{Jt}^0、μ_{Jl}^0 均为常数，由初始条件决定。所以，从半经典图像来看，在外磁场 $\boldsymbol{B}$ 的作用下，磁矩 $\boldsymbol{\mu}_J$ 绕 $\boldsymbol{B}$ 发生进动。如图12.12所示，其进动频率，即 $\boldsymbol{\mu}_J$ 绕 $\boldsymbol{B}$ 的旋转频率为 $\omega_0=g\mu_B B/\hbar$。如果这时对顺磁体再施加交变的电磁场，并使其磁场分量 $\boldsymbol{b}$ 的方向与 $\boldsymbol{B}$ 垂直，且

$$\boldsymbol{b}=\boldsymbol{b}_0 e^{i\omega t} \tag{12.4.7}$$

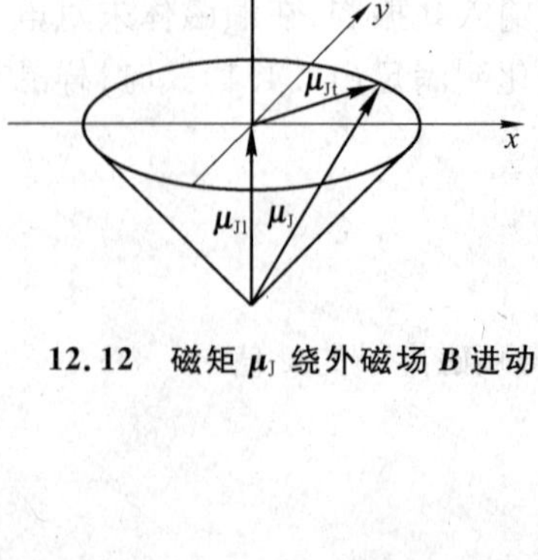

12.12 磁矩 $\boldsymbol{\mu}_J$ 绕外磁场 $\boldsymbol{B}$ 进动

则 $\boldsymbol{\mu}_J$ 将按交变电磁场的频率 ω 作强迫振动。当交变电磁场的频率 ω 与 $\boldsymbol{\mu}_J$ 的进动频率 ω_0 相等时，发生共振，$\boldsymbol{\mu}_J$ 的横向(垂直 $\boldsymbol{B}$ 的)分量 μ_{Jt} 将变为无穷大。但实际上由于 $\boldsymbol{\mu}_J$ 在绕 $\boldsymbol{B}$ 运动过程中存在阻尼：自旋-晶格互作用及自旋-自旋互作用，故即使在共振时，μ_{Jt} 也不会趋向无限大。如前面所指出，依靠自旋-晶格互作用，$\boldsymbol{\mu}_J$ 在磁场中得到的能量传递给晶格，变成晶格热能。而且 $\boldsymbol{\mu}_J$ 在磁场 $\boldsymbol{B}$ 中的能量为

$-\boldsymbol{\mu}_J \cdot \boldsymbol{B} = -\mu_{J1}B$，仅与纵向（$\boldsymbol{B}$ 的方向）分量 $\boldsymbol{\mu}_{J1}$ 有关。因为 $\boldsymbol{\mu}_J$ 与 $\boldsymbol{B}$ 的方向相一致时，系统的能量最低，所以磁矩常通过自旋-晶格互作用，把能量传递给晶格而使 $\boldsymbol{\mu}_J$ 的方向逐渐与 $\boldsymbol{B}$ 相一致，当达到平衡态时，如果不考虑温度的热扰动效应（或者说在极低的温度下），$\boldsymbol{\mu}_J$ 的方向应与 $\boldsymbol{B}$ 相一致，即 $\mu_{J1} = |\boldsymbol{\mu}_J|$。当施加交变电磁场后，$\boldsymbol{\mu}_J$ 方向与 $\boldsymbol{B}$ 相偏离，$\boldsymbol{\mu}_{J1}$ 将发生变化，当撤去交变电磁场后，系统又通过自旋-晶格互作用，使 μ_{J1} 逐渐恢复到平衡值 $|\boldsymbol{\mu}_J|$。其所需的时间即是自旋-晶格弛豫时间 τ_1。经过弛豫时间 τ_1，顺磁体的磁化强度 $M = N\mu_{J1}$ 也逐渐恢复到平衡值 $M_0 = N|\boldsymbol{\mu}_J|$。其中 N 是顺磁离子数密度。图 12.13 示意地表示当撤去交变电磁场后 $\boldsymbol{M}$ 的弛豫情形。$\boldsymbol{M}$ 将在 τ_1 时间标度内螺旋式地逼近其平衡值 M_0，因为它是纵向分量 μ_{J1} 恢复平衡值所需时间，故也称它为纵向弛豫时间。下面再来看一下自旋-自旋互作用。随着顺离子的位置不同，该离子磁矩受到的周围其他磁矩的作用各不相同。因此这种互作用使各个顺磁离子磁矩取向变得杂乱无章。图 12.14 给出这一情况的示意图。假设有三个离子磁矩在交变磁场撤去之前，它们的取向相互一致，如图(a)所示，这时存在有一定的磁化强度的横向（垂直 $\boldsymbol{B}$ 方向的）分量 $\boldsymbol{M}_{11}$。当交变磁场撤去以后，这时在自旋-自旋互作用下，使三个离子磁矩的方向逐渐变得分散，最后致使磁化强度的横向分量 $\boldsymbol{M}_{11}$ 变成为零。从撤走交变场至 $\boldsymbol{M}_{11}$ 变为零所需的时间即是自旋-自旋弛豫时间 τ_2，因为它是使 $\boldsymbol{M}$ 的横向分量达到平衡态所需的时间，故也称横向弛豫时间。通常纵向弛豫时间 τ_1 与温度有关，温度愈高，晶格振动愈激烈，顺磁离子与晶格原子间的互作用愈强，因此过渡到平衡态所需要的弛豫时间 τ_1 也愈短。在液氦温度时，$\tau_1 \approx 10^{-6}$ 秒。横向弛豫时间 τ_2 与温度无关，但与顺磁离子数密度 N 有关，N 愈大，则 τ_2 愈短。横向弛豫不像纵向弛豫那样涉及能量的转换。在纵向弛豫过程中，磁能转换成晶格振动能量，相当于发射声子，而声子发射必须同时满足准动量守恒及能量守恒定律。因而发生的概率较小，即纵向弛豫时间较长。通常 τ_2 都要比 τ_1 小得多，τ_2 的典型值约为 10^{-10} 秒。图 12.14(b)示出了 $\tau_2 < t < \tau_1$ 时的情形，这时横向弛豫已经完成，$\boldsymbol{M}_{11}$ 已变为零，但纵向弛豫尚未完成，$\boldsymbol{M}$ 的方向与 $\boldsymbol{B}$ 的

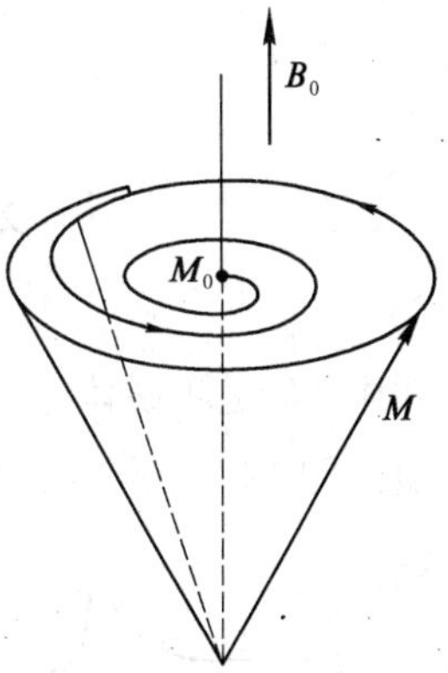

图 12.13 纵向弛豫的示意图

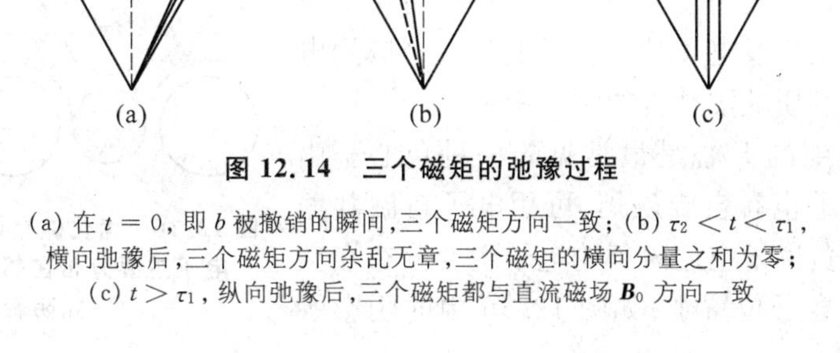

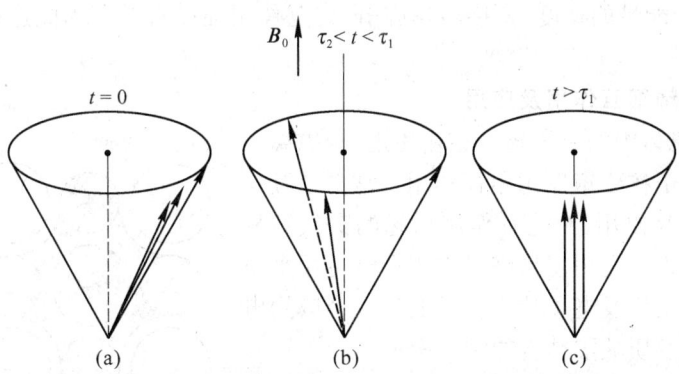

图 12.14 三个磁矩的弛豫过程

(a) 在 $t = 0$，即 b 被撤销的瞬间，三个磁矩方向一致；(b) $\tau_2 < t < \tau_1$，横向弛豫后，三个磁矩方向杂乱无章，三个磁矩的横向分量之和为零；(c) $t > \tau_1$，纵向弛豫后，三个磁矩都与直流磁场 $\boldsymbol{B}_0$ 方向一致

方向尚不一致。当 $t > \tau_1$ 后，纵向弛豫也已完成，这时，三个磁矩方向都与 $\boldsymbol{B}$ 一致，因而 $\boldsymbol{M}$ 的方向也与 $\boldsymbol{B}$ 一致，此情况如图 12.14(c)所示。

按照经典理论，在同时施加直流磁场 $\boldsymbol{B}$ 及横向交变磁场 $\boldsymbol{b}$ 情况下，可把顺磁体在交变磁场中的磁化率写成复数形式：

$$\chi(\omega) = \chi'(\omega) + \mathrm{i}\chi''(\omega) \tag{12.4.8}$$

它的实部 $\chi'(\omega)$ 及虚部 $\chi''(\omega)$ 可分别表示成

$$\chi'(\omega) = \frac{\mu_B ge}{2m}M_0 \frac{(\omega_0-\omega)\tau_2^2}{1+(\omega_0-\omega)^2\tau_2^2+\tau_1\tau_2\left(\frac{geb_0}{2m}\right)^2} \tag{12.4.9}$$

$$\chi''(\omega) = \frac{\mu_B ge}{2m}M_0 \frac{\tau_2}{1+(\omega_0-\omega)^2\tau_2^2+\tau_1\tau_2\left(\frac{geb_0}{2m}\right)^2} \tag{12.4.10}$$

式中 M_0 是顺磁体在直流磁场 $\boldsymbol{B}$ 中(未加交变场前)的磁化强度平衡值。b_0 是交变磁场的幅值。图 12.15 示出了复磁化率的实部 $\chi'(\omega)$ 及虚部 $\chi''(\omega)$ 与交变场的频率 ω 间的关系。从图中可以看到 $\chi''(\omega)$ 在 $\omega = \omega_0$ 处存在有个峰值，而 $\chi''(\omega)$ 直接与顺磁体对交变场的吸收功率成正比，由此可见在 $\omega = \omega_0$ 处，存在有一个能量吸收峰。而且从(12.4.10)式可以看到吸收峰的宽度直接与 τ_2 有关，其半宽度约为 $\frac{1}{\tau_2}$。顺磁离子浓度愈大，则 τ_2 愈小，因此吸收峰就愈宽。实际上从量子理论来看，由于自旋-自旋互作用，如图 12.10 示出的塞曼分裂后的每个能级还将进一步分裂成许多稠密的能级，使每个能级都变成一个具有一定宽度的能带。电子在两个能级间的跃迁就变成为在两个能带间的跃迁，因此共振条件(12.4.1)或(12.4.6)式变成为

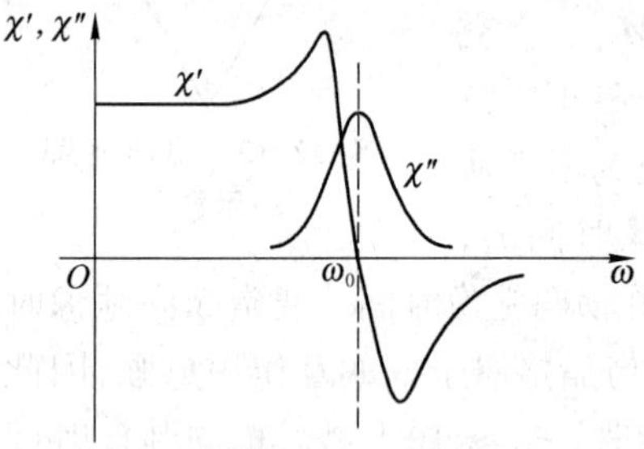

12.15　$\chi'(\omega)$ 及 $\chi''(\omega)$ 与 ω 间的关系

$$\hbar\omega = g\mu_B B \pm \hbar\Delta\omega = \hbar(\omega_0 \pm \Delta\omega) \tag{12.4.11}$$

这里 $\hbar\Delta\omega$ 相应于能带的宽度，直接与自旋-自旋互作用强度有关。因此这就使吸收峰存在一定的宽度。

12.4.3　超精细互作用及应用

实际上，顺磁体中的原子核也存在磁矩，顺磁离子的磁矩也会与原子核磁矩发生相互作用。常把该互作用称之为超精细互作用，由此互作用引起的谱线结构称之为超精细结构。利用超精细互作用有时可用来研究杂质或缺陷的结构及电子状态。下面举一个应用电子自旋共振研究杂质缺陷结构的实际例子。

卤化碱晶体中的 F 心是最常见的一种色心。由 F 心束缚的单电子也有自旋磁矩，可用电子自旋共振来探测。这个被负离子空位束缚的电子主要分布在空位附近的 6 个碱离子位置上，如图 12.16 中的阴影所

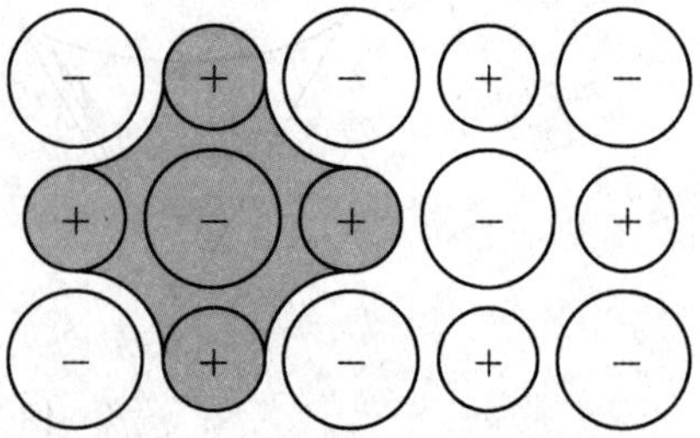

图 12.16　卤化碱晶体中被 F-心束缚的电子主要分布在邻近 6 个碱离子上(如阴影所示)

示。对于 KCl 晶体来说,K^+ 离子具有核磁矩,其核角动量量子数 $I = 3/2$,在空位附近的 6 个 K^+ 离子核的总自旋的最大值 $I_{\max} = 6 \times \frac{3}{2} = 9$,因此束缚电子的自旋磁矩与核磁矩互作用后,每个能级将进一步分裂成 $2I_{\max} + 1 = 19$ 个能级,由于各个能级间距很小,实验时常难以把它们分辨出来,而是使共振吸收率形成一定的宽度。

除上面讨论的电子顺磁共振(电子自旋共振)以外,物体中的任何磁矩在磁场中的能级分裂,都可引起磁共振,例如核磁矩在磁场中的能级分裂,在交变的磁场作用下,核磁矩状态在不同能级间的跃迁可引起核磁共振。铁磁体及反铁磁体中的磁矩同样可以引起铁磁共振及反铁磁共振。磁共振技术已在化学、生物、医学各领域内获得广泛的应用,目前在医学中被广泛应用的核磁共振 CT 仪就是建立在核磁共振、图像处理及计算机技术基础上。

§ 12.5 铁磁性和外斯理论

12.5.1 磁滞回线与磁畴

铁磁体的磁化率 χ 非常大,而且随外磁场的大小而变化。因此,铁磁体的磁感应强度 $\boldsymbol{B} = \mu_0(1+\chi)\boldsymbol{H}$ [参见(12.1.7)式]也具有非常大的值,而且与磁场强度 $\boldsymbol{H}$ 具有非线性的变化关系。图 12.17 示出了铁磁体中的磁感应强度与磁场强度的变化关系。从图中可以看到,B 的变化总是落后于 H,因此常称此变化曲线为磁滞回线。假设铁磁体开始时没有磁性,当外磁场强度 H 由零变大时,磁感应强度 B 沿 OA 曲线上升,并逐渐趋向饱和值 B_s(饱和磁感应强度)。当外磁场 H 逐渐减小时,磁感应强度 B 并不沿原曲线 OA 返回,而是沿 AB 曲线返回。当 $H = 0$ 时,B 并不等于零,而存在有一定的剩余磁感应强度 B_r。为了去除 B_r,使 B 恢复至零,必须反向地施加磁场强度 H_c,常称之为矫顽场。闭合的回线 $AB_rH_cA'B'_rH'_cA$ 内的面积大小正比于外磁场在反复一次磁化过程中对单位体积铁磁体所做的功。在磁化过程中这部分功全部都转变成热。因此当铁磁体重复多次磁化时,温度将上升。磁滞回线的面积愈大,上升的温度就愈高。

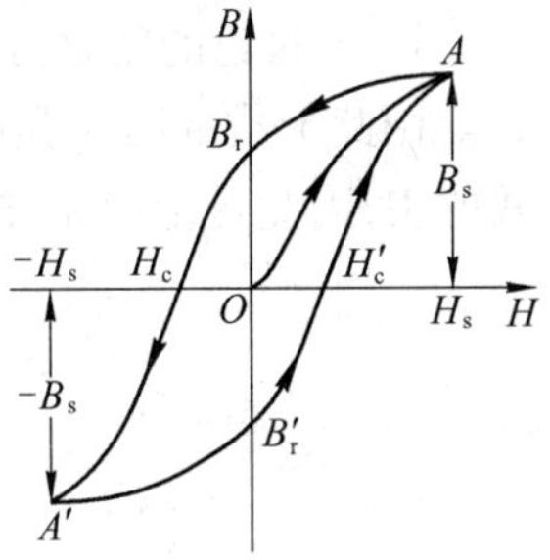

图 12.17 磁滞回线

根据矫顽场的大小,铁磁体常分成二大类:软磁与硬磁。软磁材料的矫顽场 H_c 比较小,常被用来制作马达及电子仪器的铁芯,通常希望 H_c 愈小愈好,而相对磁导率 μ 愈大愈好。例如最好的软磁材料,超透磁合金,相对磁导率 μ 高达 10^5,饱和磁感应强度 $B_s \approx 1$ T(特斯拉),而矫顽场 H_c 仅有 0.32 A/m。它们的磁滞回线面积都比较小,因此在磁化过程中,能量损耗较小。硬磁材料具有较高的矫顽场 H_c 及剩余磁感应强度 B_r。例如制作永久磁铁的一种磁性材料马尼可钢(Magnico),$H_c \approx 5 \times 10^5$ A/m,而 $B_r = 1.35$ T。

在铁磁体中,具有固有磁矩的离子之间存在着一种量子作用力(交换力),使这些离子的固有磁矩都趋向一致。因此即使没有外磁场,也有磁化强度存在,称为自发磁化强度。即使是单晶的铁磁体,体内也可分成好多小的区域,在这些小区域内,所有离子(原子)的固有磁矩都排列一致,而不同区域的磁矩方向并不一致,通常把这样的小区域称为磁畴。由于不同磁畴的磁矩方向各不相同,因此在无外磁场时,总的磁化强度为零。当施加外磁场时,与外磁场方向不一致的磁畴,它们的磁矩将逐渐转向与外场方向相一致,而原来与外磁场方向相一致的磁畴，其体积将逐渐扩大，这样就使铁磁体呈现出与外磁场相一致的磁化强度。当磁场强度足够大，达到饱和磁场强度 H_s 时(参见图 12.17)，体内所有的原子(离子)磁矩方向都转向与外磁场方向相一致，铁磁体的磁化强度达到饱和，这时整个铁磁体内只有一个磁畴。饱和磁化强度即等于该温度下的自发磁化强度。若再增加磁场强度，磁化强度只有很小增加。这时，如果把外磁场减小到零，由于热运动，部分磁畴内的原子(离子)磁矩方向会发生偏离，但大部分磁畴的磁矩仍保持原来的方向，因而尽管外磁场已减小到零，铁磁体仍保持一定的剩余磁化强度。当沿反向增加磁场强度时，各个磁畴的原子(离子)磁矩也可逐渐转向成反向，而表现出如图 12.17 所示的磁滞回线。

12.5.2　分子场理论

铁磁性的特点是铁磁体内不仅存在有固有的原子磁矩，而且在各个原子(离子)之间还存在着一种特殊的量子作用力，使各个固有原子(离子)磁矩的方向相互一致，从而引起宏观的自发磁化强度。对此，外斯(P. Weiss)在 1907 年提出了一个唯象的理论。那个时代还没有量子力学，外斯把这种特殊作用力唯象地看成是一种内部磁场，称之为分子场或内场。并认为分子场与铁磁体的磁化强度 $\boldsymbol{M}$ 成正比，可把分子场表示成 $\lambda\boldsymbol{M}$，这里 λ 是比例系数。

当存在外磁场 $\boldsymbol{B}$ 时，作用在铁磁体中各原子磁矩上的有效磁场应为外场与分子场之和：

$$\boldsymbol{B}_e = \boldsymbol{B} + \lambda\boldsymbol{M} \tag{12.5.1}$$

与§12.3 讨论的朗之万顺磁性相似，在有效场 $\boldsymbol{B}_e$ 的作用下，原子磁矩逐渐转向与 $\boldsymbol{B}_e$ 相一致。由此形成的磁化强度 $\boldsymbol{M}$ 应由(12.3.30)式给出。但是，这里必须以 $\boldsymbol{B}_e$ 替代(12.3.30)式的 $\boldsymbol{B}$，因此可把磁化强度 M 表示成

$$M = Ng\mu_B jB_J(y) \tag{12.5.2}$$

其中

$$y = g\mu_B jB_e/k_B T = g\mu_B j(B + \lambda M)/k_B T \tag{12.5.3}$$

(12.5.2)式中的 $B_J(y)$ 是布里渊函数，由(12.3.26)式给出。根据(12.5.2)及(12.5.3)式，即可求得磁化强度 M 与磁感应强度 B 之间的关系。这里最感兴趣的是铁磁体的自发磁化强度，即外磁场 $B = 0$ 时的磁化强度。当 $B = 0$ 时，可把(12.5.3)式写成

$$M = \frac{k_B T}{\lambda g\mu_B j} y \tag{12.5.4}$$

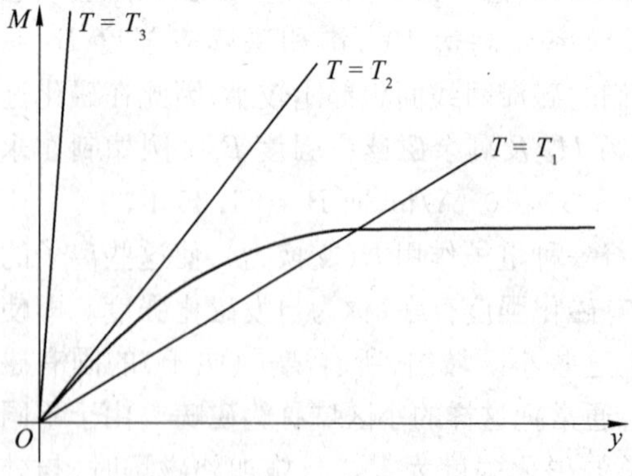

图 12.18　自发磁化强度的求解

现将(12.5.2)及(12.5.4)式作图如图12.18所示。其中式(12.5.4)是一条直线，图中三条直线对应于三个不同温度 $T_1 < T_2 < T_3$。根据直线与曲线的交点就可以决定(12.5.2)及(12.5.4)式的解，即铁磁体的自发磁化强度。由(12.5.4)式及图12.18可见，随着温度 T 的上升，直线的斜率变大，因此与曲线的交点所决定的自发磁化强度相应下降。当 $T = T_2$ 时，直线与曲线在 $M = 0$ 处相切，这时已没有自发磁化强度，所以 T_2 即是铁

磁居里温度 T_C。当 $T > T_C$(如 $T = T_3$)时，直线与曲线不再相交，当然也不会再有自发磁化强度存在。相反，如 $T < T_C$，随着 T 的下降，自发磁化强度将逐渐上升。但由于布里渊函数 $B_J(y)$随着 y 的变大而逐渐趋向饱和值 1，所以，图中表示的相应(12.5.2)式的曲线也随着 y 的变大而趋向饱和值 $Ng\mu_B j$。因此当温度 T 较低时（如 $T = T_1$），自发磁化强度就逐渐趋向饱和值：

$$M_{s0} = Njg\mu_B \tag{12.5.5}$$

M_{s0}相应于铁磁体内所有原子磁矩的方向相一致。也即是绝对零度下的自发磁场强度。

图 12.19 给出了由以上方法解得的自发磁化强度 M_s 与温度 T 的关系。这里 M_s 及 T 分别以 M_{s0} 及 T_C 作为单位。图中三条曲线分别相应于原子总角动量量子数 $j = 1/2, 1$ 及∞。图中也示出了过渡金属 Fe、Ni、Co 的实验数据。由此可知，过渡金属 Fe、Ni、Co 都与 $j = 1/2$ 的曲线相吻合，这就充分表明铁磁性来源于原子的自旋磁矩 ($j = s = 1/2$)。下节将对此作进一步说明。

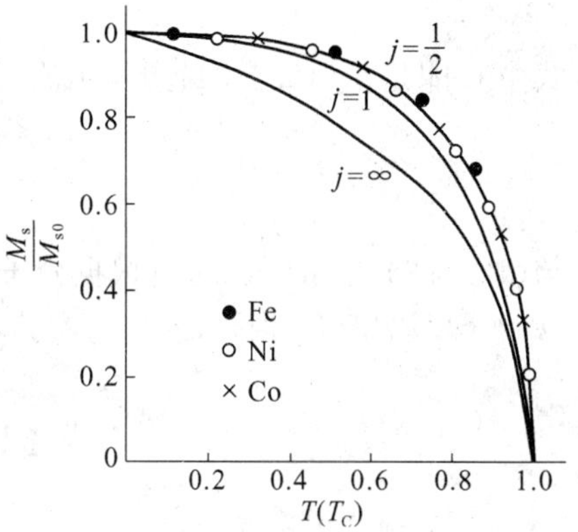

图 12.19 自发磁化强度与温度的变化关系

现在求铁磁居里温度 T_C 的表示式。如前所述，图 12.18 中与 $T_C(= T_2)$ 相应的直线与曲线在 $y = 0$ 点相切，而在 $y = 0$ 附近 (即 $y \ll 1$)

$$B_J(y) \approx \frac{j+1}{3j}y \tag{12.5.6}$$

此时(12.5.2)式也可近似地表示成

$$M \approx Ng\mu_B \frac{j+1}{3}y \tag{12.5.7}$$

显然，上式即为图中曲线在 $y = 0$ 处的切线方程，比较(12.5.4)与(12.5.7)式，当 $T = T_C(= T_2)$ 时，两条直线应完全一致，因此可得

$$\frac{k_B T_C}{\lambda g\mu_B j} = \frac{Ng\mu_B(j+1)}{3}$$

即

$$T_C = Ng^2\mu_B^2 j(j+1)\lambda/3k_B = Np^2\mu_B^2\lambda/3k_B \tag{12.5.8}$$

上式已利用了(12.3.19)式，p 是有效磁子数。从上式可见铁磁居里温度 T_C 直接与分子场系数 λ 成正比。铁磁体的分子场愈强(分子场系数 λ 愈大)，铁磁居里温度 T_C 也就愈高。如果把(12.5.8)式改写成

$$k_B T_C = Np^2\mu_B^2\lambda/3 \tag{12.5.9}$$

则可将等式右边看成是分子场与原子磁矩间的相互作用能。当 $T > T_C$ 时，热起伏大于该相互作用能，因而使分子场失去作用，铁磁性消失而转变成顺磁性。根据 T_C 的大小可由(12.5.9)式估计分子场与原子磁矩间的相互作用能。若 $T_C \approx 1\,000$ K，相互作用能约为 0.1 eV。

当 $T > T_C$ 时，自发磁化强度消失，铁磁相转变成顺磁相，只有当外磁场 $\boldsymbol{B} \neq 0$ 时，才有磁化强度 $\boldsymbol{M} \neq 0$。如 $T \gg T_C$，由(12.5.3)式，可认为 $y \ll 1$，因此 $B_J(y)$ 可由(12.5.6)式给出。将(12.5.3)及(12.5.6)式一起代入(12.5.2)式，可得

$$M = \frac{Ng^2 j(j+1)\mu_B^2}{3k_B T}(B + \lambda M)$$

利用(12.5.8)式，可把上式表示成居里-外斯定律的形式

$$M = \frac{C}{T - T_C} B \tag{12.5.10}$$

式中 C 即是由(12.3.34)式表示的居里常数。上式也可表示成

$$\chi = \frac{\mu_0 C}{T - T_C} \tag{12.5.11}$$

与(12.1.9)式相比较，可见根据分子场理论推得的居里-外斯定律，顺磁居里温度 T_P 应与铁磁居里温度 T_C 相同，这是与实验不符的。

§12.6　交换相互作用

12.6.1　海森伯理论

分子场理论相当成功。但分子场的物理本质一直是令人感到困惑的问题，长期得不到解决。早期人们很自然地认为这种分子场起源于离子磁矩之间的相互作用，两个磁矩 μ_B 间经典的相互作用能量可用下式进行估算

$$E = \mu_0 \frac{\mu_B^2}{r^3} \tag{12.6.1}$$

这里 r 是磁矩之间的距离。根据上式求得的相互作用能约在 10^{-4} eV 数量级。但根据铁磁体的居里温度 T_C 实验值来估算，分子场力与离子磁矩间的作用能约为 0.1 eV，要比磁矩间的相互作用能大得多。实际上，分子场是一种量子效应。为揭示分子场的物理本质，海森伯于 1928 年提出了近邻原子之间的直接交换作用，它直接与泡利不相容原理相联系。

以氢分子为例，当两个氢原子结合成氢分子时，根据泡利不相容原理，有两种不同的状态：

(1) 两个电子自旋相平行的状态。这时电子的自旋波函数 $\xi(\boldsymbol{s}_1, \boldsymbol{s}_2)$ 是对称的，而轨道波函数是反对称的：

$$\phi(\boldsymbol{r}_1, \boldsymbol{r}_2) = \frac{1}{\sqrt{2}}[\varphi_a(\boldsymbol{r}_1)\varphi_b(\boldsymbol{r}_2) - \varphi_a(\boldsymbol{r}_2)\varphi_b(\boldsymbol{r}_1)] \tag{12.6.2}$$

式中 φ_a、φ_b 是两个氢原子的电子轨道波函数。

(2) 两个电子自旋反平行的状态。这时电子自旋波函数 $\xi(\boldsymbol{s}_1, \boldsymbol{s}_2)$ 是反对称的，而轨道波函数是对称的：

$$\phi(\boldsymbol{r}_1, \boldsymbol{r}_2) = \frac{1}{\sqrt{2}}[\varphi_a(\boldsymbol{r}_1)\varphi_b(\boldsymbol{r}_2) + \varphi_a(\boldsymbol{r}_2)\varphi_b(\boldsymbol{r}_1)] \tag{12.6.3}$$

只有这样,才能使总的电子波函数

$$\Phi = \phi(\boldsymbol{r}_1, \boldsymbol{r}_2)\xi(\boldsymbol{s}_1, \boldsymbol{s}_2)$$

是反对称的,满足泡利不相容原理。

上述两种状态的能量不相同,但可统一地用下式表示:

$$E = 2E_A + K - \frac{J}{2} - 2J\boldsymbol{s}_1 \cdot \boldsymbol{s}_2 / \hbar^2 \tag{12.6.4}$$

如两个电子自旋角动量 $\boldsymbol{s}_1$ 与 $\boldsymbol{s}_2$ 相互平行,则

$$2\boldsymbol{s}_1 \cdot \boldsymbol{s}_2 = s^2 - s_1^2 - s_2^2 = [s(s+1) - s_1(s_1+1) - s_2(s_2+1)]\hbar^2 = \hbar^2/2$$

(这里总自旋角动量 $\boldsymbol{s} = \boldsymbol{s}_1 + \boldsymbol{s}_2$,所以 $s^2 = s_1^2 + s_2^2 + 2\boldsymbol{s}_1 \cdot \boldsymbol{s}_2$, s、s_1、s_2 分别是总自旋角动量量子数和两个电子自旋角动量量子数,$s_1 = s_2 = 1/2$, $s = 1$),因此

$$E = 2E_A + K - J \tag{12.6.5}$$

反之,当两个自旋反平行时,两个电子的总自旋角动量量子数 $s = 0$,因此

$$2\boldsymbol{s}_1 \cdot \boldsymbol{s}_2 = s^2 - s_1^2 - s_2^2 = -3\hbar/2$$

从而(12.6.4)式化为

$$E = 2E_A + K + J \tag{12.6.6}$$

这里 E_A 表示孤立氢原子的能量,K 表示两个氢原子之间的库仑作用能

$$K = \int \varphi_a^*(\boldsymbol{r}_1)\varphi_b(\boldsymbol{r}_2)V_{ab}\varphi_a^*(\boldsymbol{r}_1)\varphi_b(\boldsymbol{r}_2)\mathrm{d}\tau_1\mathrm{d}\tau_2 \tag{12.6.7}$$

式中 V_{ab} 为两原子间的互作用势能:

$$V_{ab} = e^2\left[\frac{1}{r_{ab}} - \frac{1}{r_{a2}} - \frac{1}{r_{b1}} + \frac{1}{r_{12}}\right] \tag{12.6.8}$$

这里 r_{ab}、r_{a2}、r_{b1} 及 r_{12} 分别表示核 a、核 b、电子 1 及电子 2 之间的距离。J 表示两原子间的交换能:

$$J = \int \varphi_a^*(\boldsymbol{r}_1)\varphi_b(\boldsymbol{r}_2)V_{ab}\varphi_a^*(\boldsymbol{r}_2)\varphi_b(\boldsymbol{r}_1)\mathrm{d}\tau_1\mathrm{d}\tau_2 \tag{12.6.9}$$

比较(12.6.7)与(12.6.9)式,可以看到两者间的差别仅在于后者的积分中 φ_a、φ_b 的宗量 $\boldsymbol{r}_1$ 与 $\boldsymbol{r}_2$ 进行了交换,即两个电子的坐标进行了交换。这种交换能完全是由于泡利不相容原理引起的,称为直接交换作用。如果不考虑泡利不相容原理,即不考虑电子波函数 $\Phi = \phi(\boldsymbol{r}_1, \boldsymbol{r}_2)\xi(\boldsymbol{s}_1, \boldsymbol{s}_2)$ 的反对称性,在能量表示式(12.6.4)式中就不会出现与 J 有关的项。从(12.6.4)式可见,氢分子的能量与电子自旋有关。如果交换能 $J < 0$,则当电子自旋反平行时,分子能量较低;相反,如果交换能 $J > 0$,则电子自旋平行的状态能量较低。磁性离子之间也存在类似的直接交换作用,即当 $J > 0$ 时磁性离子的电子自旋方向一致的状态,对应较低的能量,因而表现出铁磁性;而当 $J < 0$ 时,磁性离子的电子自旋方向反平行才具有较低能量,从而表现出反铁磁性或亚铁磁性。

斯莱特(J. C. Slater)提出可以用比值 r/r_B(r 是原子间距离,r_B 是原子壳层中电子轨道

的半径)来区分铁磁性和反铁磁性(或亚铁磁性)。图 12.20 给出了交换能 J 与比值 r/r_B 的关系。从图中可以看到,当 $r/r_B \geqslant 3$ 时,$J > 0$,这时应具有铁磁性,Fe、Co、Ni 即属于此类。而当 $r/r_B < 3$ 时,$J < 0$,应具有反铁磁性,和 Mn、Cr 相应,故 Mn、Cr 具有反铁磁性。

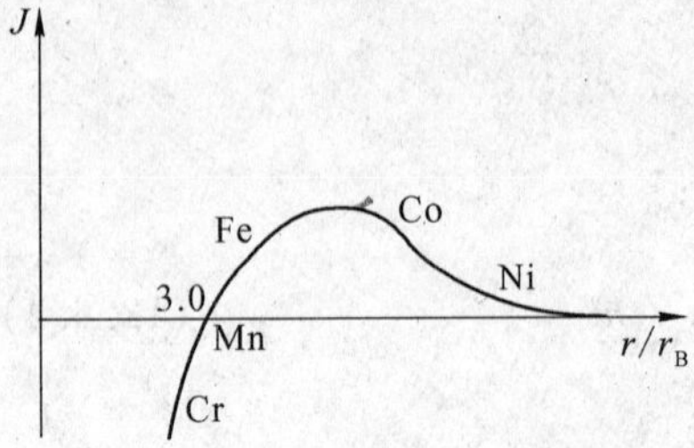

图 12.20　交换能 J 与 r/r_B 的关系

在(12.6.4)式中,如果以 $2E_A + K - \frac{J}{2}$ 作为能量零点,则可写出与自旋有关部分的能量:

$$H_s = -2J\boldsymbol{s}_1 \cdot \boldsymbol{s}_2 / \hbar^2 \tag{12.6.10}$$

对于晶体中的磁性离子之间的交换作用可写成下面的形式:

$$H_s = -2J\sum_i \boldsymbol{s} \cdot \boldsymbol{s}_i / \hbar^2 \tag{12.6.11}$$

式中 $\boldsymbol{s}$ 是所考虑的磁性离子的自旋角动量,$\boldsymbol{s}_i$ 是其最近邻的磁性离子的自旋角动量。$\sum_i$ 表示对所有近邻磁性离子的求和。假设所有磁性离子的自旋角动量都相同,而且共有 z 个最近邻磁性离子,则(12.6.11)式可写成

$$H_s = -2zJs^2 / \hbar^2 \tag{12.6.12}$$

按分子场理论,上式表示的能量应与该磁性离子的自旋磁矩与分子场之间的互作用能量

$$\begin{aligned} -|\bar{\boldsymbol{\mu}}| \cdot \lambda M &= -|g\gamma_L s|\lambda M \\ &= -gs\mu_B\lambda M/\hbar \end{aligned}$$

相等,即

$$-2zJs^2/\hbar^2 = -gs\mu_B\lambda M/\hbar \tag{12.6.13}$$

而磁化强度 M 应等于 N 个磁性离子磁矩 $gs\mu_B/\hbar$ 之和,即

$$M = Ngs\mu_B/\hbar \tag{12.6.14}$$

把上式代入(12.6.13)式,可得分子场系数 λ 与交换能 J 之间的关系:

$$\lambda = \frac{2Jz}{Ng^2\mu_B^2} \tag{12.6.15}$$

把上式代入(12.5.8)式,并假设所有磁性全都来自自旋磁矩,即 $j = s$,则可得

$$T_C = \frac{2z}{3k_B}[s(s+1)]J \tag{12.6.16}$$

根据 $T_C = 1\,000$ K 值算,交换能 J 应为 0.1 eV。

12.6.2　间接交换作用和超交换作用

由(12.6.9)式可见,以上介绍的直接交换作用只有当两个电子波函数相互交叠时才存在,这可适用于过渡金属的 3d 电子。但对于稀土金属中处于内壳层的 4f 电子来说,两个相邻稀土金属离子的 4f 电子波函数相互交叠甚微,因而很难用直接交换作用解释其磁性表现。对此有人提出间接交换作用模型。该模型认为两个磁性离子的磁矩是通过传导电子

(5s、5p 电子)为中介而发生相互作用的。例如,一磁性离子中的 4f 电子先与 s 传导电子发生交换作用,使 s 电子的自旋与 4f 电子的自旋平行或反平行。然后,此 s 电子再与邻近的磁性离子的 4f 电子发生作用,而使此离子的 4f 电子自旋与 s 电子平行或反平行。这样,通过 s 电子的中介,使相邻的 4f 电子自旋处于平行或反平行状态。除这种 s-f 电子间的间接交换作用外,也可存在 s-d 及 d-d 电子间的间接交换作用。如下面要介绍的巡游电子模型所指出的,3d 电子中有一部分可以参与共有化运动,成为传导电子,而另一部分仍然是局域化的电子,d-d 间接交换作用就是指局域的 d 电子通过传导的 d 电子的中介而发生的交换作用。通过传导的 d 电子中介也可以使两个相邻离子中的 f 电子发生间接交换作用,这就是 d-f 间接交换作用。

具有铁磁性、反铁磁性或亚铁磁性的绝缘体都是磁性离子与其他离子形成的化合物,如反铁磁体 MnO,其中两个相邻锰离子的自旋磁矩是通过氧离子的中介,使彼此方向相反而具有反铁磁性的,即两个磁性离子的自旋通过负离子氧的中介而发生交换作用,常称此为超交换作用。通过超交换作用,也可以使两个磁性离子的自旋平行或反平行。

上述几种交换作用为基础的局域电子模型可以很好地定性解释固体的铁磁性、反铁磁性及亚铁磁性,但尚不能作定量的说明。按照上述直接交换作用模型,在绝对零度,每个磁性原子(离子)对铁磁性有贡献的局域磁矩(原子磁矩)应该是玻尔磁子 μ_B 的整数倍,但是实验测量结果却并非如此。例如,Fe 为 $2.22\mu_B$, Co 为 $1.72\mu_B$、Ni 为 $0.606\mu_B$。这些矛盾只有用下面的巡游电子模型才能予以解释。

12.6.3 巡游电子模型

巡游电子模型也就是能带模型。按照能带理论,各个原子壳层的电子都形成能带。处于最外层的价电子所形成的能带较宽,相应的态密度比较小。而处于内壳层的 3d 或 4f 电子所形成的能带比较窄,态密度比较大。图 12.21 示出了过渡金属中的 3d 和 4s 电子能带的态密度。从图中可以看到 3d 和 4s 能带相互交叠。因此该两壳层的电子可以相互转移,部分 3d 电子可以从 3d 带转移至 4s 带,反之亦然。图中数字表示当 4s 与 3d 壳层的总电子数等于 1, 2, 3, …, 11, 12 时相应的费米能级位置。

因为只有 3d 电子对铁磁性有贡献,而 4s 电子没有贡献,在图 12.22 中示意地画出了 3d 电子的态密度 $g(E)$ 与能量的关系,且将自旋向上和自旋向下的电子的态密度分别画出。其中图(a)是不考虑交换作用时的情况。因为态密度对能量的积分就是电子数密度,可见此时自旋向上和自旋向下的电子数相等,两个不同自旋的 3d 子带都填充到费米能级 E_F。交换作用使不同自旋的电子具有不同的能量,如假定交换作用使自旋向上的电子的能量低于自旋向下的电子能量,则计入交换作用将使自旋向上的子带下移,而使自旋向下的子带上移,如图(b)所示。这时,有一部分电子的自旋将从向下的状态转变成向上的状态,从而产生净磁化强度。这就是实

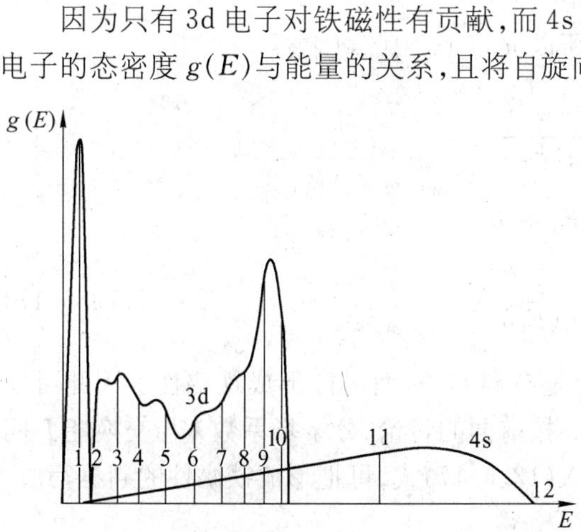

图 12.21 过渡金属的 3d 及 4s 电子态密度

验测得的铁磁体的饱和磁化强度 M_s。由此可见，M_s 取决于子带的相对移动，而子带的移动又取决于交换作用的强弱及能带的结构。

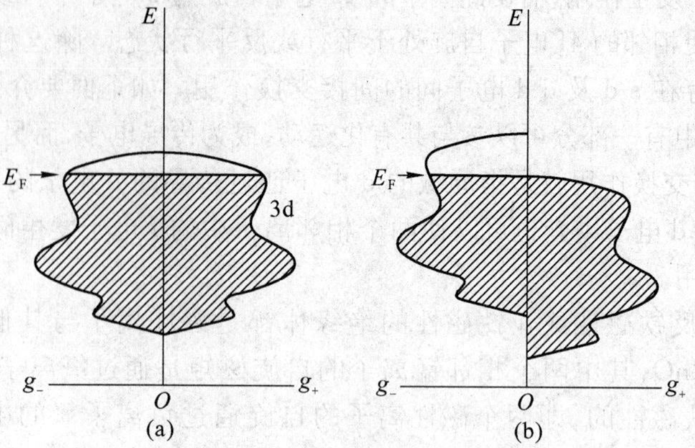

图 12.22 自旋不同的 3d 电子态密度与能量的关系

(a)不考虑交换作用；(b)计入交换作用

下面作半定量的估计。如设单位体积的晶体中有一个电子从自旋向下的状态转变成自旋向上的状态，总的磁化强度改变了 $\Delta M = 2\mu_B$。假设分子场 $B_W = \lambda M$，则根据经典的电磁理论由磁化强度的改变 ΔM 而引起的总能量改变为：

$$\Delta E_1 = -\int_0^{\Delta M} B_W \cdot \mathrm{d}M = -\int_0^{\Delta M} \lambda M \mathrm{d}M = -\frac{1}{2}\lambda(\Delta M)^2 = -2\lambda\mu_B^2$$

另一方面，电子由自旋向下的子带转移到自旋向上的子带时，由于泡利不相容原理，只能填充到费米能级 E_F 上面的状态，因而引起能量的增加，增加的能量 ΔE_2 可从关系式

$$n = \frac{1}{2}g(E_F)\Delta E_2$$

求得。这里 $g(E_F)$是费米能级处的状态密度。因为这里只考虑一种自旋的状态密度，故乘以$\frac{1}{2}$。又因为现在考虑的是一个电子的转移，所以 $n = 1$，由此可求得

$$\Delta E_2 = \frac{2}{g(E_F)}$$

很显然，如果

$$\Delta E_1 + \Delta E_2 < 0$$

即

$$2\lambda\mu_B^2 > \frac{2}{g(E_F)} \tag{12.6.17}$$

则电子自旋由向下转变成向上的过程在能量上是有利的，从而可能形成铁磁性。因此可以把(12.6.17)式看成是能否形成铁磁性的判据。按前面的讨论，分子场系数 λ 与交换能 J 间的关系由(12.6.15)式给出，把(12.6.15)式代入(12.6.17)式，可把形成铁磁性的判据写成

$$\frac{4Jz}{Ng^2} > \frac{2}{g(E_F)} \tag{12.6.18}$$

从上式可以看到，交换能 J 及态密度 $g(E_F)$ 愈大愈易形成铁磁性，并且这两个条件是相辅相成的。按图 12.20，$J>0$ 对应于 $r/r_B>3$，即要求原子壳层中的电子半径 r_B 比较小，原子间距 r 比较大，而 r 大及 r_B 小就使两个相邻原子间的电子波函数交叠得少，因而能带变窄，态密度 $g(E)$ 变大。Fe、Co、Ni 中的 3d 能带以及 Gd、Dy 中的 4f 能带都能满足这些要求，它们都有较大的交换积分，而且带宽都比较小，因此有较大的态密度 $g(E)$。所以它们都表现了铁磁性。

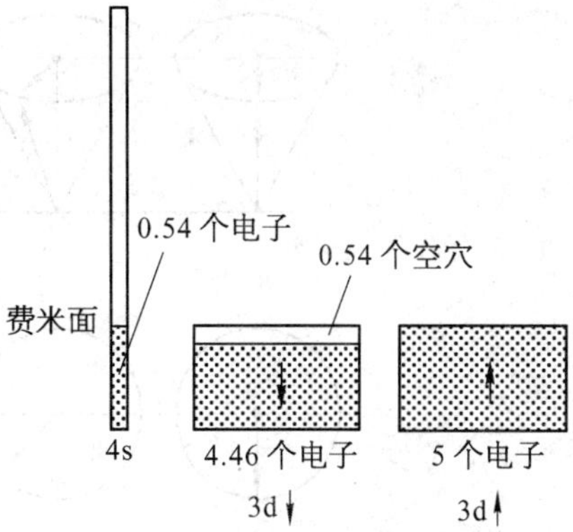

图 12.23　Ni 的 4s 能带及两个 3d 子带中的电子填充情况

图 12.23 表示 Ni 的 4s 能带及两个 3d 子能带中的电子填充情况。Ni 原子的外层电子组态是 $3d^8 4s^2$，每个原子共有 10 个电子。其中处于 4s 能带的有 0.54 个电子，即平均每个原子有 0.54 个电子处于 4s 带，而处于自旋向上的 3d 子带的有 5 个电子；余下的 4.46 个电子处于自旋向下的 3d 子带内。对于 4s 能带，自旋向上和自旋向下的电子数相等(4s 电子之间不存在交换作用，自旋向上及自旋向下的电子能量是相等的)，因此 4s 能带电子对铁磁性没有贡献。铁磁性仅来自 3d 能带的电子。每个 Ni 原子的净自旋磁矩应为 $(5-4.46)\mu_B=0.54\mu_B$，如果加上各个原子轨道磁矩的贡献，每个 Ni 原子的原子磁矩为 $0.606\mu_B$，这就解决了局域电子模型所不能解决的困难，解答了为什么铁磁体每个原子的磁矩不是玻尔磁子整数倍的问题。

§12.7　自　旋　波

从图 12.19 可以看到，根据分子场理论，在不是很低的温度下，自发磁化强度的理论计算值与温度的关系能与实验结果很好的相符。实验测量表明，在极低温度下，自发磁化强度 M_s 与温度 T 之间满足下面的关系：

$$M_s = M_{s0} - \alpha T^{3/2} \tag{12.7.1}$$

式中 α 是一个常数。为了说明极低温下铁磁体的这个经验规律，布洛赫提出了自旋波理论。

12.7.1　自旋波及其色散关系

根据前面的讨论可知，$T=0\,K$时，铁磁体的基态是所有自旋均沿同一方向排列并形成饱和磁化强度 M_{s0} 的状态。在有限温度下，铁磁体中个别自旋磁矩的方向可以发生涨落而与磁化强度的方向发生偏离。自旋磁矩的方向一旦偏离了磁化强度，就会受到后者的作用，而产生绕磁化强度的进动。但在晶体中各个自旋磁矩与其邻近的自旋磁矩之间都存在着交换作用，因此一个自旋的进动状态不会只局限在这一个自旋上，而是可以在晶体中传播。这种自旋磁矩绕磁化强度方向进动的状态在晶体中的传播便形成波(与晶体中原子热振动在晶体中传播形成格波相类似)，称为自旋波。图 12.24 为自旋波的示意图，图(a)及(b)分别是侧视图及俯视图。我们已经不止一次地看到，晶体中传播的波动的色散关系是很感兴趣的问题。下面就用经典力学的方法讨论自旋波的色散关系。为简单起见，只讨论一维体系。假设自旋磁矩之

间是直接交换作用，若取 $2E_A + K - J/2$ 为能量的零点，这相互作用能可表示成

$$E = -2J\boldsymbol{s}_1 \cdot \boldsymbol{s}_2/\hbar^2 \tag{12.7.2}$$

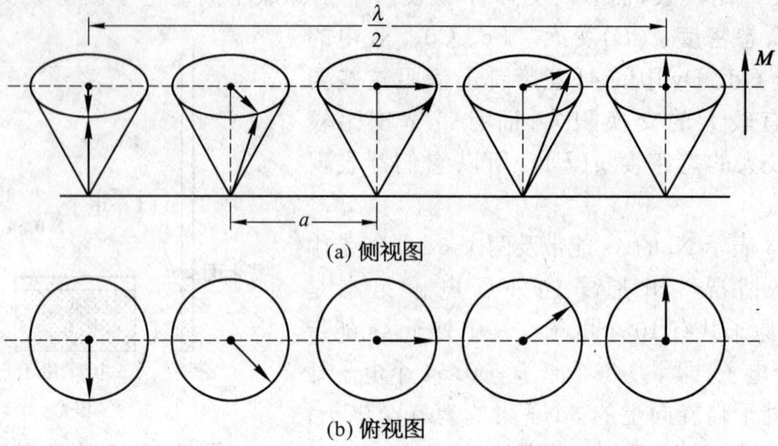

图 12.24　波长 $\lambda = 8a$ 的一维自旋波的形态(a 为原子间距)

考虑一维晶体中第 p 个自旋，其与左右两个自旋之间的相互作用能可写成

$$E = -2J\boldsymbol{s}_p \cdot (\boldsymbol{s}_{p-1} + \boldsymbol{s}_{p+1})/\hbar^2 \tag{12.7.3}$$

第 p 个格点上的自旋磁矩 μ_p 可写成［参见(12.3.15) 及(12.3.2)、(12.3.8) 式，并注意这里 $\boldsymbol{J} = \boldsymbol{s}_p$］：

$$\boldsymbol{\mu}_p = g\gamma_L \boldsymbol{s}_p = -g\mu_B \boldsymbol{s}_p/\hbar \tag{12.7.4}$$

因此可把(12.7.3)式重写成

$$E = -\boldsymbol{\mu}_p \cdot \left[\left(-\frac{2J}{g\mu_B \hbar}\right)(\boldsymbol{s}_{p-1} + \boldsymbol{s}_{p+1})\right] \tag{12.7.5}$$

上式方括号部分可看成是作用在 $\boldsymbol{\mu}_p$ 上的有效磁感应强度：

$$\boldsymbol{B}_p^{\mathrm{eff}} = \left(-\frac{2J}{g\mu_B \hbar}\right)(\boldsymbol{s}_{p-1} + \boldsymbol{s}_{p+1}) \tag{12.7.6}$$

由于这个场的作用，第 p 格点上的自旋角动量 $\boldsymbol{s}_p$ 要发生变化：

$$\frac{\mathrm{d}\boldsymbol{s}_p}{\mathrm{d}t} = \boldsymbol{\mu}_p \times \boldsymbol{B}_p^{\mathrm{eff}} = \left(\frac{2J}{\hbar^2}\right)\boldsymbol{s}_p \times (\boldsymbol{s}_{p-1} + \boldsymbol{s}_{p+1}) \tag{12.7.7}$$

考虑在低温下各个自旋方向对磁化强度(设为 z 方向)仅有微小的偏离，可近似地认为 $s_p^z \simeq s_{p-1}^z \simeq s_{p+1}^z \simeq s$，并忽略 s_p^x、s_{p-1}^x、s_{p+1}^x 与 s_p^y、s_{p-1}^y、s_{p+1}^y 间的乘积。这样，可把(12.7.7)式近似地写成下面的分量形式：

$$\begin{cases} \dfrac{\mathrm{d}s_p^x}{\mathrm{d}t} = \dfrac{2Js}{\hbar^2}(2s_p^y - s_{p-1}^y - s_{p+1}^y) \\ \dfrac{\mathrm{d}s_p^y}{\mathrm{d}t} = -\dfrac{2Js}{\hbar^2}(2s_p^x - s_{p-1}^x - s_{p+1}^x) \\ \dfrac{\mathrm{d}s_p^z}{\mathrm{d}t} = 0 \end{cases} \tag{12.7.8}$$

从上式可直接解得 $s_p^z = s$ 为一常数。设 s_p^x、s_p^y 具有波动形式的试解：

$$\begin{cases} s_p^x = u\exp[\mathrm{i}(kpa - \omega t)] \\ s_p^y = v\exp[\mathrm{i}(kpa - \omega t)] \end{cases} \tag{12.7.9}$$

式中 u、v 分别为 x、y 方向的振幅，a 是一维晶体的晶格常数，k 和 ω 分别为波矢及角频率。将(12.7.9)式代入(12.7.8)式，可得到：

$$\begin{cases} \mathrm{i}\omega u + \left(\frac{4Js}{\hbar^2}\right)(1 - \cos ka)v = 0 \\ -\left(\frac{4Js}{\hbar^2}\right)(1 - \cos ka)u + \mathrm{i}\omega v = 0 \end{cases} \tag{12.7.10}$$

上式是以 u 及 v 为变量的线性齐次方程，若要得到非零解，系数行列式必须等于零。由此即可求得自旋的色散关系：

$$\omega(\boldsymbol{k}) = \left(\frac{4Js}{\hbar^2}\right)(1 - \cos(ka)) \tag{12.7.11}$$

将(12.7.11)式代回(12.7.10)式，可得到

$$v = -\mathrm{i}u \tag{12.7.12}$$

将(12.7.12)式代入(12.7.9)式，并只取其实部，则可得

$$\begin{cases} s_p^x = u\cos(kpa - \omega t) \\ s_p^y = u\sin(kpa - \omega t) \end{cases} \tag{12.7.13}$$

上式清楚地表明每个自旋绕 z 轴(磁化强度)作圆周运动，而且这种进动状态沿着一维晶体传播。图 12.24 为 $k = \dfrac{\pi}{4a}$(波长 $\lambda = 8a$) 的自旋波在某一时刻的形态。图中只画出半个波长。

12.7.2 布洛赫 $T^{3/2}$ 规律

由(12.7.11)式可得，在长波极限，即 $ka \ll 1$ 时自旋波的色散关系可写成

$$\omega(\boldsymbol{k}) = \left(\frac{2Jsa^2}{\hbar^2}\right)k^2 \tag{12.7.14}$$

尽管上式是对一维晶体推得的，但是对于三维立方晶体，在长波极限下也同样可得到相同的关系式，只要把其中的因子 2 改写成每个格点的近邻数 z：

$$\omega(\boldsymbol{k}) = (zJsa^2/\hbar^2)k^2 \tag{12.7.15}$$

自旋进动的圆周运动等价于线性谐振子，因此圆频率为 $\omega(\boldsymbol{k}^1)$的自旋波的能量量子按照量子理论为：

$$E = \sum_{\boldsymbol{k}} \left(n_{\boldsymbol{k}} + \frac{1}{2}\right)\hbar\omega(\boldsymbol{k}) \tag{12.7.16}$$

常把自旋波的能量量子 $\hbar\omega$ 称为磁波子(也称磁振子)。能量为 E 的自旋波中包含 $n_{\boldsymbol{k}}$($n_{\boldsymbol{k}}$ = 1, 2, 3, …)个波矢为 k 的磁波子。$n_{\boldsymbol{k}}$ 与温度有关，温度愈高，磁波子数就愈多，在热平衡时 $n_{\boldsymbol{k}}$ 的平均值由玻色-爱因斯坦统计规律决定：

$$\bar{n}_{\boldsymbol{k}} = \frac{1}{\exp(\hbar\omega/k_{\mathrm{B}}T)-1} \tag{12.7.17}$$

和讨论晶格振动时一样,采用周期性边界条件,可得 $\boldsymbol{k}$ 空间中的状态密度为 $1/(2\pi)^3$(这里假设晶体为单位体积,即 $V=1$)。所以总的磁波子数为

$$\sum_{\boldsymbol{k}} \bar{n}_{\boldsymbol{k}} = \frac{1}{(2\pi)^3}\int \bar{n}_{\boldsymbol{k}}\,\mathrm{d}\tau_{\boldsymbol{k}} \tag{12.7.18}$$

式中 $\mathrm{d}\tau_{\boldsymbol{k}}$ 表示 $\boldsymbol{k}$ 空间的体积元。考虑到与(12.7.15)式相应的等能面是一个球面,在作(12.7.18)式积分时,可采用球面极坐标而表示成

$$\sum_{\boldsymbol{k}} \bar{n}_{\boldsymbol{k}} = \frac{1}{4\pi^2}\left(\frac{\hbar^2}{zJsa^2}\right)^{3/2}\int_0^{\omega_{\max}} \frac{\omega^{1/2}\,\mathrm{d}\omega}{\mathrm{e}^{\hbar\omega/k_{\mathrm{B}}T}-1} \tag{12.7.19}$$

式中 $\omega_{\max}$ 表示自旋波的最大频率。令

$$\zeta = \frac{\hbar\omega}{k_{\mathrm{B}}T} \tag{12.7.20}$$

在低温下, $\zeta_{\max} = \dfrac{\hbar\omega_{\max}}{k_{\mathrm{B}}T} \to \infty$, 可进一步把(12.7.19)式写成

$$\begin{aligned}\sum_{\boldsymbol{k}} n_{\boldsymbol{k}} &= \frac{1}{4\pi^2}\left(\frac{\hbar^2}{zJsa^2}\right)^{3/2}\left(\frac{k_{\mathrm{B}}T}{\hbar}\right)^{3/2}\int_0^{\zeta_{\max}} \frac{\zeta^{1/2}\,\mathrm{d}\zeta}{\mathrm{e}^{\zeta}-1} \\ &\approx \frac{1}{4\pi^2}\left(\frac{\hbar k_{\mathrm{B}}T}{zJsa^2}\right)^{3/2}\int_0^{\infty} \frac{\zeta^{1/2}\,\mathrm{d}\zeta}{\mathrm{e}^{\zeta}-1}\end{aligned} \tag{12.7.21}$$

令常数

$$\alpha' = \frac{1}{4\pi^2}\left(\frac{\hbar k_{\mathrm{B}}}{zJsa^2}\right)^{3/2}\int_0^{\infty} \frac{\zeta^{1/2}\,\mathrm{d}\zeta}{\mathrm{e}^{\zeta}-1} \tag{12.7.22}$$

则磁波子总数可表示为

$$\sum_{\boldsymbol{k}} \bar{n}_{\boldsymbol{k}} = \alpha' T^{3/2} \tag{12.7.23}$$

自旋波表示自旋磁矩偏离饱和磁化强度方向的波动。虽然按经典力学的观点,自旋磁矩对饱和磁化强度方向的偏离角度可以连续取值,但是实际上根据量子力学,自旋只能有两个取向,不是与饱和磁化强度的方向相同,就是相反。激发起一个磁波子就表示有一个自旋磁矩的方向由与磁化强度相同变成相反,因此激发起一个磁波子就意味着饱和磁化强度减小 $g\gamma_{\mathrm{L}}(s_{\uparrow}-s_{\downarrow})$[参见(12.3.15)式,并令 $J_z = s_z$],这里 $s_{\uparrow}$ 及 $s_{\downarrow}$ 分别表示自旋转向前后的自旋角动量,因为 $s_{\uparrow} = s_{\downarrow} = \hbar/2$, 于是激发起一个磁波子就使饱和磁化强度减少 $g\gamma_{\mathrm{L}}\hbar = g\mu_{\mathrm{B}}$。总数 $\sum_{\boldsymbol{k}} \bar{n}_{\boldsymbol{k}}$ 个磁波子对应的磁化强度就应为

$$M_{\mathrm{s}} = M_{\mathrm{s0}} - g\mu_{\mathrm{B}}\sum_{\boldsymbol{k}} \bar{n}_{\boldsymbol{k}} \tag{12.7.24}$$

把(12.7.23)式代入上式即可得到实验测得的关系式(12.7.1)式,其中

$$\alpha = g\mu_{\mathrm{B}}\alpha' \tag{12.7.25}$$

至此,已用自旋波理论解释了铁磁体的自发磁化强度在低温下的行为。通常将(12.7.1)式称为布洛赫 $T^{3/2}$ 定律。

磁波子可以通过中子的非弹性散射进行实验研究。因为中子具有磁矩，所以中子入射铁磁体可以激发起磁波子，并将自身的能量转化为磁波子的能量，因此测量散射前后的中子能量及动量(波矢)，即可获知磁波子(自旋波)的重要性质。

§ 12.8　反铁磁性及亚铁磁性

前面已指出，铁磁性是一种磁有序态，所有原子的磁矩都按同一方向排列。反铁磁性及亚铁磁性也是一种磁有序态，它们与铁磁性的区别已在图 12.1 中示出。下面将对它们的结构及性质作进一步的讨论。

12.8.1　反铁磁性

很多过渡金属化合物(如 MnO、MnF_2，$FeCl_3$，FeO、$CoCl_2$、CeO、$NiCl_2$，NiO)都具有反铁磁性，铂、钯、锰、铬等金属及某些合金也具有反铁磁性。图 12.25 表示反铁磁体 MnO 中锰离子磁矩反平行的排列情况。MnO 具有 NaCl 结构，其中 Mn^{2+} 组成面心立方结构子晶格，从图中可见子晶格的(111)晶面族中，同一原子面上的磁矩相互平行，相邻原子面上的磁矩反平行。

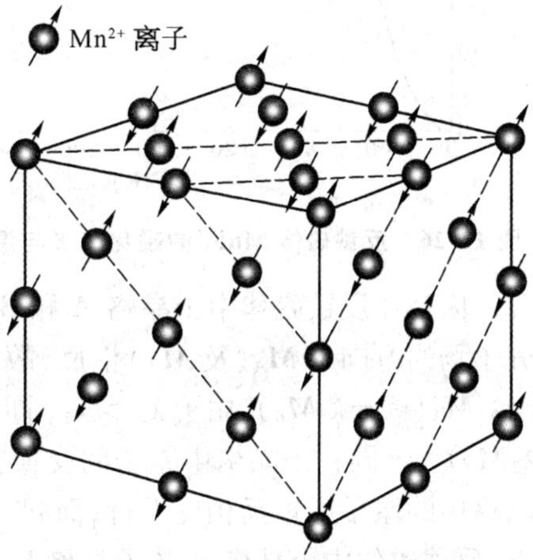

图 12.25　MaO 中 Mn^{2+} 离子磁矩的排列

反铁磁性也是一种磁有序结构，它也会发生相变。反铁磁性也只存在于一定的温度范围。如温度 T 超过相变温度 T_N，反铁磁性消失，反铁磁相转变成顺磁相。反铁磁性的相变温度 T_N 常称奈尔温度。转变成顺磁相后，磁化率 χ 满足与(12.1.9)式相类似的居里-外斯定律：

$$\chi = \frac{\mu_0 C}{T + T'_N} \qquad (12.8.1)$$

式中 T'_N 是与奈尔温度 T_N 相近的常数。

与铁磁体不同的是反铁磁体没有自发磁化强度。只有在外磁场作用下才产生磁化强度，并表现出特殊的顺磁性，图 12.26 给出反铁磁体 MnF_2 的磁化率 χ 随温度 T 的变化关系。从图中可以看到，若 $T < T_N$，即处于反铁磁相时，χ 表现出明显的各向异性。这里 $\chi_{/\!/}$ 及 $\chi_\perp$ 分别表示当外磁场 $\boldsymbol{B}$ 分别平行及垂直于原子磁矩时测量到的磁化率。如将原子磁矩平行及反平行的离子看作各自构成一子晶格 A 与 B，相应的磁化强度分别用 $\boldsymbol{M}_A$ 及 $\boldsymbol{M}_B$ 表示，则在低温下，两个子晶格的磁化强度 $\boldsymbol{M}_A$ 及 $\boldsymbol{M}_B$ 数值相等、方向相反，如图 12.27 所示。这时如果沿垂直方向施加外磁场 $\boldsymbol{B}$，很显然，$\boldsymbol{M}_A$ 及 $\boldsymbol{M}_B$ 都将受到外磁场力矩的作用而转向 $\boldsymbol{B}$ 的方向。如图 12.27 所示，这时总磁化强度 $\boldsymbol{M} = \boldsymbol{M}_A + \boldsymbol{M}_B$ 不再为零，并随 $\boldsymbol{B}$ 的增大而很快增大，即表现出较大的磁化率 $\chi_\perp$。相反，如果沿着 $\boldsymbol{M}_A$ 或 $\boldsymbol{M}_B$ 的方向施加磁场 $\boldsymbol{B}$，此时 $\boldsymbol{M}_A$ 和 $\boldsymbol{M}_B$ 受到的力矩为零，外磁场不会使它们转向，因此总的磁化强度 $\boldsymbol{M} = \boldsymbol{M}_A + \boldsymbol{M}_B$ 仍为零，即 $\chi_{/\!/}$ 为零。但在有限温度，由于热运动，$\boldsymbol{M}_A$ 与 $\boldsymbol{M}_B$ 的方向不会严格地与外磁场保持平行或反平行，因此可能受到外磁场 $\boldsymbol{B}$ 的力矩的作用而转向，并使 $\chi_{/\!/}$ 不为零。显然，温度愈高热运动愈激烈，

M_A 与 M_B 随机地对外磁场 B 的平行或反平行的偏离也愈远，受到外场的力矩也愈大，转向也愈有可能，结果 $\chi_{/\!/}$ 也愈大。所以 $\chi_{/\!/}$ 随着温度上升而增加，如图 12.26 所示。对于反铁磁体，也可像铁磁体那样引入分子场概念。只是这里应引入两个分子场系数 λ_1 及 λ_2。$-\lambda_1 M_A$ 及 $-\lambda_1 M_B$ 表示同一子晶格 A 和 B 内的原子间的交换互作用而产生的分子场。

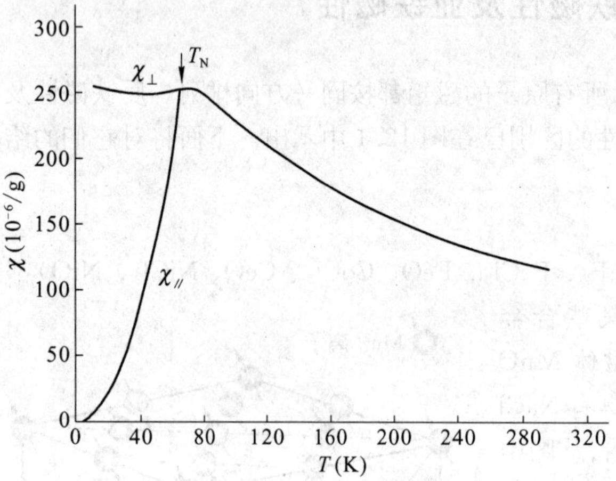

图 12.26 反铁磁体 MnF_2 的磁化率 χ 与温度 T 的关系

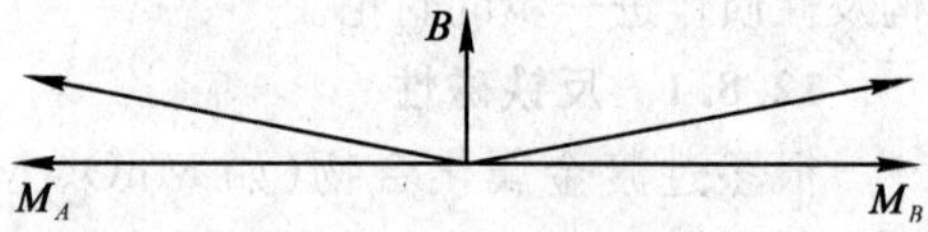

图 12.27 反铁磁体子晶格的磁化强度

因为在反铁磁体中子晶格 A 和 B 之间的交换互作用倾向于使彼此的磁矩反平行，所以分子场的方向与 M_A(及 M_B)相反，故子晶格 A(或 B)在另一子晶格 B(或 A)的分子场为 $-\lambda_2 M_A$(或 $-\lambda_2 M_B$)，由于 $\lambda_2 > \lambda_1$，即相邻子晶格原子间交换作用所产生的分子场 $\lambda_2 M_A$(或 $\lambda_2 M_B$)大于同一子晶格中原子间交换作用所引起的分子场 $\lambda_1 M_A$(或 $\lambda_1 M_B$)，结果使相邻子晶格中的原子磁矩互相反平行，而同一子晶格内的原子磁矩只能彼此平行。在外磁场作用下，反铁磁体中子晶格 A 及子晶格 B 中的原子磁矩受到的有效磁场可分别表示为

$$\boldsymbol{B}_{eA} = \boldsymbol{B} - \lambda_1 \boldsymbol{M}_A - \lambda_2 \boldsymbol{M}_B \tag{12.8.2}$$

$$\boldsymbol{B}_{eB} = \boldsymbol{B} - \lambda_2 \boldsymbol{M}_A - \lambda_1 \boldsymbol{M}_B \tag{12.8.3}$$

从上面两个方程出发，与铁磁体的分子场理论的讨论相似，可把子晶格 A 及 B 的磁化强度 M_A 及 M_B 写成

$$M_A = N_A g \mu_B j B_J (g \mu_B j B_{eA} / k_B T) \tag{12.8.4}$$

$$M_B = N_B g \mu_B j B_J (g \mu_B j B_{eB} / k_B T) \tag{12.8.5}$$

式中 N_A 及 N_B 分别是子晶格 A 及 B 的原子数密度。考虑 $T > T_N$ 时的情况，即在较高温度下，假设

$$\left.\begin{aligned} g\mu_B j B_{eA}/k_B T \ll 1 \\ g\mu_B j B_{eB}/k_B T \ll 1 \end{aligned}\right\} \tag{12.8.6}$$

因此采用布里渊函数的近似表式(12.3.32)式，可把(12.8.4)、(12.8.5)式近似地表示成

$$M_A = \frac{N_A g^2 \mu_B^2 j(j+1)}{3k_B T} B_{eA} \tag{12.8.7}$$

$$M_B = \frac{N_B g^2 \mu_B^2 j(j+1)}{3k_B T} B_{eB} \tag{12.8.8}$$

若令 $N_A = N_B = N$，可得反铁磁体的磁化强度

$$M = M_A + M_B = \frac{Ng^2\mu_B^2 j(j+1)}{3k_B T}(B_{eA} + B_{eB})$$

把(12.8.2)及(12.8.3)式代入上式，可得

$$M = \frac{Ng^2\mu_B^2 j(j+1)}{3k_B T}[2B - (\lambda_1 + \lambda_2)M]$$

$$= \frac{Np^2\mu_B^2}{3k_B T}[2B - (\lambda_1 + \lambda_2)M] \qquad (12.8.9)$$

这里已利用了关系式(12.3.19)式，由上式可计算得

$$M = \frac{2Np^2\mu_B^2/3k_B}{T + \frac{(\lambda_1 + \lambda_2)Np^2\mu_B^2}{3k_B}}B \qquad (12.8.10)$$

从上式即可推出反铁磁体的居里-外斯定律：

$$\chi = \frac{\mu_0 M}{B} = \frac{2\mu_0 Np^2\mu_B^2/3k_B}{T + \frac{(\lambda_1 + \lambda_2)Np^2\mu_B^2}{3k_B}} = \frac{\mu_0 C}{T + T'_N} \qquad (12.8.11)$$

式中 C 即是由(12.3.34)式给出的居里常数，而常数 T'_N 应为

$$T'_N = \frac{(\lambda_1 + \lambda_2)Np^2\mu_B^2}{3k_B} = \frac{C}{2}(\lambda_1 + \lambda_2) \qquad (12.8.12)$$

假设 $T < T_N$，反铁磁体处于反铁磁相，在外场 $\boldsymbol{B} = 0$ 的情况下，也存在 $\boldsymbol{M}_A$ 及 $\boldsymbol{M}_B$，考虑 $T \to T_N$ 的情况，并假定在 $T \to T_N$ 时，也能满足条件(12.8.6)式，因此 $\boldsymbol{M}_A$ 及 $\boldsymbol{M}_B$ 也可近似地表示成(12.8.7)及(12.8.8)式，把(12.8.2)及(12.8.3)式代入，并考虑到 $\boldsymbol{B} = 0$，则可得

$$M_A = \frac{C}{2T_N}(\lambda_1 M_A + \lambda_2 M_B) \qquad (12.8.13)$$

$$M_B = -\frac{C}{2T_N}(\lambda_1 M_B + \lambda_2 M_A) \qquad (12.8.14)$$

这里已利用了关系式(12.3.19)及(12.3.34)。由(12.8.13)及(12.8.14)式可得关于 M_A 及 M_B 的线性齐次方程

$$\left.\begin{aligned} \left(1 + \frac{C\lambda_1}{2T_N}\right)M_A + \frac{C\lambda_2}{2T_N}M_B = 0 \\ \frac{C\lambda_2}{2T_N}M_A + \left(1 + \frac{C\lambda_1}{2T_N}\right)M_B = 0 \end{aligned}\right\} \qquad (12.8.15)$$

要使 M_A，M_B 有非零解，其系数行列式应等于零，由此可求得

$$T_N = \frac{C}{2}(\lambda_2 - \lambda_1) \qquad (12.8.16)$$

从上式也可以看到，若要使奈尔温度 $T_N > 0$，则 λ_2 必须大于 λ_1，也即不同子晶格原子之间的交换互作用所引起的分子场必须大于同一子晶格中不同原子间的交换作用所引起的分子场。

表 12-7 给出了部分反铁磁体的奈尔温度及特征温度 T'_N 的实验值，根据这些数据，利用(12.8.12)及(12.8.16)式可估算各个反铁磁体的分子场系数 λ_1 及 λ_2。

表 12-7 部分反铁磁体的奈尔温度 T_N 及特征温度 T'_N

	MnO	FeO	CoO	NiO	MnS	MnTe	MnF_2	Cr_2O_3
T_N	116	198	291	525	160	307	67	307
T'_N	610	570	330	2 000	528	609	82	485

12.8.2 亚铁磁性

亚铁磁体(也称铁氧体)是铁和其他金属离子的混合氧化物。目前存在许多不同类型的亚铁磁体。根据晶体结构，最常见的有以下三类:反尖晶石结构铁氧体、石榴石结构铁氧体及磁铅石型铁氧体。由于这些晶体结构都比较复杂，这里只对反尖晶石结构作比较详细的介绍。

反尖晶石结构铁氧体是三价的铁离子 Fe^{3+} 与其他二价金属离子 M^{2+}(包括二价铁离子 Fe^{2+})的混合氧化物，化学式可写成 MFe_2O_4，而晶体结构在某种程度上类似于尖晶石 $MgAl_2O_4$。图 12.28 示出尖晶石的一个晶胞，其中共有 32 个 O^{2-}，16 个 Al^{3+} 和 8 个 Mg^{2+}。由图(a)可见整个晶胞可分成 8 个小的立方单元，这些立方单元可分成甲、乙两种类型，分别如图(b)及(c)所示。无论是甲型还是乙型单元，O^{-2} 都位于立方体的对角线离顶角 $\frac{1}{4}$ 的位置处。在甲型单元中 Mg^{2+} 处在 4 个 O^{2-} 所组成的四面体中心。在乙型单元中，Al^{3+} 则处在离立方体对角线另一端离顶角 1/4 的位置上，而这些位置正是邻近 6 个 O^{2-} 组成的八面体的中心，如图(d)所示。所以，在尖晶石结构中，氧离子分别组成氧四面体及氧八面体，8 个 Mg^{2+} 处在氧四面体中心，称 A 位；而 16 个 Al^{3+} 处在氧八体中心，称 B 位，如图(d)所示。对于铁氧体 MFe_2O_4，16 个 Fe^{3+} 有一半处在 A 位，而另一半与 8 个二价金属离子 M^{2+} 一起处在 B 位。由于与尖晶石相比，二价金属离子(M^{2+})不是处在 A 位而是处在 B 位，所以称铁氧体 MFe_2O_4 的结构为反尖晶石结构。处在 A 位的离子磁矩与处在 B 位的离子磁矩方向相反。因为 Fe^{3+} 一半处在 A 位，一半处在 B 位。所以三价铁离子 Fe^{3+} 的离子磁矩都相互抵消，结果只剩 M^{2+} 的磁矩。最常见的铁氧体 MFe_2O_4 中的二价金属离子 M^{2+} 为 Mn^{2+}、Fe^{2+}、Co^{2+}、Ni^{2+} 及 Cu^{2+}。根据这些离子的电子壳层结构，可以知道它们分别具有 5、6、7、8 及 9 个 3d 电子，因此未配对的电子数分别为 5、4、3、2 及 1，而它们的自旋磁矩应当分别为 $5\mu_B$、$4\mu_B$、$3\mu_B$ 及 μ_B。这样，相应的铁氧体 $MnFe_2O_4$、Fe_3O_4、$FeFe_2O_4$、$CoFe_2O_4$、$NiFe_2O_4$、$CuFe_2O_4$ 中每个分子磁矩分别为 $5\mu_B$、$4\mu_B$、$3\mu_B$、$2\mu_B$ 及 μ_B。实验测得的每个分子磁矩分别为 4.6—$5\mu_B$、$4.08\mu_B$、$3.7\mu_B$、$2.3\mu_B$ 及 $1.3\mu_B$，基本上与理论估计相一致。

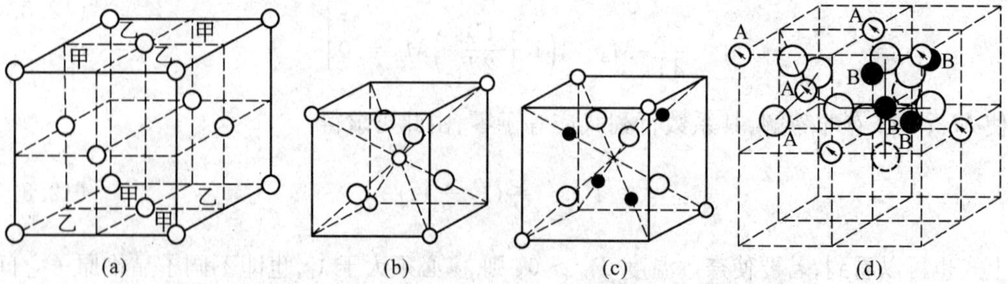

图 12.28 尖晶石 $MgAl_2O_4$ 的晶体结构

石榴石结构铁氧体的化学式可写成 $M_3^{3+}Fe_2^{3+}(Fe^{3+}O_4^{2-})_3$，这里 M^{3+} 是三价的金属离子(常是稀土金属离子)。在石榴石结构中，氧离子分别组成氧八面体、氧四面体及氧十二面体。有 3 个铁离子 Fe^{3+} 处在氧八面体中心(称 A 位)，2 个铁离子 Fe^{3+} 处在氧四面体中心(称 B 位)，而 3 个金属离子 M^{3+} 处在氧十二面体中心(称 L 位)。处在 A 位与处在 B 位的离子磁矩方向相反，因此，处在 A 位的 3 个 Fe^{3+} 离子磁矩与处在 B 位的 2 个 Fe^{3+} 离子磁矩相互抵消后，还剩下 1 个 Fe^{3+} 离子磁矩($5\mu_B$)。而这一个 Fe^{3+} 离子磁矩与处在 L 位的三价金属离子 M^{3+} 的磁矩又有反方向耦合，并且随着温度的变化，L 位的离子磁矩的方向可以有较大的涨落变动，这就导致石榴石铁氧体的饱和磁化强度随温度有明显变化。

磁铅石型铁氧体的化学式可写成：

$$l\text{BaO} \cdot m\text{MO} \cdot n\text{Fe}_2\text{O}_3$$

其中 l、m、n 均为整数，M 是二价金属离子，可以是 Mn^{2+}、Fe^{2+}、Co^{2+}、Ni^{2+}、Zn^{2+} 及 Mg^{2+}。磁铅石结构是一种属于六角晶系的结构。

与铁磁性及反铁磁性相似，亚铁磁性也只存在于一定的温度范围内。当温度 T 高于相变温度 T_N 时，亚铁磁相转变成顺磁相。但是，处在顺磁相的亚铁磁体，其磁化率 χ 并不满足居里-外斯定律，χ 与温度之间具有更复杂的关系。处于亚铁磁相的铁氧体，它的自发磁化强度与温度间也有复杂的变化关系，不像铁磁体的自发磁化强度随温度的升高而单调地下降[如图(12.19)所示]。由于铁氧体是一种金属氧化物，有着较高的电阻率，因而它在国民经济和科学技术上具有非常广泛的应用，是目前最重要的磁性材料之一。

§12.9 巨磁电阻和超巨磁电阻效应

20 世纪 80 年代，固体物理学中有很多重大成就，如整数和分数量子霍尔效应，高温超导体，C_{60} 和有关固体及碳纳米管，扫描隧穿显微镜、准晶体以及巨磁电阻和超巨磁电阻效应。这最后一项就是本节讨论的主题。

12.9.1 巨磁电阻效应的由来

格林贝尔格(P. Grünberg)等在 1986 年研究超薄的三层膜“Fe/Cr/Fe”时，发现两层 Fe 之间可通过 Cr 层进行交换作用，而且在 Cr 厚度适当时，两层 Fe 之间出现反铁磁耦合。在这基础上，在巴黎大学费尔(A. Fert)领导的研究组巴西学者 M. N. Baibich 等于 1988 年在 GaAs(100)基片上用分子束外延生长单晶(100)Fe/Cr/Fe 三层膜和(Fe/Cr)超晶格，研究这些材料的电子输运特性，发现在 Cr 层厚减至 0.9 nm 时，在温度 4.2 K 下，外磁场 $B_0 = \mu_0 H = 2$ T 能克服层间的反铁磁耦合，使两层 Fe 的磁矩方向平行排列。此时若电流方向与膜平面平行，其电阻率 $\rho(B_0)$ 下降到不加外磁场时的电阻率 ρ_0 的一半。按照第六章的讨论，材料的磁(致)电阻值为

$$M = (\rho(B_0) - \rho_0)/\rho_0 \tag{12.9.1}$$

由于 $\rho(B_0) < \rho_0$，故上述三层膜是负磁电阻材料。对于这类材料，通常改用下列比式来表示其磁电阻值：

$$MR = \frac{\rho_0 - \rho(B_0)}{\rho(B_0)}$$

依此定义，M. N. Baibich 等的实验结果为 $MR = 100\%$。因此称之为巨磁电阻(Giant Magnetoresistance，简称 GMR)效应。

后来，R. Schad 等在温度 1.5 K 下测得(Fe/Cr)超晶格的 MR 高达 220%。而 S. S. P. Parkin 等用简单的溅射方法制备的多晶 Fe/Cr/Fe 三层膜以及(Fe/Cr)多层膜同样有巨磁电阻效应。图 12.29 是 Parkin 等测得的(Fe/Cr)多层膜的磁滞回线和磁电阻曲线。图的下部示意画出零磁场以及正负向饱和场下各层膜的磁化情况。退磁状态下相邻铁磁层的磁矩方向相反，是由于它们之间存在反铁磁耦合。磁滞回线明显倾斜、剩磁几乎为零，饱和磁化场高，均是反铁磁耦合的现象。中子衍射实验直接确证多层膜的反铁磁性的磁矩取向排列。在各层饱和磁化强度 M_s 反平行时，多层膜的电阻最大，平行时电阻较小。在室温时，图中数据表明(Fe/Cr)多层膜的 $MR \approx 11.3\%$，在 4.2 K 时，$MR \approx 42.7\%$。

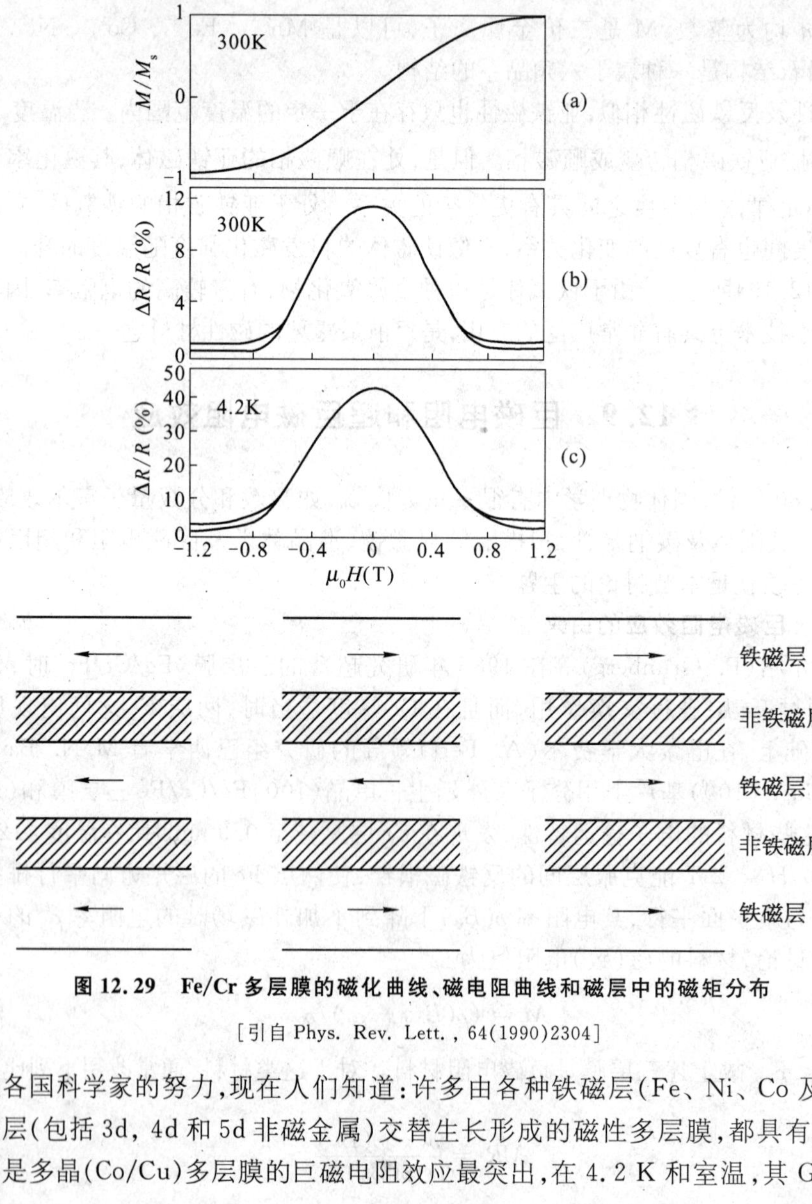

图 12.29　Fe/Cr 多层膜的磁化曲线、磁电阻曲线和磁层中的磁矩分布

[引自 Phys. Rev. Lett.，64(1990)2304]

经过各国科学家的努力，现在人们知道：许多由各种铁磁层(Fe、Ni、Co 及其合金)和非磁金属层(包括 3d，4d 和 5d 非磁金属)交替生长形成的磁性多层膜，都具有巨磁电阻效应。特别是多晶(Co/Cu)多层膜的巨磁电阻效应最突出，在 4.2 K 和室温，其 GMR 值分别为 130%和 70%,外加饱和磁场 $B_0 = \mu_0 H$ 为 1 T。

12.9.2　自旋相关散射和双电流模型

在第六章我们用自由电子气模型讨论了非磁金属的电子输运特性。不同自旋的电子其导电性能没有区别,因为在那里电子受散射时不改变它的自旋状态。金属电阻率

$$\rho = m^* / ne^2 \tau \tag{12.9.2}$$

m^* 为传导电子有效质量,n 为电子密度,τ 为费米面处的电子散射的弛豫时间,与平均自由程 l 成正比:

$$\tau \sim l \sim [\,|V|^2 g(E_F)]^{-1} \tag{12.9.3}$$

这里$|V|^2$ 是散射矩阵元的绝对值平方,$g(E_F)$为费米面能态密度。对于一般金属上述有关参量均与自旋态无关。但是对于铁磁金属,如 Fe、Ni、Co,在温度低于 T_C 时,由于交换作用引起自发磁化,使自旋向上(多数自旋)态的 3d 能带的能量下降,低于自旋向下(少数自旋)态 3d 能带。于是,不同自旋态 σ(向上↑或向下↓)的电子气的电阻率 ρ_σ 和弛豫时间 τ_σ 可写成:

$$\rho_\sigma = m_\sigma^* / n_\sigma e^2 \tau_\sigma \tag{12.9.4}$$

$$\tau_\sigma \sim l_\sigma \sim [\,|V_\sigma|^2 g_\sigma(E_F)]^{-1} \tag{12.9.5}$$

在铁磁材料中,电子自旋反向的概率很小,相应的自旋弛豫时间很长,故自旋扩散长度相当大,约为微米量级,而平均自由程 l_σ 为几十纳米。因此可认为传导电子在输运过程中自旋保持不变,故可将导电分解成自旋向上↑和向下↓的两个并联的导电通道,其电阻率分别为 $\rho_\uparrow$ 和 $\rho_\downarrow$,总电阻率为

$$\rho = \rho_\uparrow \rho_\downarrow / (\rho_\uparrow + \rho_\downarrow) \tag{12.9.6}$$

因此,$\rho_\uparrow$ 和 $\rho_\downarrow$ 当中数值小的一个成分起并联电阻中的短路作用。这就是 N. F. Mott 早在 1935 年提出的双电流模型。

对于多层膜,一般各层厚度约为纳米量级,远小于电子自旋扩散长度,因而也可采用双电流模型。

12.9.3　超薄三层膜的巨磁电阻效应

一个 FM/NM/FM 三层超薄膜的结构,如图 12.30 所示,FM 表示铁磁层,NM 为非铁磁层。电流与膜面平行,电子的运动路径是曲折的。由于电子平均自由程为几十纳米,铁磁层和非铁磁层厚度也是纳米尺寸,于是发生于界面的自旋相关散射特别重要。

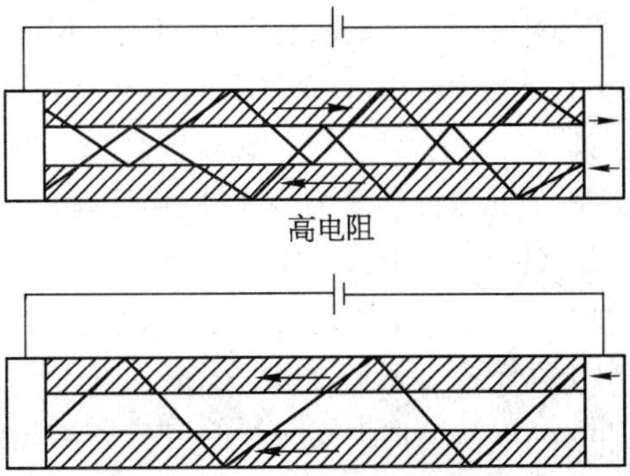

图 12.30　电流在层面传播时三层膜的 GMR 示意图

如果铁磁体的能带中少数自旋的次能带在 E_F 的能态密度 $g_\downarrow(E_F)$大于多数自旋次能带的能态密度 $g_\uparrow(E_F)$,则自旋向下的传导电子受到散射大,而自旋向上的传导电子受到散射小,必有 $l_\downarrow < l_\uparrow$,$\rho_\downarrow > \rho_\uparrow$,这就是自旋相关散射。当相邻铁磁层的饱和磁化 M_s 反平行时,自旋向上及自旋向下的传导电子在 M_s 与其自旋平行的铁磁层界面受到的散射弱,而在 M_s 与其自旋相反的 FM/NM 界

面受到的散射强。两种自旋电子通道的电阻相同，均为高阻态和低阻态的平均值

$$\bar{\rho}_{\uparrow}=\bar{\rho}_{\downarrow}=\frac{\rho_{\uparrow}+\rho_{\downarrow}}{2} \tag{12.9.7}$$

总电阻为两者并联，得

$$\rho_{AF}=(\rho_{\uparrow}+\rho_{\downarrow})/4 \tag{12.9.8}$$

这里脚标 AF 表示相邻铁磁层的磁化方向相反，呈反铁磁耦合的状态，显然这是高阻状态。

加外磁场后，两相邻铁磁层的磁化变成互相平行，这时自旋与 M_s 平行的通道电阻低，而自旋与 M_s 反平行的通道电阻高，两者并联，低电阻通道起短路作用。这时总电阻应为

$$\rho_F=\frac{\rho_{\uparrow}\rho_{\downarrow}}{\rho_{\uparrow}+\rho_{\downarrow}} \tag{12.9.9}$$

因此，系统的磁电阻值(按传统定义)为

$$MR=-\frac{\rho_{AF}-\rho_F}{\rho_{AF}}=-\frac{(\rho_{\uparrow}-\rho_{\downarrow})^2}{(\rho_{\uparrow}+\rho_{\downarrow})^2} \tag{12.9.10}$$

是负值，而且当 $\rho_{\uparrow}$ 与 $\rho_{\downarrow}$ 相差悬殊时，达到可观值。这正是巨磁电阻的重要特征。故 $\rho_{\uparrow}\neq\rho_{\downarrow}$ 是巨磁电阻效应的必要条件。

基于量子输运理论阐明多层膜的巨磁电阻效应，不在这里介绍，请读者参考有关文献①。

12.9.4 氧化物的超巨磁电阻效应

1993 年 R. von Helmolt 等对类钙钛矿结构的 $La_{2/3}Ba_{1/3}MnO_3$ 铁磁薄膜在室温外磁场 $B_0=\mu_0 H$ 为 5 T 时，测得磁电阻 $\Delta R/R(B_0)$ 达 150%。从此开始了磁性氧化物输运特性研究高潮。1994 年 S. Jin 等在 $LaAlO_3$ 单晶基片上外延生长 $La_{1-x}Ca_xMnO_3$ 薄膜，在温度 $T=77$ K 和外磁场 $B_0=\mu_0 H=6$ T 时，测得其磁电阻值 $\Delta R/R(B_0)$ 为 1.27×10^5%，人们称此为超巨磁电阻(Colossal Magnetoresistance，简称 CMR)效应。

随后两年多时间，许多科学家发现：类钙钛矿结构的 $Ln_{1-x}M_xMnO_3$，其中 Ln^{3+} 为三价稀土元素离子 La^{3+}，Pr^{3+}，Nd^{3+} 和 Sm^{3+}；M^{2+} 为二价离子 Ca^{2+}，Sr^{2+} 和 Ba^{2+} 及 Pb^{2+}，无论材料是外延薄膜、大块单晶或多晶体，大都具有超巨磁电阻效应。其中尤其引人注意的是熊光成等发现的外延薄膜 $Nd_{0.7}Sr_{0.3}MnO_3$ 在温度 60 K，磁场 $B_0=8$ T 下，材料的磁电阻值为 1.06×10^6%，图 12.31(a)是一个典型的超巨磁电阻效应的例子。钱嘉陵(C. L. Chien)研究组发现烧结的块材 $Nd_{0.65}Ca_{0.35}MnO_3$，在温度 30 K，磁场 $B_0=5$ T 下，电阻率由 10^3 Ωm 以上降至 10^{-4} Ωm，变化幅度达七个数量级。类钙钛矿结构 $Ln_{1-x}M_xMnO_3$ 氧化物的共同特点是，在一定温度范围，磁场使材料从顺磁性或反铁磁性变为铁磁性，同时氧化物的导电特性由半导体性转变为金属性，电阻率产生非常大的变化，甚至达几个数量级。

这类材料的母体 $La^{3+}Mn^{3+}O_3$ 本来是一个绝缘体。当其中 La^{3+} 离子部分被二价离子，如 Ca^{2+}，Sr^{2+}，Ba^{2+} 等替换时，就有相应比例的 Mn^{3+} 离子被迫变成 Mn^{4+} 离子，以保持材料电荷平衡。锰离子混价，提供一个良好环境使电子有机会在 Mn^{3+} 和 Mn^{4+} 之间跳跃(hopping)，从而提高材料的电导率。与此相伴，材料表现出有强的铁磁性。这一现象早在

① P. M. Levy 等 Phys. Rev. Lett., 65(1990)1643; A. Vedyaev 等, Europhys Lett., 19(1992)329

1950 年就被 G. H. Jonker 和 J. H. Van Santen 发现。1951 年齐纳(C. Zener)用“双交换”机制给予初步解释。

为了说明“双交换”机制,先看 $L_{1-x}M_xMnO_3$ 的晶体结构,如图 12.31(b)所示。Mn 离子是处在 6 个氧离子组成的八面体中心。Mn 原子的电子组态为 $3d^54s^2$,故 Mn^{3+} 有 4 个 d 电子,Mn^{4+} 有 3 个 d 电子。在钙钛矿结构中,晶体场的作用比离子内库仑相互作用大得多。因而 5 度简并的 d 态在立方晶体场中分裂成能量较低的 t_{2g} 三度简并态和能量较高的 e_g 二度简并态。按照洪德定则,Mn^{3+} 和 Mn^{4+} 中 d 电子的自旋取向必须平行。图 12.32 是 Mn^{3+} 的 $3d^4$ 的电子能级,以及晶体相应 d 电子态形成的能带。由于 Mn^{3+} 离子周围发生扬-特勒(Jahn-Teller)畸变,能级 e_g 又分裂成两个不简并的能级。于是,e_g 对应的导带分裂成两个能带,电子只填满对称性 z^2 对应的能带,成为一个绝缘体,费米能级位于 e_g 分裂出来的两个能带之间的能隙中部。扬-特勒畸变使晶体由立方结构变成正交结构,例如,晶体 $LaMnO_3$ 的晶格常数 $a = 0.5532$ nm, $b = 0.5742$ nm, $c/\sqrt{2} = 0.5442$ nm。

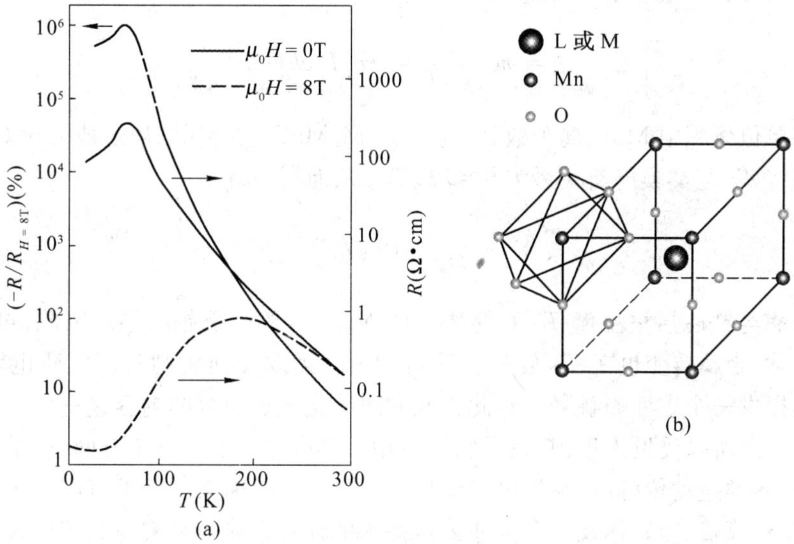

图 12.31　超巨磁电阻效应

(a) $Nd_{0.7}Sr_{0.3}MnO_3$ 薄膜的电阻率和磁电阻随温度的变化;
(b) $L_{1-x}M_xMnO_3$ 的晶体结构

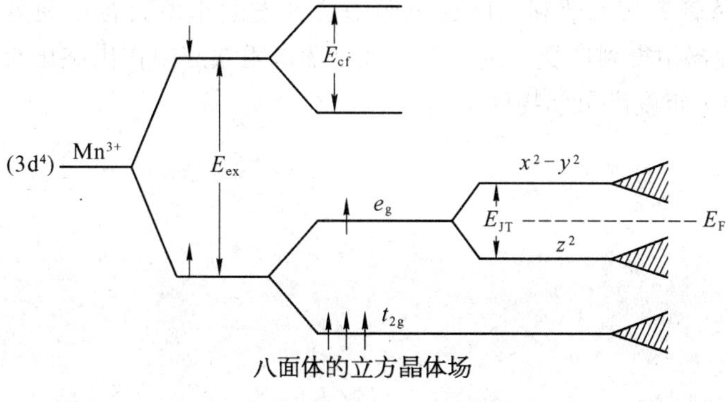

图 12.32　$LaMnO_3$ 中 Mn^{3+} 的 d 电子的能级分裂及相应的能带

所谓"双交换"机制是如下的电子跳跃基本过程。一个电子从 Mn^{3+} 跳跃到位于中心的 O^{2-} 离子,同时 O^{2-} 离子的一个电子跳跃到 Mn^{4+} 离子。这个过程称之为"双交换"。如图 12.32 所示,Mn^{4+} 中自旋向上↑的能带中尚有一个空带(导带),而自旋向下↓的能带能量较高,如果自旋向下↓的电子转移到 Mn^{4+} 必填充到较高能带,需要增加较多能量。相反,对于自旋向上↑电子的转移,只需要较小的能量,便可实现跳跃。因此,可与跳跃电导共存的磁有序相只能是 Mn^{3+} 和 Mn^{4+} 磁矩平行取向的铁磁态。也就是说,晶体的最低能量应该是 Mn^{3+} 和 Mn^{4+} 离子的自旋排列平行的状态。

按照齐纳原始的"双交换"机制,交换能 J 为

$$J = h\nu/2 \tag{12.9.11}$$

这里 ν 是电子在两个 Mn 离子间振荡的频率。Mn^{4+} 离子的扩散系数定义为

$$D = a^2 J/h \tag{12.9.12}$$

这里 a 是晶格参数。依照爱因斯坦关系,电导率

$$\sigma = ne^2 \frac{D}{k_B T} = xe^2 J/ahk_B T \tag{12.9.13}$$

这里 n 是每单位体积中 Mn^{4+} 离子数,它与 $La_{1-x}M_xMnO_3$ 中 Mn^{4+} 离子成分比对应,而铁磁体的居里温度 T_C 与交换能有关系为 $J \approx k_B T_C$,从而得

$$\sigma \approx \frac{xe^2}{ah}(T_C/T) \tag{12.9.14}$$

上式将电导率与铁磁居里温度 T_C 和锰酸盐中 Mn^{4+} 占的比例相联系。因此,可以预期,该材料的绝缘体-金属转变也在 T_C 发生。应当指出上述双交换机制对超巨磁电阻的氧化物的内在机制提供一个定性的解释。对此机制的改善是人们研究的内容之一。

巨磁电阻之所以受世人重视,在于它的应用。其应用主要有三个方面,一是磁电阻传感器,广泛用于各类运动传感器,在机电自动控制、汽车工业,航天工业都有应用。二是磁记录读出磁头,使计算机、多媒体及信息高速公路需求的外存系统容易实现高密度大容量和小型化。三是在计算机内存中的应用,20 世纪五六十年代随机存储器主要用微型铁氧体磁芯制成,1970 年之后为半导体取代,现在用巨磁电阻存储器在迅速发展,其优点是速度快、容量大,断电时不会丢失数据。因此大有重振雄风之势。此外,巨磁电阻还使磁电子学开发出新的器件如自旋晶体管等。目前利用巨磁电阻效应开发的小型大容量硬盘已在便携式计算机、MP3 音乐播放器中得到广泛应用。在发现巨磁电阻效应中作出杰出贡献的费尔和格林贝尔格共享了 2007 年度诺贝尔物理学奖。

习 题

1. 已知铜为面心立方结构,点阵常数 $a = 0.3608\,\text{nm}$。如果铜的原子半径为 0.1 nm,并设仅有一个芯电子对铜的抗磁性有贡献,试估算铜的芯电子抗磁磁化率。

2. 设有一顺磁体,它所含顺磁离子的浓度为 $N(\text{m}^{-3})$,已知顺磁离子的轨道角动量量子数 $l = 0$, 自旋角动量量子数 $s = 1/2$, 请求该顺磁离子的 g 因子,并请证明在温度 T 及磁感应强度为 B 的磁场中,顺磁体的磁化强度可表示成

$$M = N\mu_{\text{B}}\tanh\left(\frac{\mu_{\text{B}}B}{k_{\text{B}}T}\right)$$

3. 已知在温度 T 下,处在 2 T 磁场中的电子自旋系统中,自旋与磁场的方向相平行的电子数正好是反平行的电子数的 2 倍,求温度 $T =$?

4. 已知 Cu^{2+} 中有 9 个 d 电子,请根据洪德定则决定 Cu^{2+} 的轨道角动量量子数 l、自旋角动量量子数 s 及总角动量量子数 j。如果在 1 K 下,施加 3.4 T 磁场,试问这时离子将分裂成几个能级?有百分之几的 Cu^{2+} 处在最低的能级上?

5. 当对掺有 As 杂质的 Ge 晶体作顺磁共振实验时,由于 As 原子的核磁矩与被它束缚的电子的自旋磁矩的相互作用,在实验中常能测到多个共振吸收峰。现已知 As 核的角动量量子数 $I = 3/2$, 问实验能测到几条共振吸收峰?当半导体 Ge 中的掺杂浓度增加到 $10^{18} \sim 10^{19}/\text{cm}^3$ 以上时,杂质能级扩展成杂质能带,杂质电子可在杂质原子间运动,因此电子在核处的出现概率减少,超精细互作用消失。这时,实验只能测到一个共振峰。实验时,采用的微波频率 $\nu = 2\times10^4\,\text{MHz}$, 共振峰的位置处在磁场强度 $H = 7.24\times10^5\,\text{A/m}$, 试求被 As 束缚的电子的 g 因子。

6. 铁晶体具有体心立方结构,晶格常数 $a = 0.286\,\text{nm}$。铁晶体的居里温度 $T_{\text{C}} = 1043\,\text{K}$。由实验测得的饱和磁化强度 M_{s0} 计算得每个铁原子的平均磁矩 $\dfrac{M_{s0}}{N} = 2.22\mu_{\text{B}}$ (N 为铁原子数密度)。因为铁磁性来源于原子间的交换作用,仅与它们的自旋有关,因此,$j = s$,由此可得 $g = 2$。并由实验测得的 $M_s \sim T$ 关系[图(12.19)]知道 $j = s = 1/2$。请根据分子场理论估算(1)铁晶体的饱和磁化强度 M_{s0},(2)居里常数 C,(3)分子场系数 λ,(4)分子场的磁感应强度 λM_{s0}。

7. 铁磁体 EuO 的居里温度 $T_{\text{C}} = 70\,\text{K}$, Eu 离子的总角动量量子数 $j = 7/2$, $g = 2$。采用分子场理论估算在 0.01 T 的磁场作用下,300 K 时的磁化强度与 0 K 时的磁化强度之比 $M(T)/M(0)$。

第十三章　超 导 电 性

荷兰物理学家卡末林-昂内斯(Heike Kamerlingh-Onnes)于 1908 年成功使氦气变成液体之后,又在 1911 年发现水银在 4.2 K 时电阻突然消失,如图 13.1 所示。他称金属失去电阻的状态为超导态(superconducting state)。原始有电阻的状态称为正常态(normal state)。金属在低温下呈现零电阻的性质叫做超导(电)性(superconductivity),电阻突然走向零值的温度称为临界温度(critical temperature)T_c。具有超导电性的固体称为超导体(superconductor)。随后,人们又发现超导态的其他基本性质:完全抗磁性,在临界温度比热有跳变等。

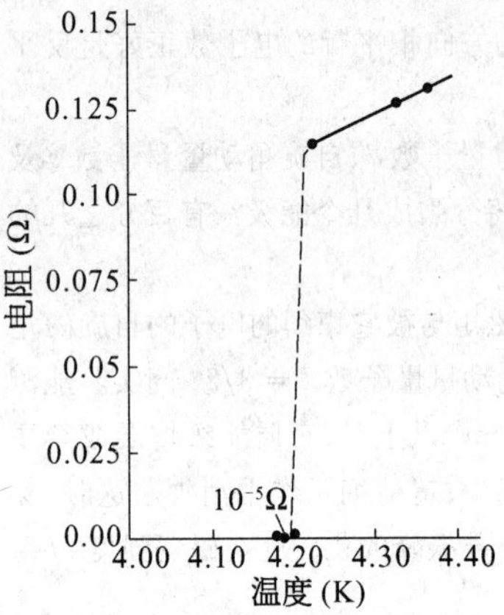

图 13.1　昂内斯测量的汞样品的电阻-温度关系

发现超导性是 20 世纪物理学的重要成就之一,探索超导性的机理和应用,寻找临界温度更高的材料,是 20 世纪物理学取得重要成就的一个领域。在这个领域中的几项开创性工作,使九位科学家前后四次获得诺贝尔物理学奖。

从 1911 年到 1986 年的 75 年里,大多数超导体是金属或合金,其中 T_c 最高是 1972 年人们制备的 Nb_3Ge,其 T_c 为 23.2 K。1986 年 1 月瑞士苏黎世 IBM 实验室的科学家缪勒(K. A. Müller)和 J. G. Bednorz 在镧钡铜氧体系中发现 T_c 为 30 K 的超导现象。9 月份,他们的论文发表。1986 年底,在美国的华裔科学家朱经武、吴茂昆等以及中国科学院赵忠贤等,日本东京大学的田中昭二(Shoji Tanaka)都开展了镧钡铜氧的工作,得到 T_c 为 90 K 的超导体。由此引发出世界范围持续十多年的超导热。图 13.2 记录了科学家提高超导体 T_c 的历程。

按照材料原始特性,超导体有以下几个系列:

(1) 金属、合金及化合物。如 Nb ($T_c = 9.25$ K), Pb ($T_c = 7.20$ K), Tl ($T_c = 2.39$ K), Ta ($T_c = 4.48$ K), β 相的 La ($T_c = 5.98$ K), NbTi 合金 ($T_c = 9.5$ K), Nb_3Sn ($T_c = 18.1$ K), Nb_3Ge ($T_c = 23.2$ K), 新近发现的 MgB_2 ($T_c = 39$ K)。这系列材料是目前制备实用的超导磁体的材料。

(2) 重费米子超导体,这系列超导材料的 T_c 甚低,虽然没有实用价值,但对基础研究是重要的。

(3) 高温超导体,主要是原胞中含有 CuO_2 层的层状材料。典型的有 $La_{1.85}Sr_{0.15}CuO_4$ ($T_c = 39$ K), $Bi_2Sr_2CaCu_2O_8$ ($T_c = 89$ K), $YBa_2Cu_3O_{7-\delta}$ ($T_c = 92$ K), $Tl_2Ba_2Ca_2Cu_3O_{10}$ ($T_c = 125$ K), $HgBa_2Ca_2Cu_3O_{10}$ ($T_c = 134$ K)。这些材料是目前科研的热点领域。

(4) 有机超导体,如 K_3C_{60} ($T_c = 18$ K), Rb_3C_{60} ($T_c = 29$ K), Cs_2RbC_{60} ($T_c = 33$ K)。

超导的应用十分广泛,强电应用主要利用超导体的零电阻特性,能荷载高电流密度,制作

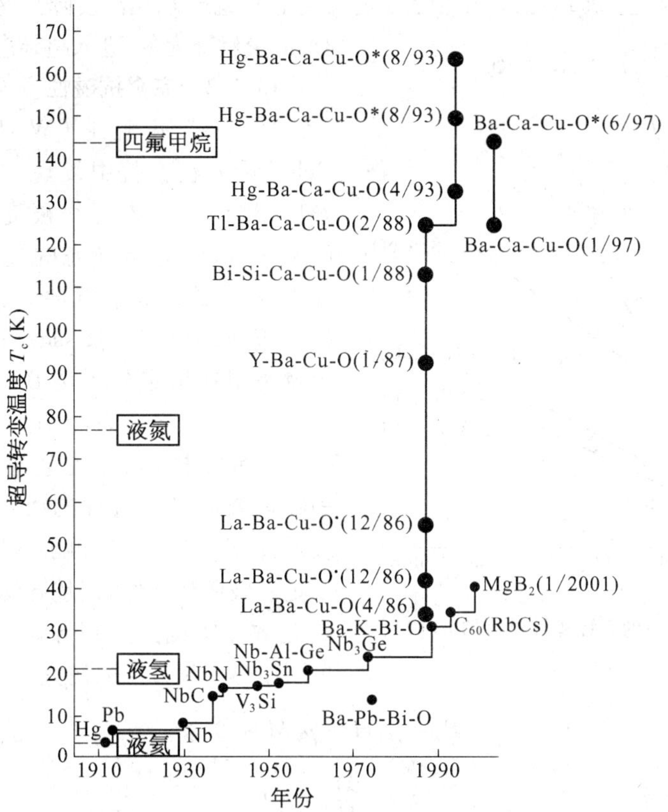

图 13.2　提高超导转变温度(T_c)的历史进程

(在图中标出了几种通用冷冻剂的沸点,“ * ”指高压下)

超导强磁体、超导电机等。弱电应用在于利用超导体的特殊物理效应,可作为电压标准,各种检测器件,计算机元件提高运算速度,医用心磁、脑磁的测量器件等。

§ 13.1　超导态的基本特性

超导态有四个基本特性:一是零电阻性质,二是完全抗磁性;三是在 T_c 时比热发生跳变,四是磁通量子化。本节讨论前三个基本特性,磁通量子化留待下一节介绍。

13.1.1　零电阻性质

从图 13.1 可以看到,昂内斯当年测量水银在超导态的电阻与正常态电阻之比为 10^{-6}。随着测量技术进步,今天用同样的电流-电压方法测量这比值为 10^{-10}。1963 年有人监测超导螺线管中超导电流产生的磁场的衰减,其结果衰减时间不小于 10 万年。故在超导态时材料能荷载无阻电流保持长时间而不衰减,这就是持续电流。1962 年 D. J. Quinn 测量用 Pb 薄膜做成电感甚小的圆筒,得到的结果是超导态的电阻率的上限为 $3.6\times10^{-23}\ \Omega\cdot\mathrm{cm}$。近年,人们用超导量子干涉仪观测磁场变化,表明超导态电阻率小于 $10^{-26}\,\Omega\cdot\mathrm{cm}$。

现在人们确知典型的高温超导体都是复杂的正交结构的晶体,a、b 轴晶格常数近乎相等,c 轴晶格常数较大。正常态时沿 c 轴的电阻率 ρ_c 比 ab 面的电阻率 ρ_{ab} 大得多。图 13.3 是几种典型的高温超导体的 $\rho_{ab}(T)$ 曲线，在相当宽的温度范围 $\rho_{ab} \sim T$，当温度降至这些材料各自的 T_c 时，ρ_{ab} 突然降为零，进入超导态。

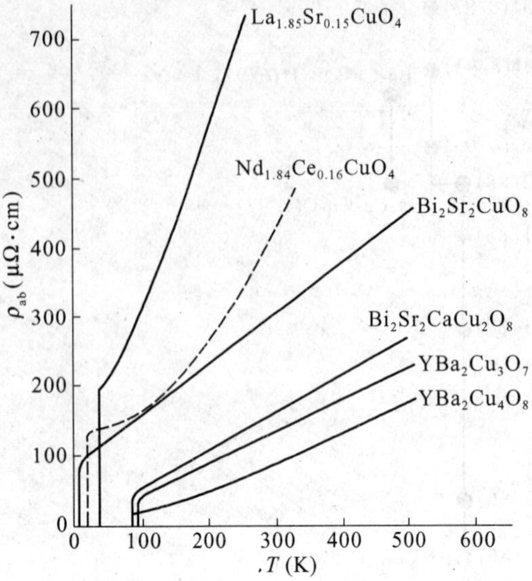

图 13.3 几种典型的高温超导材料的 $\rho_{ab}(T)$

13.1.2 完全抗磁性

1933 年迈斯纳(W. Meissner)和 R. Ochsenfeld 在实验中发现：当材料进入超导态后，材料体内磁通线被完全排出，即体内 $B = 0$，这就是超导态的完全抗磁性，是超导态的重要的基本特性。这一物理现象又称为迈斯纳效应(Meissner effect)。图 13.4 示意画出在恒定外磁场 $B_0 = \mu_0 H$ 中金属球从 $T > T_c$ 的正常态冷却到 $T < T_c$ 时，体内磁通被完全排出，即在超导体内 $B = 0$。这一物理效应又与过程的历史无关，如先将金属球冷却至超导态，再加磁场(只要磁场强度不足以破坏超导性)在超导体内仍然保持 $B = 0$。这效应明确判定超导态是热力学平衡态，可以用热力学方法来研究超导相变。同时，由

$$B = \mu_0 H + \mu_0 M = 0 \tag{13.1.1}$$

得，超导态的磁化率

$$\chi = \frac{M}{H} = -1 \tag{13.1.2}$$

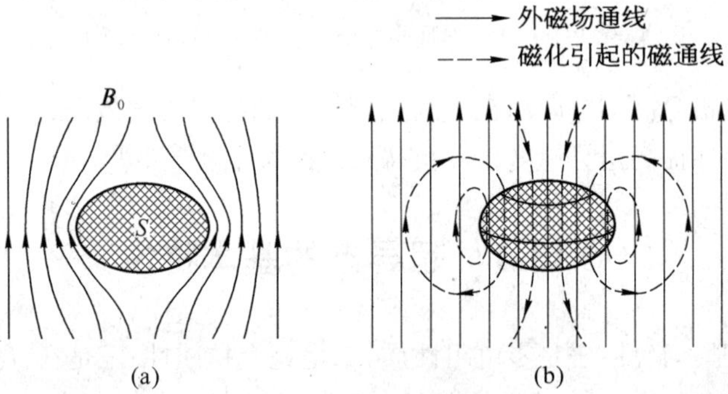

图 13.4 迈斯纳效应

这表明，在超导态材料体内的磁化强度正好足够抵消外磁场，即 $M = -H$，如图 13.5 所示。再者，迈斯纳效应不能由零电阻率 ($\rho = 0$) 的理想正常导体的欧姆定律：$\boldsymbol{E} = \rho \boldsymbol{j}$ 与麦克斯韦电磁场方程推导出来。因为对此情况，$\rho \to 0$，而电流密度 $\boldsymbol{j}$ 为有限值，电场 $\boldsymbol{E}$ 必须是零。由麦克斯韦方程：

$$\nabla \times \boldsymbol{E} = -\frac{\partial \boldsymbol{B}}{\partial t} \tag{13.1.3}$$

只能导出 $\frac{\partial \boldsymbol{B}}{\partial t} = 0$，得不到 $\boldsymbol{B} = 0$ 的结果。因此，迈斯纳效应是超导态的本质特性，并宣告超导态的电流密度与场量之间的关系不宜用欧姆定律描写，呼唤寻找新的规律。

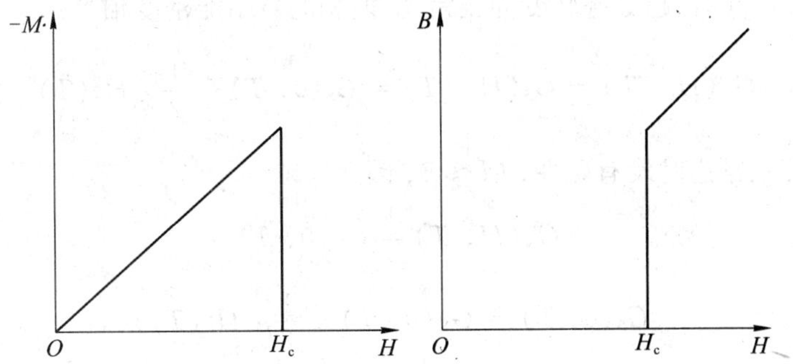

图 13.5 超导体的磁化曲线和 B—H 关系

13.1.3 临界磁场和超导态的凝聚能

昂内斯还发现磁场达到阈值 $H_c(T)$时能破坏超导性，$H_c(T)$称为超导临界磁场。$H_c(T)$与温度 T 的关系可用图恩定律(Tuyn's law)

$$H_c(T) = H_c(0)\left[1-\left(\frac{T}{T_c}\right)^2\right] \tag{13.1.4}$$

近似描述。依此关系，H_c 随 T 的变化是一段抛物线，如图 13.6 所示。这条曲线将超导态 S 和正常态 N 分开，在曲线上则是两相共存的，所以这是一幅超导态和正常态的相图。

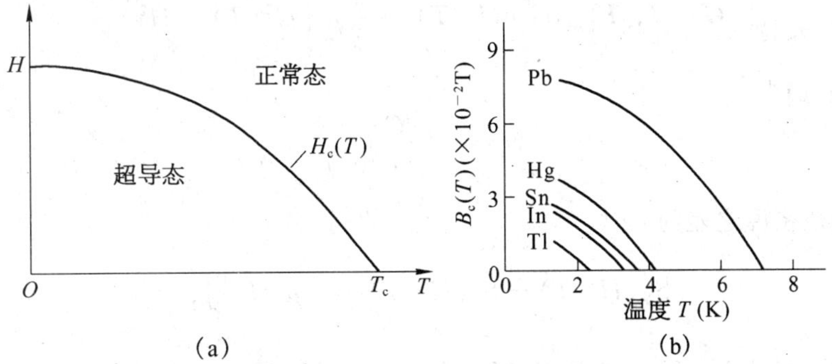

图 13.6 H_c 与温度 T 的关系

(a) 超导态与正常态的相边界；(b) 一些超导体的 H_c-T 关系

超导态和正常态的吉布斯自由能密度分别为 $G_S(H, T)$ 和 $G_N(H, T)$，在 $H=0$ 和 $T<T_c$ 时，超导态更稳定，故有

$$G_S(0, T) < G_N(0, T),\text{当 } T < T_c \tag{13.1.5}$$

若磁场 $H<H_c(T)$，此时超导态的自由能密度还应包括材料磁化强度由 $M=0$ 变到 $M=-H$ 过程磁场做的功，即

$$G_S(H, T) = G_S(0, T) - \mu_0\int_0^H \boldsymbol{M}\cdot d\boldsymbol{H} \tag{13.1.6}$$

由于超导态具有完全抗磁性，$M=-H$，得

$$G_S(H, T) = G_S(0, T) + \frac{1}{2}\mu_0 H^2 \tag{13.1.7}$$

当磁场 $H = H_c(T)$ 时，超导态转变为正常态，两相的自由能密度相等：

$$G_N(H_c, T) = G_S(H_c, T) = G_S(0, T) + \frac{1}{2}\mu_0 H_c^2(T) \tag{13.1.8}$$

通常超导材料在正常态时没有磁性，$M \approx 0$，因而

$$G_N(H, T) = G_N(0, T) \tag{13.1.9}$$

于是有

$$G_S(0, T) = G_N(0, T) - \frac{1}{2}\mu_0 H_c^2(T) \tag{13.1.10}$$

这的确说明在 $T < T_c$，在没有磁场的情况，超导态的自由能密度比正常态低 $\frac{1}{2}\mu_0 H_c^2(T)$。通常规定在绝对零度时这个能量密度之差 $\frac{1}{2}\mu_0 H_c^2(0)$ 称为材料超导态的凝聚能（密度）。对 Al 而言，$\mu_0 H_c(0) = 105 \times 10^{-4}$ T，其凝聚能密度 $\frac{1}{2}\mu_0 H_c^2(0) = 43.9\ \mathrm{J/m^3}$。从热学实验得到的凝聚能密度为 43 $\mathrm{J/m^3}$。

13.1.4 熵和比热

由式(13.1.7)—(13.1.10)可以得到，在 $H < H_c$ 时正常态与超导态自由能密度差为

$$G_N(H, T) - G_S(H, T) = \frac{1}{2}\mu_0 [H_c^2(T) - H^2] \tag{13.1.11}$$

而单位体积的熵为

$$S = -\left(\frac{\partial G}{\partial T}\right)_{P, H} \tag{13.1.12}$$

所以，两相的熵密度之差为

$$S_N(H, T) - S_S(H, T) = -\mu_0 H_c \frac{\mathrm{d}H_c}{\mathrm{d}T} \tag{13.1.13}$$

由式(13.1.4)，有 $\mathrm{d}H_c/\mathrm{d}T < 0$，故 $S_N(H, T) > S_S(H, T)$。这说明相对于正常态来说，超导态是一种更有序的状态。

在 $T = T_c$ 时，$H_c(T_c) = 0$，由式(13.1.13)，得

$$S_N = S_S \quad 或 \quad \left(\frac{\partial G_N}{\partial T}\right)_H = \left(\frac{\partial G_S}{\partial T}\right)_H \tag{13.1.14}$$

这表明在没有外加磁场的条件下，在临界温度 T_c 发生的超导相变，不但自由能（密度）连续，而且它的一级导数也连续，故在这相变中没有潜热，

$$L = T\Delta S = T(S_N - S_S) = 0 \tag{13.1.15}$$

所以，在 T_c 发生的超导相变是二级相变。

现在我们来讨论材料在超导相变时的比热，按定义比热

$$c = T\frac{\partial S}{\partial T} \tag{13.1.16}$$

$$\Delta c = c_S - c_N = \mu_0 T\left[\left(\frac{dH_c}{dT}\right)^2 + H_c \frac{d^2 H_c}{dT^2}\right] \tag{13.1.17}$$

在 $T = T_c$ 时，$H_c(T_c) = 0$，给出

$$\Delta c\Big|_{T_c} = \mu_0 T_c\left(\frac{dH_c}{dT}\right)^2\Big|_{T_c} > 0 \tag{13.1.18}$$

图 13.7(a)是菲利浦斯(N. E. Phillips)在 1959 年测得的 Al 的正常态和超导态的比热。低于 T_c 温度正常态的比热是在加磁场超过 $H_c(T)$的条件下测得的。大家知道，在低温下金属正常态的比热有电子气的贡献，它与温度 T 成线性关系，还有晶格振动的贡献，按德拜 T^3 规律变化，因此，

$$c_N = \gamma T + \beta_L T^3 \tag{13.1.19}$$

在超导相变发生时，实验表明晶体结构没有变化，可以推知，晶格振动对比热的贡献在超导态也是 $\beta_L T^3$，令超导态电子对比热的贡献为 c_{es}，则

$$c_S = c_{es} + \beta_L T^3 \tag{13.1.20}$$

于是，

$$\Delta c\Big|_{T_c} = (c_{es} - \gamma T)\Big|_{T_c} \tag{13.1.21}$$

在温度 $T < T_c/10$ 的温区，c_{es}的实验数据可写成

$$c_{es} \propto \exp(-\Delta/k_B T) \tag{13.1.22}$$

这里 Δ 称为能隙参量，真正的能隙宽度是 2Δ，其大小与 $k_B T_c$ 同数量级。图 13.7(b)是在很低温区超导体 Ga 的电子比热。这再次说明超导态是能量更低的状态，在超导态中电子的组态必定比正常态电子更为有序。

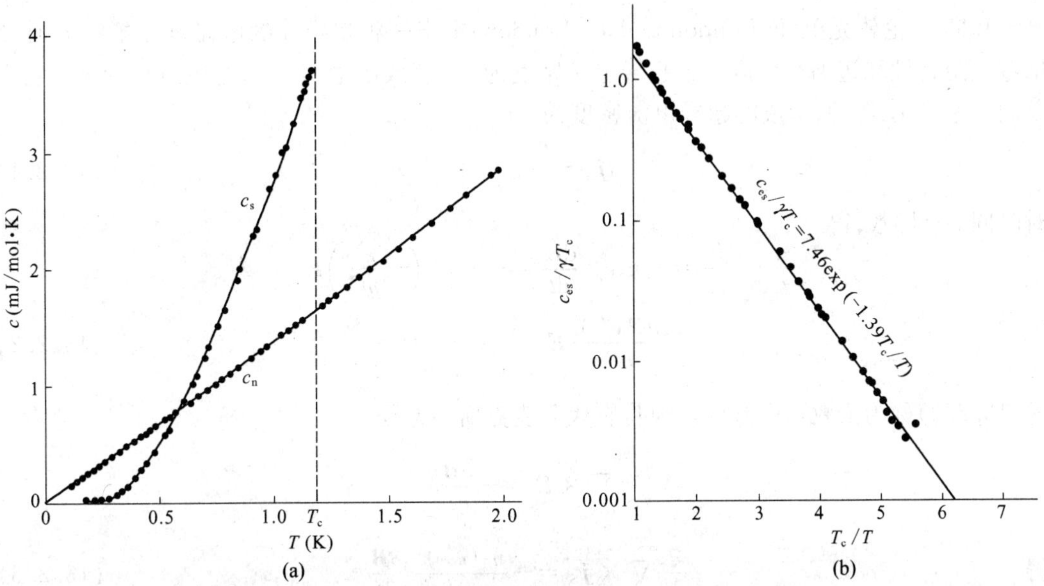

图 13.7 c_S 和 c_N

(a) 正常态和超导态 Al 的低温比热；(b) 在很低温区超导体 Ga 的电子比热

对超导态作热力学描述是20世纪20年代基松(W. H. Keesom)的贡献,那时尚未发现迈斯纳效应,在当时基松的理论工作是一项大胆假设的前瞻性工作。后来的实验研究都证实了他所给出的热力学关系。

13.1.5 二流体模型

1934年即发现迈斯纳效应之后第二年,戈特(C. J. Gorter)和卡西米尔(H. B. G. Casimir)指出早期的热力学处理是正确的。他们并提出二流体模型,认为在超导态中有两种电子:正常电子其密度为 n_N,和超导电子其密度为 n_S, $n_N + n_S = n$ 为电子总密度。正常电子在电场作用下产生的电流服从欧姆定律,正常电子运动受声子、杂质、缺陷散射而有电阻。超导电子运动则不受声子、杂质及缺陷散射,因而成为无阻电流。超导态的有序程度以含超导电子的百分比来量度,即取有序参量为 $\omega = n_S/n$。当 $T = T_c$ 时, $\omega = 0$ 属正常态;而当 $T = 0\ \mathrm{K}$ 时, $n_S = n$, $\omega = 1$,即所有传导电子都变成超导电子。超导态的比热代表温度升高1 K时单位体积材料中一些超导电子变成正常电子所需吸收的能量。为了与超导相变是二级相变的事实符合,他们提出超导序参量 ω 随 T 按下式变化:

$$\omega = 1 - \left(\frac{T}{T_c}\right)^4 \tag{13.1.23}$$

关于超导态的磁通量子化特性,留待后面讨论。

§13.2 伦敦理论和皮帕德修正

本节主要介绍超导态的电磁学的唯象理论。它既符合麦克斯韦的电磁场理论又能描述迈斯纳效应。

13.2.1 伦敦方程

1935年伦敦兄弟(F. London and H. London)提出一种超导体的电磁理论能够同时概括零电阻特性和迈斯纳效应。设超导电子密度为 n_S,有效质量为 m^*,有效电荷为 e^*,它们以同一速度 $\boldsymbol{v}_S$ 运动,形成的超导电流密度为

$$\boldsymbol{j}_S = -n_S e^* \boldsymbol{v}_S \tag{13.2.1}$$

对时间 t 求导数,得

$$\begin{aligned}\frac{\mathrm{d}\boldsymbol{j}_S}{\mathrm{d}t} &= -n_S e^* \frac{\mathrm{d}\boldsymbol{v}_S}{\mathrm{d}t} = -n_S e^* \left(-\frac{e^*}{m^*}\right)\boldsymbol{E} \\ &= \frac{n_S (e^*)^2}{m^*}\boldsymbol{E}\end{aligned} \tag{13.2.2}$$

式(13.2.2)称为伦敦第一方程。现将它代入麦克斯韦方程

$$\nabla \times \boldsymbol{E} = -\frac{\partial \boldsymbol{B}}{\partial t}$$

得

$$\frac{\partial}{\partial t} \nabla \times \boldsymbol{j}_S = -\frac{n_S (e^*)^2}{m^*} \frac{\partial \boldsymbol{B}}{\partial t} \tag{13.2.3}$$

此方程的解依赖于初始条件,但迈斯纳效应告诉人们不论什么初始条件,在超导态,材料体内 $\boldsymbol{B} = 0$,伦敦兄弟从方程式(13.2.3)中选择出与初始条件无关的特殊形式

$$\nabla \times \boldsymbol{j}_S = -\frac{n_S(e^*)^2}{m^*}\boldsymbol{B} \tag{13.2.4}$$

作为伦敦第二方程。如磁感应强度 $\boldsymbol{B}$ 用矢势 $\boldsymbol{A}$ 表示，$\boldsymbol{B} = \nabla \times \boldsymbol{A}$，则伦敦第二方程改写成

$$\boldsymbol{j}_S = -\frac{n_S(e^*)^2}{m^*}\boldsymbol{A} \tag{13.2.5}$$

现在考查伦敦方程在解释迈斯纳效应是否管用。将式(13.2.4)代入麦克斯韦方程

$$\nabla \times \boldsymbol{B} = \mu_0 \boldsymbol{j}_S \tag{13.2.6}$$

利用数学公式：

$$\nabla \times \nabla \times \boldsymbol{B} = \nabla(\nabla \cdot \boldsymbol{B}) - \nabla^2\boldsymbol{B} = -\nabla^2\boldsymbol{B} \tag{13.2.7}$$

可获得超导体内 $\boldsymbol{B}$ 所满足的微分方程

$$\nabla^2\boldsymbol{B} = \frac{1}{\lambda_L^2}\boldsymbol{B} \tag{13.2.8}$$

这里

$$\lambda_L^2 = m^*/\mu_0 n_S(e^*)^2 \tag{13.2.9}$$

我们利用这一方程来分析半无限超导体中的磁感应场 $\boldsymbol{B}$ 的分布。设超导体占据 $x \geqslant 0$ 的空间，$x < 0$ 是真空区。依此，式(13.2.9)写成

$$\frac{d^2B_y(x)}{dx^2} = \frac{B_y(x)}{\lambda_L^2} \tag{13.2.10}$$

此方程有解

$$B_y(x) = B_0\exp(-x/\lambda_L) \tag{13.2.11}$$

式中，B_0 是 $x = 0$ 界面处的磁感应强度。显然，在 $x \geqslant \lambda_L$ 区域，$B_y(x)$甚小并趋于零，如图 13.8 所示，这正是迈斯纳效应的合理描述。在材料的边区 $0 < x < \lambda_L$ 范围，磁通线可以穿过材料，所以 λ_L 称为伦敦穿透深度(Penetration depth)。注意式(13.1.23)n_S 与 T 的关系，由式(13.2.5)得

$$\left[\frac{\lambda_L(0)}{\lambda_L(T)}\right]^2 = 1 - \left(\frac{T}{T_c}\right)^4 \tag{13.2.12}$$

1959 年 A. L. Schawlow 和 G. E. Devlin 对超导体 Sn 测得 $\lambda_L \sim T$ 关系，如图 13.9 所示，符合二流体模型给出的关系式(13.2.12)。

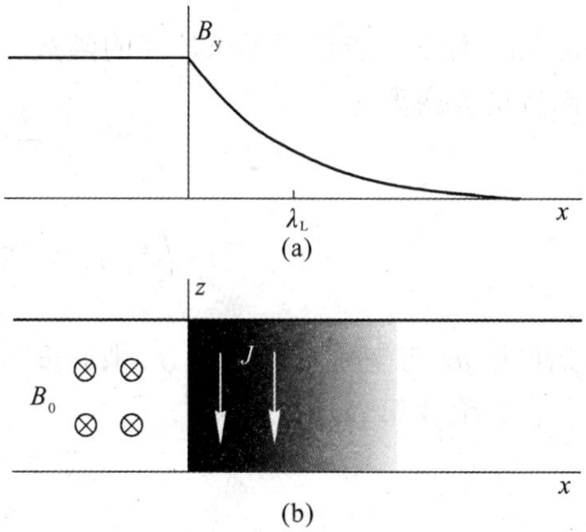

图 13.8　在磁场中的超导体 ($x \geqslant 0$)

(a) 其磁感应场 $B_y(x)$；

(b) 相应的超导电流密度 $j_{Sz}(x)$

从式(13.2.11)可知沿 x 方向 B_y 的分布是不均匀的，依照麦克斯韦方程，这与 z 向超导电流密度相关联：

$$j_{Sz} = (\nabla \times \boldsymbol{B})_z = \frac{d}{dx}B_y(x) = -\frac{B_0}{\lambda_L}\exp\left(-\frac{x}{\lambda_L}\right) \tag{13.2.13}$$

正是这沿负 z 方向流动的超导电流产生的磁感应场与材料体内外来磁场产生的磁感应场相抵消，造成体内 $B = 0$ 的结果，显示出超导态具有完全的抗磁性。所以，在厚约 λ_L 的表面层中流动的超导电流被称为抗磁电流或屏蔽电流。

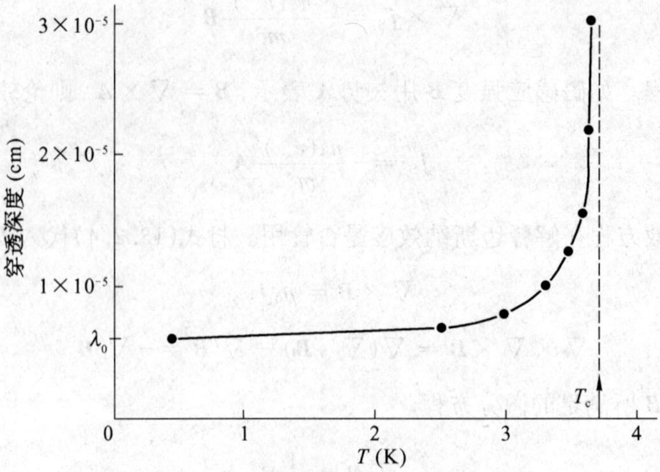

图 13.9 锡的穿透深度随温度的变化

13.2.2 宏观量子现象

1946 年 F. 伦敦提出超导性是一种宏观尺度的量子现象。这是一个极富创意的观念。因为人们通常只有对微观客体才用量子理论描述。他认为所有超导电子都处在某一波函数 ψ 的量子态。超导电子密度为

$$n_S = \psi^*(\boldsymbol{r})\psi(\boldsymbol{r}) \tag{13.2.14}$$

故在形式上这波函数可写成

$$\psi(\boldsymbol{r}) = n_S^{1/2}\exp(\mathrm{i}\theta) \tag{13.2.15}$$

n_S 和相位 θ 一般是位置和时间的函数。按照量子力学,在弱磁场中,超导电子运动形成的超导电流密度为

$$\begin{aligned}\boldsymbol{j}_S &= \frac{\mathrm{i}\,\hbar e^*}{2m^*}(\psi\nabla\psi^* - \psi^*\nabla\psi) - \frac{(e^*)^2}{m^*}\boldsymbol{A}\psi^*\psi \\ &= \frac{\hbar e^*}{m^*}n_S(\boldsymbol{r})\nabla\theta - \frac{(e^*)^2}{m^*}n_S(\boldsymbol{r})\boldsymbol{A}\end{aligned} \tag{13.2.16}$$

如再设 n_S 与坐标 $\boldsymbol{r}$ 无关,对 $\boldsymbol{j}_S$ 取旋度,考虑到相位 θ 是标量 $\nabla\times\nabla\theta = 0$, 上式取旋度后,便得到伦敦第二方程:

$$\nabla\times\boldsymbol{j}_S = -\frac{n_S(e^*)^2}{m^*}\boldsymbol{B} \tag{13.2.4}$$

因此,将超导态看成是超导电子的宏观量子态是合理的。

当然,F. 伦敦提出的这个新观念,需要经历科学的各方面检验。他由此观念出发,预言束缚于超导体内的透体空洞里的磁通是量子化的。图 13.10(a)是一个带有圆柱形空洞的超导体的截面。设磁场沿圆柱形的主轴线,在离空洞外缘大于 λ_L 的区域,超导电流密度 $\boldsymbol{j}_S=0$,由式(13.2.16)有

$$\hbar\nabla\theta = e^*\boldsymbol{A} \tag{13.2.17}$$

在 $j_S = 0$ 区域的超导体中,取包围磁通的某个圆作为积分围道,如图中虚线所示。沿此围道对上式求积分:

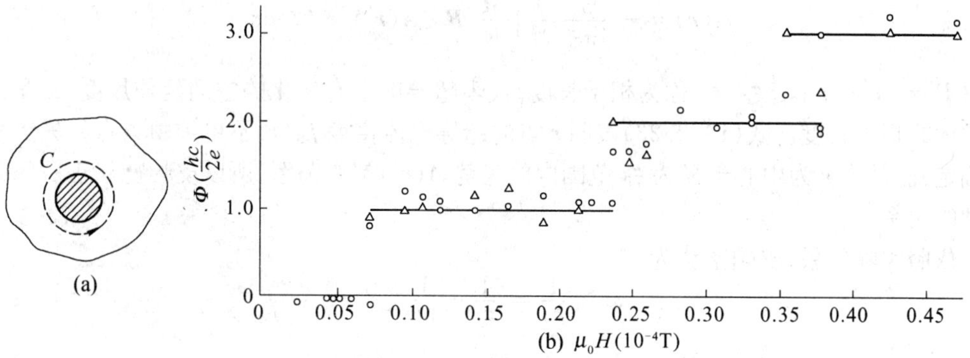

图 13.10 穿过超导体内空洞的磁通

(a) 有圆柱形空洞 的超导体；(b) 实验结果显示磁通量子化

$$\oint_C \hbar \nabla \theta \cdot \mathrm{d}\boldsymbol{l} = e^* \oint \boldsymbol{A} \cdot \mathrm{d}\boldsymbol{l} \tag{13.2.18}$$

左边积分应等于 $\hbar\, 2\pi\nu$，ν 为任意整数，右边线积分可化为面积分

$$\oint_C \boldsymbol{A} \cdot \mathrm{d}\boldsymbol{l} = \oiint_S \boldsymbol{B} \cdot \mathrm{d}\boldsymbol{s} = \Phi \tag{13.2.19}$$

这里 S 是围道 C 所包围的截面面积，d$\boldsymbol{s}$ 是面积元。Φ 是磁通量，故

$$\Phi = \nu \frac{2\pi \hbar}{e^*} = \nu \frac{h}{e^*} = \nu \phi_0 \tag{13.2.20}$$

这里

$$\phi_0 = h/e^* \tag{13.2.21}$$

为磁通量子，其数值需由实验决定。

1961 年 B. S. Jr. Deaver 和斐尔班克(W. M. Fairbank)以及 R. Doll 和 M. Näbauer 两个组各自独立完成空心超导圆筒中磁通量子的测量结果，如图 13.10(b)所示。证实磁通量子

$$\phi_0 = h/e^* = h/2e = 2.07 \times 10^{-15}\ \mathrm{Wb(韦伯)} \tag{13.2.22}$$

这个数值是当年伦敦预期值 $\phi_L = h/e$ 的一半。这说明在超导态中每两个电子组成一个单元，这种单元就是现在人们所说的电子库珀对(Cooper pair)。超导态是以库珀对为其组分的宏观量子态。

13.2.3 皮帕德方程

按照伦敦理论，在绝对零度时伦敦穿透深度 $\lambda_L(0)$ 只与材料的传导电子密度 n 有关。1953 年皮帕德(A. B. Pippard)对含铟量不同的锡样品测量其 $\lambda_L(T)$ 关系，由此获得的各样品的 $\lambda_L(0)$ 值却依赖于各样品在正常态时电子的平均自由程 l，如图 13.11 所示。为了解释这个实验结果，皮帕德对伦敦方程作了修正，将其写成

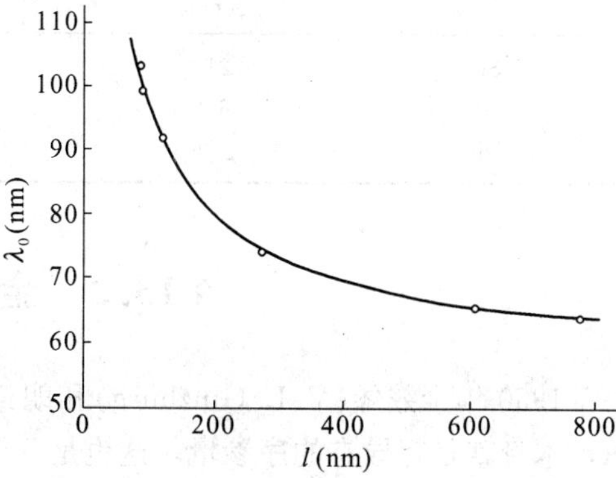

图 13.11 锡的穿透深度极限值 λ_0 随 l 的变化

$$j_S(r) = -\frac{3}{4\pi\xi_0}\frac{1}{\lambda_L^2}\int\frac{\boldsymbol{R}}{R}[\boldsymbol{R}\cdot\boldsymbol{A}(\boldsymbol{r}')]e^{-R/\xi_P}d\boldsymbol{r}' \tag{13.2.23}$$

这里 $R=|\boldsymbol{r}'-\boldsymbol{r}|\leqslant\xi_P$，$\xi_P$ 称为相干长度，代表超导电子有序化的空间延伸尺度，ξ_0 是纯净超导体的相干长度。式(13.2.23)表明 $\boldsymbol{r}$ 点的超导电流密度 $\boldsymbol{j}_S(\boldsymbol{r})$ 不单纯由该点的矢势 $\boldsymbol{A}(\boldsymbol{r})$ 来确定，而是由 $\boldsymbol{r}$ 为中心半径为 ξ_P 范围内的矢势 $\boldsymbol{A}(\boldsymbol{r}')$ 都有关系，所以皮帕德修正后的是非局域的关系。

依照实验结果，皮帕德认为

$$\frac{1}{\xi_P} = \frac{1}{\xi_0} + \frac{1}{\alpha l} \tag{13.2.24}$$

当材料很纯净时，l 很大，给出 $\xi_P\approx\xi_0$；而当材料杂质较多，平均自由程 l 很小时，给出 $\xi_P\approx l$，上述关系中 $\alpha\approx0.8$。

在 ξ_P 很小(也就是 l 很小)时，在 ξ_P 范围 $\boldsymbol{A}(\boldsymbol{r}')$ 可近似视为 $\boldsymbol{A}(\boldsymbol{r})$，于是经积分后式(13.2.23)给出

$$\boldsymbol{j}_S(\boldsymbol{r}) = -\frac{1}{\lambda_L^2}\frac{\xi_P}{\xi_0}\boldsymbol{A}(\boldsymbol{r}) \tag{13.2.25}$$

由此得皮帕德穿透深度

$$\lambda_P = \lambda_L\left(\frac{\xi_0}{\xi_P}\right)^{\frac{1}{2}} = \lambda_L\left(\frac{\xi_0}{l}\right)^{\frac{1}{2}}，当\ \xi_P \ll \lambda_P \tag{13.2.26}$$

这个情况称为伦敦极限。

在 ξ_P 很大(也就是 l 更大)时，若 $\lambda_P\ll\xi_P$，此时磁场只穿透超导体很薄的一个表面层，式(13.2.23)中积分有贡献的区域缩小，给出的结果为

$$\boldsymbol{j}_S(\boldsymbol{r}) = -\frac{1}{\lambda_L^2}\frac{\xi_P}{\xi_0}\left(\frac{2\pi}{\sqrt{3}}\frac{\lambda_P}{\xi_P}\right)\boldsymbol{A}(\boldsymbol{r}) \tag{13.2.27}$$

于是

$$\lambda_P = \left(\lambda_L^2\xi_0\Big/\frac{2\pi}{\sqrt{3}}\right)^{1/3}，当\ \lambda_P \ll \xi_P \tag{13.2.28}$$

表 13-1 列出几种传统超导体的穿透深度和相干长度，由表可知皮帕德的非局域方程给出 λ_P 比伦敦方程预计的 λ_L 值更符合实验结果。

表 13-1 几种传统超导体的穿透深度和相干长度

超导体	ξ(nm)	λ_P(nm)	λ_L(nm)	$\lambda_{实验}$(nm)
Sn	210	52.5	35	51
Al	1 600	53	16	49
Nb	38	45	39	44

§ 13.3 金兹堡-朗道理论

1950 年金兹堡(V. L. Ginzburg)和朗道(L. D. Landau)认为超导电子的“有效波函数”$\psi(\boldsymbol{r})$本身就是超导态的序参量。这也是一个观念上的突破，序参量可以是一个复变量，而不一定是前人采用的实变量 $\omega = n_S/n$。决定 $\psi(\boldsymbol{r})$ 的方程不是薛定谔方程，而是由热力学平衡

条件,满足系统的自由能取极小值所建立起的新方程。1957 年阿布里科索夫(A. A. Abrikosov)详细解出新方程,提出超导体按其磁特性可分为两类。早期人们发现的元素金属超导体主要是第一类超导体。Nb 等少数元素金属和许多合金是第二类超导体,它有上、下两个临界磁场。1986 年以后发现的铜氧化物高温超导体都是第二类超导体。1959 年戈科夫(L. P. Gor'kov)从超导性的微观理论导出金兹堡和朗道所建立的方程。因此文献中以这四位学者姓氏第一个字母的组合 GLAG 来冠名这些理论。

13.3.1 超导态自由能密度的新表述

先讨论没有外磁场的情形,超导电子密度 n_S 是均匀分布的,在临界温度 T_c 附近,$n_S = |\psi|^2$ 较小,超导态的吉布斯自由能密度 $G_S(0)$可展开成$|\psi|^2$ 的多项式:

$$G_S(0) = G_N(0) + \alpha |\psi|^2 + \frac{\beta}{2} |\psi|^4 \tag{13.3.1}$$

这里 G 的宗量 0 表示 $H = 0$, 系数 α 和β 由自由能密度取极小值条件,由

$$\delta G_S(0)/\delta |\psi|^2 = 0 \tag{13.3.2}$$

来决定。由此得热力学平衡时超导电子密度

$$|\psi_0|^2 = -\alpha/\beta \tag{13.3.3}$$

及

$$G_S(0) - G_N(0) = -\alpha^2/2\beta$$

在§13.1 我们已知

$$G_S(0) - G_N(0) = -\frac{1}{2}\mu_0 H_c^2(T) = -\frac{B_c^2(T)}{2\mu_0} \tag{13.3.4}$$

利用以上三个关系式,可求出

$$\alpha = -B_c^2/(\mu_0 |\psi_0|^2) \tag{13.3.5}$$

$$\beta = -\frac{\alpha}{|\psi_0|^2} = B_c^2/(\mu_0 |\psi_0|^4) \tag{13.3.6}$$

再来考查有外加磁感应场 B 的情形。这时在材料表面下厚为 λ_P 的一层里磁感应场分布不均匀,有超导电流存在。这时在自由能密度中应加进超导电子动能密度

$$n_S \cdot \frac{1}{2}m^* v^2 \rightarrow \frac{1}{2m^*} |-\mathrm{i}\hbar\nabla\psi|^2$$

在磁感应场 $\boldsymbol{B} = \nabla \times \boldsymbol{A}$ 中,超导电子还有它的电磁动量$-e^*\boldsymbol{A}$,因此动能密度应写成

$$\frac{1}{2m^*} |[-\mathrm{i}\hbar\nabla + (-e^*\boldsymbol{A})]\psi|^2$$

于是自由能密度为

$$G_S(\psi, \boldsymbol{A}) = G_N(0) + \alpha |\psi|^2 + \frac{\beta}{2} |\psi|^4 + \frac{1}{2m^*} |[-\mathrm{i}\hbar\nabla - e^*\boldsymbol{A}]\psi|^2 + \frac{(\nabla \times \boldsymbol{A})^2}{2\mu_0} \tag{13.3.7}$$

这里右边最后一项是磁感应场能量密度。

13.3.2 金兹堡-朗道方程

超导态是热力学平衡态,其自由能密度相对于序参量和矢势的任意变化,$\delta\psi$(或 $\delta\psi^*$)和 $\delta\boldsymbol{A}$ 都应取极小。用常规的变分手续,可求得下列方程

$$\frac{1}{2m^*}(-\mathrm{i}\,\hbar\nabla - e^*\boldsymbol{A})^2\psi + \alpha\psi + \beta\,|\,\psi\,|^2\psi = 0 \tag{13.3.8}$$

其边界条件是

$$\boldsymbol{n}\cdot(-\mathrm{i}\,\hbar\nabla\,\psi - e^*\boldsymbol{A})\psi = 0 \tag{13.3.9}$$

这里 $\boldsymbol{n}$ 为超导材料表面向外法线单位矢量,这条件表示超导体内的超导电子没有流出体外。式(13.3.8)称为金兹堡-朗道第一方程(G-L Ⅰ方程)。再利用麦克斯韦方程,并注意到超导态电场 $\boldsymbol{E}=0$,因而电位移矢量 $\boldsymbol{D}=0$,有

$$\frac{1}{\mu_0}\nabla\times\boldsymbol{B} = \boldsymbol{j}_{\mathrm{S}} \tag{13.3.10}$$

可导出

$$\boldsymbol{j}_{\mathrm{S}} = -\frac{\mathrm{i}\,\hbar e^*}{2m}(\psi^*\ \nabla\,\psi - \psi\,\nabla\,\psi^*) - \frac{{e^*}^2}{m^*}\,|\,\psi\,|^2\boldsymbol{A} \tag{13.3.11}$$

上式称为金兹堡-朗道第二方程(G-L Ⅱ方程)。

G-L Ⅰ方程在形式上有点像在磁场中电子的薛定谔方程,其实是一个新的非线性方程。而 G-L Ⅱ方程同量子力学中电荷为 e^*,质量为 m^* 的粒子在弱磁场中的电流密度表示式有相同的形式,但这两个方程中的 ψ 的含义是全新的,它代表超导态的序参量。

下面对一些简单情形用金兹堡-朗道理论来分析,看他们如何引进超导态的两个重要参量 λ_{L} 和 ξ。先讨论磁场很弱,ψ 的梯度甚小以及超导电子的动能项可以忽略的情形,这时 G-L Ⅰ方程简化为

$$\alpha\psi + \beta\,|\,\psi\,|^2\psi = 0 \tag{13.3.12}$$

由此得

$$|\,\psi\,|^2 = -\frac{\alpha}{\beta} = |\,\psi_0\,|^2 \tag{13.3.13}$$

这说明在弱磁场条件下,超导态的"有效波函数"是刚性的,与零磁场时的序参量一样。在此情况,G-L Ⅱ方程便简化成伦敦方程:

$$\boldsymbol{j}_{\mathrm{S}} = -\frac{{e^*}^2}{m^*}\,|\,\psi_0\,|^2\boldsymbol{A} = -\frac{n_{\mathrm{S}}(e^*)^2}{m^*}\boldsymbol{A} \tag{13.2.5}$$

与式(13.2.5)一致,自然能给出伦敦的穿透深度

$$\lambda_{\mathrm{L}} = \left(\frac{m^*}{\mu_0 n_{\mathrm{S}}{e^*}^2}\right)^{\frac{1}{2}} \tag{13.2.9}$$

再看无磁场时的一维问题,这时 G-L Ⅰ方程写成

$$-\frac{\hbar^2}{2m^*}\frac{\mathrm{d}^2\psi}{\mathrm{d}x^2} + \alpha\psi + \beta\,|\,\psi\,|^2\psi = 0 \tag{13.3.14}$$

注意到 $\beta = -\alpha/|\,\psi_0\,|^2$,并令 $\psi = \psi_0 + \psi_1$ 代入上式,可得关于 ψ_1 的方程

$$\frac{\mathrm{d}^2\psi_1}{\mathrm{d}x^2}+\frac{m^*\mid\alpha\mid}{\hbar^2}\psi_1=0 \tag{13.3.15}$$

定义
$$\xi^2=\hbar^2/2m^*\mid\alpha\mid \tag{13.3.16}$$

可求得
$$\psi_1=\psi-\psi_0=C\exp(-x/2\xi) \tag{13.3.17}$$

由此推知,ξ 乃超导电子有序化在空间延伸的范围,故 ξ 就是相干长度。由于 $2|\alpha|$ 约与 $k_B T_c$ 同数量级,因而 $\xi\approx10^3$ nm。

13.3.3 超导体的界面能

金兹堡和朗道为了与 T_c 附近临界磁场 $H_c\sim(T_c-T)$ 的实验事实符合,取

$$\alpha(T)=(T-T_c)\left(\frac{\mathrm{d}\alpha}{\mathrm{d}T}\right)_{T_c},\ \beta(T)\approx\beta(T_c) \tag{13.3.18}$$

于是有
$$\lambda_L=\left[\frac{m^*}{\mu_0\mid\psi_0\mid^2e^{*2}}\right]^{1/2}=\left[\frac{m^*\beta(T_c)}{\mu_0(e^*)^2(T_c-T)\left(\frac{\mathrm{d}\alpha}{\mathrm{d}T}\right)_{T_c}}\right]^{1/2} \tag{13.3.19}$$

$$\xi=\frac{\hbar}{\left[2m^*(T_c-T)\left(\frac{\mathrm{d}\alpha}{\mathrm{d}T}\right)_{T_c}\right]^{1/2}} \tag{13.3.20}$$

这两个参量都与 $(T_c-T)^{-1/2}$ 成比例,因而想到在 T_c 附近的温区:$T_c-T\ll T_c$ 范围,存在一个与温度无关的特性参数

$$\kappa=\frac{\lambda_L}{\xi}=\frac{\sqrt{2}e^*}{\hbar}H_c(T)\lambda_L^2(T) \tag{13.3.21}$$

这个特性参数称为 G-L 参数,由于 $H_c(T)$ 和 $\lambda_L(T)$ 是可直接测量的,故参数 κ 是一个无量纲的很实在的参数。

利用 G-L 参数 κ 可定性分析材料正常态与超导态之间过渡区的能量,如图 13.12 所示在正常态(N)区的磁场为 H_c,穿透距离为 $0<z<\lambda_L$;而超导态(S)区边缘区域 $0<z<\xi$ 范围,序参量 ψ 由零逐渐上升到体内值 ψ_0,因此在单位面积界面的吉布斯自由能发生变化,其相对于体内超导态能量的数量称为界面能。

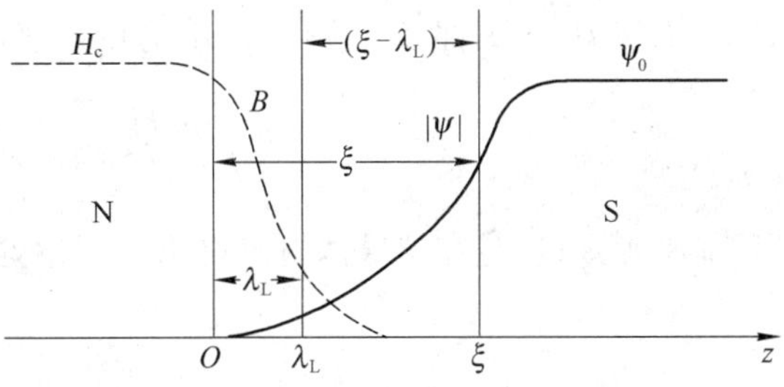

图 13.12 N-S 界面区的有序参数变化

现在我们来粗略估计界面能的大小。在 $0<z<\lambda_L$ 区域,磁场近似取为 H_c,而在 $z>\lambda_L$ 磁场为零。所以在 $0<z<\lambda_L$ 范围可看成是正常态,其磁化强度 $M=0$,不必为磁化而作功,这区域的能量相对于体内超导态的能量低 $\lambda_L\cdot\frac{\mu_0H_c^2}{2}$。而在 $0<z<\xi$ 区域,可近似认为 $\psi=0$,在 $z>\xi$ 区序参量等于 ψ_0。因此在厚为 ξ 层中,其能量相对于体内超导态能量高出 $\xi\cdot\frac{\mu_0H_c^2}{2}$。于是 N-S 界面能大致等于

$$\sigma_{NS} \approx (\xi - \lambda_L)\frac{\mu_0 H_c^2}{2} \tag{13.3.22}$$

故当 $\xi > \lambda_L$ 即 $\kappa < 1$ 时，界面能 $\sigma_{NS} > 0$；而当 $\xi < \lambda_L$，即 $\kappa > 1$ 时，界面能 $\sigma_{NS} < 0$。图13.12为 $\sigma_{NS} > 0$ 的情况。

阿布里科索夫详细求解 G-L 方程，其结果是：当 $\kappa = \frac{1}{\sqrt{2}}$ 时，界面能 $\sigma_{NS} = 0$。于是按界面能的正或负，超导体可分成两大类。

$$\kappa < \frac{1}{\sqrt{2}},\ \sigma_{NS} > 0,\ \text{为 I 类超导体}$$

$$\kappa > \frac{1}{\sqrt{2}},\ \sigma_{NS} < 0,\ \text{为 II 类超导体}$$

由于 I 类超导体的界面能 $\sigma_{NS} > 0$，在 $H < H_c$ 时，在能量上讲出现 N-S 界面是不利的，所以磁场不会透入体内，显示出完全抗磁性，即有迈斯纳效应，故 I 类超导材料的超导态又称迈斯纳态。

13.3.4　II 类超导体的磁化曲线

对于 $\kappa > \frac{1}{\sqrt{2}}$ 的超导材料，界面能是负的。因而在一定条件下，磁场透入体内形成许多正常区，正常区周围是连通的超导态区，这样既能保持无阻电流流过，又由于出现许多 N-S 界使系统总自由能降低。对于 II 类超导体最重要的特征是存在下临界磁场 H_{c1} 和上临界磁场 H_{c2}。当磁场 H 小于 H_c 时，材料处在迈斯纳态，在材料体内没有磁场透入，具有完全抗磁性。在磁场介于 H_{c1} 和 H_{c2} 之间时，超导体处于混合态(Mixed State)，磁通线进入超导体内形成一个个小的正常区，这个状态不再具有完全抗磁性。磁场增大，每单位面积的正常区数目增多，直到磁场达上临界磁场 H_{c2} 时，超导态消失转变为正常态。

图 13.13(a)和(b)示意画出 II 类超导体的磁化曲线 $-\mu_0 M$ 相对 $B_0 = \mu_0 H$ 的曲线和 $B_{c1} - T$ 及 $B_{c2} - T$ 曲线。在图(a)中的热力学临界磁场 H_c 是由下式积分确定：

$$\frac{\mu_0 H_c^2}{2} = -\mu_0 \int_0^{H_{c2}} M \mathrm{d}H \tag{13.3.23}$$

下临界磁场 H_{c1} 是在超导体内出现第一根磁通量子线时的磁场值，阿布里科索夫的理论计

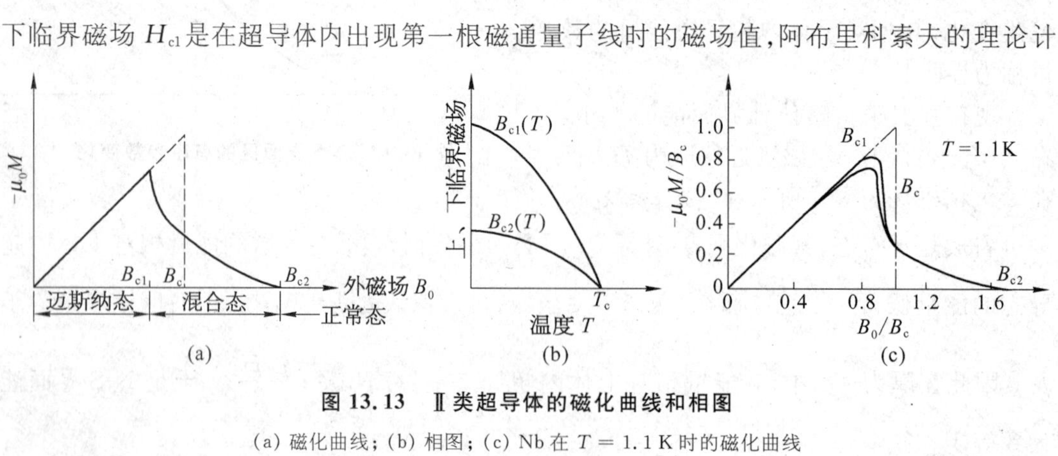

图 13.13　II 类超导体的磁化曲线和相图

(a) 磁化曲线；(b) 相图；(c) Nb 在 $T = 1.1$ K 时的磁化曲线

算给出的结果是

$$H_{c1} = \frac{H_c}{\sqrt{2}\kappa}(\ln \kappa + 0.08) \tag{13.3.24}$$

而上临界磁场 H_{c2} 为材料体内失去超导性的磁场,阿布里科索夫的结果是

$$H_{c2} = \kappa\sqrt{2}H_c \tag{13.3.25}$$

上两式中 H_c 是材料的热力学临界磁场,κ 为 G-L 参数。图 13.13(c)是 $T = 1.1$ K 超导体 Nb 的磁化曲线,与图(a)比较可知金属元素 Nb 是Ⅱ类超导体,由表 12.1 给出的数字,Nb 的 $\lambda_{实验} = 44$ nm, $\xi = 38$ nm, 因此它的 G-L 参量 $\kappa = \frac{\lambda_{实验}}{\xi} = 1.16 > \frac{1}{\sqrt{2}}$。

13.3.5　混合态

在混合态,每根磁通线以一个磁通量子 $\phi_0 = h/2e$ 穿透Ⅱ类超导体,形成一个小圆柱形的正常区。所有磁通量子线均匀分布于超导态中。每个圆柱形正常态芯的半径约为 ξ,在其外边是环绕它流动的超导电流,这环流基本上在离圆柱轴半径为 ξ 至 λ_L 区域,如图 13.14(a)所示。因此,磁通量子线又叫做涡旋线(vortex line),混合态又称为涡旋态(vortex state)。阿布里科索夫的计算给出混合态中磁通量子线排成正方点阵。1964 年 W. H. Kleiner 等做了更精细计算,认为磁通量子线排成三角点阵时系统的自由能更低一点。1967 年 V. Essmann 和 H. Trüble 报导了他们用磁性装饰法在低温下获得第二类超导体混合态的磁结构底片,再在室温下用高倍率的电子显微镜观察拍照,其结果如图 13.14(b)所示,清晰地显示磁通量子线按三角格子的形式排列。

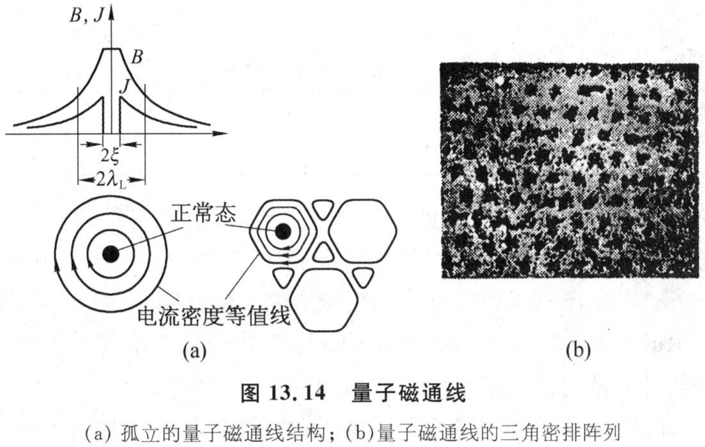

图 13.14　量子磁通线

(a) 孤立的量子磁通线结构; (b)量子磁通线的三角密排阵列

若单位面积上有 N 根磁通线,每根磁通线是一个 $\phi_0 = \frac{h}{2e}$, 则磁感应强度

$$B = N\phi_0 \tag{13.3.26}$$

相邻两个磁通量子线的间距为

$$d = \left(\frac{2}{\sqrt{3}}\phi_0/B\right)^{1/2} \tag{13.3.27}$$

实验测得的结果与此吻合,从而证实每根磁通线是一个磁通量子 ϕ_0。

§ 13.4 电子间有效吸引势和库珀对

1957 年巴丁(J. Bardeen)、库珀(L. N. Cooper)和施里弗(J. R. Schrieffer)的经典论文确立了超导性量子理论(BCS 理论)的基础。概要地说,金属的超导性是在低温下传导电子处于某种高度有序能量最低的状态——超导基态,它与最低激发态之间存在一个能隙,其大小约为 $k_B T_c$ 的量级。能隙起唯象理论中超导序参量的作用。由此可以阐明临界磁场、临界温度、比热、迈斯纳效应、磁通量子化、无阻电流等诸多基本特性,还能预言一些新现象,并被日后的实验所证实。BCS 理论的物理机制是经由声子作为媒介引起电子之间有吸引相互作用,电子先结成库珀对,再协同凝聚成超导基态。

13.4.1 同位素效应和电子-声子相互作用

1950 年弗洛利希(H. Fröhlich)认为一些良导体如铜、银、金等都不是超导体,是由于这些金属中传导电子与晶格振动的相互作用较弱。而在常温下导电性不怎么好的材料,在低温却可能成为超导体。T_c 较高的材料,在常温下导电性较差,是由于其中电子-声子相互作用较强。因此他提出正是使金属具有电阻的主要因素——电子-声子相互作用在低温下使一些金属变成超导体。他依此物理模型进行计算预言:T_c 与金属原子质量 M 的平方根成反比,因此若用同一物质的不同的同位素制成纯一同位素金属测量它的临界温度 T_c,就能判断这个理论预言是否正确。同年麦克斯韦,C. A. Raynold 和 B. Serin 两个研究组各自独立地测量许多种水银同位素的临界温度 T_c,他们的结果列于表 13-2。将这些数据作图,所得结果可用简单公式表示:

$$M^{\alpha} T_c = 常数 \tag{13.4.1}$$

表 13-2 水银同位素的临界温度

Hg 同位素原子质量 M	200.6	198	203.4	202.4	200.7	199.7
T_c(K)	4.156	4.177	4.126	4.143	4.150	4.161

这里 $\alpha = 0.50 \pm 0.03$, M 为同位素的原子质量。

后来人们又对其他超导材料做了同位素效应的测量,得 Pb: $\alpha = 0.49 \pm 0.02$; Tl: $\alpha = 0.61 \pm 0.10$; Zn: $\alpha = 0.45 \pm 0.06$。也有少数金属的 α 值特别小,甚至接近零,例如:Os: $\alpha = 0.15 \pm 0.05$, Ru 的 $\alpha = 0.00 \pm 0.05$, Zr 的 $\alpha = 0.00 \pm 0.05$。现在人们认为 α 值特别小的这几种超导金属可能是它们能带结构特殊引起的。

同位素效应,即 T_c 依赖于同位素原子质量 M 的现象,表明当 $M \to \infty$ 时,$T_c \to 0$ 没有超导性,而原子质量 $M \to \infty$ 说明此时晶格原子不可能有振动。同位素效应明确告诉我们:电子-晶格相互作用是超导性的根源。

关于晶格振动如何会引起电子间的间接相互作用,可以按下面的模型来考虑。电子 1 在瞬间将周围正离子实吸到自己身旁,即在电子 1 身旁聚集了正电荷分布。电子 2 受这些正电荷吸引向电子 1 趋近,其结果等效于电子 1 与电子 2 之间有一附加的吸引互作用。晶格原子位移表现为各种波矢 $\boldsymbol{q}$ 的格波,其能量量子就是声子。用量子理论来描绘这物理过程如下:电子 1 具有波矢 $\boldsymbol{k}_1$,电子 2 的波矢为 $\boldsymbol{k}_2$,电子 1 发射一个波矢 $\boldsymbol{q}$ 的声子由 $\boldsymbol{k}_1$ 态变成 $\boldsymbol{k}_1 - \boldsymbol{q}$ 态,电子 2 吸收一个波矢 $\boldsymbol{q}$ 的声子由波矢 $\boldsymbol{k}_2$ 态变成 $\boldsymbol{k}_2 + \boldsymbol{q}$ 态。在晶体中还有波矢

$-\boldsymbol{q}$ 的声子，当电子 1 吸收一个 $-\boldsymbol{q}$ 声子也可变成 $\boldsymbol{k}_1-\boldsymbol{q}$ 态，而电子 2 可能是这 $-\boldsymbol{q}$ 声子的发射者，于是电子 2 从波矢 $\boldsymbol{k}_2$ 的态变到 $\boldsymbol{k}_2-(-\boldsymbol{q})=\boldsymbol{k}_2+\boldsymbol{q}$ 的态。这两种交换声子过程可用图 13.15 的(a)和(b)表示。交换声子造成电子 1 和电子 2 之间有相互作用。当电子发射声子前后的能量差比声子能量还小时，得到吸引的互作用。这种含有中间态的过程不必满足能量守恒，故称之为虚过程或交换虚声子。我们知道，引起晶格比热和金属电阻率随温度变化都是声子参与的实过程，产生或湮没一个声子 $\hbar\omega(\boldsymbol{q})$，晶格得到或失去相同的能量，且只有能量小于等于 k_BT 的声子参与这实过程。能量大于 k_BT 的声子参与实过程的概率非常之小，可以忽略。在固体中参与虚过程的声子称为虚声子，其能量可以小于 k_BT，也可能大于 k_BT。如果只有声频声子参与，则虚声子最大的能量为 $\hbar\omega_D$，这里 ω_D 为德拜频率。在费米面附近，两个电子之间通过交换虚声子可使电子波矢有大的改变，能量变化较小，甚至使电子能量下降，等效于两个电子之间有吸引的相互作用。

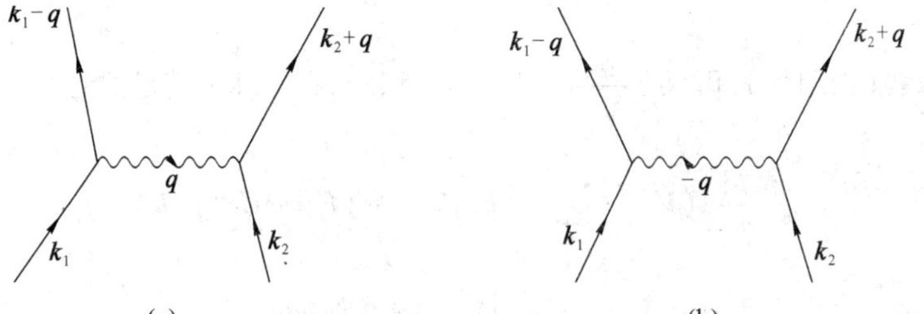

图 13.15　两种交换声子的过程

另一方面，电子气的屏蔽效应使电子间的库仑互作用能从 $\dfrac{e^2}{4\pi\varepsilon_0 r}$ 削弱变成 $\dfrac{e^2}{4\pi\varepsilon_0\epsilon r}\exp\left(-\dfrac{r}{\lambda_{TF}}\right)$，这里 ϵ 为电子气的介电常数，λ_{TF} 是托马斯-费米(Thomas-Fermi)屏蔽长度。当电子密度 $n=8.5\times10^{22}\ \mathrm{cm}^{-3}$ 时，$\lambda_{TF}\approx5.5\ \mathrm{nm}$。而纯净超导体中超导电子相互关联的距离为 ξ_0——相干长度。在 $\lambda_{TF}<r<\xi_0$ 的范围内，库仑能变成一个微小的能量。在这相当宽阔的空间，对于费米面附近的两个电子就完全可能显现出净吸引作用，造就两个电子组成的复合体，处于能量更低的状态。

13.4.2　库珀对

超导微观理论发展的关键是 1956 年库珀的理论发现。鉴于各种金属存在超导相变的共同性，材料的晶格常数比超导参量 ξ 和 λ_L 都小得多，故可认为材料的结构细节不影响超导态的基本特性。因此人们可用自由电子平面波代表传导电子的状态。库珀考察在费米面上放进两个电子，它们的波矢为 $\boldsymbol{k}_1$ 和 $\boldsymbol{k}_2$，空间位矢为 $\boldsymbol{r}_1$ 和 $\boldsymbol{r}_2$。这两个电子的波函数写成

$$\begin{aligned}\varphi(\boldsymbol{r}_1,\boldsymbol{r}_2)&=\frac{1}{V_C}\mathrm{e}^{\mathrm{i}(\boldsymbol{k}_1\cdot\boldsymbol{r}_1+\boldsymbol{k}_2\cdot\boldsymbol{r}_2)}\\&=\frac{1}{\sqrt{V_C}}\mathrm{e}^{\mathrm{i}\boldsymbol{K}\cdot(\boldsymbol{r}_1+\boldsymbol{r}_2)/2}\cdot\frac{1}{\sqrt{V_C}}\mathrm{e}^{\mathrm{i}\boldsymbol{k}\cdot(\boldsymbol{r}_2-\boldsymbol{r}_1)}=\frac{1}{\sqrt{V_C}}\mathrm{e}^{\mathrm{i}\boldsymbol{K}\cdot\boldsymbol{R}}\cdot\frac{1}{\sqrt{V_C}}\mathrm{e}^{\mathrm{i}\boldsymbol{k}\cdot\boldsymbol{r}}\end{aligned}\tag{13.4.2}$$

式中 V_C 是晶体体积；$\boldsymbol{K}=\boldsymbol{k}_1+\boldsymbol{k}_2$，$\boldsymbol{R}=(\boldsymbol{r}_1+\boldsymbol{r}_2)/2$ 是两个电子的质心位矢；$\boldsymbol{k}=\dfrac{1}{2}(\boldsymbol{k}_1-\boldsymbol{k}_2)$ 是这两个电子相对运动的平面波波矢，$\boldsymbol{r}=\boldsymbol{r}_2-\boldsymbol{r}_1$ 为两个电子的相对位矢。这两个电子

的波函数 $\psi(\boldsymbol{r}_1, \boldsymbol{r}_2)$ 满足的薛定谔方程为

$$-\frac{\hbar^2}{2m}(\nabla_1^2+\nabla_2^2)\psi(\boldsymbol{r}_1, \boldsymbol{r}_2)+V(\boldsymbol{r}_1, \boldsymbol{r}_2)\psi(\boldsymbol{r}_1, \boldsymbol{r}_2)=(E+2E_{\mathrm{F}})\psi(\boldsymbol{r}_1, \boldsymbol{r}_2) \tag{13.4.3}$$

由于这两个电子在费米面之上,故用 E_{F} 为参考能量。撇开质心运动,两个电子相对运动的薛定谔方程为

$$-\frac{\hbar^2}{m}\nabla^2\psi(\boldsymbol{r})+V(\boldsymbol{r})\psi(\boldsymbol{r})=(E+2E_{\mathrm{F}})\psi(\boldsymbol{r}) \tag{13.4.4}$$

由于费米球 ($k_1, k_2<k_{\mathrm{F}}$) 的状态被其他电子占满,因此 $\psi(\boldsymbol{r})$应由 $k_1, k_2>k_{\mathrm{F}}$ 的各种平面波叠加而成,相对运动的波矢 $\boldsymbol{k}$ 仍可是任意值。故 $\psi(\boldsymbol{r})$可写成

$$\psi(\boldsymbol{r})=\sum_{\boldsymbol{k}'}\varphi(\boldsymbol{k}')\cdot\frac{1}{\sqrt{V_{\mathrm{C}}}}\mathrm{e}^{\mathrm{i}\boldsymbol{k}'\cdot\boldsymbol{r}} \tag{13.4.5}$$

将此 $\psi(\boldsymbol{r})$代入式(13.4.4),再乘 $\frac{1}{\sqrt{V_{\mathrm{C}}}}\mathrm{e}^{-\mathrm{i}\boldsymbol{k}\cdot\boldsymbol{r}}$ 对 $\mathrm{d}\boldsymbol{r}$ 积分,得 $\varphi(\boldsymbol{k})$ 满足的方程:

$$\frac{\hbar^2k^2}{m}\varphi(\boldsymbol{k})+\sum_{\boldsymbol{k}'}\varphi(\boldsymbol{k}')V_{\boldsymbol{k}\boldsymbol{k}'}=(E+2E_{\mathrm{F}})\varphi(\boldsymbol{k}) \tag{13.4.6}$$

式中

$$V_{\boldsymbol{k}\boldsymbol{k}'}=\frac{1}{V_{\mathrm{C}}}\int V(\boldsymbol{r})\mathrm{e}^{\mathrm{i}(\boldsymbol{k}'-\boldsymbol{k})\cdot\boldsymbol{r}}\mathrm{d}\boldsymbol{r} \tag{13.4.7}$$

是相互作用势 $V(\boldsymbol{r})$的矩阵元或势的傅里叶分量。库珀假定两个电子间是净的吸引势,于是取

$$V_{\boldsymbol{k},\boldsymbol{k}'}=\begin{cases}-V, \text{当} \mid\varepsilon(\boldsymbol{k})\mid, \mid\varepsilon(\boldsymbol{k}')\mid<\hbar\omega_{\mathrm{D}}\\ 0, \text{当其他情况}\end{cases} \tag{13.4.8}$$

这里

$$\varepsilon(\boldsymbol{k})=\frac{\hbar^2k^2}{2m}-E_{\mathrm{F}} \tag{13.4.9}$$

为单个电子能量相对于 E_{F} 的表示式,V 为正的常量。于是,式(13.4.6)简化为

$$\left(E+2E_{\mathrm{F}}-\frac{\hbar^2k^2}{m}\right)\varphi(\boldsymbol{k})=-V\sum_{\boldsymbol{k}'}\varphi(\boldsymbol{k}') \tag{13.4.10}$$

令 $C=\sum_{\boldsymbol{k}'}\varphi(\boldsymbol{k}')$, 由上式可得 $\varphi(\boldsymbol{k})=CV\Big/\left[\frac{\hbar^2k^2}{m}-2E_{\mathrm{F}}-E\right]$ (13.4.11)

再以这个 $\varphi(\boldsymbol{k})$构造 C,便可得自洽方程

$$1=V\sum_{\boldsymbol{k}}\frac{1}{\frac{\hbar^2k^2}{m}-2E_{\mathrm{F}}-E}=V\sum_{\boldsymbol{k}}\frac{1}{2\varepsilon(\boldsymbol{k})-E} \tag{13.4.12}$$

单电子的能态密度为

$$g(\varepsilon)=\frac{4\pi k^2}{(2\pi)^3}\frac{\mathrm{d}k}{\mathrm{d}\varepsilon} \tag{13.4.13}$$

因参与交换能量必小于或至多等于$\hbar\omega_{\mathrm{D}}$,故对 $\boldsymbol{k}$ 累加变成 $\mathrm{d}\varepsilon$ 积分的上、下限是 0 至$\hbar\omega_{\mathrm{D}}$ 范围的单电子态,于是自洽方程写成

$$1 = V\int_0^{\hbar\omega_D} g(\varepsilon)\,\frac{1}{2\varepsilon - E}\mathrm{d}\varepsilon \tag{13.4.14}$$

因 $\hbar\omega_D \ll E_F$，被积函数中 $g(\varepsilon) \simeq g(0)$，容易求出这个积分，得

$$E = \frac{-2\,\hbar\omega_D}{\exp\left(\frac{2}{g(0)V}\right) - 1} \tag{13.4.15}$$

对于弱耦合情形，$g(0)V \ll 1$，分母中 1 可以忽略，得

$$E = -2\,\hbar\omega_D \exp\left(-\frac{2}{g(0)V}\right) \tag{13.4.16}$$

上面的结果是相对于两个费米面上电子能量 $2E_F$ 的能量，如写明这个相对关系，上式写成

$$E' = 2E_F + E = 2E_F - 2\,\hbar\omega_D \exp\left(-\frac{2}{g(E_F)V}\right) \tag{13.4.17}$$

这表明在费米面上的两个电子，只要它们之间存在微弱的净吸引作用，它们就会结合成一个复合体，其能量比两个独立自由电子能量 $2E_F$ 低，这个复合体束缚态就是库珀对，其结合能为

$$|E| = 2\,\hbar\omega_D \exp\left(\frac{-2}{g(E_F)V}\right) \tag{13.4.18}$$

这也就是说电子间有了净的吸引作用，费米球不是能量最低的状态，或费米海失去了稳定性(费米海不稳定性)。将这一对电子拆开变成两个独立的自由电子需要吸收的能量为 $|E|$，它也等于这两个状态之间的能隙。

现在说明两个电子波矢取什么值最为有利，我们将 $V_{kk'}$ 看作起散射作用的势场，电子的初波矢为 $\boldsymbol{k}_1$ 和 $\boldsymbol{k}_2$，因交换声子分别散射到 $\boldsymbol{k}_1'$ 和 $\boldsymbol{k}_2'$ 态，而使电子能量降低。在散射过程中动量应当守恒：

$$\boldsymbol{k}_1 + \boldsymbol{k}_2 = \boldsymbol{k}_1' + \boldsymbol{k}_2' = \boldsymbol{K}$$

在散射前后电子能量差必小于 $\hbar\omega_D$，因而 $\boldsymbol{k}_1$，$\boldsymbol{k}_1'$ 和 $\boldsymbol{k}_2$，$\boldsymbol{k}_2'$ 应落半径 k_F 之外厚为 $\Delta k = m\omega_D/\hbar k_F$ 的球壳内。如图 13.16 所示，满足动量守恒的电子是图中阴影区绕 $\boldsymbol{K}$ 为轴旋转而成的小圆环的体积。在此体积中的电子态参与交换声子的散射。此体积越大，参与交换的状态愈多，体系能量就愈低。显然当 $\boldsymbol{K} = 0$ 时，即 $\boldsymbol{k}_2 = -\boldsymbol{k}_1$ 情况，图中两个费米球重叠，费米球外厚为 Δk 的球壳中的状态都参与交换声子的散射，体系能量达到最小。这就是库珀对最佳的组态。计入电子自旋，库珀对的两个电子最佳配对方式是由动量相反同时自旋相反的两个电子组成，用 $(\boldsymbol{k}_1\uparrow, -\boldsymbol{k}_1\downarrow)$ 表示。

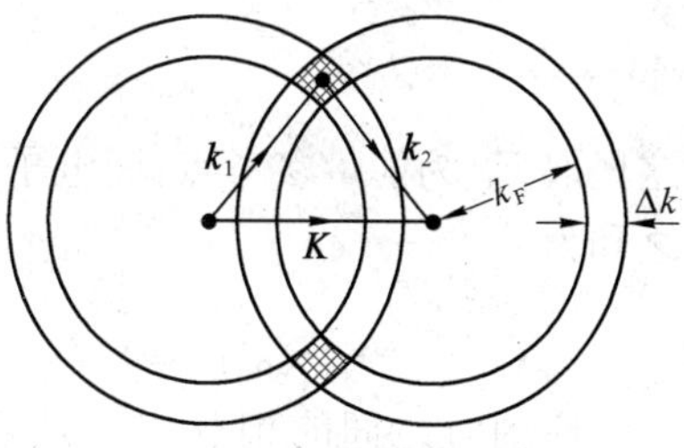

图 13.16　满足动量守恒条件的电子组态

最后，我们来估计库珀对中两个电子的平均间距 ξ_0，依照不确定关系

$$\xi_0 = \Delta x \approx \frac{1}{\Delta k},\ \text{而}\ \Delta k = m\omega_D/\hbar k_F$$

所以

$$\xi_0 \approx \frac{E_F}{\hbar\omega_D}\cdot\frac{1}{k_F} \approx 10^4 \cdot 10^{-10}\ \text{m} \approx 10^{-6}\ \text{m}\ (10^3\ \text{nm})$$

ξ_0 就是纯净超导体的相干长度。

§13.5 BCS 超导理论

库珀对有比两个独立电子更低的能量,这是一个极富启发性的结果。巴丁立即意识到库珀对将是超导微观理论的基石,问题在于如何从所有可能的库珀对状态组建成合理的超导基态波函数。1957 年巴丁、库珀和施里弗成功地解决了这个课题,精巧地导出超导态的所有基本特性,并能预言一些新现象,还能解释新的实验结果。

在金属发生超导相变时,只有费米面附近 $k_B T$ 范围的电子参与凝聚过程,它的密度约为

$$n \times \frac{k_B T_c}{E_F} \approx 10^{28} \times 10^{-4}\ \mathrm{m}^{-3} = 10^{24}\ \mathrm{m}^{-3}$$

电子之间的平均距离为 10^{-8} m, 而相干长度 $\xi_0 \approx 10^{-6}$ m, 所以在边长为 ξ_0 的立方体内大约有 10^6 个库珀对同时存在。显然这些库珀对波函数之间交叠甚大,具有波相位的相干性质。因此,库珀对的运动不是个体运动而是一种集体的合作运动。如何从理论上描述和处理是一个大难题。

13.5.1 超导基态的总能量

在绝对零度时,所有传导电子都变成了库珀对,即处在超导基态。它的总能量包含各库珀对的动能和各库珀对之间的相互作用能。

设库珀对 $(\boldsymbol{k}\uparrow, -\boldsymbol{k}\downarrow)$ 有电子占据的态为 $\varphi_{\boldsymbol{k}}$,其概率为 $v_{\boldsymbol{k}}^2$,此库珀对没有电子占据的态为 $\psi_{\boldsymbol{k}}$,其概率为 $u_{\boldsymbol{k}}^2$。一般说 $\varphi_{\boldsymbol{k}}$ 和 $\psi_{\boldsymbol{k}}$ 对超导基态都有贡献,这两个态组合成

$$\psi = u_{\boldsymbol{k}}\psi_{\boldsymbol{k}} + v_{\boldsymbol{k}}\varphi_{\boldsymbol{k}} \tag{13.5.1}$$

系数 $u_{\boldsymbol{k}}$ 和 $v_{\boldsymbol{k}}$ 满足归一化条件

$$u_{\boldsymbol{k}}^2 + v_{\boldsymbol{k}}^2 = 1 \tag{13.5.2}$$

库珀对 $(\boldsymbol{k}\uparrow, -\boldsymbol{k}\downarrow)$ 有电子占据时,这对电子的动能为

$$2\varepsilon(\boldsymbol{k}) = 2\left(\frac{\hbar^2 k^2}{2m} - E_F\right) \tag{13.5.3}$$

这里取 E_F 为能量参考点,而电子占据这库珀对的概率为 $v_{\boldsymbol{k}}^2$。所有被占据的库珀对的动能之和为

$$W_{\text{kin}} = \sum_{\boldsymbol{k}'} 2\varepsilon(\boldsymbol{k}')v_{\boldsymbol{k}'}^2 \tag{13.5.4}$$

库珀对之间的相互作用是至关重要的,$\varphi_{\boldsymbol{k}'}$ 态的两个电子交换声子散射进入本来空的 $\psi_{\boldsymbol{k}''}$ 态,实现这过程相互作用能的贡献为

$$-Vu_{\boldsymbol{k}'}u_{\boldsymbol{k}''}v_{\boldsymbol{k}'}v_{\boldsymbol{k}''} \tag{13.5.5}$$

因为初态概率为 $u_{\boldsymbol{k}''}v_{\boldsymbol{k}'}$, 末态概率为 $v_{\boldsymbol{k}''}u_{\boldsymbol{k}'}$, 这一散射事件使能量降低 V。所以,体系总的相互作用能量为

$$W_{\text{int}} = -\sum_{k'}\sum_{k''} Vu_{\boldsymbol{k}'}v_{\boldsymbol{k}'}u_{\boldsymbol{k}''}v_{\boldsymbol{k}''} \tag{13.5.6}$$

故在超导基态的总能量形式上写成

$$W_0 = W_{\text{kin}} + W_{\text{int}} = 2\sum_{\boldsymbol{k}'}\varepsilon(\boldsymbol{k}')v_{\boldsymbol{k}'}^2 - V\sum_{\boldsymbol{k}'\neq\boldsymbol{k}''}\sum u_{\boldsymbol{k}'}v_{\boldsymbol{k}'}u_{\boldsymbol{k}''}v_{\boldsymbol{k}''} \tag{13.5.7}$$

式中动能项是正的，相互作用能量是负的，$u_{\boldsymbol{k}}$，$v_{\boldsymbol{k}}$取何数值未定，因而超导基态能量也未最终确定。

13.5.2　能隙方程

超导基态能量 W_0 依赖于 $u_{\boldsymbol{k}}$，$v_{\boldsymbol{k}}$，而 $u_{\boldsymbol{k}}$ 和 $v_{\boldsymbol{k}}$ 受式(13.5.2)限制，故只有一个参量是独立变化的，选其中 v_k 为变分参量，于是基态能量应满足条件

$$\frac{\partial W_0}{\partial v_k} = 0 \tag{13.5.8}$$

利用此条件与由式(13.5.2)及其导数

$$u_{\boldsymbol{k}} = (1 - v_{\boldsymbol{k}}^2)^{1/2},\ \frac{\partial u_{\boldsymbol{k}}}{\partial v_{\boldsymbol{k}}} = \frac{-v_{\boldsymbol{k}}}{\sqrt{1 - v_{\boldsymbol{k}}^2}} \tag{13.5.9}$$

可求得

$$\begin{aligned}\frac{\partial W_0}{\partial v_{\boldsymbol{k}}} &= 4\varepsilon(\boldsymbol{k})v_{\boldsymbol{k}} - V\sum_{\boldsymbol{k}'}u_{\boldsymbol{k}'}v_{\boldsymbol{k}'}\frac{\partial}{\partial v_{\boldsymbol{k}}}(u_{\boldsymbol{k}}v_{\boldsymbol{k}}) - V\sum_{\boldsymbol{k}''}u_{\boldsymbol{k}''}v_{\boldsymbol{k}''}\frac{\partial}{\partial v_{\boldsymbol{k}}}(u_{\boldsymbol{k}}v_{\boldsymbol{k}}) \\ &= 4\varepsilon(\boldsymbol{k})v_{\boldsymbol{k}} - 2V\left(\sum_{\boldsymbol{k}'}u_{\boldsymbol{k}'}v_{\boldsymbol{k}'}\right)\frac{1 - 2v_{\boldsymbol{k}}^2}{\sqrt{1 - v_{\boldsymbol{k}}^2}} = 0\end{aligned} \tag{13.5.10}$$

令
$$\Delta_0 = V\sum_{\boldsymbol{k}'}u_{\boldsymbol{k}'}v_{\boldsymbol{k}'} \tag{13.5.11}$$

Δ_0 为绝对零度时的能隙参量。于是式(13.5.10)改写成

$$2\varepsilon(\boldsymbol{k})v_{\boldsymbol{k}}\sqrt{1 - v_{\boldsymbol{k}}^2} = \Delta_0(1 - 2v_{\boldsymbol{k}}^2) \tag{13.5.12}$$

整理后得到

$$v_{\boldsymbol{k}}^2 = \frac{1}{2}\left(1 - \frac{\varepsilon(\boldsymbol{k})}{\sqrt{\varepsilon^2(\boldsymbol{k}) + \Delta_0^2}}\right) \tag{13.5.13}$$

利用式(13.5.2)，得
$$u_{\boldsymbol{k}}^2 = \frac{1}{2}\left(1 + \frac{\varepsilon(\boldsymbol{k})}{\sqrt{\varepsilon^2(\boldsymbol{k}) + \Delta_0^2}}\right) \tag{13.5.14}$$

为了保证能隙参量 Δ_0 是正值，取

$$u_{\boldsymbol{k}}v_{\boldsymbol{k}} = \frac{1}{2}\cdot\frac{\Delta_0}{\sqrt{\varepsilon^2(\boldsymbol{k}) + \Delta_0^2}} \tag{13.5.15}$$

将此结果代入式(13.5.11)，便得到(绝对零度时超导)能隙方程：

$$1 = \frac{V}{2}\sum_{\boldsymbol{k}}\frac{1}{\sqrt{\varepsilon^2(\boldsymbol{k}) + \Delta_0^2}} \tag{13.5.16}$$

此式右边累加式可以化为积分表示式，$\sum_{\boldsymbol{k}}\cdots = \int_{-\hbar\omega_D}^{\hbar\omega_D}\cdots g(\varepsilon)\mathrm{d}\varepsilon$，由于 $\hbar\omega_D \ll E_F$，可取 $g(\varepsilon) = g(\varepsilon = 0) = g(E_F)$，完成积分后，得

$$1 = Vg(E_F)\operatorname{arcsh}\left(\frac{\hbar\omega_D}{\Delta_0}\right) \tag{13.5.17}$$

在弱耦合条件下 $Vg(E_F) \ll 1$，上式简化为

$$\Delta_0 = 2\,\hbar\omega_D \exp\left(-\frac{1}{Vg(E_F)}\right) \tag{13.5.18}$$

所以，BCS 理论中超导能隙参量 Δ_0 依赖于德拜频率 ω_D，库珀对之间相互作用参量 $-V$，以及正常态时金属费米能 E_F 的状态密度 $g(E_F)$。

有了 $u_{\boldsymbol{k}}$，$v_{\boldsymbol{k}}$ 及 Δ_0 的表示式，代入式(12.5.7)可求得超导基态能量为

$$W_0 = \sum_{\boldsymbol{k}} \varepsilon(\boldsymbol{k})\left[1 - \frac{\varepsilon(\boldsymbol{k})}{\sqrt{\Delta_0^2 + \varepsilon^2(\boldsymbol{k})}}\right] - \frac{\Delta_0^2}{V} \tag{13.5.19}$$

而独立电子体系即正常态的能量为

$$W_N = \sum_{\boldsymbol{k}} \varepsilon(\boldsymbol{k})$$

显然，$W_N > W_0$，两者之差正是超导态凝聚能，如将求和化为积分，可获得

$$W_N - W_0 \approx \frac{1}{2} g(E_F) \cdot \Delta_0^2 \tag{13.5.20}$$

这说明在绝对零度时发生超导相变，是出于费米面处能量间隔为 $\Delta_0 \approx k_B T_c$ 的电子，其数量约为 $g(E_F) \cdot \Delta_0$，参与了转变成库珀对的合作凝聚，每个电子能量下降为 Δ_0，造成超导基态能量比正常态能量低 $\frac{1}{2} g(E_F) \Delta_0^2$。

13.5.3 BCS 理论的重要结果

由于 BCS 理论的论述需要高等量子力学的概念和方法，超出本教材的范围。这里只对它的几个重要结果作定性介绍。

BCS 理论在弱耦合条件下导出超导体的临界温度 T_c 满足

$$k_B T_c = 1.13\,\hbar\omega_D \exp\left[-\frac{1}{Vg(E_F)}\right] \tag{13.5.21}$$

这里 ω_D 为德拜频率。由于 ω_D 与金属原子的质量 M 的平方根成反比，即 $\omega_D \propto M^{-1/2}$。所以，BCS 理论能给出同位素效应。

从式(13.5.21)来看，临界温度 T_c 的高低，取决于三个因素。一是 T_c 依赖于 ω_D，ω_D 高的材料，T_c 必高。所以有人猜测金属氢可能是 T_c 极高的超导材料。二是 T_c 依赖于 V 的大小，电子间有效吸引势能为 $-V$，故吸引作用强的材料，其 T_c 必高。这就是弗洛利希的观念；在正常态导电性能差的材料，可望成为 T_c 较高的超导体。三是 T_c 依赖于 $g(E_F)$，在 E_F 处的态密度高的材料，T_c 也高。这同材料物理学家 B. T. Mathias 的经验法则：每个原子平均价电子数为 4.7 或 6.5 的材料，其 T_c 较高，是定性符合的。$T_c = 23.2\,\text{K}$ 的 Nb_3Ge 就是一个例子，它既符合 Mathias 经验法则，又符合 BCS 的 T_c 公式。直到 1986 年之后，大量的铜氧化物高温超导体出现，BCS 理论才遇到了真正的挑战。

比较 BCS 理论导出的 Δ_0 和 T_c 两个公式，即可得到一个关系

$$\frac{\Delta_0}{k_B T_c} = 1.76 \tag{13.5.22}$$

对于大多数金属超导体,这个结果与实验值符合相当好。但对少数几种材料与实验值有较大偏离,例如,对 Hg 和 Pb 其比值 $\Delta_0/k_B T_c$ 分别等于 2.19 ± 0.01 和 2.3 ± 0.1。后来人们深入研究后认识到 Hg 和 Pb 都是强耦合超导体,不能用弱耦合条件下导出的公式描述。

在 T_c 时发生的超导相变是二级相变,其特征是电子比热有跳变。BCS 理论导出此跳变有以下关系

$$\left.\frac{c_{es} - c_{eN}}{c_{eN}}\right|_{T_c} = 1.43 \tag{13.5.23}$$

大多数金属超导体的实验值与此比值接近,但 Hg 和 Pb 这比值的实验值分别为 2.37 和 2.71偏离 BCS 理论预期值较大,这也是因为这两种金属电子-声子耦合很强的缘故。

在 T 甚低于 T_c 的温区,超导态的电子比热

$$c_{es} = 1.34\gamma T_c \left(\frac{\Delta_0}{k_B T}\right)^{3/2} \exp\left(-\frac{\Delta_0}{k_B T}\right) \tag{13.5.24}$$

显示超导基态与激发态之间存在能隙,其宽度为 $2\Delta_0$,这里 γ 为正常态电子比热系数。图 12.6 关于 Al 在超导态的 c_{es}实验结果就是一个明例。

BCS 理论赋予二流体模型新的内涵。库珀对就是超导电子,净的吸引作用使库珀对从一个状态散射到另一个状态,也就是某一个库珀对在散射中湮没,另一个库珀对同时产生,只改变超导的微观态而不改变超导的宏观量子态。在一定温度下二流体模型中的正常电子,在 BCS 理论中是库珀对因吸收热能被拆散成两个正常电子,两个电子的能量至少比 E_F 高出 $\Delta(T)$,所以两个电子的能量之和至少大于 $2\Delta(T)$,在此 $\Delta(T)$是温度 T 的能隙参量。

金兹堡-朗道理论本来在 T_c 附近温度适用,如果将其推广到绝对零度,序参量 $\psi(\boldsymbol{r}, t)$ 对应于 BCS 中的量如下

$$\psi(\boldsymbol{r}, t) = \sum_{\boldsymbol{k}} u_{\boldsymbol{k}} v_{\boldsymbol{k}} \tag{13.5.25}$$

如取 u_k 为实数量,

$$v_{\boldsymbol{k}} = | v_{\boldsymbol{k}} | e^{i\varphi} \tag{13.5.26}$$

则

$$\psi(\boldsymbol{r}, t) = \sum_{\boldsymbol{k}} u_{\boldsymbol{k}} | v_{\boldsymbol{k}} | e^{i\varphi} = \psi_0 e^{i\varphi} \tag{13.5.27}$$

另方面能隙参量

$$\Delta_0 = V \sum_{\boldsymbol{k}} u_{\boldsymbol{k}} v_{\boldsymbol{k}} \tag{13.5.28}$$

所以,金兹堡-朗道理论中的序参量 $\psi(\boldsymbol{r}, t)$与能隙参量 Δ_0 成比例。当 $T \neq 0$ K 时,$\psi(\boldsymbol{r}, t)$ 则与 $\Delta(T)$对应关系仍然成立。因需 $T \neq 0$ 的超导微观理论,不可能在此介绍。

最后要说明在荷载电流条件下的超导态。不载电流时每个库珀对 ($\boldsymbol{k}\uparrow, -\boldsymbol{k}\downarrow$) 总动量 $\hbar \boldsymbol{K} = \hbar \boldsymbol{k} + (-\hbar \boldsymbol{k}) = 0$, 由于外加电场作用,费米球移动 $\delta\boldsymbol{k}$,相应的库珀对变成 ($\boldsymbol{k} + \delta\boldsymbol{k}\uparrow, -\boldsymbol{k} + \delta\boldsymbol{k}\downarrow$),其总动量为$\hbar(2\delta\boldsymbol{k})$,库珀对的质心速度为 $2\hbar\delta\boldsymbol{k}/2m$,库珀对电荷为 $-2e$, 故在超导态,超导电流密度为

$$\boldsymbol{j}_s = n_s(-2e)\frac{\hbar\delta\boldsymbol{k}}{m} \tag{13.5.29}$$

若库珀对里每个电子能量的增量为 $\frac{\hbar^2 k_F \delta k}{m} = \Delta$ 时，库珀对就被拆散，即当 $\hbar \delta \boldsymbol{k}/m = \Delta/\hbar k_F$ 时，超导电流密度达到临界值

$$j_C = 2n_s e \frac{\Delta}{\hbar k_F} \tag{13.5.30}$$

若 $n_s = 3\times 10^{22}\ \mathrm{cm}^{-3}$, $\Delta = 10^{-4}\ \mathrm{eV}$, $k_F = 10^8\ \mathrm{cm}^{-1}$, $j_C \approx 10^7\ \mathrm{A/cm}^2$。

13.5.4　强耦合超导体

前面谈到 Hg 和 Pb 是电子-声子耦合相当强的超导体，表现出它们的 $\Delta_0/k_B T_c$ 之值及 $(c_{es} - c_{eN})/c_{eN}$ 在 T_c 时的比值均与 BCS 弱耦合情况有显著偏离。1960 年 G. M. Eliashberg 发展强耦合超导性理论。他考虑了声子态密度 F 是频率 ω 的函数，电子-声子耦合强度 α^2 也是 ω 的函数，以及库珀对势 $\Delta(\boldsymbol{r})$，导出了决定超导态能隙的两个积分方程——称为 Eliashberg 方程。1968 年 W. L. McMillan 解 Eliashberg 方程，导出强耦合情况的 T_c 公式：

$$k_B T_c = \frac{\hbar\omega_D}{1.45}\exp\left[-\frac{1.04(1+\lambda)}{\lambda - \mu^*(1+0.62\lambda)}\right] \tag{13.5.31}$$

这里

$$\lambda = g(E_F)\langle I^2\rangle / M\langle\omega^2\rangle \tag{13.5.32}$$

$\langle I^2\rangle$为电子-声子互作用矩阵元的方均值，$\langle\omega^2\rangle$是晶格振动频率的方均值。由于电子与声子耦合使电子的有效质量增大，

$$m^* = (1+\lambda)m \tag{13.5.33}$$

参数

$$\lambda = 2\int_0^\infty \frac{\mathrm{d}\omega}{\omega}\alpha^2(\omega)F(\omega) = g(E_F)V_{ph} \tag{13.5.34}$$

McMillan T_c 公式中的 μ^* 代表电子-电子的库仑互作用，其值一般在 0 至 0.2 之间 $(0 < \mu^* < 0.2)$，V_{ph} 为电子-声子互作用引起的吸引势。当 $\lambda < 2$ 时，T_c 随 λ 增大而升高；在 $\lambda = 2$ 时，T_c 达到最大值。因此 McMillan 预言在电子-声子相互作用的机制条件下，T_c 的上限为 40 K。

2001 年 1 月，日本公布发现新超导体 MgB_2，其 T_c 约 40 K，并有同位素效应：$Mg^{11}B_2$ 的 $T_c = 39.2$ K，而 $Mg^{10}B_2$ 的 $T_c = 40.2$ K。$M_B^{\alpha} T_c =$ 常数，$\alpha \approx 0.26$。虽然目前缺乏该材料的 V_{ph}，μ^* 和 λ 等参数，其超导性机制是否是声子媒介的配对，有待进一步探索。

1991 年人们发现掺碱族原子 A 的 C_{60} 化合物晶体 A_3C_{60} 具有超导性，其中以 Cs_2RbC_{60} 的 $T_c = 33$ K 最高。经过多年研究，多数科学家认为 A_3C_{60} 的超导机制是电子-声子互作用，理论给出的参数为有效电子-声子互作用，$V_{ph} = 0.056$ eV，$\mu^* = 0.09$，且 $\lambda = 0.51$。

§13.6　超导能隙和隧穿效应

库珀对吸收一定能量变成两个独立的正常电子的过程称为准粒子激发。本节的主题就是讨论拆散一个库珀对至少需要多大的能量？如何用物理实验加以测定？

13.6.1　超导态的准粒子激发

将一个库珀对拆散变成两个波矢各为 $\boldsymbol{k}_1$ 和 $\boldsymbol{k}_2$ 的独立电子，首先要使这两个电子有相应的动能

$$U_1 = \varepsilon(\boldsymbol{k}_1) + \varepsilon(\boldsymbol{k}_2) \tag{13.6.1}$$

第二,这两个电子失去了在库珀对占有态 $\varphi_{\boldsymbol{k}}$ 的动能

$$U_2 = 2\varepsilon(\boldsymbol{k}_1)v_{\boldsymbol{k}_1}^2 + 2\varepsilon(\boldsymbol{k}_2)v_{\boldsymbol{k}_2}^2 \tag{13.6.2}$$

第三,由于 $(\boldsymbol{k}_{1,2}\uparrow, -\boldsymbol{k}_{1,2}\downarrow)$ 退出了库珀对的集体,不参与留在集体里的库珀对之间粒子对散射,也失去这种散射对于相互作用能的贡献,于是

$$\begin{aligned} U_3 = &-V\left[\sum_{\boldsymbol{k}'} u_{\boldsymbol{k}'} v_{\boldsymbol{k}'} u_{\boldsymbol{k}_1} v_{\boldsymbol{k}_1} + \sum_{\boldsymbol{k}''} u_{\boldsymbol{k}''} v_{\boldsymbol{k}''} u_{\boldsymbol{k}_1} v_{\boldsymbol{k}_1}\right] \\ &-V\left[\sum_{\boldsymbol{k}'} u_{\boldsymbol{k}'} v_{\boldsymbol{k}'} u_{\boldsymbol{k}_2} v_{\boldsymbol{k}_2} + \sum_{\boldsymbol{k}''} u_{\boldsymbol{k}''} v_{\boldsymbol{k}''} u_{\boldsymbol{k}_2} v_{\boldsymbol{k}_2}\right] \end{aligned} \tag{13.6.3}$$

经过详细计算,拆散一个库珀对的能量为

$$\begin{aligned} U &= U_1 - U_2 - U_3 \\ &= \sqrt{\varepsilon^2(\boldsymbol{k}_1) + \Delta_0^2} + \sqrt{\varepsilon^2(\boldsymbol{k}_2) + \Delta_0^2} \end{aligned} \tag{13.6.4}$$

所以,在绝对零度,在超导态中产生波矢为 $\boldsymbol{k}$ 的准粒子(quasiparticle)的能量为

$$E_{\boldsymbol{k}} = \sqrt{\varepsilon^2(\boldsymbol{k}) + \Delta_0^2} \tag{13.6.5}$$

在温度 T 不是绝对零度时,BCS 理论给出的结果是上式中 Δ_0 改为 $\Delta(T)$,即准粒子能量

$$E_{\boldsymbol{k}} = \sqrt{\varepsilon^2(\boldsymbol{k}) + \Delta^2(T)} \tag{13.6.6}$$

$\Delta(T)/\Delta_0$ 随 T/T_c 变化的理论曲线见于后面图 13.25 的锁线。所以,在 $T < T_c$ 时,拆散一个库珀对至少需要的能量为 $2\Delta(T)$。应当注意,上述讨论是以正常态电子气的 E_F 为能量参考点。因而单个准粒子的能谱的最小值是比 E_F 高出 $\Delta(T)$,如图 13.17(a)所示,在费米波矢 k_F 点有一间隙,离 k_F 点较远时准粒子能量渐近于正常电子的能量。

准粒子的能态密度为 $g_s(E_{\boldsymbol{k}})$,它与正常电子能态密度 $g_N(\varepsilon)$ 的关系为

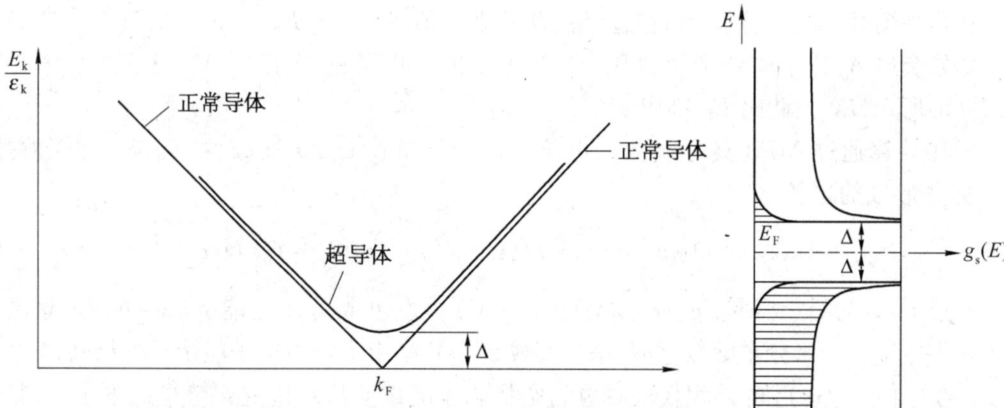

图 13.17　准粒子谱与态密度

(a) 超导态的准粒子谱；(b) 准粒子的态密度

$$g_s(E_k)=g_N(\varepsilon_k)\frac{\mathrm{d}\varepsilon_k}{\mathrm{d}E_k}=\begin{cases}g_N(\varepsilon_k)\cdot\dfrac{E_k}{\sqrt{E_k^2-\Delta^2}},\ 当\ |E_k|>\Delta\\0,\ 当\ |E_k|<\Delta\end{cases}\tag{13.6.7}$$

图 13.17(b)示意表示超导体中准粒子的能态密度式(13.6.7)的曲线，画横线区是电子填充部分，在能隙以下为库珀对占据，空的态是准空穴，而在能隙之上为准粒子或正常电子占据。能隙中央是 E_F。

13.6.2 MIM 结的隧穿效应

1933 年索末菲和贝特(H. Bethe)对金属-绝缘体-金属(MIM)在两端加电压时，电子通过隧穿效应产生电流的现象作了理论分析。A、B 两金属之间的电流决定于两个因素，一是电子隧穿 A、B 之间势垒 $U(x)$的概率

$$D\approx\exp\left\{-\frac{2}{\hbar}\int_a^b\sqrt{2m(U(x)-\varepsilon)}\,\mathrm{d}x\right\}\tag{13.6.8}$$

这里 a 和 b 是电子能量等于 $\varepsilon=U(x)$ 的两点坐标，如图 13.18 所示。二是 A、B 两金属在费米能级附近的态密度 $g_A(E_F)$ 和 $g_B(E_F)$。

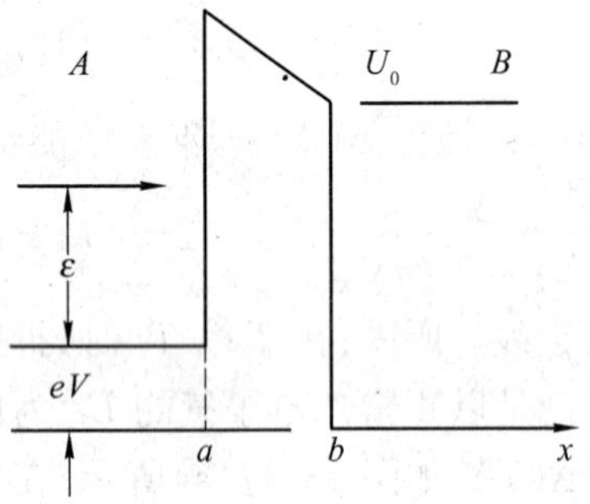

图 13.18 方势垒加电压后的隧道

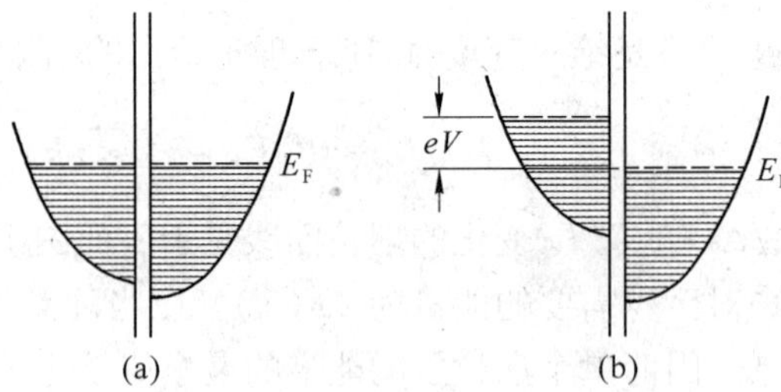

图 13.19 金属-绝缘体-金属能量图

(a) 热平衡；(b) 有电位差 V

在热平衡时，左边金属 A 和右边金属 B 的费米能级 $E_F^A=E_F^B=E_F$，如图 13.19(a)所示。如果金属 A 相对 B 处于负电压 V，则 A 中所有电子能量上升 eV，相应能量图如图 13.19(b)所示，E_F^A 因此比 E_F^B 高出 eV。

现在计算通过 MIM 夹心结构的电流。电子能量在 ε 到 $\varepsilon+\mathrm{d}\varepsilon$ 之间，从左边向右边隧穿势垒形成的电流

$$\mathrm{d}I_{A\to B}\propto D_{AB}g_A(\varepsilon-eV)f(\varepsilon-eV)g_B(\varepsilon)[1-f(\varepsilon)]\mathrm{d}\varepsilon\tag{13.6.9}$$

此式右边 $D_{A\to B}$为隧穿概率，$g_A(\varepsilon-eV)f(\varepsilon-eV)$ 是左边金属 A 在能量 ε 的单位能量区间的电子态密度与费米分布函数之积，宗量写成 $\varepsilon-eV$ 是由于左边电子能量已被抬高 eV。因子 $g_B(\varepsilon)$与 $[1-f(\varepsilon)]$ 的乘积代表右边为空状态才能接受从左边隧穿势垒的电子。同理，由 B 到 A 电子穿越势垒产生的电流为

$$\mathrm{d}I_{B\to A}\propto D_{BA}g_A(\varepsilon-eV)[1-f(\varepsilon-eV)]g_B(\varepsilon)f(\varepsilon)\mathrm{d}\varepsilon\tag{13.6.10}$$

再设 $D_{AB}=D_{BA}$，得净电流

$$I \propto \int [\mathrm{d}I_{A\to B} - \mathrm{d}I_{B\to A}]$$
$$= \int D_{AB} g_A(\varepsilon - eV) g_B(\varepsilon)[f(\varepsilon - eV) - f(\varepsilon)]\mathrm{d}\varepsilon \qquad (13.6.11)$$

由于金属 A、B 之间所加电压一般不超过几十毫伏，而 $E_F \approx 5$—10 eV。因此 $D_{AB}g_A(\varepsilon - eV)g_B(\varepsilon)$ 均可以 E_F 处的数字代替，移出积分号外，同时在小电压条件下有

$$f(\varepsilon - eV) - f(\varepsilon) = -eV\frac{\mathrm{d}f}{\mathrm{d}\varepsilon} \approx eV\delta(\varepsilon - E_F) \qquad (13.6.12)$$

因此
$$I = Ag_A(E_F)g_B(E_F)eV \qquad (13.6.13)$$

表明 $I-V$ 特性，遵从欧姆定律。

13.6.3　NIS 结的隧穿效应

1960 年 I. Giaever 测量正常金属-绝缘体-超导体(NIS)结的 $I-V$ 特性曲线，利用 BCS 的明确的物理图像给出正常金属超导体之间的隧穿效应的合理解释，并导出超导能隙的大小。实验中绝缘层 I 很薄约 2～3 nm。

图 13.20 是 Giaever 在 Al-Al_2O_3-Pb 结测量的结果。当两个金属处于正常态时，$I-V$ 特性是线性的，如图中曲线 1，符合前面所述的欧姆定律。而当 Pb 变成超导体时，$I-V$ 特性显示非线性的曲线，如图中曲线 2。

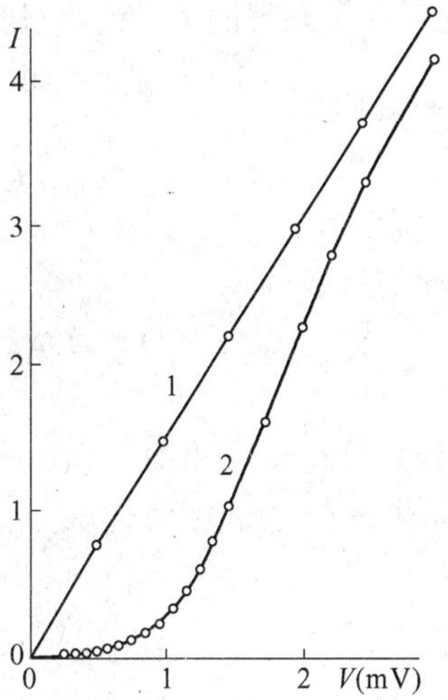

图 13.20　Al-Al_2O_3-Pb 结 $I-V$ 特性曲线

1:Al 和 Pb 都处正常态；2:Pb 处超导态，Al 在正常态

当 Pb 变成超导态时，其中的准粒子态密度为 $g_s(E_{\boldsymbol{k}})$，与正常态的态密度 $g_N(\varepsilon)$ 有明显变化。在 $T = 0$ K 时，能量低于超导能隙下边缘 $E = -\Delta$ 的状态，均被电子占满，而能量大于能隙上边缘 $E = \Delta$ 的状态没有电子。在热平衡条件，左边正常金属(Al)和右边在超导态的金属(Pb)的费米能级必须相等，如图 13.21(a)中虚线所示。当左边材料相对右边超导体处于电压 $V < \Delta/e$ 时，左边金属 E_F 附近的电子，因右方不能提供接受电子的空状态，无法实现隧穿势垒的过程，电流为零。当 $V = \dfrac{\Delta}{e}$ 时，左边材料中能量在 E_F^A 正好对准右边超

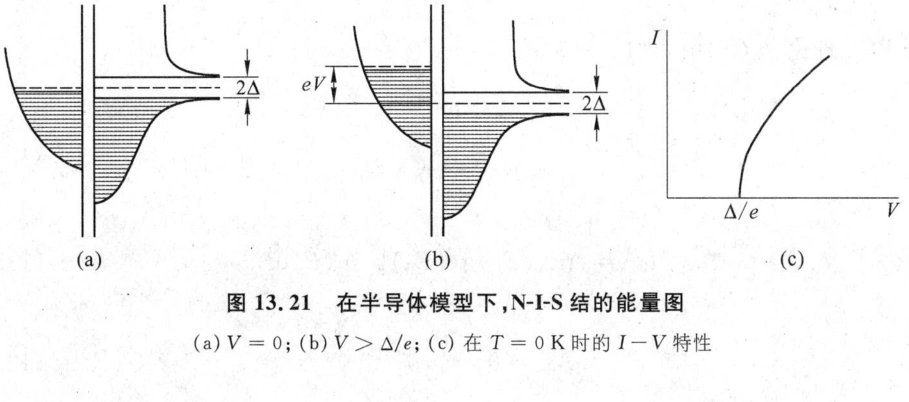

图 13.21　在半导体模型下，N-I-S 结的能量图

(a) $V = 0$; (b) $V > \Delta/e$; (c) 在 $T = 0$ K 时的 $I-V$ 特性

导体能隙上边缘,始有电子经过隧穿效应流入右边材料形成电流。当 $V > \Delta/e$ 时,由于左边金属参与隧穿效应的电子随 V 而增多,同时右边有很大态密度的空态能接纳电子,如图 13.21(b)所示。电压 V 达到 Δ/e 数倍时,$I-V$ 关系渐近于欧姆定律。故 NIS 结的 $I-V$ 特性曲线,如图 13.21(c)所示。

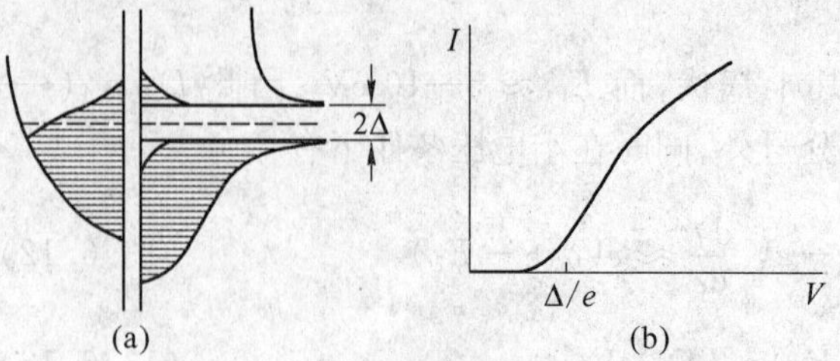

图 13.22　有限温度时 N-I-S 结的准粒子隧道效应

(a) N-I-S 结的能量图; (b) $I-V$ 曲线

当 NIS 系统的温度 T 不为零时,两边材料的电子能量图,如图 13.22(a)所示。在热平衡时,左右两边材料的 E_F 对齐。但在左边 E_F 之上有少量电子,E_F 以下有少量空穴;右边超导体能隙之上有少量电子,能隙以下有少量空穴。这时,N-I-S 结的 $I-V$ 特性如图 13.22(b)所示,在 $V = \Delta/e$ 附近 $I-V$ 曲线不再具有呈挺直上升的形态,变成略有渐变的模样,恰如 Giaever 测得的 $Al\text{-}Al_2O_3\text{-}Pb$ 结的特性曲线的走势。

流过 N-I-S 结的隧穿电流可利用式(13.6.11)中

$$g_B(E) = g_s(E) = g_B(\varepsilon)\frac{d\varepsilon}{dE} = g_B(E_F)b_s(E) \tag{13.6.14}$$

便得

$$I_{Ns} = Ag_A(E_F)g_B(E_F)\int b_s(E)[f(E-eV) - f(e)]dE \tag{13.6.15}$$

与式(13.6.11)相比,多出一个被积函数因子 $b_s(E)$。在 $T = 0\,\mathrm{K}$ 时,由于费米函数直至 $E_F = 0$ 的值 $f(E)$为 1,高于此能量的 $f(E) = 0$, 于是

$$f(E-eV) - f(E) = \begin{cases} 1, \text{ 当 } 0 < E < eV \\ 0, \text{ 当 } E < 0,\ E > eV \end{cases} \tag{13.6.16}$$

故

$$I_{Ns} = Ag_A(E_F)g_B(E_F)\int_0^{eV} n_s(E)dE \tag{13.6.17}$$

由此得微分电导

$$\frac{dI_{Ns}}{dV} = Ag_A(E_F)g_B(E_F)n_s(eV)e \tag{13.6.18}$$

而按照 BCS 理论,$b_s(E)$由式(13.6.7)得

$$b_s(E) = \begin{cases} 0, \text{ 当 } |E| < \Delta \\ \dfrac{E}{(E^2 - \Delta^2)^{1/2}}, \text{ 当 } |E| \geqslant \Delta \end{cases} \tag{13.6.19}$$

代入

$$I_{Ns} = Ag_A(E_F)g_B(E_F)\int_0^{eV} b_s(E)dE \tag{13.6.20}$$

得

$$I_{Ns} = 0, \text{ 当 } eV < \Delta \tag{13.6.21}$$

$$I_{\mathrm{Ns}} = Ag_A(E_{\mathrm{F}})g_B(E_{\mathrm{F}})\int_0^{eV}\frac{E\mathrm{d}E}{\sqrt{E^2-\Delta^2}}$$

$$= Ag_A(E_{\mathrm{F}})g_B(E_{\mathrm{F}})[(eV)^2-\Delta^2]^{1/2},\ 当\ eV > \Delta \tag{13.6.22}$$

所以，N-I-S 结的 $I \sim V$ 特性：当 $V < \Delta/e$ 以前，$I = 0$，当 $V \geqslant \Delta/e$，I 陡然增大，直至 $eV \gg \Delta$ 时，$I_{\mathrm{Ns}} \to Ag_A(E_{\mathrm{F}})g_B(E_{\mathrm{F}})eV = G_{\mathrm{NN}}V$。

在温度 T 低于材料 B 的超导临界温度 T_c^B 时，Giaever 等对式(13.6.15)详细求解，得

$$I_{\mathrm{NN}} = 2G_{\mathrm{NN}}\frac{\Delta}{e}\sum_{m=0}^{\infty}(-1)^{m+1}\mathrm{K}_1\left(\frac{m\Delta}{k_{\mathrm{B}}T}\right)\mathrm{sh}\left(\frac{meV}{k_{\mathrm{B}}T}\right) \tag{13.6.23}$$

式中 $\mathrm{K}_1(x)$ 为第一阶修正的第二类贝塞尔函数。

当 $eV < \Delta$，T 甚低时，式(13.6.23)中 $m > 1$ 的项都可忽略，并注意到

$$\mathrm{K}_1(x) \approx \left(\frac{\pi}{2x}\right)^{1/2}\exp(-x) \tag{13.6.24}$$

得

$$\lim_{\substack{V\to 0\\ T\to 0}} I_{\mathrm{Ns}} = I_{\mathrm{NN}}\left(\frac{2\pi\Delta}{k_{\mathrm{B}}T}\right)^{1/2}\exp(-\Delta/k_{\mathrm{B}}T) \tag{13.6.25}$$

13.6.4 超导体之间的隧穿效应

现在考查温度足够低，左、右两边金属都处于超导态的情况，这就是 S_1-I-S_2 隧道结。以 Sn-I-Pb 为例，Sn 的能隙 $2\Delta_1 <$ Pb 的能隙 $2\Delta_2$。图 13.23(a)—(d)示意画出在有限温度下 S_1 相对 S_2 处于不同负电压 V 情况的电子能量图。当(a) $V = 0$ 时，S_1 和 S_2 的费米能级对齐，能参与隧穿势垒的只有极少量电子，电流极微弱。(b) $V = (\Delta_2 - \Delta_1)/e$，这时 S_1 和 S_2 的能隙上边缘正好对齐，S_1 中能量在能隙之上的电子参与隧穿势垒形成电流。(c)电压 V 在 $(\Delta_2 - \Delta_1)/e$ 和 $(\Delta_2 + \Delta_1)/e$ 之间，在这区域里参与隧穿势垒电子数目不变，但接受电子右方材料提供的空状态的密度逐渐减小，因而相应的电流渐减。直到电压 V 增至(d)所示的条件 $V = (\Delta_1 + \Delta_2)/e$，这时 S_1 的能隙下边缘正好与 S_2 能隙的上边缘处在同一水

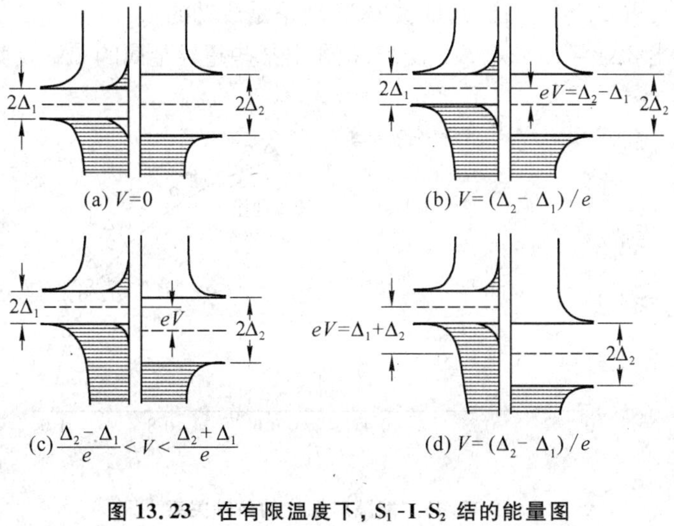

图 13.23 在有限温度下，S_1-I-S_2 结的能量图

平。再增大V，I就陡然上升。在继续增大V时隧道结的电流渐近于 N-I-N 结的欧姆定律的I_{NN}线，如图 13.24(a)所示。实际 Sn-I-Pb 隧道结的$I-V$特性曲线如图 13.24(b)所示，与理论计算的结果符合甚好。

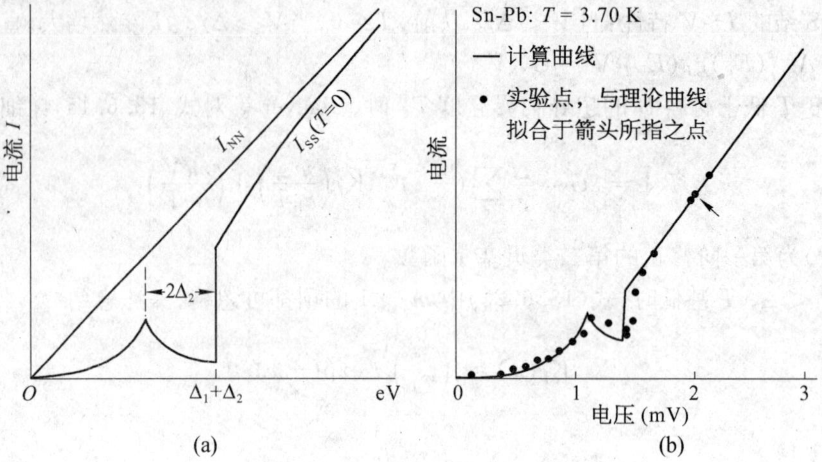

图 13.24 S_1-I-S_2 隧道结电流

(a) S_1-I-S_2 单粒子隧道结的理论的$I-V$特性；(b) Sn-I-Pb 结的$I-V$特性

对于S_1-I-S_2结，式(13.6.11)修正成如下电流表示式

$$I_{SS}=Ag_A(E_F)g_B(E_F)\int\frac{|E-eV|}{\sqrt{(E-eV)^2-\Delta_1^2}}\frac{|E|}{\sqrt{E^2-\Delta_2^2}}[f(E-eV)-f(E)]\mathrm{d}E \tag{13.6.26}$$

对此方程需要用计算机求数字解。

13.6.5 超导能隙的温度关系

BCS 理论给出的$\Delta(T)/\Delta_0$随约化温度T/T_c的变化关系，如图 13.25 中虚线所示。而图中实验数据是 Giaever 和 K. Megerle 从超导体铟、锡、铅的隧穿效应实验中得到的能隙对温度依赖关系。显然，BCS 理论预言的能隙-温度关系被证明是很适用的。这也是 BCS 理论问世以来一次重要的实验检验，证实 BCS 理论是成功的。

BCS 理论导出$2\Delta_0=3.52k_BT_c$，表 13.3 列出某些超导金属的$2\Delta_0$及其与T_c实验值之

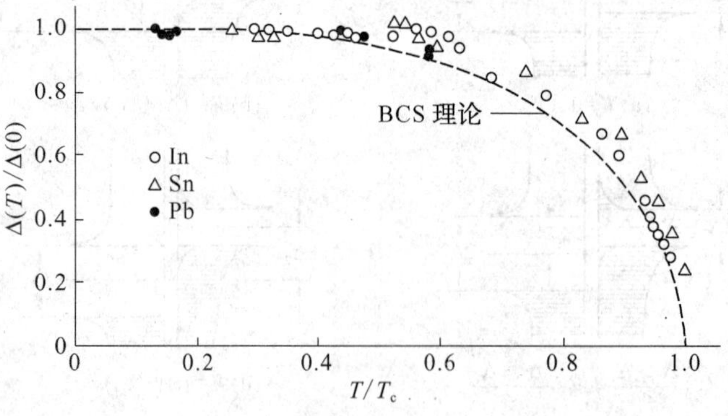

图 13.25 能隙对温度的依赖关系

间的比值，基本上符合BCS理论的预言值。但对超导体Hg，Pb，Nb的这个比值与BCS预期值偏离较大，这是因为这些材料中电子-声子相互作用强，不可能同弱耦合的理论结果符合。

表13-3　某些金属超导体在趋于绝对零度时的能隙 $2\Delta_0$(eV)

	Al	Ga	In	Tl	Sn(白)	Pb
$2\Delta_0$	3.4×10^{-4} eV $3.3k_BT_c$	3.3×10^{-4} $3.5k_BT_c$	10.5×10^{-4} $3.6k_BT_c$	7.35×10^{-4} $3.6k_BT_c$	11.5×10^{-4} $3.5k_BT_c$	27.3×10^{-4} $4.38k_BT_c$
	V	Nb	Ta	Zn	Cd	Hg(α)
$2\Delta_0$	16×10^{-4} eV $3.4k_BT_c$	30.5×10^{-4} $3.80k_BT_c$	14×10^{-4} $3.60k_BT_c$	2.4×10^{-4} $3.60k_BT_c$	2.4×10^{-4} $3.2k_BT_c$	16.5×10^{-4} $4.6k_BT_c$

§ 13.7　约瑟夫森效应

1962年约瑟夫森(B. D. Josephson)做了精辟的理论分析，预言库珀对也会有隧穿效应，条件是S-I-S结中绝缘层很薄，只有1 nm。由于超导电子的相干长度 ξ 为 $\approx10^{-6}$ m，因而两侧超导体波函数将有耦合，呈现超导电流的量子干涉现象。这里介绍费恩曼(R. P. Feynman)后来从宏观量子现象导出约瑟夫森原先用微观理论得到的基本公式。

S-I-S结，通常称之为约瑟夫森结或超导隧道结，如图13.26(a)所示。其制备方法是在衬底板上用蒸发或其他方法淀积一层超导膜 S_1，用热氧化法生长很薄的一层绝缘膜，再蒸涂另一层超导膜 S_2，在 S_1 和 S_2 交叉处就是一个超导隧道结。此外，现在约瑟夫森结还有超导微桥，如该图(b)所示。超导微桥是同一种材料制成的超导薄膜，中部有一狭窄的同质的桥，桥宽约0.3～0.5 μm，长约0.3～1 μm。超导薄膜厚约0.05～0.3 μm。超导微桥使两

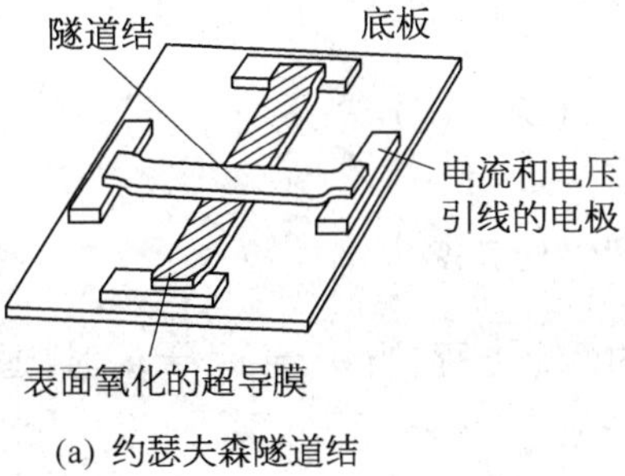

(a) 约瑟夫森隧道结

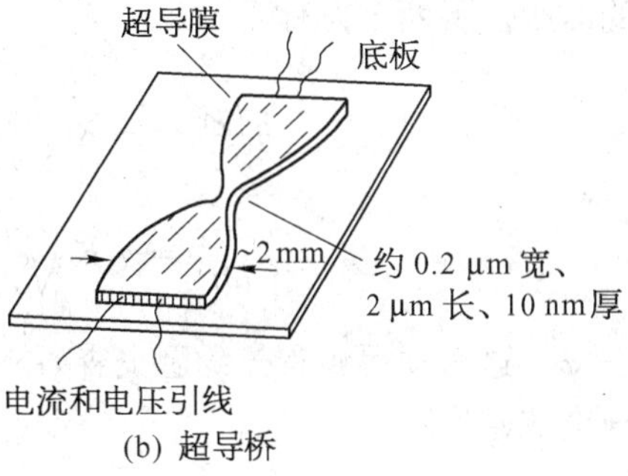

(b) 超导桥

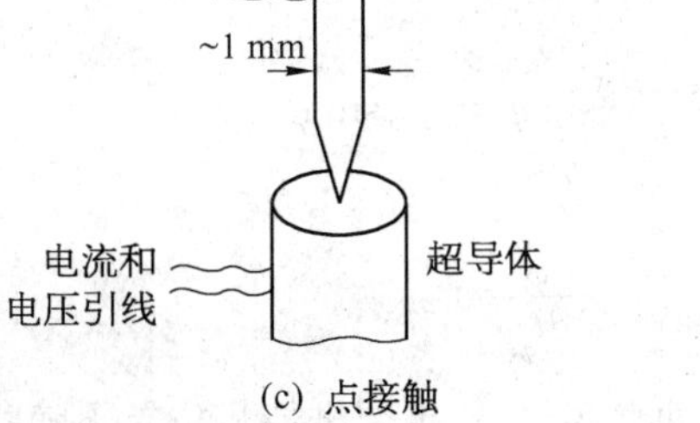

(c) 点接触

图13.26　典型的弱连接超导体

侧超导体通过桥区实现弱连接呈现约瑟夫森效应(Josephson effect)。第三种形式是点接触约瑟夫森结。将一超导线端部磨尖抛光与另一经研磨抛光的超导体表面接触而成。这三种形式是实际常用的约瑟夫森结。

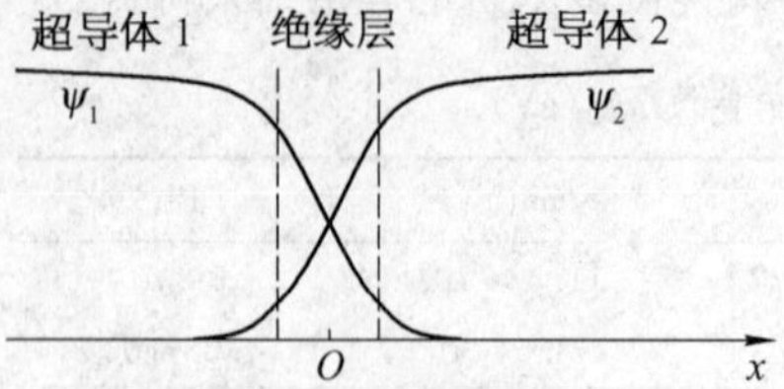

图 13.27 在约瑟夫森结两边超导体波函数的耦合

13.7.1 直流约瑟夫森效应

如图 13.27 所示,超薄绝缘层两侧超导体波函数分别为:

$$\psi_1 = \sqrt{n_1}\ e^{i\varphi_1} \text{ 和 } \psi_2 = \sqrt{n_2}\ e^{i\varphi_2} \tag{13.7.1}$$

这里 n_1 和 n_2 分别是超导体 S_1 和 S_2 中库珀对的密度,φ_1 和 φ_2 是波函数的相位。由于相干长度 ξ_1 和 ξ_2 都比绝缘层厚度大得多,ψ_1 和 ψ_2 均可透过绝缘层进入对方区域。设 $S_i(i=1, 2)$的超导态能量为 $E_i(i=1, 2)$,K 为 S_1 和 S_2 超导态之间的耦合系数,于是 $\psi_i(i=1, 2)$应满足下列两个方程:

$$\mathrm{i}\,\hbar\frac{\partial\psi_1}{\partial t} = E_1\psi_1 + K\psi_2 \tag{13.7.2}$$

$$\mathrm{i}\,\hbar\frac{\partial\psi_2}{\partial t} = E_2\psi_2 + K\psi_1 \tag{13.7.3}$$

先讨论一个简单的情况,两边超导体都处于零电位,而且又是全同的,于是有 $E_1=E_2$。将式(13.7.1)代入式(13.7.2)—(13.7.3),再把实部和虚部分开得

$$\frac{\partial n_1}{\partial t} = -\frac{\partial n_2}{\partial t} = \frac{2K(n_1 n_2)^{\frac{1}{2}}}{\hbar}\sin(\varphi_2 - \varphi_1) \tag{13.7.4}$$

这里第一个等号是系统电荷守恒定律的表示式,超导体 S_1 中库珀对增加是来自超导体 S_2 的库珀对的减少。另两个方程是

$$\hbar\frac{\partial\varphi_1}{\partial t} = -K\sqrt{\frac{n_2}{n_1}}\cos(\varphi_2 - \varphi_1) \tag{13.7.5}$$

$$\hbar\frac{\partial\varphi_2}{\partial t} = -K\sqrt{\frac{n_1}{n_2}}\cos(\varphi_2 - \varphi_1) \tag{13.7.6}$$

令 $\varphi = \varphi_2 - \varphi_1$,这样便得到直流约瑟夫森效应的两个方程,当 $n_1 = n_2 = n_s$ 时,通过约瑟夫森结的超导电流密度

$$\begin{aligned} j_s &= e^*\frac{\partial n}{\partial t} = \frac{4eK}{\hbar}(n_1 n_2)^{\frac{1}{2}}\sin\varphi \\ &= \frac{4eKn_s}{\hbar}\sin\varphi = j_{so}\sin\varphi \end{aligned} \tag{13.7.7}$$

及相位方程

$$\frac{\partial\varphi}{\partial t} = 0 \tag{13.7.8}$$

这表明结两边的超导态相位不能各自独立变化,一定要维持相位差不随时而变。式(13.7.7)中 $j_{so} = \dfrac{4n_s eK}{\hbar}$ 为流过约瑟夫森结的最大电流密度。后来,V. Ambeguokar 和 A. Baratoff

从超导性微观理论出发，导出

$$j_{so} = \frac{\pi\Delta(T)}{2eR_{NN}}\tanh\frac{\Delta(T)}{2k_B T} \tag{13.7.9}$$

这里 R_{NN} 是结两边金属都在正常态时，结的每单位面积的电阻。

依照约瑟夫森的预言，由式(13.7.7)，夹在超导体 S_1 和 S_2 之间的极薄绝缘层能让超导电流通过而不显现电阻，其允许通过的最大电流密度为 j_{so}。在他预言之后几个月，安德森(P. W. Anderson)和 J. M. Rowell 测量了约瑟夫森隧道结的电流-电压特性，证实这一预言。图 13.28 是 Sn-SnO$_x$-Sn 的隧道结的 $I\sim V$ 特性曲线。假定由一理想电流源对隧道结供应电流，只要 j_{so} 不超过临界电流密度 j_c，隧道结两端就不会有电压降，如图中沿纵轴的线段 a。一旦电流密度达到 j_c，特性曲线沿图中虚线 b 段变化，扫到单粒子隧道效应的特性曲线 c。此后，如果降低电压，特性曲线沿单粒子隧穿效应的 $I\sim V$ 曲线(图中实线)下降，若电流反向，则当电流达到临界值 $-I_C$ 时出现电压，沿左下方水平虚线转换到单粒子隧穿电流特性曲线变化。

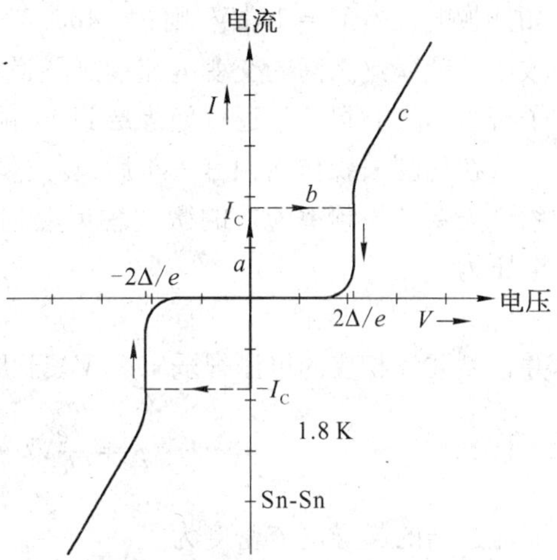

图 13.28　Sn-SnO$_x$-Sn 隧道结的直流约瑟夫森效应

13.7.2　交流约瑟夫森效应

当超导隧道结两端有外加电压 V 时，两边超导体的能量 E_1 和 E_2 受电位差 V 制约，为确定计，令

$$E_2 - E_1 = e^* V = 2eV \tag{13.7.10}$$

这时式(13.7.4)依然有效，但式(13.7.5)和(13.7.6)分别改为

$$\hbar\frac{\partial\varphi_1}{\partial t} = -E_1 - K\sqrt{\frac{n_2}{n_1}}\cos(\varphi_2 - \varphi_1) \tag{13.7.11}$$

$$\hbar\frac{\partial\varphi_2}{\partial t} = -E_2 - K\sqrt{\frac{n_1}{n_2}}\cos(\varphi_2 - \varphi_1) \tag{13.7.12}$$

于是，在 $n_1 = n_2 = n_s$ 时，相位差 $\varphi = \varphi_2 - \varphi_1$ 的方程改为

$$\frac{\partial\varphi}{\partial t} = \frac{2eV}{\hbar} \tag{13.7.13}$$

式(13.7.4)和式(13.7.13)是约瑟夫森的两个基本公式，是讨论直流和交流约瑟夫森效应的基础，也是讨论超导量子干涉现象的基础。

按式(13.7.13)隧道结两侧超导态波函数的相位差为

$$\varphi = \frac{2e}{\hbar}Vt + \varphi_0 \tag{13.7.14}$$

将此相位差代入式(13.7.4)得流过隧道结的超导电流密度为

$$j_s = j_{so}\sin\left(\frac{2e}{\hbar}Vt + \varphi_0\right)$$
$$= j_{so}\sin(2\pi\nu t + \varphi_0) \tag{13.7.15}$$

是一个高频交变电流，其频率

$$\nu = \frac{2e}{h}V \tag{13.7.16}$$

如外加电位差 $V = 10\,\mu V$，则 $\nu = 483.6\times10^6$ Hz，在微波范围。这就是约瑟夫森预言的交流效应。频率这么高的交变电流通过隧道结，必有同一频率的电磁波从结区发射出来。按量子观点，库珀对从 S_2 通过绝缘层到 S_1 能量下降 $2\,eV$，以光子 $\hbar\omega$ 释放。

在约瑟夫森作出预言一年后，夏皮罗(S. Shapiro)提出一个课题；对处于直流偏压 V 的约瑟夫森结用频率为 ω 的微波辐射照射，将会有什么现象发生？这时，约瑟夫森结两端的电压为

$$V + v\cos(\omega t + \theta) \tag{13.7.17}$$

并设微波场相应的电压很弱 $v \ll V$。于是，两边超导态的相位差为

$$\varphi = \frac{2e}{\hbar}Vt + \varphi_0 + \frac{2ev}{\hbar\omega}\sin(\omega t + \theta) \tag{13.7.18}$$

而流过结的超导电流密度为

$$j_s = j_{so}\sin\left[\frac{2e}{\hbar}Vt + \varphi_0 + \frac{2ev}{\hbar\omega}\sin(\omega t + \theta)\right] \tag{13.7.19}$$

利用数学公式

$$\sin(\alpha + Z\sin\varphi) = \sum_{m=-\infty}^{\infty} J_m(Z)\sin(\alpha + m\varphi) \tag{13.7.20}$$

式(13.7.19)可写成

$$j_s = j_{so}\sum_{m=-\infty}^{\infty} J_m\left(\frac{2ev}{\hbar\omega}\right)\sin\left[\left(\frac{2e}{\hbar}V + m\omega\right)t + m\theta + \varphi_0\right] \tag{13.7.21}$$

这里 $J_m(x)$ 是第 m 阶第一类贝塞尔函数。如令 $m = -n$，并利用

$$J_{-n}(x) = (-1)^n J_n(x) \tag{13.7.22}$$

式(13.7.21)可改写成：

$$j_s(t) = j_{so}\sum_{n=-\infty}^{\infty}(-1)^n J_n\left(\frac{2ev}{\hbar\omega}\right)\sin\left[\left(\frac{2e}{\hbar}V - n\omega\right)t - n\theta + \varphi_0\right] \tag{13.7.23}$$

当偏置电压 V 满足 $\frac{2e}{\hbar}V = n'\omega$ 时，上式第 n' 项成为超导电流中的直流成分：

$$j_s = (-1)^{n'} j_{so} J_{n'}\left(\frac{2ev}{\hbar\omega}\right)\sin(\varphi_0 - n'\theta),\ n' = 0,\ 1,\ 2,\ 3,\ 4,\ \cdots \tag{13.7.24}$$

其他各项都是高频正弦项，其时间平均值

$$\lim_{t\to 0}\frac{1}{t}\int_0^t \sin(\omega' t + \theta_0)\,dt = 0 \tag{13.7.25}$$

故每当

$$V = n' \frac{\hbar\omega}{2e}, \quad n' = 0, 1, 2, 3, \cdots \tag{13.7.26}$$

时，$I-V$ 特性曲线就会出现大小如式(13.7.24)的直流成分，表现一系列垂直短线。

夏皮罗首先在实验中观测到 $I-V$ 曲线上有高度不等的台阶，出现阶跃的电压值满足式(13.7.26)。这些 $I-V$ 曲线上的台阶称为夏皮罗台阶(Shapiro steps)。示意画在图13.29中。

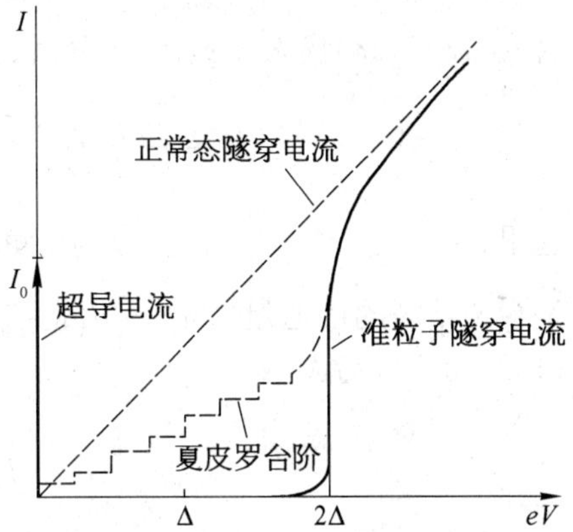

图 13.29　夏皮罗台阶

随着人们对宏观量子态和有关量子跃迁的认识不断深入，量子计量基准已不再局限于复现长度和时间这两种基本单位。超导体的库珀对隧穿约瑟夫森结势垒量子跃迁公式 $2eV = h\nu$，将结电压 V 与微波辐射率 ν 相联系，因而得到准确度与频率基准相接近的量子电压基准，目前其准确度达到 10^{-10}。1988 年国际计量组织建议从 1990 年 1 月 1 日起在世界范围内启用约瑟夫森电压标准，取代以往由标准电池维持的实物标准，并规定 $K_J = \frac{2e}{h}$ 为约瑟夫森常量。

13.7.3　磁场对超导相位的调制作用

在讨论磁通量子化时，我们知道磁场会影响超导波函数的相位。现在让我们考查 S-I-S 约瑟夫森结，结平面在 xy 面，绝缘层厚为 $2a$，磁场 $\boldsymbol{B}_0 = B_0\hat{i} = \mu_0 H\hat{i}$ 沿 x 方向，如图 13.30(a)所示，在绝缘层及其两侧各厚为 λ_L 的邻区有磁场穿透。磁场的矢势 $\boldsymbol{A} = B_0 y\hat{k}$ 沿 z 轴。

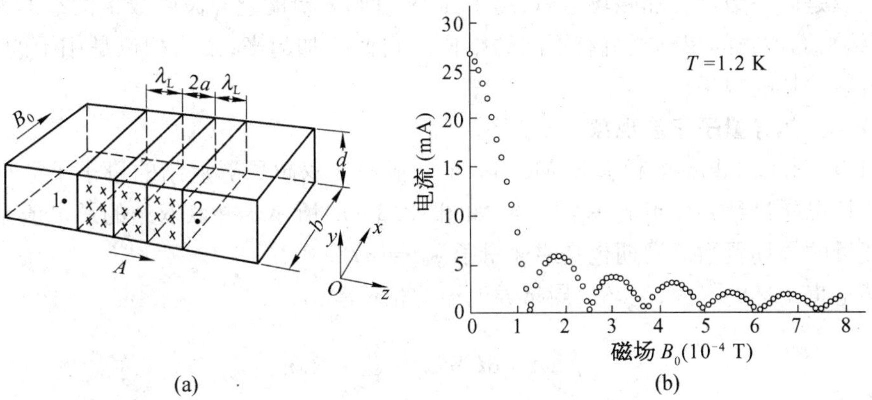

图 13.30　超导电流 I_S^J 受外磁场 B_0 调制

(a) 磁场沿结平面穿过约瑟夫森结；(b) Sn-I-Sn 结的极大超导电流作为磁场的函数

由于存在磁场，超导体 1 和 2 两点的相位差增加

$$\frac{2e}{\hbar}\int_1^2 \boldsymbol{A}\cdot \mathrm{d}\boldsymbol{l} = \frac{2e}{\hbar}\int_1^2 A_z \mathrm{d}z = \frac{2e}{\hbar} y(2a + 2\lambda_L) \tag{13.7.27}$$

于是，流过结的超导电流密度为

$$j_s = j_{so}\sin\left[\varphi_0 + \frac{2e}{\hbar}B_0 y(2a + 2\lambda_L)\right] \tag{13.7.28}$$

这说明沿 y 轴方向，j_s 随 y 呈正弦函数变化。因而通过结的超导电流为

$$I_s = \int_{-d/2}^{d/2}\int_{-b/2}^{b/2} j_s(y)\mathrm{d}x\mathrm{d}y \tag{13.7.29}$$

将式(13.7.28)代入上式，经积分后，得到

$$I_S^J = \frac{-j_{so}\phi_0 S_J}{2\pi\Phi_J}\left[\cos\left(\varphi_0 + \frac{\pi\Phi_J}{\phi_0}\right) - \cos\left(\varphi_0 - \frac{\pi\Phi_J}{\phi_0}\right)\right] \tag{13.7.30}$$

这里，

$$\Phi_J = B_0(2a + 2\lambda_L)d \tag{13.7.31}$$

是穿透结区的磁通量。$S_J = bd$ 是结的面积，$\phi_0 = h/2e$ 是磁通量子。再利用三角公式，式(13.7.30)可写成

$$I_S^J = I_{So}^J \frac{\sin\left(\dfrac{\pi\Phi_J}{\phi_0}\right)}{\pi\Phi_J/\phi_0} \tag{13.7.32}$$

其中

$$I_{So}^J = j_{so}S_J\sin\varphi_0 \tag{13.7.33}$$

式(13.7.32)表明，流过约瑟夫森结的超导电流 I_S^J 受结区的磁通量 Φ_J（或外磁场 $\boldsymbol{B}_0$）调制。每当 Φ_J 是磁通量子 $\phi_0 = h/2e$ 的整数倍时，$I_s=0$，不会有超导电流通过结。1963 年 Rowell 首先观测到这个现象。图 13.30(b)是后来 D. N. Langenberg 等人做得更加详细的实验结果，它与上述理论公式符合很好。

式(13.7.32)很像光波通过单缝衍射的强度分布。在没有磁场时，结平面各点的超导波函数的相位是同一数值。加磁场之后，结平面(xy 面)各点的超导波函数相位不再为同一数值，通过结平面不同的超导电流有不同的相位。它们叠加起来，波的相位是相干的，从而得到单缝衍射一样的效果。

13.7.4 超导量子干涉现象

1964 年，R. C. Jaklevic 和 J. E. Mercereu 等报告了双超导隧道结的量子干涉现象。他们把两个超导隧道结并联组成一个回路，如图 13.31(a)所示。并联双结的总电流是超导环孔中磁通量的周期函数。周期也是磁通量子 $\phi_0 = h/2e$。

磁场垂直于环的平面，绕环一周超导电流的相位差由

$$\frac{2e}{\hbar}\oint \boldsymbol{A}\cdot\mathrm{d}\boldsymbol{l} + \varphi_b - \varphi_a = 2\pi n \tag{13.7.34}$$

来决定。这里 φ_a 和 φ_b 是超导电流通过 a 和 b 结的相位差。而

$$\oint \boldsymbol{A}\cdot\mathrm{d}\boldsymbol{l} = \Phi \tag{13.7.35}$$

是超导环包围的面积中的磁通量。式(13.7.34)中 n 是任意整数，下面设 $n=0$，这两个结的相位差可分别取为

$$\varphi_a = \varphi_0 + \pi\frac{\Phi}{\phi_0} \quad 和 \quad \varphi_b = \varphi_0 - \pi\frac{\Phi}{\phi_0} \tag{13.7.36}$$

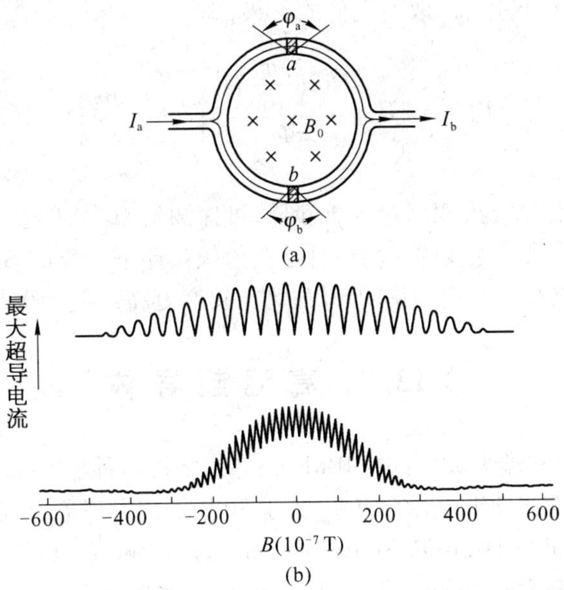

图 13.31　双结的量子干涉现象

(a) 两个并联的约瑟夫森结；(b) 一对蒸发薄膜约瑟夫森结的最大电流，显示有干涉和衍射效应

依此，通过 a 和 b 两个结的超导电流分别为

$$\left.\begin{aligned} I_a &= I_{ao}\sin\varphi_a = I_{ao}\sin\left(\varphi_0 + \pi\frac{\Phi}{\phi_0}\right) \\ I_b &= I_{bo}\sin\varphi_b = I_{bo}\sin\left(\varphi_0 - \pi\frac{\Phi}{\phi_0}\right) \end{aligned}\right\} \tag{13.7.37}$$

若 $I_{ao} = I_{bo} = I_s(0)$，则总电流为

$$I_s = I_a + I_b = 2I_s(0)\sin\varphi_0\cos\left(\frac{\pi\Phi}{\phi_0}\right) \tag{13.7.38}$$

这表明，通过并联双结的两路超导电流的相位受环孔中磁通调制，并发生相位干涉，使总电流受环孔中磁通 Φ 调制，当 Φ 是 ϕ_0 整数倍时，总电流达到最大值。因此上述结构称为双结量子干涉仪。这是超导量子干涉器件(Superconducting Quantum Interference Device，简称SQUID)的一个范例。

图 13.31(b)是 A 和 B 两个双结样品最大电流依赖磁场关系的实验结果。我们可以看到这里有两个周期，大的周期是由结中的磁通产生的，小的周期是环中磁通引起的。因为结区内磁通 $\Phi_J = B_0(2a + 2\lambda)d$ 比超导环孔中磁通 $\Phi = B_0 S'$ 小得多，所以结区磁通的调制作用引起的振荡频率比超导环磁通引起的振荡频率小得多。故结区磁通引起的振荡表现为曲线的包络，该图中样品 A 的 $I_{max} = 1\,mA$，磁场周期 $\Delta B_0 = \mu_0\Delta H = 39.5 \times 10^{-7}\,T$，电流止断于零是由于背景磁场未被补偿的缘故。$B$ 样品对应 $I_{max} = 0.5\,mA$，磁场周期 $\Delta B_0 = \mu_0\Delta H = 16\times 10^{-7}\,T$。这个样品超导环的电感 L_B 比较大，而样品 A 的电感 L_A 较小，所以曲线的表现有差异。应该说样品 A 的曲线符合式(13.7.38)中 $I_S(0)$用式

(13.7.32)所表示的 I_S 代进后,取最大值的结果,即

$$I_{\max} = 2I_{So}^{J}\left|\frac{\sin\left(\frac{\pi\Phi_J}{\phi_0}\right)}{\pi\Phi_J}\right|\left|\cos\left(\frac{\pi\Phi}{\phi_0}\right)\right| \tag{13.7.39}$$

SQUID 的应用相当广泛,双结量子干涉器,可探测到 10^{-13} T 这么微弱的磁场变化,这种 SQUID 是在直流条件下工作的。另一种是在射频条件下工作的 SQUID,这是含单结的超导环与 LC 谐振回路相耦合起作用的,其磁场灵敏度更高,可达 10^{-15} T。

§13.8 高温超导体

1986 年 1 月 27 日在瑞士苏黎世的 IBM 实验室,年长的科学家缪勒(K. A. Müller)和年轻的 J. G. Bednorz 发现镧钡铜氧体系有 T_c 大于 30 K 的超导现象,经反复验证后,同年 4 月他们将一篇题为"Possible High T_c Superconductivity in the Ba-La-Cu-O System"的论文,投到德国的《Zeitschrift für physik B》,并于 1986 年 9 月发表于该杂志 64 卷,189 页,当时并没有引起人们关注和轰动,形成超导热是始于 1987 年初。

华人科学家朱经武、吴茂昆和赵忠贤等各自对镧钡铜氧,镧锶铜氧,钇钡铜氧做了开创性的贡献。盛正直于 1988 年在铊钡铜氧体系获得 T_c 为 125 K 的高温超导体。1993 年 A. Schilling 等合成出 $HgBa_2Ca_2Cu_3O_{8+\delta}$(Hg-1223),其 T_c 超过 130 K,至今仍是最高纪录。朱经武等后来将 Hg-1223 加压至 45 GPa 其 T_c 提高到 164 K。

在高温超导基础研究方面,许多华人科学家的工作很出色,例如:在美国普林斯顿大学的 N. P. Ong 对超导材料的输运性质有深入的研究,美国斯坦福大学沈志勋在角分辨光电子谱方面的工作,美国 IBM 约克郡高地(Yorktown Heights)实验室的崔章琪的隧道实验确证超导能隙具有 d 波对称性,英国剑桥大学的梁维耀对高温超导体热容量作了精确测量,并给出赝能隙存在的佐证。

在材料方面有美国阿贡实验室吴鑫娣制备薄膜与带材的贡献,台湾大学刘如熹的材料合成,英国剑桥大学周午纵和严勇对微结构的观察和分析。

在应用方面也有许多好的工作,在此不再列举。

经过多年的发展,人们已经合成研制出 100 多种铜氧化物高温超导体,主要有镧铜氧系、钕铜氧系、锶铜氧系、钇钡铜氧系、铋锶钙铜氧系、铊钡钙铜氧系及汞钡钙铜氧系。本节主题是简要介绍铜氧化物高温超导体的典型结构、正常态和超导态的重要性质。

13.8.1 几种铜氧化物超导体的晶体结构

图 13.32(a)是 La_2CuO_4 晶体结构(简称 La-214)。沿 c 轴看,CuO_2 层和 LaO 层交替排列,铜离子处在氧离子组成的八面体中央。La_2CuO_4 是反铁磁绝缘体。若 La_2CuO_4 中有一小部分三价的 La 被二价的 Ba 替代,成为 $La_{2-x}Ba_xCuO_4$,这时材料中本来满的价带出现空穴,其密度与 Ba 成分成正比,能够导电,实现绝缘体-金属转变。在低温下又发生金属正常态到超导态的转变。当 $x=0.15$ 时,T_c 达到 33 K。图 12.31(b)是 $La_{2-x}Sr_xCuO_4$ 的相图,大约在温度 $T=200$ K 时发生由四角晶系结构到正交晶系结构的相变。而 $La_{2-x}Ba_xCuO_4$

的结构属四角晶系,晶格常数 $a = b = 0.38$ nm, $c = 1.32$ nm。$La_{1.85}Sr_{0.15}CuO_4$ 的 $a = b = 0.378$ nm, $c = 1.323$ nm, $T_c = 37.5$ K。

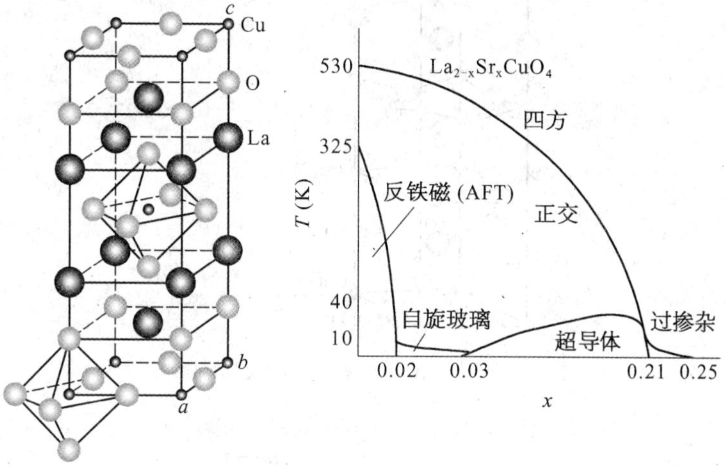

(a) (b)

图 13.32 镧铜氧化物晶体的结构和相图

(a) La_2CuO_4 的晶体结构;(b) $La_{1-x}Sr_xCuO_4$ 的相图

$YBa_2Cu_3O_7$ 晶体结构,它是另一个典型的高 T_c 超导体,简称 Y-123 相,并以此标志其结构,实际晶体由于氧容易失缺故其化学成分为 $YBa_2Cu_3O_{7-\delta}$,或 $YBa_2Cu_3O_{6+x}$。理想的 $YBa_2Cu_3O_7$ 属正交晶系,在低温下该结构的晶格常数为 $a = 0.382$ nm, $b = 0.388$ nm, $c = 1.163$ nm。图 13.33(a)是 Y-123 相的结构。这是由钙钛矿结构在 c 轴上三倍周期组成的畸变结构。从上而下,依次为 CuO, BaO, CuO_2、Y(无氧)、CuO_2、BaO 和 CuO 共七层组合而成。Y 在单胞中心,它的上、下面是 CuO_2 层,在 CuO_2 层平面内的 Cu—O 键是短键,在 c 轴方向的 Cu—O 键是长键。因受 Y^{3+} 离子吸引,在它两边的 CuO_2 层中的 O 离子向 Y^{3+} 离子靠拢,所以中间这两个 CuO_2 层略有弯曲。氧离子占据的位置有四种:O(2), O(3), O(4)的占有率为 1,而 O(1)的占有率小于 1,即略有失缺。铜离子有两种位置 Cu(1)和 Cu(2)。Cu(2)离子与近邻 5 个氧离子组成一个四方锥,Cu(2)离子在四方锥底面中心,略向 Cu(1)偏移。Cu(1)—O(1)键称为 Cu—O 链,而 Cu(2)—O 层称为 CuO_2 面或 CuO_2 层。Cu(1)—O 链与 $\boldsymbol{b}$ 轴平行,在 $\boldsymbol{a}$ 轴方向两个 Cu(1)之间有一个氧缺位。Y-123 的导电层主要是被 Y 离子隔开的两个 CuO_2 层。BaO 和 CuO 层则是载流子库。

图 13.33(b)和(c)是 $YBa_2Cu_3O_{6+x}$ 的 T_c 及 Cu(2)的价数与 x 的关系曲线,显然,这两者有关联,因而 Y-123 相的 T_c 与氧缺位量 $\delta = 1 - x$ 有关。

图 13.34 是 $Bi_2Sr_2Ca_{n-1}Cu_nO_{2n+4}$ 系列超导体的晶体结构。$n=1$ 时为 $Bi_2Sr_2CuO_6$ 简称 Bi-2201 相,属正交晶系,晶格常数 $a = 0.536$ nm, $b = 0.537$ nm, $c = 2.462$ nm, 其 $T_c = 10$ K。$n = 2$ 时, 即 $Bi_2Sr_2CaCu_2O_8$,简称 Bi-2212 相,也是正交结构, $a = 0.541$ nm, $b = 0.542$ nm, $c = 3.693$ nm, 其 T_c 约为 85 K。$n=3$ 时, $Bi_2Sr_2Ca_2Cu_3O_{10}$,简称 Bi-2223 相,这是准四角结构, $a \doteq b \approx 0.38$ nm, $c = 3.71$ nm,其 T_c 约 110 K。

由此可知,铜氧化物高 T_c 超导体的共同结构特征是其单胞中含有一个或二三个 CuO_2 层,它是材料的导电层。

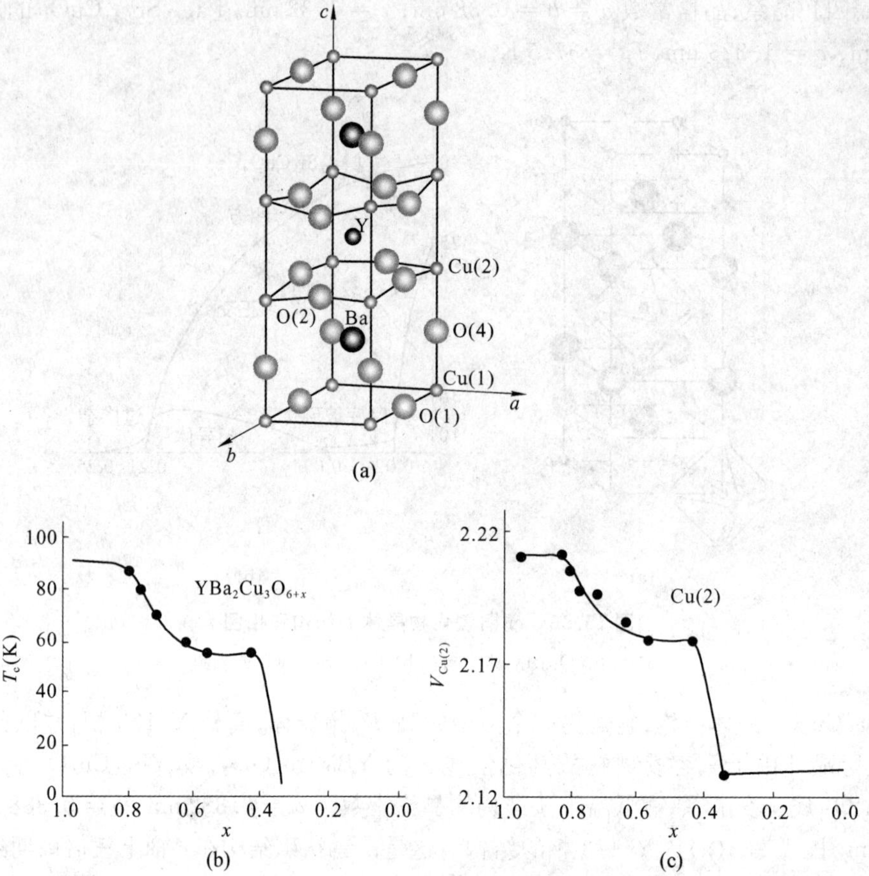

图 13.33　Y-123 的结构，T_c 和 Cu(2)与 x 的关系

(a) $YBa_2Cu_3O_{7-\delta}$的结构；(b) T_c 与 x 的关系；(c) 晶体中 Cu(2)的价数与 x 的关系

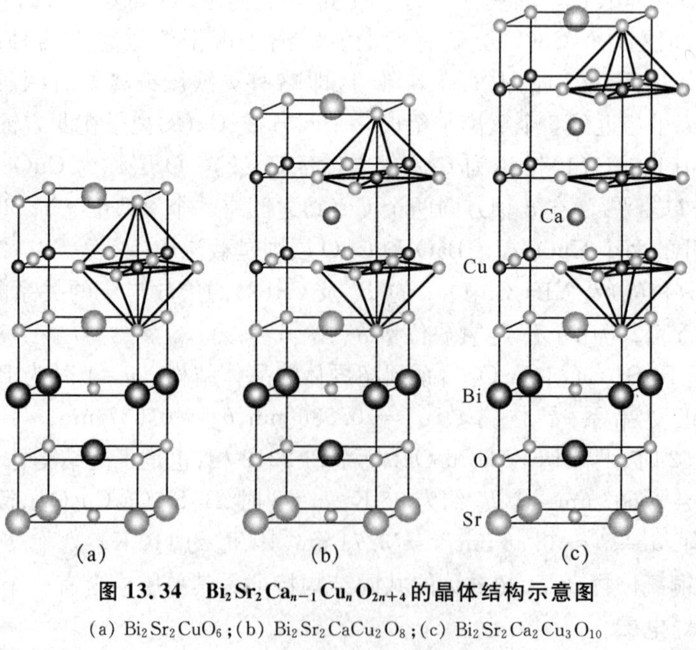

图 13.34　$Bi_2Sr_2Ca_{n-1}Cu_nO_{2n+4}$ 的晶体结构示意图

(a) $Bi_2Sr_2CuO_6$；(b) $Bi_2Sr_2CaCu_2O_8$；(c) $Bi_2Sr_2Ca_2Cu_3O_{10}$

13.8.2 正常态的物理特性

(1) 新型绝缘体。除钕铜氧系的代表物 $Nd_{2-x}Ce_xCuO_4$ 具有电子型电导的特点外，其他大部分铜氧化物超导体都是空穴型导电的，所以它们的霍尔系数是正的。

先看铜氧化层，在四方锥(或八面体)结构中，中间平面铜与四邻氧原子间距为 0.19 nm，而铜与平面外的氧原子间距为 0.23 nm，故后者的成键较弱。在初步的模型中以简单的 Cu 为中心处于正方形四角顶的氧的价电子组成的分子轨道来描写。如图 13.35，在费米能级附近，主要由 Cu 的 $3d_{x^2-y^2}$ 轨道与 O 的 $2p_{x,y}$ 轨道形成 σ 共价键。Cu 的 $3d_{3z^2-r^2}$ 轨道与平面内 O 的 $2p_z$ 轨道形成的 π 键相对较弱，其他电子波函数因交叠不多，其成键贡献可忽略。以 $La_{2-x}Sr_xCuO_4$ $(0<x<0.3)$ 为例，La—O 原子层的结构是由它们之间的离子键来稳定的，其余价电子进 CuO_2 层，使能量最高的反键 $pd\sigma^*$ 轨道被部分填充，如图中所示。所以依照能带理论具有未满价带的 CuO_2 面是金属导电的。实际上镧锶铜氧系的母相 La_2CuO_4 是一个绝缘体，只有掺杂后才具有金属性行为。这是层状铜酸盐晶体具有的电子结构的最明显也是最重要的表现。

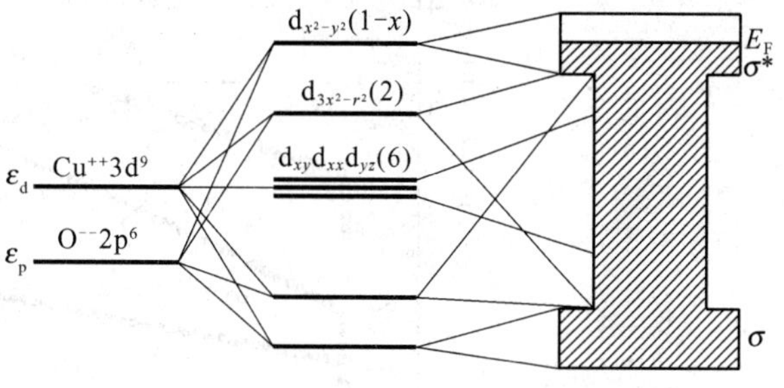

图 13.35 CuO_2 面的单粒子电子结构示意图

中子衍射实验证明层状铜酸盐母相绝缘体具有长程的反铁磁性，其奈尔温度可高达 300 K。这种情况可能同氧化镍是反铁磁绝缘体类似。莫特(Mott)很早就指出，由于 3 d 电子是高度局域的，同一原子中 3 d 电子之间库仑能 U[称为哈伯德(Hubbard)U]起重要作用，当 U 较大时，原来的一个价带将分裂成两个能带，分别称为上哈伯德能带和下哈伯德能带，这两个能带中心的间距为 U，如图 13.36 所示。对于 La_2CuO_4 晶体未计及哈伯德 U 时是半满的价带，计入哈伯德 U 之后，正好电子填满下哈伯德能带成为绝缘体。在这莫特-哈伯德模型中，空穴带是由 Cu 的 3 $d_{x^2-y^2}$ 占主导的下哈伯德能带移走电子形成的。

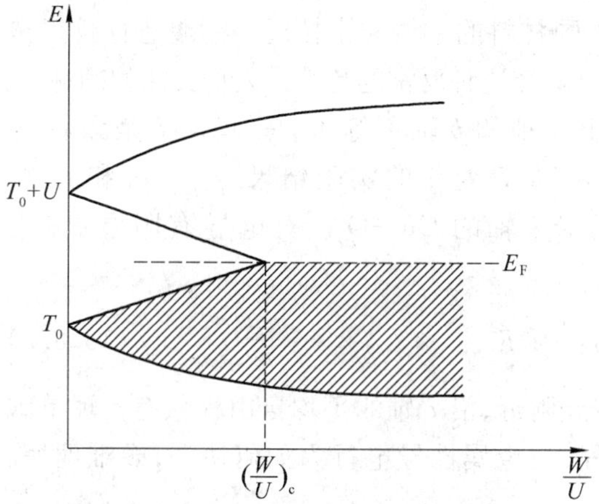

图 13.36 哈伯德模型中的 *M—I* 转变

W 为原能带宽度；T_0 为原能带中心能量

但是，在 $U>\Delta=\varepsilon_d-\varepsilon_p$ 时，有可能空穴带是从与铜配位的氧形成的价带上移走电子形成的。这里 Δ 是从 O 的 2p 态移走一个电子到空的 Cu 3 d 态所需的最小能量。因此，这个模型称为电荷转移型绝缘体，Δ 就是电荷转移能隙。用高能电子能量损失谱从 $La_{2-x}Sr_xCuO_{4+\delta}$ 样品得到 O 的 1 s 芯电子吸收谱(K 吸收边)的实验结果，支持电荷转移型绝缘体。参数 $U=8.8\ eV$，$\Delta=3.5\ eV$。

(2) 电阻率的温度关系。按照传统的金属电导理论，在温度 $T>\Theta_D/5$ 时(Θ_D 为材料的德拜温度)，金属电阻率与 T 成线性关系。因为这时 $(T>\Theta_D/5)$ 材料中的声子密度基本上

与 T 成正比。而在温度更高时，电子-声子散射很强，很频繁，电子平均自由程变小，但不能小于最近邻原子间距，故传统金属的电阻率在高温应趋于某个饱和值。

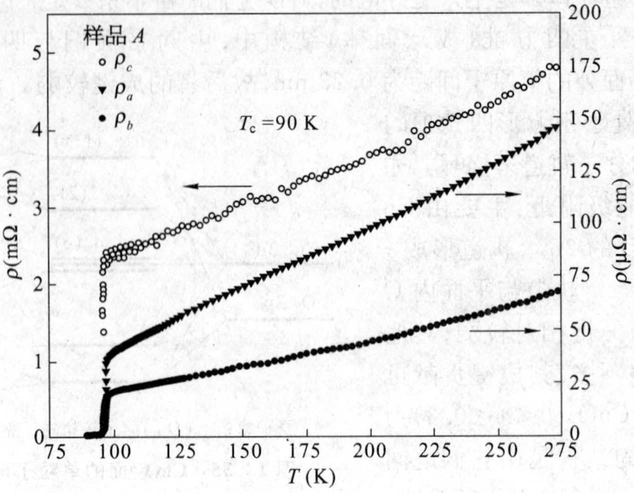

图 13.37 YBCO 中电阻率 ρ_a、ρ_b 和 ρ_c 与温度 T 的关系

对于高温超导体而言，Θ_D 约为 400 K。ab 面的电阻率 ρ_{ab} 对 T 的关系，如前面图 13.3 所示。$La_{1.85}Sr_{0.15}CuO_4$ 的 ρ_{ab} 从 T_c 至 $T\approx$1 000 K 都与 T 成线性关系，$YBa_2Cu_3O_7$ 的 ρ_{ab} 与 T 的线性关系从 T_c 延伸到 $T=600$ K，$Bi_2Sr_2CuO_6$ 的 T_c 只有 10 K，其 $\rho_{ab}\sim T$ 的关系可延伸到 T_c 附近，比 $\Theta_D/5$ 要小得多。对于高温超导材料，其正常态的电阻率可写成

$$\rho_{ab}(T)=\rho_0+\alpha T \tag{13.8.1}$$

ρ_0 为剩余电阻率。α 是斜率，由图 13.3 可知，不同材料的 α 值非常接近。铜酸盐材料正常态电阻率在宽广温区随 T 变化呈线性关系，如何解释这种反常的特性是人们关注的问题。

$YBa_2Cu_3O_{7-\delta}$是正交结构的晶体，ab 面上 a 轴和 b 轴不等价，图 13.37 是该材料单晶沿三个主轴方向正常态电阻率 ρ_a、ρ_b、ρ_c 随 T 变化的实验结果，ρ_c 比 ρ_b 和 ρ_a 大几个数量级，而 ρ_b 大约是 ρ_a 的一半，这说明沿 b 轴的 Cu—O 链对电导有明显贡献。显然对于 ρ_c 也有类似的线性温度关系：

$$\rho_c(T)=\rho'_0+\alpha_c T \tag{13.8.2}$$

ρ'_0很大，约 10^{-3} Ωcm，难以解释。有人估计在室温附近，沿 c 轴的平均自由程只有 c 轴单胞长 1.17 nm 的十分之一。如此小的平均自由程，与金属性导电行为如何协调，颇难理解。仅这一点，YBCO 的 $\rho_c(T)$也属反常特性。

(3) 霍尔角与温度的关系。设材料中载流粒子是带正电荷的空穴，电流密度沿 x 方向，粒子在 x 方向的速度为 v_x，在 z 方向磁场 B 作用下，粒子受到 y 方向的洛伦兹力为 $-v_xeB$。密度为 p 的空穴在 y 方向单位时间内得到的动量之和为

$$-eB\sum_i v_{xi}=-peB\,\overline{v}_x \tag{13.8.3}$$

这里 $\overline{v}_x$ 为空穴在 x 方向的平均速度。同理，空穴 y 方向分速度 v_y 受到的 x 方向洛伦兹力

为 $v_y eB$，p 个空穴在单位时间内沿 x 方向得到的动量之和为

$$eB\sum_i v_{yi} = + peB\,\overline{v}_y \tag{13.8.4}$$

这里 $\overline{v}_y$ 为 y 方向空穴的平均速度，在稳定条件下，电场和磁场引起的动量增加速率应等于由于散射引起的动量损失率，即

$$peE_x + peB\,\overline{v}_y = \frac{pm\,\overline{v}_x}{\tau} \tag{13.8.5}$$

及

$$peE_y - peB\,\overline{v}_x = p\,\frac{m\,\overline{v}_y}{\tau} \tag{13.8.6}$$

这里 τ 是粒子的平均自由时间。

在霍尔效应实验条件下，y 方向的电流为零，即 $\overline{v}_y=0$，由以上两式，可求得

$$E_y = \frac{eB}{m}\tau E_x = \omega_c \tau E_x \tag{13.8.7}$$

这里 $\omega_c = eB/m$ 为空穴在磁场中的回旋频率。由于存在 E_y，使得电流方向与电场方向不一致，电场相对电流的偏角为 θ_H 称为霍尔角(Hall angle)，如图 13.38(a)所示，有

$$\tan\theta_H = \frac{E_y}{E_x} = \omega_c \tau \tag{13.8.8}$$

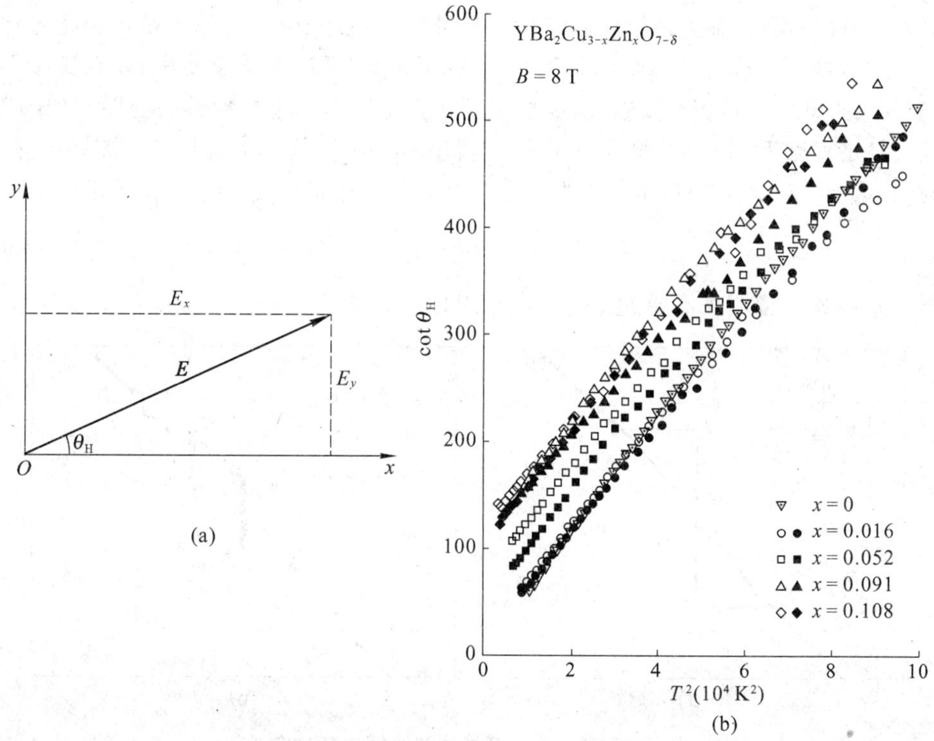

图 13.38 霍尔角 θ_H 及其随 T^2 的变化

(a) 霍尔角 θ_H；(b) 掺 Zn 的 YBCO 晶体霍尔角随 T^2 的变化

由于 $E_x = \rho_{xx} j_x$，$E_y = \rho_{xy} j_x$，且 $R_H = \rho_{yx}/B$，故

$$\tan\theta_H = \frac{\rho_{yx}}{\rho_{xx}} = \frac{R_H B}{\rho_{xx}} \tag{13.8.9}$$

对于传统金属霍尔系数 R_H 是个常量，所以 $\cot\theta_H$ 与温度 T 的关系应由 ρ_{xx} 随 T 的关系相同。图 13.38(b)是高温超导体 $YBa_2Cu_3O_7$ 单晶掺有不同浓度 Zn 的样品，实验测得的 $\cot\theta_H \sim T^2$ 关系，这个结果可用下列经验公式表示

$$\cot\theta_H = C + \beta T^2 \tag{13.8.10}$$

常数 C 与 Zn 的浓度成正比。而实验给出的结果 $\rho_{xx} = \rho_0 + \alpha T$，若对于不掺杂的纯净单晶 ρ_0 为零，则 $\cot\theta_H$ 应与 T 成正比。这表明电导过程中散射与霍尔效应中的散射是不相同的。

安德森为此提出一个模型，认为在材料中存在两种类型的准粒子：一是有自旋无电荷的自旋子，它是一种费米子；另一是有电荷无自旋的空穴子，这是一种玻色子。对电阻有贡献是自旋子与空穴子之间的散射，其散射弛豫时间 τ_{tr}，正比于 $1/T$，给出电阻率与 T 成线性关系。在外磁场中横向弛豫时间 τ_H 由自旋子之间的散射决定，具有费米子之间散射的温度特征：$\tau_H \sim \frac{1}{T^2}$。因此

$$\cot\theta_H = \frac{1}{\omega\tau_H} = \beta T^2 + C$$

13.8.3　超导态的性质

(1) 库珀对。铜酸盐高温超导体的存在被证实后，首先碰到的问题是这类超导体是否又是库珀对的凝聚。答案是肯定的。1987 年 D. Esteve 等在 4.2 K 使用 Al 针尖接触烧结的 $La_{1.85}Sr_{0.15}CuO_4$ 测其伏～安特性，他们观测到有超导体弱连接独具的特性。如图 13.39 所示，图(a)是直流 $I-V$ 特性曲线，从中明显看出零电压的约瑟夫森超导电流和回滞曲线。图(b)是在频率 $\nu = 9.4$ GHz 的微波照射下观测到的夏皮罗台阶，台阶电压间距

$$V_s = h\nu/q \tag{13.8.11}$$

他们得到 $q = 2e$，证明在高温超导态中存在库珀对。

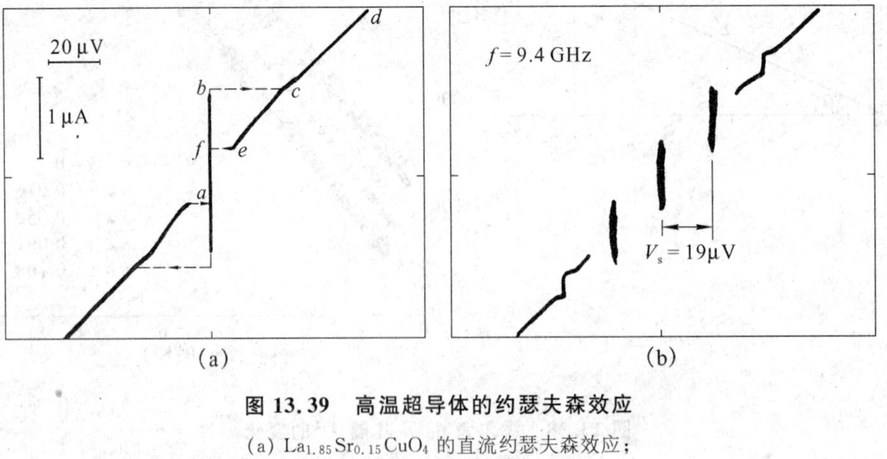

图 13.39　高温超导体的约瑟夫森效应

(a) $La_{1.85}Sr_{0.15}CuO_4$ 的直流约瑟夫森效应；

(b) 在微波照射下超导结的夏皮罗台阶

1987 年英国的 C. E. Gough 等第一次对高温超导体的磁通量子化作了测量。他们将外径为 11.0 mm，内径为 4.5 mm，厚为 4.0 mm 的 $YBa_2Cu_3O_{7-\delta}$的圆环，在超导屏蔽下浸泡于液氦 4.2 K 的环境里。圆环的磁通由与圆环耦合的磁通变换器送到射频 SQUID 来监测。为了验证磁通量子化，他们将 YBCO 圆环周期性暴露在电磁噪声源中，以便圆环中磁通发生随机变化，再由 rf-SQUID 监测圆环中磁通随时间变化的输出信号，其结果示于图 13.40。

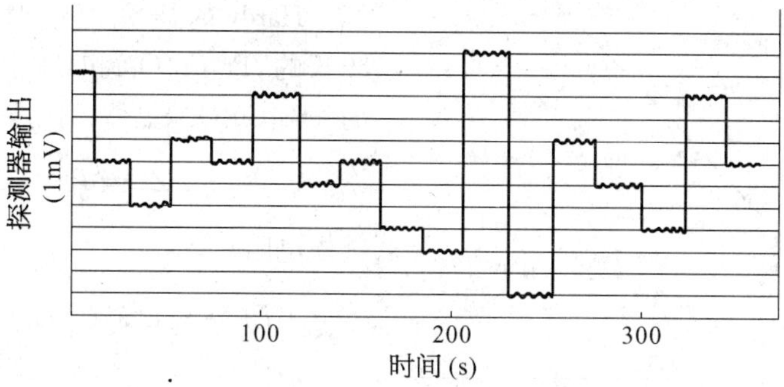

图 13.40 $YBa_2Cu_3O_{7-\delta}$超导环中磁通增减是量子化的验证

从图可清晰看出，$YBa_2CuO_{7-\delta}$圆环中的磁通改变量是量子化的。经过标定，纵坐标每格对应的磁通为 $\phi_0 = h/2e$，而从这实验得到的磁通量子值为 $\phi_0 = (0.97 \pm 0.04) \times \dfrac{h}{2e}$，这结果令人信服在高温超导体中载流粒子也是形成库珀对。

(2) 穿透深度。按照伦敦理论磁穿透深度

$$\lambda_L = \left(\frac{m^*}{\mu_0 n_s (e^*)^2}\right)^{\frac{1}{2}}$$

反映超导态中超导电子抵御外磁场所作的响应，同时送出超导电子密度的信息，比较单纯而直截了当，不涉及声子或其他因素。

从 BCS 理论出发，温度 T 与零度时穿透深度之差

$$\Delta\lambda(T) = \lambda(T) - \lambda(0)$$

具有

$$\frac{\Delta\lambda(T)}{\lambda(0)} \approx 3.33\left(\frac{T}{T_c}\right)^{\frac{1}{2}} \exp(-1.76 T_c/T) \tag{13.8.12}$$

因此，测量不同温度的磁穿透深度，还会得到零度能隙参量 $\Delta_0 = 1.76 k_B T_c$ 的信息。

对于高温超导体，早在 1989 年有人对 $YBa_2Cu_3O_{7-\delta}$单晶采用 μ^+ 介子自旋转动(μSR)技术，μ^+ 介子自旋在磁场 $\boldsymbol{B}(\boldsymbol{r})$中以频率 $\omega = \gamma_\mu B$ 作拉莫进动，测出频率就得到局域磁场 B，由此可测得穿透深度依赖温度 T 的关系，$\lambda(T)$满足二流体模型给出的结果

$$\lambda_{-ab}(T) = \lambda_{ab}(0)\left[1 - \left(\frac{T}{T_c}\right)^4\right]^{-\frac{1}{2}} \tag{13.8.13}$$

其中 $\lambda_{ab}(0) = 140$ nm。由此信息，人们大胆推想高温超导体中库珀对也具有传统超导体库珀对的 s 波对称，排除 d 波对称的可能性。四年之后，加拿大物理学家 W. H. Hardy 等用质量更好的 $YBa_2Cu_3O_{7-\delta}$单晶测量了四个样品在低温区$\lambda(T)$的数据，发现这四个样品在 $T =$

1.13 K 至 25 K 范围 $\Delta\lambda(T)\sim T$ 关系是一条直线，如图 13.41 所示。这正好是库珀对具有 d 波对称性预期的结果：

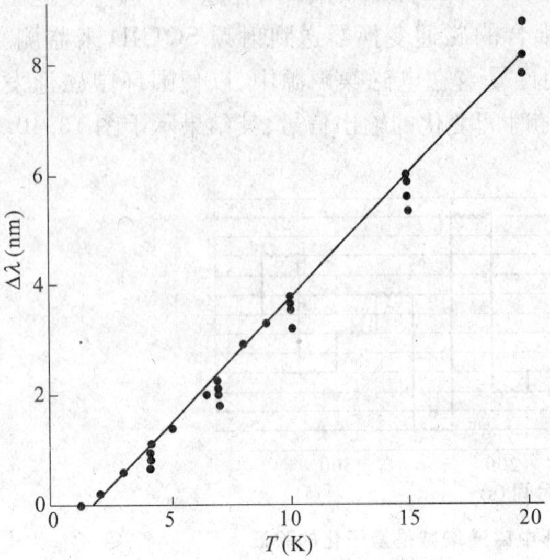

图 13.41　YBCO 的 $\Delta\lambda(T)-T$ 的实验结果

［引自 Phys. Rev. Lett., 70(1993)3999］

$$\frac{\Delta\lambda}{\lambda(0)}\approx\alpha\frac{T}{\Delta_0}\ln 2 \qquad (13.8.14)$$

这里 α 是数量级为 1 的常数。

Hardy 的研究组还对欠掺杂的 T_c 为 59 K 的 $YBa_2Cu_3O_{6.4}$ 和最佳掺杂的 $T_c=93.5\,K$ 的 $YBa_2Cu_3O_{6.95}$ 晶体，利用测量微波表面阻抗

$$Z_s=R_s+iX_s \qquad (13.8.15)$$

其中电阻

$$R_s(T)=\frac{\mu_0}{2}\omega^2\lambda^3(T)\sigma_1(\omega,\ T) \qquad (13.8.16)$$

电抗　$X_s(T)=\mu_0\omega\lambda(T)$　(13.8.17)

ω 为微波频率，$\sigma_1(\omega,\ T)$ 是电导率实部，求得样品沿 a、b、c 轴的穿透深度，其结果示于图 13.42，从二流体模型出发，$\lambda^2(0)/\lambda^2(T)=n_s/n$，所以这个实验结果表明沿三个主轴方向，超导库珀对密度随温度上升而下降的趋势。并再次表明在 a 和 b 轴 λ_a 和 λ_b 差异较小。具体数据是对于 $T_c=93.5\,K$ 的样品，$\lambda_a(0)=160\,nm$，$\lambda_b(0)=103\,nm$，$\lambda_c(0)=1\,100\,nm$，而对于 $T_c=59\,K$ 的样品，$\lambda_a(0)=200\,nm$，$\lambda_b(0)=150\,nm$，$\lambda_c(0)=6\,500\,nm$。

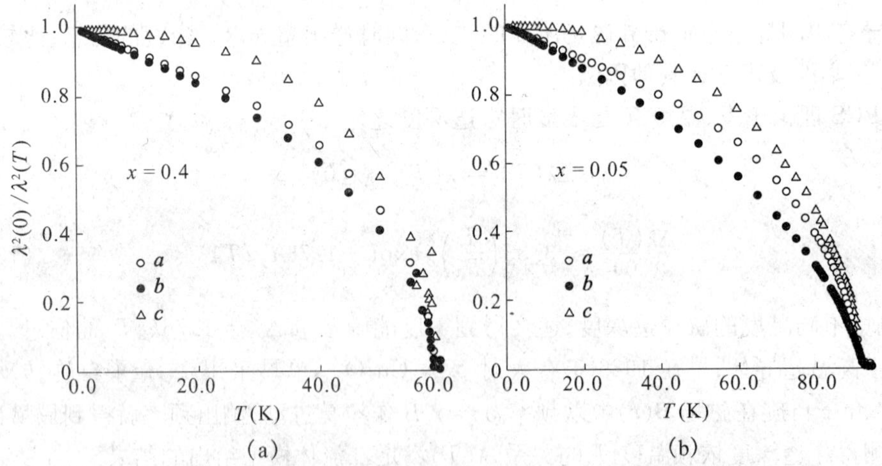

图 13.42　单晶样品的 $\lambda^2(0)/\lambda^2(T)$ 在三个主轴方向上随温度的变化曲线

(a) 欠掺杂 $YBa_2Cu_3O_{7-x}$ 单晶；(b) 最佳掺杂 $YBa_2Cu_3O_{7-x}$ 单晶

［引自 J. Phys. Chem. Solids, 56(1995) 1941］

(3) $H-T$ 相图。高温超导体的穿透深度 λ 远大于它的相干长度 ξ，故其 GL 参量 $\kappa=\lambda/\xi$ 是一个大于 1 的数，例如 $YBa_2Cu_3O_{7-\delta}$ 的 $\kappa>75$，故高温超导体属于第二类超导体。当磁场 H 介于 H_{c1} 和 H_{c2} 之间时有磁通量子线穿过超导材料。图 13.43 是人们综合磁学、电

学特性的实验结果，求得的 $YBa_2Cu_3O_{7-\delta}$ 的 $H \sim T$ 相图，同金属和合金第二类超导体的 $H \sim T$ 相图比较，在混合态中不再是单一的磁通量子线规则排列的磁通格子所显示的固相，现在混合态中分成两个相——固相和液相。当然在液相中磁通量子线的分布不再是格子形式的有规则排列，而是无序的分布，但又均匀。由固相到液相的相变在图中粗线所示的一段区域在实验上已被认定是一级相变。

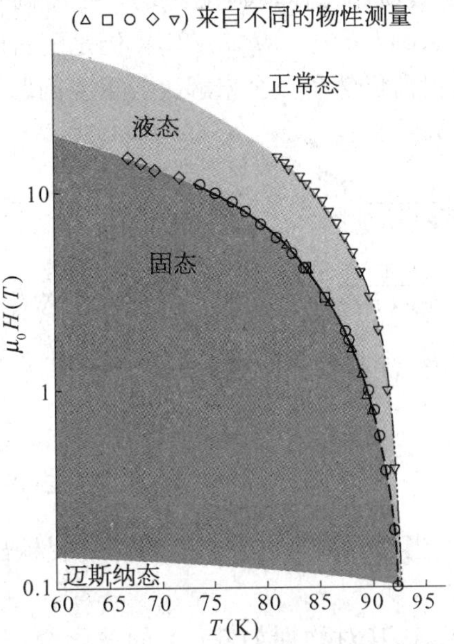

图 13.43 $YBa_2Cu_3O_{7-\delta}$ 的 $H-T$ 相图

粗实线区段已有实验证据是一级相变

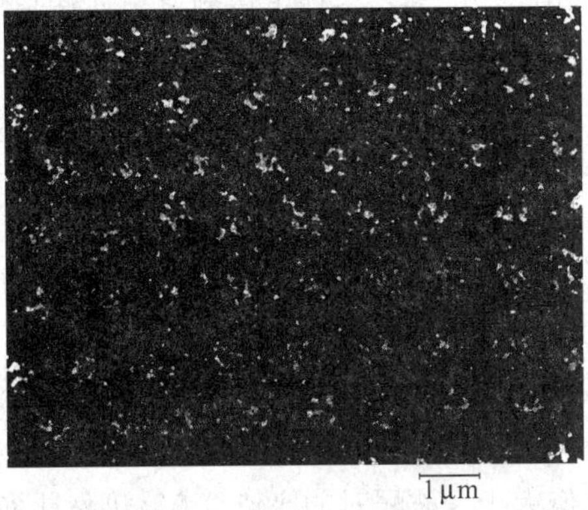

图 13.44 $YBa_2Cu_3O_{7-\delta}$ 单晶在 1.3 mT 磁场($H \parallel c$)下冷却到液氦温度，然后用缀饰法所观测的反映磁通格子图像

图 13.44 是甘默尔(P. L. Gammel)等在 1987 年用缀饰法观察的磁通线格子，可以辨识出这格子具有三角点阵的特征。据此计算得到每根磁通线是一个磁通量子 $\phi_0 = h/2e$。

(4) 能隙。高温超导体的能隙宽度在绝对零度的数值 $2\Delta(0)$ 依然与 T_c 成正比。按照 BCS 理论这比值为

$$\frac{2\Delta(0)}{k_B T_c} = 3.52$$

可是对于高温超导体，这比值更大。例如对于 $YBa_2Cu_3O_{7-\delta}$，

$$\frac{2\Delta_{ab}(0)}{k_B T_c} = 6—8$$

但

$$\frac{2\Delta_c(0)}{k_B T_c} = 3—3.5$$

与 BCS 给的比值相近。对于 $Bi_2Sr_2CaCu_2O_{8+\delta}$，其 T_c 为 85 K，而

$$\frac{2\Delta_{ab}(0)}{k_B T_c} = 8—11$$

$$\frac{2\Delta_c(0)}{k_B T_c} = 5—7$$

有人将 BCS 能隙方程作了简单推广，在超导准粒子能量写成

$$E_k = \sqrt{\varepsilon_k + \Delta_k^2} \tag{13.8.18}$$

时，引入对称函数 γ_k，能隙方程改写成

$$V\sum_k \frac{\gamma_k}{E_k}\tanh\frac{E_k}{2k_B T} = 1 \tag{13.8.19}$$

其中 ε_k 是正常电子的色散关系，γ_k 是对称函数，对于传统超导体，s 波配对，$\gamma_k = 1$。对于高温超导体有许多实验认定它是 d 波配对，这时 $\gamma_k = (\cos k_x a - \cos k_y a)/2$，$V$ 仍是配对的相互作用常数，假定它与动量 $\hbar \boldsymbol{k}$ 无关。V 的配位机制目前仍然是一个未解决的重要问题。

由此在弱耦合条件下得到对于 d 波超导体有下列结果：

$$T_c = 1.13\omega_0 \exp\left[-\frac{1}{Vg(E_F)}\right] \tag{13.8.20}$$

$$\Delta(0) = 2.43\omega_0 \exp\left[-\frac{1}{Vg(E_F)}\right] \tag{13.8.21}$$

对于高温超导体，一般认为不是电子-声子耦合机制，ω_0 不是德拜频率。$\hbar\omega_0$ 代表什么元激发的最高能量目前并不清楚。由此给出的

$$\frac{2\Delta(0)}{k_B T_c} = 4.28 \tag{13.8.22}$$

这比值大于 s 波配对的比值 3.53，仍然比实验值小。当然强耦合以及材料母体的反铁磁引起的涨落对此比值也有修正。

目前的实验是支持在高温超导体中存在 d 波配对，其对称性如 $d_{x^2-y^2}$ 的波函数，具有 $d_{x^2-y^2}$ 对称性的能隙

$$\Delta_k = \Delta(\cos k_x a - \cos k_y a)/2$$

然而 YBCO 或其他具有正交对称性的高温超导体，s 波态和 d 波态同时存在是有可能的，图 13.45 是 s 波、d 波及各向异性 s 波配对在实空间和动量空间超导能隙的示意图。

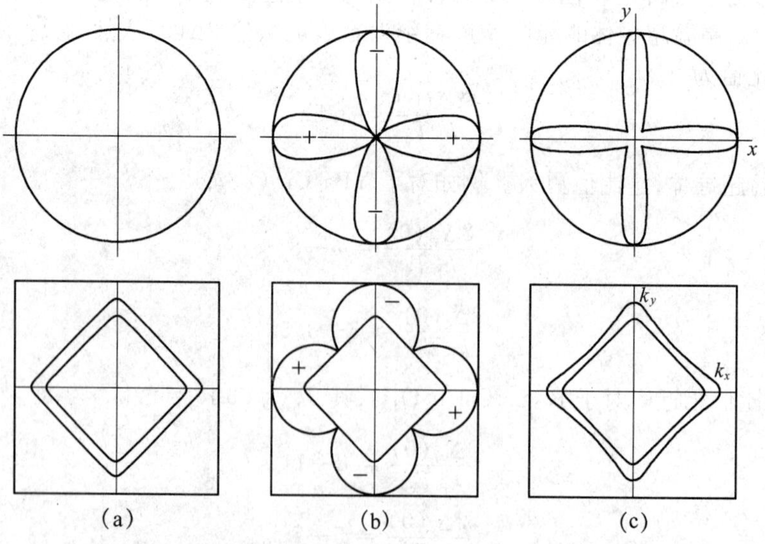

图 13.45　超导体库珀对波函数(上行)和相应能隙的对称性(下行)

(a) 各向同性 s 波；(b) $d_{x^2-y^2}$ 波；(c) 各向异性 s 波

习　题

1. 临界磁场和临界电流。超导体 Sn 在零磁场时 $T_c = 3.7\ \text{K}$，在零温时的临界磁场为 $H_c(0) = 24 \times 10^3\ \text{A/m}$，设它服从 $H_c(T) = H_c(0)\left[1 - \frac{T^2}{T_c^2}\right]$，求 $T = 2\ \text{K}$ 时的临界磁场 $H_c(T = 2\ \text{K})$？如果 Sn 超导线在 $T = 2\ \text{K}$ 时载电流 I，超导线半径 $r = 0.1\ \text{cm}$，求在超导线表面的磁场强度 H 等于 $H_c(T = 2\ \text{K})$ 时的临界电流 I_c 为多少安培？

2. 按照自由电子模型，Sn 的电子浓度为 $n_{\text{Sn}} = 14.48 \times 10^{22}\ \text{cm}^{-3}$，Al 的 $n_{\text{Al}} = 18.06 \times 10^{22}\ \text{cm}^{-3}$，求这两种材料在超导态时的穿透深度 λ_{Sn} 和 λ_{Al}。

3. 超导转变温度和有效吸引势能 V。在 BCS 理论中，

$$T_c = 1.13\Theta_D \exp[-1/g(E_F)V]$$

已知 Hg 的 $T_c = 4.16\ \text{K}$，$\Theta_D = 70\ \text{K}$，Pb 的 $T_c = 7.22\ \text{K}$，$\Theta_D = 96\ \text{K}$。再由低温电子比热 $\gamma = \frac{1}{3}\pi^2 g(E_F)k_B^2$ 的数据 $\gamma_{\text{Hg}} = 1.79\ \text{mJmol}^{-1}\text{K}^{-2}$，$\gamma_{\text{Pb}} = 2.98\ \text{mJmol}^{-1}\text{K}^{-2}$，求 $V_{\text{Pb}}/V_{\text{Hg}} = ?$

4. 二流体模型。金属在正常态的自由能密度

$$G_n = G_0 - \gamma T^2/2$$

在超导态自由能密度

$$G_s = G_0 - \frac{B_c^2(0)}{2\mu_0}\omega - \frac{1}{2}\gamma T^2(1-\omega)^{1/2}$$

其中 $\omega = n_s/n$ 是序参量。试由条件 $(\partial G_s/\partial\omega)_T = 0$ 求在温度 T 时，$\omega(T) = 1 - \left(\frac{T}{T_c}\right)^4$。

5. 在 T_c 材料比热的不连续。由热力学理论

$$C_S - C_N = \mu_0 T\left[\left(\frac{dH_c}{dT}\right)^2 + H_c\frac{d^2H_c}{dT^2}\right]$$

设

$$H_c(T) = H_0\left[1 - \frac{T^2}{T_c{}^2}\right]$$

求(1) $C_S - C_N = ?$

(2) 对于 Al，$H_0 = 9.9 \times 10^{-3}\ \text{T}$，$T_c = 1.18\ \text{K}$，$\gamma = 1.35 \times 10^{-3}\ \text{J/mol}\cdot\text{K}^2$，求其 $\frac{C_S - C_N}{C_N}$。

6. 隧穿效应。Pb-I-Al 约瑟夫森结的 $I\sim V$ 特性曲线，在电位 $V_1 = 11.8 \times 10^{-4}\ \text{V}$ 时电流 I 为极大；在电位 $V_2 = 15.2 \times 10^{-4}\ \text{V}$ 时，电流极小，过 V_2 电流急剧上升，求 Al 和 Pb 的超导能隙。

7. 超导薄板的磁场穿透。设均匀磁场 H_0 沿 y 轴、z 轴与薄板垂直，薄板上下两个平面为 $z = \pm d$，求证超导板内磁通密度为

$$B(z) = \mu_0 H_0 \frac{\cosh(z/\lambda)}{\cosh(d/\lambda)}$$

第十四章　非晶固体和准晶体

非晶态固体的主要特点是材料中原子排列不再有周期性,但仍有短程有序性。1960 年约费(A. F. Ioffe)和 A. R. Regel 指出,组分与晶态半导体对应的非晶态材料一般也是半导体。这个观念也可推广到非晶态磁性材料。20 世纪 70 年代,科学家在非晶态硅(a-Si)中实现了掺杂效应,使非晶硅走向实际应用。同时也发展出非晶态铁磁材料,其中既有高磁导率的软磁合金,也有性能良好的永磁材料等。

20 世纪 70 年代,还发展了研究固体中近程序结构的实验方法。在理论上,安德森、莫特等发展了无序固体中的电子态和非晶态半导体的能带模型。

1984 年 D. Shechtman 等用急冷技术获得的 Al-Mn 合金发现有新的有序相,具有与正二十面体相同的对称性,随后,郭可信等发现在急冷的 Ti-V-Ni 合金中也有这种新有序相。这类材料称为准晶体。

本章的主题就是介绍非晶固体和准晶体的基本结构和基础知识,并且相应引入一些新观念。

§14.1　非　晶　体

金属、合金、半导体乃至绝缘体都有非晶或无定型的结构形态,多采用由熔态直接冷却或经蒸发、溅射及辉光放电等方法由汽相凝聚而成。虽然相对于晶态与准晶而言,非晶体的特点是结构无序;但不同的非晶体有不同的结构无序表现,大体上可分为三种类型。

(1) 组分无序。这种结构的基础仍是规则的晶格,只是在格点上出现的原子种类及频率是随机的。典型例子是铜-锌二元固溶体合金,如图 14.1(a)所示,铜与锌离子随机地分布在一面心立方晶格的骨架上。当锌含量 x 在 0—0.38 之间时,每个格点上的锌离子占据的概率为 x,而其为铜占据的概率为 $1-x$。

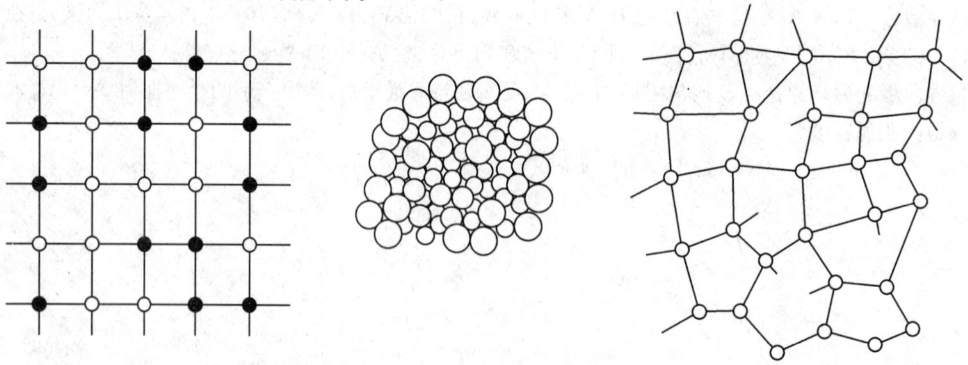

(a)　　(b)　　(c)

图 14.1　无序结构的类型

(a) 组分无序; (b) 构造无序; (c) 无规网络

(2) 构造无序。主要是无定型金属。由前面的讨论可知,密集结构的晶态材料多半为金属,或者说,由于金属原子间的相互作用,在固体形态中每个原子周围有尽可能多的最近邻原子的倾向。在无定型金属中原子间仍基本上处于密集堆积状态,但并不像晶态那样规则有序。一袋随意拎起的网球,可以作为这种结构的模型,称为构造无序,如图 14.1(b)所示。有人曾用近八千个刚性球无规地密集堆积以作为结构无序的模型,得出的结果表明,相对于晶态密集堆积,无定型密集状态中各组成原子之间有较多的空隙。

(3) 无规网络。对于像Ⅳ族半导体 Ge、Si 或绝缘体的 SiO_2 这一类原子间以共价键相结合的物质,当处于非晶态时相邻原子之间的价键仍保留几乎与晶态相同的强度,而键长及键角却在平均值附近随机涨落,从而也出现价键断开而成悬挂键的情形。整体上看原子处于一无规网络的结点之上,如图 14.1(c)所示。这种形态亦称为拓扑无序。

不同的物质所以会呈现不同结构特点的无定型状态,根本原因乃是近邻原子之间有不同的相互作用;这也正是非晶态在几个原子间距范围内呈现一定的短程序的原因。这种短程序可以径向分布函数来描写,即以一个原子作为参考,考察其他原子在其周围的密度分布,将在下节中详细讨论。

如果从拼砌的观点来观察固体结构,可以认为晶体只有一种拼砌单元——晶胞或原胞,将其作三维周期性堆砌即能填满全部空间而无空隙。非晶体的无序性可视为由无限多种拼砌单元堆积而成,甚至不需要任意两个单元完全相同。至于准晶体,则可看成由有限种拼砌单元不留空隙地堆砌而成。例如彭罗斯(Penrose)拼砌的单元分别为钝角为 108°与 144°的肥瘦不同的菱形,而 Shechtman 发现的二十面体三维准晶也可看成是由两种菱面体作非周期性堆积而填满全部空间的结构。

§ 14.2　固体中短程序的实验分析

晶体结构的长程序可以通过衍射技术确定。非晶态材料的结构虽完全失去长程序,然而由于近邻原子的相互作用在几个原子间距尺寸范围内仍表现出一定的规律。以非晶态硅为例,尽管没有长程周期性,但一个原子周围的平均最近邻原子数仍接近 4,只是近邻原子间的键长与键角相对于晶态有所偏离。换言之,材料中仍存在某种程度的短程有序。又如在晶体中的杂质原子周围,杂质与母体原子间的化学键也呈现一定的短程序。无疑,在这些情形,短程序必然会反映在材料的宏观物理性质上。因此,从实验上探测近程序也就成为利用、控制材料性质的必要前提。由于对短程结构而言波矢 $\boldsymbol{k}$ 已无意义,或者说不是好量子数,劳厄方程不再适用,但 X 射线的衍射方法仍有其用武之地。另外,上一世纪后期发展出的扩展 X 射线吸收边精细结构(EXAFS)方法提供了在倒空间观察短程序的另一个有力的实验手段,本节将作简要介绍;而第二章介绍的扫描电子显微术(SEM)与扫描隧穿显微术(STM)则提供对短程序有效的实空间观察方法。

14.2.1　径向分布函数

对于短程序,如选择某一原子作为参考,则其周围其他原子的分布可用径向分布函数(RDF)$R(r)$来表征。

取参考原子为坐标原点,其周围原子分布密度为 $R(\boldsymbol{r})$,则 $R(r)$的定义由下式表达:

$$\mathrm{d}n = 4\pi r^2 R(r)\mathrm{d}r \tag{14.2.1}$$

$\overline{R}(r)$为$R(\boldsymbol{r})$对角度的平均，dn表示在参考原子周围半径为r、厚度为dr的球壳内的原子数。

径向分布函数亦可由X射线衍射测定。令$\boldsymbol{r}_j$为第j个原子位矢，f_j为其原子散射因子，根据§2.4的讨论可知，如入射X射线的波矢为$\boldsymbol{k}_0$，则在$\boldsymbol{k}$方向的散射波幅度可表示为

$$A(\boldsymbol{k})=\sum_j f_j\exp[\mathrm{i}(\boldsymbol{k}-\boldsymbol{k}_0)\cdot\boldsymbol{r}_j] \tag{14.2.2}$$

上式类似于式(2.4.7)所表达的结构因子。换言之，将要研究的具有短程序的体系当作一个大晶胞，全部体系也只包含这一个晶胞而已。但上式是相对于某一参考原子得出的$\boldsymbol{k}$方向的X射线散射幅度；实际上任何原子均可选作参考原子，因此散射波的幅度应为

$$A(\boldsymbol{K})=\sum_{i,j\neq i} f_j\exp(\mathrm{i}\boldsymbol{K}\cdot\boldsymbol{r}_{ij}) \tag{14.2.3}$$

式中$\boldsymbol{r}_{ij}$为体系内第j个原子相对于第i个原子的位矢，

$$\boldsymbol{r}_{ij}=\boldsymbol{r}_j-\boldsymbol{r}_i \tag{14.2.4}$$

而

$$\boldsymbol{K}=\boldsymbol{k}-\boldsymbol{k}_0 \tag{14.2.5}$$

$\boldsymbol{k}$方向X射线散射波的强度$I(\boldsymbol{K})$与$|A(\boldsymbol{K})|^2$成比例：

$$I(\boldsymbol{K})=\alpha|A(\boldsymbol{K})|^2 \tag{14.2.6}$$

适当选取强度单位，使$\alpha=1$，则

$$\begin{aligned}I(\boldsymbol{K})&=|A(\boldsymbol{K})|^2=A(\boldsymbol{K})A^*(\boldsymbol{K})\\&=\sum_i|f_i|^2+\sum_i\sum_{j\neq i}f_if_j^*\exp(\mathrm{i}\boldsymbol{K}\cdot\boldsymbol{r}_{ij})\end{aligned} \tag{14.2.7}$$

将上式的相位因子对角度取平均：

$$\begin{aligned}\langle\exp(\mathrm{i}\boldsymbol{K}\cdot\boldsymbol{r}_{ij})\rangle&=\frac{1}{4\pi}\int_0^{2\pi}\int_0^{\pi}e^{\mathrm{i}\boldsymbol{K}\cdot\boldsymbol{r}_{ij}}\sin\theta d\theta d\varphi\\&=\frac{1}{4\pi}\int_0^{2\pi}\int_0^{\pi}e^{\mathrm{i}Kr_{ij}\cos\theta}\sin\theta d\theta d\varphi=\frac{\sin Kr_{ij}}{Kr_{ij}}\end{aligned} \tag{14.2.8}$$

代入(14.2.7)式得

$$I(\boldsymbol{K})=\sum_i|f_i|^2+\sum_{ij\neq i}f_if_j^*\ \frac{\sin Kr_{ij}}{Kr_{ij}} \tag{14.2.9}$$

上式称为德拜公式。

将(14.2.1)式代入上式，并认为所有近邻原子都有相同的散射因子f_j，

$$I(\boldsymbol{K})=\sum_i|f_i|^2+\sum_i f_if_j^*\int_0^{\infty}4\pi r^2R_{ij}(r)\ \frac{\sin Kr}{Kr}dr \tag{14.2.10}$$

式中$R_{ij}(r)$表示在第i个原子邻近其他原子的径向分布函数。

令$\overline{R}_j$为系统中第j个原子的平均密度，并将上式中$R_{ij}(r)$改写成$(R_{ij}(r)-\overline{R}_j)+\overline{R}_j$而分成两个积分，得

$$\begin{aligned}I(\boldsymbol{K})=&\sum_i|f_i|^2+\sum_i f_if_j^*\int_0^{\infty}\frac{4\pi r^2[R_{ij}(r)-\overline{R}_j]\sin(Kr)}{Kr}dr\\&+\sum_i f_if_j^*\int_0^{\infty}\frac{4\pi r^2\ \overline{R}_j\sin(Kr)}{Kr}dr\end{aligned} \tag{14.2.11}$$

因子 $\sin(Kr)/Kr$ 是一个振荡函数，随着 r 的增大迅速减小，而 $\overline{R}_j$ 是常数，因此上式第二个积分值很小可以略去。对于非晶硅、非晶锗这一类无序体系，所有的原子都属于同一种元素，则式(14.2.11)可简化成

$$I(K)=Nf^2+Nf^2\int_0^\infty \frac{4\pi r^2[R(r)-R_0]\sin(Kr)}{Kr}\mathrm{d}r \tag{14.2.12}$$

令 $\varphi(K)=I(K)/Nf^2$ 及 $g(r)=R(r)/R_0$，得

$$\varphi(K)=1+\int_0^\infty 4\pi r^2 R_0[g(r)-1]\frac{\sin Kr}{Kr}\mathrm{d}r \tag{14.2.13}$$

这里 R_0 是平均原子密度，$\varphi(K)$ 称为相干函数，它是无序系统中平均每个原子的相干衍射强度与单个孤立原子的相干衍射强度之比；$g(r)$ 称为双体关联函数，是表征非晶态固体结构的分布函数；而 $4\pi^2[R(r)-R_0]$ 称为差分原子分布函数。图 14.2 示意地表出物质各种状态下的双体关联函数。

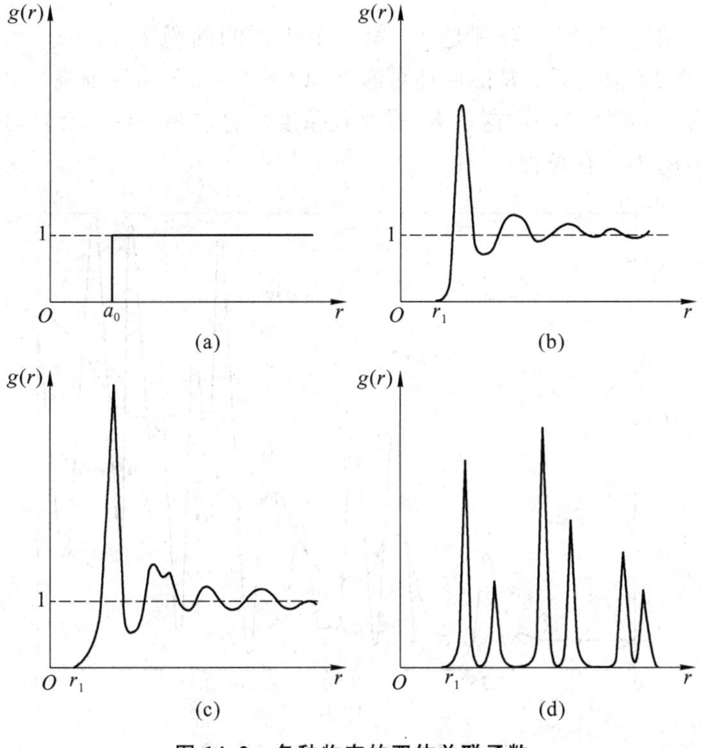

图 14.2 各种物态的双体关联函数

(a) 气体；(b) 液体；(c) 非晶体；(d) 晶体

根据 δ 函数的定义，

$$\left.\begin{aligned}&\lim_{K\to\infty}\frac{1}{2\pi}\int_{-K}^{K}\exp(\mathrm{i}Kx)\mathrm{d}K=\lim_{K\to\infty}\frac{1}{\pi}\frac{\sin Kx}{x}=\delta(x)\\&\lim_{K\to\infty}\frac{1}{2\pi}\int_{0}^{K}\exp(\mathrm{i}Kx)\mathrm{d}K=\frac{1}{2}\delta(x)\end{aligned}\right\} \tag{14.2.14}$$

可得
$$\int_0^\infty \left(\frac{I(K)}{Nf^2}-1\right)\frac{2}{\pi}Kr'\sin(Kr')\mathrm{d}K$$
$$=\int_0^\infty 4\pi r^2[R(r)-R_0]\frac{4r'}{r}\frac{1}{2\pi}\int_0^\infty \sin(Kr)\sin(Kr')\mathrm{d}r\mathrm{d}K$$
$$=\int_0^\infty 4\pi r^2[R(r)-R_0]\frac{r'}{r}\delta(r-r')\mathrm{d}r$$
$$=4\pi r'^2[R(r')-R_0] \tag{14.2.15}$$

由(14.2.12)、(14.2.13)与(14.2.15)式可见，将衍射强度 $I(K)$ 换成相干函数 $\varphi(K)$ 之后，经傅里叶变换可求出原子的径向分布函数 $R(r)$。图 14.3 是非晶锗(a-Ge)的径向分布函数，曲线的峰值分别给出最近邻、次近邻及第三近邻的位置。图中第一个峰在 $r=0.235$ nm 处，峰的宽度 $2\delta r$ 给出原子间距的涨落。第一个峰下的面积

$$\int 4\pi R(r)r^2\,\mathrm{d}r \approx 4$$

说明 a-Ge 和晶态锗一样，配位数都是 4。第二个峰下的面积为 11.62 ± 0.5，也与晶态锗(c-Ge)的次近邻数 12 很接近。从图中还可看出，a-Ge 的 RDF 曲线围绕单调曲线 $4\pi r^2R_0$ 上下涨落，距离 r 愈大，涨落愈小。这里 R_0 是平均密度。这说明 a-Ge 的结构只在几个近邻原子距离中有短程序，不再有长程序。

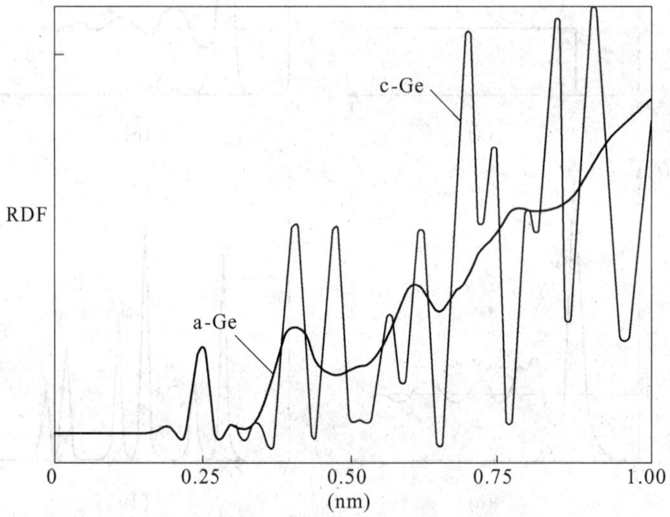

图 14.3 a-Ge 的径向分布函数

14.2.2 扩展 X 射线吸收精细结构

扩展 X 射线吸收精细结构(Extended X-ray Absorption Fine Structure，简称 EXAFS)是研究固体短程序结构的一种技术，迄今已有 30 年的历史。

当 X 射线通过厚度为 d 的固体后，强度 I 按指数律衰减

$$I=I_0\exp(-\mu d) \tag{14.2.16}$$

这里 μ 为吸收系数，随 X 射线光子能量不同而异，当 X 射线光子能量使固体中原子的 1s 壳

层中的电子激发时，μ 突然增大，称为 K 吸收限。若使原子的 $2s$、$2p_{1/2}$，$2p_{3/2}$ 等支壳层电子激发，相应的吸收是 L_1、L_2 及 L_3 吸收限。70 年前人们就发现当 X 射线光子的能量在超过吸收限 40—1 000 eV 的范围，吸收系数有振荡现象，这就是 EXAFS。此后 40 年人们才认识到这一现象可以用来探测固体中的短程序结构。迄今 EXAFS 已成为重要的实验方法。

如果吸收 X 射线的原子是孤立的，初态为 $|i\rangle$ 的电子吸收光子后，跃迁到终态为 $|f\rangle$ 的自由光电子发射出去，根据量子力学，吸收系数与跃迁概率

$$W = \frac{2\pi}{\hbar} |\langle i | H' | f \rangle|^2 g(E_f) \tag{14.2.17}$$

成正比，这里 H' 是引起偶极跃迁的相互作用势，$g(E_f)$ 是终态状态密度，E_f 为终态光电子的能量。但在固体中吸收 X 射线的原子(称中心原子)周围存在其他原子，光电子的终态要受到近邻原子的影响而发生变化。原子发射的光电子在逸出固体之前，会遭受近邻诸原子的散射，散射波与出射波在中心原子所在处叠加，从而使终态改变。如两种波叠加时相位一样，波幅增大，吸收概率也增加；如两种波在中心原子处相位相反，波幅变小，吸收概率也小。图 14.4 示意表示中心原子的出射波(实线)与近邻原子的散射波(虚线)。如入射的 X 射线光子能量不同，发射的光电子就有不同的能量和相位，如此形成吸收系数随光子能量(或光电子能量)而振荡的现象，这就是 EXAFS 的机理。这里我们实际上假设 $g(E_f)$ 的变化可以忽略，这是合理的，因为实际上光电子的能量 E_f 很大，而 $g(E_f)$ 实际是自由电子的态密度，在高能处随能量的变化不明显。

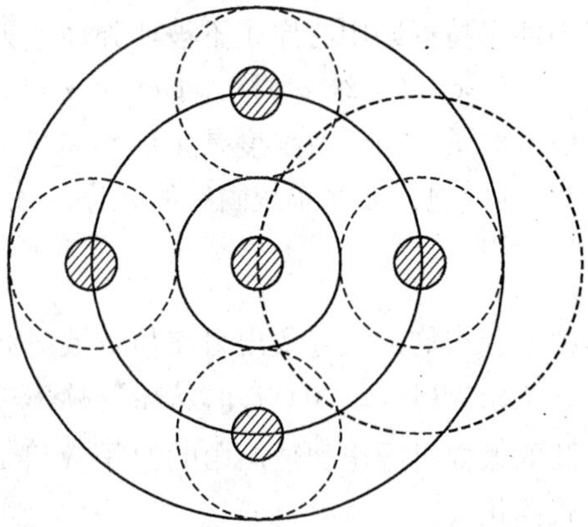

图 14.4 EXAFS 的原理示意

现在我们令中心原子处在孤立状态时的吸收系数为 μ_0，显然与 μ_0 相应的吸收与固体结构无关。真正与振荡吸收现象相关的是由于存在近邻原子形成的总吸收系数 μ 与 μ_0 之差，由于 μ 及 μ_0 都是光电子波矢 k 的函数，可规定描述 EXAFS 现象的函数 $\chi(k)$ 为

$$\chi(k) = \frac{\mu(k) - \mu_0(k)}{\mu_0(k)} \tag{14.2.18}$$

能量守恒定律要求出射光电子波矢 k 满足

$$\frac{\hbar^2 k^2}{2m} = h\nu - E_{th} \tag{14.2.19}$$

这里 $h\nu$ 为入射 X 射线的光子能量；E_{th} 为电子跃迁的阈值，与初态 $|i\rangle$ 有关。

从上述物理模型出发，计入外向传播的出射波和由近邻原子背向散射波的叠加对终态的影响，针对单个散射事件可求得

$$\chi(k) = -\frac{1}{k}\sum_j N_j |f_j(k,\pi)| R_j^{-2} \exp(-2k^2 \cdot \sigma_j^2) \exp\left[-\frac{2R_j}{\lambda_j}\right] \sin[2kR_j + \eta_j(k)] \tag{14.2.20}$$

式中各项意义如下：

1. $\sum_j$ 表示对各配位层求和，每个配位层离中心原子的平均距离为 R_j。若同一层里有两种原子可作为两个配位层处理，N_j 是第 j 个配位层中的原子数。

2. $f_j(k,\pi)$代表第 j 个配位层中的原子背散射振幅的绝对值，依赖于原子的元素种类和波矢 k。R_j^{-2} 表示外向传播的出射波和散射波都是球面波。$N_j|f_j(k,\pi)|R_j^{-2}$ 表示第 j 层原子对 $\chi(k)$的贡献。

3. $\sin[2kR_j+\eta_j(k)]$表征与吸收系数有关的 $\chi(k)$随光电子波矢振荡的函数关系，决定于出射波与背散射波之间的相位差，$2kR_j$ 是波动在距离 R_j 上来回一次的“光程差”$2R_j$ 对应的相位差，$\eta_j(k)$是吸收原子势和散射原子势引起的光电子波相移。

4. 因子 $\exp[-2R_j/\lambda_j]$中 λ_j 是光电子的平均自由程，该指数因子代表在来回路程 $2R_j$ 中能保持返回中心原子不被非弹性散射而消失的概率。

5. $\exp(-2k^2\sigma_j^2)$称为 Debye-Waller 因子，表征第 j 个配位层中原子分布引起的漫散效应。原子分布漫散程度是无序结构的特征，通常用离中心原子距离的均方偏离量 σ_j^2 来描写，其中包括无序系统固有的无序度 σ_{jS}^2 和热振动引起的无序度 σ_{jT}^2。即

$$\sigma_j^2 = \sigma_{jS}^2 + \sigma_{jT}^2 \tag{14.2.21}$$

原子分布的漫散导致出射波与背散射波之间相位差的弥散，使相干波的振幅减小。

由式(14.2.20)可知，从振荡频率可获得吸收原子到最近邻原子间距离 R_j 的信息，由振荡的振幅可导出配位层中的原子数目 N_j，还可得到元素类型的信息。如果将 $\chi(k)$的表示式简化成

$$\chi = -\frac{1}{k}\sum_j \frac{N_j}{R_j^2}\sin(2kR_j) \tag{14.2.22}$$

并对之作傅里叶变换，可得到一系列 δ 函数，诸 δ 函数的中心位置就是 R_j，δ 函数的权重正好是 N_j。

图 14.5 是 c-Ge 和 a-Ge 的 EXAFS 振荡部分，而图 14.6 是由实验测得的 $k\chi(k)$作傅里叶变换导出的径向结构分布函数。

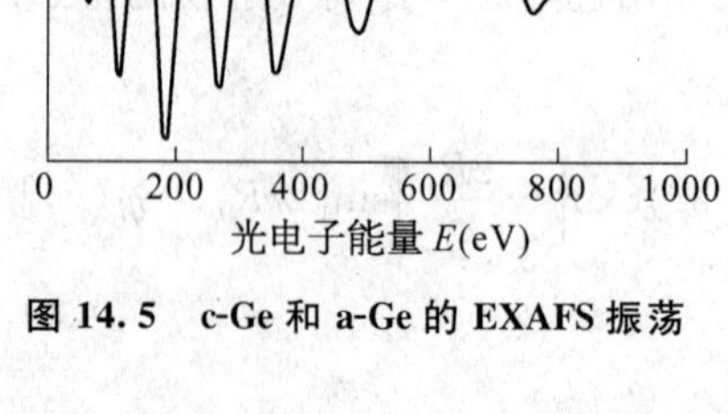

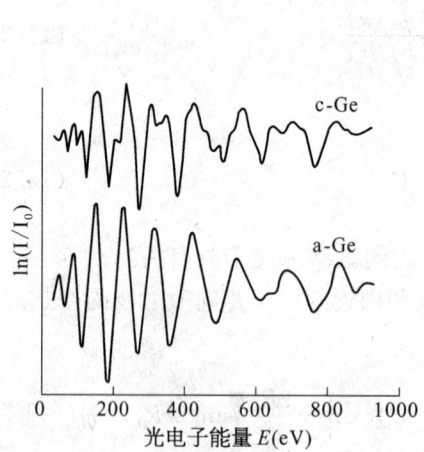

图 14.5　c-Ge 和 a-Ge 的 EXAFS 振荡

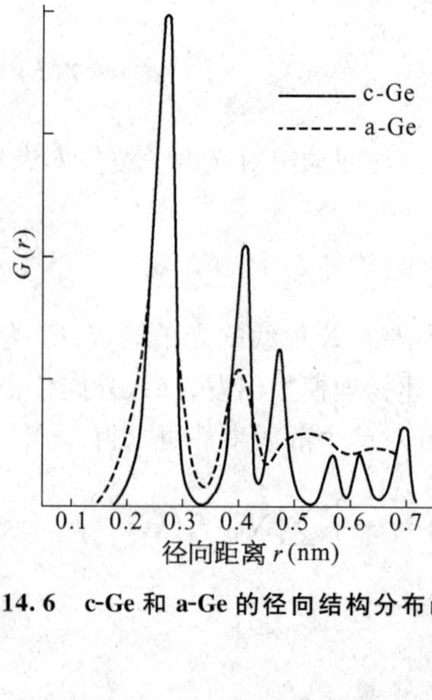

图 14.6　c-Ge 和 a-Ge 的径向结构分布函数

§14.3　无序固体中的电子态

14.3.1　安德森定域化电子态

§7.1 表明，在严格周期性势场中电子的状态由布洛赫波 $\psi_k(\boldsymbol{r})$ 描写。为简单计，这里略去能带的标号。由 $\psi_k(\boldsymbol{r}) = e^{i\boldsymbol{k}\cdot\boldsymbol{r}}u_k(\boldsymbol{r})$ 可见，由于 $|\psi_k|^2 = |u_k(\boldsymbol{r})|^2$，而 $u_k(\boldsymbol{r})$ 为具有原胞周期性的周期函数，在任何原胞内的相应点，$|\psi_k|^2$ 都有相同的数值。换言之，布洛赫态是广延的，这也正反映了晶体中的电子作共有化运动的特点，运动范围原则上可以扩展到全部晶体。与此相对照的是，孤立原子中电子的状态则是定域化的。如以原子核为原点，以位矢 $\boldsymbol{r}$ 代表电子的位置，则当 $r\to\infty$ 时原子波函数 $\varphi(\boldsymbol{r})\to 0$。在固体中，如果电子势场偏离严格的周期性，也会存在定域化的电子态。半导体中替位式杂质的电子态是一个例子。例如以Ⅴ族元素磷代替Ⅳ族元素半导体硅中的硅原子，磷原子的四个价电子与四个最近邻硅原子形成共价键，剩下的一个价电子处在磷的正离子 P^+ 的库仑场的束缚之中，从而形成类似于氢原子中电子的束缚态。这样的束缚态是定域化的，而且其能量处在禁带之中(参见§8.2)。另一方面，对于能带中的电子而言，杂质成为电子波的散射中心。来自不同杂质的散射波的干涉无疑会对电子态产生影响。随机分布的杂质是一种无序性，如无序程度足够强，来自各散射中心相干散射的结果使电子波函数明显异于零的区域会局限在空间某一点附近的有限范围，且其振幅绝对值可表示成

$$|A|\sim\exp(-r/\xi) \tag{14.3.1}$$

的形式，ξ 表示波函数在空间延伸的范围，称为定域化长度，如图 14.7 所示。

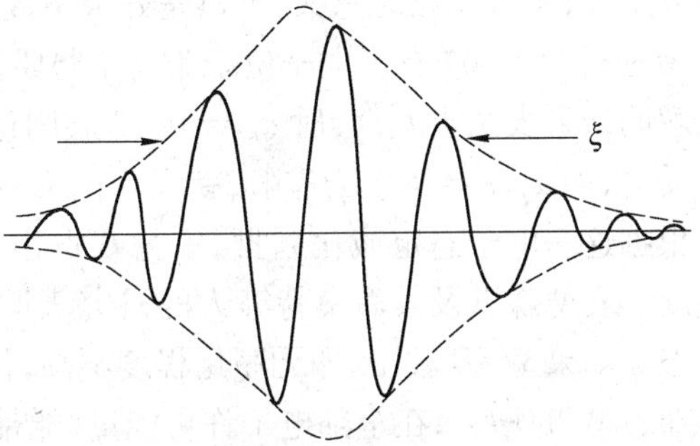

图 14.7　定域化长度为 ξ 的定域波函数示意

上述定域化的状态可视为来自于组分无序或置换无序。另一种结构无序，即在无定型固体中存在的拓扑无序同样也能导致定域态的出现，在§14.4 中将作较为详细的介绍。以无定型半导体的导带为例，在导带下部出现所谓带尾(参见图 14.9)，位于导带底与一特征能量 E_c 之间，E_c 称为迁移率边界。带尾内的状态是定域化的，能量处于带尾部分的电子只能通过热激发从一个定域位置转移到另一个定域位置，因而对零温的电导率无贡献。如果所有的价电子都处于带尾的定域态，在低温下应表现为绝缘体。能量高于迁移率边 E_c 的电子处于广延态，对低温下的电导有贡献。

安德森于 1958 年发表了一篇开创性论文"某些无序晶格中不存在扩散"，首先系统地分析了三维非周期势场导致定域化的问题。他采用的模型如图 14.8 所示。在三维周期性格点上随机安排深度不一，但变化幅度在给定范围的方势阱，每个势阱内都只有一个电子的本征能级，第 n 个势阱的本征能级用 E_n 表示。实际上每个势阱都可看成是一个原子的抽象，即将不同种类的原子随机安排在具有几何周期性的格点上。因此安德森模型原则上代表的也是一种组分无序。

安德森对这一问题的处理基于紧束缚近似。如果所有的势阱都有相同的阱深，设为

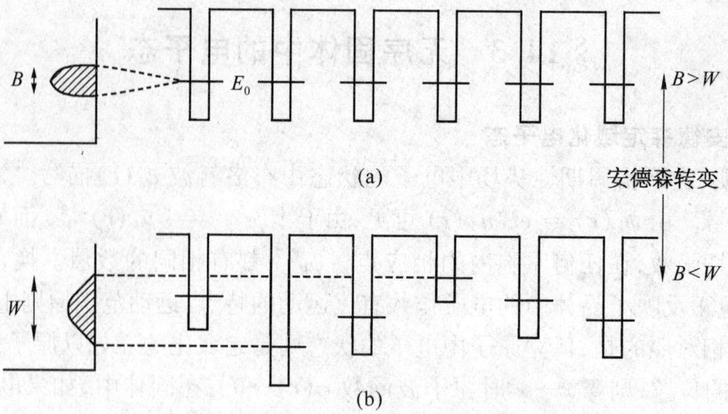

图 14.8　安德森定域化模型

V_0，其中的本征能级为 E_0，则为一严格的周期场。根据§7.3的讨论，由于近邻势阱之间的相互作用，E_0 必展宽成能带，如图14.8(a)所示，设能带宽度为 B，B 与式(7.3.12)中 J 的关系为 $B=2JZ$，Z 为每个格点的配位数。安德森的模型无序势场如图14.8(b)所示，所有势阱的阱深均在 $V_0 \pm W/2$ 之间变化，即势阱深度的变化幅度为 W。按照紧束缚近似，将这一体系中电子的波函数 $\psi(\boldsymbol{r})$ 用各格点上的原子波函数 $\varphi(\boldsymbol{r})$ 展开：

$$\psi(\boldsymbol{r}) = \sum_i a_i \varphi(\boldsymbol{r}-\boldsymbol{R}_i) \tag{14.3.2}$$

$\boldsymbol{R}_i$ 为第 i 个势阱的位矢。这里与(7.3.3)式不同，ψ 并非布洛赫和，这是因为无序体系失去周期性，波矢 $\boldsymbol{k}$ 已无意义，不再是好量子数。将上式代入含时间的薛定谔方程求解，并设初始时刻 $(t=0)$ 有一电子位于第 n 个势阱内，即 $a_n(t=0)=1$；$a_i(t=0)=0, i\neq n$。如果解的结果表明当 $t\to\infty$ 时 $a_n=0$，即表明这一电子离开了原先的位置而在晶体内扩散传播。反之，如 $a_n(t=\infty)$ 为有限，就表示在第 n 个势阱(格点)附近形成了稳定的定域化的状态。根据这一电子态定域化判据，安德森得出，比值 W/B 决定了无序体系电子态定域化的程度。安德森以及其后莫特等人的研究表明，当 $W=0$ 时所有的电子态都是广延的布洛赫态。如果 W/B 较小，即无序化程度不高，体系中的电子态虽非布洛赫态，却依然是广延的。随着 W 的增大，在全部电子许可能量(能带)的边缘(带边)附近的能态变成定域化的，而带的中部能态仍是广延的，如图14.9所示。图中带边的阴影部分代表定域态，而中部的空白区则代表广延态，其分界 E_c 与 E'_c 即分别为接近带底与带顶的迁移率边。具体数字结果表明如果 W/B 小于5，则能量 E 等于势阱本征能量 E_n 平均值 $(E=\overline{E}_n)$ 的电子就不再会回到初始的位置。计算表明当 W/B 大于某一临界值 W_c/B 时，体系中所有的电子态都是定域化的，图14.9中的 E_c 与 E'_c 重合。计算表明临界能量

$$W_c = B\ln Z \tag{14.3.3}$$

说明临界能量 W_c 随近邻格点的数目而增加，也与原子间相互作用有关。

图14.10示意地表出晶态与无定型半导体的电子状态密度，在图14.10(b)中 E_v 为价带迁移率边，相当于图14.9中的 E'_c。

根据以上的讨论，设想一电子数密度可变的无序体系。如费米能级处于广延区，即

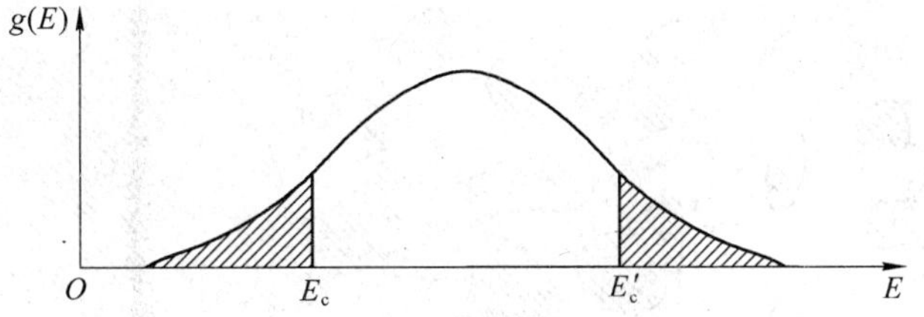

图 14.9　莫特模型的带尾定域态

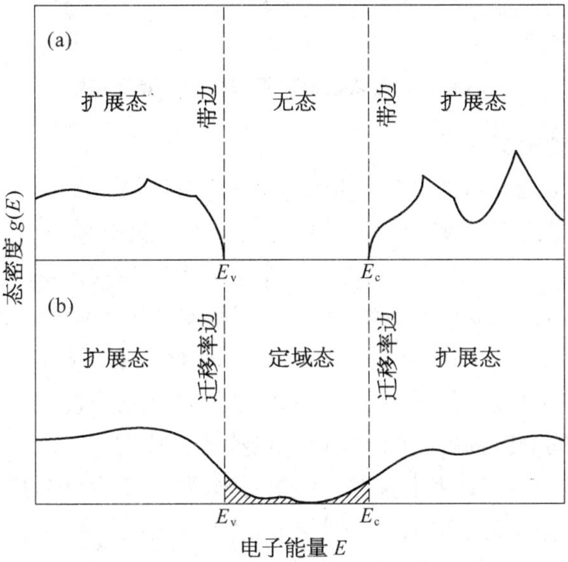

图 14.10　晶态与无定型半导体的电子态密度

$E_F > E_c$，这一体系当呈现金属性，具有异于零的低温电导率。如电子数密度下降，使费米能级处于带尾的定域态内，$E_F < E_c$，如前所述，体系的零温电导率为零，表现为绝缘体。E_F 决定于电子数密度，而迁移率边 E_c 的位置则与无序化程度有关。可见，随着载流子数密度与无序化程度的变化，使费米能级 E_F 扫过迁移率边 E_c 时，就会发生金属-绝缘体转变，或定域化-退定域化（变为广延态）转变。莫特将这一转变称为安德森转变，并已被广泛沿用。

可以用一个形象的例子比喻安德森转变。设想一地势起伏的丘陵地带。在枯水期，只有山谷处积水，形成一个个孤立的湖泊，如图 14.11(a)所示，图中阴影区表示湖水。可以将湖面比喻成体系费米能量，在图 14.11(a)的情形，$E_F < E_c$。湖中的游鱼则可比喻为电子，此时电子只能在各个湖内游动，而不能达到更远的范围，这就是电子处于迁移率边 E_c 以下的定域态的情形。随着丰水期的到来，湖面升高，在某些区域会出现连接不同湖面的渠道，其中的游鱼可运动到很远的距离，犹如 E_F 越过 E_c，出现了部分广延态，如图 14.11(b)所示。图 14.11(c)表示洪水来临，整个丘陵地带变成一片泽国，只有零星的山峰凸出水面，表示在 E_F 远较 E_c 为高的情形，几乎所有的状态都是广延的，鱼类可在汪洋大海中畅游；高出洋面的山峰则犹如广延态电子的散射中心。

安德森与莫特都是研究无序体系的杰出先驱。他们因此而和范弗莱克共享 1977 年诺贝尔物理学奖。

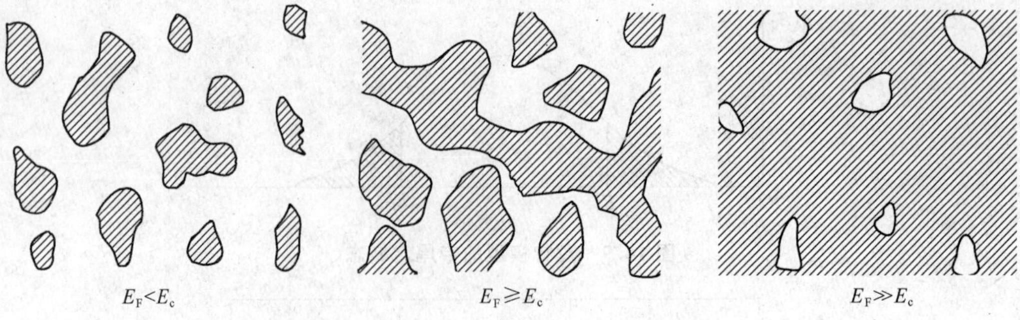

图 14.11　定域态与广延态之间的转变模拟

14.3.2　定域态的模拟实验

无序导致的定域化是波动的共性。但是，直接观察电子态的定域化，技术上的困难较大。1986 年美国宾州大学的何善进和迈纳尔德发表了一篇论文，报导他们在一维体系中观察到经典声波的安德森定域化，直观地给出了波动因无序导致定域化的实验证据。他们在一根长 15 米的钢丝上安置 50 个小铅块，如铅块等距安放则可模拟周期性；如铅块偏离周期性的位置则产生拓扑无序。在钢丝的一端(始端)产生横波激励并扫频以形成一定范围的频率连续的横声波，而在钢丝的另一端(末端)接收系统对激励声波的响应。图 14.12 示出始端扫频时末端接收到的响应幅度。图 14.12(a)是铅块周期性安放时的结果。图中在 760～840 赫兹范围内出现差不多 50 个紧挨在一起的尖峰，每一个尖峰对应于体系的一个本征频率，相应的波动可在体系内顺畅传播。每个本征频率可比拟一个电子能级，所有的本征频率构成一个宽度约为 80 Hz 的频率通带，这一通带其实相当于一个频支，可对应电子能量的许可带，可见通带中的状态数与体系中的原胞数相等。频率通带中有两处响应幅度较小，这是由于铅块质量有 12%范围的误差引起的。通带的两边明显无响应，相当于禁带的情形。图 14.12(b)则是每个铅块位置随机地偏离周期性位置的结果，偏离幅度不超过 2%。图 14.12(b)与图(a)截然不同，突出表现这一类拓扑无序的影响。通带不再存在，只剩下一些不规则

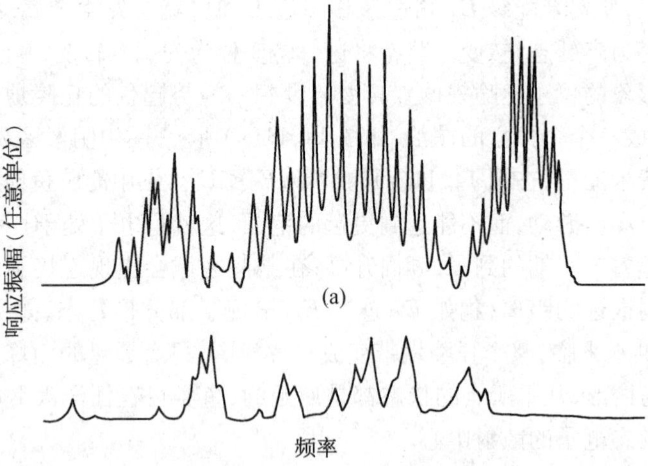

图 14.12　钢丝末端的响应幅度

的尖峰，特别是在图(a)的左边频隙范围内出现响应。图(a)通带中两处响应甚小的频率其实也是由无序引起的，相当于组分无序。由此可见，拓扑无序产生的效应要明显得多。为了进一步看出无序导致的波动的定域化，何善进等又在给定激励频率下测量钢丝上各点的响应，如图 14.13 所示。在图 14.13(a)与图(b)的情形，铅块是周期性安置的，相应的激励频率处在通带之内，可比拟能带中的两个电子许可能级，可明显地看出周期结构中布洛赫态的特点。与图(c)—图(g)相应的情形铅块位置都是经随机移动的，或多或少都可看出波动的定域化效应。图(c)—图(g)的激励频率分别对应于图 14.12(b)中的尖峰所在，其中图(e)—图(g)相应的激励频率处于图 14.12(a)的通带范围之内，图(d)的激励频率处于通带边缘，而图(c)的激励频率却处于通带之外的频隙内。可见处于带隙内的态定域化最为明显。将何善进等关于一维经典声波由无序导致的定域化的研究结果与电子态相对照，可以加深对无序势场中电子态的安德森定域化的认识和理解。

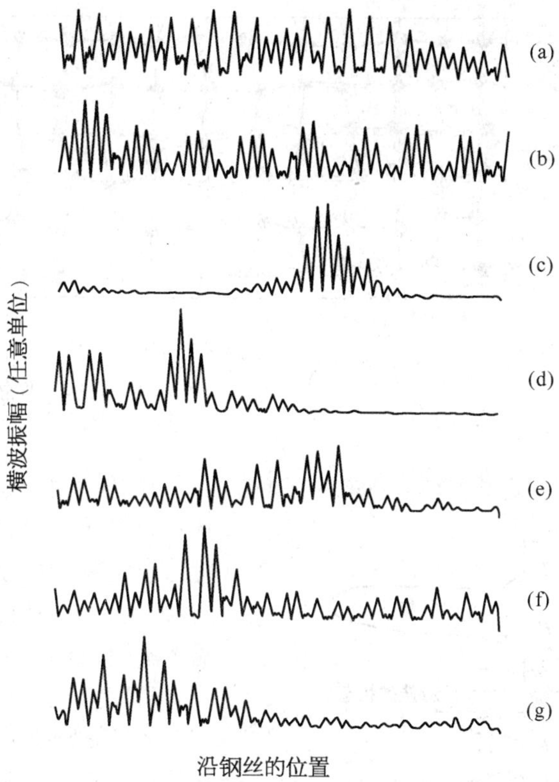

图 14.13 本征态振幅与钢丝上的位置的关系

§ 14.4 非晶态半导体

自上一世纪 50 年代以来，非晶态或无定型半导体的研究迅速发展，其技术应用背景，例如制作阳光电池，无疑是重要的推动因素。本节以非晶硅为例介绍非晶态半导体的性质。

14.4.1 掺氢非晶硅的网络结构

由于硅原子与近邻以共价键结合，即使在非晶态其近邻配位数也应维持 4，只是键长和键角相对金刚石结构而言有所偏离。因此，曾提出“连续无规网络”模型以描述非晶硅(a-Si)的结构，图 14.14(a)中以二维示意地表出这一模型。然而实际的非晶硅中总含有结构缺陷，而且 a-Si 的一种重要形态——薄膜 a-Si 中由于实际应用的需要往往掺入大量的氢原子，以饱和缺陷的悬挂键。这就使薄膜掺氢 a-Si(用 a-Si:H 表示)的结构不再是连续无规网络，而是呈如图 14.14(b)所示的网络结构。

和晶态半导体一样，非晶态半导体的许多物理性质也决定于其中的电子态。只是由于非晶态中不存在长程的周期性，电子波矢 $\boldsymbol{k}$ 已非好量子数，通常采用状态密度 $g(E)$来表示非晶半导体的电子结构。图 14.15 为根据实验结果提出的 a-Si:H 的状态密度。一般将图的上部仍称为导带，下部称为价带，E_A 与 E_B 分别为导带底与价带顶。但是在导带底与能量 E_c 之间的状态是定域化的，而 E_c 以上的状态为广延的；因此将 E_c 称为迁移率边界，以区

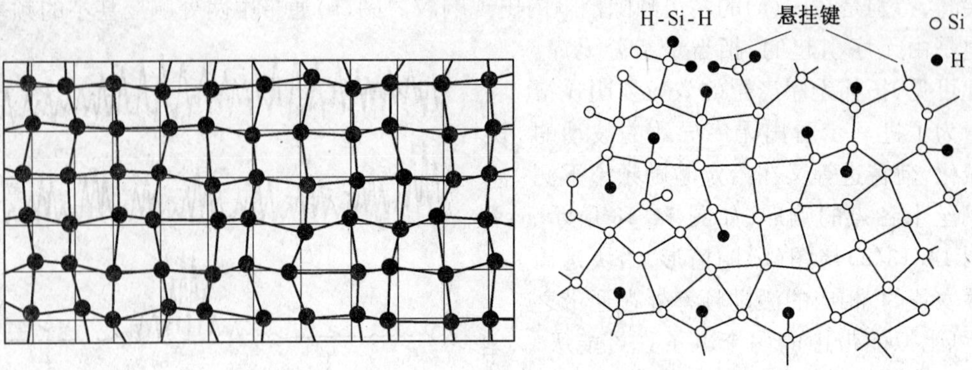

(a)　　(b)

图 14.14　非晶硅的结构

(a) 连续无规网络；(b) a-Si:H 的网络结构

别定域态与广延态各自相应的不同的输运性质。同样价带中 E_v 为迁移率边界，E_v 以下的状态为广延的，而 E_v 与价带顶之间的状态为定域态。禁带中部为悬挂键引入的缺陷态。图 14.15 所示为中性悬挂键引进的缺陷态。费米能级 E_F 则处于禁带中央，而且实验表明，与晶态不同，非晶硅的 E_F 随温度变化不大，称为费米能级的钉扎。E_F 之上的悬键态 E_x 呈受主型，而其下的 E_y 则呈施主型。

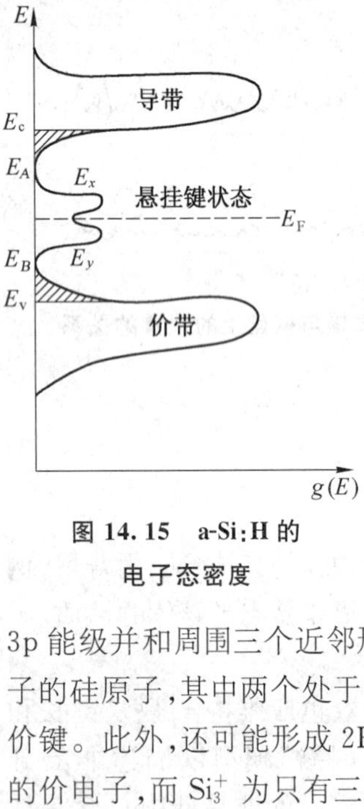

图 14.15　a-Si:H 的电子态密度

如在 a-Si:H 薄膜中掺入磷原子，则可能形成一系列复杂的结构形式及相应的缺陷态而影响 a-Si:H 的电子结构。一种是 P_3^0 型，这里下标代表磷原子 P 的近邻配位数，上标表示这一定域缺陷所带的电荷，P_3^0 意味着 P 原子的二个 s 价电子仍占据 s 能级，而另外三个 p 电子与三个近邻形成共价键。二是 P_4^+-Si_3^- 组成的缺陷对。P_4^+ 代表荷单位正电荷四度配位的磷原子（犹如晶态硅中的施主离子），而 Si_3^- 表示多一个价电子的硅原子，其中两个价电子处于 3s 能级，而另外三个价电子处于 3p 能级并和周围三个近邻形成共价键。三是 P_4^+-Si_2^- 缺陷对，其中 Si_2^- 也表示有五个价电子的硅原子，其中两个处于 3s 能级，只是三个处于 3p 能级的价电子只有两个与近邻形成共价键。此外，还可能形成 $2P_4^+$-Si_2^{2-} 与 Si_3^+-Si_3^- 缺陷对。Si_2^{2-} 表示 Si_2^- 上又多了一个不成键的价电子，而 Si_3^+ 为只有三个价电子的硅离子，经 sp^2 杂化而与三个近邻形成共价键。但是实验表明大部分掺入 a-Si:H 薄膜的磷原子是以四面体型组态 P_4^+ 存在，从而使费米能级上移到导带底附近，类似于晶态硅，即形成 n 型非晶硅。

如在 a-Si:H 薄膜中掺入受主型杂质硼，则也能像晶态一样使 E_F 下移，而成为 p 型非晶硅，如硼浓度较高可使 E_F 降至价带顶附近。硼在 a-Si:H 薄膜中形成的缺陷态包括 B_3^0、Si_3^+-B_4^-、Si_2^+-B_4^-、Si_3^--B_2^+ 等缺陷、缺陷对及缺陷联合体 Si_2^{2+}-$2B_4^-$。这里 B_3^0 表示三度配位的硼原子、B_2^+ 为缺少一个价电子的二度配位硼正离子，B_4^- 代表具有四个价电子的硼负离子并与四个近邻形成共价键，而 Si_2^{2+} 表示缺少两个价电子的二价硅正离子只能与两个最近邻形成共价键。

磷与硼往往是由于制造器件的需要而特意掺入的，但是 a-Si:H 膜中还总会因工艺条件的限制而含有一定量的杂质氧。氧原子为 6 价，其正常组态结构为 O_2^0，但在 a-Si:H 薄膜中氧常以 O_3^0-Si_3^0 缺陷对的形式存在。当这种缺陷的态密度较高时也会引起费米能级的钉扎。

14.4.2　变程跳跃电导

对于非晶硅这一类具有四面体型短程序的非晶半导体，在极低温度下的电导过程依赖莫特提出的变程跳跃机理。如前所述，假设非晶半导体的费米能级 E_F 处于禁带中部，由于其附近的状态也都是定域化的，电子的输运只能借助于热激发及隧穿效应由一个缺陷中心跳跃转移至另一中心，如图 14.16 所示。例如 E_F 附近一处于状态 A 的电子由热激发跳跃到空态 B。单位时间内发生此类跳跃的概率（或称跳跃频率）ν 应可表示为

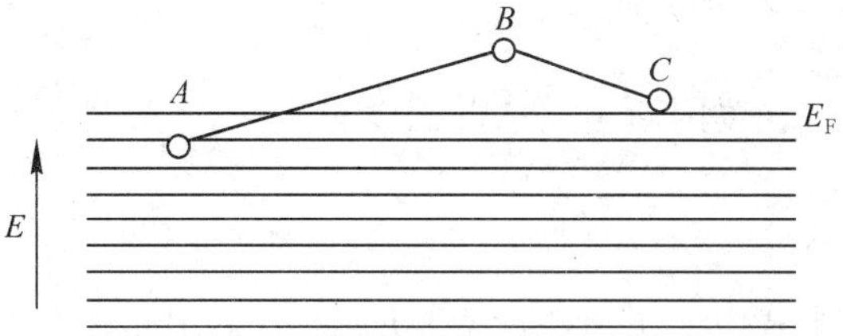

图 14.16　E_F 附近的电子跳跃传输

$$\nu = \nu_p \exp\left(-2\alpha R - \frac{W}{k_B T}\right) \tag{14.4.1}$$

其中 ν_p 为电子在状态 A 单位时间内试图跳跃的次数，即声子的振动频率，因为正是在声子的碰撞下电子才可能跳跃，$\exp(-W/k_B T)$ 为玻尔兹曼因子，W 代表中心 A、B 之间的势垒，R 为中心 A 与 B 之间的距离，α 为中心 A 或 B 上电子波函数的衰减因子，代表波函数在空间的扩展程度，$\exp(-2\alpha R)$ 表示中心 A、B 之间电子波函数的交叠程度。在定域性较弱情形，设满足条件

$$\alpha R \ll 1$$

则在极低温下由于材料中被激发的声子的数量及能量均很低，电子跳跃距离 R 将会随温度下降而上升。这是由于在极低温下，近程跳跃的概率减弱；但在 $\alpha R \ll 1$ 条件下电子可能出现在相距较远而能量相差较小的定域态中，这就是所谓的变程跳跃。

取某一定域态中心例如 A 为参考，则在距其半径为 R 的球体内能量在 E—$E+\Delta E$ 之间的状态数应为 $\frac{4}{3}\pi R^3 g(E)\Delta E$，$g(E)$ 为状态密度。由于只有 E_F 附近的电子态有可能发生变化，可取 $g(E)$ 为 $g(E_F)$。如 R 足够大便可将 E_F 附近各能级之间的平均能量差，即 W 表示为

$$W = \Delta E \Big/ \left[\frac{4}{3}\pi R^3 g(E_F)\Delta E\right] = \frac{3}{4\pi R^3 g(E_F)} \tag{14.4.2}$$

将上式代入(14.4.1)式，即可得与最大跳跃频率 ν_m 相对应的最可几 R 值 R^*

$$R^* = [9/8\pi\alpha g(E_F)k_B T]^{1/4} \tag{14.4.3}$$

将上式再代回(14.4.1)式，并应用(14.4.2)式可得变程跳跃的最可几频率为

$$\nu^* = \nu_p \exp\left\{-2\alpha\left[\frac{9}{8\pi\alpha g(E_F)k_B T}\right]^{1/4}\right\}$$

写成

$$\nu^* = \nu_p \exp[-(T_0/T)^{1/4}] \tag{14.4.4}$$

式中

$$T_0 = 2\left(\frac{3\alpha^3}{k_B g(E_F)}\right) \tag{14.4.5}$$

由 § 5.5 知，与此变程跳跃相应的 $l = R^*$，$\frac{1}{\tau} = \nu^*$，即得扩散系数

$$D = \frac{1}{6}\nu^* R^{*2} \tag{14.4.6}$$

并由爱因斯坦关系得迁移率 $\mu = \frac{eD}{k_B T}$，即可得变程跳跃电导率

$$\sigma = g(E_F)k_B Te\mu = g(E_F)e^2 D \tag{14.4.7}$$

上式中 $g(E_F)k_B T$ 代表 E_F 附近 $k_B T$ 范围内的电子数密度，只有这个范围内的电子才能受热激发而跳跃，从而对电导有贡献。将(14.4.6)式代入上式可得

$$\sigma = \sigma_0 \exp\left[-\left(\frac{T_0}{T}\right)^{\frac{1}{4}}\right] \tag{14.4.8}$$

其中

$$\sigma_0 = \frac{e^2}{2(8\pi)^{\frac{1}{2}}}\nu_p[g(E_F)/\alpha k_B T]^{1/2} \tag{14.4.9}$$

以上结果称为莫特$\frac{1}{4}$定律。

如果 $\alpha R \gg 1$，即定域化程度很强，电子波函数在空间的延伸范围很小，电子只能在近邻定域中心间跳跃，即电子输运以近程跳跃为主。此时(14.4.1)式中的 R 即为相邻中心间的距离，为一常数；而 $W = W_2$ 为近邻跳跃所需的热激活能。在此情形，与电子跳跃相应的扩散系数

$$D = \frac{R^2}{6}\nu_p \exp(-2\alpha R)\exp(-W_2/k_B T)$$

迁移率

$$\mu = \frac{eR^2}{6k_B T}\nu_p \exp(-2\alpha R)\exp(-W_2/k_B T) \tag{14.4.10}$$

从而与近程跳跃相应的电导率

$$\sigma = g(E_F)k_B Te\mu = \frac{e^2 R^2}{6} g(E_F)\nu_p \exp(-2\alpha R)\exp\left(-\frac{W_2}{k_B T}\right)$$

上式可写成

$$\sigma = \sigma_0 \exp(-W_2/k_B T) \tag{14.4.11}$$

其中

$$\sigma_0 = \frac{e^2 R^2}{6} g(E_F)\nu_p \exp(-2\alpha R) \tag{14.4.12}$$

近程跳跃常发生在温度较变程跳跃为高的低温区。热激活所需的能量由吸收声子提供，因此近程跳跃又称声子助隧穿过程。如温度降低，声子数减少，近程跳跃概率下降，转而表现为变程跳跃。

如果温度较高，使导带带尾(E_c 与 E_A 之间)的定域态中存在电子时，其输运机理也应为电子在定域态之间的跳跃，即也具有热激活的性质。因此，由前面的讨论知，迁移率也应可表为

$$\mu = \mu_0 \exp(-W/k_B T) \tag{14.4.13}$$

其中
$$\mu_0 = \frac{1}{6}\nu_p e R^2/k_B T \tag{14.4.14}$$

R 则为一次跳跃的距离。

如设带尾态密度与能量的关系具有幂函数的形式：

$$g(E) = g(E_c)\left(\frac{E-E_A}{E_c-E_A}\right)^S \tag{14.4.15}$$

则可得电导率

$$\sigma = \int_{E_A}^{E_c} g(E)\,\frac{\partial}{\partial E}f(E)\mu \mathrm{d}E$$

即

$$\sigma = \sigma_0 \exp[-(E_A - E_F + W_1)/k_B T] \tag{14.4.16}$$

其中取 $W = W_1$，以与费米能级附近定域态之间的近程跳跃激活能相区别。σ_0 与幂次 S 有关，当 $S = 1$ 时

$$\sigma_0 = \frac{1}{6}\nu_p e^2 R^2 g(E_c)\{1-\exp[(E_A-E_c)/k_B T][1+(E_c-E_A)/k_B T]\} \tag{14.4.17}$$

如果温度更高，以至导带中广延态内存在电子，则其对电导率的贡献可根据 § 8.4 的讨论表示为

$$\sigma = -e\int_{E_c}^{\infty} g(E)\mu(E)k_B T\,\frac{\partial f}{\partial E}\mathrm{d}E \tag{14.4.18}$$

$\mu(E)$ 表示能量为 E 的电子迁移率。如 E_F 处于禁带中央，则广延态中电子的费米分布函数可代之以玻尔兹曼分布函数，$f(E) \approx \exp[-(E-E_F)/k_B T]$，而且只有迁移率边 E_c 附近的电子对电导有贡献，$\mu(E)$ 可以常数 μ_c 代替，因此可将(14.4.18)式写成

$$\sigma = \sigma_{\min}\exp[-(E_c - E_F)/k_B T] \tag{14.4.19}$$

其中常数
$$\sigma_{\min} = e g(E_c) k_B T \mu_c \tag{14.4.20}$$

称为最小金属电导率。

综合(14.4.8)、(14.4.11)、(14.4.16)和(14.4.19)式可得非晶半导体的电导率在大温度范围随温度的变化，如图 14.17(a)所示，图 14.17(b)则为对 a-Si:H 的实测结果，两者基本是相符的。

14.4.3　非晶硅器件

迄今，非晶半导体的应用当数在薄膜 a-Si p-n 结的基础上做成的阳光电池最为典型。图 14.18 为非晶半导体 p-n 结的伏安特性，其反向击穿犹如齐纳二极管。正向电流密度 j 与电压的关系也具有指数形式，

$$j \propto \exp\left(\frac{eV}{nk_B T}\right) \tag{14.4.21}$$

式中的 $n \approx 2$，表示结区的复合电流起主要作用。

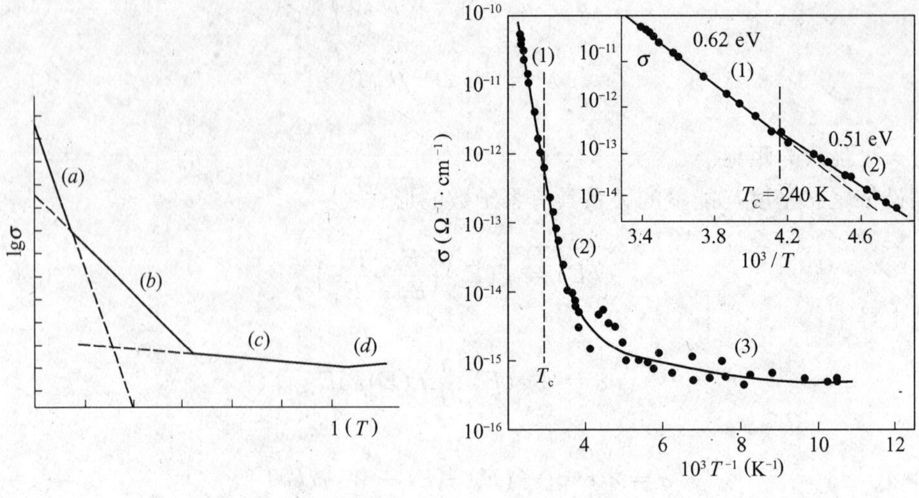

图 14.17 非晶硅电导率与温度的关系

(a) 非晶态半导体电导率与温度的关系；(b) a-Si:H 的实验结果

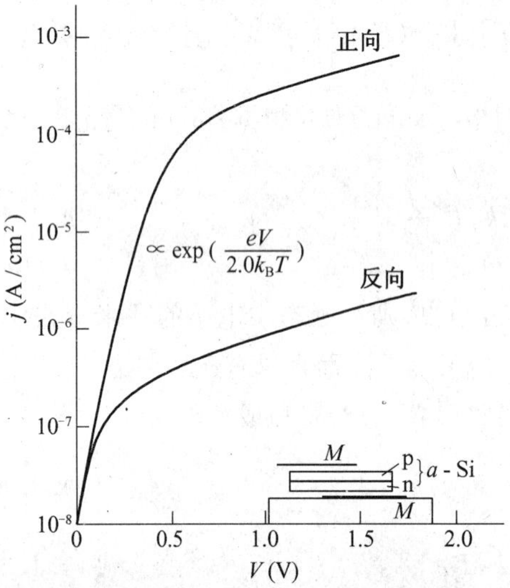

图 14.18 非晶半导体 p-n 结的伏安特性

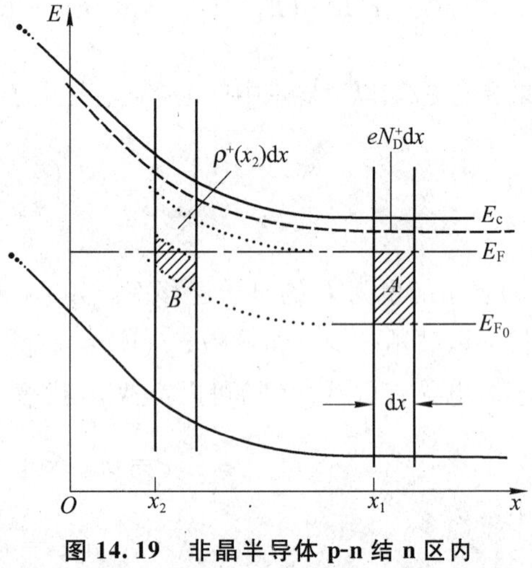

图 14.19 非晶半导体 p-n 结 n 区内在 x_2 处正空间电荷区的形成

晶态半导体 p-n 结空间电荷区的正电荷与负电荷主要取决于电离杂质的密度。对于非晶态半导体 p-n 结，情况则有所不同。图 14.19 给出 n 区的电荷分布，图中$(E_F)_0$为未掺杂时的费米能级。首先考虑在体内 $x=x_1$ 处，平行于器件表面的截面中的某一单位面积，设电离施主的浓度为 N_D^+，且在该处体积元 dx 内的正电荷 eN_D^+dx 刚好和禁带中状态上的负电荷 A 相抵消。再考虑位于 x_2 的体积元，该处的负电荷 B 比 A 少，因此有净正电荷密度，其值可表示为

$$\rho^+(x) \approx eN_D^+ - e\int_{(E_F)_0}^{E_F} \frac{g(E)\mathrm{d}E}{1+\exp[(E-E_F)/k_BT]} \tag{14.4.22}$$

由此可看出，非晶半导体 p-n 结空间电荷区中的电荷密度主要取决于禁带中的状态密度。正因为如此，这种 p-n 结的特性和晶态半导体 p-n 结的特性当然有所不同。

图 14.20 为 p-i-n 结构的 a-Si 太阳电池。用辉光放电方法将薄的 p 区淀积在玻璃衬底上，玻璃的表面覆盖了一层透明的铟-锡氧化物(ITO)的导电膜，然后生长厚度约为 1 微米的未掺杂的本征区(i)，最后淀积薄的 n 区与底部的铝电极而完成。

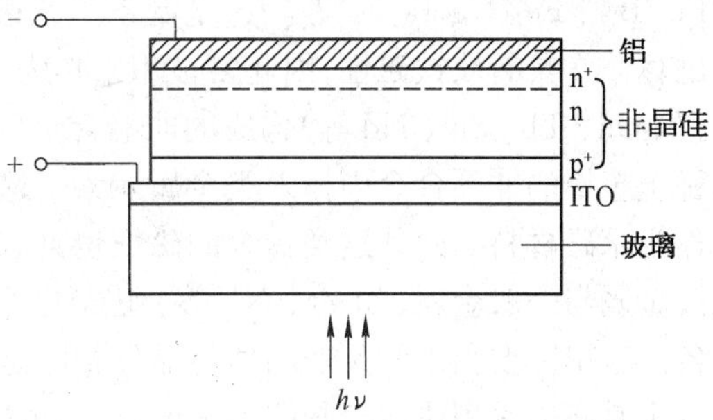

图 14.20　p-i-n 结构的非晶硅太阳能电池

14.4.4　非晶硅的振动谱

非晶硅中原子间的化学键主要是共价键，基本保存了晶态硅的四面体键结构。证据是 X 射线散射获得的非晶硅径向分布函数的第一个峰位置给出 Si—Si 键长 R_1 为 0.235 nm，与晶态硅相同。由第一个峰强度得到的硅原子的配位数也是 4。第二峰位也同晶态硅一样都在 0.385 nm，由峰强给出的第二近邻的平均原子数为 11.6，而晶态硅是 12。非晶硅的第三个峰不存在。这表明非晶硅具有与晶态硅相近的短程序，但没有长程序。本质上讲非晶硅是由共价键连接起来的无规则的网络。没有周期性，因此格波及波矢 $\boldsymbol{q}$ 和声子动量 $\hbar\boldsymbol{q}$ 都不适用非晶硅及任何非晶态材料。但原子振动还是受短程原子间的力制约。存在确定的振动模式，振动能级也是分立的，有其能量量子 $\hbar\omega_i$，ω_i 为本征振动频率。因此非晶硅的振动模式密度与晶态硅的模式密度相似，但缺乏晶态硅 $g(\omega)$ 曲线呈现出鲜明的结构特征。

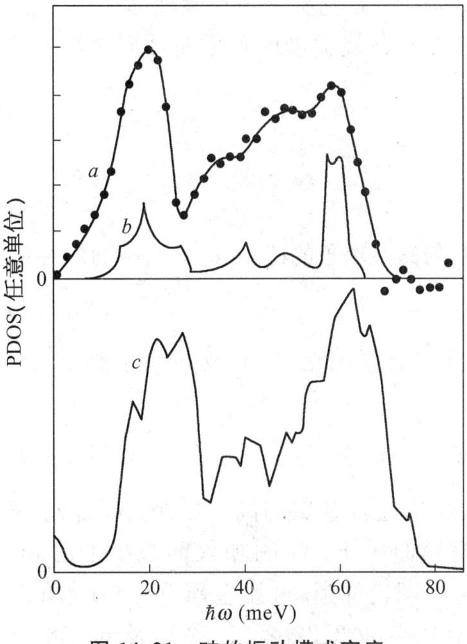

图 14.21　硅的振动模式密度

(a) 非晶硅的实验结果；(b) 晶态硅的理论曲线；
(c) 61 个原子模型的非晶硅的理论曲线
[引自 Phys. Rev. Lett., 52 (1984) 644]

图 14.21 是 1984 年 W. A. Kamitakahara 等给出的非晶硅振动模式密度的实验结果[图中(a)]，同时他们还引用了别人的对晶态硅[曲线(b)]以及用 61 个原子模型计算的非晶硅的振动模式密度[曲线(c)]。晶态硅的 $g(\omega)$ 曲线中四个主峰位于 20,40,50 和 60 meV，分别属于 TA，LA，LO 和 TO 峰。非晶硅的 $g(\omega)$ 曲线显示所有这些峰的特色，但两者也有差异。其一是晶态硅属于 *TA* 支顶部位于 27 meV 的峰在非晶硅中看不到。其二晶态硅位于 40 meV 的 LA 特色的峰在非晶硅中移到 35 meV 处。其三在 60 meV 晶态硅的峰高大，峰宽窄，而非晶硅峰高较低，峰宽相当大。曲线(c)显示的结果基本上表现出实验结果的特征。

§ 14.5　非晶铁磁体及自旋玻璃

非晶体中原子的排列没有周期性。但仍具有与晶体相似的短程有序。铁磁性起源于相邻磁性离子间的交换互作用，因此非晶体中磁性离子间的交换作用，同样可以产生铁磁性。非晶铁磁体主要包括下面三类：

1. 过渡金属(如 Fe、Ni、Co 等)与类金属元素(如 Si、P、B 等)形成非晶合金,如 $Fe_{80}B_{20}$、$Fe_{40}Ni_{40}P_{14}B_6$ 等。这是制备工艺最完善,对它的特性研究得最透彻的一类非晶铁磁体。它具有软铁磁性,因此常被用来作为变压器铁芯及磁屏蔽。2. 过渡金属与稀土金属(如 Gd、Tb、Sm、Nd 等)构成的非晶合金(如 $Co_{33}Gd_{67}$、$Ni_{30}Gd_{70}$ 等)。有时也在过渡金属-稀土金属的非晶合金中掺入类金属元素。这类非晶合金具有较高的矫顽力,因此常被用来作为永磁材料。此外这类合金的磁性也具有较大的各向异性,被用来作为磁泡材料。3. 过渡金属与一般金属(如 Zr、Nb 等)组成的非晶合金,但这类非晶合金稳定性较差,不易制备。这里需要指出的是非晶体与晶体相比是一个亚稳态。因此从熔融的合金液体制备非晶合金时必须采用快速冷却即淬火的方法,或采用溅射、蒸发等方法制备非晶合金薄膜。因为非晶体处在亚稳态,对非晶体退火会改变它的内部结构,并使其向多晶体转化。

尚有一种非晶磁性材料,即自旋玻璃——掺入一定量的过渡金属或稀土金属元素的金属,如在 Cu、Au 等金属中掺入 0.1%~10%原子数的 Mn、Fe 等磁性原子。这里所有原子都处在晶格格点的位置上,但作为杂质的磁性原子在格点上的分布是随机而毫无规则的;不仅如此,通过与金属中导电电子的间接交换作用,这些磁性原子的磁矩(自旋)方向也是杂乱无章的,因此就自旋来说,它是无序的非晶体或“玻璃体”,故把它称之为自旋玻璃。

下面先对非晶铁磁体的磁性进行一些讨论,然后再对自旋玻璃的形成及性质作扼要的介绍。

14.5.1　非晶铁磁体的磁性

下面分两个方面对非晶铁磁体的磁性进行讨论。

1. *磁矩与自发磁化强度*

绝对零度下的自发磁化强度,即饱和磁化强度 M_{s0} 与磁性离子的磁矩 μ_m 间有下面的关系

$$M_{s0} = N\mu_m \tag{14.5.1}$$

式中 N 表示磁性离子的浓度。以 $T_{1-x-y}F_xG_y$ (T 表示过渡金属元素,F 及 G 表示类金属元素)非晶铁磁体为例,离子磁性可按下式计算

$$\mu_m = m_t(1-x-y) - m_f x - m_g y \tag{14.5.2}$$

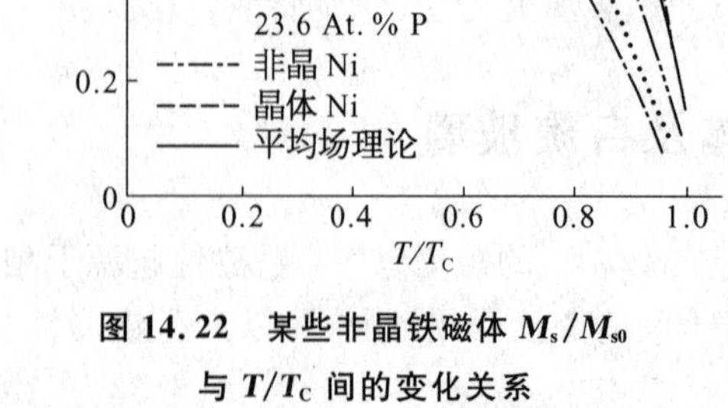

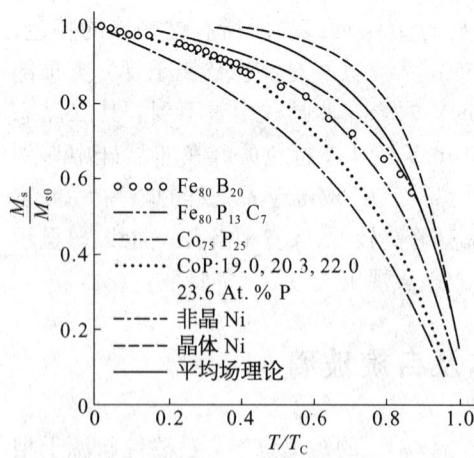

图 14.22　某些非晶铁磁体 M_s/M_{s0} 与 T/T_C 间的变化关系

这里 m_t 表示过渡金属的离子磁矩,m_f、m_g 表示因类金属原子 F、G 的加入而减少的磁矩。由巡游电子理论知道,过渡金属 Fe、Co、Ni 的离子磁矩分别为 $2.22\mu_B$、$1.72\mu_B$ 及 $0.606\mu_B$,而每个类金属 B、C、Si 及 P 原子的加入可认为对 3d 能带填充电子并使原子磁矩分别减少 $1\mu_B$、$2\mu_B$ 及 $3\mu_B$。

图 14.22 示出了某些非晶铁磁体的约化自发磁化强度 M_s/M_{s0} 与约化温度 T/T_C 之间的变化关系,T_C 为居里温度。从图中可以看到与晶态材料相比非晶铁磁体的 M_s 随温度 T 的上升而下降得更快。在非晶铁磁体中由于结构无序,最近邻自旋间的交换积分存在有一定的分

布$\langle \Delta J^2 \rangle$。如果引进交换积分的分布参数$\delta$:

$$\delta = \langle \Delta J^2 \rangle / J^2 \tag{14.5.3}$$

则依分子场理论,可把自发磁化强度表示成

$$M_s/M_{s0} = \frac{1}{2}\left\{ B_s[(1+\delta)x] + B_s[(1-\delta)x] \right\} \tag{14.5.4}$$

式中$B_s(y)$是由(11.3.26)及(11.3.27)式表出的布里渊函数,因为交换积分仅与自旋有关,因此(11.3.26)及(11.3.27)式中总角动量量子数j这里可用自旋量子数s代替,而(14.5.4)式中的x由下式给出:

$$x = [3sM_s/(s+1)](T_C/T) \tag{14.5.5}$$

在推导(14.5.4)式时已利用了交换积分J与分子场系数λ及居里温度T_C间的关系式(12.5.8)及(12.5.9)式。尽管直接交换作用未必一定能适用于非晶铁磁体,但若取$\delta \simeq 0.3$,却可定性说明实验。

在低温下,与晶态铁磁体一样,自发磁化强度M_s与温度T之间也满足$T^{3/2}$关系[见(12.7.1)式],因此也可用自旋波来解释。实际上在低温下,主要是长波长的自旋波有贡献。此时波长远比晶格常数大得多,周期显得不重要,可把晶体和非晶体看成是连续介质,因此没有晶格周期性的非晶体也能存在这种长波长的自旋波。

2. *居里温度* T_C

对于只含一种过渡金属元素的非晶铁磁体,也有一个比较确定的居里温度T_C。但是对于含有两种以上过渡金属元素的非晶铁磁体,由于这些过渡金属原子分布不均匀,铁磁相与顺磁相的转变常发生在一个温度范围内,居里温度不能很好确定。通常非晶铁磁体的居里温度均低于相应的晶态铁磁体。但某些非晶铁磁体仍可有相当高的居里温度,如Fe-Co非晶合金系列的T_C可接近800 K。实际上,许多非晶铁磁体未达到T_C温度前,它们都已晶体化了(如前面所指出,非晶态是一个亚稳态,加热后会逐渐向晶态过渡)。在这种情况下,T_C只能依靠自发磁化强度随温度的变化曲线外推得到。通常,退火也可以使非晶铁磁体的居里温度发生变化(升高),这也使精确测定非晶铁磁体的居里温度变得十分困难。引起这一现象的原因可能是退火使非晶铁磁体内的成分短程序发生变化。例如在Fe-Ni非晶合金中,Fe-Fe最近邻数的增加可导致T_C升高,而在刚制备的非晶合金中,Fe与Ni的位置分布或多或少是任意的,故未退火的非晶铁磁合金T_C较低。

表14-1列出部分非晶铁磁体的一些重要磁性参数。为了与晶态的情况相比较,表中也同时列出了某些晶态合金铁磁体的磁性参数。

表14-1 部分合金铁磁体(非晶、晶态)的磁性参数

合金材料	矫顽磁场强度 H_c(A/m)	自发磁化强度 M_s($\times10^6$ A/m)	居里温度 T_C(℃)
$Fe_{80}B_{20}$	3.2	1.27	374
$Fe_{80}P_{16}B_1C_3$	4.0	1.19	292
$Fe_{40}Ni_{40}P_{14}B_6$	1.5	0.65	247
$Fe_{29}Ni_{49}P_{14}B_4Si_2$	0.88	0.33	382
$Fe_3Co_{72}P_{16}B_6Al_3$	1.2	0.50	260

(续表)

合金材料	矫顽磁场强度 H_c(A/m)	自发磁化强度 M_s($\times 10^6$ A/m)	居里温度 T_C(℃)
$Ni_{80}Fe_{16}Mo_4$(晶态)	2.0	0.62	460
$Ni_{80}Fe_{20}$	0.40	0.65	400
$Fe_{96.8}Si_{3.2}$	25—40	1.62	730

14.5.2 近藤效应

如前所述,把磁性离子(过渡金属或稀土金属离子)掺入金属晶体后,该晶体就具有顺磁性。此外还具有许多其他的特性。

如在 Cu、Au、Ag 等金属中掺入微量($<10^{-4}$%)的 Fe、Mn、Mo、Os 等磁性离子,那么掺入后的金属除具有顺磁性外,还具有下面的特性:

(1) 低温下的电阻率出现反常。在未掺入磁性离子之前,金属电阻率在低温下通常按下面的马提生定则变化:

$$\rho = AT^5 + \rho_0 \tag{14.5.6}$$

式中第一项表示由于声子散射所引起的电阻,它正比于 T^5,而第二项是由杂质或缺陷的散射所引起的剩余电阻率。然而在掺入磁性离子以后,低温电阻率变成

$$\rho = AT^5 + \rho_0 - B\ln T \tag{14.5.7}$$

并在温度

$$T_{\min} = (B/5A)^{1/5} \tag{14.5.8}$$

时,电阻率 ρ 出现极小值(通常 $T_{\min} \approx 10$—20 K),如图 11.30 所示。出现这一现象完全是由于各个磁性离子对导电电子的散射结果。由于磁性离子与导电电子之间存在有交换作用,当导电电子受磁性离子散射时,导电电子及磁性离子的自旋态都将发生改变。近藤(Kondo)采用了 s 电子与 d 电子间的交换作用模型,在二级微扰近似下,计算得磁性离子杂质散射的电阻率

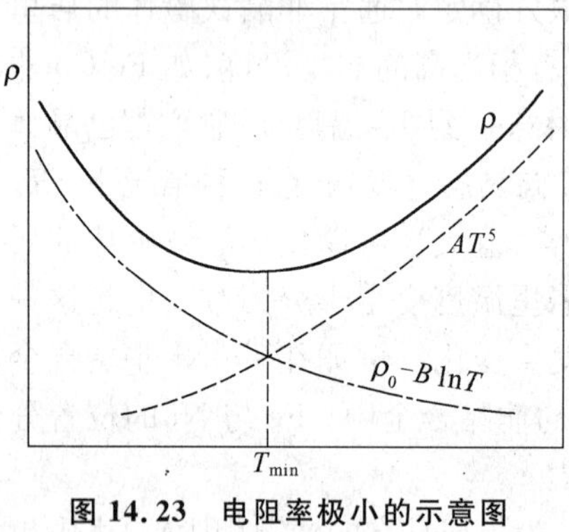

图 14.23 电阻率极小的示意图

$$\rho_{杂质} = \rho_0(1 + 4JD\ln T) \tag{14.5.9}$$

式中 J 表示 s-d 交换积分, D 是与电子在费米面上的态密度有关的常数 ($D > 0$)。与(14.5.7)式相比较,可知

$$4JD = -B/\rho_0$$

即

$$J < 0$$

由此可见,为与实验结果相一致(即出现电阻极小值), s-d 交换积分 J 必须小于 0,就是说,这里的 s-d 交换作用应是反铁磁性的。

(2) 磁化率反常。对于含有微量磁性离子的金属顺磁体来说,在大部分温度下,磁化率都能满足(12.3.33)式表示的居里定律:

$$\chi = \mu_D N p^2 \mu_B^2 / 3k_B T$$

式中 p 是磁性离子的有效磁子数，由(12.3.19)式给出。但是在低温下，磁化率出现反常现象，与居里定律相偏离，(12.3.33)式中的有效磁子数 p 不再保持常数，而是随着温度的下降也随之下降；当 $T\to 0$ 时，p 也随之趋近于零。如图 14.24 所示。

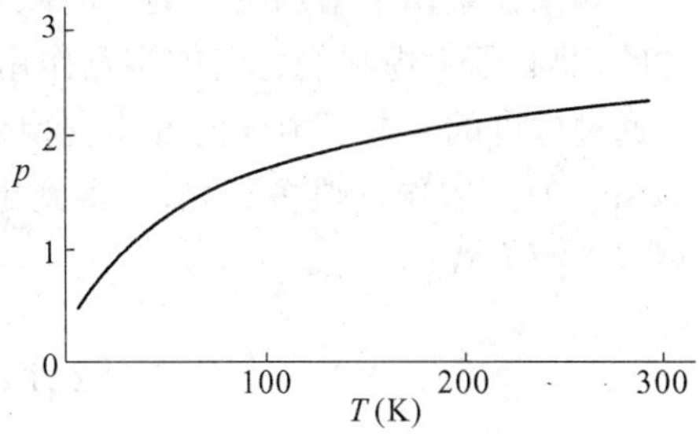

图 14.24 有效磁子数 p 随温度的变化

这说明金属中的磁性离子当 $T\to 0$ 时，不再具有磁矩(磁性离子的磁矩为 $p\mu_B$)。根据反铁磁性的 s-d 交换理论，在磁性离子周围的导电电子的自旋应与磁性离子的磁矩方向相反，因而对磁性离子的磁矩起屏蔽抵消作用，这种抵消作用随着温度的降低、热涨落的减小而增大，最后在 $T=0$ 时，形成一个由磁性离子和聚集在其周围的反向自旋的导电电子的组合状态(常称此状态为近藤单态)。对于这一状态，磁性离子连同包围它的自旋反方向的电子的复合体不再具有磁矩而变成为非磁性离子。

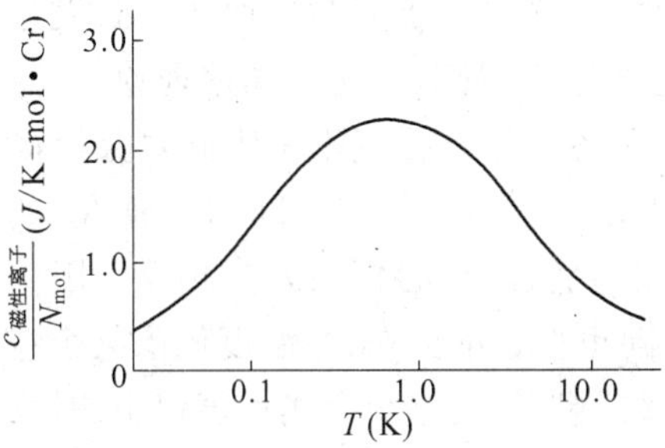

图 14.25 含 Cr 的 Cu 磁性离子比热 $c_{磁性离子}$ 与温度的关系

(3) 比热反常。在低温时纯金属比热主要由电子比热所决定，表现出与温度 T 间的线性关系。对于掺有一般非磁性杂质的金属其比热与线性规律没有明显偏离，但是当金属中含有微量磁性杂质原子时，在低温下其比热与线性温度规律发生严重的偏离，表现为附加在线性关系上的一个宽峰曲线。图 14.25 是含有磁性原子 Cr 的金属 Cu 的实验测量曲线，图中 $c_{磁性离子}=c-c_0$，c_0 为纯 Cu 的比热，c 为掺 Cr 的比热，N_{mol} 为 Cr 的摩尔浓度。由热力学知道比热 $c_{磁性离子}$ 与系统熵 S 间有关系：

$$c_{磁性离子}=T\frac{dS}{dT} \tag{14.5.10}$$

对于自旋量子数为 s 的磁性离子，其熵可写成

$$S=k_B\ln(2s+1) \tag{14.5.11}$$

由前面的讨论知道，由于导电电子与孤立的磁性离子间 s-d 交换作用，导电电子的自旋对磁性离子的磁矩产生了屏蔽，随着温度的降低，这种屏蔽作用逐渐加强，这就使磁性离子所表现出来的自旋量子数 s 随着温度的下降而变小，即 s 变成是温度 T 的函数，从而有关的熵 S 也随温度 T 变化，$\frac{dS}{dT}\neq 0$，这就使磁性离子在低温下表现出非零的比热 $c_{磁性离子}$，使含微量磁性离子的金属出现比热的反常现象。

含微量磁性离子金属所表现出来的上述特性，通常称之为近藤效应。近藤效应说明了这样一个事实：对于金属中的孤立磁性离子，由于它们与导电电子间的 s-d 交换作用，使磁性离子的磁矩受到屏蔽。随着温度的降低，磁性离子逐渐失去磁矩，在 $T=0$ 时，形成非磁性的近藤单态。最后需要补充指出的是由(14.5.7)式给出的电阻率，不适用于 $T\to 0$ 的极低温度区，确切地说，它仅适用于电阻率取极小值附近的温度区域，如上所述当 $T\to 0$ 时，磁性离子逐渐转变成非磁性离子，因此当 $T\to 0$ 时，$\rho\to\rho_0$ 即电阻率仍趋近于剩余电阻率。

14.5.3 自旋玻璃

如果在金属中增加磁性离子的浓度,使磁性离子间距变小,这时不能再把它们看成是孤立的,而必须考虑它们之间的相互作用。前面曾提及 s-d、s-f 间接交换作用,即每个磁性离子通过导电的 s 电子中介而发生交换作用。M. A. Ruderman、C. Kittel、T. Kasuya 及 K. Yosida 对此曾作过很多研究,并得到定域磁矩通过导电电子所产生的间接交换哈密顿量可写成下面形式:

$$H_{\mathrm{RKKY}} = \frac{9\pi}{2}\frac{J_0^2}{E_{\mathrm{F}}}\left(\frac{N_{\mathrm{C}}}{N}\right)^2 \sum_{\substack{l,\,m \\ (l\neq m)}} F(2k_{\mathrm{F}}R_{lm})\boldsymbol{S}_l \cdot \boldsymbol{S}_m \tag{14.5.12}$$

式中 J_0 为交换积分的傅氏分量, N_{C} 及 N 分别是导电电子及离子磁矩数目, E_{F} 是未掺磁性原子前的费米能级, $F(2k_{\mathrm{F}}R_{lm})$称为 Ruderman-Kittel 函数,具有下面形式

$$F(x) = \frac{x\cos x - \sin x}{x^4} \tag{14.5.13}$$

由于 $F(x)$是一个振荡函数,而且随离子间距按 R_{lm}^{-3} 而变小,磁性离子间的交换作用强度也按 R_{lm}^{-3} 减小,而且随着 R_{lm} 的不同而正负变化(通常称此理论为 RKKY 交换作用理论)。磁性离子在金属晶格中通常都取替代位,而且随机地分布在各个晶格位置上。因此对某个磁性离子来说,周围的磁性离子与它的交换作用,有些为正,有些为负,随它们间的距离 R_{lm} 的不同而不同。如为正,两个磁性离子的磁矩方向相同;如为负,两个磁矩的方向相反。因为磁性离子在晶格中是杂乱分布的,磁性离子的磁矩的方向也将杂乱分布,当温度低于某个特定温度 T_{f} 时,磁性离子磁矩的这种杂乱分布状态被"冻结"起来,使整个金属不表现出磁性,温度 T_{f} 常称之为冻结温度。由于金属中磁性离子的自旋磁矩处在这样杂乱分布状态,故称之为自旋玻璃。当掺入的磁性离子浓度再增加时,某些磁性离子之间出现近程的交换作用而形成磁性原子团,常称为"自旋团",或混磁性团。在冻结温度以下,孤立磁性离子磁矩和原子团的磁矩都被杂乱无序地冻结起来,而使宏观磁性等于零。这种系统常称混磁体。当掺入的磁性离子浓度超过某一临界值时,磁性离子间的交换作用使各离子磁矩出现长程的有序排列,这时体系已成铁磁体或反铁磁体。这一临界浓度值常称沟通极限。当磁性离子的浓度超过沟通极限时,该合金就不可能出现自旋玻璃态。这时其磁化率也满足居里-外斯定律

$$\chi = \frac{\mu_0 C}{T+\theta} \tag{14.5.14}$$

式中 C 是由(12.3.34)式给出的居里常数,与磁性离子的有效磁子数 p 有关; θ 为一常数,与磁性离子磁矩方向的涨落的大小有关。表 14-2 列出了对掺入不同 Co 原子浓度 ρ 的金属 Au,由实验测量得到 θ、p 及冻结温度 T_{f} 的值。从表中可以看到对不同的掺杂浓度 ρ、θ 具有不同的值,而 p 却基本保持不变,这说明随着 Co 浓度的增加,磁矩方向的涨落减小,而离子磁矩的大小却很少随浓度变化。

当 $T < T_{\mathrm{f}}$ 时,各种自旋玻璃表现出许多复杂特性,这里不作详细介绍。

现在已经发现有多种材料具有自旋玻璃的性质,这些材料大体可以分为四类:第一类如上所述为含过渡族元素的稀释合金系统,例如前面提及的 Co-Au、Fe-Au 合金,此外尚有 Cr-Au、Mn-Cu、Mn-Ag 等。第二类是含稀土元素的三元化合物,如$(La_{1-x}Gd_x)Al_2$、

表 14-2 实验测得的 θ、p 及 T_f 值(ρ 为原子浓度)

ρ(原子数%)	0.4	1.2	1.9	3.4	5.0	6.8
θ(K)	247	197	162	87	49	7
p	4.59	4.59	4.59	4.28	4.06	4.33
T_f(K)					2.8	5.9

$(Gd_xCe_{1-x})Ru$ 等。这时稀土原子的 4f 电子起着与过渡族原子 3d 电子相同的作用。第三类是稀释磁性半导体,如 $Cd_{1-x}Mn_xSe$、$Hg_{1-x}Mn_xTe$、$Zn_{1-x}Mn_xSe$ 等。这时 Mn 原子的 3d 电子之间产生类似于 RKKY 交换作用。第四类是绝缘体自旋玻璃,如 $(Eu_xSr_{1-x})S$。当 $0.13 < x < 0.65$ 时,为自旋玻璃。这类材料并非由前面谈及的 RKKY 交换作用所引起,而是由 Eu^{+2} 离子的短程铁磁和反铁磁的交换作用同时存在所引起,这里不详细讨论。

§14.6 准 晶 体

14.6.1 具有二十面体对称的准晶体

第一章已证明,固体中组成原子排列的周期性禁止 5 度旋转对称以及高于 6 度旋转对称性的存在。但 1984 年末, D. Shechtman 等一篇题为"具有长程取向序而无平移对称序的金属相"的论文,首次报道了在用骤冷凝固方法获得的铝锰合金中发现 5 度旋转对称的特征。随后,中国学者郭可信等也发表了用类似方法获得的 Ti_2Ni 合金的电子衍射研究结果,同样发现了 5 度旋转对称性。这无疑在科学界引起很大震动,因为这表明固体的结构不必以周期性为必要条件,而过去周期性一向被奉为固体结构的金科玉律。此后不久,具有 8 度、10 度、12 度对称的固态物质亦相继发现,从而开辟了一片全新的固体物质——准晶体的研究领域。现已发现的准晶材料多为金属间化合物,不仅结构迥异,而且具有独特的性质。虽为合金却具有近于绝缘体的电学与热学性质,不仅机械强度高,化学性质也很稳定而不易发生反应,并且有低摩擦与弱黏性。因此,目前科技界普遍看好准晶体的潜在应用前景。

图 14.26 为 Ti_2Ni 准晶体的电子衍射图,根据衍射结果推断其内部原子排列为正二十面体型结构,具有$\bar{5}$、$\bar{3}$及 2 的旋转对称,如用晶体学的标记方法,具有点群 $m\,\bar{3}\bar{5}$的对称性。

图 14.26 的电子衍射图不仅斑点明锐,明确无误地显示材料的有序结构,而且显示出十分有趣的特点。考察排列在直线 AB 上的衍射斑,发现从中央逐次向外,斑点的距离可用一无理数 $\tau = 2\cos\left(\frac{\pi}{5}\right) = \frac{1}{2}(1+\sqrt{5})$ 的幂级数表示。如最接近中央的斑点距离为 τ,次近的便是 τ^2。这使人们自然想起 1974 年著名的彭罗斯(R. Penrose)拼图,彭罗斯拼图是与准周期函数联系在一起的,这也正是准晶体一词的由来。

14.6.2 彭罗斯拼块和斐波那契数列

彭罗斯是一位数学家,图 14.27(a)所示为他用两种菱形单元完成的一种二维拼图。显然,这一拼图并不具有平移对称,但却具有垂直于平面转轴的 5 度旋转对称,因而是有序结构。结构单元为胖、瘦不同的两种边长均为单位长度的菱形,胖的锐角为$\frac{2\pi}{5}$,瘦的锐角为

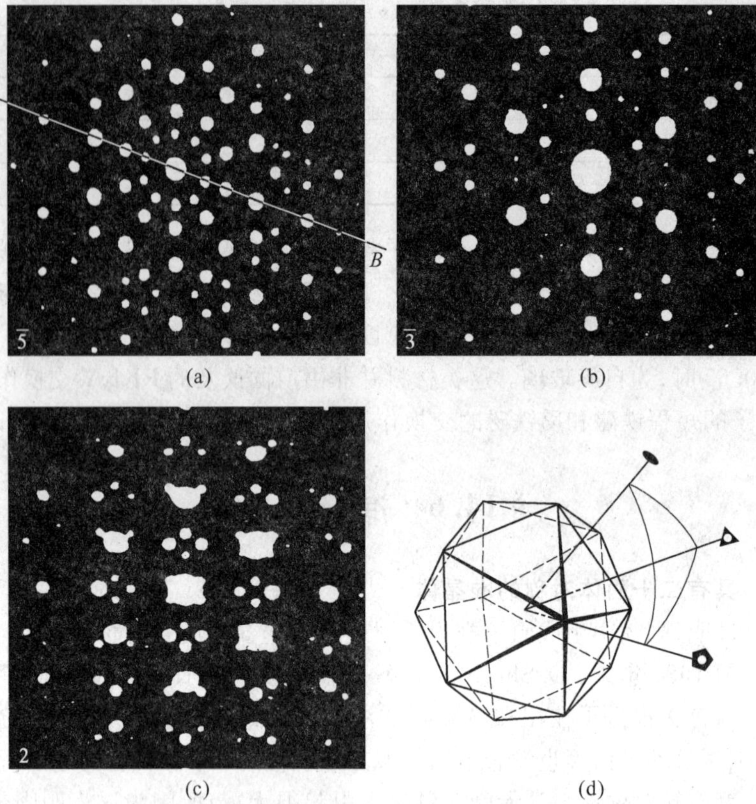

图 14.26　Ti_2Ni 二十面体准晶电子衍射图

$\frac{2\pi}{10}$，分别如图 14.27(b)、(c)所示。图(b)的胖菱形的对角线长度 $AC = 2\cos 36^\circ = 2\left(\frac{1+\sqrt{5}}{4}\right) = \frac{1}{2}(1+\sqrt{5}) = \tau$。在 AC 上截取 $AE = AB = 1$，便将菱形分成风筝型 $ABED$ 与飞镖型 $BCDE$。风筝与飞镖也可作为单元拼装成具有取向序而无平移周期性的二维拼图。如在图(c)中用短对角线 $B'D'$ 将瘦菱形分割成两个全等三角形，并将 $B'C'$ 绕 B' 旋转 216°而与 A' 重合，也就成了图(b)中的飞镖。注意 $DE = EC = \tau - 1$，而 $\tau - 1 = \frac{1+\sqrt{5}}{2} - 1 = \frac{\sqrt{5}-1}{2} = \frac{2}{1+\sqrt{5}} = 1/\tau$。于是得

从而

$$\left.\begin{aligned} \tau^2 &= \tau + 1 \\ \tau^3 &= \tau^2 + \tau = 2\tau + 1 \\ \tau^4 &= \tau^3 + \tau^2 = 3\tau + 2 \\ \tau^5 &= \tau^4 + \tau^3 = 5\tau + 3 \\ \tau^6 &= \tau^5 + \tau^4 = 8\tau + 5 \\ \tau^7 &= \tau^6 + \tau^5 = 13\tau + 8 \end{aligned}\right\} \qquad (14.6.1)$$

由此显然可归纳成由 τ 的各个整数幂组成的数列 $\tau, \tau^2, \cdots, \tau^n, \cdots$，这一数列中 $\tau^n = \tau^{n-1} +$

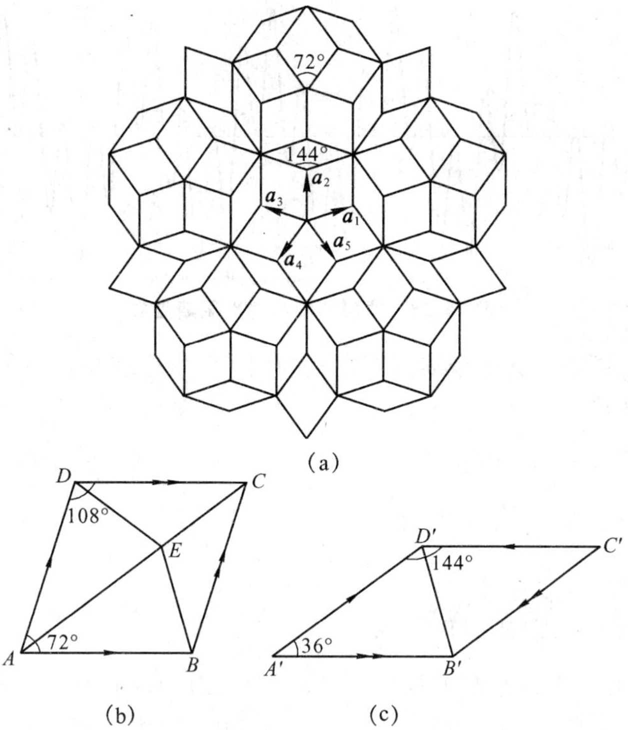

图 14.27 彭罗斯拼图

τ^{n-2}，即数列元素间有 $a_n = a_{n-1} + a_{n-2}$ 的关系。元素间满足这一关系的数列称为斐波那契(Fibonacci)数列。如令 $a_0 = 0$，$a_1 = 1$ 可得以整数 1 为单位的斐波那契数列：

$$0、1、1、2、3、5、8、13、21、34、\cdots$$

而如令 $a_0 = 0$，$a_1 = \tau$，则可得以无理数 τ 为单位的斐波那契数列

$$0、\tau、\tau、2\tau、3\tau、5\tau、8\tau、13\tau、21\tau、34\tau、\cdots$$

由此可见，描述彭罗斯拼图需要两个斐波那契数列，一个以 1 为单位，另一以无理数为单位。有趣的是这两个数列中相邻项的比的极限 $\lim\limits_{n\to\infty} a_n/a_{n-1}$ 都是 τ。这一点类似于函数

$$f(\boldsymbol{r}) = f(x,\ y) = \sin\left(\frac{2\pi x}{a}\right)\sin\left(\frac{2\pi y}{a}\right) \tag{14.6.2}$$

如令

$$x = r\cos\alpha$$

$$y = r\sin\alpha$$

并且

$$\tan\alpha = \tau^{-1} = \frac{1}{2}(\sqrt{5} - 1) \tag{14.6.3}$$

则由(14.6.2)式我们就得到函数 $f(r)$，

$$f(r) = \sin\left(\frac{2\pi}{a} r\cos\alpha\right)\sin\left(\frac{2\pi}{a} r\sin\alpha\right) \tag{14.6.4}$$

如图 14.28 所示，这不是一个周期函数，但很像周期函数，称之为准周期函数。

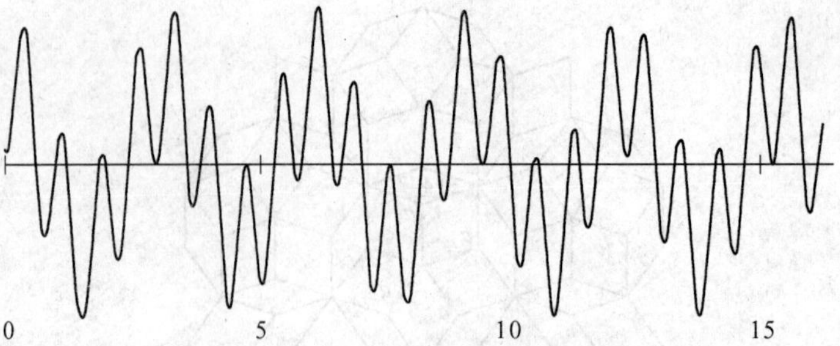

图 14.28 式(14.6.4)的准周期函数

斐波那契链 f_n 可作为另一个准周期序列的例子。每个链均由两个字母排成,设为 A 与 B,按如下规律生成:

$$f_0 = B,\ f_1 = A,\ f_{n+1} = f_n f_{n-1}, \qquad n = 2,\ 3,\ \cdots$$

即 $f_0 = B,\ f_1 = A,\ f_2 = AB,\ f_3 = f_2 f_1 = ABA,\ f_4 = f_3 f_2 = ABAAB,$

$$f_5 = ABAABABA$$

$$f_6 = ABAABABAABAAB$$

可以看出,在链 f_n 中字母 A 出现的频率 $\nu_A = a_n$,字母 B 出现的频率 $\nu_B = a_{n-1}$,a_n 正是斐波那契数,$a_0 = 0,\ a_1 = 1,\ a_2 = 1,\ a_n = a_{n+1} + a_{n-2}$。由于相邻 a_m 的比 a_n/a_{n-1} 的极限为无理数 τ,在 f_n 中 A 与 B 出现的频率比当 n 很大时也是个无理数。这就说明 f_n 不是周期的。如将 A 与 B 分别代之以长度不等的单元,并在单元的端点放上原子,就构成一维斐波那契准晶。这里介绍的斐波那契链还有个性质,如以 AB 取代 A,用 A 取代 B,则又可得到另一斐波那契链。由此可见彭罗斯拼图具有二维空间准周期性。如在图 14.27(a)所示的拼图中每个菱形的顶角上都放上原子就成为二维准晶体。事实上曾用彭罗斯拼图结构做过光学衍射测量,获得具有 10 度旋转对称分布的明锐衍射花样。

一维准晶体还可用以下方法获得。图 14.29 为一晶格常数为 $a=1$ 的二维正方格子,过原点 O 作一斜率为 $\tan\alpha = 1/\tau$ 的直线,即 $\theta=2$ 的直线。将正方格子中到此直线的距离小于 $\frac{a}{2}(\sin\alpha + \cos\alpha)$ 的格点垂直投影到此直线上,则投影点到原点的距离按 $ABAABABA\cdots$ 的次序排列,正是斐波那契序列;因为如 $f_0 = B,\ f_1 = A$,这一序列恰好满足 $f_{n+1} = f_n f_{n-1}$ 的要求。这里 $A = \cos\alpha,\ B = \sin\alpha$。如在这些投影点上安置原子就是一维的准晶。针对此一维准晶体计算得出的衍射谱是一些 δ 函数的集合,与明锐而有一定规则的衍射斑相对应。由此可见一维准晶的结构可以用二维周期性结构描写。事实上用高维周期性来描写准晶体的结构正是目前学术界所采用的一种有效的方法。本节所介绍的彭罗斯拼图的二维准晶结构也正可以用一 5 维的所谓超立方点阵投影到二维平面上得到。

§14.7 准晶体的 X 射线衍射图

如 §14.6 所述,二十面体相准晶的电子衍射图样显示严格的 5 度对称,而且沿着衍射图的径向衍射斑之间的距离之比为黄金分割比。正如分析晶体 X 射线衍射图可测定晶体的周期性结构一样，形成具有一定对称性衍射图的准晶原子结构根源自然是一个有趣的问题。研究表明三维准晶衍射图的对称性来自高维空间的周期性，因此称为“隐藏的”对称性。例如，二十面体对称性可用 6 维空间的平移来描述。下面将以一维准晶为例作有关的介绍。

14.7.1　由二维晶格投影得一维准晶

图 14.29 所示为一二维正方格子，设沿正方形两条边的周期都是 $a=1$，将坐标轴绕原点转动 θ 角度，新坐标轴为 x' 与 y'，在 $(x,\ y)$ 系内格点坐标为 $(n_1,\ n_2)$，n_1、n_2 均为整数，而在 $(x',\ y')$ 系内格点坐标为 $(n_1',\ n_2')$。易见

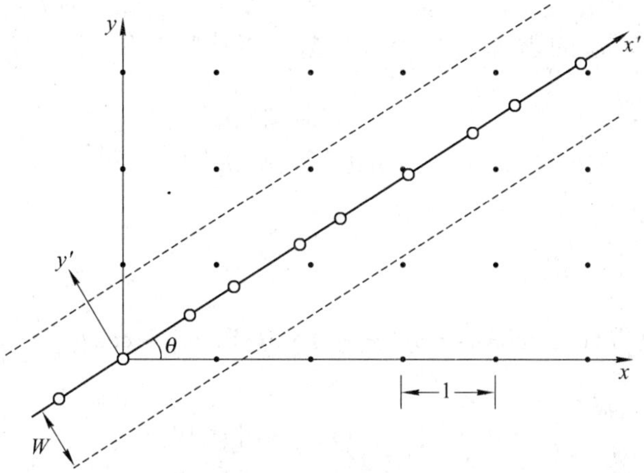

图 14.29　二维正方格子的投影成准晶结构

$$\left.\begin{aligned} n_1' &= n_1\cos\theta + n_2\sin\theta \\ n_2' &= -n_1\sin\theta + n_2\cos\theta \end{aligned}\right\} \tag{14.7.1}$$

而且不难看出，如 x' 轴经过格点，$\cot\theta$ 必为两个整数之比，即 $\cot\theta$ 必为有理数。因此，如 $\cot\theta=\gamma$ 为一无理数，则除原点 O 而外，x' 轴不经过任何格点。令

$$W=\frac{1}{2}(\sin\theta+\cos\theta) \tag{14.7.2}$$

并作二直线

$$y'=\pm W \tag{14.7.3}$$

即图 14.29 中的虚线。则在此二虚线中的所有格点到 x' 轴的距离均小于 W。在 § 14.6 介绍的，是 $\cot\theta=\tau=\frac{1}{2}(1+\sqrt{5})$ 的特例，如将这些格点在 x' 轴上的投影点看作原子，则此一维原子链即形成一维斐波那契准晶结构。这一结构包含两种原子间距，当 $\theta<\pi/4$ 时，长的为 $L=\cos\theta$，短的为 $S=\sin\theta$。这一原子链并无周期性，但可证明 L 与 S 出现的概率之比也为 γ。同样，可证明原子链的平均原子间距为数值上与 $1/2\ W$ 相等。这一点只须观察两条虚线间沿虚线方向长为 l 的范围内共有 $n=l\cdot 2W$ 个格点即可看出，由此可见，一维准晶可由高维(二维)周期结构作适当的低维(一维)投影而得。事实上，图 14.30 中两条虚线之间的区域内，如两格点沿水平方向(x 方向)相邻，则在 x' 轴上投影点相距 L；如沿垂直方向(y 方向)相邻，则 x' 轴上投影点相距 S。沿与虚线平行的 x' 方向观察长度为 l 的范围，不难看出在 l 足够大时，其中的格点在 x' 上投影相邻间距为 L 的个数为 $L\cos\theta$，而投影相邻间距为 S 的个

数为 $L\sin\theta$,即 x'方向的整条原子链中相邻原子间距 L 与 S 出现的概率之比为 $L\cos\theta/L\sin\theta=\gamma$。

图 14.30 所示的正方格子在数学上可用函数

$$U_0(x,\ y)=\sum_{n_1,\ n_2}\delta(x-n_1)\delta(y-n_2)/4\pi^2 \tag{14.7.4}$$

表达,其中 δ 函数满足

$$\frac{1}{2\pi}\int_{-\infty}^{\infty}f(x)\delta(x-x_0)\mathrm{d}x=f(x_0) \tag{14.7.5}$$

式(14.7.4)中对 n_1、n_2 的求和遍及所有整数。将式(14.7.4)中的坐标$(x,\ y)$改为用$(x',\ y')$表出,即

$$\left.\begin{aligned}x&=\cos\theta x'-\sin\theta y'\\y&=\sin\theta x'+\cos\theta y'\end{aligned}\right\} \tag{14.7.6}$$

则式(14.7.4)可表示为

$$\begin{aligned}U_0(x,\ y)&=U(x',\ y')\\&=\sum_{n_1,\ n_2}\delta(\cos\theta x'-\sin\theta y'-n_1)\cdot\delta(\sin\theta x'+\cos\theta y'-n_2)/4\pi^2\end{aligned} \tag{14.7.7}$$

引入阶跃函数 $R(y')$,满足

$$R(y')=\begin{cases}1,\ |\ y'\ |<W\\0,\ |\ y'\ |\geqslant W\end{cases} \tag{14.7.8}$$

则

$$Q(x')=\int_{-\infty}^{\infty}U(x',\ y')R(y')\mathrm{d}y' \tag{14.7.9}$$

就是沿 x'一维准晶原子链的数学表达式。

14.7.2　一维准晶的衍射斑图样

由本章前面的讨论已可看出,原子集合构成的体系对入射 X 射线的衍射图样实际上就是原子位置的傅里叶变换。如原子位置用 x'_n表示,则这里一维准晶的傅里叶变换应为

$$F(k)=\sum_n\exp(\mathrm{i}kx'_n) \tag{14.7.10}$$

下面介绍一种计算 $F(k)$的巧妙方法。根据傅里叶变换的性质,如 F 为 f 的傅里叶变换,即

$$F(k)=\frac{1}{\sqrt{2\pi}}\int_{-\infty}^{\infty}f(x)\mathrm{e}^{\mathrm{i}kx}\mathrm{d}x \tag{14.7.11}$$

在上式中取 $k=0$, 则得

$$F(0)=\frac{1}{\sqrt{2\pi}}\int_{-\infty}^{\infty}f(x)\mathrm{d}x \tag{14.7.12}$$

由此(14.7.9)式中的 $Q(x')$也可看成函数 $U(x',\ y')R(y')$的变换

$$\int U(x',\ y')R(y')\mathrm{e}^{\mathrm{i}ky'}\mathrm{d}y'$$

当 $k=0$ 时的值,即将 $Q(x')$视为乘积 $U(x',\ y')R(y')$的变换。

根据傅里叶变换的卷积定理,如 $f(x)$与 $g(x)$的傅里叶变换分别为 $F(k)$与 $G(k)$,则卷积

$$f(x) * g(x) = \int_{-\infty}^{\infty} f(u)g(x-u)\mathrm{d}u \tag{14.7.13}$$

的傅里叶变换当为

$$F(k) \cdot G(k)$$

即 $f(u)g(x-u)$为 $F(k) \cdot G(k)$的逆变换。令

$$S(k'_y) = \int R(y')\mathrm{e}^{\mathrm{i}k'_y y'}\mathrm{d}y' \tag{14.7.14}$$

$$M(x', k'_y) = \int U(x', y')\mathrm{e}^{\mathrm{i}k'_y y'}\mathrm{d}y' \tag{14.7.15}$$

则 $S(k'_y)M(x', k'_y)$为 $\int R(y')U(x', y')\mathrm{d}y'$ 的逆变换。注意,由 R 的定义, $R(y') = R(-y') = R(0-y')$,取(14.7.13)式中的 $x=0$ 可得

$$\int R(y')U(x', y')\mathrm{d}y' = \int U(x', y')R(0-y')\mathrm{d}y'$$

$$= \int S(k'_y)M(x', k'_y)\mathrm{e}^{-\mathrm{i}k'_y \cdot o}\mathrm{d}k'_y$$

即

$$Q(x') = \int R(y')U(x', y')\mathrm{d}y' = \int_{-\infty}^{\infty} S(-k'_y)M(x', k'_y)\mathrm{d}k'_y \tag{14.7.16}$$

式中根据式(14.7.14)应用了

$$S(k'_y) = S(-k'_y) \tag{14.7.17}$$

将式(14.7.16)代入 $Q(x')$的傅里叶变换

$$F(k) = \int Q(x')\mathrm{e}^{\mathrm{i}k'_x x'}\mathrm{d}x' \tag{14.7.18}$$

得

$$F(k) = \int_{-\infty}^{\infty} \mathrm{e}^{\mathrm{i}k'_x x'}\mathrm{d}x' \cdot \int_{-\infty}^{\infty} S(-k'_y)M(x', k'_y)\mathrm{d}k'_y \tag{14.7.19}$$

将式(14.7.15)与(14.7.17)代入上式,得

$$F(k'_x) = \iiint S(k'_y)U(x', y')\mathrm{e}^{\mathrm{i}k'_y y'}\mathrm{e}^{\mathrm{i}k'_x x'}\mathrm{d}x'\mathrm{d}y'\mathrm{d}k'_y \tag{14.7.20}$$

上式可写成

$$F(k'_x) = \int_{-\infty}^{\infty} S(k'_y)V(k'_x, k'_y)\mathrm{d}k'_y \tag{14.7.21}$$

式中

$$V(k'_x, k'_y) = \iint U(x', y')\mathrm{e}^{\mathrm{i}k'_x x'}\mathrm{e}^{\mathrm{i}k'_y y'}\mathrm{d}x'\mathrm{d}y' \tag{14.7.22}$$

为 $U(x', y')$的二维傅里叶变换。

将式(14.7.7)代入上式,经计算可得

$$V(k'_x, k'_y) = \sum_{n_1>0,\, n_2>0} \delta[k'_x - 2\pi(n_1\cos\theta + n_2\sin\theta)] \cdot \delta[k'_y - 2\pi(-n_1\sin\theta + n_2\cos\theta)] \tag{14.7.23}$$

相对图 14.30 的正方格子引入二维倒空间,由于 $a_1 = a_2 = 1$, 倒格子基矢 $\boldsymbol{b}_1 = 2\pi\boldsymbol{i}$, $\boldsymbol{b}_2 = 2\pi\boldsymbol{j}$, 倒格矢

$$\boldsymbol{K}_n = n_1\boldsymbol{b}_1 + n_2\boldsymbol{b}_2 = 2\pi(n_1\boldsymbol{i} + n_2\boldsymbol{j}) \tag{14.7.24}$$

坐标轴转动 θ 角,则与 (x', y') 坐标系相应的倒格矢应为

$$\boldsymbol{K}'_n = 2\pi[n_1(\cos\theta\boldsymbol{i}' - \sin\theta\boldsymbol{j}') + n_2(\sin\theta\boldsymbol{i}' + \cos\theta\boldsymbol{j}')]$$

$$\boldsymbol{K}'_n = 2\pi[(n_1\cos\theta + \sin\theta)\boldsymbol{i}' + (-n_1\sin\theta + n_2\cos)\boldsymbol{j}'] = K'_{nx}\boldsymbol{i}' + K'_{ny}\boldsymbol{j}' \tag{14.7.25}$$

由此式(14.7.23)式可化为

$$V(k'_x, k'_y) = \sum_n \delta(k'_x - K'_{nx})\delta(k'_y - K'_{ny}) \tag{14.7.26}$$

将上式代入式(14.7.21)得

$$F(k'_x) = \sum_n S(K'_{ny})\delta(k'_x - K'_{nx}) \tag{14.7.27}$$

计算式(14.7.14)的积分可得

$$S(k'_y) = S(-k'_y) = 2W\frac{\sin(k'_y W)}{k'_y W} \tag{14.7.28}$$

代入式(14.7.27)最后得到

$$F(k'_x) = \sum_n 2W\frac{\sin(K'_{ny}W)}{K'_{ny}W}\delta(k'_x - K'_{nx}) \tag{14.7.29}$$

上式中的求和其实是对二维倒格点在准晶原子链方向的投影求和。由此可见,一维准晶的衍射图样是一系列加权 $S(K'_{ny})$ 的 δ 函数的集合,每个 δ 函数相应一衍射斑点。而且衍射斑强度应与权 S 有关, K'_{ny} 愈大,$S(K'_{ny})$ 愈小。可见只有与 k'_x 轴相距不远的倒格点才实际上对衍射图有贡献。换言之,一维准晶原子链的衍射图样为不连续的斑点所组成,而且具有与布拉格反射相似的性质。从上面的讨论已可看出,衍射谱的特点可以高维空间的周期性来描述。

对于二维的彭罗斯拼砌,也可证明图形中的每个顶点均对应于一个 5 维超立方周期结构在二维平面上的投影。如前所述将相同的散射中心置于彭罗斯图形的顶点所作的光学衍射实验也获得具有 10 度对称性的由明锐衍射斑组成的图样,这就从实验上验证了数学上已知的近周期函数仍具有 δ 函数式的傅里叶变换的结论。

14.7.3 二十面体准晶的衍射图样描述

Shechtman 等发现的二十面体 Al-Mn 合金准晶为 3 维准周期结构,相当于彭罗斯拼砌的 3 维推广。有人证明用两块菱面体作非周期堆集可以填满 3 维空间,而菱面体的顶点恰形成二十面体准晶,理论计算所得的衍射图样与 Al-Mn 合金准晶极为一致。

由前面关于一维准晶衍射图的讨论可以看出每一个衍射斑其实需要用两个指数 (h'_1, h'_2) 来标记,而 (h'_1, h'_2) 正是二维倒格矢的指数。换言之,准晶衍射斑要用高维空间的倒格矢来描述。对于 3 维二十面体 Al-Mn 合金准晶,其衍射斑需要用 6 维空间的倒格矢来描述。因此,每个衍射斑需用 6 个指数来标记,而不是像晶体一样用 3 个衍射面指数 (mh_1, mh_2, mh_3) 标记。已经证明,取一 6 维空间的超立方格子,其 6 个基矢分别用 $\boldsymbol{e}_i$, $i = 1, 2, \cdots, 6$ 表示,每个基矢长度均为 1,则相应的 6 维倒空间基矢可表示为

$$\boldsymbol{b}_i = 2\pi \boldsymbol{e}_i \tag{14.7.30}$$

注意 $\boldsymbol{b}_i$ 的量纲仍为 L^{-1}。由此,6 维倒空间的倒格矢 $\boldsymbol{K}_{h'}^{(6)}$ 可表示为

$$\boldsymbol{K}_{h'}^{(6)} = \sum_{i=1}^{6} h'_i \boldsymbol{b}_i \tag{14.7.31}$$

将 $\boldsymbol{b}_i$ 在 3 维空间的投影记为 $\boldsymbol{b}_{ix}$,则相应的"投影"倒格矢 $\boldsymbol{K}_{h'x}$ 可表示为

$$\boldsymbol{K}_{h'x} = \sum_{i=1}^{6} h'_i \boldsymbol{b}_{ix} \tag{14.7.32}$$

类似于 3 维晶体的倒格矢，$\boldsymbol{K}_{h'x}$ 也就可以用来描写二十面体准晶的衍射斑,即每个衍射斑应用 6 个指数($h'_1, h'_2, h'_3, h'_4, h'_5, h'_6$)来标记,这里 h'_i 即相当于晶体的衍射面指数。实际上是将 $\boldsymbol{b}_{ix}$ 取为沿二十面体 6 个 5 度对称轴的方向,即

$$\left.\begin{aligned}
\boldsymbol{b}_{1x} &= 2\pi(1,\ \tau,\ 0)/c \\
\boldsymbol{b}_{2x} &= 2\pi(1,\ -\tau,\ 0)/c \\
\boldsymbol{b}_{3x} &= 2\pi(0,\ 1,\ \tau)/c \\
\boldsymbol{b}_{4x} &= 2\pi(0,\ 1,\ -\tau)/c \\
\boldsymbol{b}_{5x} &= 2\pi(\tau,\ 0,\ 1)/c \\
\boldsymbol{b}_{6x} &= 2\pi(-\tau,\ 0,\ 1)/c
\end{aligned}\right\} \tag{14.7.33}$$

其中 $c = (1+\tau^2)^{1/2}$，而 $\tau = \frac{1}{2}(1+\sqrt{5})$ 为黄金分割数。可见，$\boldsymbol{b}_{ix}$ 具有性质

$$\boldsymbol{b}_{ix} \cdot \boldsymbol{b}_{jx} = \pm \frac{4\pi^2}{\sqrt{5}}, \quad i \neq j \tag{14.7.34}$$

而每个 $\boldsymbol{b}_{ix}$ 具有相同的"长度"2π。

习 题

1. 图示为 10 nm 厚 Si 膜 50 keV 电子衍射的结果，粗曲线是在非晶态 Si 膜上得到的，细曲线是同一膜经 600 ℃退火部分晶化后得到的。请指认衍射峰所属晶面，并讨论两曲线的异同。

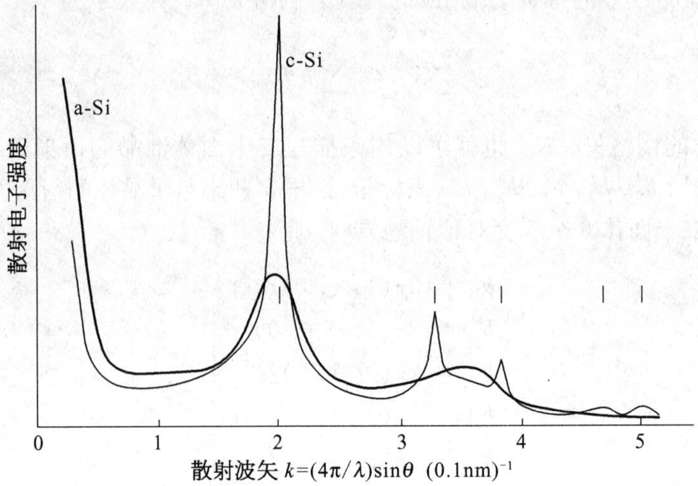

2. 对于无序体系，用紧束缚近似，假定单电子波函数为

$$\psi(\boldsymbol{r}) = \sum_i a_i \varphi(\boldsymbol{r} - \boldsymbol{R}_i)$$

这里 $\varphi(\boldsymbol{r}-\boldsymbol{R}_i)$ 为格点 i 的原子轨道波函数，证明薛定谔方程可写成如下形式：

$$(E_j - E)a_j + \sum_{i \neq j} T_{ij} a_i = 0$$

试说明 E_j 和 T_{ij} 的意义。

3. 金属的电导率 $\sigma = ne^2\tau/m$，若电子自由程 l 小到晶格常数 a 时，被认为电子态定域化了，试估算此时的电导率 σ。

4. 有一个具有体心立方结构的自旋玻璃，考虑处于(000)位置的磁性原子周围近邻的三个磁性原子，它们分别处在：Ⅰ$\left(\frac{a}{2}, \frac{a}{2}, \frac{a}{2}\right)$，Ⅱ$(0, 0, \bar{a})$，Ⅲ$\left(\frac{\bar{a}}{2}, \frac{\bar{a}}{2}, \frac{3a}{2}\right)$。设导电电子的费米波矢 $k_F = \frac{5}{2a}$。请用 RKKY 间接交换作用模型，确定哪几个原子自旋与处于原点的原子自旋同向，哪几个原子方向相反？

第十五章　介观和纳米固体

此前我们主要讨论大块材料的物理性质。对于晶体用周期性边界条件去除块材边界的影响。对于非晶材料通常理解为在热力学极限,即体积 $V \to \infty$,总粒子数 $N \to \infty$,而 N/V 保持恒值的特性。

电子技术的发展趋势要求器件和整机的体积更小、运行更快、功耗更小。这些要求使器件的尺度从微米向纳米发展,器件的响应要快速。在纳米器件中电子不再遵从准经典的运动规律,具有显著的量子效应和统计涨落特性。所以,对尺度在 1—100 纳米范围固体的物理特性的研究成为人们关注的热点。

小尺度固体的另一领域是介观系统,它是介于宏观系统与微观系统之间的过渡领域。宏观和微观系统的尺度界限通常的理解是微米。介观系统典型的尺度是在 1～100 纳米范围,在这么小的介观固体中电子运动具有与物质波相位的干涉现象相联系的行为。因此介观系统有独特的色彩。

本章我们就来介绍介观和纳米固体中一些基本的物理现象和有关的新概念。

§15.1　电磁矢势和电磁波相位

由于介观系统的一些物理效应都与磁场矢势有关,我们先复习一下矢势概念的由来。

15.1.1　什么是矢势

法拉第最早引入磁力线来描述磁场,将磁感应强度 $\boldsymbol{B}$ 定义为磁通密度,其数值等于单位面积中通过的磁力线数目。麦克斯韦则为了数学上方便引入描写磁场 $\boldsymbol{B}$ 的矢势 $\boldsymbol{A}$:

$$\boldsymbol{B} = \mathrm{rot}\boldsymbol{A} \tag{15.1.1}$$

$\boldsymbol{B}$ 有直接的物理意义,而矢势 $\boldsymbol{A}$ 是一个辅助量,没有直接的物理意义。例如,沿 z 方向的磁场 $\boldsymbol{B} = B\hat{z}$,它的矢势有两种常用的表示:

$$\boldsymbol{A} = \frac{1}{2}\boldsymbol{B} \times \boldsymbol{r} \tag{15.1.2}$$

或

$$\boldsymbol{A}' = -By\hat{x} \tag{15.1.3}$$

这里 $\hat{x}$、$\hat{y}$、$\hat{z}$ 为直角坐标系的三个单位矢量。图 15.1 画出同一磁场 $\boldsymbol{B}$ 相关的这两个矢势的图像,可见其差异何其鲜明。

再看一例,无限长螺线管通电流后,磁场约束于管内,在管外空间没有磁场,但有矢势 $\boldsymbol{A}$。这时由磁通 Φ 的积分表示式:

$$\Phi = \iint \boldsymbol{B} \cdot \mathrm{d}\boldsymbol{S} = \iint \mathrm{rot}\boldsymbol{A} \cdot \mathrm{d}\boldsymbol{S} = \oint \boldsymbol{A} \cdot \mathrm{d}\boldsymbol{l} \tag{15.1.4}$$

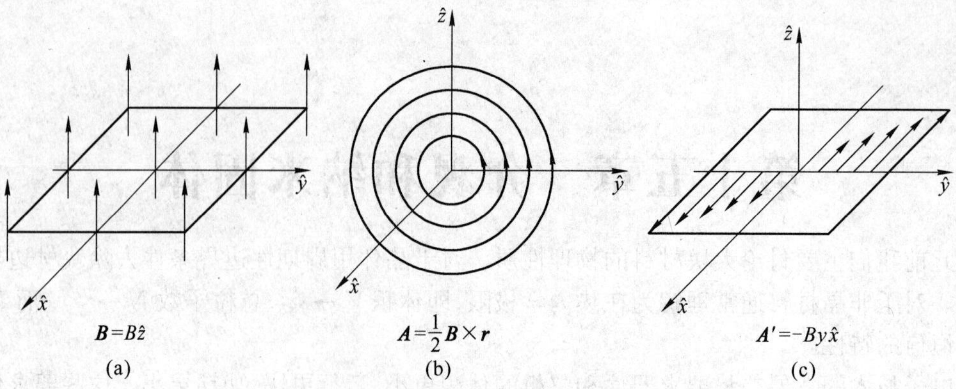

图 15.1　z 方向均匀磁场(a)及其两种矢势(b)和(c)

若螺线管半径为 d,截面积为 πd^2,管外离管轴距离 r 处的矢势 $\mathbf{A}$ 的大小,由下式决定

$$\Phi = \pi d^2 B = 2\pi r A \tag{15.1.5}$$

得

$$A = Bd^2/2r \tag{15.1.6}$$

而在管内磁场是均匀的,由半径为 r 的环路积分得

$$\Phi = \pi r^2 B = 2\pi r A \tag{15.1.7}$$

得

$$A = Br/2 \tag{15.1.8}$$

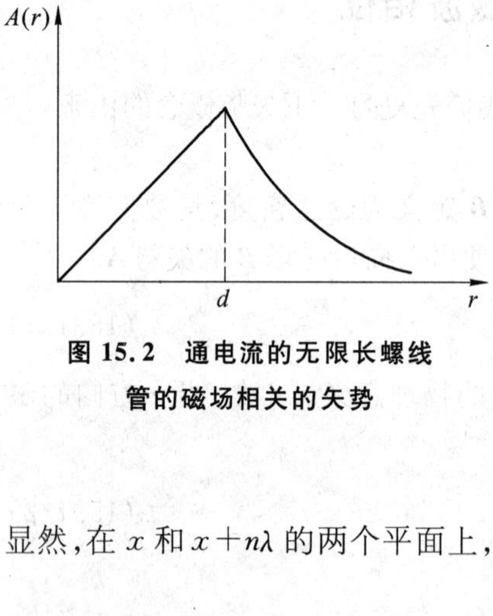

图 15.2　通电流的无限长螺线管的磁场相关的矢势

因此,矢势 $A(r)$的等值曲面是同轴的圆柱面,不同半径处的 $A(r)$如图 15.2 所示。

15.1.2　矢势 A 对电子运动的作用

速度为 v 沿 x 方向运动的电子,其相联系的是波长 $\lambda = h/mv = h/p$ 的平面波:

$$\psi(x,\ t) = \psi_0 \exp\left[\mathrm{i}2\pi\left(\frac{x}{\lambda} - \frac{E}{h}t\right)\right] \tag{15.1.9}$$

这平面波的空间相位为

$$\phi = 2\pi\frac{x}{\lambda} \tag{15.1.10}$$

显然,在 x 和 $x+n\lambda$ 的两个平面上,其相位差为 2π 的 n 倍,n 为任意整数。相位的空间梯度

$$\frac{\partial\phi}{\partial x} = 2\pi\frac{mv}{h} \tag{15.1.11}$$

与电子的动量 mv 有关联。

在矢势 $\mathbf{A}$ 的场中电子的动量会受到什么影响呢?设想电子沿半径为 r 的圆周运动,圆周之内有磁通 Φ,当磁通随时间 t 变化时,在该圆周上产生感应电动势

$$u = -\frac{\mathrm{d}\Phi}{\mathrm{d}t} \tag{15.1.12}$$

假定磁场分布相对圆心是对称的,则相应的电场为

$$u/2\pi r = -\frac{1}{2\pi r}\frac{d\Phi}{dt} \tag{15.1.13}$$

电子受到的力为

$$F = -\frac{eu}{2\pi r} = \frac{e}{2\pi r}\frac{d\Phi}{dt} = \frac{d}{dt}\left(\frac{e\Phi}{2\pi r}\right) = \frac{d}{dt}(e\boldsymbol{A}) \tag{15.1.14}$$

最后一个等式利用了前面讲述的螺线管内均匀磁场矢量 $A = \Phi/(2\pi r)$。而力等于动量对时间的变化率;所以,电子在矢势 $\boldsymbol{A}$ 中有场动量 $\boldsymbol{p}_F = e\boldsymbol{A}$。而电子的机械运动动量 $\boldsymbol{p}_M = m\boldsymbol{v}$,故在矢势 $\boldsymbol{A}$ 的场中电子的实际动量是这两种动量之和:

$$\boldsymbol{p} = \boldsymbol{p}_M + \boldsymbol{p}_F = m\boldsymbol{v} + e\boldsymbol{A} \tag{15.1.15}$$

电子波的波长

$$\lambda = h/p = h/|m\boldsymbol{v} + e\boldsymbol{A}| \tag{15.1.16}$$

由此可见,在矢势 $\boldsymbol{A}$ 与电子速度 $\boldsymbol{v}$ 平行的区域,波长 λ 比 $\boldsymbol{A}=0$ 区域的波长短;而在 $\boldsymbol{A}$ 与 $\boldsymbol{v}$ 反平行的空间,波长 λ 比 $\boldsymbol{A}=0$ 区域的波长长。因此,在磁场 $\boldsymbol{B}=0$,而 $\boldsymbol{A}\neq 0$ 的空间电子波波长发生改变或相位有移动。某一点的相位移动的绝对值不能确定,但任何两点的相位差应当是确定的。

§15.2 阿哈若诺夫-博姆效应

15.2.1 AB 效应的由来

1959 年阿哈若诺夫(Y. Aharonov)和他的老师 D. 博姆发表一篇题为"量子力学中势的意义"的论文,认为出自同一点源的两个电子束通过螺线管两侧,再由电子双棱镜使它们会合,由于两电子束走不同路径有相位差,从而会合后将形成干涉条纹。这就是阿哈若诺夫-博姆效应,简称 AB 效应,如图 15.3 所示。

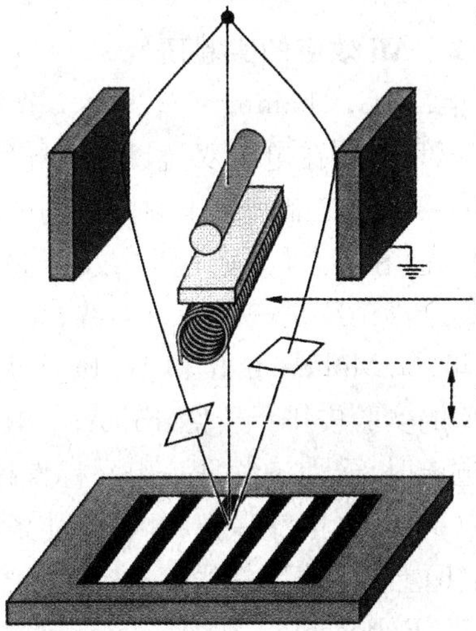

图 15.3 AB 效应原理图

$\boldsymbol{r}$ 点电子波的相位 $\phi(\boldsymbol{r})$ 的梯度依赖于该点电子的场动量 $2\pi e\boldsymbol{A}/h$,通过螺线管某一侧的电子束,其总的相位移动为 $\frac{2\pi}{h}e\int\boldsymbol{A}(\boldsymbol{r})d\boldsymbol{r}$, 即相移正比于沿电子路径 $\boldsymbol{A}(\boldsymbol{r})$ 的积分。然而,这相移是观测不到的,我们能观测的是从同一点出射的两个电子束沿不同路径传播,在抵达同一位置时这两电子束相移之差。这个相位差为

$$\Delta\phi = \Delta\phi_R - \Delta\phi_L = \frac{2\pi e}{h}\left[\int_R \boldsymbol{A}(\boldsymbol{r})\cdot d\boldsymbol{r} - \int_L \boldsymbol{A}(\boldsymbol{r})\cdot d\boldsymbol{r}\right] \tag{15.2.1}$$

设电子束从 a 点出发,会合于 b 点,因此有

$$\int_a^b \boldsymbol{A}(\boldsymbol{r})d\boldsymbol{r} = -\int_b^a \boldsymbol{A}(\boldsymbol{r})\cdot d\boldsymbol{r}$$

于是

$$\Delta\phi = \Delta\phi_R - \Delta\phi_L = \frac{2\pi e}{h}\oint \boldsymbol{A}\cdot \mathrm{d}\boldsymbol{r} = \frac{2\pi e}{h}\iint \boldsymbol{B}\cdot \mathrm{d}\boldsymbol{S} = \frac{2\pi e}{h}\Phi = 2\pi\frac{\Phi}{\phi_0} \tag{15.2.2}$$

这里 $\phi_0 = h/e$ 为磁通量子。这说明同源的两个电子束在载流螺线管两侧无磁场区域传播产生的相位移动与这两束电子路径包围的磁通 Φ 成正比。图 15.4 是以电子波的波前面受矢势影响来阐明 AB 效应。

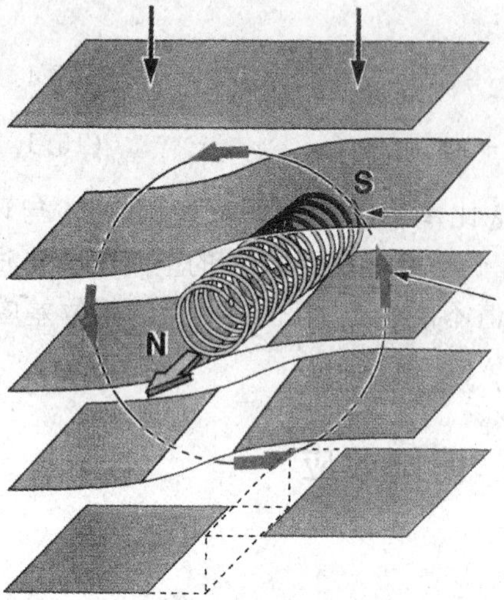

图 15.4　AB 效应中电子波的波前面

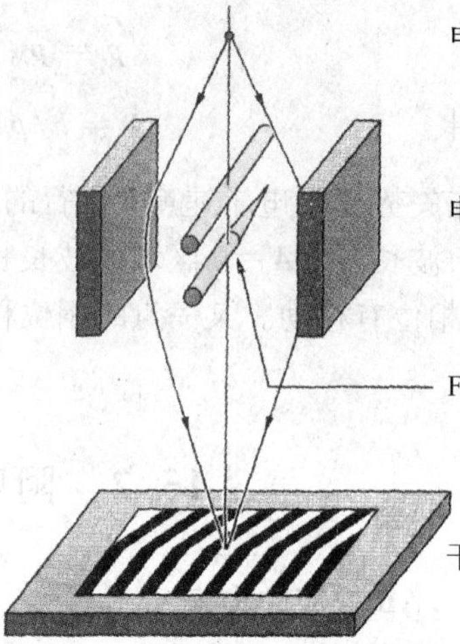

图 15.5　Chambers 实验验证 AB 效应

15.2.2　AB 效应的实验研究

1960 年，R. G. Chambers 首先做实验来验证 AB 效应。但用呈圆柱连圆锥形的 Fe 晶须替代螺线管，放置在电子双棱镜之间导线的后面。在圆柱区磁力线是轴向平行的，而在圆锥部位磁力线将漏出晶须。出自同源的两侧电子束所包围的磁通决定这两束电子到达接收屏处的相位差，在屏上产生干涉条纹。与晶须圆柱区对应的干涉条纹是一组平行直线；与圆锥区对应的干涉条纹是一组平行斜线，如图 15.5 所示。

1961 年，G. Möllenstedt 和 W. Bayh 用精巧的车床，特制直径为 5—20 μm 的小螺线管线圈。他们的实验安排示于图 15.6(a)，其实验结果示于图 15.6(b)的下、中、上三种情况。线圈未通电流时，干涉条纹是一组平行直线(图(b)下)。线圈电流增大，干涉条纹是一组平行斜线(图(b)中)。电流停止增大，干涉条纹并不回到原始位置，而是与原始平行线有一定的位移(图(b)上)，这表明螺线管有定值电流，周围环境中矢势场改变了两束电子的相位差。

1978 年，P. Bocchieri 和 A. Loinger 对 AB 效应提出质疑，宣称可选取某一特殊规范使螺线管外矢势处处为零。由此引发了长达四年的争论。

1983 年杨振宁参加在日本召开的量子力学基础的国际会议，提出改进实验样品，在环状磁体外包一层超导体，可将磁场屏蔽于超导体内，不会漏出。殿村(A. Tonomura)等经多年努力用微电子技术制备出实验样品。在环形的磁性坡莫合金外，包裹着厚约 300 nm 的 Nb 层，细心去除 Nb 表面的氧化层。样品放在温度 5 K 的环境中使 Nb 变成超导体，由于迈斯纳效应磁通约束在超导层内。样品外面实际还蒸镀一层金，以求消除材料间接触势差引起的任何电场。他们的实验完美地验证了 AB 效应。图 15.7(a)是他们所用的样品，(b)

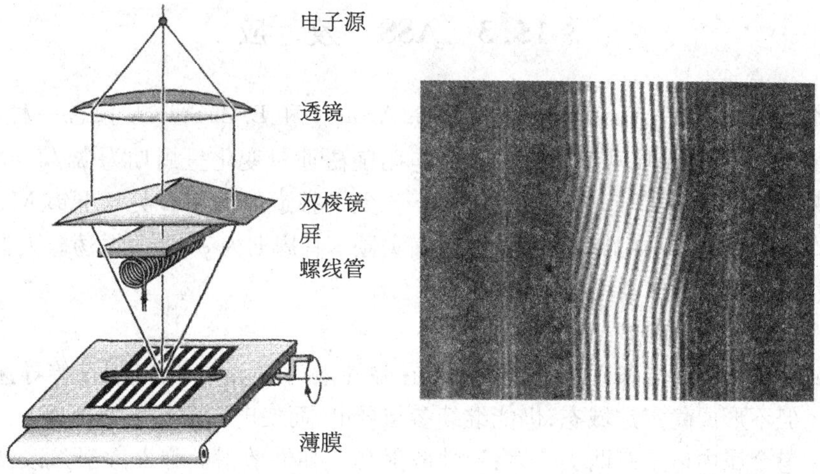

(a) (b)

图 15.6 Möllenstet 和 Bayh 实验(a)及其结果(b)

是样品的截面,(c)是得到的干涉条纹。由于入射电子不可能穿过环体本身,在该区域看不到干涉条纹。环孔中和环外区的干涉条纹彼此位移半个条纹间距,说明它们有相位差 π,这相位差保证环里的磁场完全约束在超导体中,没有漏磁。在环外部没有磁场而有干涉条纹,清楚证明矢势有实在的物理效应,即 AB 效应是客观实在的。

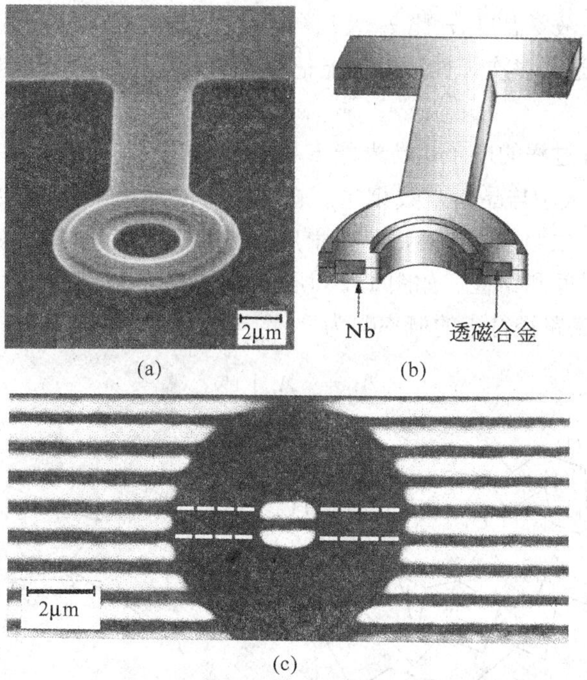

(a) (b)

(c)

图 15.7 殿村实验

(a) 样品;(b) 样品剖面;(c) 环行样品内孔区和环外区的干涉条纹

§15.3 ASS 效 应

1981 年,苏联学者 B. L. Altshuler, A. G. Aronov 和 B. Z. Spivak 预言一种新效应:在弱定域化条件下,正常金属薄壁圆筒的磁致电阻随磁通量变化呈周期为 $\phi_0/2=h/2e$ 的振荡。几个月后,D. Yu Sharvin 和 Yu. V. Sharvin 父子报道他们用石英丝上镀 Mg 得到的金属圆柱膜作样品,在磁场中测得其磁致电阻确实显示有周期为 $\phi_0/2$ 的振荡。人们称此现象为 AAS 效应,后来文献上称之为 ASS 效应。

15.3.1 什么是弱定域化

弱定域化是指在低温条件下金属中电子在弹性散射占主导时,电子在传导途中由于陷入闭合路径但不形成稳定定域态,仍能继续参与导电,而使电导率减小的现象。

大家知道金属中电子有两类散射:弹性散射和非弹性散射。弹性散射只改变电子的运动方向,而电子能量保持不变。入射电子初态波矢为 $\boldsymbol{k}$,散射后,它的波矢为 $\boldsymbol{k}'$,散射波与入射波之间的相位有确定的关系,即在散射后,电子能记住先前的相位。弹性散射可用弛豫时间 τ_e 描述。通常由杂质或缺陷引起的散射是弹性散射。非弹性散射情况,电子在散射前后,运动方向和能量都发生改变。典型的例子是电子与声子或晶格振动之间的散射。作为散射中心的晶格振动是一种无规则的热运动,在时间和空间两方面热运动都是无规的。电子与晶格振动散射过程中吸收或发射声子造成散射后电子波相位随时间无规变化,与散射前电子波相位没有确定的关联,就是说散射后电子无法记住先前的相位。这种非弹性散射的弛豫时间为 τ_i。在液氦温度,τ_i 比 τ_e 大几个数量级,这时非弹性散射可以忽略,弹性散射起主导作用,电子经过很多次弹性散射仍能记住原来的相位。这一散射特色对电导能力有重要影响。

金属中参与电导过程的电子是费米能 E_F 附近的电子,其速度为 v_F,对应电子波的波长 λ_F 称为费米波长,其大小与晶格常数相当。在准经典的描述中,电子传导电流是作为无规行走形成的扩散流。依照费因曼对量子力学用路径观念的表述,量子效应表现在相位因子依赖于电子行走的时间和路径。如图 15.8 所示,电子从 P 点到 Q 点可循不同的路径无规行走向前。设第(i)条路径行走的概率幅为

$$A_i=|A_i|e^{i\varphi_i} \tag{15.3.1}$$

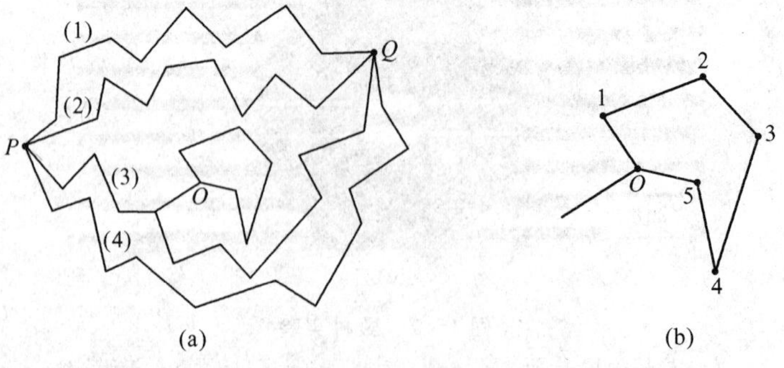

图 15.8 电子无规行走

(a)从 P 到 Q 有多条无规行走路线;(b)从 O 出发的某个闭合路径

渡越概率是所有可能路径的概率幅之和的绝对值平方,即

$$W = \left|\sum_i A_i\right|^2 = \sum_i |A_i|^2 + \sum_{i\neq j} A_i A_j^* \tag{15.3.2}$$

图中第(3)条路径电子到达 O 点陷入一个闭合路径,电子可沿顺或反时针方向经多次散射回到 O 点。看图(b),电子由 1 到 2 与由 2 到 1 两个过程相当于经过时间反演电子由 $\boldsymbol{k}$ 态到 $-\boldsymbol{k}$ 态的背散射。设电子由 O 点出发由顺时针和反时针两种方式回到 O 点的概率幅分别为 A_- 和 A_+,它们的绝对值相等: $|A_-| = |A_+| = |A|$。再设在 O 点的相位为 φ_0,顺、反时针两种方式带来的相移分别为 $\Delta\varphi_-$ 和 $\Delta\varphi_+$。在两种方式中相应区段 $i\to i+1$ 与 $i+1\to i$ 对应于背散射,具有时间反演对称性,因而整个闭合路径中方向相反两过程的相移是相同的, $\Delta\varphi_- = \Delta\varphi_+$。于是在 O 点找到电子的概率为

$$W(O) = |A_-|^2 + |A_+|^2 + 2\mathrm{Re}(A_- A_+^*) = 4|A|^2 \tag{15.3.3}$$

是经典概率 $2|A|^2$ 的 2 倍。概率增大是来自闭合路径中顺、反时针方向两个过程波函数的干涉效应。电子在途中逗留的概率增加了,意味着在终点 Q 找到电子的概率下降了。在宏观现象上这种定域化效应表现为电导率有所减小或电阻率增大。

15.3.2 弱定域化磁致电阻

在磁场中运动的电子,其波函数将获得矢势 $\boldsymbol{A}$ 引起的附加相位

$$\delta\varphi = \frac{e}{\hbar}\boldsymbol{A}\cdot \mathrm{d}\boldsymbol{l} \tag{15.3.4}$$

对于一个闭合路径,顺时针行走过程的概率幅为

$$A_- \exp\frac{\mathrm{i}e}{\hbar}\oint_{C_-}\boldsymbol{A}\cdot \mathrm{d}\boldsymbol{l} = A_- \exp\left[-\frac{\mathrm{i}e}{\hbar}\iint\boldsymbol{B}\cdot \mathrm{d}\boldsymbol{S}\right] \tag{15.3.5}$$

而反时针方向行走过程的概率幅为

$$A_+ \exp\frac{\mathrm{i}e}{\hbar}\oint_{C_+}\boldsymbol{A}\cdot \mathrm{d}\boldsymbol{l} = A_+ \exp\left[\frac{\mathrm{i}e}{\hbar}\iint\boldsymbol{B}\cdot \mathrm{d}\boldsymbol{S}\right] \tag{15.3.6}$$

这里 $\iint\boldsymbol{B}\cdot \mathrm{d}\boldsymbol{S} = \Phi$ 是闭合路径包围的磁通量。于是在 O 点找到粒子的概率为

$$W(O) = 2|A|^2\left[1+\cos\left(\frac{2\pi\Phi}{\phi_0/2}\right)\right] \tag{15.3.7}$$

这里 $\phi_0 = h/e$ 是正常金属的磁通量子。

与无磁场情况相比,因子 $1+\cos\left(\frac{2\pi\Phi}{\phi_0/2}\right)\leqslant 2$, 表明磁场的作用破坏了时间反演对称性,导致粒子回到闭合路径始点的概率有所下降并呈随磁场变化而振荡。正是这个机制造成圆筒形金属薄膜的磁致电阻呈振荡现象,振荡周期为 $h/2e$。

15.3.3 ASS 效应的实验结果

1982 年 Altshuler 等用直径为 1.1 μm,厚为 0.12 μm,长为 1 cm 的圆筒形锂薄膜为样品,测量其磁致电阻,实验结果示于图 15.9 的实线,虚线是理论曲线,两者符合甚好。磁场

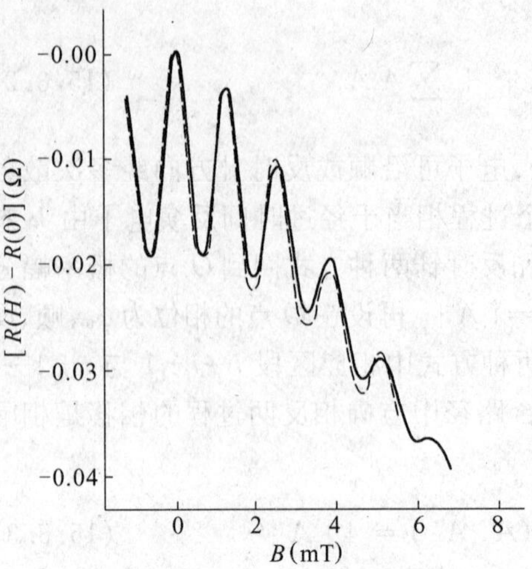

图 15.9　圆筒形锂薄膜的磁致电阻

实线为实验曲线，虚线为理论曲线

[引自 B. L. Altshuler *et al*. JETP Lett.,35(1982)588]

增大时，振荡幅度变小是由于金属薄膜有一定厚度，可能使闭合路径包围的面积不严格相等。磁场很强时，与闭合路径相联系的电子弱定域化遭受破坏，ASS 效应趋于消失。

这个实验只观测到周期为 $\phi_0/2$ 的振荡，清晰证明这是 ASS 效应，而不是 AB 效应。要注意，AB 效应中是同源两束电子行走的路径合成一个闭合圈中的磁通决定了两束电子波函数相位差形成的干涉现象，振荡周期为 ϕ_0。ASS 效应则是同一闭合路径中正、反两个方向行走的电子的波函数之间的干涉现象，振荡周期为 $\phi_0/2$。理论计算表明 ASS 效应的振荡幅度只有 AB 效应的振荡幅度的 4%，这说明观测 ASS 效应技术上较为困难。圆筒形金属薄膜沿轴向的长度远大于电子波相位相干长度，这样品相当于有很多个并联一起的环路，使效应叠加而彰显，有利于测量。

§15.4　普适电导涨落和朗道尔电导理论

本节讨论介观尺度导体共同具有的普遍规律性，反映它与宏观体系有本质上差异。

15.4.1　普适电导涨落

如果将宏观导体看成是由众多介观导体组成的系综，它的电导涨落是系综的涨落，统计物理的应用是十分有效的。但对于单个介观导体，其电导涨落就反映出个体的特点，依赖于样品中杂质分布的具体组态(或位形)。同一种材料，形状和尺寸相同的介观样品，甚至杂质浓度也相同，但杂质分布组态不同。在磁场中不同样品中电子无规行走，其波函数相位不同，导致来自干涉项对概率贡献各异。于是，各个样品有各自特有的电导涨落模式，可称为样品拥有自己的“指纹”，而且样品“指纹”可以长时间重现。

图 15.10 的三个体系的电导本身有几个数量级的巨大差异，但它们在磁场中磁电导涨落的幅度都是 e^2/h 的量级。显然，这种涨落具有普遍性，是一维介观体系的一种共性，故称为普适电导涨落(universal conductance fluctuation，简记为 UCF)。

对于 d 维立方块材，如材料电导率为 σ，其电导 G 依欧姆定律为

$$G=\sigma L^{d-2} \tag{15.4.1}$$

普适电导涨落

$$\langle(\delta G)^2\rangle=\langle G^2\rangle-\langle G\rangle^2\approx\left(\frac{e^2}{h}\right)^2 \tag{15.4.2}$$

而电导率

$$\sigma\simeq\frac{e^2}{h} \tag{15.4.3}$$

因此电导相对涨落为

$$\langle(\delta G)^2\rangle/\langle G\rangle^2\approx L^{4-2d} \tag{15.4.4}$$

这结果说明：不同维数 d 的材料其电导相对涨落与材料边长有不同的依赖关系。特别是当

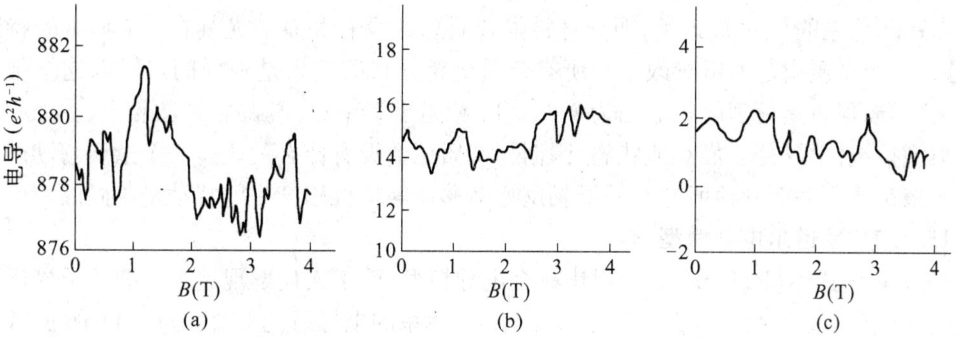

图 15.10 三个不同体系中的非周期磁电导涨落

(a) 是金属丝；(b) 是 Si-MOSFET 的一维导电沟道；(c) 是数字模拟的一维体系

$d=2$ 时，电导相对涨落与 L 无关；而当 $d=1$ 时，电导相对涨落随 L 而一同增大。

现在从导体内在过程来认识普适电导涨落现象。介观导体的电导与杂质组态密切相关，如果移动一个杂质原子，同这个杂质散射有关的路径的相位将随之有变化。若涉及该杂质的无规行走路径在总路径中占有比例为 f，再假定各路径是独立的，则与该杂质有关路径对普适电导涨落的贡献为

$$(\delta G_1)^2 \approx \left(\frac{e^2}{h}\right)^2 f \tag{15.4.5}$$

f 可视为电子走一条路径遇到的杂质数与材料中杂质总数之比。边长为 L 的样品，电子无规行走经 N_s 次散射后通过样品，电子遭弹性散射的平均自由程为 $l = v_F\tau_e$，l 也是扩散步长，这里 τ_e 为弹性散射弛豫时间，因而扩散系数

$$D = v_F l/d \tag{15.4.6}$$

则

$$L^2 = D(N_s\tau_e) \tag{15.4.7}$$

由上两式得

$$N_s \approx \frac{L^2}{l^2} \tag{15.4.8}$$

如果将电子路径看成是一条圆形截面的管道，截面直径为 λ_F。在 d 维材料里这截面积为 $\lambda_F^{(d-1)} \approx k_F^{-(d-1)}$，$k_F$ 为费米波矢。这条路径的平均步长为 l，路径占有的体积为

$$V_1 \approx N_s \cdot l \cdot k_F^{-(d-1)} \tag{15.4.9}$$

于是

$$f = \frac{V_1}{L^d} \approx \frac{1}{(k_F l)^{d-1}}\left(\frac{l}{L}\right)^{d-2} \tag{15.4.10}$$

而

$$(\delta G_1)^2 \approx \left(\frac{e^2}{h}\right)^2 f \approx \langle(\delta G)^2\rangle f \tag{15.4.11}$$

这里利用了普适电导涨落 $\sqrt{\langle(\delta G)^2\rangle} = \dfrac{e^2}{h}$，故$\langle(\delta G_1)^2\rangle$的上限为$\langle(\delta G)^2\rangle$，因为 f 应小于 1。因此对于低维系统

$$\sqrt{\langle(\delta G)^2\rangle} \approx \frac{e^2}{h} \tag{15.4.12}$$

这里有必要指出,式(15.4.11)表明对于 $d=2$ 的二维情况,移动一个杂质引起的电导变化 δG_1 与体系的尺寸 L 无关,即与材料中杂质总数没有关系。尤其在 $k_F l \approx 1$ 的特殊情形,移动一个杂质引起的电导改变与所有杂质重新分布的效果是一样的。所以这个结果确实令人惊异,但也是可理解的。因为 $k_F l \approx 1$, 相当于 $l \approx \lambda_F$, 与晶格常数相当,在如此定域化的典型情况,电导处于最小值状态,因而与杂质总数没有什么关联。一个杂质移动产生的扰动与该杂质不动而其他所有杂质沿相反方向移动等量位移产生的扰动是相同的。

15.4.2 朗道尔电导模型

1957 年朗道尔(R. Landauer)提出一个电导模型,后来人们发现这个模型适于描述介观体系的电导行为。如图 15.11 所示,1 和 2 是两个理想电子库,能吸收流进它的任何电子。连结两电子库的是中间夹着一段异质体或器件(作为弹性散射体)的理想导体 A 和 B。电子从库 1 发射通过不含散射中心的理想导体 A,经异质体时部分被反射,反射率为 R,而透射率为 T,将有部分电子进入理想导体 B 送到库 2 被完全吸收。

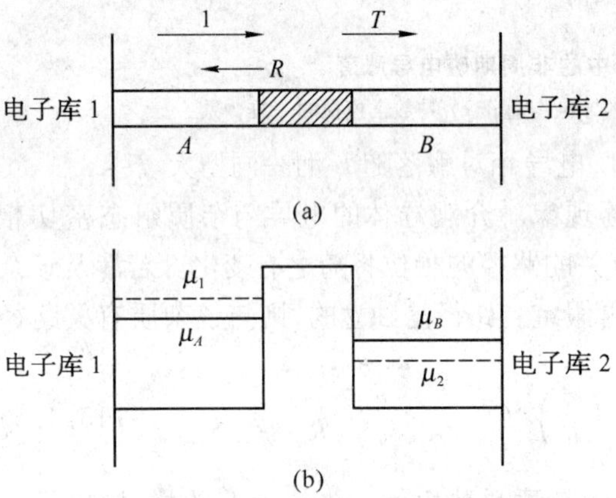

图 15.11 与电子库相连的两端导体示意(a)及相应的能量图(b)

设两个电子库的化学势分别为 μ_1 和 μ_2,外加电压使 μ_1 比 μ_2 高出 eV,即

$$\mu_1 = \mu_2 + eV \tag{15.4.13}$$

从而能维持电流稳定。

在绝对零度,电子库 2 中能量低于 μ_2 的能级均为电子占据,故电子库 1 中只有能量高于 μ_2 小于 μ_1 的电子向右传播形成电流。设 A 和 B 是一维的理想导体,在垂直方向由于尺寸甚小,量子尺寸效应导致分立能级 E_n 出现,于是在一维理想导体中电子能量为

$$E_n(\boldsymbol{k}) = E_n + \frac{\hbar^2 k^2}{2m} = E_n + \varepsilon_k \tag{15.4.14}$$

若最低两个分立能级间距 $E_2 - E_1$ 足够大,以致所有电子都落在 E_1 为下限的一维子能带里,这就是一个通道传播电子的情况。此时可将中间散射体看成一个势垒,故向右的净电流的大小为

$$I = 2eT\int_{\mu_2}^{\mu_1} v_k \frac{\mathrm{d}k}{\mathrm{d}\varepsilon_k}\frac{\mathrm{d}\varepsilon_k}{2\pi} f_1(1-f_2) = \frac{2e}{h}T(\mu_1 - \mu_2) \tag{15.4.15}$$

这里 T 为势垒的透射率,$f_1=1$ 为电子初态的费米分布,$f_2=0$ 为末态费米分布,是空态。因子 2 是计及每个 k 态有两种自旋态。按定义,电导

$$G_c = \frac{I}{V} = \frac{I}{(\mu_1 - \mu_2)/e} = \frac{2e^2}{h}T \tag{15.4.16}$$

电导的这一表示式称为 Büttiker 公式。

实际上电子库 1 的化学势不等于一维导线 A 的化学势 μ_A,其间有接触电阻。同样,μ_2 也不等于与之毗邻的一维导线 B 的化学势 μ_B,其间也有接触电阻。考虑到势垒对电子的反

射率 R,电导公式应写成

$$G=\frac{2e^2}{h}\frac{T}{R}=\frac{2e^2}{h}\frac{T}{1-T} \tag{15.4.17}$$

这就是朗道尔电导公式。

与 Büttiker 公式相比较,可得

$$G_c^{-1}=G^{-1}+\frac{h}{2e^2} \tag{15.4.18}$$

此关系式可理解为两端体系的总电阻是势垒电阻 G^{-1} 和接触电阻$\frac{h}{2e^2}$之和。每一通道两端都有接触电阻,每个接触电阻为$\frac{h}{4e^2}$。Büttiker 公式中当 $T\to 1$ 时 $G_c\to\frac{2e^2}{h}$,这说明每个接触电阻值 $h/4e^2$ 也是普适的。

如势垒两侧导体有多个通道,即涉及 E_n, $n=1, 2, \cdots, N_c$ 各个能级相关的多个子能带,设 T_{ij} 是从左边第 j 通道入射,透射到右边第 i 通道的透射概率。按照 Landauer-Büttiker 公式,多通道的以理想导线相连的介观金属导体的电导为

$$G=\frac{2e^2}{h}\sum_{i,\,j=1}^{N_c}T_{ij} \tag{15.4.19}$$

这里总通道数 N_c 约为

$$N_c\approx Sk_F^2 \tag{15.4.20}$$

S 为理想导线截面。各通道透射概率之和等于体系总透射系数 T。

势垒区是含有大量杂质的无序区,与 T_{ij} 相应的还有各个反射概率 R_{ij}。并令 $R_i=\sum_j R_{ij}$, $T_i=\sum_j T_{ij}$,则有

$$\sum_i T_i=\sum_i(1-R_i) \tag{15.4.21}$$

以满足电子流守恒。于是式(15.4.19)写成

$$G=\frac{2e^2}{h}\Big(N_c-\sum_{i,\,j=1}^{N_c}R_{ij}\Big) \tag{15.4.22}$$

至于无序区的散射(即反射),可认为电子反射到各个通道的概率彼此相等,故 R_{ij} 约等于$\frac{1}{N_c}$。再设 R_{ij} 与 $R_{i'j'}$ 互不关联。于是电导涨落可写成

$$\begin{aligned}\delta G&=[\langle(\delta G)^2\rangle]^{1/2}=[\langle G^2\rangle-\langle G\rangle^2]^{1/2}\\&=\frac{2e^2}{h}\Big[\sum_{i,\,j=1}^{N_c}(\langle R_{ij}^2\rangle-\langle R_{ij}\rangle^2\Big]^{1/2}\end{aligned} \tag{15.4.23}$$

因 $R_{ij}\approx\frac{1}{N_c}$,求和式中每一项大小$\approx\frac{1}{N_c^2}$,累加后是一个常数 C,接近于 1。由此得普适的电导涨落

$$\delta G=C\frac{e^2}{h} \tag{15.4.24}$$

详细的理论计算结果是:对于一维导体 $C=0.73$,二维导体 $C=0.86$,而三维导体 $C=1.09$。

§15.5 纳 米 微 粒

纳米微粒,也叫做超细颗粒,是线度在 1—100 nm 范围的小颗粒,肉眼和通常显微镜是看不到的,所以,上田良二说:用透射电子显微镜(TEM)能看到的微粒称为纳米微粒。

1962 年久保(R. Kubo)就指出金属超细颗粒有一些特点:一是颗粒线度甚小,电子能级不再是准连续谱,而是离散的,能级间距增大。二是电子总数少,在有限个能级中分布。三是颗粒直径 d 很小,在颗粒上增减一个电子需要静电能量有相应的变化:

$$U = \frac{e^2}{4\pi\epsilon_0 d} \tag{15.5.1}$$

d 很小时,U 可远大于 $k_B T$,于是孤立颗粒的电子数不会有涨落。通常微颗粒保持为电中性的。

在这基础上, R. Denton 等和 R. E. Cavicchi 等作了进一步发展。1986 年 W. P. Halperin给了一个较全面的总结,并说明实验与理论有些差异的原因。

15.5.1 离散的电子能级

大块金属电子总数 $N \approx 10^{24}$ 的量级,在波矢空间相邻两个波矢间距 $\Delta k \sim \Delta k_F / N^{\frac{1}{3}} \approx 10^{-8} k_F$, 因而电子能谱 $E(k) = \dfrac{\hbar^2 k^2}{2m}$ 是准连续的。

设金属颗粒体积 V 减小,而电子密度 $n = N/V$ 保持不变。再利用自由电子气模型,费米能量

$$E_F = \frac{\hbar^2}{2m}(3\pi^2 n)^{2/3} \tag{15.5.2}$$

与颗粒的线度 d 无关。这说明不论颗粒大小,只要电子密度 n 保持恒定,费米能量 E_F 是不变的。相应的金属自由电子气的状态密度在 E_F 的值为

$$g(E_F) = \frac{3}{2}\frac{n}{E_F} \tag{15.5.3}$$

在 E_F 处,系统能级间隔为 δ,则由一个能级有两个自旋态即 $2 = V \cdot g(E_F) \cdot \delta$, 得

$$\delta = \frac{2}{g(E_F)V} = \frac{4}{3}\frac{E_F}{N} \tag{15.5.4}$$

这说明金属颗粒 E_F 处的能级间隔 δ 与电子总数 N 成反比。以 Ag 颗粒为例,$n = 6 \times 10^{22}\,\mathrm{cm^{-3}}$,得

$$\delta / k_B = \frac{1.45 \times 10^{-18}}{V}\ (\mathrm{K \cdot cm^{-3}}) \tag{15.5.5}$$

如果取 $\delta / k_B = 1\,\mathrm{K}$, 金属微粒直径为 d,得 $d = 14\,\mathrm{nm}$。图 15.12 是银等纳米微粒的电子能级的平均间距 δ 与微粒线度 d 的关系。表明颗粒线度愈小,能级间距愈大。

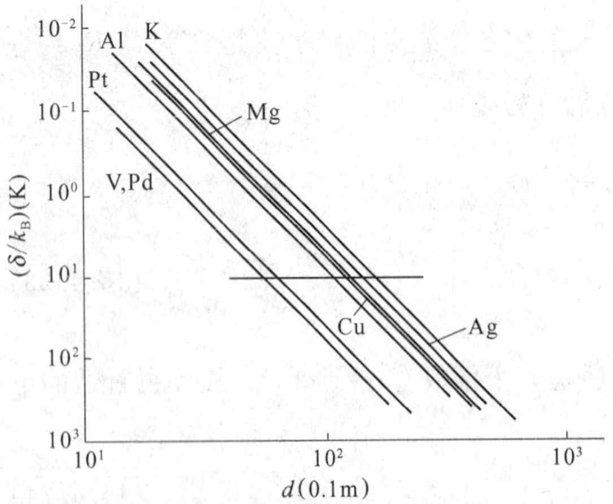

图 15.12 δ 随 d 的变化

δ:银等微粒平均能级间隔; d:微粒直径

15.5.2 微粒的比热和磁化率

单个金属微粒的低温物理性质，由于 $k_B T \ll U$，微粒中电子数 N 是固定的，没有涨落。此时应采用正则系综来处理。图 15.13 为微粒中电子数为偶数和奇数时，在磁场 B 中电子在不同温度充填能级的情况，左边是基态，向右为能量渐增的一些激发态。μ_B 为玻尔磁子，$2\mu_B B$ 是每个能级在磁场中的塞曼分裂。在低温下，基态和相邻的低激发态对微粒的物性比较重要，只要考虑三个能级的模型。设能级间隔为 δ 及 δ'，配分函数

$$Z = \sum_i e^{-\beta E_i} \tag{15.5.6}$$

其中 $\beta = (k_B T)^{-1}$。

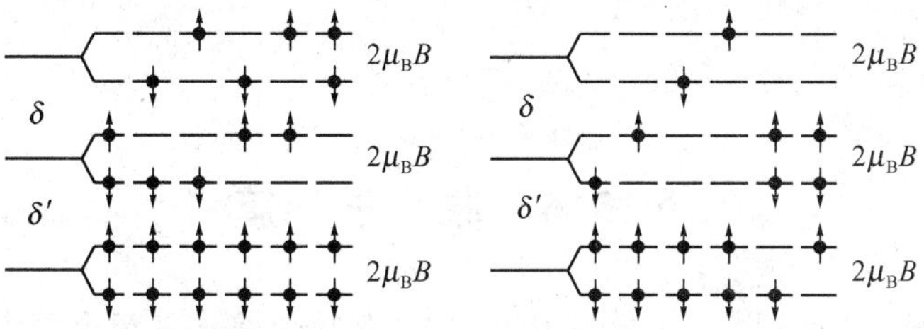

图 15.13 微粒中含电子数为偶数、奇数情形的电子能级结构示意

左边为基态，向右为能量渐次增加的激发态

对于偶数电子情形，如 Zn、Sn、Cd 等微粒，低激发只涉及间隔为 δ 的两个能级

$$Z_{偶} \approx 1 + 2[1 + \cosh(2\beta\mu_B B)]e^{-\beta\delta} + e^{-2\beta\delta} \tag{15.5.7}$$

由此算出比热

$$c_{偶} = k_B\beta^2 \frac{\partial^2}{\partial\beta}\ln Z_{偶} = 4k_B\beta^2\delta^2 \frac{e^{-\beta\delta} + e^{-2\beta\delta} + e^{-3\beta\delta}}{(1 + 4e^{-\beta\delta} + e^{-2\beta\delta})^2} \tag{15.5.8}$$

磁化率

$$\chi_{偶} = \mu_0\beta^{-1} \frac{\partial^2}{\partial B^2}\ln Z_{偶} = 8\mu_0\mu_B^2\beta \frac{e^{-\beta\delta}}{1 + 4e^{-\beta\delta} + e^{-2\beta\delta}} \tag{15.5.9}$$

同理，对于 Cu、Ag、Au 微粒是奇电子数的情况，我们考虑包含 δ' 有关的能级，这时

$$Z_{奇} \approx 2\cosh(\beta\mu_B B) \cdot (1 + e^{-\beta\delta} + e^{-\beta\delta'}) \tag{15.5.10}$$

比热

$$c_{奇} = k_B\beta^2 \frac{\delta^2 e^{-\beta\delta} + \delta'^2 e^{-\beta\delta'} + (\delta - \delta')^2 e^{-\beta(\delta+\delta')}}{(1 + e^{-\beta\delta} + e^{-\beta\delta'})^2} \tag{15.5.11}$$

磁化率

$$\chi_{奇} = \mu_0\mu_B^2\beta \tag{15.5.12}$$

实际上单个颗粒的物性量是无法测量的，真实样品大约含有 10^{15} 个微粒，颗粒线度不等，并有一定的分布规律。为了简化计算，将上述结果简化，只考虑能量最低的激发态，此时

$$c_{偶} = 4k_B\beta^2\delta^2 e^{-\beta\delta}, \quad c_{奇} = k_B\beta^2\delta^2 e^{-\beta\delta} \tag{15.5.13}$$

$$\chi_{偶} = \delta\mu_0\mu_B^2\beta e^{-\beta\delta}, \quad \chi_{奇} = \mu_0\mu_B^2\beta \tag{15.5.14}$$

设物性量为 $F(\delta)$，在大样品中 δ 有一定分布规律记为 $W(\delta)$，实际测得的物性量

$$F = \int F(\delta) W(\delta) \mathrm{d}\delta \tag{15.5.15}$$

在温度趋于绝对零度时 $e^{-\beta\delta}$ 也趋于零。简单假定

$$W(\delta) = a\delta^m \tag{15.5.16}$$

得比热

$$c = \gamma T^{m+1} \tag{15.5.17}$$

对于偶数电子颗粒的样品 $\gamma = \gamma_e$，而奇数电子颗粒的样品 $\gamma = \gamma_0$。而偶数电子颗粒样品的磁化率

$$\chi_{偶} = \alpha T^m \tag{15.5.18}$$

而奇数电子颗粒的样品磁化率仍然是常数

$$\chi_{奇} = \mu_0 \mu_B^2 \beta \tag{15.5.19}$$

§15.6 原 子 簇

原子簇是尺度在 1 nm 以下的微小聚集体，含有几个原子以至上千个原子。它是从原子、分子到宏观固体之间过渡区域靠近原子、分子一端的新层次的物质形态，是固体的胚芽期的结构，具有特殊的规律性。它对了解晶体生长、相变等过程都是有益的。

15.6.1 简单金属团簇

简单金属的块材，其晶格常呈密堆积的面心立方结构或较致密的体心立方结构。团簇为几个原子以至上千个原子的微小聚集体。如何由简单的类似多原子分子的形态变成相应的晶格结构，这过程系统尺度由小变大，系统中的价电子由原子中价电子，变成多原子分子中的作共有化运动的价电子，直到金属中形成价电子自由电子气，在此过程的每个原子簇中原子实之间的平均距离将随着原子数增多而变小，直至趋于晶格中的原子间距。对此过程的探索，我们依然采用凝胶模型或自由电子气模型，追溯小尺寸原子簇限制自由电子气活动空间带来的能级量子化的演变特征。

自然会想到利用现成的势阱模型落实上述思路。或拟用三维谐振子势，其结果量子化能级之间距相等，量子数虽小，$n = 3$，能级简并度为 $D = 20$。或利用方势阱模型，其结果，量子化能级间不再相等，能级简并度的变化类似于单个原子的情况。实际原子簇中电子受到的势比较复杂。其能级也具有壳层结构，可用主量子数 n 和角动量量子数 l 来表示，能级简并度列在括号中，但不受 l 必须小于 n 的限制：能级为：1s(2), 1p(6), 1d(10), 2s(2), 1f(14), 2p(6), 1g(18), 2d(10), 3s(2), 1h(22)等，所以满壳层电子数依次是 2, 8, 18, 20, 34, 48, 58, 68, 70, 92, …。碱金属和贵金属的原子只有一个价电子，使其团簇包含上述原子个数时，原子簇的自由电子填满某些壳层，此时团簇的总能量较低，比较稳定。这些数就是简单金属原子簇的幻数。

金属的原子簇的生长从一个幻数到下一个幻数的结构演变，好像元素周期表这一周期到下一周期的变迁。所以，金属原子簇称为巨原子(giant atom)，它在三维上都受限制，从这意义上讲，金属原子簇是一种量子点的实例。

1990 年人们已观察到钠原子簇第 12 个壳层的存在，它的原子数为 $N(12) = 558 \pm 8$；而利用凝胶模型的局域密度泛函的计算 $N(12) = 556$。两者符合甚好。对于碱金属元素，处

在上述满壳层对应的幻数的原子簇的丰度都比较高。也有非幻数的丰度次峰，如 $N=12$，14，26，30 等峰。铜原子簇的紫外光电子谱测量表明，当 $N=410$ 时团簇具有铜晶体 3d 能带的特征。图 15.14 是钠原子簇的丰度谱(a)和总能量的二阶差分计算谱(b)的比较。

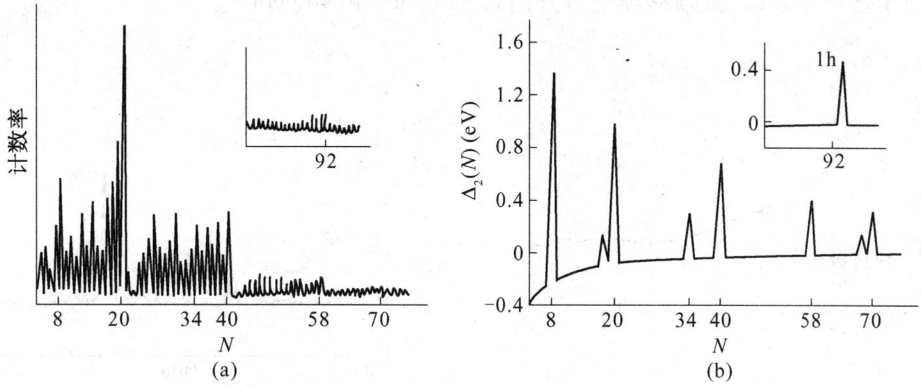

图 15.14　Na 原子簇的丰度

(a) 实验得到的丰度谱；(b) 用能量二阶差分得到的谱

[引自 W. D. Knight *et al*. Phys. Rev. Lett., 52 (1984) 2141]

15.6.2　半导体原子簇

图 15.15(a)是 Si_n 或 Ge_n 团簇($n<10$)，(b)是 Ga_nAs_m 团簇的结构。J. R. Chelikowsky 计算了这些团簇的每个原子的平均极化率，表明随着团簇包含原子数增多而趋向块材的数值示

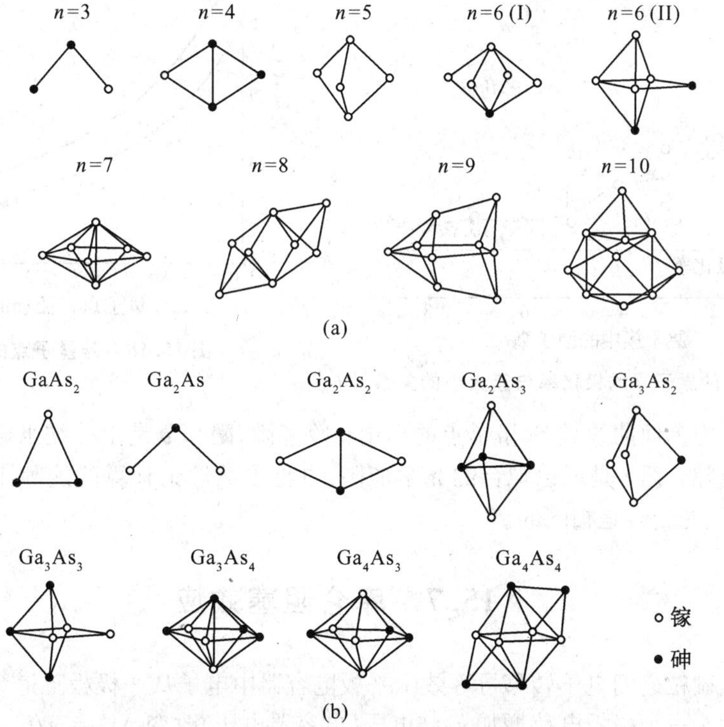

图 15.15　半导体原子簇结构

(a) Si_n 或 Ge_n($n<10$)；(b) Ga_nAs_m

于图 15.16，关于 Ga_nAs_m 的图中的长划线是穿过富-Ga 和富-As 结构的极化率之间的中点。

图 15.17 是 E. C. Honea 等测量 Si_4 原子簇的原子振动引起的拉曼散射谱，频移为 345 cm^{-1} 和 470 cm^{-1}。Chelikowsky 作了理论计算，得到的结果是这两条拉曼谱都是对称性为 A_g 的原子振动引起的，其频移理论值分别为 340 cm^{-1} 和 480 cm^{-1}。

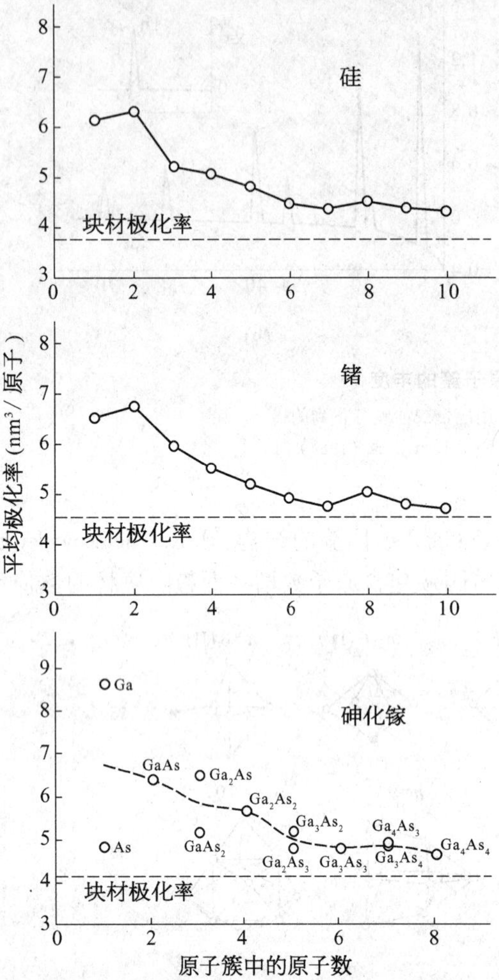

图 15.16　簇的原子平均极化率与簇大小的关系

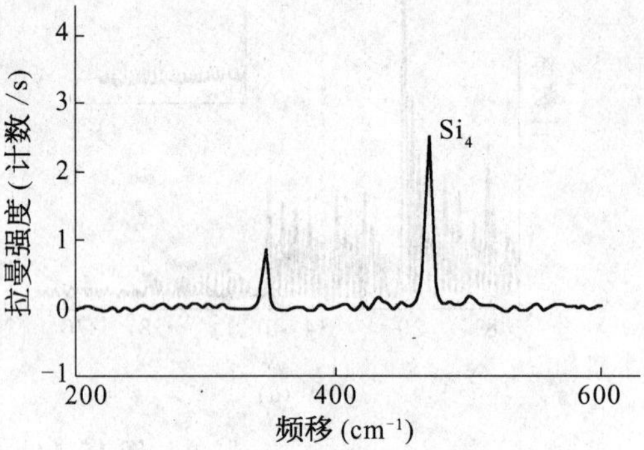

图 15.17　Si_4 团簇的拉曼散射谱

[引自 E. C. Honea 等 Nature, 366(1993) 42]

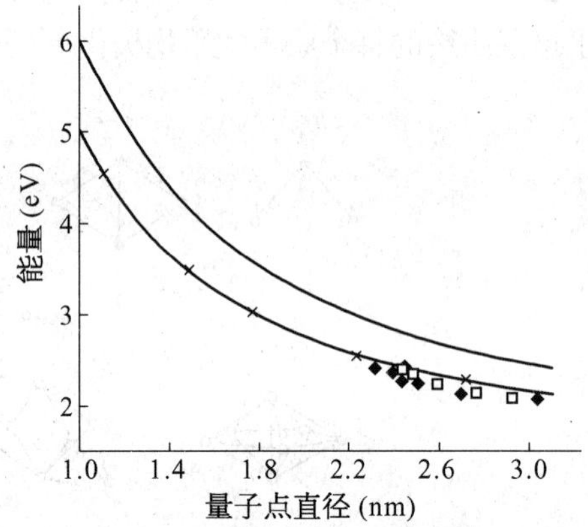

图 15.18　硅量子点的能隙

图 15.18 中上面曲线是 Si 量子点的理论计算能隙，■和◆是由硅纳米微晶光吸收数据求出的光学能隙。而 × 是理论拟合的光学能隙，可见虽然理论计算的能隙比用实际值拟合的大，而两曲线的走势是相同的。

§15.7　库仑阻塞效应

两个金属微粒之间电子转移可等效于平板电容器中电子从一极板隧道穿过介质进入另一极板。这时头一个极板电荷增加 e，结电压(电容器电压)改变 $\Delta V = e/C$，静电能增加 $E_c = e^2/2C$，这就是电容器充一个电荷量 e 的充电能量。

通常极板面积 0.1 mm×0.1 mm，单个电子隧穿引起的结电压改变 $\Delta V \approx 10^{-9}$ 伏，这么小的变化对宏观电压没有影响，只是作为散粒噪声而已。如果极板尺度减小至亚微米量级，面积 $0.1\ \mu m \times 0.1\ \mu m$，介质层厚 1.0 nm，这时结电容 $C \approx 10^{-15}$ F，静电能 $E_c = e^2/2C \approx 10^{-23}$ J，相当温度 $T = 1$ K 的热能 ($k_B T = k_B \times 1$)，如果实验温度在 mK 温区，静电能 E_c 就会阻止电子经过隧穿从一个极板到另一极板转移，这就是库仑阻塞(Coulomb blockade)效应。

显然出现库仑阻塞，必须满足的条件是

$$E_c = \frac{e^2}{2C} \gg k_B T \tag{15.7.1}$$

即热涨落要小，库仑静电能才起关键作用。此外，电子隧穿通过介质，相当于有一个等效电阻 R_T，叫做隧穿电阻，它与电容 C 的组合电路的时间常数 $\tau_T = R_T C$，不确定关系给出能量涨落 $\Delta E \approx h/\tau_T = h/R_T C$。这个能量涨落在远小于 E_c 时，库仑阻塞才能实现，即 $E_c \gg \Delta E$。由此得

$$R_T \gg \frac{h}{e^2} \approx 26\ \text{k}\Omega \tag{15.7.2}$$

15.7.1　隧道结的 *I*—*V* 特性

在电流源 I 的驱动下，单个隧道结的特性由结电容 C 和电阻 R_T 来表征，具体电路如图 15.19 所示，结的极板 A 上有电荷 $+Q$，B 极板上电荷为 $-Q$，当极板 A 的电荷由 Q 变为 $Q-e$ 时，有一个电荷 e 通过隧穿过程离开 A 极板，这时系统静电能改变为

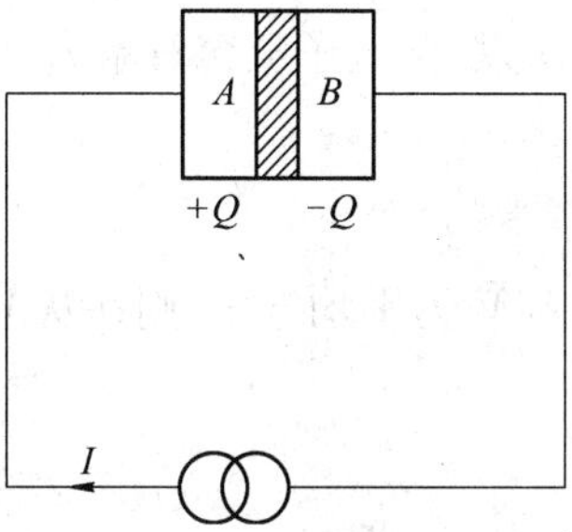

图 15.19　电流源驱动的隧道结

$$\Delta E = \frac{(Q-e)^2}{2C} - \frac{Q^2}{2C} = -\frac{e}{C}\left(Q - \frac{e}{2}\right) \tag{15.7.3}$$

如果 A 极板电荷增加 e，则系统静电能改变为

$$\Delta E' = \frac{(Q+e)^2}{2C} - \frac{Q^2}{2C} = +\frac{e}{C}\left(Q + \frac{e}{2}\right) \tag{15.7.4}$$

在绝对零度下，自发的隧穿过程必朝有利于系统能量降低的方向进行：$\Delta E > 0$，得 $Q < \frac{e}{2}$；$\Delta E' > 0$，得 $Q > -\frac{e}{2}$，故发生库仑阻塞的条件是

$$-\frac{e}{2} < Q < \frac{1}{2}e \tag{15.7.5}$$

当电流 I 很小时，极板 A 上电荷按照 $\frac{dQ}{dt} = I$ 的速率线性增加。金属极板上导电电子相对正电荷背景的位移是连续变化的，所以 Q 值也是连续变化的。当 Q 超过阈值 $e/2$ 时，隧穿发生，Q 突然下降到 $-e/2$，于是又开始充电，如此循环变化，隧道结两端电压呈锯齿波振荡，振幅为 $e/2C$。故单电子隧穿过程出现的频率是

$$f = \bar{I}/e \tag{15.7.6}$$

图 15.20 示意画出隧穿过程和库仑阻塞交替起作用的情景。图中实线是系统能量降低的过程，虚线为系统能量升高的过程。

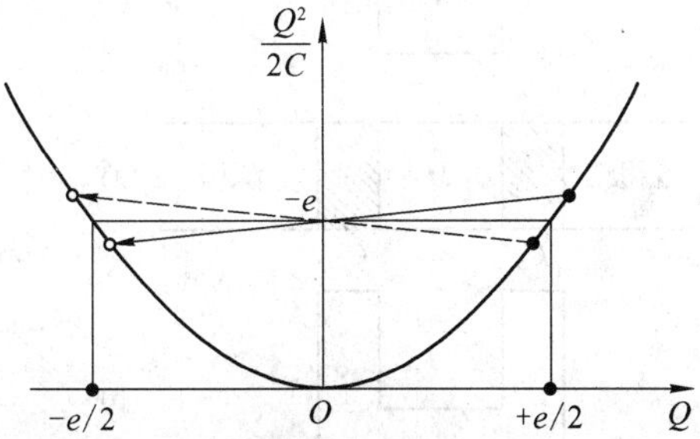

图 15.20　隧穿过程库仑阻塞示意

实线所示过程使体系能量降低，锁线所示过程使体系能量升高

在极低温度下，隧穿过程引起的静电能变化 $\Delta E \gg k_B T$，单电子的隧穿概率 $\Gamma = \frac{1}{\tau_T}$，$\tau_T$ 是电子隧穿所需的时间，按不确定关系 $\tau_T \cdot \Delta E \approx h$，所以 $\Gamma \approx \frac{\Delta E}{h}$，我们在前面已经知道隧道结电阻 $R_T \geqslant \frac{h}{e^2}$，因而单电子隧穿概率

$$\Gamma \approx \frac{\Delta E}{e^2 R_T} \tag{15.7.7}$$

实际的结电阻 R_T 远大于$\frac{h}{e^2}$，表明真实系统单电子隧穿概率比理想系统的隧穿概率小得多。

结电压 $V = Q/C$，$\frac{\mathrm{d}V}{\mathrm{d}t} = I/C$。隧穿发生时，电压由 V 突然下降到 $V - \frac{e}{C}$，系统相应的静电能变化为

$$\Delta E = \frac{1}{2}C\left[V^2 - \left(V - \frac{e}{C}\right)^2\right] \tag{15.7.8}$$

所以，单电子隧穿概率为

$$\Gamma(V) = \frac{C}{2e^2 R_T}\left[V^2 - \left(V - \frac{e}{C}\right)^2\right] \tag{15.7.9}$$

若 $\overline{V}$ 为平均电压，则在从 $\overline{V} - \frac{e}{2C}$ 到 $\overline{V} + \frac{e}{2C}$ 的一周期时间中，有一次隧穿事件发生，即

$$\int_{\overline{V}-\frac{e}{2C}}^{\overline{V}+\frac{e}{2C}} \frac{\mathrm{d}V}{I/C}\Gamma(V) = 1 \tag{15.7.10}$$

代入 $\Gamma(V)$表示式，得

$$\overline{V} = IR_T + \frac{e}{2C} \tag{15.7.11}$$

这结果表示，在电流较大时，伏安特性与通常欧姆定律相似，只是电压轴平移 $e/2C$，如图15.21所示。$I-V$ 特性直线部分的延长线在 $I = 0$ 交电压轴于 $V_G = e/2C$，V_G 称为库仑隙(Coulomb gap)。这是存在库仑阻塞现象的特征。在 $\overline{V}$ 小于 V_G 区域，电流 I 很小，单电子隧穿振荡主要出现在这个区域，实际上由于引线间杂散电容远大于结电容，要观测这种振荡并不容易。在这区域电流 I 与平均电压 $\overline{V}$ 的平方成正比。

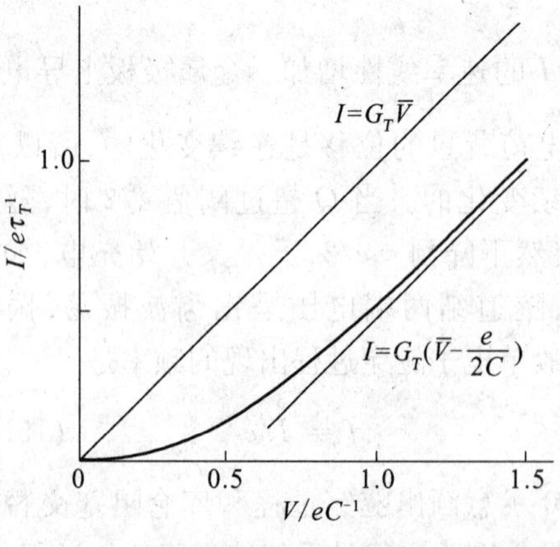

图 15.21　电流偏置单结的直流 $I-V$ 特性

式中 $G_T = 1/R_T$

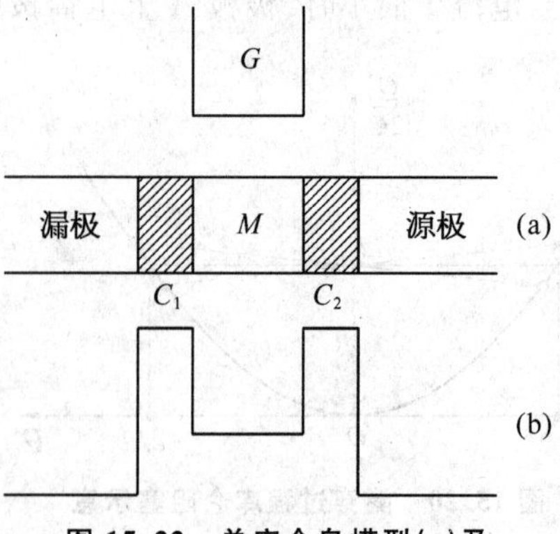

图 15.22　单库仑岛模型(a)及相应的势能分布(b)

15.7.2 单库仑岛的阻塞

图 15.22 是单库仑岛模型的结构，阴影区是介质势垒，中间 M 是一个库仑岛，M 的静电势 V 受置在近邻的栅极 G 上的电压 V_g 的控制，即

$$V = Q/C + V_g \tag{15.7.12}$$

C 是岛的电容，实际上它是两个势垒区电容 C_1 与 C_2 以及栅岛间电容之和。Q 是岛上的净电荷，Q/C 是岛上净电荷本身的静电势。所以库仑岛的静电能为

$$E = \int_0^Q V\mathrm{d}Q = \frac{Q^2}{2C} + QV_g = (Q - Q_0)^2/2C + K \tag{15.7.13}$$

其中

$$K = -Q_0^2/2C, \quad Q_0 = -CV_g \tag{15.7.14}$$

由式(15.7.13)可知，当 $Q = Q_0 = -CV_g$ 时，能量 E 最小，故 Q_0 叫做平衡电荷，其值受栅极电压控制。岛上电荷 Q 应是电子电荷的整数倍，即

$$Q = -Ne \tag{15.7.15}$$

N 是岛上电子数。如选 $q = Q - Q_0$

则式(15.7.15)写成

$$E = q^2/2C + K \tag{15.7.16}$$

如果岛电荷 $Q = -Ne$ 由于隧穿增加一个电子变为 $-(N+1)e$，q 相应变成 $q' = q + (-e)$。这时岛的静电能增加量为

$$\Delta E = (q'^2 - q^2)/2C = e(e - 2q)/2C \tag{15.7.17}$$

如果 $\Delta E < 0$，这隧穿过程必能自发产生，这要求

$$q > e/2 \tag{15.7.18}$$

同理，如电子从岛上隧穿而去，Q 由 $-Ne$ 变为 $-(N-1)e$，这过程能自发出现，要求

$$q < -e/2 \tag{15.7.19}$$

综合两种情况可知，当

$$-e/2 < q < e/2 \tag{15.7.5}$$

时，岛上增或减一个电子都会招致静电能升高。这就是单库仑岛的阻塞现象。

依照式(15.7.16)，$q = \pm\frac{e}{2}$，静电能是相等的，表明岛上电子数为 N 的状态与 $N-1$ 状态是简并的，由 $q = Q - Q_0$ 以及 $Q_0 = -CV_g$，可得

$$\left.\begin{aligned} q = e/2\ \text{时}，\quad CV_g &= \left(N + \frac{1}{2}\right)e \\ q = -\frac{e}{2}\ \text{时}，\quad CV_g &= \left(N - \frac{1}{2}\right)e \end{aligned}\right\} \tag{15.7.20}$$

以及

$$q = 0\ \text{时}，\quad CV_g = Ne \tag{15.7.21}$$

$q = 0$ 的情况，对应于平衡电荷等于电子电荷的整数倍，由式(15.7.19)，库仑岛增或减一个电子均需增加能量

$$\Delta E_0 = e^2/2C \tag{15.7.22}$$

由式(15.7.22)可知,增加一个电子电荷,V_g 的变化为

$$\Delta V_g = e/C \tag{15.7.23}$$

因此由栅极电压变化可得到库仑岛中电子进出一个电子产生的电导周期振荡。在 V_g 满足

$$\left(N-\frac{1}{2}\right)\frac{e}{C} < V_g < \left(N+\frac{1}{2}\right)\frac{e}{C} \tag{15.7.24}$$

时岛上保持平衡电子数为 N。

如果库仑岛 M 和左、右结两侧金属都是超导体,岛上电子数可大到 $N \approx 10^9$,但 N 是固定的,有奇、偶数之分。N 是偶数时,所有电子都能配成库珀对,岛上电子系统处在超导基态。若 N 为奇数,必有一个电子无法配成库珀对,它处在超导能隙 2Δ 之上的准电子的能级,比系统费米能级高出 Δ。于是,控制栅极电压 V_g,岛上的电子数以 $2e$ 为周期发生奇偶数变化,导致系统电流也发生相同周期的变化。

15.7.3 量子点的库仑阻塞

在半导体 GaAs/AlGaAs 异质结的二维电子气中安排特设的栅极 F、C、1、2 等使它们处在负电压,电极近处的耗尽区面积扩大,形成一个四围受势垒限制的量子点,这就是现实的库仑岛,如图 15.23 所示。图中电极 3 和 4 空置,如图(a)所示,而(b)是这个系统的各部分的电子能级。E_p 是量子点中电子的能级,C 是量子点与周围电极和电子库之间电容的总和。V_N 为量子点中 N 个电子的静电势,μ_l 和 μ_r 是左右电子库的化学势。由上两个小节的讨论可知,量子点上电子数由 N 变为 $N+1$ 时,量子点化学势 μ_d 的改变为

$$\mu_d(N+1) - \mu_d(N) = E_{N+1} - E_N + \frac{e^2}{C}$$

式中 $E_{N+1} - E_N$ 是多一个电子而增加的单电子能级的能量,第二项是量子点多充一个电子上升的静电能。

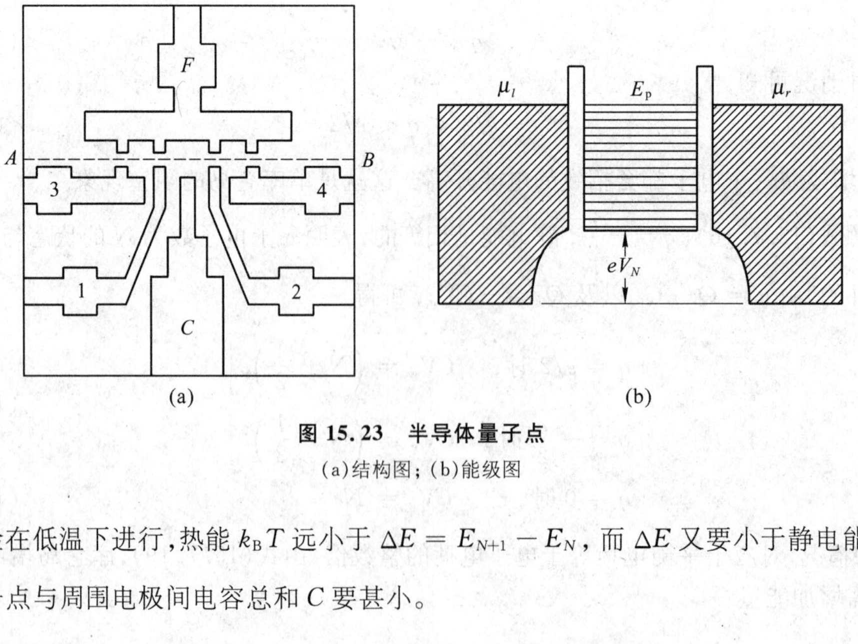

图 15.23 半导体量子点

(a)结构图;(b)能级图

实验在低温下进行,热能 $k_B T$ 远小于 $\Delta E = E_{N+1} - E_N$,而 ΔE 又要小于静电能$\frac{e}{C}$。这要求量子点与周围电极间电容总和 C 要甚小。

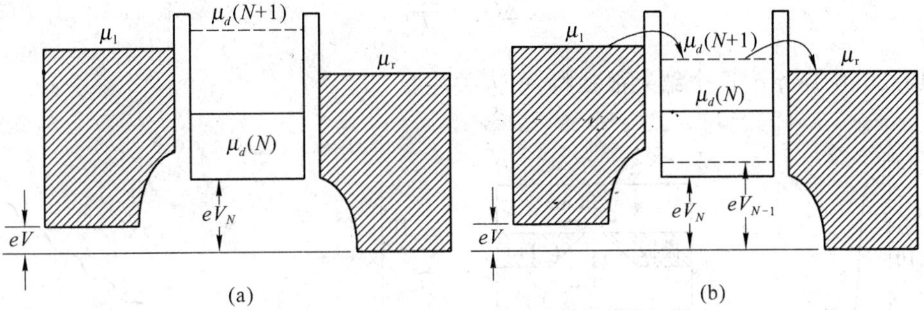

图 15.24　量子点的库仑阻塞(a)和单电子隧穿(b)

在外加电压 V 作用下，$\mu_1 - \mu_r = eV$，左边电子库的化学势相对右边 μ_r 上升 eV。图 15.24(a)代表库仑阻塞的情形，这时，$\mu_d(N+1)$ 比左、右电子库的 μ_1 和 μ_r 都高，第 $N+1$ 个电子不可能隧穿进入已有 N 个电子的量子点。图中 $\mu_d(N) < \mu_r < \mu_1 < \mu_d(N+1)$ 反映这种情形。图 15.24(b)则是能实现单电子隧穿的情景。这时，$\mu_1 > \mu_d(N+1) > \mu_r$。电子可从左边电子库隧穿进入量子点，量子点化学势由 $\mu_d(N)$ 上升到 $\mu_d(N+1)$，它包含两部分能量 $E_{N+1} - E_N = \Delta E$ 是能级中多一个电子增加的能量，但主要是第二部分即静电能增加 $eV_{N+1} - eV_N = \dfrac{e}{C}$。由于 $\mu_d(N+1) > \mu_r$，这第 $N+1$ 个电子又从量子点隧穿进入右边电子库。量子点的化学势回到 $\mu_d(N)$，另一个电子又可从左边隧穿进入量子点，如此周而复始。由于 $\Delta E \ll \dfrac{e}{C}$，量子点中的平衡电荷 Q_0 受栅极电压 V_g 控制，量子点的电子数增加 1 个所需的栅压增量为

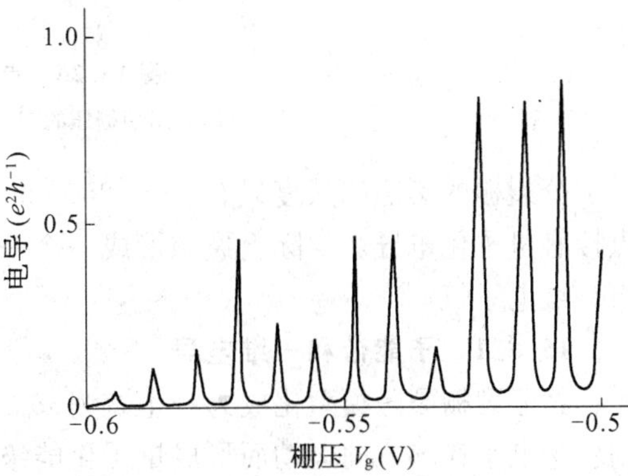

图 15.25　量子点电导随一个栅压 V_g 变化的实验结果

[引自 L. P. Kouwenhoven *et al*. Z. Physik, B85(1991) 367]

$$\Delta V_g = e/C_g$$

这里 C_g 是量子点与控制栅之间的电容。上述的实验是在温度 $T = 10$ mK 下做的，实验测得的量子点电导振荡如图 15.25 所示，控制栅压周期 $\Delta V_g = 8.3$ meV，由此算出电容 $C_g = e/\Delta V_g = 0.19 \times 10^{-15}$ F，这与量子点几何形状和材料介电特性算出的结果符合。这个量子点实际是一个单电子晶体管，其应用前景是令人鼓舞的。

§ 15.8　点接触量子化电导和电子波导

1988 年荷兰和英国学者各自完成一维电子气的低温下电阻—栅压关系的测量，得到令人瞩目的结果，如图 15.26 所示。二维电子气通过处于负电压的分裂栅的裂隙狭道，横向受到限制而变成一维电子气，测量其电阻随栅压 V_g 变化的特性如图 15.26(a)所示，呈现出高度各异的台阶，但换算成电导～栅压关系后，呈现各级高度相等的台阶，每个台阶高度

$$\Delta G = \frac{2e^2}{h} \tag{15.8.1}$$

如图 15.26(b)所示。这个结果很独特,引人关注。

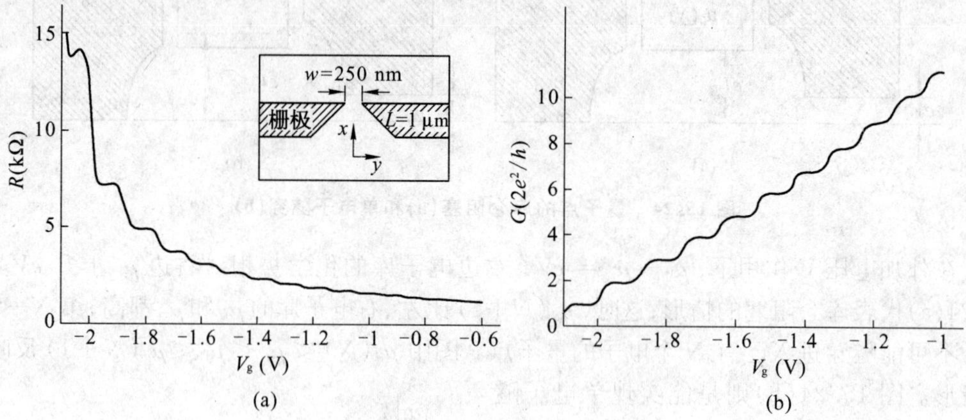

图 15.26 点接触电导量子化

(a)电阻随栅压的变化;(b)阶梯状量子化电导

分裂栅的裂隙的尺度只有 $w = 250$ nm,在宏观上看是一个"点",因此当时称此现象为点接触量子化电导。实际上裂隙形成一个一维通道,通过这狭道原来的二维电子气变成几组一维电子气。

15.8.1 子能带和一维电导

将分裂栅裂隙模型化成为一个宽为 w 的直通道,如图 15.27(a)所示。y 方向尺度受限制引起电子在该方向运动而形成量子化能级 E_{ny}, $n = 1, 2, \cdots$, 于是电子能量为

$$E_n(k_x) = E_{ny} + \frac{\hbar^2 k_x^2}{2m^*} \tag{15.8.2}$$

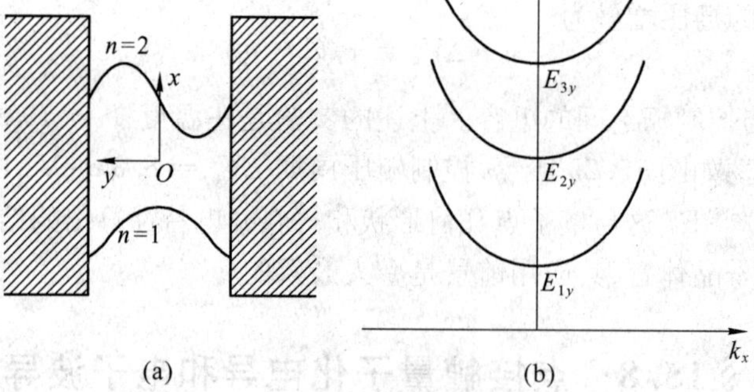

图 15.27 狭道中的电子气

(a)狭道模型;(b)一维能带

设通道上下两端电压差为 V,两端化学势 μ_1 和 μ_2 之差为

$$\mu_1 - \mu_2 = eV \tag{15.8.3}$$

通过狭道的电流

$$I=\int_{\mu_2}^{\mu_1}(-e)(-v)g_1(E)\mathrm{d}E \tag{15.8.4}$$

其中 $g_1(E)$为一维状态密度

$$g_1(E)=2/hv \tag{15.8.5}$$

于是得

$$I=\frac{2e^2}{h}V,\ 即电导\ G=\frac{I}{V}=\frac{2e^2}{h}$$

这表示,只要子能带未被电子占满的导带底在 E_{F} 之下,在低温时系统电导 G 的贡献总等于 $\frac{2e^2}{h}$。

如果将对宽为 w 的裂隙看作无限深势阱,则由量子力学可算出上述 y 向的能级

$$E_{ny}=\frac{\pi^2\hbar^2}{2m^*}\left(\frac{n}{w}\right)^2 \tag{15.8.6}$$

$n=1, 2, 3, \cdots$ 实际上负栅压产生的电子耗尽区向裂隙延伸,所以势阱宽 w 是随栅压变化的。若系统的费米能级为

$$E_{\mathrm{F}}=\frac{\hbar^2}{2m^*}\left(\frac{2\pi}{\lambda_{\mathrm{F}}}\right)^2 \tag{15.8.7}$$

这里 λ_{F} 为费米波长。比较以上两式可知,E_{F} 以下含 n 个子带时,势阱宽 $w=n\frac{\lambda_{\mathrm{F}}}{2}$。随着栅压绝对值变小,$w$ 变宽,每增加 $\lambda_{\mathrm{F}}/2$ 时,便有一个子能带穿过 E_{F},即 n 增加 1,电导增加一个台阶。于是随栅压变化出现一系列电导台阶,每个台阶高度均为 $2e^2/h$。

15.8.2　电子波导

前面讨论的情况,已假设电子在运行中散射效应可以忽略,这要求电子自由程 l 大于样品尺度 L,或与 L 相当,这时电子运动进入弹道输运(ballistic transport)区域。电子的输运行为类似于波导中的电磁波,导体的几何构形决定了电磁波以什么模式传播。

上述裂隙中电子态

$$E_n(k_x)=E_{nj}+\frac{\hbar^2k_x^2}{2m^*} \tag{15.8.8}$$

就是一种一维波导,$E_{ny}=\frac{(n\pi\hbar)^2}{2m^*w^2}$。如果 E_F 以下只有一个子带,即 $E_{ny}=\frac{1}{2m^*}\left(\frac{\pi\hbar}{w}\right)^2$,称此情况为单模系统。若 E_{F} 之内含有多个子带,$n=1, 2, 3, \cdots, j$, 则称为多模系统。

当然上面我们把裂隙处看作是方直的通道,宽为 w,长度 L 与 w 相当,这是一个理想的几何形的电子波导(electron waveguide),实际的几何构形较复杂,不再细加评说。

下面我们考查垂直磁场对电子波导的影响。z 方向加磁场 B,其矢势 $\boldsymbol{A}=(-By, 0, 0)$, y 方向为限制势阱 $V(y)$,单电子哈密顿量

$$H=\frac{(p_x-eBy)^2}{2m^*}+\frac{p_y^2}{2m^*}+V(y) \tag{15.8.9}$$

容易求得对应的薛定谔方程的本征态为

$$\psi_{nk}(x, y)=\varphi_{n,k}(y)\mathrm{e}^{\mathrm{i}kx} \tag{15.8.10}$$

本征能量为 $E_n(k)$。

在磁场中电子是绕磁场作圆周运动，电子坐标为(x, y)，圆心坐标为(X, Y)，回旋频率$\omega_c = eB/m^*$，电子速度为(v_x, v_y)，则有

$$x = X + v_y/\omega_c,\ \ y = Y - v_x/\omega_c \tag{15.8.11}$$

$$p_x = m^* v_x - eA_x = m^* v_x + eBy = eBY \tag{15.8.12}$$

由于p_x与H对易，故p_x是运动常数，轨道圆心与通道中轴的距离Y也是运动常数。由轨道与通道壁是否相碰，可分为：回旋轨道(cyclotron orbit)、跳跃轨道(skipping orbit)和来回横切轨道(traversing trajectory)三种，它们依次不与通道壁接触，与通道一壁接触，与通道两壁接触。在运动常数(E, Y)空间，这三种轨道由以下方程

$$\left(Y \pm \frac{w}{2}\right)^2 = \frac{2m^* E}{(eB)^2} \tag{15.8.13}$$

代表的两条抛物线分开，如图 15.28 所示。其中来回横切轨道，电子有非零的群速度，对应于磁场存在时子能带的量子态。

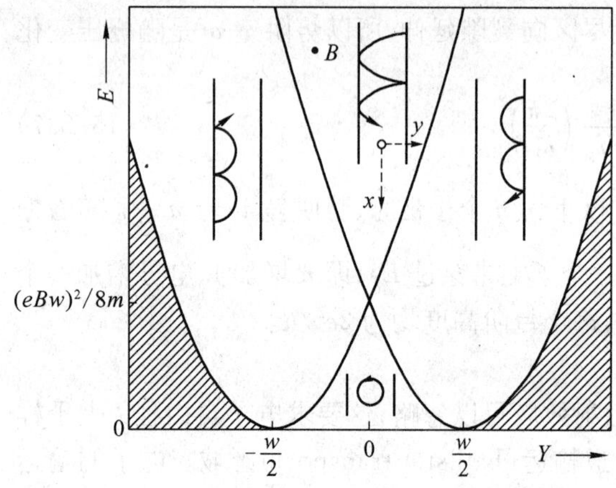

图 15.28　能量-轨道中心组成空间的相图与斜线区对应的状态不可能存在

$E_n(k)$可由玻尔-索末菲量子化条件得到，此量子化条件写成

$$\frac{1}{\hbar}\oint p_x \mathrm{d}x + \gamma = 2\pi n,\ n = 1, 2, 3, \cdots \tag{15.8.14}$$

这里积分是对一个运动周期求的，相移γ由电子运动在x轴上投影两个转折点处相移的总和。在通道壁受到反射的相移是π，故对于来回横切轨道的相移$\gamma = \pi + \pi = 0$或2π。记得$p_x = eB(Y - y)$，得来回横切轨道的量子化条件为

$$B\oint (Y - y)\mathrm{d}x = \frac{h}{e} n \tag{15.8.15}$$

相当于轨道与通道壁共同包围面积中的磁通应是磁通量子$\phi_0 = h/e$的n倍，这n就是模式的标志，而$k = eBY/\hbar$是波矢。从满足量子化条件的轨道半径$r = (2m^* E)/eB$可求得能量E，因此可求出不同n, k条件的能量$E_n(k)$。

对于回旋轨道，量子化条件是

$$B\oint (Y - y)\mathrm{d}x = \frac{h}{e}\left(n - \frac{\gamma}{2\pi}\right)$$

其中$\gamma = \pi$。而对于跳跃轨道，上式也成立，只是$\gamma = \pi/2$。由于跳跃轨道只与波导管壁一边有作用，对应于边缘态(edge state)。相对的两管壁的边缘态，电子运动方向相反，如图 15.28 所示。

§ 15.9　碳 纳 米 管

早在 1970 年在法国 Orleans 大学的远藤(M. Endo)首次用气相技术制成直径为 7 nm

的碳纤维，可惜当时没有作细致的测量和表征。C_{60} 问世后，1991 年美国海军研究所的一项理论性论文，预计了一种碳纳米管的电子结构，但因估计近期制备不成而未发表。同年日本筑波的 NEC 实验室的饭岛(S. Iijima)用高分辨电镜首次观察到碳纳米管。这些碳纳米管是同轴多层套管，叫做巴基管(bucky tube)。几乎同时莫斯科化学物理研究所的 V. Ivanov 独立地发现碳纳米管和纳米管束。单壁碳纳米管是美国 D. S. Bethune 等首先制备成功的。1996 年诺贝尔奖得主之一斯莫利(R. E. Smalley)等合成出成行排列的单壁碳纳米管束。中国科学院物理研究所的解思深等实现了碳纳米管的定向生长，获得毫米级超长纳米管。

15.9.1 碳纳米管的结构

单壁碳纳米管(carbon nanotube)依其结构特征可分成三种类型，如图 15.29 所示。其

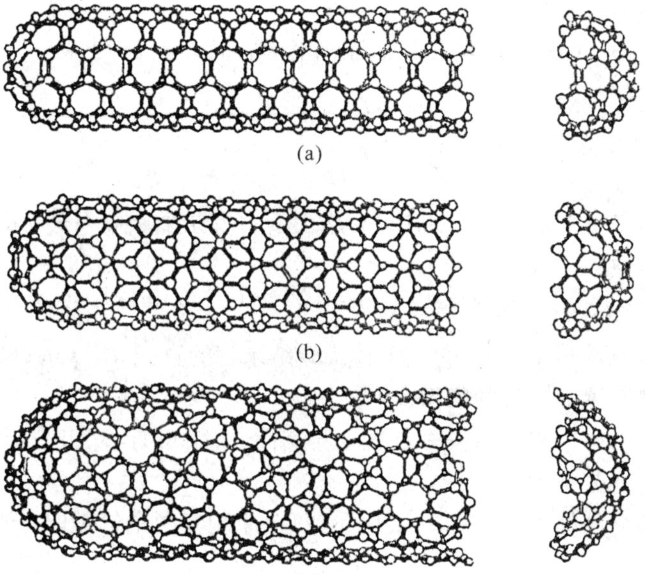

图 15.29 三种类型的碳纳米管

(a)扶手椅式纳米管；(b)锯齿形纳米管；(c)手性纳米管

中(a)为扶手椅式纳米管，(b)是锯齿形纳米管和(c)为手性纳米管。它们取决于单个石墨原子层如何经卷曲而形成圆筒形材料。

图 15.30 明示单个石墨原子层中的原子排列结构，$\boldsymbol{a}_1$ 和 $\boldsymbol{a}_2$ 是它的二维基矢。而虚线标出的矩形 $OAB'B$ 是碳纳米管的单胞。这个单胞的特征由图中边矢 $\overrightarrow{OA}$ 来描述

$$\overrightarrow{OA} = \boldsymbol{C}_h = n\boldsymbol{a}_1 + m\boldsymbol{a}_2 \equiv (n,\ m) \tag{15.9.1}$$

$(n,\ m)$ 为一组整数，$\boldsymbol{C}_h$ 称为手征矢量(chiral vector)，$\boldsymbol{C}_h$ 与基矢 $\boldsymbol{a}_1$ 之间夹角 θ 称为手征角(chiral angle)，显然

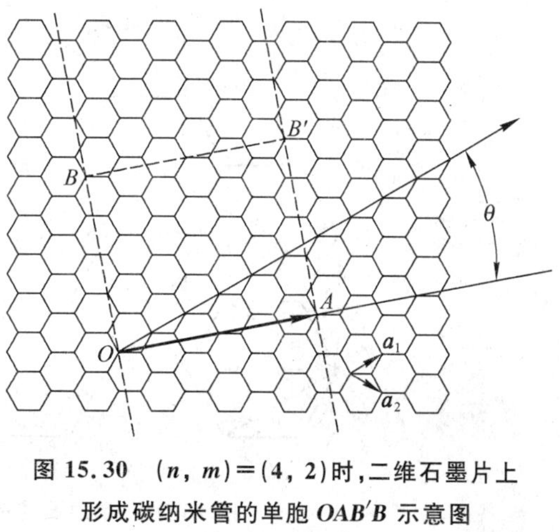

图 15.30 $(n,\ m)=(4,\ 2)$ 时，二维石墨片上形成碳纳米管的单胞 $OAB'B$ 示意图

$\boldsymbol{a}_1$ 和 $\boldsymbol{a}_2$ 为单位矢量，手征角 θ 为手征矢量 $\boldsymbol{C}_h$ 与 $\boldsymbol{a}_1$ 夹角

$$\cos\theta = \boldsymbol{C}_h \cdot \boldsymbol{a}_1 / |\boldsymbol{C}_h| \cdot |\boldsymbol{a}_1| \tag{15.9.2}$$

为了将这片石墨原子层卷成管材，使 A 与 O 重合，同时使 B' 与 B 重合，这样便得到碳纳米管的一节，沿着轴线方向一节一节周期重复就得到一根长的碳纳米管。两端可用富勒烯封口。所以每根碳纳米管的结构特征可用一组整数(n, m)来描写。

当 $n=m$, $\theta=30°$ 时，所形成的管是扶手椅式(armchair)碳纳米管。当 n 或 $m=0$, $\theta=0$ 时，所制成的是锯齿形(zigzag)碳纳米管。而当 $0<|m|<n$, $0<\theta<30°$ 时，所卷接成的是手征(chiral)碳纳米管。

碳纳米管截面的圆周长

$$L = |\boldsymbol{C}_h| = |\boldsymbol{C}_h \cdot \boldsymbol{C}_h|^{1/2} = a\sqrt{n^2+m^2+nm} \tag{15.9.3}$$

这里利用了

$$\boldsymbol{a}_1 \cdot \boldsymbol{a}_1 = \boldsymbol{a}_2 \cdot \boldsymbol{a}_2 = a^2, \quad \boldsymbol{a}_1 \cdot \boldsymbol{a}_2 = a^2/2 \tag{15.9.4}$$

而碳纳米管的直径为

$$d_t = \frac{L}{\pi} = \sqrt{n^2+m^2+nm} \cdot \frac{a}{\pi} \tag{15.9.5}$$

在碳纳米管中 C—C 键长为 0.144 nm，略大于石墨原子层中 C—C 键长 0.142 nm。故碳纳米管的晶格常数

$$a = 0.144\ \text{nm} \times \sqrt{3} = 0.249\ \text{nm} \tag{15.9.6}$$

依式(15.9.5)，$(n, m)=(5, 5)$ 的扶手椅式碳纳米管的直径 $d_t = 0.688$ nm。

15.9.2 单层石墨 π 电子的能带

单壁碳纳米管是由单层石墨按一定规则卷制而成，欲知纳米管电子态有什么特征，必须先了解单层石墨的能带结构。

二维石墨的晶格结构如图 15.31(a)所示，每个原胞有两个价键取向不同的碳原子 A 和 B。晶格的基矢

$$\boldsymbol{a}_1 = \frac{\sqrt{3}}{2}a\boldsymbol{i} + \frac{a}{2}\boldsymbol{j}, \quad \boldsymbol{a}_2 = \frac{\sqrt{3}}{2}a\boldsymbol{i} - \frac{a}{2}\boldsymbol{j} \tag{15.9.7}$$

相应的倒格子基矢为

$$\boldsymbol{b}_1 = \frac{2\pi}{a}\left(\frac{1}{\sqrt{3}}\boldsymbol{i} + \boldsymbol{j}\right), \quad \boldsymbol{b}_2 = \frac{2\pi}{a}\left(\frac{1}{\sqrt{3}}\boldsymbol{i} - \boldsymbol{j}\right) \tag{15.9.8}$$

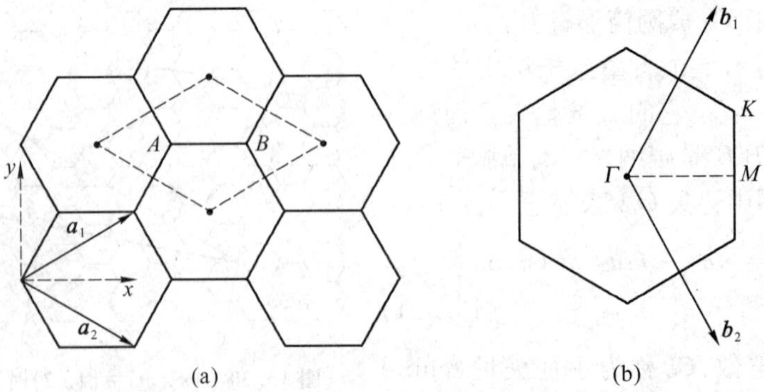

图 15.31 单层石墨晶格(a)和它的布里渊区(b)

因此单层石墨的布里渊区是一个正六边形,如图 15.31(b)所示。利用紧束缚方法计算单层石墨 π 电子的能带,原子 A 有三个最近邻原子 B,其位矢为 $\boldsymbol{R}_1$、$\boldsymbol{R}_2$ 和 $\boldsymbol{R}_3$。这时非对角矩阵元

$$H_{AB} = t(e^{i\boldsymbol{k}\cdot\boldsymbol{R}_1+i\boldsymbol{k}\cdot\boldsymbol{R}_2+i\boldsymbol{k}\cdot\boldsymbol{R}_3}) = tf(k) \tag{15.9.9}$$

而

$$t = \int\varphi_A(r-R)H\varphi_B\left(r-R\pm\frac{a}{2}\right)d\boldsymbol{r} \tag{15.9.10}$$

按照图 15.31 所示 A 原子的最近邻三个 B 原子的坐标,可得

$$f(k) = e^{ik_x a/\sqrt{3}} + 2e^{-ik_x a/2\sqrt{3}}\cos\left(\frac{k_y a}{2}\right) \tag{15.9.11}$$

H 的对角矩阵元为 $H_{AA} = H_{BB} = E_{2p}$,所以 H 的矩阵写成

$$H = \begin{bmatrix} E_{2p} & tf(k) \\ tf(k)^* & E_{2p} \end{bmatrix} \tag{15.9.12}$$

而交叠积分矩阵可写成

$$S = \begin{pmatrix} 1 & sf(k) \\ sf(k)^* & 1 \end{pmatrix} \tag{15.9.13}$$

这里

$$s = \int\varphi_A(r-R)\varphi_B\left(r-R\pm\frac{a}{2}\right)d\boldsymbol{r}$$

代入 π 电子能量 E 满足的久期方程

$$\det|H-ES| = 0 \tag{15.9.14}$$

假定 $s=0$,这久期方程的本征能量,即 π 电子能带为

$$E(k_x,k_y) = \pm t\left\{1+\cos\left(\frac{\sqrt{3}k_x a}{2}\right)\cos\left(\frac{k_y a}{2}\right)+4\cos^2\left(\frac{k_y a}{2}\right)\right\}^{1/2} \tag{15.9.15}$$

对于二维布里渊区的 Γ 点 $k_x = k_y = 0$,由上式得 $E(\Gamma) = \pm 3t$。在 M 点 $k_x = \dfrac{2\pi}{\sqrt{3}a}$, $k_y = 0$,得 $E(M) = \pm t$。对于 K 点,$k_x = \dfrac{2\pi}{\sqrt{3}a}$, $k_y = \dfrac{2\pi}{3a}$,得 $E(K) = 0$。依照紧束法求得单层石墨 π 电子的能带结构示于图 15.32,其中 π 为成键能带,π^* 为反键能带,这个计算所用的参数是 $t = -0.303$ eV, $s = 0.129$,并选取 $E_p = 0$。

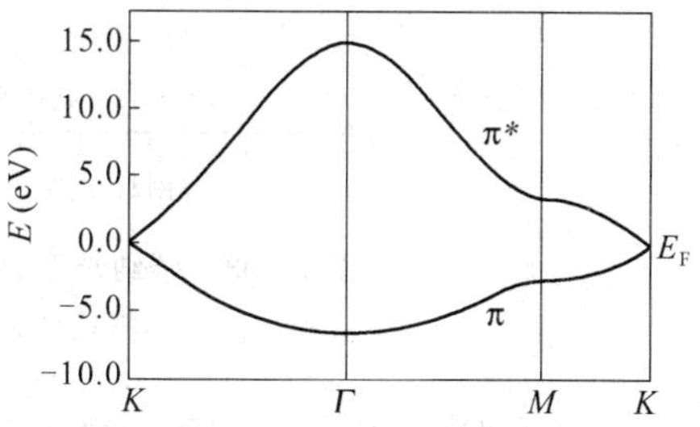

图 15.32 单层石墨的 π 电子能带

π 为成键能带,π* 为反键能带

15.9.3 单壁碳纳米管的电子态

单壁碳纳米管的电子态是由单层石墨的能带演变而来,两者差别是边界条件有区别。沿管轴方向,两者电子波函数在宏观尺度上遵从周期性边界条件,沿该方向的波矢 $\boldsymbol{k}$ 都是取准连续的数值。但沿垂直于管轴的圆周方向,两者的周期性边界条件有显著差别。对于碳纳米管,这条件写成

$$\boldsymbol{k}\cdot\boldsymbol{C}_h = 2\pi l\text{ , } l\text{ 为整数} \tag{15.9.16}$$

由于$|\boldsymbol{C}_h|$是纳米的量级,导致垂直管轴方向波矢 $\boldsymbol{k}$ 取离散的分立值。所以纳米管的许可态

波矢落在单层石墨正六边形布里渊区中一组间隔为 $2\pi/|C_h|$ 的平行线上。单层石墨的布里渊区的 6 个角顶 K 点是简并的，若纳米管的许可态通过 K 点，这种碳纳米管就具有金属性。若纳米管的许可态不通过 K 点，这种纳米管一般具有半导体性质。

扶手椅式的纳米管其手征特征数为 (n, n)，其卷曲方向沿 x 轴，相应波矢 k_x 取分立值，$k_x = 0$ 总是许可态，经过 $k_x = 0$ 并垂直于 k_x 轴的线必通过 K 点。因此不论 n 为何值，扶手椅式的碳纳米管总是具有金属性的。对于锯齿形 $(n, 0)$ 或一般 (n, m) 碳纳米管，理论分析给出的结果是当 $n - m = 3q$，q 为整数时，这种碳纳米管具有金属性，其他情况的碳纳米管是半导体。由于碳纳米管有一定曲率，弯曲使二维单层石墨简并点从 K 点沿 k_y 方向偏移。

1998 年 C. Dekker 等用扫描隧穿显微术(STS)测量碳纳米管的微分电导谱，即 $\mathrm{d}I/\mathrm{d}V/(I/V)$ 随电压 V 变化的曲线。这一曲线直接给出碳纳米管的电子的局域态密度，可同理论计算结果直接比较，示于图 15.33 中。这一成果，直接肯定了碳纳米管电子态密度与手征特征数 (n, m) 之间的关系。

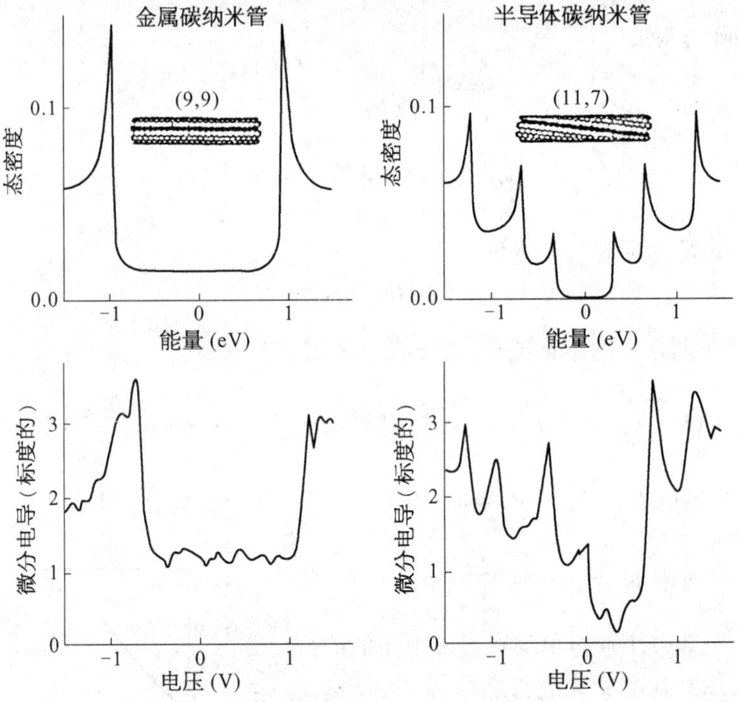

图 15.33 碳纳米管的电子态密度(上)和其隧穿微分电导谱(下)

[引自 C. Dekker, Phys. Today No. 5(1999) 22]

一项理论计算表明，对于半导体性的碳纳米管，半导体能隙 E_g 与纳米管直径 d_t 成反比：

$$E_g = \frac{|t|\, a_{C-C}}{d_t} \tag{15.9.17}$$

这里 $a_{C-C} = a/\sqrt{3}$ 是单层石墨中最近邻 C—C 间距，依这个关系式来估计，当 $d_t \leqslant 14$ nm 时，E_g 将超过室温时的热能 $k_B T$。此外，对于多壁碳纳米管，由于其中三分之一的管具有金属性，多壁管的电导率决定于它的导电组分，非导电的组分几乎不起什么作用。

习　题

1. 一个理想的一维金属圆环,磁通 Φ 完全限制于环中心,环长 $L = 2\pi r$, r 为半径,取 $x = r\theta$ 为沿环长度的坐标,矢势 $A_x = \Phi/L$, 环中电子的能谱由薛定谔方程

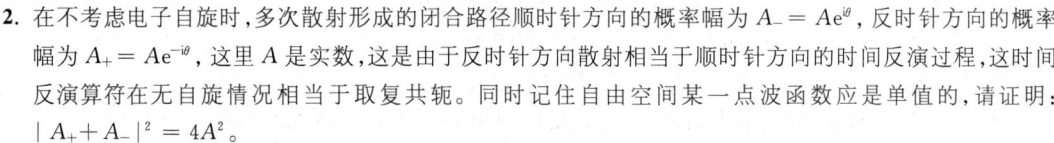

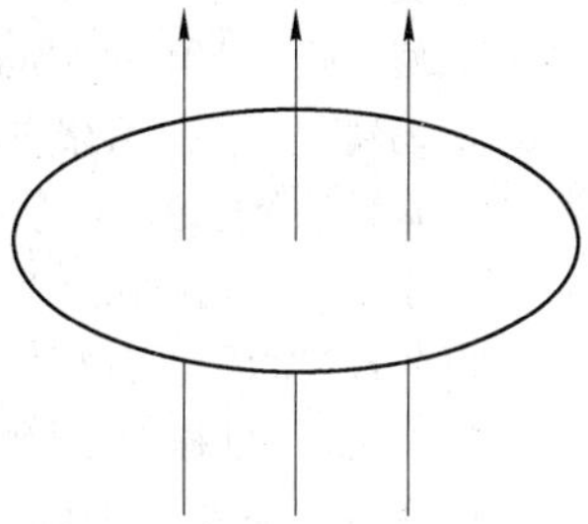

$$-\frac{1}{2m}\left(-\mathrm{i}\,\hbar\frac{\mathrm{d}}{\mathrm{d}x}+\frac{e\Phi}{L}\right)^2\psi(x) = E\psi(x)$$

决定。求在满足周期性边界条件下,电子本征能量为

$$E_n = \frac{4\pi^2\ \hbar^2}{2mL^2}\left(n+\frac{\Phi}{\phi_0}\right)^2,$$

式中 $\phi_0 = h/e$ 为磁通量子。

提示:作矢势变换 $A_x \to A'_x = A_x - \frac{\Phi}{L}$, 波函数 $\psi \to \psi'$ 来求解。

2. 在不考虑电子自旋时,多次散射形成的闭合路径顺时针方向的概率幅为 $A_- = A\mathrm{e}^{\mathrm{i}\theta}$, 反时针方向的概率幅为 $A_+ = A\mathrm{e}^{-\mathrm{i}\theta}$, 这里 A 是实数,这是由于反时针方向散射相当于顺时针方向的时间反演过程,这时间反演算符在无自旋情况相当于取复共轭。同时记住自由空间某一点波函数应是单值的,请证明:$|A_+ + A_-|^2 = 4A^2$。

3. Al 微粒体积为 V,电子密度 $n = 18.1\times10^{22}\,\mathrm{cm}^{-3}$, $E_\mathrm{F} = 11.7\,\mathrm{eV}$。试求 Al 微粒在 E_F 附近能级间隔 $\delta/k_\mathrm{B} = \frac{\alpha}{V}$ 的 α 值。

4. 若一根长度 $L = 3\,\mu\mathrm{m}$ 的金属性纳米管,电子在费米能级的速度为 $v_\mathrm{F} = 8.1\times10^5\,\mathrm{m/s}$。试估算一维能带因纳米管长度有限而分裂成一系列能级,求相邻能级间隔 ΔE 是多少 meV?

参考书目

(一) 中文书籍

1. 黄昆. 固体物理学. 韩汝奇,改编. 北京:高等教育出版社,1988.

2. 阎守胜. 现代固体物理学导论. 北京:北京大学出版社,2008.

3. 冯端,金国钧. 凝聚态物理新论. 上海:上海科学技术出版社,1992.

4. 材料科学导论. 冯端,师昌绪,刘治国,主编. 北京:化学工业出版社,2002.

5. 李正中. 固体理论(第二版). 北京:高等教育出版社,2002.

6. 吴代鸣. 固体物理学. 北京:高等教育出版社,2008.

7. 方俊鑫. 陆栋. 固体物理学(上、下册). 上海:上海科学技术出版社,1981.

8. 谢希德,陆栋. 固体能带理论. 上海:复旦大学出版社,1998.

9. 蒋平,徐至中. 固体物理简明教程(第二版). 上海:复旦大学出版社,2007.

10. 固体 X 射线学(一). 黄胜涛,主编. 北京:高等教育出版社,1985.

11. 固体 X 射线学(二). 黄胜涛,主编. 北京:高等教育出版社,1999.

12. 陈长乐. 固体物理学(第二版). 北京:科学出版社,2007.

13. 周公度,郭可信. 晶体和准晶体的衍射. 北京:北京大学出版社,1999.

14. 韩汝珊. 高温超导体. 北京:北京大学出版社,1998.

15. 高温超导基础研究. 周午纵,梁维耀,主编. 上海:上海科学技术出版社,1999.

16. 胡安. 固体物理学. 北京:高等教育出版社,2007.

17. 泽仑 R. 非晶态固体物理学. 黄畇,等译. 北京:北京大学出版社,1988.

18. 介观物理. 阎守胜,甘学钊,主编. 北京:北京大学出版社,1995.

19. 高温超导电性. 张其瑞,主编. 杭州:浙江大学出版社,1992.

20. 莫党. 固体光学. 北京:高等教育出版社,1996.

21. 钱佑华,徐至中. 半导体物理. 北京:高等教育出版社,1999.

22. 顾秉林,王喜坤. 固体物理学. 北京:清华大学出版社,1989.

23. 金属物理. 周如松,主编. 北京:高等教育出版社,1992.

(二) 外文书籍

1. Ashcroft N W, Mermin N D. Solid State Physics. New York: Holt, Rinehart and Winston Inc., 1976.

2. Kittel C. Introduction to Solid State Physics(8th Ed.). New York: John Wiley and Sons Inc., 2005.(中译本,固体物理导论. 项金钟,吴兴惠,译. 北京:化学工业出版社,2005.)

3. Elliott R J, Gibson A F. An Introduction to Solid State Physics and Its applications. New York: Barnes and Noble, 1974.

4. Ziman J M. Principles of the Theory of Solids. Cambridge: Cambridge University Press, 1972.

5. Harrison W A. Electronic Structure and the Properties of Solids. San Francisco: W. H. Freeman and Company, 1980.

6. Madelung O. Introduction to Solid－State Theory. Berlin Springer－Verlag, 1978.

7. Ibach H, Lüth H. Solid－State Physics(3rd Ed.). Berlin: Springer－Verlag, 2003.

8. Epifanov G F. Solid State Physics. Moscow: Mir Publishers, 1979.

9. Kachhava C M. Solid State Physics. New Delhi: Tata McGraw－Hill Publishing Company Limited., 1990.

10. Phillips J C. Bonds and Bands in Semiconductors. New York: Academic Press, 1973.

11. Mott N F, Davis E A. Electronic Processes in Non-Crystalline Materials(2nd Ed.). Oxford: Clarendon Press. 1979.

12. Cottam M G, Tilley D R. Introduction to Surface and Superlattice Excitations. Cambridge: Cambridge University Press, 1989.

13. Composite Fermions. Heinonen O, ed. Singapore: World Scientific Publ Co Ltd., 1998.

14. Saito R, Dresselhaus G, Dresselhaus, M S. Physical Properties of Carbon Nanotubes. London: Imperial College Press, 1998.

15. Imry Y. Introduction to Mesoscopic Physics. Oxford: Oxford University Press, 1997.

16. Light Scattering in Solids(vol 2). Cardona M, Guntherodt G, ed. Berlin: Springer-Verlag, 1983.

17. Elliott S R. Physics of Amorphous Materials. London: Longman Group Limited, 1983.

18. Grosso G, Parravicini G P. Solid State Physics. Singapore: Elsevier Ptd Ltd., 2006.

19. Marder M. Condensed Matter Physics. New York: John Wiley and Sons., 2008.

附　录

一、国际科技数据委员会(CODATA)2006 年推荐的物理基本常数简表

量	符　号	数　　值	单　位	相对标准不确定度 u_τ
真空中光速	c，c_0	299 792 458	ms^{-1}	准确
磁常数(真空磁导率)	μ_0	$4\pi\times10^{-7}=12.566\ 370\ 614\cdots\times10^{-7}$	NA^{-2}	准确
介电常数 $1/\mu_0 c^2$	ε_0	$8.854\ 187\ 817\cdots\times10^{-12}$	Fm^{-1}	准确
牛顿引力常数	G	$6.674\ 28(67)\times10^{-11}$	$m^3kg^{-1}s^{-2}$	1.0×10^{-4}
普朗克常数	h	$6.626\ 068\ 96(33)\times10^{-34}$	Js	5.0×10^{-8}
$h/2\pi$	$\hbar$	$1.054\ 571\ 628(53)\times10^{-34}$	Js	5.0×10^{-8}
基本电荷	e	$1.602\ 176\ 487(40)\times10^{-19}$	C	2.5×10^{-8}
磁通量子 $h/2e$	Φ_0	$2.067\ 833\ 667(52)\times10^{-15}$	Wb	2.5×10^{-8}
电导量子 $2e^2/h$	G_0	$7.748\ 091\ 700\ 4(53)\times10^{-5}$	S	6.8×10^{-10}
电子质量	m_e	$9.109\ 382\ 15(45)\times10^{-31}$	kg	5.0×10^{-8}
质子质量	m_p	$1.672\ 621\ 637(83)\times10^{-27}$	kg	5.0×10^{-8}
质子-电子质量比	m_p/m_e	1 836.152 672 47(80)		4.3×10^{-10}
精细结构常数	α	$7.297\ 352\ 537\ 6(50)\times10^{-3}$		6.8×10^{-10}
精细结构常数倒数	α^{-1}	137.035 999 679(94)		6.8×10^{-10}
里德伯常数	R_∞	10 973 731.568 527(73)	m^{-1}	6.6×10^{-12}
阿伏伽德罗常数	N_A，L	$6.022\ 141\ 79(30)\times10^{23}$	mol^{-1}	5.0×10^{-8}
法拉第常数 N_Ae	F	96 485.339 9(24)	$C\ mol^{-1}$	2.5×10^{-8}
摩尔气体常数	R	8.314 472(15)	$J\ mol^{-1}K^{-1}$	1.7×10^{-6}
玻尔兹曼常数 R/N_A	k_B	$1.380\ 650\ 4(24)\times10^{-23}$	JK^{-1}	1.7×10^{-6}
斯特藩-玻尔兹曼常数 $(\pi^2/60)k_B^4/\hbar^3c^2$	σ	$5.670\ 400(40)\times10^{-8}$	$Wm^{-2}K^{-4}$	7.0×10^{-6}
可与 SI 单位一起采用的非 SI 单位				
电子伏:$(e/C)J$	eV	$1.602\ 176\ 487(40)\times10^{-19}$	J	2.5×10^{-8}
(统一的)原子质量单位 $1u=m_u=\frac{1}{12}m(^{12}C)=10^{-3}\ kg\ mol^{-1}/N_A$	u	$1.660\ 538\ 782(83)\times10^{-27}$	kg	5.0×10^{-8}

二、SI 词头表

因数	词头英文和中文名称		符号	因数	词头英文和中文名称		符号
10^{-18}	atto	阿[托]	a	10^{18}	exa	艾[可萨]	E
10^{-15}	femto	飞[姆托]	f	10^{15}	peta	拍[它]	P
10^{-12}	pico	皮[可]	p	10^{12}	tera	太[拉]	T
10^{-9}	nano	纳[诺]	n	10^{9}	giga	吉[咖]	G
10^{-6}	micro	微	μ	10^{6}	mega	兆	M
10^{-3}	milli	毫	m	10^{3}	kilo	千	k
10^{-2}	centi	厘	c	10^{2}	hecto	百	h
10^{-1}	deci	分	d	10^{1}	deca	十	da

索　　引

A

爱里函数　Airy function　208
爱因斯坦关系(电子)　Einstein relation (for electron)　193
爱因斯坦关系(离子)　Einstein relation (for ion)　97
爱因斯坦模型　Einstein model　77
昂萨格局域场　Onsager local field　250

B

半导体　semiconductor　159
半导体激光器　semiconductor laser　295
半金属　semimetal　160
饱和磁场强度　saturation magnetization　324
饱和磁感应强度　saturation magnetic induction　323
本征半导体　intrinsic semiconductor　174
本征光吸收　intrinsic absorption　271
泵浦抽运　pumping　292
变程跳跃电导率　variable range hopping conductivity　410
表面布里渊区　surface Brillouin zone　229
表面电磁耦合子　surface polariton　225
表面电子态　surface electronic state　227
表面耗尽层　surface depletion layer　198
表面(简正)模　surface normal mode　218
表面能带　surface energy band　229
表面态密度　density of surface states　229
表面重构　surface reconstruction　216
冰　ice　50
玻尔磁子　Bohr magneton　309
玻尔兹曼方程　Boltzmann equation　115
布拉格反射　Bragg reflection　21
布拉格反射公式　Bragg reflection formula　22
布拉维点阵格子　Bravais lattice　2, 4
布里渊函数　Brillouin function　314
布里渊区　Brillouin zone　20
布里渊散射　Brillouin scattering　283
布洛赫 $T^{3/2}$ 定律　Bloch $T^{3/2}$ law　334
布洛赫定理　Bloch theorem　141
布洛赫函数　Bloch function　141

C

场发射电子显微镜　field emission electron microscope　129
超导(电)性　superconductivity　346
超导基态能量　energy of superconducting ground state　366
超导量子干涉器件　superconducting quantum interference device (SQUID)　383
超导量子干涉现象　superconducting quantum interference phenomenon　382
超导临界磁场　critical field of superconductor　349
超导能隙　superconducting energy gap　370
超导态　superconducting state　346
超导态凝聚能　condensation energy of superconductor　368
超导体　superconductor　346
超晶格　superlattice　200
超精细互作用　hyperfine interaction　322
超巨磁电阻　colossal magnetoresistance　339
成键态　bonding state　45
弛豫　relaxation　216
持续电流　persistent current　347
穿透深度　penetration depth　353
磁场中电子轨道　electron orbit in a magnetic field　163
磁畴　magnetic domain　323
磁化率　magnetic susceptibility　303
磁铅石型铁氧体　magneto-plumbite ferrites　338

磁通量子 magnetic flux quantum 236，355
磁性结构 magnetic structure 27
磁波子 magnon 333
磁致电阻 magnetoresistance 122
磁滞回线 magnetic hysteresis loop 323

D

带间跃迁 interband transition 271
带阶 band offset 201
带尾定域态 localized band-tail state 405
单层石墨 π 电子的能带 energy band of π-electron in monolayer graphite 454
单粒子激发 single-particle excitation 133
单声子光吸收 single phonon assisted optical absorption 280
单斜 monoclinic 13
倒格子 reciprocal lattice 18
倒格子基矢 basis vector of reciprocal lattice 18
德拜方程 Debye equation 252
德拜模型 Debye model 78
德拜温度 Debye temperature 78
德哈斯-范阿尔芬效应 de Haas-van Alpen effect 309
德西曼 Dushman S 126
等离子体 plasma 130
等离子体振荡 plasma oscillation 130
等能面 constant energy surface 153
低能电子衍射 low energy electron diffraction 214
第一布里渊区 first Brillouin zone 20
点缺陷 point defects 87
点阵 lattice 1
电磁场的波动方程 wave equation of electromagnetic field 268
电磁耦合子 polariton 73
电负性 electronegativity 37
电离能 ionization energy 37
电离杂质散射 ionized-impurity scattering 181
电滞回线 ferroelectric hysteresis loop 255
电子-声子相互作用 electron-phonon interaction 362
电子比热系数 electronic specific heat coefficient 113
电子波导 electron waveguide 451
电子气的比热 specific heat of electron gas 109
电子热发射 thermoelectron emission 124
电子顺磁共振 electron paramagnetic resonance 319
电子态定域化判据 criterion of localization of electron state 404
电子位移极化 polarization of electron displacement 246
叠顶原子 adatom 218
定域化长度 localization length 403
动力学矩阵 dynamical matrix 67
杜隆-珀蒂定律 Dulong-Petit law 77
堆垛层错 stacking fault 106，218
对称操作 symmetry operation 13
多数载流子 major carrier 187

E

俄歇式复合 Auger recombination 188
二级相变 second-order phase transition 253
二阶非线性极化率 second-order nonlinear susceptibility 297
二流体模型 two fluid model 352
二十面体对称性 icosahedral symmetry 423
二十面体相准晶 icosahedral quasicrystal 423
二维布拉维点阵 two dimensional Bravais lattice 212
二维倒格子 two dimensional reciprocal lattice 213
二维电子气 two dimensional electron gas 206
二维格子 two dimensional lattice 212

F

翻转过程 umklapp process 85
反尖晶石 inverse spinel 338
反键态 anti-bonding state 45
反斯托克斯线 anti-Stokes line 283
反铁磁体 anti-ferromagnetics 305
反位缺陷 antisite defect 91
反向饱和电流 reverse saturation current 197
范德瓦耳斯 Van der Waals 35

范德瓦耳斯力　Van der Waals force　41
范霍夫奇性　van Hove singularity　70
非晶半导体　amorphous semiconductor　411
非晶硅　amorphous silicon　407
非晶硅振动模式　vibrational modes in amorphous silicon　413
非晶态固体　amorphous solid　396
非晶铁磁体　amorphous ferromagnetics　414
非线性光学　nonlinear optics　295
非线性极化　nonlinear polarization　295
非线性极化率　nonlinear susceptibility　295
斐波那契数列　Fibonacci sequence　419
费米海不稳定性　Fermi sea instability　365
费米面构造法　construction method of fermi surface　160
费米能　fermi energy　111
费米能级　fermi level　175
分数电荷　fractional charge　236
分数量子霍尔效应　fractional quantum Hall effect (FQHE)　232
分子晶体　molecular crystal　41，43
冯·克里钦常量　von Klitzing constant　234
弗仑克尔缺陷　Frenkel defect　89
辐射复合　radiative recombination　188
福勒-诺德海姆公式　Fowler-Nordheim formula　129
负吸收系数　negative absorption coefficient　290
复磁化率　complex susceptibility　322
复合费米子　composite fermion　238
复合率　recombination rate　191
复合中心　recombination center　172，189
复介电常数　complex dielectric constant　252，296
复式格子　compound lattice　2，3
复数极化率　complex polarizability　252
富勒体　fullerite　54
富勒烯　fullerene　52

G

高温超导体　high temperature superconductor　346
格波　lattice waves　57
格临爱森常数　Grüneisen constant　80
功函数 ϕ　work function ϕ　124
共价键　covalent bond　45
共价结合　covalent binding　45
共价晶体　covalent crystal　36
共振隧穿效应　resonant tunnelling effect　203
构造无序　structural disorder　397
光电效应　photoelectric effect　124
光电子谱　photoelectron spectrum　231
光频支　optical branch　62
光学谐振腔　optical resonator　290
国际符号　international (crystal) symbol　13

H

横向弛豫时间　transverse relaxation time　321
红宝石激光器　ruby laser　292
红宝石晶体　ruby crystal　292
宏观电场　macroscopic electric field　241
洪德定则　Hund rule　312
滑移　slip　102
滑移面　slip plane　14
化学势　chemical potential　111
黄昆方程　Huang's equation　72
挥发性　volatility　35
混合态　mixed state　361
霍尔系数　Hall coefficient　121
霍尔效应　Hall effect　121，183
霍尔因子　Hall factor　186

J

基矢　primitive translation vector　2
基元　basis　1
激光器　laser　288
激子　exciton　277
激子光吸收　exciton absorption　278
极化的微观机制　micromechanism of polarization　246
极化率　polarizability　243
极化率张量　polarizability tensor　283
极化强度　polarization　241
极化子　polaron　263
极性度　polarity　301
极性光频声子的散射　scattering by optical

phonon in polar crystal 181
极性键 polar bond 48
极性晶体 polar crystal 48
极性晶体的反射谱 reflection spectrum of polar crystal 280
几何结构因子 geometrical structure factor 24
间接交换作用 indirect exchange interaction 328
间接跃迁 indirect transition 276
简单格子 simple lattice 3
简正模(式) normal mode 58
简正坐标 normal coordinate 64
交换相互作用 exchange interaction 326
矫顽场 coercive field 323
矫顽电场 coercive electric field 255
介电损耗 dielectric loss 251
介观系统 mesoscopic system 429
金刚石的能带 energy bands of diamond 166
金刚石结构 diamond structure 6
金属 metal 49
金属电导率 metal conductivity 116
金属结合 metal binding 49
金兹堡-朗道理论 Ginzburg-Landau theory 356
紧束缚激子 tight-binding exciton 277
紧束缚近似 tight-binding approximation 150
近藤效应 Kondo effect 416
近自由电子近似 nearly-free-electron appriximation 142
晶胞 unit cell 3
晶粒间界 grain boundary 106
晶体点群 crystal point group 13
晶体生长 crystal growth 105
晶体物态方程 equation of solid state 79
晶系 crystal system 5
径向分布函数 radial distribution function (RDF) 397
居里-外斯定律 Curie-Weiss law 335
局域电场 local field 241
巨磁电阻 giant magnetovesistance 339

K

开放轨道 open orbit 163
抗磁体 diamagnet 304
抗磁性 diamagnetism 304
克拉默斯-克勒尼希关系 Kramers-Kronig relation 270
克劳修斯-莫索提公式 Clausius-Mossotti formula 246
空位 vacancy 87
空穴 hole 160
空穴轨道 hole orbit 163
库仑阻塞效应 Coulomb blockade 444
库珀对 Cooper pair 355
快离子导体 fast ionic conductor 97
扩散机制 diffusion mechanism 91
扩散激活能 diffusion activation energy 91
扩散系数 diffusion coefficient 91
扩展区表示法 extended zone scheme 146
扩展X射线吸收精细结构 extended X ray absorption fine structure (EXAFS) 400

L

拉曼散射 Raman scattering 283
拉曼张量 Raman tensor 286
朗道尔电导公式 Landauer condution formula 439
朗道抗磁性 Landau diamagnetism 309
朗道能级 Landau energy level 209
朗道相变理论 Landau theory of phase transition 260
朗之万函数 Langevin function 249
朗之万抗磁磁化率 Langevin diamagnetic susceptibility 307
朗之万顺磁磁化率 Langevin paramagnetic susceptibility 316
劳厄方程 Laue equation 21
劳夫林理论 Laughlin theory 235
离子半径 ionic radius 38
离子电导率 ionic conductivity 95
离子晶体 ionic crystal 36
离子晶体的内聚能 cohesive energy of ionic crystal 39
离子位移极化 polarization of ion displacement 247
里查孙杜西曼公式 Richardson-Dushman formula 126
立方晶系 cubic (crystal) system 14

立方密集结构　cubic close packing structure　9
利戴恩-萨克斯-特勒关系　Lyddane-Sachs-Teller relation　73
粒子数反转　population inversion　290
量子点　quantum dot　448
量子化电导　quantized condutance　449
量子阱　quantum well　200
临界点　critical point　70
临界温度　critical temperature　346
磷酸二氢钾　potassium dihydrogen phosphate　259，299
零电阻性质　zero resistance property　347
六角晶系　hexagonal system　13
六角密集结构　hexagonal close packing structure　8
氯化钠结构　NaCl structure　6
氯化铯结构　CsCl structure　7
孪晶界面　twin boundary　106
伦敦方程　London equation　352
伦纳德-琼斯势　Lennad-Jones potential　43
罗谢耳盐　Rochelle salt　253
螺型位错　screw dislocation　104
螺旋轴　screw axis　14
洛伦兹关系式　Lorentz relation　245

M

马德隆常数　Madelung constant　40
马西森定则　Mathiessen rule　118
迈斯纳态　Meissner state　360
迈斯纳效应　Meissner effect　348
弥散力　dispersion force　41
米勒指数　Miller index　10
面缺陷　planar defect　87
面心立方晶格　face center cubic lattice　6
莫尔沃-伊维　Mollow-Ivey rule　99
莫特-万尼尔激子　Mott-Wannier exciton　277

N

纳米微粒　nano-size particle　440
奈尔温度　Néel temperature　335
内建电势差　built-in potential difference　194
内聚能　cohesive energy　33
内聚能(分子晶体)　～ of molecular crystal　43
内聚能(共价晶体)　～ of covalent crystal　49
能带　energy bands　153
能带底部　band bottom　153
能带顶部　energy band top　153
能态密度　density of (energy) state　110
能隙(禁带)　energy gap　146
铌酸钾　potassium niobate　299
铌酸锂　lithium niobate　299

P

派尔斯势垒　Peierls potential barrier　104
泡利顺磁性　Pauli paramagnetism　316
彭罗斯拼图　Penrose tiling picture　419
平带电压　flat band voltage　199
屏蔽库仑势　screened Coulomb potential　133
普适电导涨落　universal conductance flucturation　436

Q

迁移率　mobility　181
迁移率边　mobility edge　405
亲和能　affinity　37
轻空穴　light hole　167
氢键　hydrogen bond　50，259
氢键晶体　hydrogen bonded crystal　50
缺陷　defects　87

R

热传导　heat conduction　83
热导率　heat conductivity　83
热电体　pyroelectrics　253
热膨胀　thermal expansion　79
刃型位错　edge dislocation　102
熔点　melting point　35
软模理论　soft mode theory　257
软模声子　soft mode phonon　257
瑞利波　Rayleigh surface wave　221
瑞利散射　Rayleigh scattering　283
弱定域化　weak localization　434
弱定域化磁致电阻　magnetoresistance in weak localization region　435

S

三角晶系 trigonal system 13
三角形势阱 triangle type well 207
三斜晶系 triclinic system 13
三轴中子谱仪 triple axis neutron spectrometer 75
扫描电子显微镜 scanning electron microscope 28
色心 colour centers 98
闪锌矿型结构 zincblende structure 7
上临界磁场 upper critical magnetic field 360
少数载流子 minor carrier 187
少子的扩散长度 diffusion length of minor carrier 193
少子寿命 life time of minor carrier 188
砷化镓能带结构 band structure of GaAs 169
深杂质能级 deep impurity levels 172
声频声子散射 scattering by acoustic phonon 181
扫描隧穿显微镜 scanning tunnelling microscope 30
声频支 acoustic branch 59
声子 phonon 66
施主能级 donor level 170
施主杂质 donor impurity 170
石榴石 garnet 338
手征矢量 chiral vector 453
受激辐射 stimulated radiation 290
受激吸收 stimulated absorption 290
受主 acceptor 171
受主杂质 acceptor impurity 171
衰减全反射 attenuated total reflection 226
双电流模型 two current model 341
双光子过程 two-photon process 287
“双交换”机制 double exchange interaction 343
双声子光吸收 two-phonon optical absorption 281
双异质结构 double heterojunction structure 295
顺磁离子 paramagnetic ion 312
顺磁体 paramagnetics 304
顺磁性 paramagnetism 304
顺电相 paraelectric state 253
斯托克斯线 Stokes line 283
四角晶系 tetragonal system 13
松束缚激子 loose binding exciton 277
隧道结 tunnel junction 376

T

钛酸钡 barium titanate 255
碳纳米管 carbon nanotube 452
碳炔 carbynes 52
体积弹性模量 bulk modulus 34
填充因子 filling factor 238
填隙原子 interstitial atom 87
铁磁体 ferromagnetics 304
铁磁性 ferromagnetism 304
铁电畴 ferroelectric domain 254
铁电体 ferroelectrics 253
铁电相 ferroelectric state 253
铁电性 ferroelectricity 253
铁氧体 ferrite 338
同分异构体 isomer 52
同位素效应 isotope effect 362
铜的费米面 fermi surface of copper 123
图恩定律 Tuyn's law 349
退极化电场 depolarization field 242
拓扑无序 topological disorder 397

W

外斯定律 Weiss law 335
外斯理论 Weiss theory 323
完全抗磁性 perfect diamagnetism 346
维格纳-赛茨原胞 Wigner-Seitz cell 3
维格纳晶格 Wigner electron lattice 134
位错 dislocation 101
位移型铁电体 displacive type ferroelectrics 253
位移型相变 displacive type phase transition 255
涡旋态 vortex state 361
无辐射复合 non-radiation recombination 188
无规网络 random network 397
无规行走 random walk 93
无序-有序型铁电体 disorder-order type ferroelectrics 253
伍德符号 Wood's symbol 214

X

吸收系数 absorption coefficient 269
下临界磁场 lower critical magnetic field 360
夏皮罗台阶 Shapiro step 381
线缺陷 linear defect 87
相对磁导率 relative permeability 323
相干长度 coherence length 359, 363
相位匹配 phase matching 298
消光系数 extinction coefficient 269
肖特基缺陷 Schottky defect 87
熊夫利符号 Scheonflies symbol 13, 14
序参量 order parameter 352
旋磁比 gyromagnetic ratio 310
旋转反演轴 rotation-inversion axis 11
巡游电子模型 itinerant electron model 329

Y

亚铁磁体 ferrimagnet 305
一级相变 first order phase transition 253
一维准晶的衍射斑图样 diffraction pattern of one dimensional quasicrystal 424
一维准晶体 one dimensional quasicrystal 422
异质结 heterojunction 207
异质结势阱 potential well of heterojunction 207
有效质量 effective mass 153
阈值条件 threshold condition (of laser) 291
元格 mesh 212
原胞 primitive cell 2, 3
原子簇 atomic cluster 442
原子极化率 atomic polarizability 243
原子散射因子 atomic scattering factor 23
约化区表示法 reduced zone scheme 142
约瑟夫森(效应) Josephson effect 377
约瑟夫森常量 Josephson constant 381

Z

杂化轨道 hybrid orbit 47
杂质原子 impurity atom 90
载流子 carrier 172
载流子数密度 carrier density 175
整数量子霍尔效应 integral quantum Hall effect 232
正常过程 normal process 85
正电子湮没谱 positron annihilation spectrum 88
正二十面体型结构 icosahedron type structure 419
正交晶系 orthogonal system 13
直接交换作用 direct exchange interaction 326
直接跃迁 direct transition 276
中子衍射 neutron diffraction 26
重费米子金属 heavy fermion metal 114
重空穴 heavy hole 167
转向极化 orientation polarization 248
准晶体 quasicrystal 419
准周期性 quasiperiod 422
子晶格 sublattice 2
子能带 subband 205
自发辐射过程 spontaneous radiation process 290
自旋波 spin wave 331
自旋玻璃 spin glass 414
自由电子气 free electron gas 109
纵向弛豫时间 longitudinal relaxation time 321
组分无序 composition disorder 396
最低未占有的分子轨道 lowest unoccupied molecular orbital 53
最高已占分子轨道 highest occupied molecular orbital 53

数字及其他

6 维倒空间 six dimensional reciprocal space 427
AB 效应 Aharonov-Bohm effect 431
a-Si 太阳电池 a-Si solar cell 413
ASS 效应 Altshuler-Sharvin-Sharvin effect 434
BCS 理论 Bardeen-Cooper-Schrieffer theory 362
$Bi_2Sr_2Ca_{n-1}Cu_nO_{2n+4}$系列超导体 $Bi_2Sr_2Ca_{n-1}Cu_nO_{2n+4}$ system of high Tc superconductors 385
Büttiker 公式 Büttiker formula 438
DAS 模型 dimer-adatom-stacking fault model 218
d 波对称性 d-wave symmetry 384
F 心 F center 98

GaP 晶体的表面电磁耦合子 surface polarition of GaP crystal 227
G-L 参数 Ginzburg-Landau parameter 359
La_2CuO_4 晶体结构 crystal structure of La_2CuO_4 384
McMillan T_c 公式 McMillan T_c formula 370
MOS 结构 metal-oxide-semiconductor structure 198
MOS 晶体管 metal-oxide-silicon transistor 199
Nd:YVO_4 激光器 laser 292
N-S 界面能 normal-superconducting interface energy 359
p-n 结 p-n junction 194
p-n 结激光器 p-n junction laser 293
RKKY 交换作用 Ruderman-Kittel-Kasuya-Yosida exchange interaction 418
V 心 V center 100
WKB 近似 Wentzel-Kramers-Brillouin approximation 128
X 射线衍射 X-ray diffraction 17
$YBa_2Cu_3O_7$ 晶体结构 crystal structure of $YBa_2Cu_3O_7$ 385

元 素 周 期 表

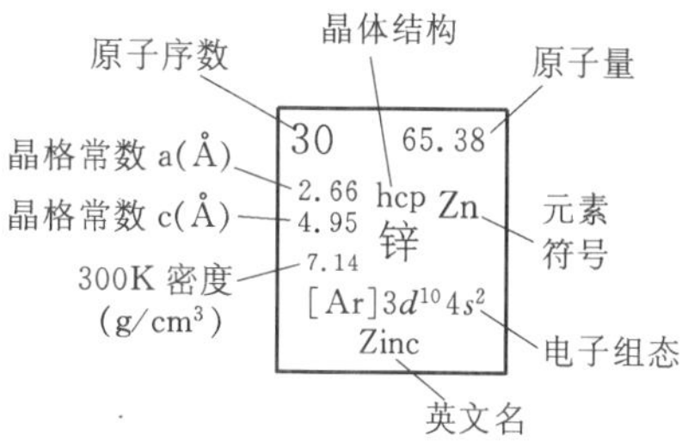

GROUP IA	ⅡA	ⅢA	ⅣA	ⅤA	ⅥA	ⅦA	ⅧA	ⅧA	ⅧA	ⅠB	ⅡB	ⅢB	ⅣB	ⅤB	ⅥB	ⅦB	Ⅷ
1 1.0079 3.75 6.12 hcp H 氢 4K 0.0899 $1s^1$ Hydrogen																	2 4.00260 3.57 5.83 hcp He 氦 2K 0.1787 $1s^2$ Helium
3 6.941 3.491 bcc Li 锂 78K 0.53 $1s^22s^1$ Lithium	4 9.01218 2.27 3.59 hcp Be 铍 1.85 $1s^22s^2$ Beryllium											5 10.81 rhomb B 硼 2.34 $1s^22s^2p^1$ Boron	6 12.011 3.567 dia C 碳 2.62 $1s^22s^2p^2$ Carbon	7 14.0067 5.66 cubic(N_2) N 氮 1.251 $1s^22s^2p^3$ Nitrogen	8 15.9994 Complex(O_2) O 氧 1.429 $1s^22s^2p^4$ Oxygen	9 18.998403 F 氟 1.696 $1s^22s^2p^5$ Fluorine	10 20.179 4.46 fcc Ne 氖 0.901 $1s^22s^2p^6$ Neon
11 22.98977 4.225 bcc Na 钠 5K 0.97 $[Ne]3s^1$ Sodium	12 24.305 3.21 5.21 hcp Mg 镁 1.74 $[Ne]3s^2$ Magnesium											13 26.98154 4.05 fcc Al 铝 2.70 $[Ne]3s^2p^1$ Aluminum	14 28.0855 5.430 dia Si 硅 2.33 $[Ne]3s^2p^2$ Silicon	15 30.97376 Complex P 磷 1.82 $[Ne]3s^2p^3$ Phosphorus	16 32.06 Complex S 硫 2.07 $[Ne]3s^2p^4$ Sulfur	17 35.453 Complex Cl 氯 3.17 $[Ne]3s^2p^5$ Chlorine	18 39.948 5.31 fcc Ar 氩 4K 1.784 $[Ne]3s^2p^6$ Argon
19 39.0983 5.225 bcc K 钾 5K 0.86 $[Ar]4s^1$ Potassium	20 40.08 5.58 fcc Ca 钙 1.55 $[Ar]4s^2$ Calcium	21 44.9559 3.31 5.27 hcp Sc 钪 3.0 $[Ar]3d^14s^2$ Scandium	22 47.90 2.95 4.68 hcp Ti 钛 4.50 $[Ar]3d^24s^2$ Titanium	23 50.9415 3.03 bcc V 钒 5.8 $[Ar]3d^34s^2$ Vanadium	24 51.996 2.88 bcc Cr 铬 7.19 $[Ar]3d^54s^1$ Chromium	25 54.9380 Mn 锰 7.43 $[Ar]3d^54s^2$ Manganese	26 55.847 2.87 bcc Fe 铁 7.86 $[Ar]3d^64s^2$ Iron	27 58.9332 2.51 4.07 hcp Co 钴 8.90 $[Ar]3d^74s^2$ Cobalt	28 58.70 3.52 fcc Ni 镍 8.90 $[Ar]3d^84s^2$ Nickel	29 63.546 3.61 fcc Cu 铜 8.96 $[Ar]3d^{10}4s^1$ Copper	30 65.38 2.66 4.95 hcp Zn 锌 7.14 $[Ar]3d^{10}4s^2$ Zinc	31 69.72 Complex Ga 镓 5.91 $[Ar]3d^{10}4s^2p^1$ Gallium	32 72.59 5.658 dia Ge 锗 5.32 $[Ar]3d^{10}4s^2p^2$ Germanium	33 74.9216 rhomb As 砷 5.72 $[Ar]3d^{10}4s^2p^3$ Arsenic	34 78.96 chain hex Se 硒 4.80 $[Ar]3d^{10}4s^2p^4$ Selenium	35 79.904 Complex (Br_2) Br 溴 3.12 $[Ar]3d^{10}4s^2p^5$ Bromine	36 83.80 5.64 fcc Kr 氪 4K 3.74 $[Ar]3d^{10}4s^2p^6$ Krypton
37 85.4678 5.585 bcc Rb 铷 5K 1.53 $[Kr]5s^1$ Rubidium	38 87.62 6.08 fcc Sr 锶 2.6 $[Kr]5s^2$ Strontium	39 88.9059 3.65 5.73 hcp Y 钇 4.5 $[Kr]4d^15s^2$ Yttrium	40 91.22 3.23 5.15 hcp Zr 锆 6.49 $[Kr]4d^25s^2$ Zirconium	41 92.9064 3.30 bcc Nb 铌 8.55 $[Kr]4d^45s^1$ Niobium	42 95.94 3.15 bcc Mo 钼 10.2 $[Kr]4d^55s^1$ Molybdenum	43 (98) 2.74 4.40 hcp Tc 锝 11.5 $[Kr]4d^55s^2$ Technetium	44 101.07 2.71 4.28 hcp Ru 钌 12.2 $[Kr]4d^75s^1$ Ruthenium	45 102.9055 3.80 fcc Rh 铑 12.4 $[Kr]4d^85s^1$ Rhodium	46 106.4 3.89 fcc Pd 钯 12.0 $[Kr]4d^{10}$ Palladium	47 107.868 4.09 fcc Ag 银 10.5 $[Kr]4d^{10}5s^1$ Silver	48 112.41 2.98 5.62 hcp Cd 镉 8.65 $[Kr]4d^{10}5s^2$ Cadmium	49 114.82 3.25 4.95 tetr In 铟 7.31 $[Kr]4d^{10}5s^2p^1$ Indium	50 118.69 6.49 dia(α) Sn 锡 7.30 $[Kr]4d^{10}5s^2p^2$ Tin	51 121.75 rhomb Sb 锑 6.68 $[Kr]4d^{10}5s^2p^3$ Antimony	52 127.60 chain hex Te 碲 6.24 $[Kr]4d^{10}5s^2p^4$ Tellurium	53 126.9045 Complex (I_2) I 碘 4.92 $[Kr]4d^{10}5s^2p^5$ Iodine	54 131.30 6.13 fcc Xe 氙 4K 5.89 $[Kr]4d^{10}5s^2p^6$ Xenon
55 132.9054 6.045 bcc Cs 铯 5K 1.87 $[Xe]6s^1$ Cesium	56 137.33 5.02 bcc Ba 钡 3.5 $[Xe]6s^2$ Barium	57～71 La～Lu 镧系	72 178.49 3.19 5.05 hcp Hf 铪 13.1 $[Xe]4f^{14}5d^26s^2$ Hafnium	73 180.9479 3.30 bcc Ta 钽 16.6 $[Xe]4f^{14}5d^36s^2$ Tantalum	74 183.85 3.16 bcc W 钨 19.3 $[Xe]4f^{14}5d^46s^2$ Tungsten	75 186.207 2.76 4.46 hcp Re 铼 21.0 $[Xe]4f^{14}5d^56s^2$ Rhenium	76 190.2 2.74 4.32 hcp Os 锇 22.4 $[Xe]4f^{14}5d^66s^2$ Osmium	77 192.22 3.84 fcc Ir 铱 22.5 $[Xe]4f^{14}5d^76s^2$ Iridium	78 195.09 3.92 fcc Pt 铂 21.4 $[Xe]4f^{14}5d^96s^1$ Platinum	79 196.9665 4.08 fcc Au 金 19.3 $[Xe]4f^{14}5d^{10}6s^1$ Gold	80 200.59 rhomb Hg 汞 13.53 $[Xe]4f^{14}5d^{10}6s^2$ Mercury	81 204.37 3.46 5.52 hcp Tl 铊 11.85 $[Xe]4f^{14}5d^{10}6s^2p^1$ Thallium	82 207.2 4.95 fcc Pb 铅 11.4 $[Xe]4f^{14}5d^{10}6s^2p^2$ Lead	83 208.9804 rhomb Bi 铋 9.8 $[Xe]4f^{14}5d^{10}6s^2p^3$ Bismuth	84 208.9824 3.34 sc Po 钋 9.4 $[Xe]4f^{14}5d^{10}6s^2p^4$ Polonium	85 209.9871 At 砹 $[Xe]4f^{14}5d^{10}6s^2p^5$ Astatine	86 222.0176 Rn 氡 9.91 $[Xe]4f^{14}5d^{10}6s^2p^6$ Radon
87 223.0197 Fr 钫 $[Rn]7s^1$ Francium	88 226.0254 Ra 镭 5 $[Rn]7s^2$ Radium	89～103 Ac～Lr 锕系	104 261.11+ Rf 𬬻 $6d^27s^2$ Rutherfordium	105 262.11+ Db 𬭊 $6d^37s^2$ Dubnium	106 263.12+ Sg 𬭳 $6d^47s^2$ Seaborgium	107 264.12+ Bh 𬭛 $6d^57s^2$ Bohrium	108 265.13+ Hs 𬭶 $6d^67s^2$ Hassium	109 266.13 Mt 鿏 $6d^77s^2$ Meitnerium	110 (269) Ds 𫟼 Darmstadtium	111 (272)+ Rg 𬬭 Roentgenium	112 (277)+ Cn Copernicium		114 (289)+ Uuq		116 (289)+ Uuh		

镧系	57 138.9055 3.77 ABAC hex La 镧 6.7 $[Xe]5d^16s^2$ Lanthanum	58 140.115 5.16 fcc Ce 铈 6.78 $[Xe]4f^15d^16s^2$ Cerium	59 140.9077 3.67 ABAC hex Pr 镨 6.77 $[Xe]4f^36s^2$ Praseodymium	60 144.24 3.66 hex Nd 钕 7.00 $[Xe]4f^46s^2$ Neodymium	61 146.9151 Pm 钷 6.475 $[Xe]4f^56s^2$ Promethium	62 150.36 Complex Sm 钐 7.54 $[Xe]4f^66s^2$ Samarium	63 151.96 4.58 bcc Eu 铕 5.26 $[Xe]4f^76s^2$ Europium	64 157.25 3.63 5.78 hcp Gd 钆 7.89 $[Xe]4f^75d^16s^2$ Gadolinium	65 158.9254 3.60 5.70 hcp Tb 铽 8.27 $[Xe]4f^96s^2$ Terbium	66 162.50 3.59 5.65 hcp Dy 镝 8.54 $[Xe]4f^{10}6s^2$ Dysprosium	67 164.9303 3.58 5.62 hcp Ho 钬 8.80 $[Xe]4f^{11}6s^2$ Holmium	68 167.26 3.56 5.59 hcp Er 铒 9.05 $[Xe]4f^{12}6s^2$ Erbium	69 168.9342 3.54 5.56 hcp Tm 铥 9.33 $[Xe]4f^{13}6s^2$ Thulium	70 173.04 5.48 fcc Yb 镱 6.98 $[Xe]4f^{14}6s^2$ Ytterbium	71 174.967 3.50 5.55 hcp Lu 镥 9.84 $[Xe]4f^{14}5d^16s^2$ Lutetium
锕系	89 227.0278 5.31 fcc Ac 锕 10.07 $[Rn]6d^17s^2$ Actinium	90 232.0381 5.08 fcc Th 钍 11.7 $[Rn]6d^27s^2$ Thorium	91 231.0359 3.92 3.24 tetr Pa 镤 15.4 $[Rn]5f^26d^17s^2$ Protactinium	92 238.029 Complex U 铀 18.90 $[Rn]5f^36d^17s^2$ Uranium	93 237.0482 Complex Np 镎 20.4 $[Rn]5f^46d^17s^2$ Neptunium	94 244.0642 Complex Pu 钚 19.8 $[Rn]5f^67s^2$ Plutonium	95 243.0614 3.64 ABAC hex Am 镅 13.6 $[Rn]5f^77s^2$ Americium	96 247.0703 Cm 锔 13.511 $[Rn]5f^76d^17s^2$ Curium	97 247.0703 Bk 锫 $[Rn]5f^97s^2$ Berkelium	98 251.0796 Cf 锎 $[Rn]5f^{10}7s^2$ Californium	99 252.0829 Es 锿 $[Rn]5f^{11}7s^2$ Einsteinium	100 257.0951 Fm 镄 $[Rn]5f^{12}7s^2$ Fermium	101 258.0986 Md 钔 $[Rn]5f^{13}7s^2$ Mendelevium	102 259.1009 No 锘 $[Rn]5f^{14}7s^2$ Nobelium	103 260.1053 Lr 铹 $[Rn]5f^{14}6d^17s^2$ Lawrencium

cubic 立方结构
bcc 体心立方
fcc 面心立方
dia 金刚石结构
hex 六角结构
rhomb 三角结构
tetr 四角结构
hcp 六角密堆结构
sc 简立方
Complex 复杂结构

注明温度几 K 的，是该温度的晶格常数，其余均在室温的数据。
上角注＋的是半衰期最长同位素的原子量
原子序数≥95 的都是人造元素